抵当権者の追及権について
抵当権実行制度の再定位のために

阿部 裕介

*Le droit de suite
du créancier hypothécaire*

有斐閣

はしがき

　「助教論文のテーマは，今後 10 年付き合えるものでなければならない。」東京大学助教として研究者の道を歩み始めたばかりの頃，指導教員の森田修教授から頂いた言葉である。奇しくも丸 10 年の研究生活を経て，このたび，当時から続く研究の集大成として本書を出版する機会を得た。本書は，2011 年に東京大学に提出した助教論文に加筆修正を施した法学協会雑誌の連載「抵当権者の『追及権』について──抵当権実行制度の再定位のために (1) ～ (9・完)」（法学協会雑誌 129 巻 11 号・12 号，130 巻 1 号・5 号・6 号・11 号・12 号，131 巻 10 号・11 号所収）を 1 冊にまとめ，さらに全体にわたって修正を加えたものである。

　この研究の端緒となったのは，現代フランス担保法の教科書の中に抵当権の「法律効（effet légal）」という概念を発見したことであった。不動産上の抵当権が一時点において売却代金上に移ることを指すこの概念を手がかりとして，筆者が最初に掲げた研究テーマは，「実行された抵当権はなぜ消滅するのか」という，実に茫漠とした問いであった。日本法上，実行された抵当権以外の抵当権は不動産競売の消除主義によって消滅するが，実行された抵当権はこれとは別に考えるべきなのか。不動産競売における消除主義と引受主義の政策的選択という図式は，実行された抵当権の消滅を所与としつつ，実行されていない抵当権をいかなる範囲で消滅させるべきかという発想に立つものであるが，法律効という概念は，実行された抵当権か否かという区別に疑問を投げかける。法律効概念の射程は，不動産差押え手続における差押債権者の抵当権の消滅から，抵当不動産が任意売却された場合の滌除による抵当権の消滅にまで及ぶものだからである。

　とはいえ，フランス法学にも法律効自体についての研究の蓄積は乏しく，法律効研究の手がかりを探して東京大学法学部研究室の書庫を彷徨っていた筆者は，フランス民法の書棚に「事実上の滌除（purge virtuelle）」に関する 20 世紀初頭の概論が紛れ込んでいるのを発見した。この「事実上の滌除」はまさに消除主義を，しかし一定の取得者に滌除手続を免除したものとして捉える概念である。本来であれば民事執行法の書棚にあるべきこの本を民法の書棚で偶然手にした筆者は，フランス法における滌除と消除主義との理論的連続性，競落人

i

（買受人）と第三取得者との相似関係に引き込まれていった。そして，次第に研究の軸足を抵当不動産の第三取得者の法的地位に移していった。

　フランス法上，第三取得者に対する抵当権の効力は「追及権（droit de suite）」と呼ばれる。本書のタイトル「抵当権者の追及権について」は，この概念が本研究の鍵であることを示している。「第三取得者の法的地位」が無色透明な概念であるのに対して，「追及権」はそれを抵当権者の第三取得者に対する権利として捉えるという色のついた概念である。この色は，制限物権としての抵当権理解に慣れた筆者には奇異に映った。結局のところ，それは第三取得者に対する権利というよりも，むしろ第三取得者の不動産を競売する権利ではないのか。しかし，学説史を紐解いた筆者は，追及権の内実の多様性を目の当たりにするとともに，追及権を奇異と感じさせた，筆者の身に染み付いていた法学的拘束からの解放を実感したのである。筆者の能力不足もあり，本書は研究書としても決して読みやすい方ではないと自覚しているが，それでも本書を手に取ってくださった忍耐強い読者に，この解放感が共有されることを切に願っている。

　法学協会雑誌への連載中の 2013 年には，本研究の要旨につき日本私法学会で個別報告を行った（その原稿は私法 76 号 127 頁以下に掲載されている）。さらに連載完結後，フランスでの在外研究中の 2015 年には，日仏の民法研究者による共同研究会で報告の機会を得た（法律時報 88 巻 7 号にこの研究会の様子が収められており，フランス側でも近く原稿が公表される予定である）。もっとも，フランスでの在外研究の主目的は，抵当権研究の深化よりも，他の物権への視野の拡大にあった。そこで徐々に形成されてきたのが，物権の本質的効力は設定当事者間以外において最も先鋭に立ち現れるのではないか，という仮説である。本書の結章の最後で展望したように，抵当不動産の第三取得者への着目も，この仮説の検証の一環として位置づけられつつある。この仮説自体は，さほど驚くに値しないものかもしれないが，こと抵当権に関しては，設定当事者関係を中心とした分析がこれまで主流だったということを認識し反省する契機となるだろう。

　本書を世に出すまでに，多くの方々のお世話になった。筆者にご教示を賜った東京大学の恩師の先生方すべてのお名前をここで挙げることはできないが，とりわけ，指導教員の森田修先生の存在なくしては，本書の刊行はおろか，筆者が研究者の道を歩んでいたかすら定かではなかった。先生は，本書の具体的内容について指導助言を下さったのみならず，何も知らずに研究の世界に飛び

はしがき

込んだ筆者に，外国語文献の読み方から研究者としての心構えまで，研究者の
いろはを手取り足取りで教えて下さった。就職後も何かにつけて筆者のことを
ご心配下さる先生に，この場を借りて御礼申し上げたい（本書が無事に刊行され
るかも，先生の心配事の一つであった）。それでもなお，研究者の卵が研究を進め
る上では心細さがつきものであるが，助教時代に共同研究室で苦楽を共にした
同僚たちには，それを和らげていただいた。また，その後に筆者を同僚として
迎え入れて下さった東北大学の先生方，特に民法スタッフの先生方は，研究会
等の場でご教示を下さっただけでなく，法学部・法科大学院を取り巻く情勢が
厳しくなる中，筆者が助教論文の公表を進められるよう，研究環境の維持に腐
心して下さった。さらに，本書の刊行に際しては，有斐閣の山宮康弘さん，藤
本依子さん，三宅亜紗美さんに大変お世話になった。最後に，助教時代まで実
家暮らしだった筆者に研究に専念できる環境を与えてくれた両親と，学部生時
代に森田修先生の難しそうなゼミに参加しようか逡巡していた筆者の背中を押
してくれた弟にも，この機会に感謝したい。

2018 年 7 月

阿部 裕介

＊　本書は，公益財団法人全国銀行学術研究振興財団の助成を得て刊行された。また，
本書の元となった法学協会雑誌の連載は，財団法人民事紛争処理研究基金平成 23 年度
研究助成（個人研究）及び平成 24 年度学術研究助成基金助成金（若手研究 B）・課題番
号 24730067 による研究成果の一部であり，第 11 回商事法務研究会賞受賞作である。

目　次

序　章 _____ 1

第1節　問題の背景──日本法学の現状 2

　第1款　抵当不動産の第三取得者の法的地位 2

　第2款　抵当権と抵当不動産所有権との関係 4

　第3款　抵当不動産譲渡後の抵当権の存続と，代価弁済制度・抵当権
　　　　　消滅請求（滌除）制度 12

　第4款　抵当権に基づく第三取得者の弁済義務の否定と，抵当不動産
　　　　　の任意売却代金への物上代位 18

　第5款　先行研究による部分的批判 21

第2節　問題の設定──抵当制度史をめぐる歴史認識の現状と課題 ... 25

　第1款　歴史認識の現状──抵当制度の発展モデル 25

　第2款　先行研究による部分的批判 27

　第3款　本書の問題意識と課題 28

第3節　本書の分析対象と分析視角 31

　第1款　分析対象 31

　第2款　分析視角 33

第4節　行論の計画 35

第1章
16世紀Paris慣習法典におけるラントの「割当て」法理と
抵当権の誕生──フランス古法（その1） _____ 43

第1節　Paris慣習法典におけるラントの「割当て」法理 48

　第1款　土地ラントにおける「割当て」法理 49

　第2款　設定ラントにおける「割当て」法理 58

v

第3款　土地ラントと設定ラントとの差異 *70*

第4款　強制命令及び任意売却命令における取扱い *73*

第5款　小括 *80*

第2節　Loyseau における抵当権とその追及権 *81*

第1款　Loyseau を準備した潮流——du Moulin における設定ラント ... *82*

第2款　設定ラントにおける「割付け」法理の提唱と「割当て」法理
の排除 *85*

第3款　décret 手続における設定ラント及び抵当権の取扱い *99*

第4款　抵当権設定方式の理論的位置づけ *103*

第5款　小括 *106*

第3節　本章のまとめ *107*

第1款　第一の課題について *107*

第2款　第二の課題について *108*

第2章
17・18 世紀フランスにおける抵当権と追及権——フランス古法（その2） _____ *109*

第1節　17 世紀における展開 *110*

第1款　抵当権の効力と抵当訴権の内容をめぐる理解 *111*

第2款　任意売却命令によらない任意売却代金の配当と，décret 手続
の意義の変容 *117*

第3款　設定方式の理論的位置づけ *124*

第4款　小括 *125*

第2節　18 世紀における展開——Bourjon の学説 *126*

第1款　抵当権の定義と内容 *126*

第2款　抵当訴権についての解釈 *128*

第3款　décret 手続の理論的位置づけの揺り戻し *129*

第4款　設定方式の理論的位置づけ *136*

第5款　小括 *139*

第3節　補説1：強制命令に基づく競落と追及権──「空競り」による再競落 139

　第1款　競落人の人的義務と「空競り」による再競落 140

　第2款　前提問題：第三取得者の抵当委付及び執行甘受と二重の譲渡税の成否 142

　第3款　空競りによる再競落における二重の譲渡税 144

　第4款　所有権復帰構成の出現 145

第4節　補説2：承認書制度と Nemo plus 原則 147

　第1款　任意売却命令の効力の縮減 148

　第2款　承認書制度 150

第5節　Pothier による「物権」の体系化と抵当権理解の変容 152

　第1款　「肢分権」としての抵当権 152

　第2款　「引渡し」理論の抵当権設定要件への侵入 160

　第3款　décret 手続の理論的疎外 162

　第4款　小括 167

第6節　本章のまとめ 168

　第1款　第一の課題について 168

　第2款　第二の課題について 168

第3章
フランス中間法及び法典編纂期における抵当権と追及権 ___ 171

第1節　共和暦3年の décret 172

　第1款　抵当権の定義と概念 173

　第2款　追及権の位置づけと内容 174

　第3款　抵当権の懈怠 purge と登記制度 177

　第4款　抵当権の当然 purge の位置づけ 180

第2節　共和暦7年の法律 182

　第1款　抵当権の定義と概念 184

　第2款　追及権の位置づけと内容 188

vii

第3款 抵当権の当然 purge と追及権をめぐる理解——抵当債務の期限の利益の維持について *193*

第4款 抵当権の懈怠 purge と公示原則 *196*

第3節　共和暦8年委員会案 *199*

第1款 抵当権の定義と概念 *200*

第2款 追及権の規定 *203*

第3款 登記制度廃止の提案と抵当権の懈怠 purge *205*

第4款 抵当権の当然 purge *207*

第4節　Bruxelles 控訴裁判所意見 *209*

第1款 抵当権の定義と概念 *210*

第2款 追及権の位置づけ——任意売却における懈怠 purge への敵意 ... *215*

第3款 滌除制度に対する理解——期限の利益の維持と任意売却に伴う当然 purge の否定 *217*

第5節　破毀裁判所案 *219*

第1款 抵当権の定義と概念 *219*

第2款 追及権の規定 *222*

第3款 抵当権の懈怠 purge と公示原則 *224*

第4款 抵当権の当然 purge *226*

第6節　民法典及び民事訴訟法典の起草過程 *231*

第1款 Conseil d'État における審議 *232*

第2款 Treilhard 草案 *235*

第3款 護民院における Grenier 報告 *240*

第4款 民事訴訟法典の不動産差押え手続における抵当権の処遇 ... *242*

第5款 小括 *243*

第7節　補説：所有権移転の公示——所有権の懈怠 purge と抵当権登記の終期 *248*

第1款 共和暦3年の décret *250*

第2款 共和暦7年の法律 *252*

第3款 共和暦8年委員会案 *256*

第4款 Bruxelles 控訴裁判所意見 *259*

第5款 破毀裁判所案 *261*

第6款 民法典の起草過程 *268*

第7款　民訴法典とその起草過程　………………………………　*277*

第8款　小括　………………………………………………………　*282*

第8節　本章のまとめ　………………………………………………　*283*

第1款　第一の課題について　……………………………………　*283*

第2款　第二の課題について　……………………………………　*284*

第4章
19世紀フランスにおける抵当権と追及権 _____ *287*

第1節　抵当権及び追及権をめぐる19世紀前半の学説・判例　……　*288*

第1款　Pothier学説の流用から依拠へ　…………………………　*289*

第2款　肢分権説の否定と復権　…………………………………　*299*

第3款　抵当権の当然purgeと法律効理論　……………………　*312*

第4款　補説1：追及権行使における非剰余主義の生成と売却代金弁
　　　　済事例の包摂　……………………………………………　*328*

第5款　補説2：物上保証人の法的地位への応用　……………　*331*

第6款　小括　………………………………………………………　*333*

第2節　「抵当権改革」法案における抵当権と追及権　………………　*335*

第1款　抵当権と滌除制度の位置づけ　…………………………　*336*

第2款　抵当債務弁済義務の維持と抵当委付の廃止　…………　*338*

第3款　不動産執行後における差額弁済の人的義務の創設　……　*339*

第4款　小括　………………………………………………………　*346*

第3節　補説：1855年の法律と不動産物権変動の一般理論の構築　…　*347*

第1款　不動産所有権移転の対抗要件主義　……………………　*348*

第2款　譲渡人の抵当債権者に対する所有権移転謄記の効力——抵当
　　　　権登記の終期をめぐる議論　……………………………　*363*

第3款　抵当権に基づく差押えの謄記禁止効と抵当権の物権性——無
　　　　担保債権者の第三者性をめぐる議論　…………………　*373*

第4款　小括　………………………………………………………　*382*

第4節　抵当権及び追及権をめぐる 19 世紀後半の学説 383

第1款　抵当権及び追及権理解——Pothier ＝ Valette 学説の定着 384

第2款　法律効理論——滌除の法律効と強制競売の法律効との分離 398

第3款　補説 1：第三取得者から先順位抵当権者への売却代金弁済に
よる代位 408

第4款　補説 2：物上保証人の滌除権をめぐる議論の展開 410

第5款　小括 411

第5節　本章のまとめ 412

第1款　第一の課題について 413

第2款　第二の課題について 413

第5章
日本法における抵当権と追及権 _____ 417

第1節　追及権理解の帰趨 419

第1款　Boissonade によるフランス法学説導入の状況 420

第2款　旧民法とこれを解説する学説による Boissonade 草案の継承 ... 426

第3款　明治 31 年民法における転換 433

第4款　その後の学説の展開 445

第5款　平成 15 年改正における抵当権実行通知の廃止 463

第6款　小括 464

第2節　滌除制度における合意構成の継承と「法律効」理論の忘却 ... 465

第1款　Boissonade 草案 467

第2款　旧民法 468

第3款　明治 31 年民法とその後の学説 470

第3節　消除主義と滌除制度との連続性の解消 481

第1款　Boissonade 草案 482

第2款　旧民法・旧々民訴法 485

第3款　競売法の制定と明治 31 年民法下の学説 488

第 4 節　抵当権に基づく売却代金への物上代位及び代価弁済制度
　　　　の導入と解体 493

　第 1 款　Boissonade 草案及び旧民法における不存在 496

　第 2 款　明治 31 年民法による導入 497

　第 3 款　大正期以降の学説による分離 505

第 5 節　本章のまとめ 512

結　章　　　　　　　　　　　　　　　　　　　　　　515

第 1 節　課題達成の検証 515

　第 1 款　第一の課題——第三取得者の抵当債務弁済義務をめぐる課題意
　　　　　識の存在 515

　第 2 款　第二の課題——19 世紀フランスにおける学説の転換の理由 ... 516

　第 3 款　第三の課題——フランス法学説の日本法学説への影響 519

第 2 節　解釈論に与える示唆 520

　第 1 款　抵当権実行の再定位の試み 520

　第 2 款　第一の解釈論——抵当権者による売却代金債権への物上代位差
　　　　　押えの要否 527

　第 3 款　第二の解釈論——抵当権に基づく売却代金への物上代位と代価
　　　　　弁済による抵当権の消滅 529

第 3 節　残された課題 538

　第 1 款　抵当不動産の第三取得者の法的地位をめぐる学説史研究の拡充 ... 538

　第 2 款　物権法学の体系全体に対する挑戦 541

文献索引 543

事項索引 549

凡　例

1　参照文献を引用する場合には「　」を，参照文献に論理的に含まれる命題を抽出して強調する場合（参照文献をそのまま引用していない場合）には《　》を，それぞれ用いる。

2　仏語文献の出典等を示すために用いる略語は，以下のとおりとする。

al.	*alii*
Bull. civ.	Bulletin des arrêts de la Cours de cassation（chambres civiles）
Cass. civ.（req.）	Cours de cassation, chambre civile（des requêtes）
D.	Recueil Dalloz
éd.	édition
fasc.	fascicule
ibid.	*ibidem*
id.	*idem*
JCP G	Jurisclasseur périodique（semaine juridique），édition générale
JCP N	Jurisclasseur périodique（semaine juridique），édition notariale
n., N°	numéro（s）
p.; pp.	page; pages
s.	suivants
S.	Recueil Sirey
t.	tome
v°	*vervo*

3　独語文献の出典等を示すために用いる略語は，以下のとおりとする。

f.	und die folgende
id.	*idem*
S.	Seite

4　ローマ法大全（Corpus Iuris Civilis）の法文を示すために用いる略語は，以下のとおりとする。

C.	*Codex Iustinianus*
D.	*Iustiniani Digesta*

序章

　従来の日本の抵当法学は，物の全面的支配権である所有権を制限し物を部分的に支配する制限物権として抵当権を捉え，抵当権実行としての担保不動産競売制度を，抵当権による目的物支配の発現形態として位置づけてきた。そこでは，抵当不動産の第三取得者は，抵当権によって制限された所有権を取得した結果として，抵当権設定者と同様の担保物所有者として抵当権実行に服するものとされてきた。抵当権を制限物権の一つとして捉えることを批判する学説もすでに存在するが，それらも，抵当権を抵当権者と担保物所有者との債権債務関係になぞらえ，物権と債権との峻別を批判することを志向するものであって，第三取得者を設定者と同視する視角をなお共有していた。

　しかし，抵当権が物権として有する効力は，設定契約の当事者である設定者よりも，そうではない第三取得者との関係において，より純粋な形で立ち現れるのではないだろうか。実際，抵当権消滅請求・代価弁済・抵当不動産の売却代金への物上代位など，抵当権者と第三取得者との関係に固有の制度が存在する。第三取得者の法的地位から出発し，そうした諸制度に着目することで，抵当権の効力全体を，ひいては抵当権が物権であるということの意味を再検討すべきではないだろうか。

　本書は，このような視座に基づき，第三取得者の法的地位をめぐる学説史を分析し，制限物権的抵当権理解に基づく歴史認識を批判することで，制限付き所有権の取得者という理解や，さらには第三取得者を担保物所有者として設定者と同視する理解を相対化することを試みる。さらに，抵当権の効力を，債権者間の順位としての優先弁済権と，それを保全するための第三取得者に対する追及権とに分析する理解を学説史から抽出し，これに示唆を得て，抵当権実行としての担保不動産競売制度を抵当不動産の第三取得者に対する任意売却と連

序章

続的な形で捉え直すことを試みるものである。

第1節　問題の背景——日本法学の現状

　従来の日本の法学説は，抵当不動産の第三取得者の法的地位（第1款）を，専ら，抵当権と設定者の抵当不動産所有権及びこれに由来する利用権能との調整（第2款）という観点から論じてきた。しかし，この位置づけは，第三取得者の法的地位を特徴づける諸制度の理解に歪みをもたらしてきた（第3款・第4款）。このような学説状況に対してはすでに批判も存在するが，そうした批判も結局のところ，抵当権者と抵当不動産所有者との関係を統一的に把握する点を共有したままであった（第5款）。

第1款　抵当不動産の第三取得者の法的地位

　抵当不動産の所有権が抵当権設定者から抵当不動産の第三取得者へ移転されても，所有権移転登記前に設定登記を備えた抵当権は，第三取得者に対して，なお何らかの効力を有する（この命題を「前提命題」と呼ぶ）。この前提命題が，民法177条を抵当権の設定と抵当不動産の譲渡に適用した結果として当然に妥当するものであることには，それ自体としては疑いがない。

　しかしこの前提命題は，第三取得者が抵当不動産を取得しても抵当権は抵当不動産上にその効力をそのままの形で保持する，という形に読み換えられてきた（この読み換え後の命題を「第一の命題」と呼ぶ）。そして，第三取得者は，抵当権者による抵当権実行としての担保不動産競売を甘受する，ということも，第一の命題から派生する命題として，半ば当然視されてきた（これを「第二の命題」と呼ぶ）。

　本来，これら二つの命題は，抵当権の第三取得者に対する「対抗」（177条）のあり方についての，ありうる表現の一つであるに過ぎない。しかし実際には，対抗要件主義から直ちに両命題が導き出されることが多い。例えば，次のような記述がある。

　　「……抵当権者は，自らの抵当権が対抗要件をそなえた以降，抵当不動産について所有権を取得した者（第三取得者）に抵当権を対抗できる（民177条）。

したがって，第三取得者は，抵当権の負担の付いた所有権を取得できるにとどまる。抵当権者は抵当権の実行ができ，抵当権実行としての競売手続における買受人は有効に抵当不動産の所有権を取得する。第三取得者は所有権を失うことになるのである……。」[1]（傍点は引用者による。）

　ここではまず，対抗要件主義（前提命題）から，抵当不動産の譲渡後も「抵当権の負担」が「不動産（の所有権）に」付いたままである，ということ（第一の命題）が直ちに導き出されている。そしてこのことが，第三取得者が「抵当権の実行」としての担保不動産競売による所有権の喪失を甘受させられる，という形（第二の命題）に言い換えられているのである。

　ここでは，第一，二の両命題は，対抗要件を備えた抵当権が第三取得者に「対抗」されうる，という前提命題のみによって支えられている。しかし，例えば第三取得者が抵当債務を弁済すべき義務を負うとしても，抵当権が第三取得者によって消滅させられ，その結果「実行」されえないとしても，抵当権が第三取得者に何らかの効力を及ぼしさえすれば，なお抵当権は第三取得者に「対抗」されていると言いうる。従って，前提命題から両命題が導出されるにあたっては，「対抗」以外に，抵当権の効力に関する何らかの前提がさらに作用しているはずである。そして，その前提が明示されていないということは，当該前提が説明不要のいわば《公理》として当然視されている，ということを示しているといえる。

　さらに，これら二つの命題は，第三取得者を《抵当不動産の所有者》に抽象化することによって互いに結びついている，といえる。第三取得者は，物上保証人と並んで《債務なき責任》を負う，と説明されてきた[2]。ここでいう「責任」は抵当不動産の競売に服するいわゆる《物的》責任であり，第三取得者は抵当債権者に債務を負わないとされているので，この説明は第二の命題を表現したものといえる。しかしそれだけでなく，第三取得者を物上保証人と同列に論じている点で，第一の命題を前提とするものにもなっている。すなわち，抵当不動産の譲渡後も抵当権は物に対する効力をそのまま維持するので，抵当不動産を譲り受けた第三取得者も，抵当権を自ら設定した物上保証人と同様に物的責任を負う，という含意を取り出しうるのである。結局のところ，第一の命

---

1)　道垣内弘人『担保物権法〔第4版〕』（有斐閣，2017）166頁。
2)　我妻栄『新訂債権総論』（岩波書店，1964）75頁。

序章

題の下で第三取得者は「抵当不動産の所有者」の一類型として扱われることと
なり，「抵当不動産の所有者」一般に妥当するものとして第二の命題の適用を
受けているのである。

第2款　抵当権と抵当不動産所有権との関係

　以上のように，前提命題である対抗要件主義に，抵当権の効力に関する何ら
かの暗黙の前提が付け加わることで，抵当権が譲渡後の抵当不動産上にその効
力を保持するという第一の命題が導き出される。さらにそこから，第三取得者
が「抵当不動産の所有者」であることを媒介として，第三取得者が抵当権の実
行を甘受するという第二の命題が派生している，といえる。それでは，対抗要
件主義から第一の命題を導出するための，抵当権の効力に関する暗黙の前提と
はいかなるものであろうか。

　それは，抵当権を「制限物権」の一つとして位置づける理論であると考えら
れる。他物権を所有権の制限を伴う物の部分的支配として捉える制限物権理論
（(i)）の適用により，抵当権は，抵当不動産を支配する権利として構成され，
設定者の所有権を制限するものとされる。そして，第三取得者はすでに制限さ
れた所有権を設定者から取得したものとされる。そのため，抵当権の第三取得
者に対する「対抗」の内容は，第三取得者による譲受けの後も抵当不動産に対
して抵当権が従前と同様の支配を保持する，というもの（第一の命題）になる。
その支配は，抵当権実行としての担保不動産競売を通じて具体化するものとさ
れ，このことが，抵当権の実行を第三取得者が（設定者と同様に）甘受する，と
いう形（第二の命題）で表現されているのである。「抵当権の本質」をめぐる従
前の学説は，この制限物権理論を共通の前提としつつ，抵当権と所有権との間
に現に存する差異を制限物権理論の枠内でどう処理するか，そもそも何を両者
の間の本質的差異と考えるかを争ってきたものといえる（(ii)・(iii)・(iv)）。

(i)　物権の一般的性質と制限物権理論

　制限物権理論においては，所有権以外のすべての物権は，所有権の効力のう
ちの一部分のみを有するものとして捉えられる。これによって，制限物権にも
所有権の性質が及び，所有権が有する性質が物権一般の性質となる。その結果，
抵当不動産の第三取得者は，抵当権の設定によって効力を制限された所有権を
取得したことになり，そのために設定者と同様の法的地位に立つものと理解さ

れているのである。以下では，このことを我妻栄教授の教科書の叙述から確認
しておく。

　物権一般の性質について，我妻教授はこれを「一定の物を直接に支配して利
益を受ける排他的の権利」と定式化する[3]。

　そのうち，物の直接支配（直接性）の部分について，我妻教授はこれを「権
利者が満足を得るために……他人の介在を必要としない」こと，と言い換えて
いる[4]。つまり，物権は，物に対する支配を中心的効力とするものであり，そ
の裏返しとして，人との関係では，その効力の実現に人の義務の介在を必要と
しない，ということが導出されている。

　それでは，物権は人に対して具体的にいかなる効力を有するのか，すなわち
どのように人に「対抗」されるのか。我妻教授はこれを，前述の定式における
物権のもう一つの一般的性質である《排他性》によって説明する。我妻教授は
この排他性を，同一目的物上に「両立しない物権」が併存することを許さない
ことと説明している[5]。もっとも以下にみるとおり，この非両立性は，いわゆ
る二重譲渡のような場合に限らず，より広い意味で，抵当権に即して言えば，
同一不動産上の抵当権同士の間や，抵当権と抵当不動産の所有権との間でも認
められる内容のものである。我妻教授は，この「物権の排他性の直接の効果」
として，物権の「優先的効力」を挙げている。その「優先的効力」の内容は，
「内容の衝突する物権相互間においては，その効力は物権成立の時の順序に従
う」というものであるが，そこでは，同一不動産上の抵当権相互間や，地上権
と抵当権との間で排他性が語られている[6]。つまり，このように一方の存在が
他方の存在を完全に否定しないような物権も，一方の存在によって他方の「物
に対する支配」の内容が影響を受ける限りにおいて，非両立であると考えられ
ているのである。そして，抵当権にも物を直接支配する排他的権利としての性
質を認めるのであれば，このような意味での非両立性は，抵当権と（第三取得
者が取得する）所有権との間にも当然に認められるだろう。

　このように，我妻教授の理解によれば，物権はその排他性に基づき，同一目
的物上の他の物権に対して「優先的効力」を有し，抵当権者間の順位も，第三

---

[3]　我妻栄『物権法』（岩波書店，1952）9 頁。
[4]　我妻・前掲注 3）9 頁。
[5]　我妻・前掲注 3）10 頁。
[6]　我妻・前掲注 3）18 頁。

序章

取得者に対する効力も，等しくこの排他性に基づく「優先的効力」の一表現に過ぎない，ということになる。このことをよく表しているのが，我妻教授における「追及権」という概念の扱いである。物権の客体を取得した第三者に対する物権の効力について，我妻教授はこれを「追及権」と呼んでいる。しかし，我妻教授は他方で，これを「結局，優先的効力か物上請求権のいずれかに包含されるものであって，特にそれ以外の効力とする必要がない」と説明しており，敢えてこれを「追及権」と呼んで物権の他の効力と区別する必要はない，と説いているのである[7]。ここでいう「物上請求権」は，所有権に基づく返還請求権を念頭に置いたものと考えられる。従って，抵当権の第三取得者に対する効力は，先に設定された抵当権が後で抵当不動産を譲り受けた第三取得者の抵当不動産所有権に対して有する「優先的効力」によって説明されることが想定されているものと考えられる。

　以上のような物権の一般的効力についての考え方は，以下のとおり制限物権理論によって支えられている。我妻教授は，所有権以外のすべての物権を「制限物権」として捉えた上で[8]，これを，「全面的支配（所有権）」に含まれる支配権能の一部を制限して「物資を一面的に支配する権利」として説明している[9]。それゆえに，制限物権は，所有権が《直接性》《排他性》を有するのと同様に，《直接性》《排他性》を有する，といえるのである。

　そうすると，抵当権も物権である以上，このような制限物権の一つとして理解されることになる[10]。そしてこのことが，抵当権の《直接性》と《排他性》を支え，第三取得者の地位を規定している，といえる[11]。

---

7)　我妻・前掲注3) 17頁。
8)　我妻・前掲注3) 164頁。
9)　我妻・前掲注3) 4頁。
10)　我妻・前掲注3) 164頁。
11)　もっとも，物権の《直接性》《排他性》は，第三取得者の弁済義務を拒絶するための十分条件ではあるが，必要条件ではない。
　　例えば，後に紹介するフランス古法のPothierの著作は，物権一般に《直接性》《排他性》を認めてはいない。しかし，抵当権の設定を，所有権からその一部たる売却権を切り出すものとして捉え，第三取得者は切出しの後に残った所有権のみを取得すると考えた結果，第三取得者に抵当債権者との関係で抵当債務を弁済する義務を負わせることを同様に否定している（後記第2章第5節第1款）。

6

第1節　問題の背景

(ii)　制限物権の一ヴァリエーションとしての価値権

　もっとも，以上のように抵当権を制限物権として構成する場合，抵当権が抵当不動産を具体的にどのように支配していると考えるのかが問題となる。とりわけ，抵当権と所有権との間には大きな効力上の差異が存するため，その差異を制限物権理論の枠内でどのように処理するかが問題とされてきた。

　抵当権の本質を抵当不動産の交換価値に対する支配に見出す，いわゆる価値権説も，この問題についての答えの一つであった。我妻教授は，所有権から得られる効用を「利用価値」と「交換価値」とに二分した上で，抵当権を，そのうちの交換価値だけを客体とする「価値権」として捉えている[12]。それゆえ，抵当権は，物権の特徴である《直接・排他的支配》の性質を抵当不動産の交換価値との関係で継承するものと考えられている[13]。これは，制限物権理論の表れといえる。

　この価値権説においては，抵当権の実行としての競売が，「交換価値の具体化の方法」[14]として位置づけられる。他方で，抵当権の設定後も抵当不動産の所有権は「利用価値」の支配権（利用権）となって抵当権設定者に残存する[15]。従って，第三取得者もこのように抵当権の設定によって効力を制限された所有権を取得し，その結果，抵当権者が支配する交換価値を具体化するための抵当権実行を甘受せねばならない，ということになるのである。

(iii)　価値権説に対する批判と制限物権理論の温存

　その後，この価値権説に対する批判が生じる。しかし，そうした批判も，抵当権を制限物権として捉える観点を，なお共通前提として有しており，抵当権者と設定者との間の権限分配の観点から抵当権の効力を論じ続けている。

　鈴木禄弥教授は，抵当権を価値権として捉えることを（少なくとも日本法における抵当権に関しては）否定している[16]。しかしここでは，抵当権を目的物の担保価値を把握する権利として捉えることが全体として批判されているわけでは

---

12)　我妻栄『新訂担保物権法』（岩波書店，1968）208-209 頁。
13)　我妻・前掲注 12) 223 頁。
14)　我妻・前掲注 12) 224 頁。
15)　我妻・前掲注 12) 208-209 頁。
16)　鈴木禄弥『抵当制度の研究』（一粒社，1968）3 頁以下（初出，法律時報 28 巻 11 号〔1956〕）は，この主張の前提として，「価値権」説が特殊ドイツ的な事情の下でのみ妥当するものであることを主張している。

7

序章

なく，抵当権を債権の担保を離れた独立の権利とする，という価値権説の志向のみが批判されているに過ぎない[17]。従って，抵当権を含む担保物権一般を制限物権として捉える見方は，なお温存されている[18]。「制限物権」という表現だけでなく，制限物権理論もまた継承されている。抵当権を含む担保物権は，所有権の権能の一部を承継したものとして捉えられているのである[19]。

さらに内田貴教授は，価値権説から「抵当権が物の利用に介入しない」という命題を演繹することを批判する[20]。しかしここでも，価値権説は，抵当権を「担保価値（交換価値）のみを把握する」（傍点は引用者による）権利として捉える点において批判されているに過ぎない。内田教授は，担保物の清算価値ではなく担保物を用いた事業の収益からの債権回収を目的とする担保権を実現するため，担保権を目的物の「使用のあり方をコントロールする」権利[21]にしようとして価値権説を批判しているのである。それゆえ内田教授も，抵当権を含む担保物権を「制限物権」として捉えており，制限物権理論をなお温存している[22]。そして内田教授の見解に対する批判も，抵当不動産に対する支配権を抵当権者と設定者との間でどのように分配すべきか，という点をまさに問題とするものとなっている[23]。

松岡久和「抵当権の本質論について」も内田教授と同様に，従来の価値権説を徹底すれば抵当権の「実行段階」においても抵当権は抵当不動産の交換価値しか支配しないということになる，という点を問題視する[24]。松岡論文は他方で，抵当権が設定時から使用・収益価値を把握していると考えることにも問題があると指摘する[25]。そして，抵当権は設定時においては交換価値のみを把握するに過ぎないが，実行段階においてこの交換価値把握が具体化し，かつ不動

---

17) 鈴木禄弥『物権法講義〔改訂版〕』（創文社，1972）227頁。

18) 鈴木・前掲注17) 4頁。

19) 鈴木・前掲注17) 5頁。

20) 内田貴『民法III〔第3版〕』（東京大学出版会，2005）387-388頁。

21) 内田貴「担保法のパラダイム」法学教室266号（2002）7頁，18頁。

22) 内田貴『民法I〔第4版〕』（東京大学出版会，2008）348頁。

23) 片山直也「抵当権と不動産の利用」内田貴＝大村敦志編『民法の争点』（有斐閣，2007）143頁，144頁は内田・前掲注21) の主張に対して，少なくとも現行法上は「設定者の財産管理の自由」が原則として重視されている，と釘を刺している。

24) 松岡久和「抵当権の本質論について」高木多喜男古稀記念『現代民法学の理論と実務の交錯』（成文堂，2001）3頁，22頁。

25) 松岡・前掲注24) 23頁。

産の交換価値は使用・収益価値を反映したものであるので，実行段階においてはもはや使用・収益への干渉は妨げられない，と説く[26]。この松岡論文も，実際上の不都合を生じさせないよう価値権を再定義することを目指すものであって，価値権説の背後にある，抵当権を制限物権として捉える理解は，批判の対象とされることなく共有されたままであるといえる。

（iv）　価値権以外のヴァリエーションの提唱

　このように，価値権説への批判は抵当権を制限物権として捉えることに向けられたものではなかったので，抵当権を価値権として捉えない学説も，専ら価値権以外の制限物権のヴァリエーションを提唱することに意を注いできた。そしてそこでも，価値権説と同様，抵当権実行としての担保不動産競売制度が抵当権の抵当不動産に対する支配を具体化するものとされており，また制限物権理論への依拠は価値権説における以上に進みつつある。第三取得者を設定者から区別する契機をそこに見出すことはできない。

　例えば，川井健教授は，抵当権が究極的には抵当権設定者の所有権を奪うものであり，その限りで譲渡担保とも共通の性質を有している，という点に着目して価値権説を批判する。そして，不動産担保物権一般を，その実行によって目的物の価値を手に入れるという期待が実現される点で，期待権の性質を有するものとして説明しようとする[27]。他方で，抵当権が債権担保の枠内で目的物の交換価値を支配するものである，という理解は，価値権説と共有されている[28]。そしてそれゆえに，抵当権は物権の「通有性」たる排他性，支配の直接性を有する[29]，あるいは，抵当権は物権的性質を有する期待権であって抵当権者は必要限度で目的物の支配権を有する，と説かれている[30]。

　さらにその後，民事執行法の制定時に，その「担保権の実行としての競売」手続が担保権に内在する換価権に基づき担保物を換価する手続として解説された[31]ことを受けて，以下のとおり，抵当不動産の換価権を抵当権の中心的効力

---

26)　松岡・前掲注 24) 23 頁及び 35 頁。

27)　川井健『担保物権法』(青林書院新社，1975) 12-13 頁。

28)　川井・前掲注 27) 12 頁。

29)　川井・前掲注 27) 12 頁。

30)　川井・前掲注 27) 13 頁。

31)　田中康久『新民事執行法の解説〔増補改訂版〕』(金融財政事情研究会，1980) 401 頁。
　　これに対して，生熊長幸「執行権と換価権」岡山大学創立三十周年記念『法学と政治学の現代的

序章

とする学説が有力化しつつある。

松井宏興『抵当制度の基礎理論』は，今日のドイツにおける，価値権説に代わる通説として，抵当権を物の換価権として捉える換価権説を紹介した上で[32]，これを日本の抵当法学でも価値権に代えて用いることを提案している[33]。松井論文によれば，そのドイツにおける換価権説は，抵当権を，制限物権の一つとして，物の所有権に含まれる物の処分権[34]が他人に移転されたものとして捉えるものである[35]。

同様に，古積健三郎『換価権としての抵当権』も，抵当権を，物の交換価値にではなく物自体に抵当権実行による換価という内容の支配を及ぼすものとして捉えている。ここでは，抵当権も「物の上の支配権」である点で他の物権と同質のものである，ということが強調されている[36]。古積論文は，このことを，抵当権は換価を通じて目的物の占有や収益にも効力を及ぼしうる，という主張

展開』（有斐閣，1982）285 頁は，担保権実行も国家に対する競売申立権に基づく一種の強制執行であって，担保権に内在する換価権を観念する必要はない，という観点からこれを批判していた。しかしこの批判に対しては，強制執行においても国に対する執行請求権は請求権の実体的属性としての摑取力に基づくのであって，担保物の競売申立権も同様に担保権に内在する実体権としての換価権に基づく必要がある，という反論がなされている（中野貞一郎『民事執行法〔増補新訂 6 版〕』〔青林書院，2010〕353-354 頁）。もっとも，担保権実行の場合に債権の摑取力に相当するものとして債権類似の摑取力ではなく「担保権に内在する換価権」を観念するのはなぜなのか，これと債権の摑取力との間にはいかなる差異が存在するのか，という疑問は，「制限物権」理論を前提としない限り，なお残りうるように思われる。

32)　松井宏興『抵当制度の基礎理論』（法律文化社，1997）116 頁。

33)　松井・前掲注 32) 205 頁。

34)　これに対して，太矢一彦「抵当権の性質について――特にその物権性を中心として」法政論叢 39 巻 2 号（2003）14 頁は，同様に抵当権を換価権として捉え，抵当権実行によって抵当目的物を支配するものとみる一方で（同 27 頁），抵当権を所有権の一部として捉えることは否定している（同 26 頁）。すなわち，この論文は，実行前の抵当権を，「制限物権」理論のように有体物たる不動産自体の上の物権として捉えるのではなく，「設定者の所有権を支配する権利」すなわち「権利の上に成立する物権」として捉えているのである（同 27-28 頁）。しかし，抵当権と所有権とを支配権としてパラレルに捉える見方自体は，この論文においてもなお温存されている。

　なお，太矢論文は梅謙次郎博士らの見解に着想を得たものであるが（同 25 頁），梅博士はそもそも所有者の法的処分権を所有権の効力内容の外に観念しており，法的処分権と所有権の効力内容としての物の物理的処分権とを類比すると同時に，所有者の法的処分権と売却権としての抵当権とを同視している（後記第 5 章第 1 節第 3 款参照）。

35)　松井・前掲注 32) 61 頁。

36)　古積健三郎『換価権としての抵当権』（弘文堂，2013）220 頁（初出，中央ロー・ジャーナル 7 巻 1 号〔2010〕）。

の理論的根拠としている[37]。これは，全面的支配権である所有権を原型とし，すべての物権をその効力の一部を有するものとして捉える制限物権理論に依拠して，「支配」の原則形態としての占有・収益を抵当権にも取り戻そうとするものといえる。

鳥山泰志「抵当本質論の再考序説」は，抵当権の実行により所有者による抵当不動産の処分が覆滅される点で，抵当権が所有者の処分権を制限することを指摘し，これを「支配権」と捉えることで，抵当権に内在する換価権に抵当権が物権であることの根拠を求めている[38]。もっとも，鳥山論文はさらに，換価権が存在することによる所有者に対する「心理圧力効」に，交換価値のみならず有体物たる目的不動産自体に対する抵当権の「観念的支配」を見出すことで[39]，抵当権実行によらない目的物支配をも観念している。鳥山論文は他方で，所有権等の物権と抵当権との本質的差異として，抵当権が被担保債権の債務不履行の際における金銭の獲得を目的とし，権利発生時点で目的物の占有を有しないなどの点で「債権類似性」を有する，という点にも着目する[40]。そして，この「債権類似性」を示すものとして価値権概念を修正し，その限りで抵当権の価値権的性格を認めることを主張する[41]。しかし，この鳥山論文も，抵当権による目的物支配の具体的内容についてのみ再検討を迫ったものであり，抵当権を制限物権として捉える枠組み自体はなお共有していたといえる。むしろ鳥山論文は，抵当権の「債権類似性」を除いた物権的効力の内容を所有権や用益物権といった他種の物権のそれに接近させようとする[42]点において，我妻教授

---

37) 古積・前掲注36) 220頁。

38) 鳥山泰志「抵当本質論の再考序説(6・完)」千葉大学法学論集25巻4号（2011）45頁，112頁。もっとも，鳥山論文は換価権を抵当権の本質とみることを否定しており（同115-118頁），抵当権の物権性の根拠であることが抵当権の本質であることを意味しないことには注意を要する。

39) 鳥山・前掲注38) 128頁。

40) 鳥山・前掲注38) 127-128頁。同129頁はさらに，我妻教授が被担保債権からの抵当権の独立を志向していた点を批判して抵当権の附従性を重視し，被担保債権の履行期到来による抵当権の内容変化を説いている。しかし，本書は専ら諸学説が抵当権と目的不動産との関係をどのように捉えてきたかに関心を有するため，この点には立ち入らない。

41) 鳥山・前掲注38) 138頁。

42) 鳥山・前掲注38) 105頁は，抵当権の「心理圧力効」を導くため，抵当権も（他の物権と同様に）交換価値ではなく「有体かつ特定の客体を直接に支配する」と解する必要がある，とする。
　そして同106頁は，その「心理圧力効」を確保する手段として抵当権に基づく妨害排除請求を位置づけ，被担保債権の履行期到来前における妨害排除請求を認める。同129-130頁はこのことを，所有権に基づく物権的請求の要件への類比によって正当化している。

序章

の価値権説以上に「制限物権」理論への依拠を強めるものであったとすらいえよう。

第3款 抵当不動産譲渡後の抵当権の存続と，代価弁済制度・抵当権消滅請求（滌除）制度

このように，制限物権理論は学説によって広く共有されている。そしてこの理論が，《第三取得者が抵当不動産を取得しても抵当権は抵当不動産に対する直接の効力をそのままの形で保持する》という第一の命題と，《第三取得者は抵当権の実行を甘受する》という第二の命題とを支え，第三取得者の法的地位と設定者のそれとの同視をもたらしている，といえる。

しかし実際には，第三取得者の法的地位を設定者のそれとは異なるものとする諸制度が現行法上存在し，以下で見るとおりそれらは前記の諸命題と緊張関係を有しうる。しかし，制限物権理論を前提とする従来の学説は，それらの諸制度を抵当権の効力の特徴として受け止めてはこなかった。そもそも，これらの制度は両命題の背後にある制限物権理論そのものと緊張関係を有するので，制限物権理論の枠内で抵当権の効力を分析してきた従来の「本質論」によっては処理しえないものであったともいえよう。ここではまず，第一の命題と緊張関係を有しうる制度について論じたい。

抵当権は抵当不動産の譲渡後も抵当不動産に対する直接の効力をそのまま保持する，と説かれているにもかかわらず，現行法は，抵当不動産が第三取得者に譲渡された場合に，一定の条件の下で抵当権の消滅を認めている。それが，代価弁済制度（現行民法378条）や，抵当権消滅請求（平成15年改正前は，滌除）制度（現行民法379条以下）である。仮にこれらの制度を，抵当不動産の譲渡に伴い抵当権を消滅させるものとして捉えるならば，これらの制度と《抵当権は抵当不動産の譲渡後も抵当不動産に対する直接の効力をそのまま保持する》という命題との間に，ある種の緊張関係が生まれるだろう。制限物権理論との関係では，それは制限付き所有権の取得者に無制限の所有権を与えるものということになる。

そのため，学説は以下のとおり，第三取得者を抵当不動産の利用者の一人として抽象し，これらの制度を，抵当権設定時に設定者に留保される利用権能と抵当権とを調整する諸制度の一環をなすものとして位置づけてきた。もっとも実際には，そのような位置づけは，特に抵当権消滅請求（及び滌除）を説明す

る際に相当の困難を生じさせた。しかしその困難はこれまで，位置づけの再考にではなく，むしろ抵当権消滅請求（及び滌除）制度についての立法論的批判に結びつけられてきたといえる（(i)）。

これら代価弁済制度や抵当権消滅請求（滌除）制度に加えて，不動産強制競売及び担保不動産競売手続における抵当権の消除主義も，競落人という一種の第三取得者との関係で抵当権を消滅させる制度ということができる。このように考えると，消除主義もまた，《第三取得者が抵当不動産を取得しても抵当権は抵当不動産に対する直接の効力をそのままの形で保持する》という命題と緊張関係にある制度であるということになる。しかし，このような消除主義と代価弁済制度及び抵当権消滅制度との関連性は，十分意識されてきたとは言い難い（(ii)）。

(i)　代価弁済制度・抵当権消滅請求（滌除）制度の位置づけ

価値権説からは，代価弁済や抵当権消滅請求〔滌除〕は，交換価値の具体化の一方法として位置づけられている[43]。もっとも，これらの制度は，あくまで抵当権実行という原則的方法に対する例外としての扱いを受けている[44]。それゆえ，なぜこのような例外が認められるのかは，なお問題になりうる。この点について，我妻教授は，代価弁済については「抵当権者の請求に応じて」という要件に含まれた，交換価値の具体化に向けた抵当権者の意思を根拠とする[45]。一方で，滌除制度については，「価値権と用益権との調和」の観点に基づき，利用権保護の必要が例外の理由とされている。すなわち，第三取得者が目的不動産の利用権者であるという側面のみに着目した上で，抵当権実行の脅威から利用権を保護する必要がある，ということが理由とされているのである[46]。し

---

43)　我妻・前掲注 12) 224 頁。後記第 5 章第 2 節第 3 款(ii)参照。

44)　その後，民事再生法に担保権消滅許可制度（民事再生法 148 条以下）が導入されると，滌除制度の例外的性格は希薄化した。そのため，「価値権」説に基づき，滌除制度及び消除主義と民事再生法上の担保権消滅許可制度とを統一的に正当化しようとする学説が登場している（梶山玉香「物件価額の提供による抵当権の消滅」同志社法学 53 巻 1 号〔2001〕1 頁）。

　　もっとも，民事再生法上の担保権消滅許可制度は，第三取得者が登場しない場面で，すなわち設定者が担保物の所有権を確保するために担保権消滅許可を求めることができる点で，滌除（抵当権消滅請求）制度及び消除主義とは本質的に異なる制度であると解される。

45)　我妻・前掲注 12) 371 頁。我妻教授は代価弁済制度を，抵当不動産の任意売却代金への抵当権に基づく物上代位の手続を簡易にしたような作用をするものとして位置づけている。

46)　我妻・前掲注 12) 296-297 頁。我妻教授は価値権説に基づき，抵当権設定時に所有者に留保さ

かし立法論としては，我妻教授は二つの理由に基づいて滌除制度を批判している。一つは，民法の採用する滌除制度は「価値権に対して用益権を過重する思想」に基づき「抵当権の追及力に重大な制限を加える」ことで価値権としての抵当権を害する[47]，という理由である。もう一つは，民法の採用する滌除制度では賃借人に滌除権が認められていないため，利用権の保護のための制度としても不十分である[48]，という理由である。確かに，抵当不動産の「利用権者」の一種である賃借人に滌除権能が認められていないことは，抵当権と利用権との調整の一局面として滌除制度を説明することの限界を示すものといえるだろう。しかし，我妻教授はこのことを，抵当権と利用権との調整という枠組みで滌除制度を説明することの見直しにではなく，滌除制度に対する立法論的批判に結びつけたのである。

　これに対して，価値権説への批判（前記第2款(iii)）を経た後の学説は，これらの制度を，本来は任意売却後も抵当不動産上に存続するはずの抵当権を消滅させる，特殊例外的な制度として位置づける。そして，代価弁済制度による抵当権消滅は当事者間の合意を根拠として，滌除による抵当権消滅は専ら政策的利点を根拠として，それぞれ正当化している。しかしここでもなお価値権説と同様に，これらの制度は，抵当権と抵当不動産所有者の利用権能とをどのように調整するか，という問題に関する諸制度の一つとして捉えられてきたといえ

れた利用権を保護することを重視するため，抵当権の実行による目的不動産の換価を，利用権に対する侵害として消極的に評価している（同297-298頁）。我妻教授が抵当権の本質を「価値権」として捉える際に，換価のための競売を交換価値具体化の方法として位置づけ（前掲注43）参照），それ自体を抵当権の本質に取り込んでいないのも，そのためと考えられる。これに対して，物の交換価値の直接排他的支配を肯定し難い一般先取特権については，我妻教授も「競売権」を唯一の手がかりとしてその物権性を認めている（同58頁）。

47)　我妻・前掲注12) 297頁，372頁。我妻教授によるこの立法論的批判は，我妻教授が抵当権を抵当債務から独立させて抵当権に流通性を与えることを理想としていること（我妻・前掲注12) 221-222頁）と関係する。

　　前掲注46) で紹介したように，我妻教授は，所有者に留保された利用権の保護のため，抵当権の実行ですら，利用権に対する侵害として消極的に評価している。しかしその一方で，抵当権者には何らかの手段によって投下資本回収の手段を与える必要がある。価値権説の下では，目的不動産の換価によらない抵当権の譲渡こそが，利用権侵害を回避するという点においても，最も理想的な投下資本回収手段であったものといえる。

　　これに対して，滌除制度は，仮にそれによって同様に利用権が保護されたとしても，目的物の利用権者によって抵当権が脅かされる点で，抵当権の商品としての安定性を損なう，価値権説にとって悪しき制度といえるのである（同219頁）。

48)　我妻・前掲注12) 372頁。

る。

　一方で，代価弁済制度について，鈴木禄弥教授は，意思の合致に基づいて抵当権を消滅させるものなのだから，代価弁済制度を定めた民法 377 条（当時）の規定がなくてもできるはずのものであり，たいした意義は持ちえない，と説く[49]。これに対して，道垣内弘人「抵当不動産の売却代金への物上代位」は，代価弁済制度を，抵当権に基づく物上代位の売却代金に関する特則として，特に当事者間の合意を要求するものとして捉えることによって，代価弁済制度を明文で設けることの意義を認めている[50]。これらの見解はいずれも，代価弁済による抵当権消滅を当事者間の合意に基づくものと理解するものといえる。もっとも，このような理解は代価弁済制度についての当然の解釈であるというわけではない。例えば，抵当権に基づく売却代金への物上代位によって抵当権者が第三取得者から売却代金の支払いを受けた場合に抵当権を消滅させる制度として代価弁済制度を理解することも十分可能であり，現にそのような解釈は過去に存在していた[51]。それだけに，代価弁済による抵当権消滅を両当事者の合意に基づくものとする解釈は，代価弁済制度と前に述べた第一の命題との間の緊張関係を解消するための解釈論と評することができよう。

　もっとも，このように代価弁済による抵当権消滅が単独で論じられ，しかもそれが合意に基づくものであると説かれる場合，その体系的位置づけは不明瞭にならざるを得ない。しかし，代価弁済による抵当権消滅が滌除制度と並べて論じられていると，その体系的位置づけはより明瞭なものとなる。例えば，内田貴『抵当権と利用権』は，我妻教授の価値権説を批判する前記第 2 款(iii)の観点から，平成 15 年改正前の短期賃貸借制度の立法論的当否を論じたものである。しかしそこでは，「抵当権と利用権の関係が問題となる局面を規律する制度」として，法定地上権制度や短期賃貸借保護制度と並んで，代価弁済制度と滌除制度が列挙されている[52]。

---

49)　鈴木・前掲注 17) 171 頁。

50)　道垣内弘人「抵当不動産の売却代金への物上代位」『典型担保法の諸相』（有斐閣，2013）245 頁，253 頁（初出，神戸法学雑誌 40 巻 2 号〔1990〕）。

51)　後記第 5 章で紹介する梅謙次郎博士の見解は，まさにこのようなものである。

52)　内田貴『抵当権と利用権』（有斐閣，1983）1 頁に，次のような記述がある。「抵当権と利用権の関係が問題となる局面を規律する制度としては，土地・建物の一方が抵当権の目的物となった場合の法定地上権（民 388 条），抵当権設定後の賃貸借に関する短期賃貸借保護制度（民 395 条），抵当不動産の第三取得者と抵当権との関係に関する代価弁済（民 377 条），滌除（民 378 条以下）等がある。」（傍点は引用者による。）

序章

　他方で，抵当権と抵当不動産所有者の利用権能との調整の一環という体系的
位置づけは，合意による正当化が困難な滌除制度にあっては，立法論的批判に
結びついた。道垣内弘人「滌除」は，平成 15 年改正前の滌除制度への立法論
的批判を展開していた。その主張は多岐にわたるが，中でも，抵当不動産の第
三取得者であるというだけでなぜ抵当権を滌除する権限が与えられるのか，と
いう点が疑問視されている。具体的には，滌除制度の目的を第三取得者保護と
捉えるなら，実行時点での第三取得者保護を考えれば足りる，というのであ
る[53]。この疑問は，滌除制度を抵当権と抵当不動産所有者の利用権能との調整
の結果と捉える限り，第三取得者のみに滌除権能を与えるためには第三取得者
に固有の政策的理由が要求されるはずである，ということに根を有するものと
いえる。

　その後，滌除制度は抵当権消滅請求制度に衣替えして維持されることになっ
た。そしてその制度趣旨は，滌除制度に対する我妻教授の説明のような「価値
権と用益権の調和」や「利用権の保護」ではなく[54]，過剰な抵当権を課された
不動産の流通を政策的に促進することにある，とされている[55]。

　しかし，不動産の流通促進という政策目的を追求するのであれば，抵当権以
外の制限物権や賃借権で流通の妨げとなるものも，消滅請求の対象に入るはず
ではなかろうか[56]。実際には，それにもかかわらず制限物権の中で抵当権（そ

---

53)　道垣内弘人「滌除」銀行法務 21 601 号（2002）40 頁，42 頁。

54)　道垣内弘人ほか『新しい担保・執行制度〔補訂版〕』（有斐閣，2004）86 頁〔小林明彦〕及び沖
　　野眞已「抵当権消滅請求」内田＝大村編・前掲注 23）159 頁は，抵当権消滅請求権者が第三取得者
　　に限定され，従来滌除権者であった地上権者及び永小作権者が除外されたことを，「価値権と用益
　　権の調和」や「利用権の保護」という制度趣旨の放棄によるものと説明する。

55)　谷口園恵＝筒井健夫編著『改正　担保・執行法の解説』（商事法務，2004）20-21 頁，道垣内ほ
　　か・前掲注 54）85 頁。山野目章夫＝小粥太郎「平成 15 年法による改正担保物権法・逐条研究(4)
　　抵当権消滅請求」NBL792 号（2004）50 頁，52 頁及び沖野・前掲注 54）159 頁は併せて，第三者が
　　抵当不動産の取得を法律上義務づけられ，またはその取得の必要性が極めて高い場合において，当
　　該第三者の主導で抵当権を消滅させることが価値判断上相当ないし有用である，という理由を指摘
　　する。

56)　福田誠治「滌除に代わる新たな制度の研究——任意売却の促進のために」帝塚山法学 6 号
　　（2002）219 頁，222 頁は，平成 15 年改正前の滌除制度の下でこのような指摘を行っている。
　　　もっとも，同論文は立法論としては，不動産の流通促進を目的として，ただし抵当権に劣後する
　　利用権に限り，滌除によって消滅させることを提案している。しかし，このような滌除対象の限定
　　は，不動産強制競売における民事執行法 59 条 2 項と平仄を合わせるものであって，不動産の流通
　　促進とは別個の考慮に基づくものと考えられる（例えば，鎌田薫ほか「抵当権制度の現状と将来像
　　(3)」NBL702 号〔2000〕28 頁，32 頁〔鎌田薫発言〕は，抵当権の実行方法を柔軟化して任意売却

16

第 1 節　問題の背景

の他準用を受ける担保物権）だけが特に対象として選択されているのであるが，それはなぜなのだろうか。それが単なる利益衡量の結果に過ぎないのだとすれば，抵当権の保護は不動産の流通促進に劣後し，しかし不動産の流通促進は賃借権等の保護に劣後する，という価値の序列を措定することで，これを理由とすることになるだろう。しかし，そのような価値の序列は必ずしも自明なものではなく，これを共有しない者も存在しうる。

　これに対して，道垣内教授は，抵当権消滅請求の制度趣旨として不動産の流通確保に言及しながらも [57]，抵当権消滅請求を抵当権に対する第三取得者及び賃借人保護の制度の一つとして体系的に位置づけている。そして，そうした第三取得者及び賃借人保護の制度一般について，所有者に留保された権能の実効性を確保する制度という説明を与えている [58]。このように，抵当権消滅請求制度の趣旨目的を利用権保護に求めないとしても，これを抵当権と不動産所有者の利用権との調整の一局面として捉える枠組みそのものはなお維持されるといえる。そしてこれによって，抵当権消滅請求制度は，不動産流通促進の政策目的に基づいて，しかしあくまでも抵当権と不動産所有者の利用権能とを調整した結果として説明されるのである。

　しかし，このように抵当権消滅請求制度に抵当権と不動産所有者の利用権能との調整問題という体系的位置づけを与えると，抵当権と不動産所有者の利用権能との調整問題全体における抵当権消滅請求制度の整合性が問われることとなる。例えば内田教授は，平成 15 年改正後の抵当権消滅請求制度についてもなお，平成 15 年改正前の滌除制度に対する道垣内教授による前述の批判を踏襲している [59]。内田教授は，前記第 2 款(iii)のように抵当権者による不動産利用への介入を肯定しているところ，抵当権消滅請求制度が逆に不動産利用を保護して抵当権を制約することはこれと整合しないため，抵当権消滅請求制度に批判的であるものと考えられる。

　　　を取り込むという観点から，同旨の立法論を提唱している）。

[57]　道垣内・前掲注 1）170-171 頁。

[58]　道垣内・前掲注 1）166-167 頁は，「民法は，抵当権者の権利を不当に害さない限りで……間接的に抵当不動産所有者の使用・収益・処分権限を実効的なものにしようとしている」という前置きの下で，抵当権消滅請求制度を解説している。

[59]　内田・前掲注 20）448 頁は次のように述べる。「第三取得者であるというだけでなぜ抵当権者に不利な時期での実行を迫る権利が与えられるのか，という点については，なお疑問がなくはない。」

序章

(ii) 「消除主義」の位置づけ

不動産強制競売及び担保不動産競売においても，抵当権は売却によって消滅する。民事執行法 59 条 1 項が不動産強制競売についてこれを定め，同法 188 条は担保不動産競売についてこれを準用している。

しかし，この抵当権の消除主義については，そもそも競落人が一種の第三取得者であるという認識自体が乏しい。抵当権の消除主義は執行法に固有の問題として捉えられているために，抵当権の消除主義と抵当権消滅請求（滌除）制度とをともに第三取得者に対する抵当権の特殊な効力の表れとして連続的に捉える視点は存在しなかったのである。一般に，執行法上，抵当権も他の物権や賃借権と同様に消除主義と引受主義との間の専ら政策的な選択に服し，抵当権については消除主義が政策的に選択された，と説明されている[60]のは，そのためと考えられる。そこでは，抵当権の消除主義と抵当権消滅請求（滌除）との関係ではなく，専ら抵当権以外の物権等の消除主義または引受主義との平仄が意識されているのである。

第 4 款　抵当権に基づく第三取得者の弁済義務の否定と，
抵当不動産の任意売却代金への物上代位

同様に，制限物権理論によれば，第三取得者は抵当権実行としての競売を甘受する（第二の命題）という形でのみ抵当権を負担するはずであるにもかかわらず，現行法上は，第三取得者がそれ以外の形で抵当権の行使を受ける場面がある。抵当不動産の任意売却代金への，抵当権に基づく物上代位（現行民法 372 条，304 条）である。学説は，この制度と第二の命題との緊張関係について，以下のような対処を施してきた。

すなわち，価値権説は，第二の命題の前提である，《抵当権は抵当不動産の譲渡後も抵当不動産に対してそのままの内容の効力を有する》という第一の命題を，売却代金への物上代位の際にも後退させることで，この緊張関係を解消している。しかしそれだけに，今度は第一の命題との緊張関係が問題となり，それゆえに結局は抵当権に基づく売却代金への物上代位を立法論的に批判している（(i)）。

これに対して，価値権説による正当化に依拠しない学説は，《抵当権は抵当

---

60)　中野・前掲注 31) 416-417 頁。

不動産の譲渡後も抵当不動産に対してそのままの内容の効力を有する》という第一の命題を墨守しつつ，売却代金への物上代位そのものを解釈によって否定することで，緊張関係を解消している（(ii)）。

(i) 価値権説による正当化

価値権説は，抵当権に基づく売却代金への物上代位を，抵当権の客体たる交換価値が売却代金の形で具体化している，という観点から正当化する。しかし，売却後も抵当権が存続することを考慮して，立法論的にはすでに消極的な姿勢を示していた。そしてそれゆえに，物上代位権の行使を，抵当権の目的物を不動産ではなく売却代金に変えるための特別の手続として捉えている。

価値権説を唱える我妻教授は，まず抵当権に基づく物上代位一般を，交換価値の把握という観点から説明している[61]。価値権説からは，抵当権が価値権であることから，抵当不動産の交換価値を具体化したものに対して当然に抵当権に基づく物上代位が生じる，ということになるのである[62]。それゆえ，我妻教授は，抵当不動産の売却代金が「交換価値の具体化したもの」であることに基づいて，売却代金への物上代位を正当化する[63]。

一方で我妻教授は，売却代金に対する物上代位権行使によって，たとえ抵当債務が全部弁済されていなくても抵当権は消滅する，と説いている[64]。このことは，売却代金への物上代位と代価弁済・抵当権消滅請求制度との連続性または関連性を示すものといえるが，その実定法上の根拠は必ずしも明らかではない。価値権説からは，売却代金への物上代位権の行使によって，抵当権の目的物が不動産の交換価値から具体の売却代金に切り替わり，不動産は当然に抵当権から解放される，と説明することが考えられる。

しかし我妻教授も立法論的には，抵当不動産譲渡後も抵当権がそのままの形で存続すること（第一の命題）を理由に，抵当権に基づく売却代金への物上代位そのものに消極的な姿勢を示している[65]。

---

61) 我妻・前掲注 12) 276 頁。
62) 我妻・前掲注 12) 17 頁。この説明は，我妻栄『担保物権法』（岩波書店，1936）23 頁にはすでに登場していた。
63) 我妻・前掲注 12) 280 頁。この説明は，我妻・前掲注 62) 229 頁にはいまだ登場していない。
64) 我妻・前掲注 12) 293 頁。我妻・前掲注 62) 229 頁に，すでにこのような記述が存在する。
65) 我妻・前掲注 12) 280-281 頁。我妻・前掲注 62) 229-230 頁は，取引実務が抵当債務額を控除して抵当不動産売却代金を定めていることを理由に，すでに，物上代位を「かかる場合にも認めるこ

序章

(ii) その後の学説による否定

これに対して，その後の学説においては，抵当権に基づく任意売却代金への物上代位を解釈論上も認めない見解が有力になっている。抵当権は前述のような第三取得者に対する効力を有し，抵当権は任意売却後も抵当不動産上に存続するので，任意売却代金への物上代位は，少なくとも原則としては認められない，というのである。この理解もまた，抵当権は不動産上の物権であるので，抵当権の効力は法律による特別の定めがなければ売却代金には及びえない，ということを前提としている。

売却代金への物上代位を価値権説に基づいて正当化することが広く普及する以前の時点で，すでに近藤英吉教授が，抵当不動産譲渡後の抵当権の存続を理由に，売却代金への物上代位を否定していた[66]。鈴木禄弥教授は，価値権説による正当化が普及した後に，これに反対する形で，近藤教授の否定説を復活させた。

物上代位制度の制度趣旨について，鈴木教授は，抵当権者が把握する抵当物の価値が減少・滅失した場合に，これを原因として所有者に帰属した価値に対して抵当権者の優先権を認めることが衡平に適う，と説明している[67]。この制度趣旨から，鈴木教授は売却代金への物上代位を否定する結論を導出している。ここでも，抵当権者が買主に対して「追及権」を有すること，すなわち，抵当不動産が売却されても抵当権が不動産上に存続すること（第一の命題）が，物上代位を否定する理由とされているのである[68]。

さらに，前記第3款(i)で紹介した道垣内「抵当不動産の売却代金への物上代位」は，代価弁済制度を合意による抵当権消滅の制度として捉えた上で，これを抵当権に基づく物上代位の目的が抵当目的物の売却代金である場合の特則として位置づける。そして合意による代価弁済制度という特則が存在するにもかかわらず，合意に基づかない抵当権に基づく売却代金への物上代位を認めるのは不合理である，として売却代金への物上代位を否定する解釈を展開する[69]。

との当否は可なり疑問である」としており，新訂版以上に消極的である。このことは，売却代金への物上代位を「価値権」説に基づいて正当化する記述がいまだ存在しなかったこと（前掲注63）とも関連するものと思われる。

66) 近藤英吉『改訂物権法論』（弘文堂書房，1937）206-207頁。

67) 鈴木・前掲注16）117頁（初出，民商法雑誌25巻4号〔1950〕）。

68) 鈴木・前掲注16）118頁。

69) 道垣内・前掲注50）253頁。

この解釈は，第三取得者が抵当債権者に対して売却代金を支払うのは第三取得者の意思に基づくことが必要である，という思想を代価弁済制度の中に読み込み，それによって，抵当権者が抵当権に基づく物上代位によって売却代金の支払いを強制することを否定するものである。この解釈はこうして，抵当権実行としての競売以外の第三取得者に対する抵当権の法的効力を拒絶しているのである。

第5款　先行研究による部分的批判

　以上第1款から第4款までで説明してきたことをまとめると，次のようになる。すなわち，《抵当不動産の譲渡後も抵当権は第三取得者に対して効力を有する》という前提命題は，制限物権理論に基づいて説明され，それゆえに《抵当不動産の譲渡後も抵当権は抵当不動産に対する効力をそのまま保持する》という第一の命題に読み換えられてきた。そしてこのことによって，第三取得者は設定者と同様に抵当不動産所有者として扱われ，設定者と同様に《第三取得者は抵当権実行としての競売を甘受する》という第二の命題が導き出されてきた。もっとも，現行法上は，第一，二の両命題及び制限物権理論と緊張関係を有するものとして位置づけられうる諸制度が存在している。代価弁済制度，抵当権消滅請求制度，不動産執行または不動産担保権実行における消除主義，抵当権に基づく売却代金への物上代位などがそれである。そこで学説は，あるいは両命題と緊張関係に立たないよう諸制度を解釈し，あるいは諸制度を立法論的に批判してきた。

　しかし，設定者の法的地位と，そうではない第三取得者の法的地位とを同視すべきなのだろうか。設定者の法的地位は設定契約の当事者としての地位を少なくとも含む[70]が，第三取得者の法的地位はそうではない。物権としての抵当権の効力は，設定者よりもむしろ第三取得者との関係において，より純粋な形で立ち現れるのではないだろうか[71]。両命題及び制限物権理論を離れ，むしろ第三取得者の法的地位から出発して，抵当権の効力全体を，ひいては抵当権が

---

70)　抵当権の効力を債権者間の優先弁済権と第三取得者に対する追及権とに分析する考え方（後記結章第2節第1款）によれば，設定者の地位は設定契約当事者の地位に解消されることになるだろう。

71)　物上保証人の滌除権をめぐる後記第4章第4節第4款の議論を参照。

序章

物権であるということの意味を再検討すべきではないだろうか。

実は，以下に紹介するとおり，これまでにも制限物権としての抵当権理解を批判する研究がなかったわけではない。しかしそれらも，抵当権の抵当不動産またはその所有者に対する効力を一般的に論ずるものであって，第三取得者の法的地位を抵当不動産所有者の法的地位に解消する点は，なお共有されたままであったといえる。

(i) 「債務なき責任」概念に対する批判──「物上債務」論

《第三取得者は抵当権実行としての競売を甘受する》という形で第三取得者の法的地位を捉える第二の命題に対しては，すでに鈴木禄弥「『債務なき責任』について」[72]が批判を試みている。しかもこの批判は，潜在的には抵当権を制限物権として捉えることそのものにまで及びうるものであった。しかし，この鈴木論文における制限物権理論への批判は，専ら「担保物所有者」の義務を論じるという形で行われており，第三取得者の法的地位はなお抵当不動産所有者の法的地位に解消されたままであった。しかも，この鈴木論文が制限物権理論に対して持ちえた含意も，その後の学説によって十分に発展させられてはこなかった。

この鈴木論文以前は，鈴木教授自身も以下のとおり，前記第1款で紹介した我妻教授と同様の「債務なき責任」の説明を用いていた。そこでは，まず物上保証人の負担が「債務なき責任」として説明された後，その説明が第三取得者に応用されていた[73]。

鈴木論文は，このような「債務なき責任」論全体に対する批判を試みるものであった。鈴木論文は，抵当権が物上保証人及び第三取得者に債務を負担させないという従来の説明を批判して，第三取得者を含む「担保物所有者」一般に弁済義務を認める[74]。ただし，鈴木論文も，「担保物所有者」が負う債務は抵当不動産のみが執行対象財産となる，ということは認めている。鈴木論文はこの意味で，「担保物所有者」の負担を「物上債務」と呼ぶことを提唱している[75]。

---

72) 鈴木禄弥「『債務なき責任』について」『物的担保制度をめぐる論集』（テイハン，2000）（初出，法学47巻3号〔1983〕）。
73) 鈴木・前掲注17) 170頁。
74) 鈴木・前掲注72) 41頁，44頁。
75) 鈴木・前掲注72) 45頁。

第 1 節　問題の背景

　このように，鈴木論文は最終的に抵当権を一種の債権として捉えようとした。この主張からは，所有権以外の物権を所有権から切り出された制限物権として捉える制限物権理論を抵当権に及ぼすことが果たして正当なものなのか，という鈴木論文の潜在的な問題意識を読み取ることができる。鈴木論文が抵当権を「物上債務」として捉えるのは，制限物権理論に基づき抵当権を物の部分的支配と捉えることへの疑問といえるからである。

　しかし，鈴木論文も結局のところ「担保物所有者」の義務を論じているのであって，抵当不動産の第三取得者の法的地位も，専ら抵当不動産所有者の資格において義務を負うか，という観点から，物上保証人の法的地位になぞらえて論じられているに過ぎない。鈴木論文は，物上保証人と異なり「直接の契約関係にない第三取得者」に債務を負わせることに躊躇いを示しつつも，結局のところ，抵当不動産の譲渡に第三取得者の債務引受意思を，抵当権設定に抵当権者の債権取得の意思を擬制することでこれを正当化しようとしている[76]。実際，鈴木教授はその後，主として地上権を念頭に置きつつ，「制限物権一般について，それを目的物所有者に対する単なる債権と峻別して，物権であることを強調する意味は，あまり明白とはいえない」[77]として制限物権理論へのコミットメントを弱めている。それは，制限物権の権利者と設定者（所有者）との間の法律関係を，継続的「契約」に基づく権利・義務の関係として捉える観点[78]に基づくものである。しかし，鈴木教授は結局，この観点を，制限物権理論が設定者と第三取得者とを同視することへの疑問ではなく，制限物権理論が物権と債権とを峻別すること一般への疑問に結びつけている[79]。

　さらに，鈴木論文が制限物権理論との関係で持ちえた前述のような意義も，その後の学説によって十分発展させられてきたとはいえない。山野目章夫「物上債務論覚書」は，この鈴木論文を，抵当権を制限物権として捉えることに対する問題提起としてではなく，専ら「債務と責任の分離」という発想に対する問題提起として受け止めている[80]。そして，その問題提起には意味を認めつつ

---

76)　鈴木・前掲注 72) 54 頁。

77)　鈴木禄弥『物権法講義〔5 訂版〕』（創文社，2007）465 頁。

78)　鈴木・前掲注 77) 462-464 頁。

79)　鈴木・前掲注 77) 465 頁。これに対して本書は，物権と債権との峻別を維持しつつ，両者のメルクマールを権利の対人的内容ではなく義務者の特定のしかたに求めることを志向するものである（後記結章第 3 節第 2 款）。

80)　山野目章夫「物上債務論覚書（上）」亜細亜法学 23 巻 1 号（1988）49 頁，50-51 頁。もっとも

23

序章

も，鈴木論文を，そこで取り扱われている個別問題を解決するために物上債務概念が有用か，という観点から批判する。物上債務概念を導入しなくても，鈴木論文が目指す個別問題の妥当な解決は従前の理論体系の枠内で達成できる，というのである[81]。このような山野目論文の問題の立て方は，鈴木論文に対する一定の位置づけを前提とするものといえよう。そこでは結局のところ，鈴木論文は「物権は人に積極的給付義務を課さない」という原則論を個別問題の妥当な解決のために破るものとして片づけられている。

これに対して，前記第2款(iv)で紹介した鳥山「抵当本質論の再考序説」は，抵当権に債権性を承認する見解として，従って制限物権としての抵当権理解から離れるものとして，鈴木論文を位置づけている[82]。もっとも鳥山論文自体は，物権である抵当権に債権性を承認することによる物権概念の修正を嫌って[83]，また抵当権に優先弁済権以外の物権としての効力をも承認するため[84]という理由で，前述のとおり伝統的な制限物権としての抵当権理解を維持している。

(ii) 「物的責任」としての抵当権を物権から離脱させる試み

その後，加賀山茂「『債権に付与された優先弁済権』としての抵当権」は，鈴木論文とは異なる形で抵当権を制限物権理論から解放することを試みている。加賀山論文は，抵当権に直接性・排他性を認めることはできない[85]などの理由で「物権の定義を変更するか，担保物権を物権から除外するか」のいずれかが必要である，と説く[86]。そして，そのうちの後者の道を選択し[87]，担保物権一般を，物権という独立の権利ではなく，債権に内在する摑取権に優先権が付与されたものとして捉える[88]。そしてより具体的には，物的担保を，優先性を伴

鈴木論文自体は，「……責任が有限であるという意味で……『不完全な債務』を担保物所有者は負っている，というべきであろう」（鈴木・前掲注72）292頁）と述べているように，債務とは別に責任を観念すること自体を批判しているわけではない。本文で述べたとおり，鈴木論文はあくまでも，第三取得者が債務を負わないとされている点を批判しているのである。

81）　山野目・前掲注80）59頁。
82）　鳥山泰志「抵当本質論の再考序説(1)」千葉大学法学論集23巻4号（2009）1頁，17-18頁。
83）　鳥山・前掲注38）77頁。
84）　鳥山・前掲注38）128頁。
85）　加賀山茂「『債権に付与された優先弁済権』としての担保物権」國井和郎還暦記念『民法学の軌跡と展望』（日本評論社，2002）291頁，308頁。
86）　加賀山・前掲注85）295頁。
87）　これに対して，本書は前者の道を志向するものといえよう（後記結章第3節第2款）。
88）　加賀山・前掲注85）297頁。

う「物の上の有限責任」として捉えている[89]。

　このように，加賀山論文は抵当権の物権性を否定することで抵当権を制限物権理論から解放しようとしている。しかしこの加賀山論文も，抵当権を制限物権として捉える見解と同様に，物的担保の効力をあくまでも担保目的物との関係で論ずるものである。そこでは，第三取得者はあくまでも抵当権設定者たる物上保証人と同列の担保物所有者としてしか扱われえないだろう[90]。

第2節　問題の設定──抵当制度史をめぐる歴史認識の現状と課題

第1款　歴史認識の現状──抵当制度の発展モデル

　前節で紹介した，日本法における学説の現状は，次のように要約される。すなわち，部分的な批判の試みはあったものの，《抵当権は抵当不動産の譲渡後も抵当不動産に対する効力をそのまま保持する》という第一の命題と，その結果として《第三取得者は抵当権の実行としての競売を甘受する》という形で抵当権の対抗を受けるという第二の命題とは，なお法原則として維持されている。そして，これらの二つの命題はともに，抵当権を制限物権として捉え，第三取得者を単なる制限付所有権者として，すなわち設定者と同様の抵当不動産所有者の一類型として位置づけることによって支えられている。現行法上は，これら二つの命題と緊張関係を有するものとして位置づけられうる，第三取得者の地位の特殊性を示す諸制度も存在しているものの，学説は，あるいは両命題と緊張関係に立たないよう諸制度を解釈し，あるいは諸制度を立法論的に批判してきた。

---

89)　加賀山・前掲注85) 317頁。なお，この点において，加賀山論文の見解は，後記第4節で「α説」と名付ける Loyseau の見解（後記第1章第2節）や，抵当権を「物的責任」として捉える日本の手続法学説（後記第5章第1節第4款）を踏襲するものであるといえる。

90)　そもそも加賀山論文においては，一般先取特権が「追及効」を有しないことをどのように説明するか，という問題意識（加賀山・前掲注85) 302頁）が強い。そのため，逆に抵当権のように「追及効」を有するものについて，それが物権でないとするとその「追及効」をどのように扱うか，という点は十分説明されているとはいえない。かえって，担保付債権者と無担保債権者の差異を債権者間の「優先弁済権」の有無のみに還元する（同304頁）など，第三取得者に対する「追及効」を度外視した説明がなされている。

序章

　このように，学説は広く制限物権理論に支配されており，このことは以下の
とおり，学説の歴史認識[91]にも反映されている。その歴史認識は，抵当権はそ
の起源から制限物権の一種であった，というものである。

　我妻教授は，物的担保制度を権利移転と制限物権の設定とに整理した上で，
権利移転を原初形態と捉え，権利移転の構成を脱した制限物権制度の発達に，
大陸法における抵当制度の歴史的出発点を求めている[92]。

　このような歴史認識は，日本抵当法の母法国とされるフランスの抵当法史の
理解にも応用されてきた。フランス法史を通じて，「抵当権」は常に制限物権
とりわけ価値権であったものと理解されているのである。

　池田恒男「フランス抵当権改革前史」は，フランスの抵当権を含む各国の抵
当権を，「土地所有権を純粋に交換『価値』の側面において把握する」[93]ものと
して，一括して説明している。この論文は，フランス古法における「財産拘
束」が「不動産を処分し，その交換価値から満足を得ることができる」[94]もの
である点に着目し，これを抵当権の沿革と考えている[95]。「財産拘束」とは，
封建法上の土地の差押え禁止原則を前提に，その例外として土地に対する執行
を可能にする契約条項である。この論文は，抵当権に対するこのような理解を
前提にして，抵当権の発展と所有権の発展との間に類比を効かせようとしてい
る[96]。

　今村与一「19 世紀フランスの抵当改革」も，抵当権が歴史上常に「価値権」
であったという歴史認識を，議論の前提としている。この論文では，歴史的諸
発展段階を通じた「抵当権」の本質と，近代法に固有の抵当権の意義である
「近代抵当権」の本質とが論じ分けられている。そして，価値権としての性質
は，後者ではなく前者に属するものである，抵当権の「権利としての法的構
成」として理解されているのである[97]。それゆえ，この観点から，今村与一

---

91) 本書における「歴史認識」の用語法は，森田修「私法学における歴史認識と規範認識(1)」社会
科学研究 47 巻 4 号（1995）171 頁，189 頁のそれに従ったものである。すなわち，過去の学説の規
範認識についての学説史的事実認識と，そのような過去の学説の規範認識の法則性に関する認識と
を合わせて，「歴史認識」と呼んでいる。

92) 我妻・前掲注 12) 7 頁。

93) 池田恒男「フランス抵当権改革前史(1)」社会科学研究 30 巻 5 号（1979）1 頁，4 頁。

94) 池田・前掲注 93) 71 頁。

95) 池田恒男「フランス抵当権改革前史(2・完)」社会科学研究 31 巻 2 号（1979）130 頁，132 頁。

96) 池田・前掲注 95) 219-220 頁。

97) 今村与一「19 世紀フランスの抵当改革(1)」社会科学研究 37 巻 6 号（1986）1 頁，4 頁注 5。

「フランス抵当制度の起源」も，前述の池田論文と同様，「オブリガシオン慣行」すなわち「財産拘束」に，フランス抵当権の起源を求めている[98]。

このような，抵当制度の歴史を制限物権設定の歴史として捉える歴史認識は，それ自体としてはいまだ批判を受けていない。

第2款　先行研究による部分的批判

ただし，前記第1節第5款で紹介した鈴木論文は，ここでもやはり《第三取得者は抵当権実行としての競売を甘受する》という第二の命題との関係で，次のような歴史認識を示している。日本抵当法の母法国であるフランスの抵当法学には，学説史上，《担保物所有者は債務を負うか否か》という課題意識[99]自体が存在せず，従って《担保物所有者は債務を負わない》という観念も存在しなかった，というのである。

> 「……フランス民法学においては，……担保物所有者〔引用者注：物上保証人及び第三取得者〕に『債務』ありやなどということにダメをつめて議論をする者は，ほとんどなかったようである。むしろ，……ダメを詰めて見たとしたら，担保物所有者は一般に債務を負っている，という結果になる可能性も，十分に存するのである。」[100]

このことは，鈴木論文の日本法に関する次のような歴史認識にも影響を及ぼしている。それは，一方でフランス法は第三取得者に抵当債務弁済義務を認め，日本の旧民法はこれを踏襲したのに対して，他方でドイツ法は第三取得者の抵当債務弁済義務を認めず，明治31年に施行された「民法」（以下，これを旧民法と区別して「明治31年民法」と呼ぶ）の起草者である梅謙次郎委員はこれを踏襲した，というものである。鈴木論文は，梅委員が法典調査会において，旧民法の条文を，第三取得者の抵当債務弁済義務を肯定するものと解釈した上で，こ

---

98) 今村与一「フランス抵当制度の起源」社会科学研究47巻4号（1995）37頁，79-80頁。

99) 本書における「課題意識」の用語法は，森田修『契約責任の法学的構造』（有斐閣，2006）21頁注9（初出，法学協会雑誌103巻12号〔1986〕）に従ったものである。すなわち，ある時期の（しばしば各自の問題意識に基づいて論争する）複数の論者が，共通して有する問題意識のこと，すなわち共有された問いのことを「課題意識」と呼ぶ。

100) 鈴木・前掲注72）42-43頁。

27

序章

れを批判していることに触れ[101]，この梅委員の立場を「明らかにドイツ法学の影響を受けている」ものと説明している[102]。鈴木論文はこれに先立ち，旧民法の債権担保編がほぼ全面的にフランス民法典に依拠するものであったと指摘しており[103]，しかも，鈴木論文はそのフランス民法典とフランス民法学との間に特に対立を見出しているわけではない。従って，フランス民法学についての前述した歴史認識が，梅委員の旧民法批判に「ドイツ法学の影響」をみる鈴木論文の歴史認識の背景にあるものと考えられる。

これらの歴史認識の背後には，《第三取得者が債務を負わないという命題は学説史上不変の原理などではなく，近時の概念操作の所産に過ぎないのではないか》という鈴木論文の問題意識があるといえる。なぜなら，鈴木論文は，この歴史認識に依拠して，第三取得者は債務を負わないという考え方を，「ドイツ観念論の無用の産物」として片づけようとしているからである[104]。

第3款　本書の問題意識と課題

(i)　第一の課題——第三取得者の抵当債務弁済義務をめぐる課題意識の存在

このような鈴木論文の歴史認識は，果たして正確なものといえるだろうか。まず，《抵当不動産の第三取得者が抵当債務につき弁済義務を負うか否か》という課題意識は，本当にフランス法学説史上には存在しなかったのだろうか[105]。

---

101)　鈴木・前掲注 72) 43 頁。

102)　鈴木・前掲注 72) 44 頁。

103)　鈴木・前掲注 72) 43 頁。

104)　鈴木・前掲注 72) 42 頁。

105)　なお，従来の研究は，本書とは逆の問題意識に基づいて鈴木論文を批判してきた。すなわち，山野目章夫「物上債務論覚書（中）」亜細亜法学 23 巻 2 号（1989）31 頁，39 頁以下は，鈴木論文における物上債務概念がフランスでは抵当権に用いられていない，という批判を行う。また，山野目章夫「物上保証人の法律的地位に関するフランスの立法・判例の展開」鈴木禄弥追悼『民事法学への挑戦と新たな構築』（創文社，2008）299 頁，315 頁は，フランス法上，物上保証人について論じられてきたのは物上債務ではなく，物上保証人の全財産を責任財産とする人的債務の有無であった，という。加えて，山野目章夫ほか「2006 年フランス担保法改正の概要」ジュリスト 1335 号（2007）32 頁，41 頁〔平野裕之〕は，2006 年のフランス担保法改正（第三者による有体動産質権の設定の場合に債権者の人的訴権を否定した新 2334 条）によってフランスにおける物上債務論に終止符が打たれた，と解説する。

しかし実際には，フランス法における物上保証人及び抵当不動産の第三取得者について，人的債

第2節　問題の設定

　予め簡潔に結論を示すと，本書は，フランスにもこのような課題意識は存在
しており，鈴木論文のこの歴史認識自体は根拠を欠く誤解と言わざるを得ない，
と考える[106]。この結論は，以下の仮説を検証することによって支えられる。
すなわち，フランスでは，第三取得者が抵当債務の弁済義務を負わず《抵当不
動産の強制収用を甘受する義務》のみを負う，という学説が，19世紀を通じ
て次第に支配的になった。そしてこの学説は，フランス法学説史上，第三取得
者は弁済義務を負うという，古法期フランス慣習法学説に存在していた考え方
を，明確に駆逐するものとして登場したものであったのである。この仮説を検
証することが，本書の第一の課題である。

　もっとも，仮に鈴木論文の歴史認識に誤りがあるとしても，そのことは，前
記第1款で紹介した諸論文の《フランスにおいて抵当権は常に制限物権として
構成されてきた》という歴史認識が正しいことまでは意味しない。かえって，
仮に前述の仮説のように《第三取得者は抵当債務の弁済義務を負う》という考
え方が古法期フランス慣習法学説に存在していたのだとしたら，その事実は，
前記第1款で紹介した諸論文の歴史認識の側にも誤りがあることを示すものと
いえる。なぜなら，前記第1節第2款(i)でみたとおり，《第三取得者は抵当債
務の弁済義務を負う》という考え方は，抵当権を物に対する部分的支配権とし
て捉える「制限物権」理論とは相容れないはずだからである。

(ii)　第二の課題——19世紀フランスにおける学説の転換の理由

　同時に，上記の仮説は，鈴木論文の歴史認識の背後に見られる《第三取得者
は債務を負わないという命題は概念操作の所産に過ぎないのではないか》とい
う問題意識がなお正当なものとして評価されうることをも示唆するだろう。な
ぜなら，仮に古法期フランス慣習法学説に《第三取得者は抵当債務の弁済義務

　務と区別された（全財産を引当てとしないという意味での）義務を観念する学説が，2006年改正
　前にも（Simler, « Le cautionnement réel est réellement-aussi-un cautionnement », *JCP G* 2001. I.
　367, n. 8），2006年改正後も（Ansault, *Le cautionnement réel*, Defrénois, 2009, n. 271 et s..）少数なが
　ら存在している（特に後者は，「物上義務（obligation propter rem）」の概念を明示的に用いてい
　る）。このような現代フランス法における物上債務論の学説史的位置づけ，とりわけ，本書が追跡
　する，第三取得者に弁済義務を認めるフランス古法の通説的見解（β説）とこれらの議論との関係
　を分析する作業については，他日を期したい。
106)　実際，鈴木論文は旧民法についての梅謙次郎博士の理解を参照し，そこから遡ってフランス民
　法学説を推測するのみで（鈴木・前掲注72）42-43頁），フランスにおける特定の学説を具体的論
　拠として示しているわけではない。

序章

を負う》という考え方が存在していたのであれば，19世紀フランスの学説が
なぜこの考え方を駆逐したのかを，さらに問題としうるからである。もしも，
19世紀フランス学説が，「物権」の統一的理論体系を構築し，制限物権理論に
よって抵当権をその中に取り込む，という概念操作の結果，従前の考え方を駆
逐したに過ぎないのであれば，鈴木論文の問題意識は，なお正当なものといい
うるだろう。この仮説を論証することが，本書の第二の課題である。

(iii) 第三の課題──フランス法学説の日本法学説への影響

《第三取得者は債務を負わないという命題は概念操作の所産に過ぎないので
はないか》という鈴木論文の問題意識は，当然のことながら日本の法学説にも
及ぶものである。従って，この第二の課題が達成されると，この問題意識が日
本法においても妥当すると考えてよいのか，という問いが浮かび上がってくる
ことになる。ここで，鈴木論文のもう一つの歴史認識，すなわち，日本法に関
する歴史認識が疑われることになる。

前述のとおり，鈴木論文は，日本の旧民法の債権担保編がフランス民法典に
依拠していることから，その旧民法の条文を批判している梅委員の立場を「明
らかにドイツ法学の影響を受けている」ものと説明していた。そして，これは
19世紀後半のフランス民法学とフランス民法典との間に対立が存在しないこ
とを前提とするものであった。しかし，フランス民法典と日本の旧民法の債権
担保編との間に連続性があるとしても，19世紀初頭に制定されたフランス民
法典の規定と，その後のフランス法学説との間には，乖離がないという保証は
ない。仮に両者の間に乖離が存在すると考えると，実際には，この梅委員の旧
民法に対する批判は，当時のフランス法学説のフランス民法典に対する批判を
反映したものである可能性があるのではないか。そうだとすれば，フランス法
学説は，「第三取得者は抵当債権者に対して何ら義務を負わない」という現在
の日本法学説の規範認識の形成過程にも何らかの影響を与えているのではない
か。この仮説を論証することが，本書の第三の課題である。

第 3 節　本書の分析対象と分析視角

第 1 款　分析対象

　以上のような課題に取り組むため，本書はフランス抵当法の学説史を分析の主たる対象とする。フランス法史を対象とするのは，本書の第一及び第二の課題が，フランス法史をめぐる歴史認識の検証にあるためである。そして，その中でもとりわけ学説史を対象とするのは，本書の課題が，抵当不動産の第三取得者の法的地位をめぐる理論構成及びその背後にある「制限物権」理論に関わるものであるからである。

　時期的な観点では，本書による分析の対象は 16 世紀から 19 世紀までの学説史に限られる。16 世紀を始点とするのは，この時期に，第三取得者の抵当債務弁済義務を定めた Paris 新旧慣習法典が編纂されるからである（後記第 1 章）。19 世紀を終点とするのは，この時期に，第三取得者の抵当債務弁済義務の否定が，学説上不動のものとなったからである（後記第 4 章）。

　なお，フランス古法期の法学説は，いわゆる「ローマ法源」を解釈対象とするローマ法学と，16 世紀頃に各地方で慣習法を成文化したものとして編纂された慣習法典を解釈対象とする慣習法学とに大別されるのが通常である[107]。しかし，本書がフランス古法の学説として分析対象とするのは，このうちの慣習法学（特に Paris 慣習法典を解釈対象とする慣習法学）に限られており，当時のフランスにおけるローマ法学は，本書の分析対象とはしない。これは，19 世紀フランスの法学説が，フランス民法典の抵当権に関する規定を解釈する際に，慣習法学よりもローマ法学との連続性に強い関心を寄せている[108]ため，フランス民法典と慣習法学との連続性が捉えにくくなっているからである。19 世紀の学説も，Paris 慣習法典を直接に解釈対象としなかった Pothier の著作だけは，慣習法学のものであるにもかかわらず例外的にかつ頻繁に参照しているのであるが，Paris 慣習法典及びこれを解釈対象とする慣習法学には，あまり

---

107)　山口俊夫「フランス法学」碧海純一ほか編『法学史』（東京大学出版会，1976）175 頁，184-191 頁。

108)　例えば，第 4 章で扱う Duranton, *Cours de droit français suivant le Code civil*, t. 19, Paris, 1835, n. 13 は，フランス民法典について，概してローマ法の理論を基礎としつつ，一定の修正を加えたものとして位置づけている。

序章

関心を示していない。むしろ，19世紀の学説は，Paris 慣習法典及びこれを解釈対象とする慣習法学に対して，時に敵対的ですらあるのである[109]。そこで反対に，Paris 慣習法典及びこれを解釈対象とする慣習法学とフランス民法典との間の連続性に注目すれば，フランス民法典及び19世紀フランス法学説に対して従来とは異なる分析を加え，新たな歴史認識を獲得することができるだろう。その結果，本書の描く「フランス古法」が非常に偏ったものになることは否めないが，これによって，従来あまり注目されてこなかった一つの歴史の流れを浮かび上がらせることにこそ，本書の狙いがあるのである[110]。

　ただし，この方針はフランス古法において抵当権をめぐる慣習法学とローマ法学との間の対立が深刻なものであったということを前提にしているところ，この前提自体は，ローマ法学をも分析対象にすることで，はじめて厳密に論証されうるものである。また，仮に Paris 慣習法典及びこれを解釈対象とする慣習法学とフランス民法典との間に連続性を見出せたとすると，今度はフランス民法典それ自体とそれを解釈する19世紀の学説との間の不連続性が逆照射されることになる。この不連続が何に起因するものであるのかという点は，とりわけ本書の第二の課題（19世紀の学説による転換の理由解明）に取り組む上で重要な問題である。しかし本書は，この第二の課題に取り組むにあたって，さしあたり，19世紀の学説によって例外的によく参照された慣習法学説である Pothier の学説を分析対象とするに留め，それ以上に不連続の源流に遡ることはしていない。後述するように Pothier の慣習法学説は Paris 慣習法学説と対立するものであり，筆者は別稿で，その Pothier の慣習法学説の背後に彼のローマ法源解釈が存在することを示した[111]。このことから，ローマ法学が Pothier の源流に存在することが推測されるが，これを論証するためには，さらにローマ法学における Pothier の学説史的位置づけを解明する必要があるだろう。

---

109)　Paris 慣習法典及びこれを解釈対象とする慣習法学に対する19世紀の学説の敵意をよく示すものとして，例えば，抵当権の追及権の効力に関する Troplong の著作の記述を挙げることができる（後記第4章第1節第1款）。

110)　このような本書の方針は，Egger, *Vermögenshaftung und Hypothek nach fränkischem Recht*, Breslaw, 1903 から示唆を受けたものである。ただし本書は，この作品における彼の手法から示唆を得てはいるものの，この作品における彼の分析結果及び主張それ自体に賛同するものではない（後記第1章注16）参照）。

111)　阿部裕介「フランス古法のローマ法学における二つの « pignoris persecutio » ── « pignus » の効力構造をめぐって」法学78巻1号（2014）1頁，31頁。

以上に加えて，本書は Boissonade による旧民法草案起草以後の日本の学説史をも分析対象とする。フランス法学説の日本法学説への影響を明らかにする，という本書の第三の課題を達成するためである。

第2款　分析視角

(i)　抵当不動産の第三取得者の法的地位をめぐる学説の変遷

本書はまず，抵当不動産の第三取得者の法的地位をめぐる学説にいついかなる変遷があったのかに着目する。フランス法学説史上に「第三取得者は抵当債務の弁済を義務づけられるか」という課題意識が存在したことを示す，という本書の第一の課題は，これだけで十分達成することができるだろう。

(ii)　物権の統一的理論体系の構築，抵当権自体をめぐる学説の変遷との対応関係

しかし，19 世紀フランスの学説がなぜ従前の考え方を駆逐したのかを探究するという本書の第二の課題，及びフランス法学説の日本法学説への影響を明らかにするという本書の第三の課題を達成するためには，さらに立ち入った分析を要する。本書はこれらの課題を達成するために，1. 物権の統一的理論体系の構築，2. 抵当権自体をめぐる学説の変遷，及び 3. 抵当不動産の第三取得者の法的地位をめぐる学説の変遷，という三者の間の対応関係に着目する。この対応関係には，時期的な対応関係に加えて，学説がそれぞれの変遷の間にいかなる論理的関連を与えていたか，という論理的な対応関係がある。この視角から学説を分析することによって，抵当権がいかなる意味において物権であると考えられてきたのか，そのことが第三取得者の法的地位にどのように表現されてきたのかが明らかになるだろう。

(iii)　各変遷の法技術的意味と解釈論的実益

そして，この論理的対応関係が第三取得者の法的地位を決定づけたことを示すために，本書は，各変遷がそれぞれいかなる法技術的意味を持っており，いかなる解釈論的実益を目指すものであったのか（または，なかったのか）にも，テクストから実証可能な範囲で着目したい。なぜなら，これらの要素が第三取得者の法的地位を決定づけうる場合には，論理的対応関係が第三取得者の法的地位を決定したとはいえなくなるからである。例えば，抵当権理解を転換させ

序章

たある学説が，その転換によって物権の統一的理論体系の中に抵当権を取り込むことに成功している一方で，抵当権理解の転換から生じえたはずのある解釈論的実益を，抵当権理解以外の要素のために拒絶していたとする。この場合，この抵当権理解の転換は，何らかの解釈論的実益を得るためではなく，物権の統一的理論体系を構築するためのものであった，すなわち，物権の統一的理論体系の構築との論理的対応関係が抵当権理解の変遷にとって決定的であった，ということができるだろう[112]。

(iv)　滌除制度・消除主義及び抵当不動産売却代金への物上代位との関連

本書はまた，第三取得者の法的地位をめぐる学説の変遷と，滌除制度・消除主義（または，当該時期における，それらの制度に相当する制度）をめぐる理論構成の変遷にも着目する。前記第1節第3款で説明したとおり，これらの制度は抵当不動産の第三取得者との関係で抵当権の効力を変容させるものとして把握することができ，この場合《抵当権は抵当不動産の譲渡後も抵当不動産に対してそのままの効力を保持する》という第一の命題との間に緊張関係を生じる。従って，学説がこれらにいかなる理論構成を与えているかは，当該学説が《抵当権は抵当不動産の譲渡後も抵当不動産に対してそのままの効力を保持する》という命題にいかなる位置づけを与えているかを測るための格好の指針となるだろう。のみならず，これらの制度は，「担保物所有者」の法的地位には解消しえない特徴を第三取得者の法的地位に与えうるものといえる。従って，これらの制度にどのような理論的説明を与えてきたか，という視角に基づいて学説を分析すれば，抵当権の効力全体の中で第三取得者が占める位置がどのように変容してきたのかを明らかにすることができるだろう。

なお，売却代金への物上代位に関して，フランス民法典にはそもそも抵当権に基づく物上代位の制度自体が存在しない，ということがすでに指摘されている[113]。その一方で，フランス法学説が，不動産強制競売や滌除手続における抵当権の消滅を，それぞれ競落代金や任意売却代金への物上代位として説明している，ということもすでに指摘されている[114]。そこで本書は，学説におけ

---

112)　後述する，19世紀のValetteによる「肢分権」理論の復刻は，まさにそのようなものであったといえる（後記第4章第1節第2款(iv)）。

113)　下村信江「フランスにおける物上代位の本質論に関する一考察（上）」阪大法学46巻3号（1996）285頁，287頁。

114)　下村・前掲注113) 290頁。

34

るそのような物上代位理論が，第三取得者の法的地位と滌除制度・消除主義との間でいかなる役割を果たしているのか，という点にも着目する。それと同時に，本書は，不動産強制競売や滌除手続の効力として以外に任意売却代金への物上代位を認める学説がフランス法史に存在しなかったのか，存在したとすれば，その後そのような学説はどのように遇されたのか，という点にも着目する。

（v）　抵当権設定及び不動産所有権移転の方式との関連

　最後に，本書は時に，抵当権設定及び不動産所有権移転の方式の性質をめぐる学説の変遷に言及することがある。例えば，学説が抵当権設定登記を抵当権設定の効力要件として要求しているのか第三者対抗要件として要求しているのか，などである。ただし，この点への言及は，そうした方式要件を論じる際に物権の統一的理論体系の構築が目指されているか否かを検出する，という視角からのものに限られる。従って，そもそも抵当権設定及び不動産所有権移転の方式が制度的にパラレルなものになっていない時期，例えば19世紀前半の学説については，この視角からの検討を省略している。もっとも，そのような時期においても，学説が異なる方式に理論的位置づけを与えている場合には，これに言及する。例えば，古法期の学説が，抵当権を設定する公証証書の作成を，不動産所有権移転における目的不動産の引渡しに相当するものとして捉えている場合などである。

　本書はまた，抵当権設定及び不動産所有権移転の方式が立法によって変更される場合に，誰のどのような実質的利益が考慮され，または考慮されていなかったのかにも，テクストから実証可能な範囲で着目する。これも前記(iii)と同様，抵当権設定及び不動産所有権移転の方式にとって，物権の統一的理論体系の構築が決定的な要素であったことを示すためである。

第4節　行論の計画

　本書は，以上のような対象に対して，以上のような視角から，おおむね時系列に即して分析を行う。具体的な行論の計画は，次のとおりである。

　第1章では，まず，16世紀のフランス慣習法学，とりわけそれが解釈対象とした Paris 慣習法典において，抵当権がいかなる意味で物権であったのかが示される。そこでは，抵当権は，まさに抵当不動産の第三取得者に対する効力

序章

すなわち「追及権（droit de suite）」を認められるという意味において物権であったことが分かるだろう。しかしその一方で，この「追及権」は，抵当不動産の第三取得者に抵当債務の弁済義務を課すことを内容とするものであったのである。もっとも，これらの言明の前提として，当時のフランス慣習法における「抵当権」とは何であったのかが問題となる。本書はこの点について，教会法上の有利息貸付禁止を回避するために地代に類似した「年賦金」を利息に代えて徴収する「設定ラント」という金融取引の，土地に対して有する効力が，当時「抵当権」と呼ばれていたことを示す。その上で本書は，とりわけ Paris 慣習法において，ラント債務者の土地から生じた果実をラント年賦金弁済の原資として観念する「割当て（assignation）」法理が，この設定ラントについて妥当していたことを示す。そして，設定ラントがこの「割当て」法理に基づき，設定ラントの割当てを受けた土地の果実収取者としての第三取得者に，ラント年賦金の弁済について人的義務を課しており，「割当て」を受けた土地を含む第三取得者の全財産がその執行対象財産とされていたことを示す。このように「抵当権」が設定ラントに特有の効力であったことの裏づけとして，本書は，第三取得者が果実収取者の資格を放棄して以後のラント年賦金の弁済義務を免れる「抵当委付（délaissement par hypothèque）」制度に着目する。これと同時に，本書は，このような「抵当権」の「追及権」が，他の物権の効力にはない重大な制約を孕んでいたことを示す。後の不動産強制競売手続における競落判決に相当する「強制命令」制度や，滌除手続に相当する「任意売却命令」実務において，不動産上の物権は「滌除（purge）」に服したが，その具体的内容は権利の種類に応じて異なっていた。設定ラント以外の物権は，権利者が「異議（opposition）」の申立てをすることでその消滅を回避できるものであり，権利者が異議申立てを懈怠した場合にのみ消滅させられた。このような，異議申立ての懈怠を原因とする権利消滅を，本書は「懈怠 purge」と呼ぶ。これに対して設定ラントは，たとえ設定ラント権者が遅滞なく異議を申し立てても，ラントを設定する公証証書の日付に従った順位での売却代金の配当と引換えに消滅させられた。つまり，設定ラント権者の異議（「保存異議（opposition à fin de conser-ver）」）は，順位に従った売却代金の配当を確保する効力のみを有していたのである。このような，異議申立ての懈怠ではなく一定の手続を経た譲渡それ自体を原因とする抵当権の当然消滅を，本書は抵当権の「当然 purge」と呼んで懈怠 purge と区別する。

　第 1 章では，これに引き続いて，16 世紀末に活躍した Loyseau が，「割当

第4節 行論の計画

て」法理の設定ラントへの適用を批判することで，第三取得者の年賦金弁済義務の否定を試みたことが示される。彼は，設定ラントを，土地の取得者に対して何らの効力も有しない設定者の人的債務とし，そのために，ローマ法源を援用して，執行名義を備えた設定ラントの設定者所有不動産に対する執行力を「抵当権」として設定ラント本体から分離する（このような抵当権理解を，本書は「α説」と呼ぶ）。その結果，設定ラントの第三取得者に対する効力は，Loyseauにおいては，設定ラントの執行力すなわち抵当権が「物を追及する」結果，不動産の譲渡後も当該不動産に対する執行力が存続する，という「割付け（affectation）」法理に還元される。彼はこれによって，設定ラント年賦金及び抵当債務一般について，第三取得者の弁済義務を否定しようとしたのである。さらにLoyseauは，公証証書の日付に基づく配当順位をも抵当権の効力に取り込むことで（「優先弁済権（droit de préférence）」），抵当権の対世的諸効力の原型を形成する。もっとも，後のPothierとは異なり，Loyseauはいまだ物権の統一的理論体系の構築を志向するには至っていなかった。このことは，抵当権設定及び所有権移転の方式に対する彼の説明を通して確認されるだろう。そしてそのために，Loyseauにおいては抵当権の対世的諸効力の全体が物に対する効力に抽象されることはなかった。

　続く第2章では，まず，その後の17世紀のParis慣習法典の解釈者が，Loyseauの主張のうち，設定ラントから抵当権を分離する点を受け容れながらも，なお抵当権を単なる執行力には還元せず，第三取得者に抵当債務の弁済義務を認めていたことが示される。彼らはなお，第三取得者所有の不動産に対する差押え及び強制売却を，第三取得者自身の義務に基づく執行と捉えていたのである。さらに彼らは，債権者間における配当順位としての優先弁済権を抵当権の効力の中心に据えつつ，これを保障するための効力として，売却代金の分配を通じて不動産買主から抵当債務の弁済を受けることを内容とする「追及権」を認めていた（このような抵当権理解を，本書は「β説」と呼ぶ）。このような内容の「追及権」は，第三取得者に対して，単なる目的物所有者としての資格ではなく，まさに不動産買主としての資格に基づいて義務を課するものであったといえる。本書はこのような抵当権理解を示すものとして，抵当債権者が，第三取得者に対して未払いの売却代金につき債権差押えに相当する「支払差止め・差押え（saisie & arrêt）」を行い，当該代金から抵当権の順位に従って抵当債務を弁済するよう請求できる，という議論に着目する。

　第2章ではさらに，その後の18世紀の学説において転換への兆候が現れ始

37

序章

めたことが示される。抵当権の対世的諸効力を物に対する効力に抽象化することを通じて，β説の抵当権理解を変質させ，さらには排斥する学説が登場するのである。まずは Bourjon が，抵当権を不動産の価値把握の権利として捉え，これによって対物的な抵当権から債権者間の優先弁済権を導き出す。彼はその上で，強制命令及び任意売却命令が不動産上の抵当権を売却代金上の権利に変換するという「変換（conversion）」理論によって，対物的な抵当権から第三取得者に対する追及権を導き出す。その結果，彼は抵当権者が権利の「変換」を経ずに第三取得者に対して売却代金からの抵当債務弁済を請求することを拒絶する。しかし Bourjon はなお，抵当権を他の物権と同列に扱うことは拒絶し，強制命令及び任意売却命令による「変換」を抵当権の性質によって根拠づけており，その変換によって生じる追及権の内容は β 説のそれであった。これに対して，その後の Pothier は，制限物権理論に相当する「肢分権（démembrement）」理論によって物権全体を体系化し，抵当権をも目的不動産の所有権の一部である売却権として捉える（このような抵当権理解を，本書は「γ説」と呼ぶ）。そしてその結果，Loyseau と同様，追及権の内容について第三取得者の年賦金弁済義務の否定を再び試みる。彼が物権の統一的理論体系の構築を志向していたことは，「肢分権」理論それ自体のみならず，抵当権設定の方式に関する彼の説明からも確認されるだろう。そしてこのことに対応して，Pothier は，売却代金からの抵当債務弁済を，売却権行使の動機に還元し，さらには β 説の Bourjon から「変換」理論を借用することで，配当順位に従った売却代金の分配及びこれに伴う抵当権の消滅（当然 purge）を γ 説に外在的なものとして説明する。もっとも Pothier における物権（肢分権）は，「物の現時の所持者」に対して行使される権利として体系化されており，第三取得者に対する抵当権者の追及権もそのような「物の現時の所持者」に対する権利行使の一態様であって，なお対抗関係一般には解消されていなかった。

　第 3 章では，この Pothier の「肢分権」理論及び抵当権理解をめぐる γ 説が，18 世紀末の中間法期における諸立法及び 19 世紀初頭のフランス民法典制定の時点においては，いまだ浸透していなかったことが示される。民法典制定前の共和暦 7 年の法律は，古法期の Paris 慣習法学における通説であった β 説に従って抵当権を構想した結果，なお第三取得者の抵当債務弁済義務を観念しており，この考え方は民法典起草時の共和暦 8 年委員会案及び破毀裁判所案に継承される。これに対して，Bruxelles 控訴裁判所意見は，肢分権という構成こそ明示しないものの，Pothier の γ 説と同様に，物権の統一的理論体系を構築し，

抵当権を所有権の一部としてその体系に組み込もうとする。しかしこの Bruxelles 控訴裁判所意見の提案は民法典に結実せず，その結果，民法典は，債権者間の配当順位としての優先弁済権を抵当権の中心的効力と捉える β 説のための手がかりを多く残しているのである。以上のことは，各法律及び法律案の条文だけでなく，各法律及び法律案の理由説明や意見が，抵当権の公示及び特定，滌除の際の期限未到来債務の取扱いや抵当権及び不動産所有権移転の公示について，いかなる説明を与えているか，という点に着目することによっても示されるだろう。

　第 4 章では，民法典の条文がこのように Pothier 以前の抵当権理解（β 説）に基づき Pothier 学説（γ 説）を排して作られたにもかかわらず，19 世紀を通じて Pothier の「肢分権」理論が次第に学説に対する影響力を強めていったことが示される。19 世紀前半の学説は，物権の体系への抵当権の取込みを進める中で，抵当権を不動産所有権の一部である売却権として捉える Pothier の学説（γ 説）に依拠して，β 説のための手がかりを示す民法典の文言を批判するようになる。その結果，第三取得者は抵当債務を弁済する義務を負わず，抵当権の実行を甘受する義務のみを負う，という学説が登場し，ついには，Valette が Pothier の「肢分権」理論を復刻するに至る。そこで彼は，単に Pothier の学説を再現するに留まらず，第三取得者に対する追及権を，他の債権者に対する優先弁済権と並んで，物の売却権の万人に対する対抗の一局面として位置づけるに至るのである。これに対応して，滌除手続及び不動産強制競売の消除主義による抵当債務の弁済と抵当権の当然 purge とを γ 説に外在的なやり方で説明するため，Grenier が，Bourjon の「変換」理論を改鋳した「法律効 (effet légal)」理論を提唱する。さらにこの「法律効」は Pothier 学説の浸透に呼応して，Troplong により，第三取得者（または競落人）と抵当債権者との間の契約の効力に解消されるようになる。

　もっとも，19 世紀半ばの時点では，いまだ Pothier 学説の支配は完全なものではなかった。Pothier 学説に対する最後の抵抗を示すものとして，本書は，19 世紀半ばの抵当権改革期において民法典の抵当法に関する部分の改正を提案した de Vatimesnil の委員会案と，この案に関する彼の報告書及び国民議会における発言を取り上げる。そこでは，かつての通説であった β 説に基づく，（競落人を含む）第三取得者から（競落代金を含む）取得代金を得ることによって抵当債務の弁済を受ける権利としての追及権の，最も洗練された形がみられるだろう。

序章

　しかしこの委員会案の立法化は結局挫折し，de Vatimesnil は表舞台から姿を消す。そしてその後，Valette によって復刻された Pothier 学説（γ説）の支配は，不動のものとなっていった。本書は，不動産所有権移転の公示を整備した 1855 年の法律の立法を契機として，抵当権設定を含む形で物権変動の理論的統一が進められたことを示す。そしてその結果，19 世紀後半の学説においては，γ説の支配が不動のものとなり，追及権は抵当権が物に対して有する効力（売却権）の万人に対する対抗に解消され，抵当債務を弁済する第三取得者の義務がおよそ観念されなくなったことを示す。さらに，これに呼応して，滌除手続による抵当権の消滅を抵当権の当然 purge としてではなく契約の効力として正当化する学説もまた支配的になり，ついにはこれを物権に対する侵害として立法論的に批判する学説が登場するようになったことを示す。

　第 5 章では，以上のようなフランス法学説史を前提として，明治 31 年民法の起草者である梅委員が，19 世紀フランスの通説であった売却権としての抵当権理解（γ説）を導入し，これが日本の学説に定着しさらにはより徹底されていったことを示す。その流れの中で，抵当権者の追及権と優先弁済権とを物権の「排他性」に解消する冒頭の我妻説（前記第 1 節第 2 款(i)）が登場するに至るのである。そしてその過程で，第三取得者を抵当不動産の「所有者」として抵当権設定者と同視する観点がその後の学説に定着し，「所有者」は抵当権の実行を甘受すべき地位にある，という理解が第三取得者の法的地位を規定するに至った。このように第三取得者を抵当権設定者と同視する観点が日本において徹底されえた原因として，本書は，「法律効」理論が日本に継承されず，抵当権の当然 purge を生じる諸制度の連続性が解消されていたことに着目する。そのために，前記第 1 節第 3 款でみたとおり，そうした諸制度は《抵当権と設定者所有権に基づく利用権能との調整》の一局面として位置づけられた上で個別にその存在意義及び立法論的当否を論じられてきたのである。

　最後に，本書は結章において，以上の歴史研究から得られる示唆に基づいて，抵当権の効力を優先弁済権とそれを補助する追及権とに分析し，日本法上の抵当権実行としての担保不動産競売制度について，抵当不動産の任意売却と理論的に連続させた再定位を試みる。そしてその再定位によって，売却代金への物上代位及び代価弁済による抵当権消滅制度について，二つの解釈論が正当化可能となることを示す。一つは，売却権としての抵当権理解（γ説）を相対化する観点に基づき，抵当債権者による第三取得者への売却代金請求及びその履行強制を「物上代位」制度の外で認め，売却代金債権への物上代位差押えを不要

40

とするものとして代価弁済制度を用意する解釈論である。もう一つは，売却権としての抵当権理解を維持し，売却代金への物上代位に差押えが必要であることを前提にしつつ，代価弁済による抵当権消滅を，売却代金への物上代位の効果として位置づける解釈論である。この第二の解釈論は，第三取得者を競落人と同視する観点に基づき，抵当権の当然 purge を生じる諸制度を「法律効」によって体系化し，代価弁済による抵当権消滅をも「法律効」による抵当権の当然 purge という理論体系に取り込むことによって可能となるものである。

第1章　16世紀Paris慣習法典におけるラントの「割当て」法理と抵当権の誕生
——フランス古法（その1）

　本章では，序章で設定した第一及び第二の課題を達成するために，16世紀Paris慣習法学における，抵当権者の第三取得者に対する「追及権」をめぐる議論において，第三取得者の弁済義務をめぐる課題意識がすでに存在していたことを示す。そして，後に第三取得者の弁済義務が否定された理由を探るべく，その課題意識に基づく当時の議論の具体的内容及びその学説史上の位置づけを分析する。

　当時のフランス抵当法学説において特に議論の中心となっていたのが，「抵当委付（délaissement par hypothèque）」という制度である。しかしこの制度は，明治31年民法以来日本法には存在せず，我々にはなじみが薄い。フランス法にはこの制度は今日も残っているが，今日のフランス法学による説明も，奇妙なものとなっている。

　AynèsとCrocqによる担保法の教科書を例にとると，第三取得者に抵当権を対抗できる抵当権者は，第三取得者の下で譲受不動産を差し押さえることができる，という説明[1]は，我々にもなじみがあるものである（序章第1節第1款参照）。しかし他方で，AynèsとCrocqはそのことを敢えて，抵当権者が「追及権（droit de suite）」[2]を有するという形に言い換えている。彼らはさらにその追及権を，抵当権者が第三取得者に対して訴訟を提起するわけではないにもかかわらず，「訴権（action）」[3]さらには「抵当訴権（action hypothécaire）」[4]と言い

---

1)　Aynès et Crocq, *Droit des sûretés*, 11ᵉ éd., Defrénois, 2017, n. 690.
2)　Aynès et Crocq, *supra* note 1, n. 689.
3)　Aynès et Crocq, *supra* note 1, n. 690.
4)　Aynès et Crocq, *supra* note 1, n. 692.

43

第1章　16世紀 Paris 慣習法典におけるラントの「割当て」法理と抵当権の誕生

換えている。そして，その訴権に基づく第三取得者に対する請求の内容として
「(被担保債務の) 弁済」を挙げ，第三取得者は弁済をしないと不動産の差押え
を受けるが，抵当不動産を「委付」すなわち放棄することによってこれを免れ
る，というのである[5]。

　これは，第三取得者を被担保債権の債務者と同様に扱いつつ，委付を認める
ことによって第三取得者の物的有限責任を実質的に実現するものであるように
もみえる。しかしそのように考えると，第三取得者が委付をしない場合でも差
押えの対象が譲受不動産に限られ，第三取得者が有するその他の財産が含まれ
ないのはなぜなのかが，よく分からなくなる。逆に，《第三取得者は不動産差
押えを甘受する》という説明から出発すると，委付によって差押えを免れると
いっても，それは第三取得者にとって譲受不動産を失う点で差押えを甘受する
のと何ら変わらない結果なのではないか，そうだとすれば委付制度には存在意
義などないのではないか，という疑問を生ずる。そのためか，Aynès と
Crocq も，委付制度を「時代錯誤」であると評している[6]。

　それでは，「時代錯誤」になる前は，委付はどのような意義を有していたと
いうのであろうか。Aynès と Crocq はこのことを説明すべく，「ローマ法及び
古法」に関する歴史認識を披露しているが，それは，《第三取得者は差押えを
甘受する》という前述の規範認識を持ち込んだものとなっている。すなわち，
「ローマ法及び古法」では，逆に委付こそが抵当訴権に基づく請求の内容であ
り，第三取得者は委付を免れるために被担保債務を弁済することができた，と
いうのである[7]。この歴史認識によれば，第三取得者の下での不動産差押えは
元来，第三取得者の委付義務の履行強制に他ならず，またそれゆえにその対象
は譲受不動産に限られていた，と説明することになるだろう。

　以上のような委付制度に関する Aynès と Crocq の歴史認識は，Paris 慣習
法下での委付制度に関する Olivier Martin の歴史認識におおむね依拠したもの
となっている。この歴史認識はさらに，以下のような「財産拘束＝抵当権」と
いう歴史認識を背景に有する[8]。

---

5)　Aynès et Crocq, *supra* note 1, n. 692.

6)　Aynès et Crocq, *supra* note 1, n. 692.

7)　Aynès et Crocq, *supra* note 1, n. 692.

8)　序章第2節第1款で紹介した池田恒男「フランス抵当権改革前史(1)(2・完)」社会科学研究30
　　巻5号（1979）1頁，70-76頁，31巻2号（1979）130頁，132-141頁及び今村与一「フランス抵当
　　制度の起源」社会科学研究47巻4号（1995）37頁，70-80頁も，Paris 慣習法以外の史料をも参照

すなわち，13世紀頃から，契約上の義務の履行を確保するために債務者の財産に対する何らかの執行を可能にする「財産拘束（obligation）」条項が，まず契約書に挿入されるようになった。この財産拘束には，債務者の総財産を拘束する一般財産拘束（obligation générale）と，債務者が有する特定の土地を指定して拘束する特定財産拘束（obligation spéciale）があった[9]。13世紀後半には，一般財産拘束が契約における定型条項となった[10]。その後，14世紀頃にはこの財産拘束に基づく執行として債務者が有する不動産を競売することができるようになり[11]，その頃から，一般財産拘束はローマ法における一般「抵当権」に，特定財産拘束はローマ法における特定「抵当権」になぞらえられるようになった[12]。そして14世紀を通じて，この財産拘束＝抵当権には，執行以外に，他の債権者に対する，売却代金から優先弁済を受けることができる「優先弁済権（droit de préférence）」と並んで，抵当権の目的に含まれた不動産が第三取得者に譲渡されても当該目的不動産へ執行することができる「追及権」が認められるようになった[13]。もっとも，第三取得者が登場した場合，債務者に対する執行名義に基づいて執行することはできないため，抵当債権者は第三取得者に対して訴訟を起こす必要があった[14]。この抵当訴訟において，抵当債権者は譲受不動産の委付を請求し，委付された不動産について執行を進めた[15]。Paris慣習法における追及権の内容は，このようなものであった，というのである。

　しかし，この歴史認識に対しては，追及権及び抵当訴訟について，端的に第三取得者に目的不動産の差押えを甘受させる権利・訴訟と考えれば済んだにもかかわらず，なぜ敢えて第三取得者の「委付」義務を介在させていたのか，という疑問がなお残る。そもそも，フランス古法における抵当権者の「追及権」とは，今日考えられているような，第三取得者に譲受不動産の差押え・執行を

　しているために若干の年代の違いはあるが，おおむねこの歴史認識に依拠している。

9)　Olivier Martin, *Histoire de la Coutume de la Prévôté et Vicomté de Paris*, t. 2, fasc. 2, Paris, 1930, pp. 528-530.

10)　Olivier Martin, *supra* note 9, p. 530.

11)　Olivier Martin, *supra* note 9, p. 565.

12)　Olivier Martin, *supra* note 9, pp. 540-542.

13)　Olivier Martin, *supra* note 9, pp. 543-544.

14)　Olivier Martin, *supra* note 9, p. 554.

15)　Olivier Martin, *supra* note 9, p. 583. 彼はここで Bourjon 及び Pothier の学説を並べて引用しているが，実は両者の見解の間には対立が存する（後記第2章）。そして，本文で紹介した Olivier Martin の説明は，実際にはそのうちの Pothier のみに依拠した内容となっている。

第1章　16世紀 Paris 慣習法典におけるラントの「割当て」法理と抵当権の誕生

甘受させるという内容のものであったのだろうか。

　以下に詳述するように，少なくとも，16 世紀に成文化された Paris 慣習法典とこれに対する Loyseau の理解からは，当時における抵当権及びその追及権についての，全く異質な理解を読み取ることができる。そこでは，教会法上の有利息禁止を回避するために地代に類似した「年賦金」を利息に代えて徴収する「設定ラント」という金融取引の，土地に対して有する効力が，「抵当権」と呼ばれていた。そして，土地から生じた果実をラント年賦金弁済の原資として観念する，土地ラントの「割当て」法理の影響の下で，この抵当権は目的不動産に対する単なる執行力に留まらない効力を有していた。すなわち，抵当不動産の第三取得者はラント年賦金を弁済する人的義務を負い，抵当土地に限らず自己の全財産をその執行対象財産とされていたのである[16]。このように，設

---

16)　フランス古法の抵当取引実務が土地ラント法の強い影響下にあった，ということ自体は，すでに Egger, *Vermögenshaftung und Hypothek nach fränkischem Recht*, Breslaw, 1903, S. 175-200 が指摘するところであった（この論文は，すでに中田薫「獨佛中世法ニ於ケル債務ト代當責任トノ區別（承前完）」法学協会雑誌 29 巻 12 号〔1911〕1888 頁，1900 頁以下によって紹介されていたが，その紹介のしかたは概説的なものに留まっている）。Egger はとりわけ，Paris 新慣習法典 100 条（本文第 1 節第 1 款参照）が規定する，設定ラントに抵当入れされた土地の第三取得者の人的義務が，土地ラント法に由来するものであることを，すでに指摘していた（*Id.*, S. 187f.）。

　　しかし Egger はその一方で，抵当権の追及権は譲渡不動産に対する執行力の維持を内容とするものであった，という理解自体は維持していた。彼は，ローマ法の「抵当権」へのなぞらえの前から，土地の譲渡に影響されることなく土地に対して執行できる効力が特定財産拘束に備わっており，これが一般財産拘束にも拡張されて抵当権の追及権となった，と説く（*Id.*, S. 216-217）。Egger にとって，Paris 新慣習法典 100 条は，当時の設定ラント取引実務が財産拘束と並ぶ土着のゲルマン法的要素の一つである土地ラント法の色彩を帯びていた，ということを示すものに過ぎず，彼はそこに抵当権の別個の追及権構想を読み取らなかったのである。これは，Egger が 20 世紀初頭のいわゆる「ゲルマニステン」の一人であり（彼はスイス出身ではあるが，ドイツに留学して Gierke に師事している），当該論文における彼の究極的な目的が，フランス近代抵当法が土着のゲルマン法の自律的発展の成果であること，ローマ法学の影響が皮相的なものに過ぎないことを論証することにあった，ということに起因している。それゆえに，Egger の関心は，古法における追及権がローマ法ではなくゲルマン法に由来することを示すことにあり，そのことさえ示すことができれば，その追及権の内容が譲渡不動産に対する執行力の維持であるとしても特段の問題はなかったのである。

　　Olivier Martin, *Histoire de la Coutume de la Prévôté et Vicomté de Paris*, t. 1, Paris, 1922, p. 477, note 1 も，一般論としては「私は，抵当権の歴史は概して，フランス古法においては，貢租及びラントの歴史とこれまでに結びつけられてきた以上に結びつけられたならば，さぞかし味わい深くなることであろう（gagnerait），という印象を持つ」と述べる。しかし Olivier Martin, *supra* note 9, pp. 543-544 は，追及権とラントの効力との関係に着目することなく，財産拘束による不動産への執行を不動産の譲渡後も維持するものとして追及権を捉えている。

46

定ラントの「割当て」を受けた土地の第三取得者がラント年賦金を弁済する人的義務を負うことが，Paris 慣習法典における抵当権の「追及権」の効力であった。そして，第三取得者が将来発生すべきラント年賦金についてこの人的義務を免れるために，「抵当委付」制度が用意されていたのである。この設定ラントの「割当て」を受ける土地は，当初こそ「割当指定」によって特定されていたが，次第に「割当指定」がない場合にはラント債務者が有するすべての土地に対する「割当て」の効力が認められるようになった。このうちの前者こそが Paris 慣習法典における「特定抵当権」であり，後者こそが Paris 慣習法典における「一般抵当権」であった（第 1 節）。

そして，このような Paris 慣習法典の抵当権及び追及権構想に対する批判として登場したのが，Loyseau の学説（序章第 4 節の「α 説」）であった。彼は，設定ラントから「割当て」法理を排除し，抵当権を財産に対する設定ラントの執行力に純化することを主張する。そして「割当て」に代えて，目的不動産の譲渡後も当該不動産に対する執行力がそのままの内容で存続する，という「割付け」法理を提唱する。この「割付け」法理に基づいて，彼は抵当権の追及権の内容を，第三取得者に対する年賦金弁済の人的義務の賦課ではなく，第三取得者に移転された抵当目的物への執行可能性の保持に限定すべきである，と主張するのである [17]（第 2 節）。

また，池田・前掲注 8)「(2・完)」209 頁は，フランス古法において「抵当権の発展は，実際上ラント制によって担われた」とした上で，さらに土地保有権の譲受人は物的負担である設定ラントを免れなかったということを指摘する。しかし結局のところ，このことは抵当権の追及権の沿革を示すものとは考えられておらず，追及権は財産拘束による不動産への執行を不動産譲渡後も維持するものであったという通説的理解が，これとは別に維持されている（同 133-134 頁）。

なお，森田修「16 世紀フランスにおける担保権実行」日仏法学 21 号（1998）1 頁は，フランス古法におけるラントと抵当権が相互に独立したものであるという前提で両者を並列させ，両者のうちのラントこそが今日の抵当権の機能的等価物であった，という理解を示す。これに対して本書は，フランス古法における抵当権を，（少なくともその原初形態においては）ラントに内在するものとして，ラントの効力の一部を切り出したものとして理解するものである。

17) 本書の直接の考察対象は，Paris 慣習法典制定の前後及びそれ以降における抵当権の追及権構想に限られており，それ以前に一般抵当権及び特定抵当権についていかなる追及権が認められていたかは考察対象としていない。

従って，この Loyseau の追及権構想が，果たしてフランス抵当法史の中で Paris 慣習法典の追及権構想に対抗する構想としてはじめて登場したものであるのか，それともより前の追及権構想への復帰に過ぎないものであるのかについて，本書が断定することはできない。譲渡不動産への執行の維持を内容とする抵当権の追及権が，土地ラント取引の影響で次第に歪曲されて Paris 慣習法典のような形に変形し，これを Loyseau らが元に戻した，という余地を，本書の考察のみによって厳

第 1 章　16 世紀 Paris 慣習法典におけるラントの「割当て」法理と抵当権の誕生

第 1 節　Paris 慣習法典におけるラントの「割当て」法理

　本節の第 2 款で示すとおり，16 世紀の Paris 慣習法典において「抵当権」
と呼ばれていたものは，後述する「設定ラント」の土地に対する効力であった。
そして，この設定ラントは，「土地ラント」から派生したものであり，土地ラ
ントがラントの原初形態であったといわれる。そこでまず，設定ラントに関す
る考察の前提として，土地ラントがいかなるものであり，土地ラントの「割当
て」法理とは何かを，土地ラントに関する Paris 慣習法典の規定それ自体と，
これについての Loyseau の理解とを手がかりにして[18]考察したい（第 1 款）。
そしてその上で，設定ラントとは何かということを示し，当時における「抵当
権」がこの設定ラントの土地に対する効力であったことと，それが土地ラント
と同様の「割当て」法理に基づくものであったこととを明らかにしたい。これ
と同時に，設定ラントの「割当て」を受ける土地が，「割当指定」によって特
定された土地から設定ラント債務者の有するすべての土地へと拡張されていっ
たことを示したい（第 2 款）。最後に，土地ラントと設定ラントとが，ともに
「割当て」法理に服するものでありながらも，各々の取引目的に応じて異なる
扱いを受けていたことを示す（第 3 款）。そしてこの違いの中でも特に，不動産
執行の場面において不動産上の物権の中で設定ラントだけが特殊な扱いを受け
ていたことを示したい（第 4 款）。

　密に否定することはできないだろう。
　　しかし，設定ラント取引が古法期のフランスにおいて常に主要な金融取引であり，土地上の抵当
権が登場する主要な場面であり続けたことと，その設定ラントが土地ラントから派生したものであ
るということは，次のような仮説がより自然であることを示唆している。それは，設定ラントの財
産拘束が土地ラントの「割当て」法理の影響ではじめて第三取得者に対する効力を取得して「抵当
権」となり，この「抵当権」が後に Loyseau らによってはじめて設定ラント及び「割当て」法理
から切り離されてその内容を変えた，という仮説である（この仮説を検証するためには，14 世紀
以後の，ラント以外の義務のための財産拘束が，実際のところ譲渡後の財産に対して執行力を維持
していたのか，を検討する必要があるだろう）。

18)　Loyseau, *Traicté du deguerpissement et delaissement par hypotheque*, 3ᵉ éd., Paris, 1606 は，設定
　　ラントに関する規律については Paris 慣習法典を批判しているが，土地ラントについては Loyseau
　　と Paris 慣習法典の間にそのような対立は見られない。

48

第1款　土地ラントにおける「割当て」法理

　ここではまず，土地ラントとは何かを明らかにした上で（(i)），土地ラントの効力が，土地から生じた果実をラント年賦金弁済の原資として観念する「割当て」法理に支えられていたことを示す（(ii)）。そして，ラントが「果実を年賦金弁済の原資として観念する」ということの二つの法技術的意味を示したい（(iii)・(iv)）。

(i)　土地ラントとは

　Loyseau は，「土地ラント（rente foncière）」[19]の特徴として「かつて土地の領主だった者に支払われるべきものであり，土地の譲渡及び引渡しの際にその者によって設定され課せられ，当該土地は，領主及び譲渡人が自己の土地上に留置し留保するそのようなラントを負担したままである，という条件で移転されている」[20]ということを挙げる。このように，土地所有者が，毎年一定額の金銭等（これを年賦金〔arrérage〕という）の支払いを受ける権利を留保して土地所有権を譲渡する取引において，譲渡人に留保された年賦金徴収権が土地ラントであり，このような取引を Loyseau は «bail d'heritage à rente»[21]と呼んでいる。«bail à rente» は時に「ラント賃貸借」と訳され[22]，確かにラント年賦金は賃料の実質を有するが，今日の賃貸借と異なり，この取引は法的には土地ラントを留保した所有権の移転として構成されており，「賃借人」が所有者となる点でこの訳はミスリーディングである。そこで以下では，賃貸借関係の用語を借用しつつ「　」を付して注意を促すこととする。

　この土地ラントは，封建法上の制度である「貢租（cens）」から派生したも

---

19)　ラント（rente）は「定期金」と訳されることがある（山口俊夫編『フランス法辞典』〔東京大学出版会，2002〕507 頁など）。しかしこれは，古法期における設定ラントの理解の漸次的変化（後記第 2 節第 2 款）と，革命時の共和暦 7 年 brumaire 11 日の法律等による土地ラントの人的債権化（Chénon, *Les démembrements de la propriété foncière en France avant et après la Révolution*, 2ᵉ éd., Paris, 1923, n. 48-49）とを経て，今日ではラントが土地との結びつきを失っているからである。これに対して，「割当て」の形で土地と結びつけられた古法期のラントを「定期金」と訳すのは（今村・前掲注 8）68 頁など）ミスリーディングであるので，本書は定期金という訳語を当てずに「ラント」の語を用いている。

20)　Loyseau, *supra* note 18, livre I, chapitre IV, n. 1.

21)　Loyseau, *supra* note 18, livre I, chapitre V, n. 13.

22)　森田・前掲注 16）5-6 頁など。

のと言われており[23]，このことは，Loyseau がなお貢租を土地ラントの一種（領主ラント〔rente seigneuriale〕）として把握している[24]ことからも窺える。それゆえに，土地ラントの仕組みは，封建的制度の色彩を色濃く残したものとなっており，一部留保された所有権という土地ラントの法律構成なども，このことを反映したものといえる。この法律構成は，この土地ラントを含む「土地負担（charge foncière）」[25]の成立要件に関する Loyseau の記述に，よく表れている。そこでは，土地負担が所有権の一部留保であることを理由として，所有権移転の方式から土地負担の成立に必要な方式が演繹されているのである[26]。

(ii) 「割当て」法理──土地ラントと土地所持者との関係

　この土地負担について，Loyseau は次のように述べる。「土地負担はまさに土地によって支払われるべきものであり，土地が誰の手に渡ろうと，新たな取得者によって支払われるために土地を追及する」[27]。また，土地ラント自体についても，Loyseau は「人ではなく土地が支払わねばならないラント」[28]と言う。もっとも，現実に土地ラント権者へ年賦金を現実に弁済せねばならないのは，ラント「賃借人」[29]やラント「賃借人」からの土地の取得者[30]，すなわち

---

23)　Olivier Martin, *supra* note 16, t. 1, p. 442.

24)　Loyseau, *supra* note 18, livre I, chapitre V, n. 3 は「フランスには，二種類の土地ラントがある。一つは領主的なものであり，……もう一つは非領主的な単なる土地ラントである」とする。そして *Id.*, n. 7 はこのうちの領主ラントの例として貢租を挙げる。

25)　Loyseau, *supra* note 18, livre I, chapitre III, n. 8 は，土地負担を「土地の譲渡の際に，所持者によって弁済され負担されるために課せられた，土地の主たる負担」と定義する。そして *Id.*, n. 7 は土地ラントを「土地負担が *dando*（与えること）または *faciendo*（為すこと）からなる場合」の例として挙げる。

26)　Loyseau, *supra* note 18, livre I, chapitre III, n. 3.「……土地の領主（Seigneur）を除いて，誰も当該土地上に土地負担（charge fonciere）を課すことはできず，さらに，それは土地の引渡し（tradition）と譲渡（alienation）の際になされたものであって，それ以外の場合になされたものではないことが必要である。なぜなら，物の引渡しなき単なる合意（paction）によっては，土地の領主権（seigneurie）は移転しないので……：同様に，土地の領主権を先取りし（anticipent）分有する（participent）土地負担も，たとえそれが土地の自由処分を縮減するものであるとしても，土地の引渡し及び移転の際に，譲渡人が自己のために契約条件としてこの土地権（droict foncier）を留置（retenue）し留保（reseruation）するという方法によって以外には，作られえないからである。」

27)　Loyseau, *supra* note 18, livre I, chapitre III, n. 9.

28)　Loyseau, *supra* note 18, livre II, chapitre V, n. 1.

29)　Loyseau, *supra* note 18, livre II, chapitre II, n. 9.

土地の所持者（détenteur）[31]である。Loyseau はこのことを，「物は命を持たないので，人格という機関（ministere）なくして土地負担を弁済しえないからである」[32]，「土地は命を持たず，訴訟を受けることも弁済をすることも，人の機関なしにはできないからである」[33]と，土地の所持者を土地の「機関」に見立てることで説明しようとする。

　しかし，土地の所持者は実は土地の所持のみを根拠として土地ラントの年賦金の弁済を義務づけられているのではない。この土地ラントが設定された場合，通常は土地の所持者が土地を使用して[34]果実を収取し，ラント「賃貸人」は果実を収取した土地の所持者から年賦金を徴収することになる。そこには，当該土地の果実が当該土地に課された土地ラントの年賦金の本来的な原資として観念される，という関係があり，その結果として，土地の所持者は，果実収取者であるがために年賦金の弁済を義務づけられているのである[35]。

---

30)　Loyseau, *supra* note 18, livre II, chapitre II, n. 10.

31)　ここで用語について整理しておきたい。

　　Loyseau は「所持者（detenteurs）」の語に「自己または他人のために……『自然的に占有する者』，すなわち物質的に土地を占有し所持する者」という定義を与えている（Loyseau, *supra* note 18, livre II, chapitre II, n. 1）。そしてその概念の中に，ラント「賃借人」自身と，ラント賃借人からの「取得者（acquereur）」すなわち「第三所持者（tiers detenteur）」とを含めている（*Id.*, n. 8）。もっとも Loyseau も，年賦金の弁済を義務づけられるのは，実際には，土地を「所持しかつ所有する者」に限られる，と説明している（*Id.*, n. 10, 傍点は引用者による）。そしてそれゆえに，自らが「所有者」ではない，「他人のための」所持者である小作農等は，「単なる所持者」として，原則として年賦金弁済義務を課されない，というのである（*Id.*, n. 14）。

　　このように，「第三所持者」の語は，もともとは土地ラント「賃貸借」関係に由来するものであり，「所持者」の下位概念であった。しかし，本章で説明しているようにこのラントから抵当権が派生したため，その後の民法典は，抵当権に関する規定において，抵当不動産の取得者を意味するものとして，この語を用いている（後記第 3 章第 6 節第 5 款）。そして，民法典を解釈する 19 世紀の学説も，この語を「取得者」と互換的に用いている（後記第 4 章注 6)）。

　　他方で，今日のフランス抵当法学説では，民法典の用語を離れて，「第三取得者（tiers acquéreur）」の語が広く用いられている（Aynès et Crocq, *supra* note 1, n. 689 etc.）。この語は民法典上の用語である「第三所持者」の語と，それが意味するところの「取得者」の語とを融合させたものであって，「取得者」の語に「第三」を冠するのは，本来的には屋上屋を架するものと考えられる。しかし，「第三取得者」という用語は日本の法学説にも定着しているので（道垣内弘人『担保物権法〔第 4 版〕』〔有斐閣，2017〕167 頁など），本書もこの慣用に従って「第三取得者」の語を用いている。

32)　Loyseau, *supra* note 18, livre I, chapitre III, n. 11.

33)　Loyseau, *supra* note 18, livre, IV, chapitre V, n. 1.

34)　所有者たる所持者が自ら土地を使用する場合と，小作（ferme）に出して歳入を徴収する場合とが想定されている（Loyseau, *supra* note 18, livre II, chapitre II, n. 10)。

第 1 章　16 世紀 Paris 慣習法典におけるラントの「割当て」法理と抵当権の誕生

　このことを示すのが，土地ラント年賦金の弁済を求める訴権の相手方の範囲に関する Loyseau 自身の記述である。彼は次のように言う。「土地の果実を収取していない単なる領主は，この訴権に義務づけられない」[36]。そしてその理由として，彼は「この訴権は，所持（detention）と使用（iouyssance），果実の収取（perception des fruicts）に基づくものだからである」[37]と述べる。ここでは，年賦金と土地の果実の間に対応関係があり，所持者の年賦金弁済義務が，単に土地を所持しているということのみによってではなく，果実の収取によって基礎づけられている，ということが前提とされているのである。Loyseau は，このような土地ラント年賦金と土地の果実との対応関係を，土地への土地ラントの「割当て（assignation）」と呼んで[38]，後に彼が抵当権の土地に対する効力として主張する「割付け（affectation）」（後記第 2 節第 2 款(iii)）と対置している。

　以上から分かるように，この「割当て」の法技術的意味は，「割当て」を受けた土地の所持者が，土地からの果実の収取者として土地ラントの年賦金の弁済を義務づけられる，という点にある。以下では，この義務の二つの特徴を説明することを通じて，「割当て」法理の含意を明らかにしていきたい。

（iii）　「割当て」の第一の法技術的意味——土地所持者に対する，年賦金弁済の「人的義務」の賦課

　第一に，土地の所持者は，所持期間中に生じた果実を収取していることに対応して，土地を所持する期間中に弁済期が到来した年賦金の弁済について，「人的義務」を負う。ここでいう「人的」とは，所持者の全財産を執行対象財産とする，という意味である。つまり，果実が年賦金弁済の本来的原資として観念されているにもかかわらず，「割当て」は土地ラントの年賦金について執行対象財産を限定する意味を持たない。そのため，土地ラント負担地をラント「賃借人」から譲り受けた取得者との関係でも，「割当て」を受けた土地から生

---

35)　Egger, *supra* note 16, S. 185 も，所持者の人的 obligation と果実収取との関係に注目している。

36)　Loyseau, *supra* note 18, livre II, chapitre II, n. 5.

37)　Loyseau, *supra* note 18, livre II, chapitre II, n. 5.

38)　Loyseau, *supra* note 18, livre I, chapitre III, n. 16 は，土地ラント負担地につき相続が生じた場合の相続人の負担について，次のとおり「割当て」の語を用いて説明している。「封土（fief）の半分を引き受ける直系の長男は，土地ラントの半分を弁済するだろう：……係争では，自己の姉妹を封土から閉め出した兄弟は，当該封土に割り当てられた（assignee）土地ラントだけを支払うだろう。」（傍点は引用者による。）

じた果実や「割当て」を受けた土地自体が排他的な執行対象財産になるわけで
はないのである。

このことを規定していたのが，Paris 旧慣習法典（1510年）70条[39]・新慣習
法典（1580年）99条[40]である。両者の間には若干の表現上の差異しかないので，
ここでは後者のみを紹介することとする。

> 「99条　貢租・ラントその他の物的な毎年の負担 (charges réelles & annuelles)
> を課され支払わねばならない (chargez & redevables) 土地を，所持しかつ所有す
> る者 (detempteurs & proprietaires)[41] は，権利者への当該負担及び自己の所持の間
> に生じた年賦金の弁済・支払いを，当該土地またはその一部の所持者及び所有者
> である限りにおいて，人的に義務づけられる (tenus personnellement)。」

Loyseau はこの99条を，土地ラントに関する条文であると説明する[42]。そ
の上で，「人的に義務づけられる」の意味について，所持者に対する執行名義
（給付命令判決や公証証書）によって，土地ラントを負担する土地だけでなく所
持者が有する全財産が執行対象財産になる，と説明しているのである[43]。

このように，「割当て」は執行対象財産を限定する意味を持たない。従って，
年賦金弁済訴権に基づく所持者への強制執行は，「割当て」を受けた土地や年
賦金弁済の本来的原資として観念されている果実を摑取するための制度とはい
えない。むしろそれは，果実とは無関係に全財産を摑取対象とすることで，摑
取を恐れる果実収取者に，果実収取による利益を自発的に吐き出させるための，
いわば脅しのための手段であった，と考えることができるだろう。

---

39)　Bourdot de Richebourg, *Nouveau Coutumier general*, t. 3, Paris, 1724, p. 1, p. 6.

40)　Bourdot de Richebourg, *supra* note 39, p. 29, p. 38.

41)　本書がこれを「所持する者及び所有する者」と訳さないのは，Loyseau の解釈（前掲注31））
に従うものである。

42)　Loyseau, *supra* note 18, livre II, chapitre V, n. 1.

43)　Loyseau, *supra* note 18, livre II, chapitre VII, n. 4.「給付命令（condamnation）の後に，給付命令
を受けた者（condamné）の全財産及び各財産上に執行（execution）がなされる……土地上にだけ
ではない……。」

第1章　16世紀 Paris 慣習法典におけるラントの「割当て」法理と抵当権の誕生

（iv）「割当て」の第二の法技術的意味──土地の「逃散」による，将来発生する年賦金を弁済する人的義務からの解放

　他方で第二に，土地の所持者は，すでに生じた年賦金を弁済し，かつラントの「割当て」を受けた土地を放棄することで，上述した年賦金の弁済についての人的義務を免れることができる。このような，土地ラント年賦金を弁済する人的義務を免れるための土地の放棄のことを，Loyseau は「逃散（déguerpissement）」[44]と呼んで[45]，後述する設定ラントの「抵当委付（délaissement par hypothèque）」（後記第2款（iv））と区別している。つまり，土地ラントの「割当て」には，年賦金弁済の人的義務を免れるために逃散する必要がある土地を定める意味があるのである。

　もっとも，そこでの Loyseau の説明は，土地の所持を重視したものとなっている。しかしここでも，逃散による人的義務の消滅は，実は土地の放棄が果実の収取可能性の放棄であることに基づくものであり，果実が年賦金弁済の本来的原資として観念されていることの裏返しなのである。

　このことを裏づけるのが，所持者が逃散によっても弁済を免れることができない年賦金の存在である。すなわち，所持者は，所持の開始から[46]逃散時まで

---

44)　Loyseau は，フランス語 «déguerpissement» の語源を「土地の占有放棄」に求めている（Loyseau, *supra* note 18, livre I, chapitre II, n. 4）。しかし，ここで見られる現象は日本史において見られる農民の「逃散」に類似しているので，本書はこれを語源にこだわることなく「逃散」と訳した。

45)　Loyseau, *supra* note 18, livre IV, chapitre V, n. 1.「人にこれらの負担〔引用注：土地負担〕を義務づける原因，すなわち土地の所持を，逃散（deguerpissement）によって失わせると，結果，すなわち人の obligation が，それと同時に除去され，失われる。」

46)　ただし Loyseau は，所持者の所持開始前（前主以前の者が所持していた期間中）に生じていた年賦金についても，所持者は逃散の際に弁済を義務づけられる，という（Loyseau, *supra* note 18, livre V, chapitre IX, n. 5）。この義務は，「割当て」すなわち所持者による果実の収取によっては説明できないだろう。なぜなら，所持者は所持開始後の果実しか収取していないからである。
　　もっとも，これは Paris 慣習法典に基礎づけられたものではない。Loyseau 自身，この点について Paris 慣習法典は判断していないと考えており（*Id.*, n. 4），他の地方の慣習法典を援用している（*Id.*, n. 5）。むしろ，所持者の人的義務を規定する Paris 新慣習法典 99 条や，逃散の際に既発生の年賦金の弁済が必要な場合について規定する Paris 新慣習法典 103 条は，弁済が必要な年賦金の範囲を明示的に「自己の期間の（de son temps）」ものに限定している（ただし Loyseau は，103 条のように善意者が争点決定手続〔後掲注 50〕の後に逃散した場合の所持者を擬制的〔ないし推定的〕悪意者と呼んで現実的悪意者と区別し，現実的悪意者にはこの 103 条の限定は妥当しないと考えている〔*Id.*, chapitre XI, n. 1-2〕）。
　　しかも Loyseau 自身，所持開始前に生じていた年賦金を弁済した所持者から前主以前の者への

に生じた年賦金の弁済については，逃散によっても人的義務を免れることができないのである。そして Loyseau 自身，それが「毎年の年賦金は，同じ年の果実に基づいて回収されねばならない」という理由に基づくものであると説明している[47]。

ただし，Paris 慣習法典は実際にはさらに詳細に場合分けをして逃散による免除の範囲及び逃散によって免れえない義務の限度を規定しており，それらの規定は年賦金と土地からの果実収取との関係をよりよく示すものとなっている。Paris 新慣習法典 102 条[48]（旧 72 条）によれば，第三取得者が，取得した土地が土地ラントの「割当て」を受けていることを土地ラント権者からの訴訟提起まで知らず，かつそのことを知って直ちに逃散した場合，自己の所持期間中に生じた分を含むすべての年賦金について弁済義務を免れる。

　　「*102 条　土地の第三所持者（tiers detempteur）*[49]*が，当該土地に課された何らかのラントのために訴追されており，……第三所持者が当該訴追（poursuitte）の前にはラントを知らなかった場合，……そのように訴追された当該第三所持者は，争点決定手続（contestation en cause）*[50]*の前には，当該土地を放棄する（renoncer）ことができ，そしてそのように放棄することで，たとえ年賦金がすでにまたは自己の期間に（de son temps），そして当該放棄の前に発生したものであっても，当該第三所持者は当該ラント及びその年賦金を義務づけられない。*」

求償を妨げない，と言う（*Id.*, chapitre IX, n. 6; cf. *Id.*, livre II, chapitre IX, n. 11）。このことから，彼もまた年賦金に対応する果実を収取した者を当該年賦金の終局的で本来的な負担者と考えていることが分かる。つまり，現在の所持者に所持開始前に生じていた年賦金の弁済について人的義務を認めることには，前主以前の者の無資力リスクを，ラント権者ではなく現在の所持者に負わせる，という意味しかないのである。

47)　Loyseau, *supra* note 18, livre V, chapitre IX, n. 2.

48)　Bourdot de Richebourg, *supra* note 39, p. 38.

49)　Loyseau によれば，「第三所持者」は所持者（前掲注 31）参照）のうちラント「賃貸借」の当事者であるラント「賃借人」を除く概念であり，ここでは第三取得者（tiers acquéreur）と同義と考えることができる（Loyseau, *supra* note 18, livre II, chapitre II, n. 8）。

　　なお，設定ラントの場合の抵当委付（後記第 2 款(iv)）と異なり，土地ラントの逃散については，ラント「賃借人」も原則としてこれをなしうる。この点については，後記第 3 款(i)参照。

50)　争点決定手続（contestation en cause）は，給付命令に先立つ訴訟手続上の一時点であり，Paris 新慣習法典 104 条はこれを次のとおり定義する（Bourdot de Richebourg, *supra* note 39, p. 38）。

　　「*104 条　contestation en cause とは，両当事者の請求及び抗弁についての判断（reiglement）がある場合：または，被告が欠席しもしくは抗弁を却下された場合である。*」

第 1 章　16 世紀 Paris 慣習法典におけるラントの「割当て」法理と抵当権の誕生

　　Loyseau はこのことについて，善意の土地占有者は果実の完全な（負担を伴わない）取得を認められるべきである，と説明する[51]。ここにも，土地からの果実収取を年賦金弁済義務の基礎とする「割当て」理論が，裏返しの形で表れているといえる。

　　これに対して，第三取得者が土地ラントの「割当て」につき悪意の場合には，このような広い免除は認められていない。もっとも，Loyseau によれば，第三取得者の現実の悪意を立証することは極めて困難であった，という[52]。そのため，Paris 新慣習法典 103 条[53]は次のとおり，訴追時に善意だった者が訴訟手続を通じて土地ラントを知った後も直ちには逃散しない一場合を挙げて，逃散の際に自己の所持期間中に生じた年賦金を弁済することを要求する。つまり，この場合には第三取得者は逃散によっても自己の所持期間中に生じた年賦金の弁済義務を免れず，逃散による免除の範囲は逃散後に生ずべき将来の年賦金の弁済義務に限定されているのである。ただし，年賦金の額が収取した果実の額を超える場合には果実の額までを弁済すれば足り，同様に，所持者が収取した果実を土地ラント権者へ返還すれば，これに対応する年賦金の弁済についての人的義務を，たとえ年賦金が既発生であっても免れることができる。つまり，収取した果実以上の負担を所持者が負うことはないのである。この弁済義務の限定も，所持者の年賦金弁済義務が土地からの果実収取に基づくものであることを前提とするものといえる[54]。

　　「*103 条　そして争点決定手続後は，そのような所持者は，自己によって収取された果実の返還を選ばない場合には，自己の期間の（de son temps）年賦金を当該果実の額に満つるまで弁済することで，土地を放棄しうる。*」（傍点は引用者による。）

---

51)　Loyseau, *supra* note 18, livre V, chapitre X, n. 4. 「……土地の完全な領主である者は，それに加えてラントの負担を課されていることを知らなかった場合には，果実を完全に自己の物にする……従って，善意の間の年賦金を義務づけられない。」

52)　Loyseau, *supra* note 18, livre V, chapitre X, n. 9.

53)　Bourdot de Richebourg, *supra* note 39, p. 38.

54)　ただし，Loysaeu は，現実の悪意が立証される場合には，103 条のように収取した果実の額が弁済すべき年賦金額の上限とはならず，果実の返還を選択することもできない，という（Loyseau, *supra* note 18, livre V, chapitre X, n. 26, chapitre XI, n. 2, n. 13）。これは，果実と年賦金の重くない方を選ぶ所持者の選択権を否定するものであるが，これによっても，年賦金弁済義務が果実収取によって基礎づけられるという関係が否定されるものではない。

第1節 Paris慣習法典におけるラントの「割当て」法理

　以上のように，102条に該当する例外的場合を除いて，逃散は所持者に「ラントの継続」すなわち将来発生すべき年賦金の弁済についての人的義務しか免除しない。このことについて，Loyseauは土地ラントから生じる義務全体について統一的な説明を与えようとするため，逃散による義務免除の範囲が将来発生する年賦金に限定される，という説明はせず，既発生の年賦金の弁済が逃散の効力要件になる，という説明方法を用いている[55]。しかし実態としては，所持者が逃散によって免れうるのは，「ラントの継続」すなわち将来発生する年賦金の弁済についての人的義務のみであり，このことは，逃散が将来に向けた果実収取権の放棄であることに対応するものといえるのである。

（ⅴ）　小括
　以上が，土地の年賦金と土地から生じた果実とを対応させる「割当て」の法技術的意味である。要約すると，土地ラントの「割当て」を受けた土地の所持者は，土地の果実収取者として，土地ラントの年賦金を弁済する人的義務を負うが，当該土地からの逃散によって，逃散後に生じる将来の年賦金についてのみこれを免れるのである。Loyseauはこのことを，土地ラント権者が有する訴権の観点から，人的訴権と物的訴権の性質を併せ持った「混合訴権（action mixte）」または「物に書かれた人的訴権（action personelle escrite *in rem*）」として[56]，さらには「人ではなく物を追及する（suyvent）」[57]ものとして説明しているが，その具体的意味は，以上のようなものであったのである。
　この「割当て」法理は，土地を果実すなわち定期的収入の源として捉える点において，土地を含む「不動産」の，フランス古法における概念構成に支えられていたと考えられる。フランス法では伝統的に，今日の日本法（民法85条）と異なり，「物（chose）」が「有体物」のみならず権利等の「無体物」をも含むものとして概念構成されている[58]。そして，この概念構成を前提として，フランス古法においては，そのような「物」のうち定期的収入源となるものが「不動産（immeuble）」として捉えられ，定期的収入をもたらさない「動産（meuble）」と区別されていた[59]。それゆえ，フランス古法では，売官制下にお

---

55)　Loyseau, *supra* note 18, livre V, chapitre II, n. 1.
56)　Loyseau, *supra* note 18, livre I, chapitre III, n. 7.
57)　Loyseau, *supra* note 18, livre II, chapitre I, n. 5.
58)　そのため，物権や債権といった権利もまた，無体物として，従ってそれ自体が物として扱われることになる。この点については，後記第4章第1節第2款参照。

57

ける，売官の対象になる官職（office vénal）などでさえも，「無体の不動産」と
みなされていたのである[60]。土地もまた，そのような意味における「不動産」
として土地ラントの「割当て」を受け，土地の所持者は果実収取者としての側
面を強調されたのである。

第2款　設定ラントにおける「割当て」法理

このような土地ラントから，設定ラントが派生した。以下では，まず設定ラ
ントとは何かを明らかにし，その効力を受ける土地が，「割当指定」によって
特定された土地から，設定ラント債務者の有するすべての土地に拡張されてい
たことを示す（(i)）。その上で，当時において「抵当権」と呼ばれていたもの
が，そのような設定ラントの土地に対する効力であり，当時において抵当権の
「追及権」と呼ばれていたものが，土地の第三取得者に対する設定ラントの効
力であったことを示す（(ii)）。そして，設定ラントの土地に対する効力が，土
地ラントと同様の「割当て」法理に支えられていたことを，前述した「割当
て」法理の二つの法技術的意味に即して検証する（(iii)・(iv)）。最後に，その
うちの第二の法技術的意味に関連して，ラントの「新たな名義」を作成すると
いう当時の実務が，いかなる意味を有するものであったのかについて付言する
（(v)）。

(i)　設定ラントとは

まずは，土地ラントから設定ラントが派生し，Paris慣習法典の中に設定ラ
ントに関する規定が置かれるに至る経緯について，Loyseauの記述から読み取
ることができることを中心に概観しておきたい。

設定ラント取引が派生する原因となったのは，教会法上の有利息貸付けの禁
止[61]であった。これを受けて，有利息貸付けに代わる金融の方式として，債権
者が債務者にラント元本（sort principal）として金銭等を与え，その見返りにラ
ントを設定してラント年賦金を徴収する，という取引が行われるようになっ

---

59)　Rigaud, *Le droit réel: histoire et théories: son origine institutionnelle*, Toulouse, 1912, pp. 93-94.

60)　Pothier, *Traité des personnes et des choses* (*Œuvres de Pothier* par Bugnet, t. 9, Paris, 1846), n. 267.

61)　有利息貸付けは，1179年の第3回ラテラノ公会議によって禁止された（Viollet, *Histoire du droit civil français*, Paris, 1966, n. 682）。

58

た[62]。これが設定ラント取引である。すでに 13 世紀には，神学者 Henri Legrand がこの設定ラント取引の合法性に疑義を呈していた，といわれる[63]。しかし結局，設定ラント取引は教会法上合法なものとして承認された[64]。この合法性の根拠となった，違法な有利息貸付けと設定ラント取引との違いは，設定ラントがラント元本を対価とするラントの売却として法律構成され，そのため，ラント債権者はラント元本の償還を請求できない，という点にある[65]。しかし以下に述べるとおり，設定ラントは，もともとはそれ以上に単なる有利息貸付債権からは遠く，むしろ土地ラントに近い権利であった。

設定ラント取引の原初的形態と見られる取引は，債務者から債権者へ土地を一旦売却して売却代金の弁済の形で融資を行い，その後に債権者がラント「賃貸借」によって土地ラントを留保しつつ土地の帰属を債務者に戻す，というものである。Loyseau の記述からは，彼の時代にもなおこのような方法を要求する学説が存在したことが窺われる[66]。

しかし一般には，このような二段階の権利変動は見られなくなる。土地所有権を動かすことなしに，従って所有権移転の際の所有権の一部留保という構成を用いることなしに，ラントがラント元本と引換えに債務者から債権者へ「設定」されるようになるのである[67]。このような取引を「ラント設定（constitution de rente）」といい，そのようにして設定されたラントを「設定ラント（rente constituée）」という。

ただし，このラント設定の際には，特定の土地を設定ラントの「割当て」を受ける土地として指定する「assignat」（以下「割当指定」と訳す）が行われていた。Loyseau は，かつて特定の土地を設定ラントに「割当指定」することによ

---

62) Loyseau, *supra* note 18, livre I, chapitre VI, n. 5.

63) Pothier, *Traité du contrat de constitution de rente* (*Œuvres de Pothier* par Bugnet, t. 3, Paris, 1847), n. 6.

64) Loyseau, *supra* note 18, livre I, chapitre VI, n. 7.

65) Loyseau, *supra* note 18, livre I, chapitre VI, n. 6.

66) Loyseau, *supra* note 18, livre I, chapitre IX, n. 9.「反対の意見を主張する者のうちの何人かは，……これらのラントを設定するためには，設定者がまず一定金額の金銭のために自己の土地をラント債権者へ売却してラント債権者がその金銭を設定者に弁済し，この契約に引き続いて，買主が設定者に土地ラントで土地を貸し与える必要がある，という。」

67) Loyseau, *supra* note 18, livre II, chapitre VI, n. 12.「時の経過により，〔引用者注：土地ラントとは〕正反対の手段，金を必要とする者が土地を一度に売却することなしに金を得ることができるような手段，すなわち，土地ラントに倣って当該土地上へラントを設定する（constituer rentes）ことを人々は思いついた。」

59

って当該土地の設定ラントへの「割当て」が生じ，果実から設定ラント年賦金が弁済されてきたことを認めている[68]。

　しかしその後，割当指定なき設定ラントが登場する。このような設定ラントは，「浮動ラント（rente volante）」などと呼ばれる[69]。Loyseau は，1441 年 11 月の ordonnance[70] を手がかりに，遅くともこの時点までには浮動ラントが実務上認められていた，と述べる[71]。

　ここで注意すべきは，Paris 慣習法典上，この浮動ラントには，むしろ設定者が有するすべての土地に割当指定があるのと同じ効力が認められていた，と

---

68)　Loyseau, *supra* note 18, livre II, chapitre VI, n. 12.「……これら単なる合意による設定ラントは完全に物的であり，一定の土地上に個別的に割り当てられ，人格ではなく当該土地がラントの負担を課せられたままである必要があった：あたかも土地がラント債権者に売却され，その後に売主によってこのラントの負担付きで貸し戻されたかのように；または，契約代金のために毎年の果実及び歳入が一定額までラント債権者に売却されたかのように。」

　　　Id., livre I, chapitre IX, n. 19.「かつてフランスで，……土地ラントをまね，ローマの高利貸し（usures）から離れるために，人々はほとんどすべて一定の土地上の割当指定（assignat）の方式でそれらのラントを設定し，その土地はラントを負担し続け，その果実からラントが毎年回収された，ということを認める必要がある。」

69)　Loyseau, *supra* note 18, livre I, chapitre IX, n. 20.

70)　1441 年 11 月の Charles 7 世の ordonnance（Isambert et al., *Recueil général des anciennes lois françaises: depuis l'an 420 jusqu'à la révolution de 1789*, t. 9, Paris, 1825, p. 86）は，ラント設定の総量を，設定者所有地の歳入を基準として制限した（Loyseau, *supra* note 18, livre I, chapitre IX, n. 21）。

　　　その 13 条（*Id.*, pp. 90-91）は，割当指定のある設定ラントについて，次のとおり定めていた。

　　　「*13 条　爾後，Paris の市街及び市外区に所在する館または所有地に，代金その他によって永続的ラントを課すことはできない，ただし一般の評価において当該館または所有地のラントに値しうるとされる価値の 3 分の 1 まではこの限りではない：……これらに違反すると，裁量的な罰金（amend abitraire）を課され，加えて，契約は当該 3 分の 1 を超過する部分について無効なままである。*」

　　　他方で 14 条（*Id.*, p. 91）は，浮動ラントについて，特に異なる規定を置いている。

　　　「*14 条　そして，爾後，何人かが自己の全財産上にラントを売却し，これを弁済するためにその者がその全財産を一般的に拘束し，このように一般的になされた拘束の下に Paris の市街または市外区に所在する館または所有地が含まれうる，または含まれていた場合で，このように一般的に売却された当該ラントが館または所有地の価値の 3 分の 1 を超過する場合：当該館または所有地は，当該館または所有地がラントに値すると評価された価値の 3 分の 1 までしか，当該拘束の効力によって負担を課せられない：そこからの歳入の 3 分の 1 を超える場合，契約は同様に無効である：そこには，当該拘束に先立つラントがあればそれも含まれる：そしてこの場合，売主は何ら罰金を支払わないでよい。*」

　　　このことから，この ordonnance が浮動ラントを予定していたことが分かる。

71)　Loyseau, *supra* note 18, livre I, chapitre IX, n. 21.

いうことである。この点については以下で具体的に検討するが，Loyseau が
Paris 慣習法典に対する批判の前提としてそのような現状認識を有していた[72]，
ということだけは，ここで予め指摘しておきたい。

　加えて，このように浮動ラントが実務的に行われるようになったとはいって
も，Loyseau の時代にはなお，通常は設定ラント契約中に特定の土地の割当指
定が存在していた[73]。

(ii)　設定ラントと「抵当権」

　設定ラントの誕生から Paris 慣習法典の規定に至る経緯は以上のとおりであ
る。そこで次に，その Paris 慣習法典が，設定ラント及び「抵当権」について
のいかなる考え方を背景に有するものであったのかを，批判者 Loyseau が批
判の前提として示している Paris 慣習法典の理解を手がかりにして，描き出し
ていきたい。

　まず問題となるのは，「設定ラント」と「抵当権」との概念的関係である。
Loyseau が批判する考え方の下では，設定ラントは抵当権に担保された単なる
金銭債権ではなく，前述したとおり，それ自体として設定者が有するすべての
または特定の土地の「割当て」を受けている。そして「抵当権」概念は，ある
いはそのようにして土地と関係を有する設定ラントそれ自体を，あるいは特に，
設定ラントが土地に対して有する，「割当て」の効力と執行力とを合わせたも
のを，内容とするものであった，と考えられるのである。

　このことはまず，Paris 慣習法典の章立てに表れている。Paris 旧慣習法典
Chapitre V 及び新慣習法典 Titre V では，「人的訴権及び抵当権」[74]の見出しの

---

72)　Loyseau, *supra* note 18, livre II, chapitre VI, n. 15.「とりわけ Paris 慣習法典では，割当指定また
　　は単なる抵当による設定ラントが厳密に区別されておらず……割当指定によるラントがかつては最
　　も一般的であったので，浮動ラントの効力及び判断は割当指定によるラントに適合させられてきた
　　……そして，そもそも人々は割当指定に土地負担とほとんど同じ性質を与えてきたので，……人々
　　は浮動ラントに純粋な土地ラントと同じ効力を与えすらしてきた。」

73)　当時の設定ラントに通常は特定土地の割当指定が存在していたことは，Loyseau, *supra* note 18,
　　livre I, chapitre VIII, n. 1 の次の記述から窺われる。「割当指定はフランスで頻繁なので，今日では
　　代金を対価とする設定ラント契約のすべてに入ってさえいる，というのも，債務者の一定の土地上
　　に特定抵当（speciale hypotheque）を特約する代わりに，人々はえてして（volontiers），毎年の回
　　収のために，どこそこの（tel & tel）土地の上に，ラントを売却し（vend），設定し（constitue），
　　据え付け（assiet），割り当てる（assigne），と契約中に記載するからである。」

74)　旧慣習法典では «des Actions personnelles & hypotheques»（Bourdot de Richebourg, *supra* note
　　39, p. 6），新慣習法典では «des Actions personnelles & d'hypotheque»（*Id.*, p. 38）となっている。

第 1 章　16 世紀 Paris 慣習法典におけるラントの「割当て」法理と抵当権の誕生

下で，専らラントから生じる訴権が規律されている[75]。そこでは，設定ラント
は，後述するような抵当権の被担保債権という整理を受けておらず，むしろ，
設定ラント自体，またはその効力の一部分が，財産拘束ないし「抵当権」と呼
ばれているに過ぎないのである。

　さらには，批判者である Loyseau 自身の記述からも，このことを窺い知る
ことができる。Loyseau は基本的には，後述のとおり，財産拘束すなわち財産
に対する執行可能性を抵当権と呼び，設定ラント（元本及び年賦金）を抵当権の
被担保債権として把握している。そこでは，設定ラント自体は土地と何らの関
係も有するものではなく，ただそれを担保する抵当権が土地と関係するに過ぎ
ない。しかし，Loyseau の記述には，このような理解とは相容れないはずの用
語法が，しばしば混入しているのである。それは，「設定ラントは抵当権から
構成される（consiter en）」[76]，あるいは「フランスの最も頻繁で利益のある抵
当権である，我々の設定ラント」[77]など，抵当権と被担保債権の概念的分離が
できていない記述である。これらの記述は，設定ラント自体が土地と関係して
おり，設定ラントの土地に対する効力が「抵当権」と呼ばれているか（前者），
または設定ラント自体が特殊な抵当権として理解されている（後者），という
ことを示唆している。

　このことを踏まえて，次に具体的規律を検討する。前述したとおり，Paris
慣習法典は，浮動ラントに，設定者が有するすべての土地に割当指定があるの
と同じ効力を認めている。その結果，前記第 1 款で土地ラントについて見た
「割当て」法理が，設定ラントの場合には，以下に見るように，設定者が設定
時に有しまたは設定後に取得したすべての土地との関係で認められている。以
下では，「割当て」の二つの法技術的意味を，順に検出していく。

(iii)　「割当て」の第一の法技術的意味の検出

　土地ラントにおける「割当て」の第一の法技術的意味は，ラント年賦金の弁
済について，土地からの果実収取を根拠として土地の所持者に人的義務を課し，
所持者の全財産をその執行対象財産とする，というものであった（前記第 1 款
(iii)）。Paris 新慣習法典 100 条[78]は，このことが設定ラントについても妥当す

---

75)　他の地方の慣習法典の章立てについては，池田・前掲注8)「(2・完)」211 頁注 2。

76)　Loyseau, *supra* note 18, livre I, chapitre VI, n. 1.

77)　Loyseau, *supra* note 18, livre I, chapitre III, n. 13.

ることを示すものである。この条文は，前に引用した土地ラントに関する 99
条の解釈規定の形式になっているので，100 条と併せて 99 条も再掲する。

「*99 条　貢租・ラントその他の物的な毎年の負担（charges réelles & annuelles）
を課され支払わねばならない（chargez & redevables）土地を，所持しかつ所有す
る者（detempteurs & proprietaires）は，権利者への当該負担及び自己の所持の間に
生じた年賦金の弁済・支払いを，当該土地またはその一部の所持者及び所有者で
ある限りにおいて，人的に義務づけられる（tenus personnellement）。*」
「*100 条　そして，『課され支払わねばならない（chargez & redevables）』の語は，
当該土地が特定的に拘束され（specialement obligez），または特定なしの一般的拘
束（generale obligation sans specialité）があり，または特定拘束は一般拘束を破ら
ず一般拘束は特定拘束を破らない旨の条項（clause que la speciale ne deroge à la
generale, ne la generale à la speciale）がある場合を含むものと解釈される（s'enten-
dent）。この場合，所持者は当該年賦金につき人的に義務づけられる（tenu person-
nellement）。*」

　Loyseau は後述のとおりこの新 100 条を激しく批判するが，その前提として
彼は，この新 100 条によって，年賦金弁済の人的義務が，土地ラントを課され
た土地の第三取得者から，設定ラントに拘束された土地の第三取得者へと拡
張[79]された，と解している[80]。
　この理解に従うと，設定者が有する土地の設定ラントへの「拘束（obliga-

---

78)　Bourdot de Richebourg, *supra* note 39, p. 38.
79)　実は，新 100 条に対応する規定は旧慣習法典には存在しない。そのため，新 100 条は新設規定
　として遡及効を認められるべきでない旨の三部会意見が付されている（Bourdot de Richebourg,
　supra note 39, p. 79）。にもかかわらず，本文で述べたとおり，新 100 条は新 99 条（旧 70 条）の解
　釈規定の形式をとっている。このことから，Paris 新慣習法典が編纂される以前に，旧 70 条の適
　用範囲をめぐって解釈上の対立があり，新 100 条はその対立を決着させるためのものであって，三
　部会意見は新 100 条に対する反対派の最後の抵抗であった，ということが窺われる。そして，
　Loyseau もまた，新 100 条に反対する立場から，Paris 新慣習法典は 100 条の挿入によって人的義
　務を旧慣習法典におけるよりも新たに「拡張」した，と解しているのである。これに対して，
　Loyseau の約半世紀後に登場する Brodeau は，同じく新 100 条を批判しながらも，「この条文は，
　新たに加えられたものではあるが，……旧慣習法典及び実務の古い過ちを，十分な理由なしに継続
　するものである」と述べている（Brodeau, *Coustume de la prevosté et vicomté de Paris*, 2ᵉ éd., t. 2,
　Paris, 1669, art. 100, n. 1）。
80)　Loyseau, *supra* note 18, livre II, chapitre VI, n. 3.

第1章　16世紀 Paris 慣習法典におけるラントの「割当て」法理と抵当権の誕生

tion)」は，同時に「割当て（assignation）」をも生じるものであった，ということが分かる。なぜなら，新100条は所持者が「人的に義務づけられる」としており，このような効果は，「拘束」という表現に「割当て」をも読み込まなければ導き出せないものだからである。従って，設定ラントへの土地の特定拘束がある場合とは，当該土地を特定した割当指定がある場合でもある。特定なしの一般拘束がある場合とは，特定の土地への割当指定がなく，それゆえにすべての土地の「割当て」を受ける浮動ラントが設定される場合でもある。そして「特定拘束は一般拘束を破らず一般拘束は特定拘束を破らない」条項は，ある土地に割当指定があってもそれ以外の設定者所有地に割当ての効力が生じることを妨げない，とする規定であったのである。

　もっとも，新100条を以上のように理解すると，設定ラントに抵当入れされた不動産の第三取得者の義務について述べた Paris 新慣習法典101条[81]（旧71条[82]）と，新100条との関係が問題となる。新101条は次のようなものである。

　　「101条　ラントその他の物的な毎年の負担へ拘束され（obligez）すなわち抵当入れされた（hypothequez）何らかの土地を，所持しかつ所有する者は，当該ラントその他の物的な毎年の負担及び彼らから支払われるべき年賦金の弁済を抵当的に義務づけられ（tenus hypothecairement），少なくとも……当該土地を，差し押さえられ（saisis）decret によって最高額入札者たる買主へ競落される（adjugez）ために，委付する（delaisser）ことを義務づけられる（tenu）……。」

　この新101条は，一見すると新100条とは異なる内容の義務を定めているように見える。なぜなら，新101条の «tenus hypothecairement»（抵当的に義務づけられる）という語が，新100条の «tenu personnellement»（人的に義務づけられる）と文言上異なるからである。しかし Loyseau は，新100条の存在を新101条の解釈に反映させた結果，新101条の «tenus hypothecairement» の語を，新100条の «tenu personnellement» と同じ意味のものと理解している[83]。

　新101条をこのように解すると，新101条における「抵当」とは，設定ラン

81）　Bourdot de Richebourg, *supra* note 39, p. 38.

82）　Bourdot de Richebourg, *supra* note 39, p. 6.

83）　このことは，Loyseau が，新100条があることで「抵当訴権に関する次の条文〔引用者注：新101条〕は，ほとんど無駄で余分な繰返しとしてしか作用していない」（Loyseau, *supra* note 18, livre II, chapitre VI, n. 3），と述べていることから分かる。

64

トへの土地の「拘束」のことであったが，それは同時に設定ラントへの土地の「割当て」を伴うものであった，ということになる。

　実は，Loyseau のこの新101条の解釈は，新100条の存在のみならず，新101条それ自体の構造によっても支えられている。その構造とは，ラント年賦金の弁済を所持者の第一次的な義務とし，土地の「委付」を所持者の第二次的な義務としている点である。この委付とは，「差し押さえられ decret によって最高額入札者たる買主へ競落されるために」とあるように，執行のための土地の明渡しを意味するものである（décret とは，不動産執行における売却許可決定に相当するものであり，その詳細は後記第4款で説明する）。つまり新101条は，土地について執行を甘受することではなく，ラント年賦金を弁済することを，所持者の第一次的な義務としているのである。旧71条も，若干の表現上の差異を除いて新101条と同じ規定であるので，この構造は，新慣習法典において新100条が挿入される以前から，すでに存在していたのである。

　さらに，この構造は当時の裁判実務に裏打ちされたものでもあった。Loyseau は，新101条の規定ぶりについて，当時の裁判実務における「抵当訴訟（action hypothécaire）の申立事項（conclusion）」を反映したものである，と述べる[84]。抵当訴訟とは，抵当債権者が抵当不動産の第三所持者すなわち第三取得者に対して提起する訴訟であり，その判決によって抵当債権者は第三取得者に対する執行名義である給付命令（condamnation）を得る。後に述べるように，Loyseau 自身は，委付すなわち土地への執行の甘受こそが第三取得者の義務であり，年賦金の弁済はこれを回避するための第三取得者の権能に過ぎないので，「弁済の方を望まない限り，委付すべし」という申立てこそが適切である，と説く。しかし彼はその前提として，当時の実務においてはむしろ逆に，弁済を第一次的な義務とし，委付を第二次的な義務または権能とする「弁済し，または少なくとも委付すべし」という申立てが一般的であったことを認めている[85]。

（iv）「割当て」の第二の法技術的意味の検出

　土地ラントにおける「割当て」の第二の法技術的意味は，以上のような年賦金弁済の人的義務を，所持者は土地からの果実収取を放棄することで免れうる，というものであった。土地ラントの場合，このような放棄は「逃散（déguer-

---

84）　Loyseau, *supra* note 18, livre III, chapitre IV, n. 1.

85）　Loyseau, *supra* note 18, livre III, chapitre IV, n. 7.

pissement)」と呼ばれたが（前記第 1 款(iv)），設定ラントに関しても，「抵当委付（délaissement par hypothèque）」がそのような効力を伴う放棄として認められている。Loyseau は，抵当委付を，まさに所持者が果実収取を根拠として負う設定ラントの年賦金弁済についての人的義務を免れるための制度として説明している[86]。

　既存の年賦金の弁済については抵当委付によっても原則として人的義務を免れない，という点（Paris 新慣習法典 102 条及び 103 条）も，土地ラントにおける逃散と同様であった。後述のとおり，Loyseau は Paris 慣習法典の規定ぶりを批判し，この原則の設定ラントへの適用を「文言が許す限り」制限して年賦金弁済の人的義務を排除することを主張する（後記第 2 節第 2 款(vi)）。しかしこれは裏を返せば，Paris 慣習法典内在的には，102 条及び 103 条は設定ラントにもそのまま適用されることが予定されていた，ということでもある[87]。

(v) 「新たな名義」

　Paris 新慣習法典 102 条は，訴追されるまで善意だった第三取得者が遅滞なく土地を委付した場合に，所持期間中に生じた既存の年賦金弁済の人的義務を例外的に免除していた。この第三取得者の善意・悪意に関連して，第三取得者が土地ラント及び設定ラントの「新たな名義（titre nouvel）」を作成するという当時の実務[88]について付言しておきたい。Loyseau によれば，「新たな名義」

---

86)　Loyseau, *supra* note 18, livre VI, chapitre VII, n. 2.「フランスでは，元本が請求不可能な設定ラントのような継続的債務（debtes successiues）について，年賦金のより容易な徴収のために，変則的な一種の人的拘束（obligation personnelle）が発明され，継続的債務に抵当入れされた土地の第三取得者（tiers acquereur）は，ラントの毎年の弁済の用途に向けられた（destinez）ものと考えられている土地の果実を毎年収取している限り，これを負担したので：この訴訟（action）を避けるために，人々は，給付命令を受ける前に抵当委付（delaissement par hypotheque）を行い，そしてそうすることで給付命令を免れた，というのも，この訴訟は所持者の約束（promesse）にも拘束（obligation）にも基礎づけられておらず，単に所持と果実の収取に基礎づけられているからであり，従って所持者は，この所持を放棄して（quittant），そして受命裁判官（commissaire）または管理人（curateur）に果実の収取を許すことで，訴訟から逃れるからである。」

87)　Loyseau 自身も，Paris 新慣習法典 102 条を批判する前提として，「この 102 条は 100 条に由来する不都合を留めている，ということを認める必要がある」と述べている（Loyseau, *supra* note 18, livre V, chapitre XV, n. 5）。彼は 100 条が土地ラントの「割当て」法理を設定ラントに拡張したものと認識して特にこれを批判しており（本文前記(iii)），「100 条に由来する不都合」も，設定ラントに「割当て」法理を拡張することを指すものと解される。

88)　「新たな名義」について，Paris 慣習法典自体は明示の規定を置いていない。

とは，第三取得者がラント権者へ差し入れる証書であり，その内容は以下のようなものであった。

　「作成者は，自己がある土地を所有しかつ所持する者（proprietaire & detenteur）であり，当該土地上に，ある者が，毎年一定額の一定日に支払われるべき性質のラントを受け取る権利を有することを認め，当該ラントを，それが年賦金を生じ続ける（aura cours）限りまたは自らが土地の所持者である限り弁済し継続することを約束し，また，このラントが全財産及び各財産の拘束の下で毎年適切に徴収されうるよう，当該土地をよき状態で維持することをも約束する。」[89]

　この「新たな名義」はいかなる実務的意味を有するものであったのか。Loyseau は後述のとおり，設定ラントがそれ自体として設定ラント設定地の取得者に人的義務を負わせることを否定した上で，「新たな名義」を，設定ラントにつき取得者に人的義務を発生させるためのものとして位置づける（後記第2節第2款(v)）。しかしその一方で，Loyseau は土地ラントについても実務上「新たな名義」の作成が行われていることを認めている[90]。土地ラント割当地の取得者が当然に人的義務を負うということは，前述のとおり彼自身も認めるところであり（前記第1款(iii)），従って少なくともこの場合には，「新たな名義」は人的義務の発生根拠としての意味を持ちえないはずである。それでは，「新たな名義」は本来，とりわけ土地ラントとの関係では，一体何のために作成されていたのだろうか。

　実は「新たな名義」には，土地ラント割当地の取得者の悪意の立証が困難であるために取得者が逃散によって自己の所持期間中の土地ラント年賦金の弁済義務を免れる，という事態を防ぐ意味があったと考えられる。前述のとおり，自己の所持期間中に生じた土地ラント年賦金については，取得者は逃散によっても原則としてその弁済義務を免れないが，その例外として，善意の取得者は，Paris 新慣習法典102条に基づき，この年賦金についても逃散によって弁済義務を免れた（前記第1款(iv)参照）。取得者が作成する「新たな名義」は，取得者が遅くともその時点までには土地ラントを知っていたことをラント権者のために証明し，これによって，「新たな名義」の作成から[91]逃散までに生じる年

---

89)　Loyseau, *supra* note 18, livre III, chapitre V, n. 6.

90)　Loyseau, *supra* note 18, livre III, chapitre V, n. 1.

第 1 章　16 世紀 Paris 慣習法典におけるラントの「割当て」法理と抵当権の誕生

賦金を弁済する取得者の人的義務を，逃散によっても免れえないものとするのである。このことは，Loyseau 自身が，第三所持者が土地ラントを知っていたことが立証される場合として，取得時または取得後に「新たな名義」が作成された場合を挙げている[92]ことから，窺い知ることができる[93]。加えて，「新たな名義」には，公証証書によって取得者に対する即時執行力（exécution parée）すなわち訴訟を経ることなく財産に執行できる効力を備える意味もあった，と考えられる。ラント「賃貸借」を公証証書で行っていても，その即時執行力は土地の取得者には及ばないので，年賦金不払い時に取得者財産に執行するためには，取得者に対する執行名義を取得せねばならない。そのためには，ラント権者はあらためて取得者に年賦金弁済を求める訴訟を起こし，判決を得なければならないが，その代わりに，「新たな名義」を作成したと考えられる。Loyseau も，設定ラントに関してではあるが，「新たな名義」が土地の第三取得者に対する執行名義として第三取得者の財産に対する即時執行力を生じる意味をも有する，ということを認めている[94]。

　設定ラントへの「割当て」を受けた土地の第三取得者による「新たな名義」も，本来は，以上のような，土地ラントにおけるそれと同じ意味しか有しなかったと考えられる。すなわち，設定ラントの「新たな名義」は，第三取得者が設定ラントにつき悪意であることを証明して抵当委付による人的義務の免除の範囲が将来生じる年賦金の弁済に限定されることを妨げ，かつ第三取得者に対

---

91)　もっとも Loyseau は，「新たな名義」の作成者は逃散の際に「新たな名義」の作成ひいては所持開始の前に生じた年賦金についても弁済を義務づけられる，という（Loyseau, *supra* note 18, livre V, chapitre XI, n. 15-16）。しかしこの点については，前掲注 46）参照。

92)　Loyseau, *supra* note 18, livre V, chapitre X, n. 10.

93)　ただし Loyseau はその一方で，現実的悪意者が逃散によっても自己の所持期間中の土地ラント年賦金につき弁済義務を免れえないことについて，果実と年賦金との対応関係（本文前記(iv)）に加えて，現実的悪意者が果実を収取することによって「準契約」が成立した，という説明をも試みている（Loyseau, *supra* note 18, livre II, chapitre X, n. 5-6, livre V, chapitre X, n. 3）。この説明を踏まえると，Loyseau にとって，土地ラントの「新たな名義」は，その年賦金弁済義務を所持ないし果実収取にではなく契約に基づくものとする，という意味を有するものであったことが分かる。彼は実際，「新たな名義」の作成者は部外の所持者（detenteur estranger）ではなく拘束された者（obligé）である，ということを強調している（Loyseau, *supra* note 18, livre V, chapitre XI, n. 13）。
　このように Loyseau は，土地ラントについても密かに，契約法的論理を持ち込んで「割当て」法理を解体しようと試みているのである。そしてそこには，設定ラントについての彼の議論（後記第 2 節第 2 款(v)）と通底するものがあるといえるだろう。

94)　Loyseau, *supra* note 18, livre III, chapitre V, n. 7.

する執行名義となるものに過ぎなかったのである。これと異なり，Loyseau は後述のとおり「新たな名義」に人的義務の発生根拠という意味を与えることを主張するが（後記第2節第2款(v)），これも従前の取扱いに対する批判としての意味を有するものであったと考えられるのである。

（vi）　小括

以上のように，Paris 慣習法典は設定ラントにも土地の「割当て」の効力を認め，しかも「拘束（obligation）」によって執行対象財産となる設定者の土地の範囲と「割当て」が及ぶ設定者の土地の範囲とを一致させている。そして，このような設定ラントの土地に対する効力全体またはそのような効力を有する設定ラント自体が「抵当権」と呼ばれている。

さらにこのことから，Paris 新慣習法典 100 条（及び新 101 条）が抵当権の「追及権」を認めているとしても，それは，土地の設定ラントへの「割当て」に基づく人的義務の効果として，土地が譲渡されても土地の執行対象財産性が維持される，という現象を指すものに過ぎないことが分かる。すなわち，設定ラントの設定者はラント年賦金の弁済について人的義務を負い，設定契約を公証証書で行えばそのことによって設定者の財産である当該土地は執行対象財産とされるが，これ自体は設定者限りでの対人的なものに過ぎない。しかし，同時に土地は設定ラントへの「割当て」を受けており，「割当て」は土地が誰の手に渡っても妥当する。そして，「割当て」を受けた土地の取得者が，Paris 新慣習法典 100 条により，土地からの果実収取を根拠として，所持期間中に生じた年賦金の弁済を人的に義務づけられる。従って，ラント債権者が「新たな名義」や抵当訴訟の給付命令判決によって取得者に対する執行名義を得れば，当該土地は，今度は取得者の財産として執行対象財産となるのである。このような，設定ラントへの土地の「割当て」を媒介とした，所持者の人的義務の連鎖（による執行対象財産性の維持）こそが，当時において抵当権の「追及権」と呼ばれていたものの実態であったと考えられる。

このように，当時における抵当権の「追及権」がラントの土地「割当て」法理に依存したものであったことは，フランス古法における「動産は抵当権によって追及されない」の法格言（Paris 旧慣習法典 77 条[95] 及び 168 条[96]，新 170

---

95)　Bourdot de Richebourg, *supra* note 39, p. 6.
96)　Bourdot de Richebourg, *supra* note 39, p. 13.

条[97]) の存在からも窺われる。前述のとおり，フランス古法においては，土地をはじめとする「不動産」が，定期的収入源としての側面に着目して概念構成されて「動産」と区別されていた（前記第1款(v)）。「割当て」法理は，このような「不動産」の概念構成を理論的前提とするものであるがゆえに，「動産」には及びえず，それゆえに「割当て」法理に依存した抵当権の「追及権」もまた「動産」には及ばなかったものと考えられる。

第3款　土地ラントと設定ラントとの差異

このように，土地ラントと設定ラントは「割当て」法理を共有していたといえる。しかしその一方で，土地ラントと設定ラントとの間には，すでに当時から，その取引目的の差異に応じた取扱いの違いが存在していた。これらの相違は，「割当て」法理を取引目的に応じて調整するものであった。しかし，後にLoyseau らが設定ラントから「割当て」法理を排除する際に，これらの相違点はそのための手がかりとされることになる。以下では，主要な相違点を，主として設定ラント取引のあり方を中心に見ていきたい。

(i)　土地ラント「賃借人」の法的地位と設定ラント設定者の法的地位との差異

第一の相違点は，これまでに主として念頭に置かれてきた「第三所持者」ではない，ラント「賃貸借」及びラント設定の契約当事者，すなわち土地ラント「賃借人」と設定ラント設定者との間にある，法的地位の違いである。具体的には，土地ラント「賃借人」が原則として「割当て」の結果として，土地の所持者すなわち果実収取者である限りにおいて人的義務を負うのに対して，設定ラントの設定者は割当地の所持及び果実収取とは無関係に人的義務を負い続けると解されていた。

このことを示す第一の例として，「割当て」の対象となった土地が不可抗力によって滅失した場合，土地ラント「賃借人」は将来の年賦金弁済の人的義務を免れたが，設定ラント設定者の人的義務は残存した。Loyseau は，土地ラント「賃借人」が，目的土地の滅失によって，将来発生するはずだった年賦金の弁済義務を免れることを認めている[98]。これに対して，設定ラントについては，

---

97)　Bourdot de Richebourg, *supra* note 39, p. 43.

98)　Loyseau, *supra* note 18, livre IV, chapitre VII, n. 19.

「割当て」を受けた土地が滅失してもラントが設定者との関係で継続されることが従来から認められていた，という[99]。

　第二の例として，「割当て」を受けた土地を譲渡した場合にも，土地ラント「賃借人」は原則として将来発生する年賦金を弁済する人的義務を免れたが，設定ラント設定者はこれを免れなかった。土地ラントについて，Loyseau は「土地を他人に売却し（vendu），または転貸していた（rebaillé）など，もはや所持者でない場合，彼はもはやそれ〔引用者注：土地ラント〕を義務づけられない」[100]と述べる。そしてその根拠として，Paris 新慣習法典 99 条（前記第 1 款(iii)）の「所持しかつ所有する者は，……所持者及び所有者である限りにおいて……義務づけられる」という部分と，次に言及する新 109 条の「たとえ，書状（lettre）によってラントの弁済を約しその全財産を拘束した場合でも：そのような約束は，その者が所有者である限りでのものと解釈される」という部分とを援用している。これに対して，設定ラントへの「割当て」を受けた土地の譲渡が設定者の人的義務を免除するかについては，Loyseau は特に明言していない。ただし，彼は土地ラントに関して，土地の売却はラント「賃借人」の「所為（fait）」によるので，先に述べた土地の不可抗力による滅失の場合よりもラント「賃借人」の義務免除は認められにくいはずである，ということを議論の出発点としている[101]。このことから，割当地の滅失の場合にすら義務免除を認められていない設定ラント設定者については，割当地の売却による義務免除もなおのこと認められていないものと解される。

　第三の例として，土地ラント「賃借人」は原則として第三取得者と同様に逃散を認められたが，設定ラント設定者が第三取得者のように抵当委付を行うことは不可能であった。土地ラント「賃借人」の逃散は，Paris 新慣習法典 109 条[102]によって認められている。

　　「109 条　何人かが，貢租またはラントによって，土地を毎年の一定代金と引換えに取得していた場合，その者は……過去の及び次期のすべての年賦金を弁済することで，当該土地を放棄することができる。たとえ，書状（lettre）によって

99）　Loyseau, *supra* note 18, livre I, chapitre IX, n. 19.

100）　Loyseau, *supra* note 18, livre IV, chapitre VIII, n. 8.

101）　Loyseau, *supra* note 18, livre IV, chapitre VIII, n. 1.

102）　Bourdot de Richebourg, *supra* note 39, p. 39.

第1章　16世紀Paris慣習法典におけるラントの「割当て」法理と抵当権の誕生

ラントの弁済を約しその全財産を拘束した場合でも：そのような約束は，その者
が所有者である限りでのものと解釈される……。」

Loyseauもこの新109条を，土地ラント「賃借人」に逃散を認めた規定とし
て援用している[103]。しかし，この新109条は設定ラントには適用されない[104]。
そもそも「土地を毎年の一定代金と引換えに取得していた場合」という文言は，
土地所有権の移転に伴うものではない設定ラント取引には妥当しないからであ
る。

(ii)　逃散と抵当委付との効力上の違い

土地ラントと設定ラントとの間にある第二の相違点は，逃散と抵当委付との
効力上の差異である。土地ラント負担地の所持者の逃散は，ラント権者による
土地の回復をもたらした[105]。これに対して，設定ラントに拘束された土地の
第三取得者の抵当委付がなされた場合には，設定ラント債権者が土地を取得す
るのではなく，選任された管理人の下で強制命令手続が進められる[106]（この強
制命令は不動産執行における売却許可決定に相当するものであり，後記第4款で詳しく
説明する）。

その結果，設定ラントは，競落代金からの配当によってその元本を償還され
ると同時に，それによって元本の全部弁済を受けていなくても消滅した[107]。
このことは，抵当委付が，土地の「割当て」によって第三取得者に課せられた，
ラントの継続（将来の年賦金の弁済）の人的義務を免除することで（前記第2款），
以下のとおり，ラント元本に基づく当該土地への執行を実質的に可能にする機
能を有していた，ということを意味する。

Loyseauは，設定ラントの「新たな名義」の意義について論じる際に，「ラ
ントについては，未払いの年賦金がない場合には，その元本のために差押えを

---

103)　Loyseau, *supra* note 18, livre IV, chapitre X, n. 3.

104)　Loyseau, *supra* note 18, livre IV, chapitre IV, n. 4 が「Paris慣習法典は土地ラント賃借人のみに
　　逃散を利用することを許しており，このことから，設定ラントの賃借人または債務者はこれを用い
　　ることができない……」というのは，新109条を念頭に置いたものと解される。なお，*Id.*, n. 5 で，
　　彼は割当指定のある設定ラントについても，ラント設定者が割当指定地の抵当委付によって義務を
　　免れることを否定している。

105)　Loyseau, *supra* note 18, livre VI, chapitre I, n. 11.

106)　Loyseau, *supra* note 18, livre VI, chapitre VII, n. 5.

107)　Loyseau, *supra* note 18, livre VI, chapitre VII, n. 6.

することができない」[108]，「ラントにおいては，取得者は年賦金を弁済することで，債権者の意に反して差押えの解除を得ることができる」[109]と述べる。そしてそのために，第三取得者が取得した土地への物上差押えを一時凌ぎで回避しながら所持を続け，果実の収穫時期と年賦金弁済期のずれを利用するなどして，果実を収取し尽くして土地を荒廃させた後に年賦金の未払いを残す危険がある，と指摘している[110]。このような場合には，もはやその土地を物上差押えしても，設定ラント債権者はほとんど何も得られないのである。こうした記述は，所持者の人的義務がなければ，設定ラント取引において，「拘束」を受けた土地自体の物上差押えが，強制執行制度として機能不全を生じえた，ということを指摘するものといえる。

　土地所持者の設定ラント年賦金弁済の人的義務は，この機能不全を防ぐものとして位置づけられている。つまり，この人的義務は，土地所持者が土地を荒廃させながら設定ラントを継続することへの誘因を取り除き，土地の荒廃が進む前に任意に抵当委付する誘因を所持者に与えることで，設定ラント元本の償還を可及的に実現するものであったのである。

第4款　強制命令及び任意売却命令における取扱い

　第三の相違点が，強制命令及び任意売却命令における土地ラントと設定ラントとの取扱いの違いである。土地ラント権者には，土地ラントをそのままの形で保存する手段が与えられた。これに対して，設定ラント債権者には土地の売却代金から元本の償還を受ける手段が与えられている一方で，設定ラントへの土地の「割当て」を維持する手段は与えられていない。そのため，設定ラントの「割当て」は強制命令及び任意売却命令によって消失させられたのである。

（i）　強制命令とは
　任意売却命令については後に説明することとし，ここではまず，強制命令とは何か，という制度的前提を説明する。強制命令（décret forcé）とは，フラン

---

108)　Loyseau, *supra* note 18, livre III, chapitre V, n. 11.
109)　Loyseau, *supra* note 18, livre III, chapitre V, n. 12.
110)　Loyseau, *supra* note 18, livre III, chapitre V, n. 11. この記述は，通常の態様で土地を荒廃させることなく収取しうる果実の額に比して，年賦金の額が過重になっている，という前提でのものと思われる。

ス古法の不動産執行手続である，物上差押え（saisie réelle）に基づく強制売却（vente forcée）手続において，競売による不動産の所有権移転（競落）を裁判所が認証する手続である。任意売却命令はこれを実務的に応用したものであり，両者の上位概念として «décret» の語が用いられることがある。公証証書によってラント設定を行った設定ラント債権者は，設定者に元本の返還を請求することができなかったが，年賦金の弁済について不履行が生じれば，設定者の土地を「抵当権」に基づいて物上差押えすることができた。

(ii) 懈怠 purge と当然 purge

　強制命令は，土地上に存在する諸権利を一定の条件の下で消滅させる効力を有していた。この効力は «purge»（滌除・消除）と呼ばれる。本書は，強制命令における土地ラントと設定ラントとの取扱いの違いを明らかにするため，以下のとおりこの概念を二つに分解して，強制命令の効力を分析していきたい[111]。まず，上位概念としての「purge」は，権利目的物の譲渡を契機とする，（譲渡人以外の）権利の消滅をいうものと定義する。そして，その下位概念である「当然 purge」は，一定の（実体法秩序に即した代金分配手続を備えた）譲渡の存在そのものを原因とする権利の消滅をいうものと定義する。これに対して，当然 purge と並ぶ下位概念である「懈怠 purge」は，一定の（十分に公示された）譲渡の際に権利者が権利行使を懈怠したことを原因とする権利の消滅をいうものと定義する。このように概念を整理すると，次に呼べるとおり，土地ラントが服する purge は懈怠 purge だけであったこと，当然 purge に服するのは原則として設定ラントの「抵当権」のみであったことが分かる。

(iii) 強制命令における設定ラント以外の権利の取扱い

　まず一般に，目的不動産上の物権は，権利者が適時に異議（opposition）を申

111）　フランス古法における «purge» の用語法に二種類のものがあった，ということ自体は，フランスでも 19 世紀後半以来指摘されている。例えば，Dalmbert, *Traité théorique et pratique de la purge des priviléges et hypothèques*, 3ᵉ éd., Paris, 1914, n. 2-3 や Chadel, *Traité de la purge virtuelle des priviléges et hypothèques*, Paris, 1902, n. 79 は，«purge» が広狭二つの意味で用いられてきたと指摘し，譲渡を契機とする権利消滅一般を広義の purge，その中でも代金上の権利への変換を伴うものを狭義の purge と定義する。ただし，この定義は，土地上の権利から代金上の権利への変換という発想を前提とするものである。そこで本書は，その点をも問い直すことが可能となるよう，別の観点から分類を行い，代金上の権利への変換については定義の外に出すこととした。

第 1 節　Paris 慣習法典におけるラントの「割当て」法理

し立てれば purge にさらされることはなかった。強制売却の際には，所定の
手続による競売告知（criée）が必要とされていたが，これは，入札を募るのみ
ならず，異議申立てを促すためのものでもあった。認められる異議の内容は，
権利の内容に応じて異なっている。差押債務者及び（真実の）所有権者には
「無効異議（opposition à fin d'annuler）」が，物上差押えの対象となった不動産の
一部の（真実の）所有権者には「部分解除異議（opposition à fin de distraire）」が，
用益権（usufruit）・地役権（servitude）そして土地ラントの権利者には「土地負
担異議（opposition à fin de charge）」が[112]，それぞれ認められていた。無効異議
は物上差押えの無効を，部分解除異議は異議の対象となった不動産についての
物上差押えの解除を，土地負担異議は競落人による当該権利の引受けを[113]，

---

112)　これは，Pothier, *Traité de la procédure civile*（*Œuvres de Pothier* par Bugnet, t. 10, Paris, 1848），
n. 590 の分類による。これに対して，Loyseau, *supra* note 18, livre III, chapitre IX, n. 2-3 は「負担異
議」を独立の異議類型とせず，土地ラントを含む土地負担をも抵当権と同じ「保存異議」の対象と
しているが，その効力は抵当権の保存異議とは大きく異なるものとされている（後掲注 113)）。従
って，強制命令における土地ラントの扱いについては，Loyseau と Pothier との間に純粋な分類方
法の差異を超える差異は存在しない（ただし，Pothier には後掲注 113) の例外部分に関する叙述
がない）。

113)　Loyseau, *supra* note 18, livre III, chapitre IX, n. 3, n. 8-10.
　　ただし Loyseau は，異議申立てがなされたにもかかわらず土地ラントが消除される例外的場合
を二つ認める。
　　一つは，ラント領主が払戻しを回避することができずまたはそれを望まず（「払戻可能条項」の
存在），かつ他方で差押債務者及びラント賃借人がラントから解放されることに利害を有する場合
（「供給・価値維持条項」の存在）である（*Id.*, n. 11)。これは，そのような土地ラントが設定ラン
トと実質的に類似していることを理由とするものと考えられる（後掲注 183)）。
　　もう一つは，当該土地ラントよりも前に設定された抵当権に基づいて強制命令がなされた場合で
ある（*Id.*, n. 12)（これに対して，森田・前掲注 16) 14 頁は，Loyseau の当該部分を引用しつつ
「ラント買戻金を差し引いた額では，その申立債権者を満足させえない場合には競落決定は為され
ない」としている。これは，当該部分を剰余主義的に解釈することで，土地ラントが実質的に常に
抵当権に対して「先順位」にあることを示そうとするものである〔同 15 頁〕。しかし原文には「土
地はラントの負担付きでは競落されえない」〔傍点は引用者による〕とあり，むしろこの傍点部に
力点がある，すなわち「土地はラントを消除された状態で競落される」という趣旨であると解され
る。なぜなら，これに引き続いて次のとおり，競落及び土地ラントの消除を前提とする記述が存在
するからである。「この債務〔引用者注：先行する抵当権の抵当債務〕は土地ラントよりも優遇さ
れるべきものである……：その結果，この場合には否応なしに土地ラントは純粋な金銭に評価され，
ラント債権者は強制命令の代金について単なる抵当債権者とともに配当記載される必要がある。」
また全体の文脈としても，*Id.*, n. 8-10 は土地ラントが強制命令の際に原則として償還されないこと
を示し，*Id.*, n. 11 は土地ラントが例外的に償還される場合のうちの一つを示し，*Id.*, n. 12 はこれを
受けて，*Id.*, n. 11 と並ぶもう一つの例外を示すものとして位置づけられている。従って，競落に伴

第1章　16世紀 Paris 慣習法典におけるラントの「割当て」法理と抵当権の誕生

それぞれもたらすものである。そして，競売告知があったにもかかわらず権利者がこれらの異議申立てを怠った場合にのみ，purge が生じた。要するに，ここでいう purge とは懈怠 purge のことであり，当然 purge は物権一般に妥当するものではなかったのである[114]。特に土地ラントについては，Paris 新慣習法典 101 条が，このことを次のように確認している。

　　「*101 条　……ラントが土地ラントの場合，土地はラントの負担付きで競落されねばならない。*」

　それゆえ，こうした異議申立てを欠く場合に発動する懈怠 purge は，土地上の隠れた権利を釣り出し，取得者が取得時に知らなかった不測の負担を課されないようにして取引安全を図るものといえる。以上の異議についての異議申立期間の終期が，競落以前に設定されていた，という事実は，このことを示すものである。Paris 新慣習法典 354 条は，次のとおり定める。

　　「*354 条　部分解除 (distraire)，取消し (annuler)，何らかの負担 (charge) 付きでの競落のために異議 (opposition) を申し立てることを望む場合，そのような異議は競落 (adjudication) に先立ってなされねばならず，その後であってはならない……。*」

(iv)　強制命令における設定ラントの取扱いの特殊性

　このように，土地ラントは，「負担異議」が認められていたために，懈怠 purge にしか服さなかった。これに対して，設定ラントの「抵当権」，つまり，土地に対する「割当て」の効力は，当然 purge にさらされた。
　すなわち，設定ラント債権者には，その「抵当権」自体ではなく「競落代金

───────────────────────────

う償還の有無ではなく競落自体の有無に力点を置くのは，不自然な読みである）。もっとも，先行する抵当権の抵当債務額が極めて小さくその全額弁済が確実である場合にはこの限りでなく，引受主義に戻る，という。

114)　なお，Paris 慣習法典では，一部解除異議及び土地負担異議の申立てが可能な権利についても，異議が競落の後，強制命令書への押印までに申し立てられた場合，それらの異議は全く無効なものとはされず，次に説明する「保存異議」に変形された（新 356 条）。しかしこれも，不動産上の権利と，それを失った後に保持する代金についての権利のそれぞれについて，懈怠 purge が用意されていた，ということを意味するに過ぎない。

第1節　Paris 慣習法典におけるラントの「割当て」法理

の配当を受ける地位」だけを懈怠 purge から保護する「保存異議（opposition à fin de conserver）」のみが認められた[115]。その結果，設定ラント債権者の抵当権自体は，当然 purge にさらされていたのである。

　一方で，設定ラント債権者は，この保存異議によって，競落代金から，既存の未払年賦金だけでなく，設定者に対して請求できない元本の償還まで受けることができた[116]。これによって，競落代金の限りで部分的にではあるものの，設定ラント元本の償還が，設定者に対する償還請求によることなく実現されたのである。Loyseau は，このように設定ラント元本が償還されることを，負担異議によって競落人に引き受けられる土地ラントと比較して「設定ラントが土地ラントよりも優遇される」ものと説明している（後記第2節第3款(i)）。このことは，設定ラント債権者にとって，強制命令が元本償還を得るための手段であったことを窺わせる。

　もっとも，競落代金がすべての設定ラント及びその他の配当要求債権者の債権を満足させるのに十分でないという場合も当然想定される。その場合には，競落代金は配当要求債権者が有する公証証書の日付の先後を基準とする配当順位に従って配当された[117][118]。この配当順位は，後に「抵当権」が設定ラント

---

115)　Loyseau, *supra* note 18, livre III, chapitre IX, n. 5.

116)　Loyseau, *supra* note 18, livre III, chapitre IX, n. 4-5.

117)　Paris 新慣習法典 361 条は配当順位決定（ordre）の手続を定めているが，その際の基準を明示していない。しかし du Moulin, *infra* note 128, n. 106 では，公証証書の日付が基準であることを前提とする，以下のような事件が紹介されている。ある館が競売されたが，すべての配当要求債権を満足する金銭が得られなかったので，その金銭の分配（distribution）がなされた。その際に，第一の配当順位を認められた設定ラントについて，当該館の上に当該設定ラントに「少し後れて（peu après）」ラント設定を受けた「日付において後れた（posterieur en date）」債権者が，契約の日から 4 年間は買い戻せないという条項があるために暴利行為であるとして，その効力を争った，というものである。

118)　従って，この当時の不動産執行に「債権者平等の原則」は存在せず，むしろ契約の日付の先後による順次弁済が一般原則であった，ということができる。ただ証拠法上，債権やラントの契約日付を契約外で第三者との関係で証明するためには公的権威ある証書が必要とされた（Ordonnance de Moulins（Isambert et al., *Recueil général des anciennes lois françaises: depuis l'an 420 jusqu'à la révolution de 1789*, t. 14, 1ᵉ part., Paris, 1829, p. 189）54 条，Esmein, *Études sur les Contrats dans le Très-ancien Droit Français*, Paris, 1883, p. 213）ために，私署証書債権者（créancier chirographaire）は公証証書債権者への配当の後に残余の按分配当を受けるに甘んじたものと考えられる。

　後に，抵当権が設定ラントから切り離され，すべての公証証書債権者が抵当権を有すると考えられるようになり，公証証書の日付による配当順位が「抵当権者の優先弁済権」として抵当権の効力に取り込まれると（後記第2節第3款(ii)），その裏返しとして「私署証書債権者＝優先弁済権を

第 1 章　16 世紀 Paris 慣習法典におけるラントの「割当て」法理と抵当権の誕生

から切り離され，すべての公証証書債権者が当然に債務者の全不動産上に一般抵当権を有すると観念されるようになると，「抵当権者の優先弁済権」として抵当権の効力に取り込まれることとなる（後記第 2 節第 3 款(ii)）。

　従って，強制命令による抵当権の当然 purge は，保存異議によって保存される，以上のような「競落代金の配当を受ける地位」の保護と引換えに，競落された土地についての設定ラントの「割当て」を喪失させ，これによって抵当権の「追及権」を遮断するものであった。そして，この当然 purge があることから，保存異議を懈怠した場合の「競落代金の配当を受ける地位」の懈怠 purge も，土地上の隠れた権利の釣り出しによって不測の権利負担を防止するというよりも，取得者が競落代金の弁済先を誤らないようにして代金弁済の安全を図る機能を担っていたといえる[119]。保存異議の異議申立期間の終期が，

有しない無担保債権者」という関係が成立する。そして，彼らの間での残余の按分（Bourjon, *Le Droit commun de la France et la Coutume de Paris*, t. 2, Paris, 1770, livre VI, titre VIII, chapitre VI, n. 61）が，不動産執行の「債権者平等主義」に昇華していくこととなる。

[119]　Chadel, *supra* note 111, n. 139. また，*Id.*, n. 140 は，承認書制度（後記第 2 章第 4 節）における異議が，債権質権者の第三債務者に対する通知（すなわち，第三債務者対抗要件）と同様の機能を担っていた，と説明する。

　これに対して，従来，décret 手続による抵当権の purge は，公示に服しない隠れた抵当権によって抵当不動産の第三取得者が後日に追奪される危険を避けるために「隠れた抵当権を明るみに出す」こと（新関輝夫「フランス法における滌除について」民商法雑誌 68 巻 5 号〔1973〕698 頁，705 頁），「隠れた抵当権をつりだす」こと（設楽浩吉「抵当権の滌除（フランス法）」椿寿夫編『担保法理の現状と課題』別冊 NBL31 号〔商事法務研究会，1995〕289 頁，291 頁）に求められることが多かった。とりわけ，柚木馨 = 高木多喜男『担保物権法〔第 3 版〕』（有斐閣，1982）394-395 頁は，このような見地から，フランス民法典の滌除制度（後記第 3 章第 6 節）について，抵当権登記制度の採用以来「ほとんど意義を有しないこととなった」手続を，登記制度に適合するように変形して惰性的に存続させたものであって，「既にその時代的使命を終わった無用の長物と化していた」と断じている（そしてこれを継受した日本の法制についても，「わが民法がかような時代錯誤の制度を無批判的に継受したために，抵当制度に大きな割目を生ぜしめたことは遺憾である」という）。

　このように，隠れた抵当権を明らかにすることが，décret が抵当権との関係で有する目的のすべてであれば，抵当権についても，他の不動産上の権利と同様，適時の異議がない場合の懈怠 purge のみに服せしめれば足りたはずであろう。それゆえ，これらの見解は，décret の抵当権に対する効力として，他の不動産上の物権と同様の懈怠 purge しか念頭に置いていないものと解される（滝沢聿代『物権変動の理論』〔有斐閣，1987〕80 頁も，抵当権の公示という観点から décret 制度に言及するものではあるが，抵当権が異議の有無にかかわらず当然 purge の対象とされたことについて言及していない）。

　しかし実際には，本文で説明してきたとおり，抵当権（設定ラント）は他の不動産上の物権とは異なり，保存異議の有無にかかわらず，すべて当然 purge に服していた。従って，décret 制度に

競落以後・競落代金の弁済前に設定されていたのは，このことを示すものである。Paris 新慣習法典 354 条は，先ほど引用した部分に続いて，次のように規定する。

「……しかし，代金について配当記載されるための権利を保存する（*conserver*）ための異議は，*decret* が作成され押印されるまで受け付けられる。」

（v） 任意売却命令実務

　土地ラント及び設定ラントの強制命令における取扱いは，以上のようなものであった。この強制売却手続における強制命令が，任意売却の場面に実務的に応用されたものが，任意売却命令（décret volontaire）である。これは，土地の任意譲渡の際に，買主が取得後代金弁済前に，自ら仮装の執行債務者として物上差押えを受け，強制売却の形式を用いて自ら取得代金額での入札による買受けを行い，décret を取得する，というものであった[120]。それゆえ，この実務はフランスにおける滌除制度の起源といえる。

　このような実務運用は，遅くとも Loyseau の時代にはすでに定着していた。Loyseau は，任意売却命令の語こそ用いていないものの，差押えによらない売買を前提とした décret について言及している[121]。もっとも，彼はそこで，所

対して従前与えられてきた「隠れた抵当権を明らかにする」という説明は，décret 制度が抵当権との関係で果たしていた機能の全体を説明できない，不十分なものであるといえる（西津佐和子「滌除」九大法学 74 号〔1997〕35 頁，68-69 頁が，「滌除制度は，もともとは，不動産差押に基づく強制競売における消除主義を任意譲渡にも利用したものだったのであり，公示されていない抵当権を釣り出すという目的とその抵当権を消除するという目的との二つの目的を有するものだった」と説くのも，同旨をいうものと解される）。

120)　Pothier, *supra* note 112, n. 666 は，もう一つの手法として，売買契約において décret の取得が合意されていた場合には，売主が仮装の執行債務者となった，という。

121)　Loyseau, *supra* note 18, livre II, chapitre VI, n. 8. 「設定ラントは頻繁に用いられてきたので，公爵（Prince）や大領主（grand seigneur）の館で，巨額の設定ラントを負担していないものはない。このことから，これらすべての公爵及び大領主は，そのすべての財産について永続的禁治産（perpetuelle interdiction）になり，破滅したくなければ，彼らの土地を買わないように気をつける必要がある。……大領主は決して自己の土地が decret によって売却されることを望まない，というのも，decret においては，彼らは彼らの全債務がまず弁済されてはじめて金を受け取ることができ，然るに，彼らは金のためにしか売却しないからである……。」

　Id., livre III, chapitre I, n. 19. 「……代金を得るために土地を売却することを望む者は decret を快く思わない，というのも，それはその者の債務を発見し，しかもその者ではなくその債権者が売却代金を受け取るからである。」

有者自身が任意売却命令による売却を望むことはなかった，ということも指摘している。このことから，任意売却命令の前提となる任意売却は，弁済原資を作るために，売主が設定ラント債権者に促されてするのが通常であった，と推測される。

この当時は，任意売却命令における土地ラント及び設定ラントの扱いは，強制命令のそれと何ら変わらなかった。強制命令と任意売却命令との間に効力上の差異が設けられるべきと主張されるのは，後のことである（後記第2章第4節第1款）。従って，任意売却命令に対して保存異議をなした設定ラント債権者は，強制売却の場合と同様に，その「抵当権」について当然 purge に服する代わりに，未払年賦金のみならず元本の弁済を受けた。

そのため，売主の設定ラント債権者にとっては，任意売却命令は，第三取得者に対する土地の物上差押えや第三取得者による抵当委付後の強制売却と比べて，競売減価[122]を生じることなく土地を売却させ，より多くの元本の償還を受けることができる手段であったと考えられる。

逆に，設定ラントへの「割当て」を受けた土地の第三取得者にとっては，任意売却命令は，将来の設定ラント年賦金を弁済する人的義務を免除されるための，抵当委付と並ぶ手段であった。抵当委付の場合には，第三取得者は既存の未払年賦金のみを弁済すれば足りるが，土地を失った。これに対して任意売却命令の場合には，既存の未払年賦金に加えて設定ラント元本の弁済も必要であったが，この弁済は入札額すなわち取得代金額までで足り，かつ土地を保持することができた。

第5款　小括

本節で示してきたことから，次のようなことを指摘できる。

まず，抵当不動産の第三取得者の地位をめぐるフランス法学説史において，第三取得者が抵当債務を弁済する人的義務を負うという見解は確かに存在していた，ということができる。Paris 慣習法典における「抵当権」とは，設定ラントの土地に対する効力であり，それは「割当て」法理に支えられたものであ

---

122)　Loyseau は次のように述べる。「そもそも金銭がとても不足し稀であるので，大部分の province でなされる競落は通常，適時にあるだろう価値の3分の1を超えない」（Loyseau, *supra* note 18, livre III, chapitre VII, n. 11）。

った。そして「割当て」法理は，抵当不動産の第三取得者に，果実収取者としてラント年賦金を弁済する人的義務を課すものであったのである。Loyseau は，このように Paris 慣習法典が設定ラントに「割当て」法理を適用していることを批判して，設定ラントの土地に対する効力を「割付け」に還元するよう主張するのである。次節では，この Loyseau の主張を検討する。

　本章の冒頭で紹介した「抵当委付」も，このような設定ラントの「割当て」法理を前提とした制度であった。設定ラントの「割当て」を受けた土地の第三取得者は，ラント年賦金を弁済する人的義務を「抵当委付」によって免れたのである。そしてそれゆえに，次節でみる Loyseau の学説は，抵当権から「割当て」法理を駆逐することに伴って，この抵当委付の位置づけにも変更を加えることとなる。

　最後に，抵当権の当然 purge は，この時点では，抵当権の権利の構造に基づく調整装置であったといえる。「割当て」法理の下では，décret による設定ラントの当然 purge は，本来ラント債権者からは償還を請求できない設定ラント元本の回収を可能にすることで，「割当て」法理の効力を金融の目的のために調整するものであったのである。この設定ラントの当然 purge も，次節で紹介するように Loyseau においては相対化されることになる。

第2節　Loyseau における抵当権とその追及権

　Paris 慣習法典が背景に有していた，設定ラント及び抵当権の構想は，以上のようなものであった。そこでは，土地ラントと共通の「割当て」法理が，設定ラントの「抵当権」の効力を支えていたのである。

　もっとも，16 世紀においては，これとは異なる流れもまた，すでに胎動を示していた。その流れは，設定ラントをめぐる du Moulin の学説から検出できる（第1款）。Loyseau は，この流れを発展させる形で，設定ラントの抵当権が有する追及権の根拠として「割当て」法理に代えて「割付け」法理を提唱し，これによって設定ラントから「割当て」法理を排除することを主張する（第2款）。彼は，décret が抵当権に対してのみ当然 purge の効力を有するということ（前記第1節第4款）の意義についても再検討を要求し，décret 手続との関係では抵当権と他の物権との差をなだらかなものとする（第3款）。これらの主張はしかし，前述したフランス古法における設定ラントをめぐる諸前提の下で，

81

第1章　16世紀 Paris 慣習法典におけるラントの「割当て」法理と抵当権の誕生

設定ラント債権者の利益を抑制するという実践的意図に基づいてされたもので
あって，それを超えて不動産物権の統一的理論体系の構築を志向するものでは
なかった。このことは，抵当権設定の方式についての彼の説明からも窺われる
（第4款）。

第1款　Loyseau を準備した潮流——du Moulin における設定ラント

　ここでは，Loyseau 以前に存在した，Paris 慣習法典の構想とは異なる構想
を示唆する潮流として，設定ラントをめぐる du Moulin の学説と，これに対す
る Loyseau の肯定的評価とを示す。du Moulin はまず，割当指定なき設定ラン
トの存在意義を，「割当て」の効力に依存しないものに変容させている（(i)）。
次いで，割当指定ある設定ラントについても，土地ラントとの間の差異を拡大
させている（(ii)）。そしてその過程で，設定ラント以外の「一度限りの弁済を
目的とする債務のための抵当権」を観念している（(iii)）。これらの議論からは，
設定ラントの土地に対する効力すなわち「抵当権」を，土地ラントの「割当
て」から遠ざける傾向を検出することができる。

(i)　割当指定なき設定ラントの存在意義の変容
　前述のとおり，割当指定なき設定ラント，すなわち「浮動ラント」（前記第1
節第2款(i)参照）は，設定者の所有する全土地に対して「割当て」の効力を生
じた。にもかかわらず，du Moulin においては，割当指定なき設定ラントは逆
に土地を有しない者への金融の手段として位置づけられるようになる[123]。こ
れは，割当指定なき設定ラントの存在意義を，「割当て」の効力に依存しない
ものに変容させるものといえる。Loyseau も，明示的引用こそないものの，
du Moulin のこの説明を内容において踏襲している[124]。

(ii)　割当指定ある設定ラントと土地ラントとの差異の拡大
　さらに du Moulin は，特定の土地への割当指定のある設定ラントについても，

---

123)　du Moulin, *Tractatus contractuum et usurarum, redituumque pecunia constitutorum*（*Omnia quæ extant opera*, editio novissima, t. 2, Paris, 1681), n. 22-23.

124)　Loyseau, *supra* note 18, livre I, chapitre IX, n. 11. *Id.*, livre II, chapitre VI, n. 13.

土地ラントとの差異を拡大しようとしている。

その際の彼の問題意識は，割当指定ある設定ラントの設定の際に，土地ラント「賃貸借」の際と同様の譲渡税（lots et ventes）[125]を課すべきか，というところにあった。Paris 旧慣習法典は当初，次のとおり，割当指定のない一般的なラント設定を除いて，ラント設定及び設定ラントの償還に，貢租領主への譲渡税を課していた。

「58 条　何人かが，自己の土地上にラントを売却しまたは設定する場合，ラントの買主は，譲渡税（ventes）を，売主がラントを設定した当該土地を支配する貢租または土地領主（Seigneur censier ou foncier）へ支払う義務を負う。」

「59 条　さらに，貢租負担地（censive）であるところのある土地の上に指定的に設定された何らかのラントが買い戻される場合，買戻人は当該土地の譲渡税を，当該土地を支配する貢租または土地領主へ弁済することを義務づけられる。」

「60 条　さらに，何人かがある土地上にラントを売却し設定し，当該土地を指定的及び特定的に当該ラントへ拘束し（oblige），かつその他のすべての財産及び土地を一般的に拘束する場合，すべての譲渡税……は，指定的かつ特定的に拘束された土地を支配する貢租または土地領主に帰属する。」

「61 条　さらに，何人かが特定することなくすべての財産及び土地上に一般的にラントを売却し設定し，そのようにして一般的に拘束された土地が，decret によって，またはその他の方法で，代金を対価として売却され，土地の購入代金に基づいて，このように一般的に設定されたラントが取得され買い戻される[126]場合，ラントを買い戻す者は，買戻金を生じた土地の，貢租または土地領主へ，当該買戻しの譲渡税を弁済することを義務づけられる。」[127]

これにより，割当指定がある設定ラントが設定された場合，割当指定地の貢

---

125)　譲渡税は，土地所有者による貢租負担地等の売買に同意権を有する，貢租領主等の領主ラント権者が，その同意を与える際に，売却代金の一部を，税（droit）として徴収したものであった（Loyseau, *supra* note 18, livre I, chapitre V, n. 4）。

126)　この部分は，Bourdot de Richebourg, *supra* note 39, p. 4 によれば「買われる（achetée）」となっているが，Loyseau, *supra* note 18, livre I, chapitre IX, n. 23 によれば「買い戻される（rachetée）」となっている。文脈上は，設定ラントの一般的「割当て」を受けた土地の買主によるラント元本償還を意味するものと考えられ，実際にその後の部分ではいずれの文献によっても買戻しのことが論じられているので，本文の訳はこの部分のみ Loyseau に拠った。

127)　以上 4 か条につき，Bourdot de Richebourg, *supra* note 39, pp. 4-5.

第 1 章　16 世紀 Paris 慣習法典におけるラントの「割当て」法理と抵当権の誕生

租権者が譲渡税を徴収できる（58 条）。割当指定ある設定ラントの買戻し（償還）の場合も同様である（59 条）。割当指定ある設定ラントについて，「特定拘束は一般拘束を破らず」条項によって割当指定地以外の土地も割当ての効力を及ぼされる場合（前記第 1 節第 2 款(iii)）であっても，割当指定地の貢租権者が譲渡税を取得できる（60 条）。これに対して，割当指定がない浮動ラントについては，その設定段階では譲渡税は生じず，実際に土地が譲渡されかつ譲渡代金で浮動ラントの元本が償還されてはじめて，ラント元本の償還に充てられた部分を含めた代金額を基礎として譲渡税が発生する（61 条）。

　しかし du Moulin はこのような Paris 旧慣習法典を，とりわけ割当指定ある設定ラントに土地ラント「賃貸借」と同様の譲渡税を課す点において批判し，譲渡税を生ずるラントを買戻し不可能な永続的ラントのみに縮小解釈すべきであると主張する。その主たる理由は，設定ラントは有利息貸付けの代わりであって割当指定地の譲渡を生ずるものではなく，買戻し可能である限りは動産とみなされるべきものであって，領主はその設定に利害を有しない，というものであった[128]。彼の批判を受けて，Paris 高等法院 1557 年 5 月 10 日判決は，これら 4 か条の慣習法としての効力を否定した[129]。そしてその代わりに次のような規定を置き，割当指定の有無にかかわらず，ラント設定による土地の「拘束」は譲渡税を生じないものとしたのである。

　　「*58 条　Paris の都市，プレヴォ裁判所管轄（Prevosté）及びヴィコント裁判所管轄（Vicomté）に所在する館その他土地の上に，代金を対価として設定されたラントについては，ラントの設定のためにも買戻しのためにも，何らの譲渡税（droicts de lots & ventes）……も支払う義務は生じない。*」[130]

　このように，この判決は，割当指定の有無にかかわらず，ラント設定による土地の「拘束」を，土地の譲渡及び土地ラント「賃貸借」から遠ざけた。Loyseau は Paris 旧慣習法典を，割当指定ある設定ラントの効力を土地ラントの効力と混同するものとして否定的に評価し，これに対して，この判決を，割

---

128)　du Moulin, *supra* note 123, n. 129, du Moulin, *Sommaire du livre analytique des contracts, usures, rentes constituées, interests et monnoyes*（*Omnia quæ extant opera*, editio novissima, t. 2, Paris, 1681），n. 143.

129)　Bourdot de Richebourg, *supra* note 39, p. 4.

130)　Bourdot de Richebourg, *supra* note 39, p. 5.

当指定ある設定ラントの効力を土地ラントの効力から区別するものとして肯定的に評価している[131]。

(iii) 「一度限りの弁済を目的とする債務のための抵当権」の観念

この Paris 旧慣習法典に対する批判の際に，du Moulin は設定ラントではない「一度限りの弁済を目的とする債務のための抵当権」を観念して，割当指定ある設定ラントとの対比を行っている。彼は割当指定を伴うラント設定について，「物が一回限りの金額のために（pour une somme à une fois）抵当入れされたような場合と同程度に」領主は利害を有しない，と説いているのである[132]。設定ラントと異なり，この「一度限りの弁済を目的とする債務のための抵当権」は，土地との関係でラントの「割当て」法理とは無関係の効力をもつものと考えられる。従って，割当指定ある設定ラントの「抵当権」もまた「割当て」とは異なる内容のものであることが，ここで示唆されているといえる。

もっとも，その「一度限りの弁済を目的とする債務のための抵当権」が土地との関係でいかなる効力を有するものと考えるのか，その効力はラントの「割当て」とどのように異なるのか，という点については，du Moulin はいまだ明確な答えを与えていなかった。これに対して，次に見る Loyseau の学説は，まさにこの点について具体的な構想を用意するものであった。

第2款　設定ラントにおける「割付け」法理の提唱と「割当て」法理の排除

Loyseau は，以上のような du Moulin の学説の中に断片的に垣間見える抵当権の構想を，設定ラントにおいて「割当て」法理に代わるものとして「割付け」法理を提唱する，という形で具体化する。彼は，「割当て」法理を取引目的に適合させるための調整弁であった，土地ラントと設定ラントとの差異（前記第1節第3款）を，むしろ設定ラントの理論的中心に据える。そして，設定ラントを設定者の人的債務と捉え（(i)），その人的債務としての設定ラントから「抵当権」を概念的に分離し，そのために抵当権からラントに特有の「割当て」法理を排除することを試みる（(ii)）。さらにそのために，彼は抵当権の

---

131)　Loyseau, *supra* note 18, livre I, chapitre IX, n. 23-24.

132)　du Moulin, *supra* note 128, n. 143.

「追及権」の根拠を「割当て」法理の外に求めて「割付け」法理を用意する
（(iii)）。そしてこの「割付け」法理との比較において，「割当て」法理を設定ラ
ントに認めることの弊害を，「割当て」法理の第一の法技術的意味（(iv)）及び
第二の法技術的意味（(vi)）のそれぞれについて説く。その一方で，「割当て」
法理を排除した「割付け」法理の下で生じる実務的不都合については，彼は
「新たな名義」（前記第1節第2款(v)）の理論的位置づけを変更することで解消
しようとする（(v)）。このような新たな「割付け」法理を，彼は割当指定ある
ラントにも及ぼしている（(vii)）。最後に，彼は「動産は抵当権によって追及
されない」の法格言についても，「割当て」法理を離れた説明を展開している
（(viii)）。

(i)　人的債務としての設定ラント

　Loyseau は，Paris 慣習法典を批判する自身の立場を権威づけるために，
Paris 慣習法典に外在的なローマ法源を援用している。彼はまず，自己の著作
全体を，フランスの法実務にローマ法源による説明を与えようとするものとし
て位置づけている[133]。

　このような方法を用いて，Loyseau が従前の実務や Paris 慣習法典について
最も敵対視したのが，土地ラント法の設定ラントへの影響，とりわけ「割当
て」法理の設定ラントへの拡張であった。そして，この「割当て」法理を設定
ラントから排除するための布石として，彼はまず，設定ラントを設定者の人的
義務として整理する。彼が，設定ラントの金融的実質を強調することで，ロー
マ法源における利息付貸付けである「usuræ（高利貸し）」と設定ラントとの間
に連続性を認めようとしている[134]のは，このことを示すものである。

　さらに彼は，設定ラント取引の沿革すら，ローマ法源に求めようとしてい
る[135]。この歴史認識は，それ自体としては乱暴なものであるかもしれないが，

---

133)　Loyseau, *supra* note 18, preface.「ローマ法は理論であり，フランスの慣用は判例の実務であ
　　る：一方を欠くことは欠陥である……それゆえ，法を実務と，慣用を理性と結婚させる必要がある，
　　すなわちローマ法をフランス法と組み合わせる必要がある。……この作品における私の計画は，ロー
　　マ法をフランス法と関係づけることである……。」

134)　Loyseau, *supra* note 18, livre I, chapitre IX, n. 29.「実際，これらのラント〔引用者注：代金を対
　　価とする設定ラント〕は，ラント元本が請求不可能である点以外は，ローマの利息（interests）及
　　び高利貸し（usures）と変わらなかった……。」

135)　Loyseau, *supra* note 18, livre I, chapitre VI, n. 3-4.「……このラント〔引用者注：代金を対価と
　　する設定ラント〕の沿革及び起源も，ローマ法から汲み取られたものである。すなわち，loy 2. *C.*

第2節　Loyseau における抵当権とその追及権

それだけに，彼が設定ラントを土地ラントから隔離して単なる設定者の人的債務として把握しようとしていることをよく示しているといえる。

　設定ラントが設定者の人的債務であるということの意味は，土地ラントとの対比によって明らかにされる。前記第1節第3款(i)で紹介したように，土地ラント「賃借人」が原則として土地の所持者すなわち果実収取者として年賦金につき人的義務を負うのに対して，設定ラントの設定者は，土地の所持と無関係に年賦金につき人的義務を負う，と解されていた。その結果，例えば，土地ラント「賃借人」が逃散をなしうるのに対して，設定ラントの設定者は抵当委付をなしえない。Loyseau はその理由として，土地ラントが「土地によって支払われるべきもの」であるのに対して，設定ラントは「人」すなわち設定者個人が義務づけられるものである，と説明している[136]。また，土地の滅失は土地ラント「賃借人」を土地ラントから解放するのに対して，設定ラント設定者はその人的義務を免れないが，その理由についても，Loyseau は同様の説明を与えている[137]。前述のとおり，「土地によって支払われるべきもの」という彼の表現は，土地が「割当て」を受けているということの言い換えである（前記第1節第1款）。従って，設定ラントが設定者の人的債務であるという説明は，そもそも設定ラントがそのような「土地によって支払われるべきもの」ではない，すなわち，「割当て」法理を内包していない，ということを含意しているのである。

(ii)　設定ラントからの「割当て」法理の駆逐と抵当権の分離

　従って，設定ラントを人的債務として構想することは，設定ラントから「割

---

　de debit. civit. lib. 11. Cod.〔引用者注：C. 11, 33, 2〕で，Constantinus は，債務者が元本（sort）及び利息につき支払能力を有する限り，町及び都市（ローマ法では共和国と呼ばれている）の共同体によって利息付きで貸された金銭を取り戻すことはできない，と命じている……私は，フランスの設定ラントについて書いたすべての者がいまだこの法文に注目してこなかったことに驚く。この法文は間違いなく，設定ラントの起源であり発明である。」

136）　Loyseau, *supra* note 18, livre IV, chapitre IV, n. 4.「土地ラントは土地によって支払われねばならず，土地が衰弱した場合にはもはや支払いを義務づけられないが，反対に設定ラントは人によって支払われねばならず，従って抵当目的物の衰弱のために縮減されない。」

137）　Loyseau, *supra* note 18, livre I, chapitre IX, n. 19.「我々の慣習法は常に，たとえ一定の土地の，ラントの毎年の徴収への用途付け（destination）があっても，人がこれらのラントに義務づけられ（obligée），そのすべての財産がこれらのラントを義務づけられる（tenus），ということを前提にしていたからである。」

87

第1章　16世紀Paris慣習法典におけるラントの「割当て」法理と抵当権の誕生

当て」法理を駆逐し，これとは異なる内容のものとして設定ラントの抵当権を
観念する，ということを意味した。Loyseauはその結果，du Moulin（前記第1
款(iii)）と同様に，抵当権を設定ラントから分離し，人的義務一般を担保する
ものとして観念している。そして抵当権の権利内容自体を，「割当て」ではな
く，債務者財産に対する執行力として捉えている。

　彼はまず，抵当権を次のように定義している。

　　「抵当権は，債務者である人の約束（promesse）及び義務（obligation）[138]を確証
　　し確保するための，物の附従的で（accessoire）付帯的な（subsidiaire）拘束
　　（obligation）である。」[139]

　この定義は第一に，主である債務者の人的義務と，従である物の抵当権とを，
概念的に分離している[140]。このように，人的義務と抵当権を分離し，従たる
抵当権の主として被担保債務を要求することによって，人的債務とされた設定
ラントは，抵当権の被担保債権として位置づけられることになるのである。
　この定義は第二に，抵当権の内容を，物の「拘束」すなわち執行可能性に限
定しており，その結果，「割当て」法理は駆逐されている。このことは，「抵当
訴訟」の被告適格をめぐる彼の議論によっても確認される。前述のとおり，当
時における抵当訴訟はラント設定地の第三取得者に対する訴訟であり（前記第

---

138)　ここでいう「人のobligation」を，物の拘束すなわち差押えと対置された，人の「身体の拘
　　束」（中田薫・前掲注16) 1901頁，1905頁）として理解することはできない。なぜなら，文脈上，
　　人のobligationは物のobligationによって確保される目的であって，物のobligationと同格の，何
　　事かを強制する手段として書かれてはいないからである。
　　　加えて，彼はフランスで設定ラントのための身体強制（contrainte par corps）が禁止されている
　　（Loyseau, supra note 18, livre I, chapitre IX, n. 18）にもかかわらず，なお設定ラントから抵当権が
　　生じると考えている。身体強制とは，義務の履行を強制するために，義務者の身体を拘束する，す
　　なわち義務者を拘禁するという制度である。従って，身体強制が禁止されている，ということは，
　　設定ラントから生じる義務の強制のために身体を拘束することはできない，ということを意味する。
　　その一方で，抵当権は人のobligationなしに成立しないので（Id., n. 10），設定ラントから抵当権が
　　生じる，ということは，設定ラントによって人のobligationが生じる，ということを前提とするも
　　のといえる。それゆえ，彼は設定ラントから身体強制されない人のobligationが生じると考えてい
　　るのであり，このことから，彼が身体強制と人のobligationを区別していることが窺える。
139)　Loyseau, supra note 18, livre I, chapitre III, n. 11.
140)　彼はさらに次のように述べて，人的義務と抵当権とを分離している。「……抵当権が附従しう
　　るような，何らかの人的義務が必要となる。なぜなら，抵当権もfidejussion（保証）も，主たる義
　　務なしには存続しないからである……。」（Loyseau, supra note 18, livre I, chapitre IX, n. 10.）

88

第 2 節　Loyseau における抵当権とその追及権

1 節第 2 款(iii)），第三取得者が出現していない場合に，抵当訴訟をラント設定
者に対して提起する必要はなかった。Loyseau はこのことを説明する際に，抵
当権の効力は人的債務者の財産に対する執行力である，という理解を示してい
る。彼はこの抵当訴訟を，抵当権を行使する訴訟として捉えた上で，人的債務
者との関係では，抵当権の効力が契約の即時執行力や契約に執行力を与える判
決の効力に実質的に解消されるために，抵当訴訟は不要である，というのであ
る [141]。ここでいう「契約の即時執行力」とは，公証証書等の公的権威ある契
約書が作成されている場合に，これを執行名義として訴訟を提起することなく
債務者財産に執行できる，というものである（前記第 1 節第 2 款(v)参照）。彼は，
そのような公的権威ある契約書が，債務者の全財産上に当然に一般抵当権を生
じる，と説く [142]。他方で，それ以外の方法，例えば私文書からは抵当権は発
生せず，裁判上の認諾または義務者の有責を宣言する判決によってはじめて抵
当権が生ずる，とも説く [143]。要するに，Loyseau において，抵当権の成否は
債務者に対する執行名義の有無と連動しており [144]，抵当権の行使のための抵

---

141)　Loyseau, *supra* note 18, livre III, chapitre II, n. 3.「フランスでは，抵当訴訟を債務者または被拘
　　束者に対して提起する必要がない。なぜなら，我々の契約は即時執行力（execution parée）を有
　　しており，そうでない場合，例えば，国王の下に居住していない者によって，国王のものでない印
　　璽（seaux）の下で契約が作成された場合でも，人々は裁判官によってその契約が執行可能である
　　（executoires）と宣言してもらい，その場合に人々は土地を差し押さえ（saisit），それが我々にと
　　っての，抵当命令（condamnation hypothecaire）の真の目的及び効力だからである。」
142)　贈与及び遺贈としてなされたラント設定について，彼は次のとおり述べる。「時に，公人
　　（personnes pubiques）の面前で作成された契約または遺言は，贈与され遺贈されたラントの担保
　　のために，すべての財産の一般的拘束（obligation generale）を含む。この条項はこの場合には蛇
　　足である，というのも，この条項がなくても，公的権威ある契約書（contracts authentiques）は
　　すべて，フランスにおいては，義務者（obligé）のすべての財産の上に，一般抵当権（hypotheque
　　generale）をもたらすからである。」(Loyseau, *supra* note 18, livre I, chapitre VII, n. 6.) *Id.,* livre I,
　　chapitre VIII, n. 9 にも同様の記述がある。
　　　さらに彼はこのことについて，より一般的な形でも説明している。「フランスでは……，公証人
　　（Notaires）の通常のひな型（stile）によるすべての契約では，全財産を拘束する条項を挿入する
　　ことが習慣になっていたので，最後には，すべての契約は，たとえこの条項が省略されていても，
　　この条項を黙示の前提とする（soubs-entendue）ために，全財産上の抵当権をもたらす，というこ
　　とが慣例（regle）とみなされてきた……。」(Loyseau, *supra* note 18, livre III, chapitre I, n. 15.)
143)　Loyseau, *supra* note 18, livre I, chapitre VII, n. 5.「それらのラントは口頭の約束または単なる証
　　書 cedule によって設定されえ，この場合は抵当権を生じない，認諾（recognoissance）または有
　　責判決（condamnation）の後でない限り。」*Id.,* livre I, chapitre VIII, n. 9 にも同様の記述がある。
144)　それゆえ彼は，執行名義なき抵当権である「法定抵当権」については，ローマにおいてそれが
　　認められていたと述べるに留まり，これがフランス慣習法上も認められているとは述べていない。

第 1 章　16 世紀 Paris 慣習法典におけるラントの「割当て」法理と抵当権の誕生

当訴訟も執行名義と同様の効力を得るためのものに過ぎないので，抵当権の効力は債務者との関係では執行名義の効力に実質的に解消されているのである。それでも，理論上は抵当権は債務者の下でも目的財産を執行対象とする効力を有する，というのが Loyseau の考え方の特徴であり，この点はその後の 17 世紀の学説と対照的である（後記第 2 章第 1 節参照）。

　以上のような「割当て」の駆逐は，抵当権の目的となる財産の範囲にも影響を与えている。Paris 慣習法典は，設定ラントへの「拘束」及び「割当て」を，専ら土地について問題にしていた。しかし Loyseau は次のとおり，ローマ法源を援用して，抵当権の目的を土地（héritage）に限定せず，その他の不動産はもちろんのこと，動産 [145]（その詳細は後記 (viii) 及び第 3 款 (ii) 参照）さらには債権・訴権でさえも抵当権の目的となる，と説く [146]。彼の見解は結局，債務者の個別財産から抽象された，債務者のすべての財産の「総体」こそが抵当権の目的である，というところに行き着いている [147]。ここでは，抵当権は，執行

　　例えば，彼はローマにおいて遺言から当然に抵当権が生じていたと述べているが（Loyseau, *supra* note 18, livre I, chapitre VIII, n. 6），フランスでは公証証書が必要なのでこれは妥当しないと説いている（*Id.*, livre I, chapitre VIII, n. 9）。なお，彼はフランスにおいて土地の売主が代金を担保する「黙示の抵当権（hypotheque tacite）」を有することを認めているが（*Id.*, livre III, chapitre III, n. 6），これも土地の売買が公証証書でなされていることを前提にするものと解される。

145)　もっとも，Loyseau, *supra* note 18, livre III, chapitre I, n. 12 には，«l'hypotheque a seulement lieu en immeubles» という記述がある。この箇所を，池田・前掲注 8)「(2・完)」141 頁注 33 は「抵当権は不動産においてのみ行われる」と訳しており，これによれば，Loyseau は動産抵当権を認めていなかった，ということになるはずである。しかし，Loyseau がその理由として「不動産を質入れする（nantir）ことは稀だからである」としていること，この箇所に先立つ「固有の意味の質は，動産においてのみ生じる」«gage à proprement parler ont lieu seulement en meubles» という部分と当該箇所とで «seulement» の位置が異なることから，当該箇所は「不動産においては，抵当権のみが生じる」と訳されるべきである。

146)　Loyseau, *supra* note 18, livre IV, chapitre IV, n. 10.「……フランスでは，ラント設定契約に常に一般抵当の定めがあり，これは動産及び不動産の財産だけでなく義務者に属する債務及び訴権を含む，l. nomen. C. quae res pig. oblig. poss.〔引用者注：C. 8, 16, 4〕。」

147)　彼は，設定ラントに特定土地の割当指定を要求する見解について，次のとおり批判している。「これらのラント〔引用者注：代金を対価とする設定ラント〕が一定の土地を目的とすることなくして存続しえない，と言うことは，その他の一度限りの弁済を目的とする債務に関してそう言うのと同じくらい，正しくない。それらは，債務者の動産及び不動産，現在及び将来のすべての財産の総体の上に存続する。これらのラントが永続的なものとして扱われ，従って不動産とみなされることは，妨げにならない：なぜなら，財産の総体も不動産とみなされ，ラントはそこに存続しうるからである，財産が存在する限りは；財産がない場合には，その結果として，ラントが存続しうる土地（fonds）を欠くために，ラントは力を失う（perdue）が，このことに不都合はない。」

名義から生じる，債務者財産の総体すなわち債務者の「責任財産」に対する執行可能性に他ならないのである。

　このように，抵当権をラントの「割当て」とは無関係な執行力として捉える結果，Loyseau は du Moulin（前記第1款(iii)）と同様，「一度限りの弁済を目的とする債務のための抵当権」を観念し，これを設定ラントの抵当権と原則として画一的に取り扱う[148]。さらにその裏返しとして，彼は抵当権なき設定ラントの存在をも指摘している[149]。

（iii）　抵当権の追及権と「割付け」法理

　このように，彼は抵当権を債務者財産への執行力として純化していくことによって「割当て」法理の排除を図っている。そして，「割当て」法理が第三取得者に対する「追及権」として具現化するものであった以上（前記第1節第2款(vi)），「割当て」法理を排除することは，抵当権の「追及権」の内容に不可避的に影響することとなる。まずは，割当指定のない浮動ラントの「追及権」をめぐる彼の議論をみていきたい。

　Loyseau も，抵当権の「追及権」そのものを否定することはなかった。しかし彼は，「割当て」による追及とは異なる，新たな追及権を構想し，ローマ法源を参照することでこれを権威づけている。Loyseau は，人的債務者の財産に対する執行力としての抵当権（前記(ii)）が，債務者による土地の譲渡によって破壊されないよう，当該土地上に同内容のものとして維持されるべきことを主張する。そしてそれゆえに，抵当権の追及権は，土地負担のような，すなわち「割当て」理論による人的義務の連鎖に依存した「追及権」とは異なる，とい

（Loyseau, *supra* note 18, livre I, chapitre IX, n. 15.）（傍点は引用者による。）

148）　Paris 旧慣習法典 Chapitre V 及び新慣習法典 Titre V「人的訴権及び抵当権」が，とりわけ新101条が，専らラントから生じる訴権を規律していることについて，彼は以下のとおり説明している。「……なぜ本条〔引用者注：101条〕が毎年の連続的な負担にしか言及しないのかを疑うことができる，なぜなら，抵当訴権が一度限りの弁済を目的とした債務（debtes à une fois payer）に関しても生じることは確かだからである：しかし，この「毎年の負担」の語は，本条に続いて，連続的な債務にしか適合しない年賦金の弁済が言及されているために付け加えられたものと理解する必要がある。同様に，Paris 慣習法典の意図は，抵当訴権を一度限りの弁済を目的とした債務に関する限りで説明することではない，なぜなら，この点ではフランスの慣用はローマ法とほとんど変わらないのだから：そうではなくて，Paris 慣習法典の意図は，ローマ法ではほとんど認められていなかったラントに関してだけ，抵当訴権を説明することにあったのである。」（Loyseau, *supra* note 18, livre III, chapitre III, n. 11.）

149）　前掲注143）。

第1章　16世紀Paris慣習法典におけるラントの「割当て」法理と抵当権の誕生

う[150]。従って，追及権は抵当土地の第三取得者を，取得した土地のみについ
て，被担保債務の執行に服せしめるに留まる[151]。以下で示すように[152]，
Loyseauは，このように土地に対する執行力としての抵当権が譲渡後も同内容
で維持されることを，債務への土地の「割付け（affectation）」と呼んで，「割当
て（assignation）」とは区別している。

　追及権が「割付け」に基づくということは，Loyseauの抵当訴訟についての
理解にも表れている。Loyseauにとって，抵当訴訟は，第三取得者の人的義務
に基づいて第三取得者に対する執行名義を獲得するためのものではなく，人的
債務者に対する執行名義の効力を，抵当土地との関係でのみ，第三取得者に対
して拡張するものなのである。彼はまず，抵当訴権の効力は人ではなく物に向
けられたものである，と説く[153]。Loyseauはこのことを具体化して，抵当訴
訟を，物の「割付け」に基づいて物の第三取得者に「抵当委付」を求めるもの
としている。ここでは，Loyseauが物の「割付け（affectation）」を「抵当入れ」
と言い換えており，このことから，彼が抵当権の物に対する効力を「割付け」
と呼んでいることが分かる[154]。さらに，ここで重要なのは，物の「割付け」

---

150)　Loyseau, *supra* note 18, livre I, chapitre IV, n. 2.「確かに，商業を容易にするための衡平という
　　　特別な理由によって，抵当権が引渡しなしに単なる合意によって設定されえ，かつ，債務者が抵当
　　　土地の売却によって債権者の地位を意のままにして債権者の権利を破壊しないために，物がその後
　　　に譲渡された場合でも抵当権が物に留まり続けるのがよい，と考えられたのは真実である，l. *de-*
　　　bitorem C, de pigno.〔引用者注：C. 8, 13, 15〕。しかし，このことは法外（exorbitant）であり，単な
　　　る抵当権の効力を超えず，土地負担ほど有利ではありえない……。」

151)　Loyseau, *supra* note 18, livre II, chapitre VI, n. 7.「……追及権に基づいて債権者は自己に拘束さ
　　　れた土地を追及し，弁済がない場合にはこの土地を売却することができるが，自らラントを設定し
　　　た場合と同様に，土地の第三所持者の人格を追及し，第三所持者固有の財産をラントの弁済に束縛
　　　することはできない。」

　　　Id., livre II, chapitre I, n. 9.「人的訴権だけが全財産上の執行を生じ，抵当訴権は拘束された物の
　　　上にのみ執行を生じる……。」

152)　後掲注154）。

153)　Loyseau, *supra* note 18, livre III, chapitre IV, n. 1.「純粋に物的な訴権（抵当訴権のように，L.
　　　Pignoris C. De pignoribus〔引用者注：C. 8, 13, 18〕）の，主要で不可謬的な特徴は，その第一の申立
　　　事項が人ではなく物に向けられる，ということである……。」

154)　Loyseau, *supra* note 18, livre III, chapitre IV, n. 1.「実際，この訴権の申立書（conclusion）及び
　　　事件登録申請書（libelle）を作成してきた，ローマ法のすべての解釈者は，例外なしに，一致して，
　　　抵当訴訟においては，物が債務に割り付けられ（affectée）抵当入れされた（hypothequée）と宣
　　　言されること，従って，物の所持者が債権者へ物を抵当委付するよう命じられること，これら以外
　　　のことを申し立てえない，と言ってきた。」続く *Id.,* livre III, chapitre IV, n. 2では，D. 20, 1, 21. pr.
　　　及び D. 20, 1, 16, pr. が援用されている。

92

の結果として抵当訴訟において第三取得者に命じられるという「抵当委付」が，人的義務を免れるための「真の抵当委付」ではなく，物への執行を第三取得者が甘受することの言い換えに過ぎない，とされていることである[155]。

　この「割付け」による追及，すなわち土地への執行力の維持の性質をよく示すのが，債務者財産検索の抗弁権の，第三取得者への付与である。彼は，ローマ法源を引用しつつ，第三取得者にこの抗弁権を与えるよう主張する[156]。そしてその理由として，譲渡物への執行力の維持が，抵当権の人的債務への「附従性」のために補充的なものに留まるべきものであることを挙げている[157]。

（iv）　設定ラントの「割当て」に対する批判——第一の法技術的意味について

　以上のように「割当て」に代わる「割付け」法理を提唱し，これをローマ法源によって権威づけた上で，Loyseau は以下のとおり，Paris 慣習法典に内在する「割当て」法理に対して，とりわけ，その第一の法技術的意味である，所持者の人的義務とその執行対象財産の無限定（前記第1節第2款(iii)）について，批判を展開する。

　彼が最も痛烈に批判したのが，設定ラントの「拘束」を受けた土地の第三取得者に設定ラント年賦金の弁済を人的に義務づけた，Paris 新慣習法典 100 条であった。Loyseau は，ここでもローマ法源を引用し[158]，さらに，取得者の負担が重いために土地売買が困難になるという実質的不都合[159]を理由として挙げて，抵当土地の第三取得者は設定ラント年賦金の弁済を人的に義務づけられるべきでない，と主張する。そして，にもかかわらず新 100 条が異なる定めをしていることについて，割当指定ある設定ラントを介して，土地ラントの法

---

155)　Loyseau, *supra* note 18, livre III, chapitre V, n. 16.「抵当訴訟の申立事項において請求される委付は，真の抵当委付ではなく，単なる土地の差押えと decret の受忍・許容である：それでも，この点は十分明らかでも明瞭でもないので，人々はこれもまた抵当委付と呼び，両者を混同している……。」

156)　Loyseau, *supra* note 18, livre III, chapitre VIII, n. 4. 彼はここで，検索を要求するローマ法源として Nov. 4. De fidejuss. を援用している。

157)　Loyseau, *supra* note 18, livre III, chapitre VIII, n. 5.「抵当権の拘束は人的な義務に附従し付帯するものに過ぎず，そのことから，人的に義務づけられた者が弁済の資力を有する限り，第三所持者に対して訴えることにもっともらしさはない，ということになる。」

158)　Loyseau, *supra* note 18, livre II, chapitreVI, n. 7 は，l. 2. C. si advers. cred.（C. 2, 37, 2）及び l. 1, §. *haeres D. Ad Trebell*（D. 36, 1, 1, 16）を引用して「人的訴権は，拘束された物の承継だけでは決して移転しない」と説き，新 100 条を批判している。

159)　Loyseau, *supra* note 18, livre II, chapitreVI, n. 8.

第 1 章　16 世紀 Paris 慣習法典におけるラントの「割当て」法理と抵当権の誕生

理（すなわち「割当て」法理）が不当に混入したものと説明する[160]。そしてそれ
ゆえに，彼は新100条のフランス共通法としての資格[161]を否定している[162]。

　彼は同様に，第三取得者が「年賦金の弁済を抵当的に義務づけられ，少なく
とも……当該土地を……委付することを義務づけられる」と定めている Paris
新慣習法典101条と，その背景にある，抵当訴権の申立事項についての実務を
も批判する。彼は前に述べたとおり，抵当委付，より正確には抵当土地への執
行の甘受こそが，第三所持者の唯一の義務である，と主張する。そして，債務
の弁済は第三取得者にとっては「権能（faculté）」[163]に過ぎないものと捉える。
その上で，これと相容れない従来の実務を，誤って義務と権能とを逆転させた
ものとして非難する[164]。新100条に対する批判と異なり，彼はここでは，年
賦金の弁済を第一次的義務として捉えることを「割当て」法理の混入であると
して批判してはいない。しかしそれだけに，彼はここではすでに，「割当て」
法理がそれまで設定ラント取引及び「抵当権」を支配していたことの痕跡消去
に着手している，ということができよう。そして実際，フランス古法の抵当権
をめぐる19世紀の学説の歴史認識は，Loyseau のこの記述に大きな影響を受
けることになる（後記第4章）。さらにその影響が，本章冒頭で紹介した，「フ
ランス古法では委付が抵当訴権に基づく請求の内容であり，委付を免れるため
に弁済することができた」という Aynès と Crocq の歴史認識にも表れている
といえるだろう。

---

160)　Loyseau, *supra* note 18, livre II, chapitreVI, n. 15.「ここには二重の誤りがある。一つは，……
　　割当指定を土地権（droict foncier）と混同したことである。もう一つは，単なる特定抵当権及び一
　　般抵当権にさえ，割当指定に誤って与えられた効力を与えたことである。この二つの誤りから，土
　　地ラントまたは設定ラントについて実務に見られるすべての困難と当惑が：逃散または抵当委付に
　　関する疑問が生じている。とりわけこのことから，複数の慣習法典が単なる浮動ラントに第三取得
　　者に対する人的訴権を与えている。」
161)　Loyseau は，各地方の慣習法典の定めに欠缺がある場合，原則として Paris 慣習法典が共通法
　　として補充的に適用されるが（Loyseau, *supra* note 18, livre II, chapitreVI, n. 4），ローマ法がこれと
　　異なっており，かつそれがフランスの一般的慣用を害さない場合には，Paris 慣習法典よりもロー
　　マ法を優先適用すべきである，という（*Id.*, n. 6）。
162)　Loyseau, *supra* note 18, livre II, chapitreVI, n. 17.
163)　Loyseau, *supra* note 18, livre III, chapitre IV, n. 4.
164)　Loyseau, *supra* note 18, livre III, chapitre IV, n. 7.「フランスの実務は，ローマ法を知らず，こ
　　の訴権の源も形式も知らない人々によって導かれてきたので，人々は時の経過によって……取得者
　　が債務の弁済を抵当的に命じられ，または少なくとも土地を抵当委付することを命じられるよう申
　　し立てた。これは，……本末転倒して，……単なる権能にまさに義務の役割を担わせるものであ
　　る。」

第 2 節　Loyseau における抵当権とその追及権

　さらに Loyseau は，Paris 新慣習法典 101 条が，設定ラントについて第三取得者の債務者財産検索の抗弁権を明示的に否定したことを，抵当権の附従性に反するものとして批判する。そしてその際に，新 101 条が検索の抗弁権を否定したことを「人々が誤って他の条文〔引用者注：新 100 条〕で設定ラントに人的訴権を与えていたことの帰結」と評している[165]。しかし，この「人的訴権を与えていたことの帰結」という文言の意味を，額面どおり受け取ることはできない。なぜなら彼は，保証人が人的義務に服するにもかかわらず検索の抗弁権を有することを認めているからである[166]。このことから，彼は「人的訴権を与えていた」と言うことによって，その背後にある「割当て」法理に検索の抗弁権否定の原因を求めたものと解される。彼がこの点について新 101 条のフランス共通法としての資格を否定した上で[167]，Paris 慣習法地域でも設定ラント以外の債務については検索の抗弁権が認められるべきである[168]，と主張しているのも，このような理解と整合する。

(v)　設定ラントの「新たな名義」の新たな意義

　以上に述べたように，Loyseau は，「割当て」法理の第一の法技術的意味である，第三取得者の人的義務を否定する。しかしその一方で，前記第 1 節第 3 款の最後に紹介したとおり，第三取得者の人的義務がなければ設定ラント取引に実際上不都合が生じることは彼も認めていた[169]。そこで彼は以下のとおり，実務上第三取得者から設定ラント債権者へ差し入れられていた設定ラントの「新たな名義」（前記第 1 節第 2 款(v)）を改鋳し，そこに重大な意味を与えることで，調整を図っている。

　彼はまず，設定ラントに拘束された土地の第三取得者に，「新たな名義」の作成義務を認める[170]。そして，そうして作成された「新たな名義」に，第三取得者の年賦金弁済の人的義務を発生させる効力を認める[171]。

---

165)　Loyseau, *supra* note 18, livre III, chapitre VIII, n. 4.

166)　Loyseau, *supra* note 18, livre III, chapitre VIII, n. 5.

167)　Loyseau, *supra* note 18, livre III, chpaitre VIII, n. 4-6.

168)　Loyseau, *supra* note 18, livre III, chpaitre VIII, n. 32.

169)　Loyseau, *supra* note 18, livre III, chapitre V, n. 11-12.

170)　Loyseau, *supra* note 18, livre III, chapitre V, n. 1.

171)　Loyseau, *supra* note 18, livre III, chapitre V, n. 7.「……それ〔引用者注：新たな名義〕は取得者に対する人的訴権と，他の財産上の抵当権さえもたらす，取得中に期限が到来した年賦金のために……それは即時執行力を，ラントに拘束された土地についてのみならず，取得者のその他の全財産

第1章　16世紀 Paris 慣習法典におけるラントの「割当て」法理と抵当権の誕生

　Paris 慣習法典の下での，「新たな名義」の主要な実務的意義は，第三取得者の悪意を立証することにより，その作成から抵当委付までに生じる年賦金を弁済する人的義務を，抵当委付によって免れうる人的義務から，抵当委付によっても免れえない人的義務にすることにあった（前記第1節第2款(v)）。しかし Loyseau は，後記(vi)のとおり，そもそも抵当委付を経るまでもなく，かつ善意・悪意にかかわらず，第三取得者に所持ないし果実収取に基づく人的義務を認めないため，このようにして「新たな名義」から契約に基づく人的義務が「発生」することを認めたのである。こうして Loyseau は，人的義務を認めないことの実務的不都合を，新たな名義によって調整しているといえる。

（vi）　設定ラントの「割当て」に対する批判——第二の法技術的意味について

　「割当て」法理の第二の法技術的意味は，抵当委付による，年賦金弁済の人的義務の将来に向かっての免除であった（前記第1節第2款(iv)）。しかし Loyseau は以上のように「新たな名義」の作成によってはじめて人的義務を認める。そこで抵当委付も以下のとおり，この「新たな名義」の作成によって第三取得者が負った，設定ラント年賦金の弁済についての人的義務を，第三取得者が将来に向かって免れるための唯一の手段，という位置づけを受けている。彼は，抵当訴訟の目的とされる「抵当委付」（前記(iii)）との対比で，この抵当委付こそが「真の」抵当委付である，という[172]。

　前述のとおり，Paris 慣習法典においては，この抵当委付は将来の果実収取を放棄するものであるので，原則として第三取得者の人的義務を将来に向かって消滅させるに留まり，すでに果実を収取した所持期間中に発生していた年賦金の弁済義務まで免除されるのは，新102条が規定する例外的場合に留まっていた。この新102条は，第三取得者が訴追を受けるまでラントを知らず，かつ知った後に遅滞なく逃散または抵当委付をすることを要求するものであった。そしてこの102条の反対解釈により，訴追前からラントを知っていた第三取得者は，所持期間中の既発生年賦金について，抵当委付によっては弁済の人的義

───────────────

　についても生じる。」

172)　Loyseau, *supra* note 18, livre III, chapitre V, n. 15.「人的義務が新たな名義から生じるにせよ，Paris 慣習法典のように単なる所持（detention）から生じるにせよ，設定ラントに関して第三取得者が義務づけられる，この人的義務を原因として，抵当委付が，設定ラントのために，将来において自己の他の財産について設定ラントを義務づけられることを回避するためになされる。……これが真の抵当委付である。」

務を免れなかった（前記第1節第1款(iv)）。

　しかし Loyseau は，具体的事例を挙げて，設定ラントに関してこの規律は過酷である，と訴える[173]。そのため彼は，反対解釈の対象となる 102 条の適用範囲を，土地ラント負担地の逃散に限定するよう主張する[174]。その上で彼は，設定ラントについては，102 条とは異なる準則として，「新たな名義」を作成するまでは，設定ラントの存在を知っている設定ラント負担地の取得者にも，自由な果実収取を認めるべきであり，果実収取を根拠とする既発生年賦金弁済の人的義務は認めるべきでない，と主張する[175]。これによれば，第三取得者は，「新たな名義」の作成を避けて抵当委付をすれば，将来発生する年賦金のみならず既発生の年賦金の弁済についても，人的義務を負うことはないことになる。これは，設定ラント及び抵当権から「割当て」法理を排除し，人的義務の発生根拠を新たな名義のみとしていること（前記(v)）の表れといえる。

　このように，設定ラントの「新たな名義」による調整のために，Loyseau においても，抵当委付は将来の設定ラント年賦金弁済の人的義務を第三取得者が免れる手段としての位置づけを維持している。しかしそれだけに彼は，「新た

---

173)　Loyseau, *supra* note 18, livre II, chapitre VI, n. 10.「……巨額の負債を抱えた公爵の元会計方だった人物が，公爵のために立て替えていた金銭を取り戻すために，10 年前に，この慣習法〔引用者注：Paris 慣習法〕の適用地域に所在する土地を公爵から取得していた。今日，この公爵は 20000 escu 以上の期限が到来したラントを支払わねばならず，すべてのラント債権者が，この貧乏な取得者に，彼らのラントの新たな名義と，取得後の年賦金の弁済とを要求した。彼は，6000 escu を費やした土地の抵当委付を申し出た：しかし最も悪いことに，人々は，彼が 20000 escu のラントの 10 年分の年賦金を予め弁済しない限り，これを受け容れようとしない，というのも，彼は自己の手でラントの年賦金をこれらラント債権者全員に弁済しており，取得前にこれらのラントをすべて知っていたからである。然るに，慣習法典は，ラントを知らない者でない限り，年賦金の弁済を免除しない。それゆえ，どうなるのだろうか？　彼は抵当委付の前に 10 年分の年賦金 200000 escu を支払う必要があるのか？　これは，慣習法典の巧妙さに注意しなかったためのものであり，その厳格さに従うと，彼はこれを免れえない：従って，それは極めて過酷であるということを認める必要がある。」

174)　Loyseau, *supra* note 18, livre V, chapitre XV, n. 6.

175)　Loyseau, *supra* note 18, livre V, chapitre XV, n. 7.「土地を占有する者が，当該土地が単に売主によって支払われねばならない設定ラントに抵当入れされていることを知っており，これらのラントの真の債務者は自分ではなく設定者であって，このようなラントは人を追求し土地は副次的にしか追及しない，と考えて：それでも，人々が彼に何も要求しないので，ラントの義務者・真の債務者が十分支払能力を有しているものと考えて，自由に自己が買い代金を支払った土地の果実を享受する場合，取得者は，ラントのために実行を受けて，新たな名義を作成するよりもむしろ土地を放棄するという選択をする場合には，これらのラントの年賦金を義務づけられえないし義務づけられてはならない，と私は考える。」

第 1 章　16 世紀 Paris 慣習法典におけるラントの「割当て」法理と抵当権の誕生

な名義」の作成義務のない，「一度限りの弁済を目的とする債務」に抵当入れされた土地の第三取得者については，「真の抵当委付」は問題にならない，としている[176]。

（vii）　割当指定のある設定ラントについて

以上のように，Loyseau は浮動ラントから「割当て」法理を駆逐した。そしてさらに，割当指定のある設定ラントについても，彼は同様に「割当て」法理を駆逐する[177]。

Loyseau はそのために，割当指定の条項を，抵当目的物を特定した特定抵当の条項として解釈するよう求める[178]。彼は，割当指定の本来的効力が「割当て」であることを理解しつつ，その効力を否定するため，「割付け」の意味での特定抵当条項としてのみ解釈すべきであると主張しているのである。

（viii）　法格言「動産は抵当権によって追及されない」に対する説明

Loyseau の「割付け」法理による「割当て」法理の駆逐は，Paris 新慣習法典 170 条の「動産は抵当権によって追及されない」についても，新たな説明を要求した。前述のとおり，この法格言は定期的収入源としての不動産への「割当て」法理に依存したものと考えられる（前記第 1 節第 2 款（vi））。しかし Loyseau においては，この法格言は，動産が抵当権の「割付け」を受けない，という意味になる。そこで彼は，この法格言に対して「割当て」法理に依存しない説明を試みている。

前述のとおり，Loyseau は執行力としての抵当権が動産にも及ぶことを認めている（前記（ii））。しかし彼は，フランス慣習法ではこの法格言が示すとおり動産の第三取得者に対する抵当権者の追及権は認められていない，という[179]。

---

176)　Loyseau, *supra* note 18, livre IV, chapitre III, n. 1.「……一度限りの弁済を目的とする債務のみを問題にするのであれば，取得者が追行されて土地の抵当委付を申し出る必要もなく，土地が債務に抵当入れされていたと宣言された後に，債権者が自分の望む時に差押えをする必要がある……。」

177)　Loyseau, *supra* note 18, livre I, chapitre IX, n. 31.「代金を対価とする設定ラントについては，契約が割当指定の形式によって構築されていても，当該契約に，単なる特定または一般抵当権のラントしかない場合よりも大きな特権と利点を与えてはならない，と私は結論する。さもないと，設定ラントを過度に優遇することになるだろう：同様に，割当指定の権利は特定抵当権の特典しか有しえない……。」

178)　Loyseau, *supra* note 18, livre II, chapitre VI, n. 16.「明示された土地がある場合でも，それは特定抵当であって純粋な割当指定ではない。」

98

その理由として彼は，動産には不動産のような永続的で安定的な実在がないこと，動産は占有を債権者に移転して「質（gage）」に入れることが容易であること，そしてとりわけ，追及権を認めると動産の買主が売主の債権者から追奪を受けることとなって商取引に重大な不便を生ずることを挙げている[180]。

第3款　décret 手続における設定ラント及び抵当権の取扱い

　かくして Loyseau は，設定ラントを担保する抵当権から，ひいては抵当権一般から，「割当て」法理を排除した。抵当権を，債務者に対する執行名義から生じる，債務者の財産総体に対する執行力の「割付け」とし，その追及権を，土地に対する執行力の「割付け」が土地の譲渡後も「割付け」によって維持されたものとする，Loyseau の構想は，ここに貫徹されたのである。

　このような Loyseau の構想は，décret 手続の効力についての彼の主張にも，影響を及ぼしている。すでに説明したように，フランス古法における décret 手続は，土地上の物権に対して原則として懈怠 purge の効力しか生じなかったが（前記第1節第4款(iii)），例外的に，設定ラント及びその「抵当権」に対しては当然 purge の効力を有していた（前記第1節第4款(iv)）。これは，土地ラントと同じ「割当て」法理に支えられた設定ラントの効力を，その金融の目的に適合するよう調整するものであった。しかし，設定ラントから「割当て」法理を排し，それを担保する抵当権を債務者の財産に対する執行名義の執行力の「割付け」として理解する Loyseau にとって，décret によるすべての抵当権の当然 purge は，抵当権の権利内容から直接導き出されるものではなかった。そのため，彼は抵当権に対するカテゴリカルな当然 purge の効力を décret に認めていない。もっとも，すでにみた「割付け」理論がそうであったように，彼の議論がここでもフランス古法の前提の下で設定ラント債権者の利益を抑制する実践的意図を伴っており，当然 purge 一般を敵視するものではないことには注意を要する（(i)）。このことは，19世紀後半の学説が抵当権者の利益を擁護して滌除制度に敵対姿勢を示す（後記第4章第4節第2款）のと対照をなす。

　他方で Loyseau は，保存異議によって確保される，公証証書の日付の先後

---

179)　Loyseau, *Cinq livres du droict des offices*, 2ᵉ éd., Paris, 1614, livre III, chapitre IV, n. 22.

180)　Loyseau, *supra* note 179, livre III, chapitre IV, n. 24-26.

に従った競落代金の配当順位（前記第1節第4款(iv)）を，抵当権者の「優先弁済権」として，抵当権の効力に取り込んでいる。これによって，抵当権の効力は，債務者財産に対する執行権を中核としつつ，第三取得者に対する追及権と，競合債権者に対する優先弁済権とを備えたものとなり，抵当権の対世的効力の原型がここに成立するのである（(ii)）。

(i) 設定ラントの当然 purge の抑制

Loyseau はローマ法源を援用しつつ，保存異議によって直ちに配当を受けることができるのは履行請求可能な債務の債権者に限られ，期限未到来・条件未成就の債務を担保する抵当権は期限到来・条件成就まで保存されるべきである，と主張する。そして，後順位債権者が先順位抵当権者の債務の期限到来・条件成就時における配当金返還に備えて担保を立てれば，後順位債権者に配当の受領を認めるべきである，と主張している[181]。

Loyseau はこの議論を，教会法上の有利息貸付禁止との関係で元本の償還を請求できない設定ラント（前記第1節第2款(i)）に応用する。そして，本来はラント債権者も保存異議によって同様に抵当権の保存を求めることができるだけのはずであり，強制命令の際に（抵当権の当然 purge に伴い）配当によって元本の償還を受けることができる（前記第1節第4款(iv)）のは設定ラントを土地ラントより優遇することとなって奇妙である，という[182]。そして，ラント債務者が設定ラントにつき人的義務を負うがゆえにラント設定地の所有権喪失によっても解放されず，当然 purge に伴う配当による元本の償還で（配当額の限りで）はじめて終局的に解放されることに，設定ラントを担保する抵当権の当然 purge の根拠を求める[183]。そしてそれゆえに，ラント債務者が自らこの利

---

181) Loyseau, *supra* note 18, livre III, chapitre IX, n. 3. ここでは，本文の主張を支えるローマ法源として D. 20, 1, 13, 5 が援用されている。

もっともこの場合，先順位債権者は期限到来・条件成就後に後順位債権者に配当の返還を求めることができるだけで，先順位の抵当権は「保存される」といっても買受人または第三取得者の引受けになる（つまり「割付け」を保つ）わけではない。

182) Loyseau, *supra* note 18, livre III, chapitre IX, n. 4. もっとも，期限未到来・条件未成就の債務（前掲注 181)）と異なり，設定ラントの元本の償還は永遠に請求可能にならないので，ここでは土地ラントの処遇を参照して，第三取得者によるラント年賦金の支払いが，設定ラントを担保する抵当権の「保存」として念頭に置かれている。

183) Loyseau, *supra* note 18, livre III, chapitre IX, n. 5.

そのため，Loyseau は逆に，当然 purge がラント「賃借人」の利益となる限りで，土地ラント

益を放棄して抵当権の引受けを求めることは（たとえラント債権者が反対したとしても）認められるべきである，と主張する[184]。

Loyseau はこのように，設定ラントの当然 purge がラント債権者に本来請求できないはずの設定ラント元本の償還という利益をもたらすという前提の下で，ラント債権者を不当に利することがないよう，当然 purge を抑制する解釈論を展開していたのである。

(ii)　「優先弁済権」の取込み

前述のように，Loyseau は抵当権を公証証書債権一般に拡張していた（前記第 2 款(ii)）。これによって，保存異議によって確保される，公証証書の日付の先後に従った競落代金の配当順位（前記第 1 節第 4 款(iv)）を，抵当権に固有の効力として観念することが可能となった。そして実際，彼は抵当債権者の配当順位を「優先弁済権」として抵当権の効力に取り込み，債務者財産に対する執行力，第三取得者に対する追及権と並ぶ，抵当権の諸効力の一つとして位置づけている。

このことは，動産抵当における優先弁済権の不存在を論じた彼の議論によって逆照射される。前述のとおり，彼は抵当権を債務者の全財産に対する執行権として捉え，動産抵当をも承認している（前記第 2 款(ii)）。他方で Paris 慣習法典は，動産執行における配当順位について，不動産執行と異なり，原則として最初に動産を差し押さえた債権者に優先的に配当し（新 178 条[185]），ただし債務者が支払不能の場合には配当要求債権額に応じて按分する（新 179 条[186]），と定めている。Loyseau はこのことについて，以下のとおり，抵当権には原則として優先弁済権が認められるとしつつ，フランスでは動産抵当は例外的に優先弁済権を認められていない，という形で説明している。

彼は，抵当権の三つの効力として「被拘束者に対する，抵当物の所持を剝奪

にも当然 purge を拡張すべき旨を主張している。彼は，当然 purge の対象となる権利の条件として，①ラント義務者による買戻し・払戻しが可能であり（ラント権者が買戻しの受忍を義務づけられ），かつ②所有者が décret による売却後もラントにつき人的に義務づけられたままであることを挙げる。そして，設定ラントは当然に両者を満たすが，土地ラントも，例外的に両者を満たす場合があり，その場合には設定ラントと同様に遇される（すなわち，消除される）べきである，と主張しているのである（Loyseau, *supra* note 18, livre III, chapitre IX, n. 11）。前掲注 113）参照。

184)　Loyseau, *supra* note 18, livre III, chapitre IX, n. 6.
185)　Bourdot de Richebourg, *supra* note 39, p. 43.
186)　Bourdot de Richebourg, *supra* note 39, p. 43.

第1章　16世紀 Paris 慣習法典におけるラントの「割当て」法理と抵当権の誕生

して必要があれば売却するための効力」,「被拘束者の後発債権者に対する, 抵当物について優先されるための効力」(優先弁済権) 及び「抵当物の第三取得者に対する, 抵当物の抵当委付を求めるための効力」(追及権) を並列する[187]。そして, そのうちの優先弁済権の根拠として「時において先んずる者は権利において優先する (*qui prior est tempore, potior est jure*)」の法原則を援用する[188]。その上で彼は, フランスの慣習法は動産についてその優先弁済権を認めていない, と説明しているのである[189]。

　ところで, Loyseau は前述のとおり, 動産については追及権も認められない, と説いていた (前記第2款(viii))。加えて彼は, フランスにおいて, 被拘束者 (設定者) に対する抵当権の効力は, 財産拘束 (obligation) を内容とする公証証書に認められた「即時執行力 (execution parée)」に実質的に解消されている, という認識も有している[190]。しかし彼はなお, 後の Brodeau (後記第2章第1節第1款) 以降の諸学説とは異なり, 動産も債務者の下での執行には服するということのみに基づいて, 動産抵当それ自体は認めている[191]。このことも, Loyseau における抵当権が債務者財産に対する執行力を中核とするものであることを裏づけているといえるだろう。

　もっとも Loyseau は, 抵当権の中核である執行力及びその「割付け」と, ここで取り込まれた優先弁済権との間にいかなる関係があるのか, ということについては, 明確な理論的説明を与えていない。そして実際, 次の17世紀の学説は, 執行力の「割付け」としての Loyseau の抵当権理解を踏襲することなく, 抵当権の優先弁済権のみを継承・発展させる道を選択することとなる (後記第2章)。

---

187)　Loyseau, *supra* note 179, livre III, chapitre IV, n. 18.

188)　Loyseau, *supra* note 179, livre III, chapitre IV, n. 31.

189)　Loyseau, *supra* note 179, livre III, chapitre IV, n. 22.

190)　前掲注 141) 及び Loyseau, *supra* note 179, livre III, chapitre IV, n. 19.

191)　Loyseau, *supra* note 179, livre III, chapitre IV, n. 17.「動産抵当について, 我々の慣習法典は, それらが抵当権を設定されないとはいわないが, 抵当権による追及を受けないという：それゆえ, 我々の契約はすべて, 動産及び不動産の現在及び将来の全財産の抵当を含んでいる：しかし私は, この抵当権は本来的なものではない (debile), と言う。」(傍点は引用者による。)

第4款　抵当権設定方式の理論的位置づけ

　前款でみたように，Loyseau は décret の当然 purge に関しては土地ラント
と設定ラントとの間の差異をなだらかなものとしていた。彼はまた，優先弁済
権の取込みによって，抵当権の対世的効力の原型を用意していた。

　しかし，Loyseau の抵当権構想は，後述する Pothier のそれ（後記第2章第5
節）とは異なり，不動産物権の理論的統一を志向するものではなかった。この
ことは，不動産所有権移転及び土地ラントの方式と設定ラント及び抵当権設定
の方式との違いに関する彼の説明によく示されている。彼の説明は，不動産物
権の理論体系の統一を志向していた Pothier の説明とは対照的なものになって
いるのである。

(i)　所有権移転及び土地ラント「賃貸借」の方式

　まず，抵当権の比較対象として，所有権と土地ラントとを取り上げ，所有権
移転及び土地ラント「賃貸借」の方式に Loyseau がいかなる理論的説明を与
えているのかを概観する。

　所有権移転について，彼はローマ法源を援用して，引渡し（tradition）を要
求している[192]。そして，土地ラントを含む土地負担は所有権の一部分である
ので（前記第1節第1款(i)），この引渡しの際にする留保によって設定される，
と説く（むしろ，権利の一部留保であるために，彼は土地負担について「設定」の語を
用いることを避けてすらいる）[193]。ここには，物権を所有権の一部として捉える，
後の Pothier の「肢分権」理論（後記第2章第5節第1款）に類似した考え方が，
すでに土地負担との関係では表れているといえる。

　その一方で，ここでは証書ではなく合意が，引渡しと並ぶ所有権移転の要件

---

192)　ただし，彼はすでに，引渡しが形骸化・契約内容化していることを証言している（Loyseau,
　　supra note 18, livre I, chapitre II, n. 3）。しかし，彼はそれでもなお，理論上は引渡しを要件として
　　観念し続けているのである。

193)　Loyseau, *supra* note 18, livre I, chapitre III, n. 3. 前掲注 26）と重複する部分があるが，再度該当
　　部分を掲げたい。「……物の引渡し（tradition）なき単なる合意（paction）によっては，土地の領
　　主権は移転しない，l. *traditionibus. Co. de pactis*〔引用者注：C. 2, 3, 20〕：同様に，土地の領主権を
　　先取りし（anticipent）分有する（participent）土地負担も，たとえそれが土地の自由処分を縮減
　　するものであるとしても，土地の引渡し及び移転の際，譲渡人が自己のために契約条件としてこ
　　の土地権（droict foncier）を留置（retenue）し留保（reservation）するという方法によって以外
　　には，作られえない。」

第 1 章　16 世紀 Paris 慣習法典におけるラントの「割当て」法理と抵当権の誕生

とされている。従って，証書は所有権移転との関係ではあくまでも合意の証拠としての位置づけに留まっているといえる。

（ii）　抵当権設定の方式

Loyseau は理論的には，抵当権の設定についても所有権移転と同様に当事者間の合意を要件として堅持している。確かに，前記第 2 款(ii) で述べたように，彼はすべての公証証書から当然に抵当権が生じることを認めていた。しかし，そこには黙示的設定合意のロジックが介在しているのである[194]。

その一方で，Loyseau は，不動産所有権移転と異なり，フランスでは抵当権の設定に常に公証証書が必要であったと述べる[195]。しかも，これは彼の中で，不動産所有権移転の「引渡し」理論とは理論的に断絶されたものとして位置づけられている。彼は，抵当権の設定に引渡しが不要であることを正面から認めているのである[196][197]。

ただし彼は，フランスの一部の慣習法において，抵当権を設定する際に，債権者への Nantissement という方式が必要とされている，ということに言及している。彼はこの Nantissement を，物権が引渡しなくして取得されない，というローマ法の原則を貫徹するための「仮装引渡し」として紹介している[198]。しかし彼自身は，これらの慣習法の前提にある，抵当権の設定にも引渡しが必要である，という考え方にコミットしているわけではない。しかも彼は，

---

194)　Loyseau, *supra* note 18, livre III, chapitre I, n. 15.「フランスでは……，公証人（Notaires）の通常のひな型（stile）によるすべての契約では，全財産を拘束する条項を挿入することが習慣になっていたので，最後には，すべての契約は，たとえこの条項が省略されていても，この条項を黙示の前提とする（soubs-entendue）ので，全財産上の抵当権をもたらす，ということが慣例（regle）とみなされてきた……。」（傍点は引用者による。）

195)　前掲注 143)。

196)　Loyseau, *supra* note 18, livre I, chapitre IV, n. 2.「……商業を容易にするための衡平という特別な理由によって，抵当権が引渡し（tradition）なしに単なる合意（paction）によって設定されうる……のがよい，と考えられた……。」（傍点は引用者による。）

197)　実は，彼は地役権の設定についても引渡しは不要であることを認めている。しかしこれは，地役権が頻繁に必要になるための例外として位置づけられている（Loyseau, *supra* note 18, livre I, chapitre III, n. 5)。これに対して，抵当権の引渡し不要はこのような例外としての位置づけすら受けていない。

198)　Loyseau, *supra* note 18, livre III, chapitre I, n. 33.「……いかなる物の所有権もその上のいかなる物権も引渡しなくしては取得されえない，というローマの判例の原則を満足するために，いくつかの慣習法，とりわけ Picardie 及び Champagne 地方の慣習法は，一種の仮装引渡し（tradition feinte et simulée）を実践した。これをそれらは Nantissement と呼んだ……。」

104

第 2 節　Loyseau における抵当権とその追及権

Nantissement を経ていても，設定される抵当権の性質自体は変わらず，抵当
権はあくまで土地ラントや所有権とは異質のものであると考えているのである[199]。

（iii）　方式上の差異と効力上の差異との連関

　以上のように，土地ラント「賃貸借」が引渡しの際の所有者による留保によ
って生じるのに対して，設定ラントの設定及び当該設定ラントのための抵当権
の発生には，引渡しを要しない。Loyseau はむしろ，このような抵当権設定と
所有権移転及び土地ラント「賃貸借」との方式上の違いを梃子にして，以下の
とおり，物権を所有権の一部として捉える理論から抵当権を排除し，これによ
って土地ラントと設定ラントとの峻別を実現しようとすらしている。すなわち，
彼は「引渡し」の不存在を，設定ラントから「割当て」法理を排除すべきこと
の理由としているのである。

　彼は土地ラントについて，引渡しの際の留保という設定方式によって，その
効力の強さ，すなわち「割当て」の効力を理由づけている[200]。これに対して，
設定ラントについては，彼は，その設定の際に引渡しがないことを理由に，土
地ラントのような所有権の一部ではない，という結論を導き出している[201]。
さらに彼は，設定ラントの抵当権についても同様に，引渡しによって設定され
るものでないことを理由にして，土地負担ほどの効力は持ちえない，という結
論を導き出しているのである[202]。

---

199)　Loyseau, *supra* note 18, livre I, chapitre VII, n. 8.

200)　Loyseau, *supra* note 18, livre I, chapitre III, n. 6.「かくして〔引用者注：引渡しの際の留保によ
って〕課されたこれらの土地負担はとても強力でとても含蓄があるものなので，それらは物が誰の
手中に移ろうとも永続的に物を追及する。」

201)　Loyseau, *supra* note 18, livre I, chapitre IV, n. 2.「反対に，もう一つの〔引用者注：土地ラント
でない〕ラントは，単純に設定ラント（rente constituee）と呼ばれる，というのも，それらが生
じた際には物のいかなる引渡し（tradition）も存在せず，単なる裸のラント設定契約しか存在せず，
この契約は確かに人格を拘束する（obliger）効力は有するが，loy traditionibus, C. de pact.〔引用者
注：C. 2, 3, 20〕の理由によって，土地の領主権を縮減しまたはこれに負担を課す効力を有しないか
らである。」（傍点は引用者による。）なお，「単なる裸のラント設定契約」というのは，引渡し
（tradition）が不要ということの言い換えに過ぎず，契約成立要件として公的権威ある証書が要求
されることとは矛盾しないものと解される。

202)　Loyseau, *supra* note 18, livre I, chapitre IV, n. 2. 前掲注 150）と重複する部分があるが再掲する。
「確かに，商業を容易にするための衡平という特定的な理由によって，抵当権が引渡しなしに単な
る合意によって設定され得，かつ，債務者が抵当土地の売却によって債権者の地位を意のままにし

105

第1章　16世紀 Paris 慣習法典におけるラントの「割当て」法理と抵当権の誕生

第5款　小括

　Loyseau は抵当不動産の第三取得者に，抵当債務の弁済義務ではなく，不動産に対する執行のみを甘受させるべきである，と説いたが，学説史的分析によれば，この主張は Paris 慣習法典の規定に対する批判として位置づけられるべきものであった，ということがいえる。Loyseau は，Paris 慣習法典が設定ラントの「割当て」を受けた土地の取得者に設定ラント年賦金の弁済義務を課したことを批判して，「割当て」に代わる「割付け」法理によって，不動産に対する執行のみを取得者が甘受することを根拠づけたのである（第1款，第2款）。本章の冒頭で紹介した抵当委付制度も，元来は設定ラントの「割当て」によって課された年賦金弁済の人的義務を第三取得者が将来に向けて免れるためのものであったが，Loyseau によって，抵当訴訟における第三取得者に対する請求の内容として改鋳されたのである（第2款(iii)）。しかも彼自身も，抵当訴訟における請求内容としての抵当委付は，実は執行甘受の言い換えであって「真の」抵当委付ではない，と説明していた。Loyseau における「真の」抵当委付は，設定ラントについて第三取得者が「新たな名義」を作成した場合に，そのことで生じた人的義務を免れるためのものであったのである（第2款(vi)）（現在の抵当委付制度が Aynès と Crocq によって「時代錯誤」と評されているのも，現在のフランス法における抵当制度がもはや設定ラント取引との関係を失っていることに原因の一つがあるといえるだろう）。もっとも，以上のような Loyseau の主張は，設定ラント債権者の権利を抑制するという実践的意図に基づくものであった。次の17世紀の解釈者は，Loyseau とは別のやり方でそれを実現していくこととなる（後記第2章第1節）。

　次に，Loyseau は「優先弁済権」を抵当権の効力に取り込む一方で，その「割付け」法理によって，設定ラントの当然 purge の基礎を揺るがしてもいた（第3款）。しかしその後の Paris 慣習法典の解釈者は，「割付け」法理ではなくむしろ優先弁済権の方を抵当権の効力の軸に据えることで，抵当権の当然 purge を抵当権の効力そのものに組み込んでいく方向に展開することとなる

て債権者の権利を破壊しないために，物がその後に譲渡された場合でも抵当権が物に留まり続けるのがよい，と考えられた……。しかし，このことは法外（exorbitant）であるので，単なる抵当権の効力を超えず，土地負担ほど有利ではありえない。土地負担は，土地（fonds）と土地所有権の一部をなし，土地の移転の際にしか課されえないのである。」（傍点は引用者による。）

（後記第 2 章）。

　最後に，Loyseau は「割付け」法理によって，抵当権を含む不動産物権の統一的理論体系を作り上げることを志向してはいなかった。彼はむしろ，「引渡し」を要しないという抵当権設定の方式の特殊性を，抵当権が第三取得者に対して，他の物権とりわけ土地ラントほど強力な効力を有しないことの理由にしようとすらしていたのである（第 4 款）。Loyseau が第三取得者の年賦金弁済義務を否定した際に有していた問題意識はむしろ，「割当て」法理によって抵当不動産の第三取得者を過酷な地位に置くべきではない，ということに尽きていた。このことは，彼が「割当て」法理を否定することで，第三取得者が負う負担を抵当土地への執行に限定し（第 2 款(iv)），さらに第三取得者が抵当委付によって既発生の年賦金を免れられるようにしていることから分かる（第 2 款(vi)）。その後の Paris 慣習法典の解釈者は，この問題意識には応接しながら，第三取得者の抵当債務弁済義務を肯定する道を進むことになる（後記第 2 章）。

第 3 節　本章のまとめ

　本章で示されたことを，序章で設定した本書の課題のうちの二つに即して再構成すると，次のようになる。

第 1 款　第一の課題について

　本書の第一の課題は，フランス法学説史において，第三取得者の抵当債務弁済義務の有無をめぐる課題意識が存在したことを示すことであった。この課題との関係では，次のようなことを指摘できる。Paris 慣習法典における「抵当権」とは，設定ラントの土地に対する効力であり，設定ラントへの「割当て」を受けた不動産の第三取得者は設定ラント年賦金を弁済する人的義務を課されていた（第 1 節）。Loyseau は，これを批判して「抵当権」の内容を不動産に対する設定ラントの執行力に限定し，「割付け」法理に基づいて不動産に対する執行力を維持することで，第三取得者の地位を，人的義務を負うのではなく取得不動産への執行を甘受するものにしようとした（第 2 節）。従って，フランス学説史上，この時点で，第三取得者の抵当債務弁済義務の有無をめぐる課題意識が生まれたといえるのである。

第2款 第二の課題について

　本書の第二の課題は，19世紀の学説が第三取得者の抵当債務弁済義務を否定した理由を明らかにすることであった。この課題との関係では，すでに16世紀末の時点で，第三取得者の抵当債務弁済義務を否定すべき旨を主張するLoyseauの学説が登場していた，ということを指摘できる。しかもそこでは，抵当権の効力は債務者財産に対する執行力として捉えられ，設定者の下での抵当権の効力が抵当不動産譲渡後も存続する結果，第三取得者は抵当不動産の売却を甘受するものとされている。そこには，序章第1節第1款の「第一の命題」及び「第二の命題」をすでに検出することができる。従って，19世紀の学説が第三取得者の抵当債務弁済義務を否定した理由を明らかにするためには，Loyseau登場の後19世紀までの学説が彼の学説に対してどのように応接したか，という点に着目する必要がある。これは，次の第2章における分析視角の一つとなる。

　ここでは，第2章での分析のための準備として，Loyseauがいかなる問題意識に基づいて第三取得者の抵当債務弁済義務を否定していたのか，という点を確認しておきたい。彼の問題意識は，「割当て」によって第三取得者に設定ラント年賦金を弁済する人的義務を負わせることが過酷である，というものであった。他方で，彼は抵当権を含む不動産物権の統一的理論体系を作り上げることを志向してはいなかった。そしてこのことが，次章で示すような，17世紀の学説によるLoyseau学説への応接のしかたを規定しているといえる。

第2章　17・18世紀フランスにおける抵当権と追及権
——フランス古法（その2）

　第1章で見たように，Paris慣習法典における「抵当権」は，設定ラントまたは設定ラントの土地に対する効力であった。そのため，その「追及権」の内容は，抵当権者が抵当土地の第三取得者に年賦金の弁済を請求する，というものであり，それは土地の果実をラント年賦金の弁済原資とする，ラントの「割当て」法理の帰結に他ならなかった（前記第1章第1節）。これを批判したのがLoyseauであり，彼は抵当権を設定ラントから切り離して債権の執行力として構想した（前記序章第4節の「α説」）。そしてその結果，その追及権を，「割当て」法理に依存しない，執行力のみの維持と捉え，このような譲渡に左右されない土地の執行対象財産性を，土地の「割付け」と呼んだ（前記第1章第2節）。

　17世紀のParis慣習法典の解釈者も，このLoyseauの影響を受けて，抵当権から「割当て」法理を排除している。しかし彼らはLoyseauの主張からも距離を置き，追及権の内容として第三取得者に対する抵当債務の弁済請求を認め続ける。彼らは，Loyseauが抵当権の効力として捉えていたもののうち，債務者財産に対する執行を抵当権の効力から排除する一方で，債権者間の配当順位としての「優先弁済権」を，抵当権の効力の中心に据える，独自の抵当権理解（前記序章第4節の「β説」）を構築していった。そして，その優先弁済権を保障するための，不動産買主に対する権利として，「追及権」を位置づけていったのである（第1節）。18世紀の解釈者Bourjonも，基本的にはそのような17世紀の学説を踏襲するが，不動産上の物権としての体系化が，解釈に対する制約として働き始める。とりわけ，彼は抵当権が不動産上の物権であることを理由に，他の債権者に対する抵当権者の優先弁済権を，décret手続において抵当権が不動産上の権利から代金上の権利に「変換」されることによって実現されるものとして説明しようとする（第2節）。

109

このような，17世紀の学説と18世紀の学説との間にある傾向の差は，「空競り」による再競落という制度に対する両者の理解の違いを通して例証される（第3節）。

その一方で，17世紀の学説から18世紀の学説に受け継がれた，優先弁済権を中心とする抵当権理解は，承認書制度における抵当権とその他の権利との取扱いの違いに結実する（第4節）。

しかし，Paris慣習法の外では，とりわけPothierが物権債権峻別論を前提として「肢分権」理論による不動産物権の体系化を推し進めていた。そして抵当権もこの「肢分権」の体系に飲み込まれていき，不動産所有権の一部たる売却権として捉えられるようになる（前記序章第4節の「γ説」）（第5節）。

第1節　17世紀における展開

ここでは，17世紀のParis慣習法典の解釈者が，設定ラントの「割当て」法理に依存した抵当権とも，Loyseauが構想したような「割付け」としての抵当権とも異なり，債権者間の配当順位としての優先弁済権を効力の中心とする抵当権を構想していったことを示す。

Loyseau登場後の17世紀のParis慣習法典の解釈者は，Loyseauの影響を受けて，他の債権者に対する優先弁済権を抵当権の効力として認め，また抵当権からラントの「割当て」法理を駆逐する。しかし，第三取得者に対する追及権の実務的な表れである抵当訴訟をめぐって，彼らはLoyseauの主張とは異なる解釈を展開し，第三取得者に抵当債務を弁済する義務を認め続ける（第1款）。さらに彼らは，抵当債権者が強制命令や任意売却命令の際に競落人や第三取得者から代金の支払いを受けるだけでなく，被担保債権の弁済を受けるために第三取得者から代金を優先的に取り立てることを認めた。このことは，彼らの構想する追及権が，売却代金をめぐる債権者間の優先弁済権を補強するための，不動産買主に対する権利としての位置づけを受けていた，ということを示している（第2款）。最後に，後の学説との対比のため，彼らがいまだ不動産物権の理論体系の統一を志向していなかったことを，抵当権設定方式をめぐる彼らの説明から例証しておきたい（第3款）。

第1節　17世紀における展開

第1款　抵当権の効力と抵当訴権の内容をめぐる理解

Loyseau が登場した後に，彼の主張のうち，設定ラントを設定者の人的債務として扱うという部分と，抵当権を設定ラントから分離してあらゆる人的債務の担保とするという点は，Paris 慣習法典の解釈者の間に普及する。そして，設定ラントが元来「割当て」法理に支えられていたということも，それ自体は忘却されていく。

しかし，Loyseau が設定ラント及び抵当権からの「割当て」法理の排除に伴って主張した諸帰結は，そのすべてが直ちに受け容れられたわけではなかった。Paris 慣習法典の解釈者の間では，「割当て」法理の帰結であったはずのもの，とりわけ第三取得者の弁済義務が，抵当権の追及権の中に，形を変えつつもなお根強く残存する。そしてその裏返しとして，Loyseau の主張の核心であった，「割付け」としての抵当権理解と，これに基づく，第三取得者に対する取得物限りでの執行力拡張としての追及権理解は，彼らの中では次第に後退していく。彼らは，Loyseau が抵当権の効力に取り込んだ，債権者間の配当順位としての優先弁済権を，追及権と並ぶ抵当権の効力として維持する一方で，設定者の財産に対する執行力を，抵当権の効力から脱落させていくのである。

以下では，Paris 慣習法典についての，17世紀半ばの Brodeau と，17世紀末の Duplessis 及び de Ferrière の注釈書を素材として，このことを明らかにしていきたい。

(i)　Brodeau

Loyseau の約半世紀後に Paris 慣習法典の注釈書を著した Brodeau は，全体としては Loyseau の強い影響下にある。彼自身，人的訴権と抵当訴権に関する自己の記述は Loyseau の説くところに依拠したものである，と認めている[1]。

しかし実は，追及権をめぐる彼の記述と Loyseau の記述との間には，看過しえない相違が存在する。それは，彼が，抵当土地を取得した第三取得者に，抵当債務の弁済義務を認めている点である。彼はまず，Paris 新慣習法典 101 条が規定する，抵当訴訟の提起を受ける第三取得者の地位について，「割当て」法理のような果実収取に基づく弁済義務とは異なるものの，「所持」そのものを原因とした弁済義務を観念している[2]。このことを反映して，彼は抵当訴訟

---

1)　Brodeau, *Coustume de la prevosté et vicomté de Paris*, 2ᵉ éd., t. 2, Paris, 1669, titre V, n. 1.

111

第2章　17・18世紀フランスにおける抵当権と追及権

の申立事項をラント年賦金の「弁済」請求であると説明する[3]。そこには，Loyseau がしていたような，本来は委付こそが第三取得者の唯一の義務であって弁済は権能に過ぎない，あるいはその委付でさえ「真の抵当委付とは異なる」といった主張（前記第1章第2節第2款）は見られない。むしろ Brodeau は，抵当委付については従属的な位置づけしか与えていない[4]。

このように，彼は，抵当土地の第三取得者に，土地を所持することに基づいて，ラント年賦金を弁済する義務を認めているのである。ただし，その義務の執行対象財産は，取得財産に限定されている[5]。そのため，彼は，抵当目的物の第三取得者に，一種の有限責任債務を認めている，といえる。

Brodeau の 101 条に対する以上のような解釈にとって障害となるのが，設定ラント設定地の第三取得者に人的義務（すなわち無限責任債務）を課す 100 条（前記第1章第1節第2款(iii)）の存在であった。Loyseau は，101 条をもこの 100 条の繰返しとして，すなわち第三取得者に人的義務を認める規定として解釈した上で，両条をともに批判していた（前記第1章第2節第2款(iv)）。これに対して，Brodeau は 100 条の内容を 101 条の解釈に持ち込まず，100 条を割当指定ある設定ラントの場合のものとして限定解釈し，101 条を設定ラントについての原則として，100 条を割当指定ある設定ラントに関する例外として，それぞれ位置づけている。すなわち，100 条は，割当指定によって生じる特定抵当について特別に，割当指定地の所持者の人的 obligation 及び所持者に対する人的訴権が生じることを認めた規定である，と解しているのである[6]。ここで

---

2) Brodeau, *supra* note 1, art. 101, n. 1.「本条〔引用者注：101 条〕は……特に代金のために設定されたラントのための，抵当訴訟のみに言及している……この訴訟は第三所持者に対して提起され，第三所持者は，99 条の場合における貢租及び土地ラントのためのように人的に（personnellement）かつ自ら進んで（de son chef）ではなく，抵当的に（hypothequairement），所持を原因として，ラントに拘束される（obligé）……。」（傍点は引用者による。）

　　なお，「第三所持者」の用語法については，前掲第1章注31）参照。

3) Brodeau, *supra* note 1, art. 101, n. 7.「抵当訴権の申立事項と目的は，人的訴権と同じく，『それ〔引用者注：ラント年賦金〕を弁済すること』である……。」

4) Brodeau, *supra* note 1, art. 101, n. 9.「『少なくとも土地を委付することを義務づけられる』；これは抵当訴権の申立事項のもう一つの柱であり，所持者が弁済も新たな名義の作成も望まず；土地を逃散する，すなわち土地を放棄することを望む場合に，下位的に（subordinnément）取得される……。」

5) Brodeau は，人的訴権と抵当訴権とを次のように対比している。「……抵当訴権が拘束され抵当入れされた物について執行を生じるように，……人的 obligation 及び人的訴権は，被拘束者の全財産について執行を生じる……。」（Brodeau, *supra* note 1, art. 99, n. 1.）

112

は，割当指定に限って「割当て」法理が復活しており，「抵当」の語と割当て
法理とが，必ずしも矛盾しないものとして考えられている。そしてその結果，
割当指定から「割当て」法理を排除するために Loyseau が説いていた「割当
指定からは特定抵当しか生じない」という命題の意味は失われているのである。

　このように，追及権については Loyseau と異なる理解が示されている一方
で，Loyseau が抵当権の効力に取り込んだ，債権者間での配当順位としての優
先弁済権は，Brodeau においても抵当権の効力としての位置づけを受けている。
彼はむしろ，抵当権の効力として，優先弁済権と追及権の二つのみを挙げるよ
うになる。Loyseau は，抵当権の効力として，被拘束者（設定者）に対する効
力（執行力），他の債権者に対する効力（優先弁済権）及び第三取得者に対する
効力（追及権）の三つを挙げた上で，設定者に対する効力をその中心に据えて
いた（前記第 1 章第 2 節第 3 款(ii)）。しかし Brodeau においては，Loyseau が設
定者に対する抵当権の効力として捉えていたものは，公証証書の「即時執行
力」に完全に解消された結果，抵当権の効力から脱落しているのである。

　このことを端的に示しているのが，「動産抵当」についての Brodeau の説明
である。Paris 新慣習法典 170 条は，「動産は抵当権によって追及されない」
という法格言を成文化し，同 178 条は，動産執行においては執行名義の日付に
従った配当順位が妥当せず，動産を最初に差し押さえた者が配当順位において
優先される，と規律していた。Loyseau はこれらを踏まえ，動産抵当は第三取
得者に対する効力（追及権）も他の債権者に対する効力（優先弁済権）も有しな
いが，なお動産も債務者の下で執行対象財産になるという限定された意味で
（不完全な）抵当権の目的たりうる，と説明していた（前記第 1 章第 2 節第 3 款
(ii)）。これに対して Brodeau は端的に，これらの規定により追及権と優先弁
済権とが否定される結果，動産は抵当権の目的ではなくなっている，という理
解を示しているのである[7)8)]。

---

6)　Brodeau, *supra* note 1, art. 100, n. 1-2.「ラントがある土地上に特別に割り当てられている場合，
　そのような割当指定は，特定抵当を，そしてその結果として，所持者の人格における人的 obliga-
　tion を生じる。もっとも，そのような割当指定は，土地の譲渡をもたらすものではなく，土地負
　担とは言われえない。それは，所持者の固有財産（propres biens）における強制（contrainte）の
　ために，人格に対してではなく，拘束された土地上に，単なる追及権及び抵当権しか与えないので
　ある。そして，割当指定の場合の人的訴権は，土地ラントのためのようにではなく，債務の担保で
　ある抵当権の特定性を原因として与えられる。これは共通法（droit commun）から逸脱しており，
　従って，この場合に：すなわち，抵当権の特定性において設定ラントにも土地ラントと同様に与え
　られる人的訴権のみに，限定されねばならない。」（傍点は引用者による。）

第 2 章　17・18 世紀フランスにおける抵当権と追及権

(ii)　Duplessis

Brodeau のさらに約半世紀後にその著作が公にされた Duplessis においては，Loyseau の学説の影響はさらに後退している。

追及権の内容について，彼は Brodeau と同様に，Paris 新慣習法典 101 条の解釈として，第三取得者のラント年賦金弁済義務を認める一方で，その義務を，「割当て」法理に基づく弁済義務とは異なり，果実収取ではなく「所持」そのものに基づく義務としている。その結果，既存の（所持期間中の）年賦金の弁済義務であっても抵当委付によって免れることができるものとされている。Duplessis は，この抵当委付による免脱可能性を，所持者の義務を人的義務と区別するメルクマールとしている[9]。彼はこのことを理由として，抵当委付による第三取得者のラント年賦金弁済義務からの解放を，ラント以外の抵当債務についての第三取得者の弁済義務にも拡張している[10]。

---

7)　Brodeau, *supra* note 1, art. 170, n. 1.「その〔引用者注：『動産は抵当権によって追及されない』という法格言の〕正確な表現は，時において先んずるものは権利において優先する（qui prior tempore, est potior iure）という格言及び抵当権は，動産については妥当しない（n'a lieu），というものである……。」(傍点は引用者による。)

　　Id., art. 178.「……動産は……抵当権の目的とならず（ils ne sont point susceptibles d'hypotheque）；その結果，売却の場合，たとえ売却が裁判所の権威によるものであっても，時の先後及び抵当権を生じた契約の日付は考慮されない……。」(傍点は引用者による。)

8)　藤田貴宏「法定抵当権から先取特権へ（3・完）」獨協法学 84 号（2011）263 頁，360 頁以下は，Brodeau が Paris 新慣習法典 170 条（動産は抵当権によって追及されない）について，優先弁済権の否定と追及権の否定という二つの意義をはじめて明示的に区別した，と指摘する。しかし，そのような区別自体は Loyseau の中にすでに検出できる（前記第 1 章第 2 節第 3 款(ii)）。Brodeau の特徴は，Loyseau と比較すると，むしろ本文のように設定者に対する効力（執行力）を抵当権の効力から外し，動産は抵当権の目的にならないと説明した点に求めることができるだろう。

9)　彼は抵当訴権について次のとおり説明している。「抵当訴権は，上記の債務〔引用者注：金銭債務，設定ラント等の人的債務〕のために与えられた，売買・贈与その他によって抵当土地を取得した第三所持者に対する，抵当委付を選ばない限り債務を弁済しまたはラントを継続することへの訴権である。この選択肢により，第三所持者は「人的に」ではなく，土地の所持を理由としてのみ義務づけられており（obligé），従って，土地を去ることでこれを免れる，ということが分かる……。」(傍点は引用者による。)（Duplessis, *Traitez de Mr Duplessis sur la Coutume de Paris*, Paris, 1699, Traité des actions, livre II, chapitre III, section I, p. 211.）

10)　Duplessis, *supra* note 9, Traité des actions, livre II, chapitre III, section II, p. 213.「……抵当委付，すなわち土地の放棄は，問題なく所持者を解放せねばならない，というのも，所持者は所持を理由にしてのみ義務づけられるからである；それを導入した 101 条，102 条，103 条は，ラントにしか言及していないが，しかしましてや（à plus forte raison）他の義務（obligations）との関係でも妥当する。」

114

第1節　17世紀における展開

　他方で，Duplessis はその執行対象財産の範囲をあまり明確には論じていな
いが，一応，取得した土地に限っているものと解される[11]。もっとも，執行対
象財産の限定は，彼の記述から窺い知れるというに留まり，もはや彼における
抵当訴権の概念的核心を占めているとはいえない。Duplessis においては，抵
当訴権の概念的核心は，抵当委付による弁済義務の免脱可能性に移っているの
である。

　このような，執行対象財産の限定ではなく抵当委付による免脱可能性をメル
クマールとする人的訴権と抵当訴権との区別は，実は Loyseau にも Brodeau
にもみられなかったものである。彼らは，執行対象財産が第三取得者の取得し
た土地に限られることを，人的訴権と対比した場合の抵当訴権の特徴と考えて
いた。そしてそれゆえに，土地ラント割当地の所持者に土地ラントの継続を求
める土地ラント権者の訴権（前記第1章第1節第1款）を，人的訴権（あるいは，
混合訴権）と呼んでいた。所持者が逃散しない限りラントは継続され，これに
よって将来発生する年賦金は，取得者の全財産を執行対象財産とするからであ
る[12]。しかし Duplessis は，逃散によって所持者がラントの継続すなわち将来
の年賦金の弁済を免れることを理由に，土地ラントの継続を取得者の「抵当的
義務」と解しているのである[13]。このように，抵当訴権の執行対象財産が重視
されなくなったことは，抵当権の効力の中で抵当不動産に対する執行の占める
地位が後退していることを意味するといえよう。

　Duplessis による以上のような 101 条の解釈にとっても，設定ラント設定地

---

11)　抵当債務と抵当土地とをともに共同相続した相続人に対する「人的抵当訴権」の説明において，
　彼は次のとおり述べている。「……共同相続人の一人が債務の人的部分を弁済した場合，彼は残額
　の連帯性のために，他の財産に基づいてではなく，相続した不動産のみに基づいて訴追される。」
　（Duplessis, *supra* note 9, Traité des actions, livre II, chapitre II, p. 209.）

12)　Loyseau については，Loyseau, *Traicté du deguerpissement et delaissement par hypotheque*, 3ᵉ
　éd., Paris, 1606, livre II, chapitre IX, n. 1 参照。Brodeau については，Brodeau, *supra* note 1, art. 99, n.
　6 参照。

13)　Duplessis, *supra* note 9, Traité des actions, livre II, chapitre V, p. 222.「これは，土地ラントを負
　担する土地を，当該ラントを引き受けることも知ることもなく取得した所持者に対する訴権である。
　この訴権は，ラントを課された土地を宣言してもらい，所持者が逃散を望まない限り，ラントの過
　去の年賦金の弁済，ラントの継続，ラントの承認を命じてもらうものである。」（傍点は引用者によ
　る。）
　　なお，土地ラント割当地取得者に対するこの訴権を，Duplessis は抵当訴権でも混合訴権でもな
　く「純粋物的訴権」と呼んでいるが，貢租・領主ラント以外の通常の土地ラントに関する限り，そ
　の内容は抵当訴権とほぼ同じであることを認めている（*Id.*, p. 223）。

第2章　17・18世紀フランスにおける抵当権と追及権

の第三取得者に人的義務を課す100条が障害となる。この100条について，彼
はLoyseauともBrodeauとも違う解釈を示している。彼はこれを，抵当訴訟
の争点決定手続後に抵当付をしても第三取得者は既発生の年賦金の弁済義務
を免れない旨を定めた103条（前記第1章第1節第1款(iv)）と同じ内容のもの
として縮小解釈している。つまり，100条によって第三取得者が所持期間中の
年賦金の弁済につき人的義務を負う場合を，第三取得者が争点決定手続の前に
取得地を委付しなかった場合に限定しているのである[14]。もっとも，その場合
に第三取得者が人的義務を負う理由については，Paris慣習法典が特別に土地
ラントの利点を設定ラントに及ぼしたものという説明を与えるに留まってい
る[15]。

　以上のような追及権と並んで，彼もまた優先弁済権を抵当権の効力として挙
げている。DuplessisもBrodeauと同様に，専らこの二つのみを抵当権の効力
として認めており，設定者に対する執行権は抵当権の効力として列挙しておら
ず，そしてそれゆえに，抵当権は不動産にしか生じないと説明している[16]。

(iii)　de Ferrière

　Duplessisと同様，103条を第三取得者に人的義務を課すものと解しつつ，
その根拠を契約に求めることで，第三取得者の「抵当的義務」を定める101条
との緊張関係を解消したのが，de Ferrièreである。彼もまた，第三取得者に
対する抵当訴訟の目的が委付ではなく債務の弁済であることを認める[17]一方で，
第三取得者が取得を原因として当然に弁済の「人的義務」を負うということは
否定している。彼は，103条による第三取得者の人的義務を，第三取得者が設
定ラントを知りつつ直ちに委付しなかったことに基づきラント債権者との間の
契約を擬制することによって説明している[18]。そして彼は，反対に第三取得者

---

14)　Duplessis, *supra* note 9, Traité des actions, livre II, chapitre III, section I, p. 212.「私は，99条の人
　　　的訴権は，所持者が争点決定手続の後に逃散した場合のものである，と応答する。なぜならその場
　　　合，彼はもはや抵当的に負担を負うものではない，なぜなら彼は土地を有していないからである。
　　　それゆえ，実際，99条は103条に含まれる以外のものではない。」

15)　Duplessis, *supra* note 9, Traité des actions, livre II, chapitre III, section I, p. 212.

16)　Duplessis, *supra* note 9, Traité des arrests, executions et gageries, livre I, p. 350.

17)　de Ferrière, *Corps et Compilation de tous les commentateurs anciens et modernes sur la coutume
　　　de Paris*, 2ᵉ éd., t. 2, Paris, 1714, titre V, n. 5.「抵当訴権は，抵当債務のために与えられる，抵当財産
　　　を何らかの権原で取得した所持者に対する訴権である。これによって，所持者は委付を望むのでな
　　　い限り，債務を弁済しまたはラントを継続せねばならない。」

116

が争点決定手続前の抵当委付によって将来発生する年賦金のみならず所持期間中の年賦金の弁済をも免れるという102条（前記第1章第1節第1款(iv)）を根拠にして，第三取得者の人的義務を一般論としては否定しているのである[19]。彼はその結果，100条についても，その人的義務に関する規定は専ら土地ラントについてのものであって設定ラントについてのものではない，と解釈している[20]。

　この議論の前提として，de Ferrière も Duplessis と同様に，抵当的義務と人的義務を，執行対象財産の範囲によってではなく，抵当委付による免脱の可否によって区別している[21]。土地ラント割当地の所持者による逃散の説明に関連して，彼が「人的訴権」を所持期間中の土地ラント年賦金だけのためのものとし，土地ラントそのもの（ラントの継続）については「抵当的に」義務づけられると説明している[22]のは，そのためである。

　de Ferrière も，以上のような内容の追及権と並んで，債権者間の優先弁済権のみを抵当権の効力として列挙している[23]。

第2款　任意売却命令によらない任意売却代金の配当と，décret 手続の意義の変容

　以上のように，「割当て」法理こそ抵当権から排除されていったものの，抵当権の追及権の具体的内容として，抵当土地の第三取得者にはなお抵当債務の

---

18)　de Ferrière, *supra* note 17, art. 103, n. 1.「……第三所持者が争点決定後に逃散した場合，自己の所持期間中に生じたすべての年賦金の弁済を義務づけられる。その理由は，この手段によって彼は悪意であるとされ，ラント債権者と契約して自発的に自己の所持期間中の年賦金の弁済を義務づけられたと考えられるからである。」

19)　de Ferrière, *supra* note 17, art. 100, n. 3.

20)　de Ferrière, *supra* note 17, art. 100, n. 9.

21)　de Ferrière, *supra* note 17, titre V, n. 18.「一度限りの弁済を目的とする債務または設定ラントのために抵当入れされた物の第三所持者は，単純抵当訴権によって訴追されうる。これは人的性質を有しない，すなわち，抵当物を抵当委付することで，彼らは債務またはラントも，彼らの所持期間中に生じた年賦金も，争点決定手続（contestation en cause）の前に収取した果実の返還も義務づけられない……。」

22)　de Ferrière, *supra* note 17, titre V, n. 19.「貢租，土地ラントまたはその他の物的負担を課された土地の占有者は，ラント，貢租その他の土地負担及び所持前に生じた年賦金を抵当的に義務づけられ，所持期間中に生じた年賦金のために人的に義務づけられる……。」（傍点は引用者による。）

23)　de Ferrière, *supra* note 17, art. 170, §4, n. 1.

第2章　17・18世紀フランスにおける抵当権と追及権

弁済義務が認められていた。この義務は，確かに第三取得者の全財産を執行対象財産とする義務ではなく，その執行対象財産は抵当不動産に限られていたが，この義務を「人的義務」から区別するメルクマールは，次第に，そのような執行対象財産の限定から，取得地の委付による免脱可能性へと移行していった。そしてその裏返しとして，抵当目的物限りでの執行力の拡張としての Loyseau の追及権理解は，Paris 慣習法典の解釈者の間では次第に影を潜めていった[24]。

　さらに以下にみるとおり，このような第三取得者の抵当債務弁済義務の履行確保手段は，第三取得者が取得した抵当不動産への執行に限られてはいなかった。ここでは，このことを示す当時の論点として，抵当目的物の任意売却命令（前記第1章第1節第4款(v)）を伴わない通常の任意売却の場合にも，抵当権者は未払いの任意売却代金につき抵当権の順序に従って配当を受けられるか，という問題を取り上げたい。そこでは，Paris 慣習法典の解釈者は，任意売却後の不動産に対する執行に満足せず，不動産の任意売却代金に対する「支払差止め＝差押え」という手続において，任意売却代金の配当の際に抵当権者が他の債権者に対して抵当権の順序に従って優先弁済権を主張することを認めていたのである。これは，日本において明治31年民法が導入した「抵当権に基づく売却代金への物上代位」（後記第5章第4節）の原型をなすものといえる。これによって，抵当権者の追及権は，債権者間の優先弁済権を実効あらしめるため，抵当権の順位に従って売却代金を抵当権者に弁済しない不動産買主に対して抵

---

24)　その背景には，法定抵当権の存在も窺われる。法定抵当権は，公証証書から生じる約定抵当や判決から生じる裁判上の抵当権とは異なり，執行名義なしに生じうるので，執行力としての抵当権理解は妥当しえないのである。従って，法定抵当権を視野に入れると，抵当権は執行力とは区別されざるを得なかった。だからこそ，Loyseau はフランスにおける法定抵当権の存在に言及していなかったが（前掲第1章注144)），Brodeau 以後の学説は，フランスにおける法定抵当権の存在に言及しているのである（Brodeau, *supra* note 1, titre V, n. 1; Duplessis, *supra* note 9, Traité des arrests, executions et gageries, livre I, p. 350)。本書は，Paris 慣習法典の解釈者の抵当権理解にとってこの点が決定的であったとは考えていないが，後の Pothier においては，法定抵当権の承認が，彼の見解と Loyseau の見解との間を区別するものとして作用しているといえよう（後記第5節第1款(iv))。

　なお，このように抵当権の効力が執行名義の効力から分離独立したことは，共和暦7年の法律以降「執行名義を有する無担保債権者」による不動産差押えが認められること（後記第3章第2節第1款(i)）の論理的前提を準備したものといえる。フランス古法においては，Loyseau 以来，執行名義は当然に抵当権を生じると考えられたので（前記第1章第2節第2款(ii)），執行債権者は常に抵当債権者であるということになっていた。しかし，執行力が抵当権とは別物であるならば，執行名義を有しない抵当権者のみならず，逆に抵当権を有しない執行債権者が登場しても，もはや背理とはいえないのである。

第1節　17世紀における展開

当債務の弁済を義務づけるものとして位置づけられた。そして，抵当権の当然 purge はそのような追及権の内在的制約として抵当権の効力構造に取り込まれていった。

(i)　問題の所在

不動産について物上差押えに基づく強制命令または任意売却命令が出されると，競落代金または取得代金について，配当手続（ordre）が行われた。そこでは，保存異議を申し立てた抵当債権者が，原則として証書の確定日付の先後に従って配当を受けた。そしてその一方で，抵当権の当然 purge（権利者が異議を懈怠した場合に限られない当然消滅）が生じた。このような強制命令及び任意売却命令手続を，本書は décret 手続と総称した（前記第1章第1節第4款）。

これに対して，一度限りの弁済を目的とする金銭債務への執行は「支払差止め・差押え（saisie & arrêt）」という手続で行われた。そして，複数の債権者がこの手続を行った場合，この金銭債務は動産として扱われ，取り立てられた金銭の配当は，原則として差押えの先後に従って，ただし債務者が支払不能の場合には配当要求債権額に応じて按分で，いずれにせよ執行名義の確定日付とは無関係の優先順序で行われた。これは，前記第1章第2節第3款(ii)で紹介した Paris 新慣習法典178条及び179条[25]に基づく帰結である。

　　「*178条　自己の債務者に属する何らかの動産（meubles）を，最初に有効に差し止め差し押さえ（arrester & saisir），または執行によって捕捉した（prendre par execution）*[26]*債権者は，最初に支払われねばならない。*」
　　「*179条　ただし，支払不能（desconfiture）の場合には，各債権者は按分で債務者の動産上に分配（contribution）を受ける。*」

---

25)　Bourdot de Richebourg, *Nouveau Coutumier general*, t. 3, Paris, 1724, p. 43.

26)　「差止め・差押え（arrester & saisir）」が無体動産（すなわち動産たる債務）への執行方法であるのに対して，「執行による捕捉（prendre par execution）」は有体動産への執行方法である（Bourdot de Richebourg, *supra* note 25, p. 43, note i, note k）。未払いの売却代金は，執行債務者が有体動産としてではなく債務として有するものなので，前者の方法で執行されることになる。

　この規定の前提として，フランスでは伝統的に，「物」に有体物のみならず無体物（権利等）をも含め，有体物のみならず無体物をも「動産」と「不動産」とに分類している。この伝統はフランス民法典にも持ち込まれており，この点については後記第4章第1節第2款で詳しく説明する。

第 2 章　17・18 世紀フランスにおける抵当権と追及権

　そこで，土地の任意売却がなされたが，任意売却命令手続が履践されないま
ま，かつその代金債務が弁済される前に，譲渡人の複数の抵当債権者が当該代
金債務に支払差止め・差押えをかけた場合，当該代金の配当の際にいずれの規
律が適用されるかが問題となった。

(ii)　1597 年判決

　第 1 款で紹介した 3 名の学者は，この問題に関する Paris 慣習法の判例を示
す裁判例として，Paris 高等法院大審議部（grand'Chambre）の 1597 年判決を紹
介する。特に Brodeau が比較的詳細に事案を紹介しているので，以下では彼
の記述に従ってこの判決を紹介したい。

　S（Montpensier 公爵 François de Bourbon）は，Angoulmois にある Ville-bois の
土地と城主権（Chastellenie〔領主権 Seigneurie の一種〕）とを，T（Espernon 公爵
Louys de la Valette）へと売却した。その代金をめぐって，S の債権者らが争い，
この金銭は，S の債権者らの申立てで，支払差止め・差押えを受けた。

　この判決は，土地と城主権の売却代金である当該金銭を不動産と同様に取り
扱い，支払差止め・差押えの日付ではなく，抵当権の日付（証書の確定日付）に
従って，配当順位決定を行った[27]。

(iii)　17 世紀の学説の理解

　17 世紀の学説は，この判決について，任意売却代金債務には任意売却命令
を経ずとも直ちに抵当権の優先弁済順序が及ぶことを判示したもの，との理解
を示す。

　Brodeau はこの帰結を，「代位（subrogation）」の理論を用いて，売却代金が
売却された不動産に代位する結果，抵当権の優先順位が売却代金にも及ぶもの

---

27)　実は，これと類似した意義を有する裁判例は，現代フランスにも存在する。Cass. civ. 3e, 17
janv. 1978, Bull. civ. III, n°38, Cass. civ. 3e, 27 févr. 1979, *JCP N*, 80. II. 9, Cass. civ. 3e, 8 janv. 1980, Bull.
civ. III, n°7, Cass. civ. 2e, 15 janv. 1992, Bull. civ. II, n°18 は，任意売却代金上に抵当権者の優先弁済権
を承認することで，任意売却代金を一般債権者の支払差止め・差押えから守るための「代金質入れ
条項」実務を無用のものにした，とされる。これにより，滌除手続を経なくても任意譲渡代金上に
優先弁済権があるということになった。
　もっとも，学説はこれらの判決を受け止めかねていた。そしてそれゆえに，2006 年 3 月 23 日の
ordonnance で導入された民法典新 2475 条も，前記の判例法を制定法化したものと位置づけられて
はいるものの，両者の間には看過しえない法律構成上の相違がある。この点については，別稿を期
したい。

として説明する[28]。もっとも，この「代位」の理論は，必ずしも売買と同時に直ちに土地について抵当権を失わせるものではない。彼はあくまで，代金が未払いである限りでのみ代位を観念しており，売買後に代金が債務者に支払われた場合にまで代位が生ずると考えているわけではない。結局，彼の「代位」理論は，抵当権の権利の目的を不動産からその売却代金債務へと置き換えるのではなく，不動産の性質をその売却代金債務に拡張する意味を持つものに過ぎないのである[29]。この点は，後の Bourjon（後記第 2 節第 3 款(i)）との対比のために注意を要する。しかも彼は，債権者を詐害するために債務者が秘密裏に土地を売却した場合を念頭に置いて，この「代位」を，追及権と並ぶ，そのような詐害を防ぐための効力として説明してもいる[30]。

　Duplessis も，Brodeau ほど踏み込んだ説明をしてはいないが，前記判決を，任意売却代金債務に抵当権の優先弁済順序が及ぶことを判示したものとして説明している[31]。

　de Ferrière も，前記判決について Duplessis と同様の理解を前提としている[32]。しかし，de Ferrière はそのことの説明として Brodeau のように「代

---

28)　Brodeau, *supra* note 1, art. 178, n. 3.「債務者によって合意の上で（de gré à gré），そして任意契約（contract volontaire）によって売却された土地の代金に関する場合，買主が金銭の債務者であり，代金の存在のために金銭が買主の手元に存続する限り，金銭が物を再現出し（representent），物の代わりに，金銭が自ずから当然に物に代位する（subrogez）……。」なお，「再現出」という訳語については，後掲注 52）参照。

29)　Brodeau は次のように議論をまとめている。ここには，目的物の「変換」の論理は込められていない。
　「……不動産の売買から生じた金銭は，買主の手中に存在しているならば，抵当権のために，不動産の性質と資格とを保持している。」（Brodeau, *supra* note 1, art. 178, n. 3.）

30)　Brodeau, *supra* note 1, art. 178, n. 3.「……債権者を裏切って，債権者の同意なしになされた売却は，債権者が土地上に有する抵当権を滌除せず，土地はその抵当権の負担を伴って買主へと移る。それと同様に，抵当債権者は代金上に，もし土地が債務者の下で差し押さえられ売却され decret によって競落されたなら土地上に有しているはずのものと同じ権利を有し，差押えではなくその抵当権の順序に従って処遇される。さもないと，債権者へ抵当入れされている土地その他の不動産を秘密裏に売却して，最後順位の債権者にこれを知らせ，その最後順位債権者が最初に差押えをすることで，債務者が自己の債権者を詐害できてしまうだろう。」

31)　Duplessis, *supra* note 9, Traité des arrests, executions et gageries, livre II, p. 351.「……売却された不動産から生じる金銭は，もはや動産でしかないので，金銭が差し止められた場合には，優先性〔引用者注：差押えを基準とした優先性〕が妥当するように見える；にもかかわらず，反対が真実であり，代金が任意契約による取得者の手中にある限り，異議債権者は，彼らが土地上に常に有している抵当権を理由に，抵当権の順序によって並べられる。」

32)　de Ferrière, *supra* note 17, art. 178, n. 19.

121

位」を用いることを明示的に否定している。de Ferrière は，Brodeau が「代位」という法律構成を用いた結果，前記判決と並んで Paris 高等法院第三審理部 1615 年 2 月 7 日判決を引用している[33]点を批判する。Brodeau によれば，この判決は，不動産売主について相続が生じた事案において，未払いの代金債務が動産ではなく不動産として相続される，ということを判示したものであった。Brodeau がこの判決を不動産売却代金の不動産への代位を示す判例として引用したのに対して，de Ferrière は，相続人への弁済は抵当債権者への弁済とは全く異質の問題である，と指摘する[34]。そして，抵当債権者への弁済の際に代金が不動産として分配されるのは，売却代金が売買目的不動産に代位するからではなく，債務者は不動産の売却によって債権者を害することができないということそれ自体に基づく，と説明している。彼はここで，土地の売却から債権者の地位を保護するためのものとして，任意売却代金の分配順序を，「代金が債務者に弁済されるのを債権者が甘受した場合」における追及権と並べている[35]。

　このように，17 世紀の学説は，債務者が不動産を売却することで債権者が害されないようにするためという理由で，任意売却命令手続を伴わない任意売却の場合にも，未払いの任意売却代金の配当の際に抵当権者が他の債権者に対して優先弁済権を主張することを認めている。このことから，債務者が不動産の売却によって抵当権者に与える「害」として 17 世紀の学説が念頭に置いて

---

33)　Brodeau, *supra* note 1, art. 178, n. 3.

34)　de Ferrière, *supra* note 17, art. 178, n. 20.「後者の判決〔引用者注：Paris 高等法院第三審理部 1615 年 2 月 7 日判決〕においては事案が大きく異なる，なぜなら売却不動産の代金は物の地位を襲わず（ne pas succede loco rei），この場合に不動産が売却され，たとえその代金が売主の死亡の際に未払いであっても，相続人との関係で代位（subrogation）は生じないからである。」
　その上で彼自身は，相続の局面では未払いの不動産売却代金は動産として扱われるべきである，という見解を示している。

35)　de Ferrière, *supra* note 17, art. 178, n. 20.「通常は土地の売買のために支払われるべき金銭は動産に過ぎないにもかかわらず，それらが売却された不動産を再現出して不動産の性格を取得するのは；債務者が，décret なしにされた自己の土地の売却によって，自己の債権者の権利及び抵当権を害することができないからである；その結果，代金が債務者に弁済されるのを債権者が甘受した場合であっても，債権者は取得者に対して，土地の委付を望まないならば彼らに支払われるべきものを弁済するよう訴求する（poursuivre）ことができる；そして委付がなされた場合，土地は差し押さえられ décret によって競落され，競落金は差押債権者及び異議債権者の間で，抵当権の順序に従って分配される；従って，このことは債務者によって任意に売却された土地の代金の分配においても遵守されねばならない。」（傍点は引用者による。）

122

いたのは，抵当権者が当該不動産に対して執行できなくなることではなく，当該不動産の売却代金について抵当権者が他の債権者に対して優先弁済権を主張できなくなることであった，といえる。そしてその反面，追及権すなわち第三取得者の抵当債務弁済義務は，抵当不動産が第三取得者に売却されかつ「代金が債務者に弁済されるのを債権者が甘受した場合」におけるもの，という後退した位置づけを与えられている。ここには，不動産買主に対する追及権が債権者間の優先弁済権を補強する，という関係を看取できる。売却代金を売主（抵当債務者）に弁済した不動産買主に対する追及権は，買主から抵当権者への，抵当権の順位に従った売却代金の弁済を促す（または，抵当権者による支払差止め・差押え前の，買主から売主への売却代金弁済を抑制する）ものといえるからである。そしてそれゆえに，抵当権の追及権（第三取得者の抵当債務弁済義務）は，順位に従った売却代金の配当を得ることでその目的を達成し消滅する[36]，ということになる。これが，抵当権の当然 purge に対する β 説の位置づけであり，そこでは，当然 purge はもはや第三取得者が設定者から承継した義務を第三取得者との関係で消滅させるものではなく，第三取得者に対する追及権の内在的制約として捉えられているのである。

（iv） 任意売却命令の意義の変容

　このような考え方によれば，抵当権の当然 purge は décret 手続に特有の効力ではない，ということになる。それでは，décret 手続，とりわけ任意売却における任意売却命令には一体いかなる意味が残されることになるだろうか。

　任意売却命令を経ない任意売却代金が支払差止め・差押えを受けて配当される場合には，décret による抵当権の懈怠 purge（権利者が異議を申し立てなかったことによる権利消滅，前記第 1 章第 1 節第 4 款(ii)）が生じないので，すべての抵当債権者が支払差止め・差押えによって任意売却代金債務を争っているとは限らない。そして，支払差止め・差押え手続に基づく配当手続に参加しなかった抵当債権者の抵当権は，この配当手続によっては消滅しないものと考えられる[37]。

36）　後掲注 37）で引用する de Ferrière の記述を反対解釈すると，売却代金の配当手続に加わった抵当権者の抵当権は，任意売却命令によることなくして消滅し，もはや追及権を行使できない，ということになる。

37）　de Ferrière, *supra* note 17, art. 178, n. 19.「……décret なしにされた売却は，債権者の抵当権を滌除しえず，その結果，最も古い債権者の一人が売却代金について差押え及び異議をしなかった場合，そのような債権者は，……取得者に対して抵当権宣言の訴えを提起し，自己に支払われるべき

そうすると，第三取得者は，取得代金全額を抵当権の順序に従って弁済したにもかかわらず，なお抵当権者からの追及権行使を受けることになる。それゆえ，任意売却命令は，そのような第三取得者がすべての抵当権者の追及権を免れるための自己防衛手段として，従って専ら懈怠 purge のみをその固有の効力とする制度として位置づけられるのである。

第3款　設定方式の理論的位置づけ

ここで，次にみる 18 世紀の学説との比較のため，17 世紀の Paris 慣習法典の解釈者が，いまだ不動産物権の理論体系の統一を志向していなかったことを，抵当権設定方式との関係で見ておきたい。そこでは，公証証書の方式と所有権移転の引渡主義との関係が，何ら意識されていないのである。

(i)　不動産所有権移転の方式

Brodeau は，Loyseau（前記第 1 章第 2 節第 4 款(i)）と同様，不動産所有権移転を当事者間の契約に基づくものとして理解している。彼も Loyseau と同様，ローマ法学由来の引渡主義を受容しているが，Paris 新慣習法典 82 条を根拠として，これを契約書における引渡条項の要求に解消している[38]。

(ii)　抵当権設定の方式

しかし抵当権の成立要件は，Brodeau においても，Loyseau におけるのと同様，この所有権移転の方式要件と連関を有していない。

彼も Loyseau と同様，抵当権の設定について，いまだ黙示的設定意思のロジックを取り払ってはいない。彼は次のように述べ，合意や同意が抵当権設定のために必要であるという余地を残している[39]。そして実際，彼は法定抵当権

金額を自己に弁済しまたは土地を委付することを義務づけることができる……。」（傍点は引用者による。）本文で示した理解によれば，ここでいう「滌除」は当然 purge ではなく懈怠 purge の意味である，ということになるだろう。

38)　Brodeau, *Coustume de la prevosté et vicomté de Paris*, 2e éd., t. 1, Paris, 1669, art. 82, n. 4.「土地は，何ら事実上の把握（apprehension de faict）なくして，公証人のひな型である，契約書に挿入された通常の引渡し（tradition）及び saisine の条項によって，有効に取得者へと移転される。」

39)　Brodeau sur Louet, *Recueil de plusieurs notables arrests donnez en la cour de Parlement de Paris*, t. 1, Paris, 1678, lettre H, XV, n. 3.「抵当権は，当事者の合意及び同意のみに依存するものではなく……，国王の権威と国王の官吏の職務とによってのみ設定される。」（傍点は引用者による。）

124

にも黙示的設定意思の構成を及ぼしている[40]。

しかし彼は，これに加えて，公証証書を，単に抵当権設定条項をそのひな型に含むものとしてではなく，人的訴権及び抵当訴権に共通する，第三取得者に対する訴権成立のための要件として理解する。この点は，不動産所有権移転において公証証書がそのひな型に引渡条項を含んでいるものとしてのみ言及されていたのとは異なる。しかも，彼はこの公証証書による抵当権設定を，不動産所有権移転の引渡条項とは何ら関係づけていない[41]。

第4款　小括

17世紀のParis慣習法典の解釈者は，第三取得者の抵当債務弁済義務を否定するLoyseauの主張を踏襲せず，第三取得者に抵当債務の弁済義務を認めていた（第1款）。彼らはさらに，抵当債権者にdécret手続の外で抵当不動産の売却代金から優先弁済を受ける権利を認めている。これによって，抵当権者の追及権は，債権者間の優先弁済権を補強するための，目的不動産買主に対する権利として理解されることとなった（第2款）。これに対して，次の18世紀の解釈者は，17世紀の解釈者の基本的な抵当権理解を維持しつつも，抵当権が不動産上の物権であることを重視し，抵当債権者が抵当不動産の売却代金からの優先弁済を求めるためにdécretによる抵当権の「変換」を要求することになる（後記第2節第3款）。

一方で，Loyseauと同様，17世紀のParis慣習法典の解釈者にも不動産物権の統一的理論体系への志向はいまだ存在していない。Brodeauにおいては，不

池田恒男「フランス抵当権改革前史(2)」社会科学研究31巻2号（1979）130頁，158頁は，この「のみ（seulement）」を訳し落として，「抵当権は当事者の同意（consentment）と合意（convention）によるのではなく，唯一，王の権威と王の官職者の補佐によって設定される」と訳している。しかし，「のみ」があるために，Brodeauはなお当事者の同意や合意を抵当権成立のために要求していると考えることができる。

40)　Brodeau, *supra* note 1, titre V, n. 1.「抵当訴権は，黙示の法定の抵当権（l'hypotheque *tacite* & *legale*）のためにも生じる……。」（傍点及びイタリック体は引用者による。）

この時点では，«tacite» の語には「黙示の」という訳を与えるべきであろう（なお，後に «tacite» の語の意味が変わっていくことについて，後掲注133）参照）。

41)　Brodeau, *supra* note 1, titre V, n. 1.「……〔引用者注：人的訴権と抵当訴権の〕どちらも，公証人その他の公人（personne publique）の面前で作成された契約に基づかなければ，第三所持者に対して生じない……。」

第2章　17・18世紀フランスにおける抵当権と追及権

動産所有権移転の引渡主義に相当するものは抵当権設定要件には存在せず，他方で約定抵当設定のための公証証書要件に相当するものは不動産所有権移転要件には存在しなかった（第3款）。後の Bourjon においては，さらに当事者の合意という要件についても不動産所有権移転と抵当権設定は乖離することになる（後記第2節第4款参照）。

第2節　18世紀における展開——Bourjon の学説

18世紀の Paris 慣習法典の解釈者として，ここでは Bourjon を取り上げる。彼も基本的には，17世紀の解釈者の路線を継承し，優先弁済権を中心とした抵当権理解（β説）を示している。そしてそれゆえに，彼も第三取得者に対する抵当訴権の目的を不動産に対する執行とは考えていない（第2款）。しかし彼は一方で，Paris 慣習法典を離れた体系化を志向した結果，抵当権の効力を目的不動産に対する効力として整理しており（第1款），このような彼の学説の過渡期的性格が，彼の各論的記述にも影を落としている。すなわち，17世紀の学説が一旦抽象していた décret に，Bourjon は不動産上の抵当権を代金上の権利に「変換」するという効力を認めるが，彼はなお décret のそのような効力を抵当権の権利内容に基づくものとして捉えている（第3款）。また，これに対応するように，彼は不動産物権変動一般に妥当する「対抗」理論の萌芽を生じさせつつあったが，彼自身はなお不動産物権の統一的理論体系の構築を志向していたわけではなかった（第4款）。

第1款　抵当権の定義と内容

Bourjon も，Loyseau（前記第1章第2節第2款）のように抵当権を債務者財産に対する執行力として理解してはいない。しかし一方で，17世紀の解釈者と比べると，物に対する権利という定式を強調するようになっていることが分かる。

彼は抵当権を財産の「割付け（affectation）」として説明している[42]。もっと

---

42)　Bourjon, *Le Droit commun de la France et la Coutume de Paris*, t. 2, Paris, 1770, livre VI, titre VI, chapitre II, n. 1.「抵当権は，主たる義務に従たる権利であり；債務者財産の，その人的義務の額に

第2節　18世紀における展開

も，この「割付け」は，Loyseau における「割付け」，すなわち執行力の割付けとは異なり，執行を抽象した「価値」の割付けである。このことは，次款以降で詳しく見る。

　さらに彼は，抵当権を「物を追及し，義務の額に満つるまで吸収する物権（droit réel）」として説明してもいる[43]。ここでは，抵当権は第一義的には，抵当不動産の第三取得者に対してでも他の債権者に対してでもなく，まさに物に対して効力を生ずる権利として説明されている，といえる。もっとも，彼はそのような抵当権を，土地ラントや地役権など「物に内在する物権」とは区別している[44]。さらに彼は，抵当権の「割付け」を「物の譲渡」と区別することで，抵当権と他の物権との間の差異を強調している[45]。このことには，後のPothier（後記第5節）との対比のため，留意しておく必要がある。

　Bourjon は，このような抵当権の物に対する効力から，第三取得者に対する効力（追及権），他の債権者に対する効力（優先弁済権）に加えて，債務者に対する効力が生ずることを再び認めている[46]。もっともその債務者に対する効力は，Loyseau におけるような債務者財産への執行力とは異なり，抵当債務が請求可能な状態でない場合に債務者を相手取って「抵当権の保存のために提訴できる」，というものに過ぎない[47]。

満つるまでの割付け（affectation）である……。」

43)　Bourjon, *supra* note 42, livre VI, titre VI, chapitre II, n. 6.「抵当権は，物を追及し，それを生じさせた義務の額に満つるまで物を吸収する（absorbe）物権（droit réel）である。抵当権の，物権であるというこの資格が，抵当権から生じる訴権を，抵当不動産がその手中に移転しうるすべての者に対して作用するようにしている……。」

44)　代金の一部につき弁済を受けていない土地売主が，当該土地が買主の下で décret を受ける場合に負担異議を認められない理由について，彼は次のように説明している。
　「……それは単なる抵当権であって，土地に内在する物権（droit réel & inhérent au fonds）ではない；従って，土地はそうした権利の負担付きで競落されてはならず，そうした権利は代金の上に押し込められ，代金にしかかからない。」（Bourjon, *supra* note 42, livre VI, titre VIII, chapitre VI, n. 88.）

45)　設定ラント及び抵当権の設定から領主への譲渡税が生じないことについて，Bourjon は次のような説明を与えている。
　「土地上に抵当権の設定を受けたラントの設定も買戻しも，この税を発生させない。これは物の譲渡（mutation dans la chose）ではなく，単なる物の割付け（affectation d'icelle）である……。」（Bourjon, *Le Droit commun de la France et la Coutume de Paris*, t. 1, Paris, 1770, livre II, titre IV, chapitre IV, n. 120.）

46)　Bourjon, *supra* note 42, livre VI, titre VI, chapitre III.

47)　Bourjon, *supra* note 42, livre VI, titre VI, chapitre III, n. 1.

127

第2款　抵当訴権についての解釈

　このように，Bourjon は抵当権を「財産の割付け」「物を追及し吸収する物権」としているのであるが，このことは，抵当訴権をめぐる Paris 慣習法典についての解釈には，あまり影響を与えていない。彼の抵当訴権についての解釈は，若干の修正を加えつつも，17 世紀の解釈者のそれ（前記第 1 節第 1 款）をなぞるものとなっており，それゆえ，取得不動産への執行は抵当訴権の目的とされていない。

　Bourjon においても，抵当土地の第三取得者は「弁済または土地の放棄」の義務を負う，ということは正面から認められている[48]。これに対して，抵当委付は終始，このような義務の履行を迫る抵当訴訟自体を免れるための，第三取得者の権能として表現されている[49]。土地の放棄のみが義務内容であって弁済は権能に過ぎない，という Loyseau の主張（前記第 1 章第 2 節第 2 款）は，採用されていないのである。

　Bourjon も，Duplessis 及び de Ferrière と同様に，抵当訴権を人的訴権から区別するメルクマールを，委付または逃散によって免れることができるか否かに求めており，執行対象財産の限定には求めていない。Bourjon においても，土地ラントの年賦金弁済を求める「混合訴権」についての説明がこのことを示している。Loyseau はこの混合訴権を，同時に物的性質と人的性質とを併有するものとして説明していた（前記第 1 章第 1 節第 1 款）。しかし Bourjon は，人的性質と物的性質が妥当する範囲を分け，所持期間中の年賦金は逃散によって

---

48)　Bourjon, *supra* note 42, livre VI, titre VI, chapitre II, n. 7.「……抵当土地の取得者は，債務を弁済するか，土地を放棄する（abandonner）ことを義務づけられる；それが彼に対する抵当権の効力である……。」

　　Id., livre VI, titre VI, chapitre III, n. 15.「この追及権によって，債権者は取得者に，債権者へ弁済しまたは債権者へ担保物を譲与する（céder）ことを義務づける。」

49)　Bourjon, *supra* note 42, livre VI, titre VII, IV partie, chapitre I, n. 1.「抵当委付は，不動産所有者が，自己の前主の一人の抵当債権者からの訴追から解放されるためにする放棄である；これは，この訴権を消滅させるためにすべての所持者に開かれた手段である，というのも，この訴権は所持者に対して作用するものであり，その担保物の所持のみから生じるからである。」

　　Id., livre VI, titre VII, IV partie, chapitre I, n. 3.「……実際，売主の債権者に抵当入れされた土地を所有し所持する者は，自己の売主の債務を人的には義務づけられておらず，彼は債務との関係で，間接的に，担保物の占有を原因としてのみ義務づけられているのである：そこで，この担保物を放棄することで，彼に対する訴権は消滅する；以上が抵当委付の正当な効力であり，それは最高の衡平に根ざしている。」

第2節　18世紀における展開

も免れられないので人的訴権の対象だが，ラント元本は逃散によって免れられるので抵当訴権の対象である，と説明している[50]。そしてその結果，彼も抵当委付を設定ラント以外の通常の債務にも拡張している[51]。

第3款　décret 手続の理論的位置づけの揺り戻し

　以上で検討してきた，Bourjon による「物を吸収する物権」という抵当権の定義（前記第1款）と，第三取得者に抵当債務の弁済を求める権利という彼の追及権理解（前記第2款）とは，彼の décret 手続に対する理論的位置づけによって集約されている。彼は，抵当権が不動産に対する効力を中心とする不動産上の物権であるという理解を前提として，売却代金上の抵当債権者の権利と抵当権の当然 purge とが，décret 手続における保存異議の「変換」によって生じる，と考える（(i)）。そしてこの「変換」を経ない場合には，第三取得者が任意に取得代金を抵当権の順序に従って分配し抵当債務を弁済することによる後順位抵当権の当然 purge の発生のみを認め（(ii)），抵当権者の側から優先弁済権を主張することを認めていない（(iii)）。しかし他方で，彼はなお，décret 手続における売却代金上の権利の発生と当然 purge の効力とを，抵当権の効力に基づくものとして捉えている。彼はただ，décret 手続だけを，抵当債権者が優先弁済権を行使するための正規の「手続」としているに過ぎないのである（(iv)）。このことは，彼の学説の過渡期的性質を示しているといえよう。

(i)　décret 手続における保存異議の「変換」

　Bourjon はまず，décret の手続及びその中における保存異議の効力として，

---

50)　Bourjon, *supra* note 42, livre VI, titre V, chapitre IV, n. 5.「この訴権〔引用者注：土地ラント権者の混合訴権〕の性質を展開するためには，この訴権の一部が物的であり一部が人的である，ということを指摘せねばならない。すべての占有者が，所持期間中に期限が到来した年賦金を，人的に支払わねばならない：以上が人的な部分である；しかし，この訴権はラント元本のためには物的である：このようなラントの元本を支払わねばならないのは土地であって人ではない：このことが，この訴権を性格づける……。」

51)　彼はこのことを，次のとおり Duplessis（前掲注10)）とほとんど同じ文言を使って主張している。
　　「慣習法典はこのことを公然とは認めていないが；この解放手段をラントのために認めているので，慣習法典は，義務（obligations）のためにはなおさら（à plus forte raison）抵当委付を認めている……。」(Bourjon, *supra* note 42, livre VI, titre VII, IV partie, chapitre I, n. 1.)

129

第 2 章　17・18 世紀フランスにおける抵当権と追及権

売却代金上の抵当債権者の権利の発生と，抵当権の当然 purge の発生とを認める[52]。そしてそのような保存異議との対比で，彼は負担異議（前記第 1 章第 1 節第 4 款(iii)）によって保護される権利を「金銭とともに消滅しえない」権利として説明する[53]。この説明は，反対に，抵当権は金銭とともに当然 purge によって消滅しうる権利である，ということを含意しているといえよう[54]。

　このような décret 手続における保存異議の効力を，彼は以下のとおり具体化する。まず，前記第 1 款で紹介した「物を割り付ける権利」「物を吸収する物権」という抵当権理解を背景に，彼は抵当権の保存異議を「不動産の価値を差し押さえる異議」と理解し，さらに décret 手続の中で保存異議が不動産売却代金の支払差止め・差押えへ「変換」されると説明する[55]。彼は抵当権の当然 purge を，この「変換」によって抵当権の権利の目的が不動産から当該不動産の売却代金へ変更される，という形で説明している[56]。

---

52)　彼は強制命令手続における保存異議の効力について，次のように説明する。
　　「この異議〔引用者注：保存異議〕が生じる効力を見てみよう。異議の手段によって，彼らの抵当権は，彼らとの関係で土地を再現出する（représentatif）ところの競落代金上に存続する。これがこの異議の主たる効力である……。」(Bourjon, *supra* note 42, livre VI, titre VIII, chapitre VI, n. 59.) なお，家産から失われた土地を競落代金が再び表現する，という意味で，ここでは「再現出する」という訳語を用いた。

53)　Bourjon, *supra* note 42, livre VI, titre VIII, chapitre VI, n. 72.「それら〔引用者注：負担異議〕の目的は，décret の完成（perfection）にもかかわらずこれらの権利〔引用者注：物的負担〕を保存することである。これらの権利が属する者にはこの手段を与えることが正当であろう。これらの権利は，金銭（deniers）とともに消滅しえないのである……。」(傍点は引用者による。)

54)　このことを念頭に置くと，次の記述における「滌除」は，懈怠 purge ではなく当然 purge を意味するものであるということが分かる。
　　「追及権は，décret があった場合にも消滅する。décret は抵当権を滌除する力を有する……任意売却命令も強制命令も，債権から抵当権を消去する。」(傍点は引用者による。)(Bourjon, *supra* note 42, livre VI, titre VI, chapitre III, n. 17.)

55)　Bourjon, *supra* note 42, livre VI, titre VIII, chapitre VI, n. 68.「……すべての保存異議は，décret を受ける不動産の代金の支払差止め・差押え（saisie & arrêt）に変換される（se convertit）：それがこの異議の目的である。なぜなら，この異議は弁済しか目指していないからであり，それは，この異議が土地に内在する物的負担（charge réelle inhérente au fonds）ではなく，土地の価値（valeur）の真の差押えを成すためである。それゆえ，必然的にこのような異議を支払差止め・差押えに変換する必要があるのである；……これらの異議の効力は，付帯事件（instance）である配当手続（ordre）においてはじめて議論される。この配当手続の中で，代金は décret を受け競落された土地を再現出する（représentatif）ものと正当にみなされるのである。」(傍点は引用者による。)

56)　Bourjon, *supra* note 42, livre VI, titre VIII, chapitre VI, n. 69.「この変換が当然のものであるとしても，実行債権者は変換を宣告する判決を得なければならない。この判決は無用のもののように思

ただし，この保存異議の変換による当然 purge は，抵当権の権利の目的の具体的な変更先である競落代金が供託されるまでは実現されない。このことは，競落人に対する，抵当権から生じる訴権が，競落代金の供託を確保するためのものであることを示している。それと同時に，Bourjon は，「変換」の結果として，競落人が抵当債権者に対して直接に売却代金を弁済する人的義務を負う，と考えている。そのため，供託は，不動産上の権利としての抵当権を当然purge に服せしめるとともに，この抵当権者に対する売却代金弁済の人的義務から競落人を解放するものとしても位置づけられている[57]。

それゆえ，供託によって抵当権は供託金還付請求権に「変換」され，抵当債権者は供託金である競落代金について，競落人に対する直接の債権者として還付請求権を行使することになる。この点は，後で紹介する Pothier の見解とは異なる。Pothier は，供託金還付請求権が法的には差押債務者に帰属し，抵当権は「変換」の結果として供託金還付請求権そのものではなく供託金還付請求権上の権利になる，と解しているのである（後記第 5 節第 3 款）。

以上の理論は，任意売却命令においても同様に妥当している[58]。

抵当権者の代金分配請求と抵当権の当然 purge とを，décret 手続の効力によって抵当権の目的が土地から代金へと移る結果として説明するこの理論は，「法律効」理論として 19 世紀の判例・学説に継承されていくことになる（後記第 4 章第 1 節第 3 款参照）。

われるかもしれない，というのも，変換は当然のものだからである；しかし，競落人との関係では変換は当然ではない。実際，この判決及び décret によって，競落人は，前主の下で発生した抵当権から解放される（affranchi）のである……。それゆえ，変換が債権者の権利を代金上に押し込める：以上が変換判決の効力である。」

57)　Bourjon, *supra* note 42, livre VI, titre VIII, chapitre VI, n. 70.「この債権者のすべての訴権からの解放のためには，競落人がその代金を供託する必要がある；……この供託によって，競落人は，差押債務者の債権者及びその前主の債権者の，人的及び抵当的なすべての訴権から解放される……供託された代金が，物の代わりになる（tient lieu de la chose）。」（傍点は引用者による。）

58)　Bourjon は任意売却命令に対する保存異議について，次のとおり述べている。
　　「これらの異議〔引用者注：任意売却命令に対する保存異議〕は，強制命令について検討したのと同様に，代金上の差押え・差止めに変換される；その結果，取得者は売主にも異議者にも，自己の契約によって定められた代金しか義務づけられず，異議総額を義務づけられない。異議は取得者にとってはどうでもよく，décret はそうした異議を代金上に存続させ，これらの異議者との関係では，この代金がまさに彼らの当初の担保物を，不動産を再現出し，décret はこの不動産を彼らの抵当権から解放したのである。」（Bourjon, *supra* note 42, livre VI, titre VIII, chapitre VIII, n. 23.）

第2章　17・18世紀フランスにおける抵当権と追及権

(ii)　先順位抵当権者による取得代金の「吸収」に基づく，後順位抵当権者の追及権の消滅

　もっとも，Bourjon においても，décret 手続における「変換」から生じるとされる効力のうち，抵当権の当然 purge は「変換」に固有のものではなかった。「変換」がもたらす抵当権の当然 purge とは別に，Bourjon は，第三取得者が先順位抵当債権者への弁済に取得代金を使い尽くすことによって，後順位抵当債権者の追及権が当然 purge に服することを認めている。そしてこのことを前提に，彼は，第三取得者の側が，任意売却命令を経ることなしに，不動産任意売却代金を抵当権の順序に従って弁済するよう裁判所に求めることを認めている。

　彼はまず，第三取得者が先順位抵当債権者への弁済に取得代金を使い尽くすことによって後順位抵当債権者の抵当訴権が原則として消滅することを認める[59]。この抵当訴権の消滅は，追及権の消滅を意味する。彼はこの帰結を，前記第1款で紹介した「物を割り付ける権利」「物を吸収する物権」という抵当権理解によって根拠づけている[60]。さらに彼は，このことの応用として，抵当に供された土地が先順位抵当権者への代物弁済に供された場合にも，原則として後順位抵当権者の抵当訴権の消滅を認めている[61]。

　以上を前提として，次に彼は，第三取得者の側が，任意売却命令を経ることなしに，不動産任意売却代金を抵当権の順序に従って弁済するよう裁判所に求めることを認める。このことを，彼はすべて第三取得者の利益に還元して説明

---

59)　Bourjon, *supra* note 42, livre VI, titre VI, chapitre II, n. 8.「抵当権が，物を追及し，それを生じる公的権威ある義務または給付命令の額に満つるまで物を吸収する物権であることから，抵当土地の取得者が土地の代金のすべてを最も古い抵当債権者または先取特権債権者に弁済した場合，少なくとも後順位債権者が自ら高い代金で売却してもらうことに服し，取得者が自己の弁済したものを償還されない限りは，取得者はもはや後順位の債権者によって訴追されえない，ということになる……。」

60)　Bourjon, *supra* note 42, livre VI, titre VI, chapitre III, n. 16.「この権利〔引用者注：追及権〕は，すでに述べたように，取得者が先順位債権者へ自己の代金を弁済した場合には消滅する：これもまた，抵当権は相当額まで物を吸収する物権である，という格言の帰結である……。」

61)　Bourjon, *supra* note 42, livre VI, titre VI, chapitre II, n. 9.「同様に，抵当訴権が第二順位債権者によって，弁済として債務者の土地その他の不動産を取得した第一順位及びより古い債権者に対して提起された場合には，その第二順位債権者が，客体がより大きな代金に値する旨を主張しない限り，抵当訴権は消滅する。その場合には，第二順位債権者は，第一順位債権者，すなわち債務と引換えに抵当目的物を取得した者に，抵当目的物をより高い代金で取得することを申し出ることで，償還をすることを認められる……。」

する。すなわち，第三取得者は，抵当権による追奪を回避するため，抵当債務を弁済することに利益を有する[62]。もっとも，前述のとおり，取得代金を先順位抵当権者に弁済しさえすれば，後順位抵当権者の追及権は消滅し，追奪の恐れはなくなるので，第三取得者には抵当権の順序に従った代金分配を求める利益がある[63]，というのである。

このように，彼は第三取得者自身が décret 手続を経ないで売却代金を抵当債権者へ抵当権の順序に従って弁済するのであれば，あたかも décret 手続を経たかのようにすべての抵当権について当然 purge が生じることを認めている，といえる。このことは，Boujon における追及権が，17 世紀の学説におけるような，債権者間の優先弁済権を補助するための不動産買主に対する権利としての位置づけ（前記第 1 節第 2 款）を，基本的に踏襲するものであったことを示すものといえる。Bourjon においても，追及権は不動産買主が売却代金を抵当権の順位に従って抵当権者へ弁済しなかった場合の効力として位置づけられており，不動産買主に対して売却代金を抵当権の順位に従って抵当権者へ弁済するよう促す機能を有している。そして，実際にそのような弁済がなされた場合には，追及権はその目的を達成して消滅することとされているのである。

---

62) このことは，Bourjon の次の説明に表れている。ここで彼が言及する「代位」とは，取得者の抵当債権者への弁済による代位であって，Brodeau が論じていたような代金の不動産への物上代位とは異なる，ということに注意すべきである。そして，抵当債権者への弁済による代位を問題にしていることから，この「弁済」が代金ではなく抵当債務の弁済を意味することが分かるのである。
「……取得者は抵当権の効力によって追奪にさらされるところ，この代金分配は，この追奪から取得者を守る。というのも，弁済は，取得者自身を他人〔引用者注：抵当債権者〕へ代位させることによって，他人にとって抵当権を消去するからである：それゆえ，取得者が求める場合に，その代金が抵当権の順序で分配されることを命じるのは正当である……。」(Bourjon, *supra* note 42, livre VI, titre VIII, chapitre VII, n. 4.)

63) このことは，次の記述に示されている。これは，代金分配を用いないと，弁済順序を誤ることによって代金額を超える額を支払わねばならなくなるリスクが生じる，ということを述べるものである。
「任意売却命令及びこれへの異議がない場合に……：取得者は，自己の利益のために，自己の取得代金が差押債権者の間で抵当権の順序に従って分配されることを命じてもらう権利を有する。取得者はこのことに強い利害を有し，これはたとえ任意売却命令がなくても妥当する；しかし，もう一度；この場合，取得者の利益のみがこの分配を基礎づける；というのは，分配がないと，取得者は代金の二重払いのリスクにさらされるからである。この不都合を回避するのは正当である。」(Bourjon, *supra* note 42, livre VI, titre VIII, chapitre VII, n. 3.)

第2章　17・18世紀フランスにおける抵当権と追及権

(iii)　不動産任意売却代金の配当順序

17世紀の学説はさらに，抵当債権者の側が任意売却代金の支払差止め・差押え手続に引き続く配当手続の中で優先弁済権を主張することをも認めていた。そのため，décret 手続は，専ら懈怠 purge によって第三取得者を保護するためのものとして位置づけられていた（前記第1節第2款）。しかし Bourjon は以下のとおり，抵当債権者は décret 手続外では任意売却代金上の権利を有しない，という理由で，抵当債権者が支払差止め・差押え手続に引き続く配当手続の中で優先弁済権を主張することを認めていない。彼は，抵当債権者の側から任意売却代金について優先弁済権を行使するためには，décret 手続による「変換」によって抵当債権者が任意売却代金上の権利を取得していることが必要不可欠である，と考えているのである。

彼は，不動産が任意売却命令によらずに任意売却され，代金が第三取得者によって自発的に抵当権者へ弁済されないまま，売主の抵当債権者の支払差止め・差押えを受けた場合については，「金銭債権は動産である」という原則をそのまま適用すべきであると主張する[64]。彼はそのために，Duplessis ら17世紀の学説の判例理解（前記第1節第2款(iii)・(iv)参照）を批判し，1597年判決（同(i)参照）の射程を，前記(ii)で述べたような，第三取得者の側が抵当権の順序に従った配当を求めている場合に限定しようとする[65]。

彼がこのように「金銭債権は動産である」という原則に固執し，抵当権者に

---

[64]　Bourjon, *supra* note 42, livre VI, titre VIII, chapitre VII, n. 1.「売却された不動産の代金が取得者の手中で支払差止め・差押えされている場合，一般理論においては，取得者の利益を捨象すれば，それは単なる動産とみなされ，実際そうである。……取得者の利害を捨象すると，売却された不動産の代金及び取得者の手中にあるものが抵当権の順序に従って分配されねばならない，ということを無差別的に支持するのは，準則を混同するものであろう：それは純粋な動産であり，そのようなものとして，按分（contribution）にしか服しえない：この代金は，不動産が裁判所の権威によって売却され競落された場合にしか，不動産を再現出しえないのである。」（傍点は引用者による。）

[65]　Bourjon, *supra* note 42, livre VI, titre VIII, chapitre VII, n. 1.「Duplessis は，彼が日付を特定する二つの判決を基礎にして，しかしその事案を報告することなしに，無差別的に，このような不動産の代金は抵当権の順序によって分配されねばならない，と言う：これは次の section の場合〔引用者注：取得者側から分配を求める場合〕におけるものとし理解されてはならない。それは実際，通常の場合であるはずである，というのも，取得者はほとんど常に分配に利害を有しているからである；しかしこれは，売主にすべての危惧を超える支払能力があり，取得者にそのように認められているような場合には妥当しない。確かなことは，取得者が沈黙し，分配について何らの妨げもしない場合には，債権者との関係では，この代金は単なる動産として分配されねばならない，ということである。Duplessis が日付を報告することなしに論じる判決を参照せよ：それらは1597年及び1615年の判決だとされている。」

よる他の債権者に対する優先弁済権の主張を拒絶するのは，抵当権の中心的効力はあくまでも土地に対する効力である，と考えているためである。décret手続による当然 purge，すなわち土地上の権利から売却代金上の権利への「変換」を受けない限り，抵当権は代金を権利の目的とせず，従って優先弁済権を主張できない，というのである[66]。この説明には，さらに一つ暗黙の前提が隠れている。それは，他の債権者に対する優先弁済権は，「変換」によって生ずる売却代金上の権利が行使された結果に他ならない，という前提である。抵当権の中心的効力は，土地であれ，その売却代金であれ，第一義的には物に対する効力であり，他の債権者に対する優先弁済権は，売却代金に対する権利行使の結果として実現される効果として位置づけられているのである。

（iv）「変換」理論と Bourjon の抵当権理解との関係

Bourjon はこのように，décret 手続における「変換」に固有の効力として，売却代金上に抵当権者の権利の発生を観念し，この売却代金上の権利の行使を通じてのみ，抵当権者による他の債権者に対する優先弁済権の主張を認めている。もっとも，Bourjon におけるこの「変換」の効力は，優先弁済権を中心とする抵当権理解に外在的なものであるわけではない。「物を吸収する」という表現は，他の債権者に対する優先弁済権を物との関係に投影したものに他ならない。彼はなお，「変換」によって発生する売却代金上の権利が，他の債権者に対する優先弁済権行使のためのものであり，「変換」による追及権消滅はそのような優先弁済権の行使に伴う抵当権の当然 purge である，ということは認めている。彼はただ，décret だけを，抵当債権者が優先弁済権を行使することができる正規の「手続」として認知しているに過ぎないのである。この点は，後にこの「変換」理論を借用する Pothier が，「変換」による売却代金上

---

66) このことは，前掲注 65) に引用した記述に続く，彼の次の記述から窺い知ることができる。
　　「このことから，この代金の分配のために，そして差押債権者との関係では，この代金は動産たる代金として，すなわち，無資力でない場合には差押えの先後に従って，無資力の場合には按分で分配される，ということになる……。このことは，売買にもかかわらず抵当権が土地上に存続しており，不動産の代金は抵当権が décret によって滌除されこれによって代金上へ移転されている場合にしか不動産を再現しえない，ということに根拠づけられる。代金はこの場合にのみ不動産を再現出し，不動産が任意の契約によって売却された場合には不動産を再現出しない；その場合には，もしかすると，代金は取得者の利益によってのみ，そして取得者との関係でのみ，不動産を再現出するかもしれない……。」（傍点は引用者による。）（Bourjon, *supra* note 42, livre VI, titre VIII, chapitre VII, n. 2.）

第2章　17・18世紀フランスにおける抵当権と追及権

の権利の発生と抵当権の当然 purge とを décret の効力として抵当権の効力から切り離そうとするのとは対照的である（後記第5節第3款(i)）。

このことを示すのが，設定ラントを担保する抵当権の当然 purge に関する Bourjon の説明である。彼は，期限付債務・条件付債務・設定ラントのいずれについても，「単なる抵当権であって，土地に内在する物権ではない」として，負担異議による抵当権の引受けをまずカテゴリカルに拒絶し[67]，当然 purge の対象としている。そして，彼はこのことを所与の前提として，債権者が décret によって既得権を奪われないように，期限付債務や設定ラントも décret の際に請求可能になる，と説いている[68]。その結果，それらの被担保債務は décret 手続における配当によって償還されることになる。これは，まず債務者の利益によって設定ラントの償還を基礎づけ，そのためのものとして設定ラントの当然 purge を理由づけていた Loyseau の説明（前記第1章第2節第3款）とは異なるものである。

第4款　設定方式の理論的位置づけ

Bourjon における抵当権理解の過渡期的性格は，抵当権設定方式の理論的位置づけにも影を落としている。ここでは，Bourjon が抵当権設定の方式についていかなる位置づけを与えているかを検討し，不動産所有権移転の方式と対比する。そしてそれによって，彼が不動産物権変動要件の統一的理解を目指してはいなかったこと，その一方で，彼が統一を可能にする素地を準備しつつあったことを示したい。

(i)　抵当権設定の方式

彼は，抵当権は当事者間においては義務の自然的帰結である，とする。これによって，証書の方式や公的権威は，第三者に対して抵当権の効力を及ぼすためのものという位置づけを受ける。これは契約当事者以外の者に契約の効力を及ぼすための特別の要件を要求する，後世の「対抗（opposabilité）」理論の萌芽であると考えられる。

彼は抵当権の発生原因を「法律」に求め，Loyseau や Brodeau において見

---

67)　Bourjon, *supra* note 42, livre VI, titre VIII, chapitre VI, n. 88.

68)　Bourjon, *supra* note 42, livre VI, titre VI, chapitre II, n. 3.

第2節　18世紀における展開

られたような，抵当権の黙示的設定意思の構成を否定する[69]。それと同時に，彼は証書の方式や公的権威に，「法律」が要求するものという位置づけを与えている[70]。その法律が抵当権設定に要求する公的権威について，彼は，抵当権が債務者以外の「第三者」に対して反射的に生じる効力のためのものとして説明する[71]。

(ii) 不動産所有権移転の方式

これに対して，不動産所有権移転については，Bourjon はまず，引渡しによらない所有権移転を認め，所有権移転の意思主義を採用している。彼は，契約の効力として所有権移転が生じることを認める[72]。そこでは，引渡しは，契約によって所有権が移転することから派生する，売主の契約上の義務とされているのである[73]。

もっとも，引渡しとは別に，彼は，不動産所有権移転契約が効力を生じるためには，契約が証書によるものであることが必要である，という[74]。抵当権が

---

69)　Bourjon, *supra* note 42, livre VI, titre VI, chapitre I, n. 1.「抵当権は常に法律（loi）から生じ，合意だけからは生じない。証書の公的権威（authenticité）によって生じる抵当権でさえ，法律から生じる……。」

70)　Bourjon, *supra* note 42, livre VI, titre VI, chapitre I, n. 23.「抵当権は，たとえ証書によって義務者がそうした財産を割り付け抵当入れしていなくても，義務者の財産上にかかっていく；法律は，証書をなす条項を捨象して，そのような証書の公的権威に，この権利を結びつけたのである。」

71)　Bourjon, *supra* note 42, livre VI, titre VI, chapitre I, n. 2.「……人々は，抵当権はすべての義務の自然的帰結であるように思われる，と考えるかもしれない；債務者との関係においては，これはまさに正しい。人が拘束されている場合には，その財産は，債務者との関係ではこの権利の追及から解放されえない。しかし，第三者（tiers）との関係では，これは不都合が大きいだろう：従って，抵当権は第三者に反射するので，公的権威ある方式に服する必要がある。ただし，法定抵当権の場合には，法律が公的権威を備え，または補完するので，この限りではない……。」

72)　Bourjon, *supra* note 45, livre III, titre IV, chapitre IV, n. 1.「不動産売買の主要な効力は，不動産の所有権（propriété）と使用権（jouissance）とを取得者の人格へ移転させることである……。」

73)　前掲注 72) の記述に引き続き，Bourjon は次のとおり述べる。「そのために（à cet effet），期限がない場合には売却後即座に，または期間の定めがある場合にはそれが経過した後に，売主は引渡し（délivrance）をせねばならない；これは売主の第一の義務（engagement）である……。」（Bourjon, *supra* note 45, livre III, titre IV, chapitre IV, n. 2.）

74)　Bourjon, *supra* note 45, livre III, titre IV, chapitre I, n. 2.「不動産の取得のためには，売買を証明する証書（acte）が必要である……書面（écrit）の欠缺は，売買を，両当事者を拘束しない企て（projet）へと還元する：実際，書面の完成までは，不動産の売却は，たとえ相互的に同意していたとしても，取得者も売主も拘束しない，単なる企画に還元される……。」

森田修『強制履行の法学的構造』（東京大学出版会，1995）116 頁注 91 は，Bourjon が不動産売

137

第2章　17・18世紀フランスにおける抵当権と追及権

発生するためにも証書は必要なので，一見すると，彼はすでに，不動産物権変動を生じる契約一般について，成立要件の統一を目指していたかのように見える。しかし彼は，抵当権設定と異なり，不動産売買契約の証書は私署証書でもよい，としている[75]。従って，Bourjon までは不動産物権変動の成立要件について統一的理解は目指されていなかった，と言える。むしろ抵当権設定の方式要件の方が重く，この状態は民法典制定後 1855 年の法律（後記第 4 章第 3 節）まで続く。この不統一は，Bourjon が不動産所有権移転を意思に還元する一方で，抵当権設定を意思に還元せず，「黙示的設定意思」の構成すら用いていないことからすれば，当然のことと思われる。

ただし，私署証書による不動産所有権移転契約について，彼は当事者間の効力と第三者に対する効力とを区別し，「第三者の既得権を妨げない」という留保を残している[76]。ここで「第三者」として論じられるのは，前主の抵当債権者ではなく，専ら二重譲渡場面における競合的取得者であり，しかも売買の予約が競合した場面の競合的取得予約者に限られている[77]。このように，公的権威ある名義を有する取得予約者の権利が「既得権」とされているのに対して，私署証書による取得予約者の権利が「既得権」とされていないのは，公的権威ある名義にしか契約の日付を証明する証拠力がない[78]ためであると考えられる。従って，ここにも，限定的にではあるが，証拠法上の考慮を前提とした，所有

買契約の成立要件として，証書のみならず「公示（publicité）」をも要求している，と紹介する。しかし実際には，不動産売買契約の成立要件を論じた箇所には，公示を要求する記述は存在しない。

　なお，Bourjon は，1703 年の勅令で土地売買契約に要求された「世俗的 insinuation」を，売買契約の「公示」として表現している（Bourjon, *supra* note 45, livre III, titre XX, III partie, chapitre I, n. 1）。もっとも，その効力は，血族取戻訴訟の提訴期間（1 年と 1 日）の起算に insinuation がなされるまで停止する，というものとしてしか捉えられていない。

75)　Bourjon, *supra* note 45, livre III, titre IV, chapitre II, n. 3.

76)　Bourjon, *supra* note 45, livre III, titre IV, chapitre II, n. 4.「……売買は，私署の下でなされていたとしても，契約当事者間では有効である。ただし，第三者（tiers）の既得権を妨げない。」（傍点は引用者による。）

77)　Bourjon, *supra* note 45, livre III, titre IV, chapitre II, n. 7.「単なる売買の予約（promesse）は，……公的権威あるものであれ私署のものであれ，売買それ自体と同様に有効なもの（bonne）であり，実際に売買の効力を有する；しかし，二人の取得者の間では，名義の公的権威（authenticité）が優先する；ある者の既得権を，他者の権利が弱めさせることはできない。」

　なお，Bourjon は，私署証書による取得者同士の間では，先に占有を取得した者を優先させ，さらに平民の土地については直接領主の investiture を先に得た者を優先させている。土地の引渡しが土地所有権移転のために有する意味は，ここまで後退している，といえる。

78)　前掲第 1 章注 119) 参照。

権移転の「対抗」理論の萌芽が見られる，といえるだろう。

第5款　小括

　本節によって示されたことから，次のようなことを指摘できる。

　Bourjon は，抵当権の効力として目的不動産に対する効力を中心に据え（第1款），不動産物権変動一般に妥当する「対抗」理論の萌芽を生じさせつつあるなど（第4款），17 世紀の解釈者にない特徴を備え始めていた。そしてそれゆえに，第三取得者の側から自発的に取得代金を抵当権者へ弁済することはあっても（第3款(ii)），第三取得者から優先弁済権を行使できるのは，décret 手続によって抵当権が売却代金上の権利に「変換」された場合に限られる，という考え方を打ち出したものといえる（第3款(iii)）。この「変換」理論は，抵当権が不動産上の物権であるということと，他の債権者に対する優先弁済権を中心とする抵当権理解とを整合させるものであった。しかし，Bourjon と異なる抵当権理解を採用する，その後の Pothier（後記第5節第3款）や 19 世紀の学説（後記第4章）も，この変換理論を借用することになる。

　しかし彼は他方で，抵当土地の第三取得者が抵当債務の弁済を義務づけられることを認めており（第2款），不動産物権の統一的理論体系の中に抵当権を取り込むことを志向してもいなかった（第4款）。これらの点で，彼は 17 世紀の解釈者と連続性を有していた。そしてそれゆえに，彼は décret を，抵当債権者が優先弁済権を行使するための「手続」に過ぎないものとして捉えていた（第3款(i)）。彼が抵当権に与えた「物を吸収する物権」という定義も，「物に内在する物権」との区別のためのものであったということができるだろう（第1款）。これに対して，その後の Pothier は，不動産物権の統一的理論体系を構築し，その中に抵当権を取り込もうとすることになる（後記第5節第1款・第2款）。

第3節　補説1：強制命令に基づく競落と追及権――「空競り」による再競落の法律構成

　追及権を，不動産売却代金をめぐる債権者間の優先弁済権を補強するための，不動産買主に対する権利として捉えると（前記第1節第2款），強制命令に基づ

き不動産を取得した競落人に対する，競落代金の供託を促すための抵当権者の権利も，強制命令の局面において優先弁済権を補強する一種の追及権である，と考えることが可能になる。このことをよく示しているのが，競落人が競落代金を任意に供託しない「空競り」の場合における再競落の法律構成をめぐる議論である。

　以下では，まず，競落人が抵当権者に対して競落代金を弁済する人的義務を負っていたこと，「空競り」による再競落がその人的義務の執行方法の一つであったことを示す（第1款）。そして，そのような人的義務が（「人的」であるにもかかわらず）一種の追及権の内容であり，「空競り」による再競落が一種の追及権のための不動産執行であったことを明らかにしたい（第2款・第3款）。次いで，前記第2節で述べた抵当権理解の変容に呼応する形で，18世紀において「空競り」による再競落に対する理解にも変容が生じつつあったことを示したい（第4款）。

第1款　競落人の人的義務と「空競り」による再競落

(i)　「空競り」とは何か

　強制命令手続において，競落人は代金納付前であるにもかかわらず競落判決によって直ちに所有権を取得する。しかし，抵当権の当然 purge による競落人の免責は，競落代金の弁済・供託を理由とするものであった。従って，競落人が競落代金を弁済しない場合には，競落人の免責が成立せず，取得した土地について自ら執行を受ける。すなわち，競売判決によって所有権を取得した第一競落人が，代金を納付しない場合には，あらためて競売がなされ，新たな競落人による再競落がなされる。この場合，第一競落人の入札は資金的裏付けを欠くために「空競り（folle enchère）」と，第一競落人は「空競人（folle enchér-ir）」と，再競落は「空競りによる再競落（readjudication à la folle enchère）」と呼ばれる[79]。この「空競り」制度について，Paris 慣習法典に特別の規定はない

---

79)　日本法にもかつて，民事執行法の制定前には，この「空競り」制度に類似した「再競売」制度が強制執行手続及び担保権実行手続に存在した（旧民事訴訟法688条1項，競売法32条2項）。しかしその一方で，担保権実行手続においては，担保物の所有権移転は競落代金完納時に生じると解されていた（斎藤秀夫『競売法』〔有斐閣，1960〕172頁）。現行の民事執行法は，これを強制執行手続にも拡張して，代金納付時に所有権が移転し，納付しなければ売却許可決定が失効する（民事執行法79条，80条1項）という建前を採用している。そのため，再競売制度は，もはや単に同じ

140

が，後述のとおり Paris 慣習法典の解釈者も 17 世紀からこの制度の存在を前提にした議論を展開しており（後記第 3 款），この制度は解釈上認められていたと考えられる。

（ⅱ）　競落人の人的義務

ここで，競落人は競落代金の限りで抵当債務の弁済につき人的義務を負っており，「空競り」に基づく再競落はこの人的義務の執行方法の一つである，ということができる。なぜなら，この空競りに基づく再競落代金が第一競落代金を下回る場合，空競人は，競落した土地を再競落によって失ってもなお，再競落代金と第一競落代金との間の差額につき，弁済義務を負い続けた[80]からである。このことによって，空競人が競落した財産は，競落代金から抵当債務を弁済する空競人の義務を執行するために用いられるべき唯一のものではなく，ただ最初に用いられるべきものであるに過ぎない，ということになるのである。加えて，この再競落制度は，競落人による競落代金の任意の弁済または供託がなされない場合に執行債権者が用いることのできる手段として，人的義務の執行方法の一つである身体強制（contrainte par corps）[81]と並んで挙げられている[82]。

執行債務者に対する同じ手続の再起動を省略するという意味しか有しないこととなったので，主として買受人が不足額を負担することに伴う手続的不都合のために廃止され（斎藤秀夫『民事執行法』〔青林書院新社，1981〕253-254 頁），これに代わって次順位買受申出制度（民事執行法 67 条）が導入されている。

　これに対して，フランスでは，代金納付を待たずに décret ないし競売判決時に所有権が移転する，という建前が採用されているので，「空競り」による再競落によって，空競人への所有権の移転を否定しまたは空競人に対する手続を開始させる必要があるのである。

80)　de Ferrière, *Nouvelle introduction a la pratique*, t. 1, Paris, 1724, v° *folle-enchere*.
81)　身体強制制度については，前掲第 1 章注 138）参照。
82)　18 世紀半ばに décret 手続に関する概論を著した de Héricourt は，空競りによる再競落の手続を，次のとおり紹介している。

　「1689 年 2 月の勅令は，競落代金の供託のために，競落人に 8 日しか与えていない；8 日の期間が満了するや否や，訴追債権者（poursuivant）の代理人は，競落人に対する手続を開始する。第一が，身体強制（contrainte par corps）である……。さらに，この場合に競落人が競落代金の利息について給付命令を受ける（condamné）ことも正当である。供託を欠いた競落人に対する第三の請求が，財産が彼の空競りのために売却されるべきことである。」（傍点は引用者による。）（de Héricourt, *Traité de la vente des immeubles par décret*, Paris, 1752, chapitre X, n. 33.）

141

第 2 章　17・18 世紀フランスにおける抵当権と追及権

（iii）　追及権との関係——空競りの法律構成

　このような，競落代金から抵当債務を弁済する競落人の人的義務や，空競り
に基づく再競落が，追及権といかなる関係を有するものなのか，が問題となる。
このことを考えるために，ここでは，空競りの法律構成をめぐる，フランス古
法におけるある論点に着目する。それは，再競落後，第一競落に基づく譲渡税
は発生したまま，新たに再競落に基づく譲渡税が発生し，二重の譲渡税が生じ
るのか否か（さらには，空競人に再競落に基づく譲渡税に加えて第一競落に基づく譲
渡税を支払う義務があるか）である。

第 2 款　前提問題：第三取得者の抵当委付及び執行甘受と二重の　　　　　　　譲渡税の成否

　まず，この問題が空競りの法律構成に対して持つ意味を理解するための前提
として，第三取得者による抵当委付及び執行甘受の場合にそれぞれ二重の譲渡
税が生じるか否か，という問題について確認しておきたい。

　Paris 新慣習法典 79 条[83]は，次のとおり，第三取得者による抵当委付の場
合には委付後の競売についてのみ譲渡税が発生する，ということを前提として，
第三取得者はすでに支払った譲渡税を競落人から取り戻すために領主に代位で
きる，と定めている。

　　「*79 条　土地の買主が，売主の債務のために土地の逃散及び委付を余儀なくさ*
　　れ，そうすることで，債権者の実行によって土地が売却され，decret によって競
　　落された場合，当該取得者は，当該 decret の譲渡税（ventes）を，領主が取得す
　　るのと同様に自己のために取得するため，領主の権利を承継する（succede）。領
　　主が第一取得から受領していた領主税を返還して当該 decret の譲渡税を取得す
　　るかどうかは，領主の選択に委ねられる。」

　このように第三取得者が抵当委付を行った場合に二重の譲渡税が生じないこ
とについては，Paris 慣習法典の解釈者によって，抵当委付に基づく競落が第
三取得者による取得に置き換わるため，という説明が与えられている[84]。

83）　Bourdot de Richebourg, *supra* note 25, p. 36.
84）　例えば，Loyseau は次のように述べている。

142

第3節　補説1：強制命令に基づく競落と追及権

　その一方で，第三取得者が取得地を委付しないまま追及権行使に基づく強制命令を受けた場合には，二重の譲渡税が発生する，というのが通説的解釈であったようである。すでに Loyseau は，この場合に 79 条が妥当せず，取得者が代位の特権を認められない可能性を示唆していた[85]。もっとも，彼が二重の譲渡税の発生まで認める趣旨かは定かではない。しかも彼は，抵当委付という形式をとらなかっただけで取得者が 79 条の特権を奪われてよいのかを問題視し，結論を留保している[86]。委付を「形式」に過ぎないとする，彼のこの説明は，彼が追及権を取得財産限りでの執行力拡張と捉え，抵当訴訟によって求められる委付を執行の甘受に過ぎないとしていること（前記第1章第2節第2款）の裏返しでもある。これに対して，その後の Brodeau は，Loyseau の躊躇を一蹴して，追及権行使による競売は第三取得者による取得を無効としまたは遡及的に解除するものではないという理由で，この場合に明示的に二重の譲渡税の発生を認めている[87]。Duplessis も同様に，二重の譲渡税の発生を認めている[88]。

　「……抵当委付された財産が委付財産管理人に対する decret によって売却された場合，この売却から領主税（droicts seigneuriaux）が生じる：しかし，逃散について述べたように，この売却は第一の売却に代位し（subrogee）取って代わるものであるので，取得者は領主に支払ったものを，decret に基づく譲渡税（ventes）から取り戻す……：残額があれば，残余は直接領主に属する。なぜなら，どちらの売買から譲渡税を徴収するかは，直接領主の選択に委ねられているからである。Paris 慣習法典 79 条は，このように解される。」（Loyseau, *supra* note12, titre VI, chapitre VII, n. 19.）

　Duplessis も，次のように述べている。

　「ある者が任意契約で土地を取得し，次いで彼またはその相続人が売主の抵当権のために土地の逃散を余儀なくされ，この逃散のために土地が decret を受けた場合，領主には一つの譲渡税（droit de ventes）しか生じない；というのは，後者のみが存続するからである……。」（Duplessis, *supra* note 9, Traité des censives, livre II, chapitre II, section I, p. 143.）

85)　Loyseau, *supra* note12, titre VI, chapitre VII, n. 20.「これに基づいて，さらによき問いが立てられる。買主が委付せず，自己について土地の decret が出るに任せた場合，彼は本条〔引用者注：79 条〕の特権を享受せねばならないか。この問題は難しいが，私はむしろ，買主は譲渡税を取り戻せない，というのも，彼の取得は解除されているどころか，decret によって確証されているからである，と考える。なぜなら，あたかも取得者自身が土地を転売するように，競売告知及び競落は取得者に対してなされるからである。」

86)　Loyseau, *supra* note12, titre VI, chapitre VII, n. 20.「しかし，私は読者をこの小さくない困難の上に宙吊りにする，というのも，他方で，土地を逃散しなかったというこの方式の遺漏によって，追奪された買主が，我々の慣習法典が彼に与えた特権を剥奪されてはならない，と言うことができるからである。」

87)　Brodeau, *supra* note 38, art. 79, n. 14.「競落が第三者へなされた場合には，譲渡税が生じ，第一の取得者は，たとえ実際に自己の取得の譲渡税を弁済していたとしても，競落の譲渡税を徴収する

このように，二重の譲渡税が発生するか否かは，第一譲渡の効力が覆滅したと考えられているか否かに依存する問題であり，追及権に基づく不動産執行が行われる場合には二重の譲渡税が発生していたのである。

第3款　空競りによる再競落における二重の譲渡税

以上を前提に，空競りによる再競落の場合に二重の譲渡税が発生するか否かに関する17世紀の学説の議論を見ていきたい。

Brodeauは，第二競落によって第一競落の譲渡税は消滅しないと考え，この場合における二重の譲渡税発生を支持している[89]。Duplessisも，二重の譲渡

ために本条の利益を享受しないことには，疑いの余地はない。第一取得者は，給付命令判決やその判決の結果としてなされる差押えや競売告知の前またはその後も委付を許されている間に委付をすることなく，第三者への競落を許し，その競落の時点まで土地の占有または所有を執拗に続けることを望み，自己を土地の真の所有者としてdecretが自己に対して出されるのを甘受したのである。……Loyseau, du Deguerpissement, livre 6, chapitre 7, n. 20 がこの困難を生じ，それを判断されないままにした。彼の考えは，委付をしなかったという方式の遺漏が，売主の債務の弁済を命じられ第三者への競落によって追奪される買主から，慣習法典の特権を奪う，というのは据わりが悪いだろう，というものである。しかし私はこの理由に共感しない。慣習法典は，逃散及びこれに引き続いてなされるdecretの場合にのみ特権を与えており，これは当然に狭く，拡張を受けない；慣習法典は，抵当命令（condamnation hypothecaire）を受けて委付を望まない買主に対してdecretが出された場合には，これを与えていない：なぜなら，自己を真の所有者として土地のdecretがなされたことで，彼は土地を転売したものとみなされるからである……：買主は第三者への競落によって追奪されたままである：このことは，第一取得が無効でありまたは遡及効によって解除されたということにはならない：弁済された領主税は取り戻されえないままであり，さらに競落からも生じ，両者は完全に異なる別個の二つの譲渡税として生じる。これは後記84条と全く同じ理由によるものである。84条では，同じ問題が，decretの条件付きで土地を取得した者が第三者たる最高額入札者の追奪を受け，第三者が競落人となった事案について取り扱われている。」

88)　Duplessis, *supra* note 9, Traité des censives, livre II, chapitre II, section I, p. 144.「取得者が逃散の代わりに売主の債務の抵当命令（condamnation hipotequaire）を受け，そのために引き続いて自分自身に対して土地にdecretが出され，土地が第三者へ競落された場合，本条の規定は妥当しない，と人々は主張する。なぜなら，税は各売却についてそれぞれ生じるからである……。」

89)　Brodeau sur Louet, *Recueil de plusieurs notables arrests donnez en la cour de Parlement de Paris*, t. 2, Paris, 1678, lettre R, II, n. 4.「……物が他人へ再売却された場合，領主への二重の譲渡税が生じる，というのは，それは別々の二つの売買契約だからである：競落人が競落代金を供託せず，新たな競落が進められることに同意し，またはそのように判決され命じられた場合，二重の譲渡税が領主へ生じる：すなわち，第一競落のためにも第二競落のためにも譲渡税が生じる〔引用者注：第二の競落は〕取得者の同意でなされた任意の解除であり，または彼の過失から生じた追奪であるので，領主を害さず，第一の競落によって取得された領主の権利を害さない。」

税発生を議論の前提とした上で，空競人に再競落に基づく譲渡税に加えて第一競落に基づく譲渡税を支払う義務をも認めている[90]。

こうした 17 世紀の学説を受けて 18 世紀に出されたのが，Denisart によって紹介されている[91]，Paris 高等法院大審議部 1758 年 9 月 4 日判決である。この判決は，第一の競落（空競り）と第二の競落の両方について，領主に対する譲渡税の発生を認め，その上で，空競りによる再競売に入札した第二の競落人に対して，二重の譲渡税を課した。

Denisart はこの判決を，空競人が競売判決後再競落までの果実の収取を認められるべきことと，第一競落よりも再競落の額の方が小さかった場合の空競人の差額責任は，第一競落の効力を維持しなければ根拠づけられないこととを理由とするもの，と分析する[92]。そしてその背景に，Brodeau や Duplessis によって形成された学説の影響を看取する[93]。

第 4 款　所有権復帰構成の出現

しかし，すでにこの判決が登場する以前から，18 世紀の学説の中には，この立場に対する反対説が存在していた。この反対説は，譲渡税の節約のため，

---

90)　Duplessis, *supra* note 9, Traité des censives, livre II, chapitre II, section I, p. 148.「競落人が代金の供託を怠り，新たな競落を進められることを認め，またはそれを正式に命じられた場合，二重の税が領主へ支払われねばならず，諸判決は，求償を許しつつ，後者の競落人に，二つの税すべての給付を命じてきた。」

91)　Denisart, *Collection de décisions nouvelles et de notions relatives a la jurisprudence actuelle*, t. 3, Paris, 1777, V° *Lods & Ventes*, n. 83.

92)　Denisart, *supra* note 91, V° *Lods & Ventes*, n. 82.「この意見〔引用者注：二重の譲渡税を認める意見〕を正当化するために人々が与える理由は，第一の競落が存続し，弁済の欠缺による解除はその源と主まで消滅させなかったのであれば，領主税は第二の競落を原因として発生するだけでなく，第一の競落を原因としても発生する，というものである。然るに，空競りによる競落によってなされた，第一競落の解除は，契約を消滅させず，遡及せず，将来に向かってのみ効力を有する：なぜなら，第一競落の時点から，取得者は果実を収取し自己の利得としているからである：第二に，取得者はすべての当事者の損害賠償を課され，再売却代金が第一競落代金に満たない場合，彼は残余を支払わねばならない：競落が消滅の方法によって解除されているならば，このようにはならないだろう。」

93)　Denisart, *supra* note 91, V° *Lods & Ventes*, n. 84.「この判決と，この判決が採用したと思われる諸権威は，確かにとても強力であり，十分注目されねばならない……。」（傍点は引用者による。）これに先立つ *id.*, V° *Lods & Ventes*, n. 82 では，Brodeau（前掲注 89)）及び Duplessis（前掲注 90)）が引用されている。

145

第 2 章　17・18 世紀フランスにおける抵当権と追及権

空競りによる再競売を，空競人への所有権移転を遡及的に無効にした上で，当初の執行債務者から再競落人へ移転するものとして法律構成することを提案していた。

de Héricourt は，代金が期間内に供託されないことで第一競落の解除条件が成就し，これによって当初の執行債務者が所有権を失っていなかったものとみなされ，空競りによる再競落は執行債務者に対する手続として進められる，と法律構成する[94]。この所有権移転の効力覆滅を理由に，彼は二重の譲渡税の発生を認めない[95]。

Bourjon も，構成を明らかにしていないものの，二重の譲渡税の発生を認めていない[96]。

Denisart も，1758 年 9 月 4 日判決の紹介（前記第 3 款参照）に続けて，これに反対する自説を展開し，解除条件成就によって土地所有権の移転が失効するものとみなすことで，二重の譲渡税を否定している[97]。

これらの学説によって，空競りによる再競落が一種の追及権行使の結果であ

---

94)　De Héricourt, *supra* note 82, chapitre X, n. 33.「……取得者は 8 日以内に代金を供託するという黙示の条件の下でのみ所有者となっており，条件が取得者によって履行されない場合，この条件付売買は当然に解除される；従って，競落人は実体的所有者ではないので，彼について物上差押えをする理由は何らなく，再競落は所有権を全く失っていない差押え当事者に対する手続の継続に過ぎない……。」

95)　De Héricourt, *supra* note 82, chapitre X, n. 33.「この場合に，領主に競落代金について二重の税を与えうる，と考える余地はない；なぜなら，譲渡を含む証書自体の明示または黙示の条項に基づいて売買が解除されると，売主及びこのケースで所有者の代わりに売却する裁判所は，条件の不履行という事実のみによって，売買がなかったのと同じ態様で，そのすべての権利を取り戻すからである。」

96)　Bourjon, *supra* note 42, livre VI, titre VIII, chapitre VI, n. 122.「競落人がこの主たる義務を満足しなかった場合，実行者は，土地が競落人の空競りによって競落されることを求めることができる；これは，身体強制が債権者への弁済をもたらさない場合に，債権者への弁済をもたらすために実行者が有する，もう一つの手段である。実際，競落人に競落を満足する力がないことで，債権者がその担保物上にその手を拘束されてはならない；しかし，この新たなまたは第二の競落は，二重の領主税を生じない。」

97)　Denisart, *supra* note 91, Vº *Lods & Ventes*, n. 84.「しかし私は，……第一競落人の空競りによる第二の競落が続いた場合には，最初の競落は譲渡税を生じない，と考える。第一競落人は介入しておらず，物は第一競落人に与えられていない，というのは，第二競落人は第一競落人ではなく差押債務者から権利を受け継いだものと常にみなされるからである。第一競落人は代金を弁済していなかったのであり，そのために，第一競落人の側には土地所有権は存在していなかった。裁判上の売却は代金を即金で弁済する条件の下でなされている；弁済をしなかったことで，売買は存在しない，というのは，即金弁済の条件は，解除条件とみなされるからである。」

ったことは，早くも隠蔽されつつあった。しかし他方で，この当時の学説は，追及権構成の残滓を留めてもいる。前記第2節第3款(i)で紹介したとおり，Bourjon は競落人による代金の供託まで，抵当権の当然 purge を認めていなかった[98]。つまり，彼は競落人による代金の供託までは抵当権を存続させているのである。競落が空競りとなることによる所有権移転の失効を認めているなら，このように抵当権の当然 purge を供託まで遅らせる必要はないはずであり，彼はまさに競落が空競りとなっても所有権移転の効力が維持されることを前提として，その場合に追及権行使による不動産執行を可能とするために当然 purge を供託まで遅らせているといえる。従って，ここに，彼がなお解除による所有権復帰ではなく抵当権の追及権によって競落代金の弁済を確保しようとしていることが垣間見られるのである。

第4節　補説2：承認書制度と Nemo plus 原則

　前述したように，Bourjon は抵当権とそれ以外の物権と，décret 手続における保存異議とそれ以外の異議との間に，差異を見出していた（前記第2節第3款(i)）。この差異は，代金から被担保債権の弁済を受ける権利としての抵当権の，他の物権との差異を示すものということができ，特に任意売却の場面において，強調されるようになっていく。

　その前段階として，任意売却命令の効力が，強制命令と比べて縮減されていく（第1款）。その任意売却命令に代わって設けられた承認書制度では，さらに進んで，承認書は抵当権以外の権利に対しては懈怠 purge の効力すら有しなくなった。ここでは，この承認書の効力制限が「何人も自己が有する権利以上のものを移転しえない（*Nemo plus juris ad alium transferre potest, quam ipse habet*）」という法原則（以下「*Nemo plus* 原則」と呼ぶ）に基づくものであったことを示す。このことは，承認書制度が抵当権に関するいかなる理解を前提とするものであるかを示唆するであろう（第2款）。

---

98)　前掲注57) 参照。

第 2 章　17・18 世紀フランスにおける抵当権と追及権

第 1 款　任意売却命令の効力の縮減

　元来，任意売却命令による懈怠 purge の対象となる不動産上の権利の範囲
は，強制命令によるそれと同じであった（前記第 1 章第 1 節第 4 款(v)）。しかし
Bourjon はすでに，強制命令の効力と任意売却命令の効力との間に，差異を見
出していた。もっとも彼は，任意売却命令が取得契約の確認行為に過ぎないこ
とを理由として，取得契約に取り込まれた権利を懈怠 purge の対象から外す
に留まっていた。

　彼はまず，任意売却命令の場合には，土地ラントが負担異議なくして保存さ
れる場合があることを認める。それは，契約中で負担が取り決められている場
合であり，それは，任意売却命令が売買契約の確認行為であって，確認される
契約の内容を超えることができないためである[99]。

　次いで彼は，真の所有者が部分解除異議（前記第 1 章第 1 節第 4 款(iii)）を怠
った場合について，強制命令は，所有者が土地を占有していなかった場合にの
み[100]，任意売却命令は，取得者が真の所有者の存在につき完全に善意であっ
た場合にのみ[101]，それぞれ異議を怠った真の所有者から所有権を奪う，とい

---

99)　Bourjon, *supra* note 42, livre VI, titre VIII, chapitre VIII, n. 12.「任意売却命令は，それ自体とし
　ては契約の確認行為でしかなく，取得者が自己の契約によって負担した土地ラントも地役権も消去
　しえない。このような décret は確認しかしないのである。このことから，これらの権利が属する
　者は，それらを保存するために，任意売却命令へ負担異議を申し立てることを義務づけられない；
　取得契約におけるそれらの権利の記載が，彼らの側では，任意売却命令への絶え間ない異議に価し，
　取得者は，名義をその状態において，付加されていた負担を伴って確認する自己の décret によっ
　ては，自己の名義を超えることができないのである。」

100)　Bourjon, *supra* note 42, livre VI, titre VIII, chapitre VI, n. 101.「décret の主たる目的物が差押債
　務者に属しているが，差押債権者がそこに隣人の土地を含めていた場合，décret は有効である；
　それは完全に有効でありうるのであって，当該部分の所有者が注意を怠っていた場合には，差押債
　務者に属していない土地についても有効でありうる；これは過酷であるが，健全である；自己の
　décret しか知りえなかった競落人に土地を享受させる必要があるので，必然的にこの過酷さが導
　出されるのである；……しかしこの厳格さは，隣人が現実に占有を侵奪されていなかった場合……
　には，作用してはならない。」

101)　Bourjon, *supra* note 42, livre VI, titre VIII, chapitre VIII, n. 15.「部分解除異議を見てみよう。契
　約によって，売主に属していない一定の土地が取得者へ売却された場合；取得者が善意で，その売
　主が所有者であると信じる正当な理由があれば，土地が属する者の側に部分解除異議が必要であり，
　それがなければ土地を失うだろう；このことは，任意売却命令が生じる健全な効力の，必然的帰結
　である；取得者の善意は，その取得契約が含むものの完全な確証を生じねばならない。取得者がこ
　れについて悪意だった場合には事情は異なる……。この場合，châtelet では，décret は所有権を滌

148

第 4 節　補説 2：承認書制度と Nemo plus 原則

う。これに対して，取得者が善意でない場合については，「確認する者は何も
与えない（*confirmat, nihil dat*）」「無権利者について（*super non domino*）なされ
た décret は無効である」という理由で，真の所有者からの権利剥奪を否定し
ている[102]。

　Bourjon は，一見するとここで取得者の「悪意」「善意」を問題にしている
ように見えるが，取得者の主観的な知不知を問題にしているのではない。善
意・悪意の立証に際しては，結局，異議の対象となる権利が契約内容化されて
いたか否かが問題とされるのである。だからこそ，彼は後述する *Nemo plus*
原則ではなく，「*confirmat, nihil dat*（確認する者は何も与えない）」という法格言
を援用しているのである。«*confirmat, nihil dat*» は確認対象である契約内容か
らの逸脱を問題にするものであって，譲渡人に実体的に権利が帰属しているか
否かを問題にする *Nemo plus* 原則とは観点を異にするものである。むしろ
Nemo plus 原則は「無権利者について（*super non domino*）なされた décret は無
効である」という法格言と相通ずるものであるが，ここではこの法格言は
«*confirmat, nihil dat*» に合わせてその適用範囲を恣意的に操作されている。

　最後に，保存異議を欠く抵当権の懈怠 purge についても，彼は不動産売主
による保存異議を免除している[103]。その理由として彼は，任意売却命令が売
買の確認に過ぎないということに加え，任意売却命令は売主の元で生じた抵当

　　除し，これは décret が無権利者について（*super non domino*）なされたために無効であるという
　　準則が適用される事例ではなく，この場合に慣習法は décret にすべての効力を授けている：さも
　　ないと，慣習法が認める部分解除異議は完全に無用となるだろう，と判断されている。従って，こ
　　れらの異議を認め，これらに言及することで，必然的に，一定の場合に décret が所有権を潔除す
　　ることを慣習法が認めている，ということになる：しかし，そのためには取得者の善意が証明され
　　る必要がある。」

102)　Bourjon, *supra* note 42, livre VI, titre VIII, chapitre VIII, n. 16.「取得者が善意でない場合：例え
　　ば，取得者に何らの名義も交付されなかった場合，彼の任意売却命令は彼の契約を超える権利を彼
　　に与えない：さもないと，善意を欠いてなされた売買及び取得に基づく任意売却命令は，他人の財
　　産を横領するために開かれた手段になってしまい，これを認めることはできない。これは通説であ
　　り，このことは，この場合に任意売却命令は契約から生じる以上の権利を与えることができず，確
　　認する者は何も与えない（*confirmat, nihil dat*）；そしてこの場合に，無権利者について（*super
　　non domino*）なされた décret は無効である，という準則が適用される，ということに根拠づけら
　　れる……。」

103)　Bourjon, *supra* note 42, livre VI, titre VIII, chapitre VIII, n. 39.「売主は，売主に支払われるべき
　　代金及び先取特権付抵当権の保存のため，自己の取得者によって実施される任意売却命令への異議
　　申立てを義務づけられない；この任意売却命令は売買の結果でしかなく，少なくとも売主との関係
　　では，売買を含む契約は任意売却命令から分離できない。」

149

第2章　17・18 世紀フランスにおける抵当権と追及権

権しか滌除しない，と述べる[104]。

このように，Bourjon においては，《任意売却命令は契約の確認行為である》という論理が，任意売却命令への異議の要否を基礎づけている。そのため，権利が契約内容化しているか否かが一律の基準とされ，権利の性質に即した要否決定はされていない。

しかしその後，部分解除異議を欠く場合については，任意売却命令は取得者の善意・悪意にかかわらずおよそ所有権を滌除しえない，という判例が出現する。Denisart はそのような判例の存在を紹介した上で，これを正当化するために，二種類の異なる論理を併用している[105]。そのうちの前半，すなわち，任意売却命令による競落と取得契約とは単一の取得名義を構成する，という部分は，任意売却命令が取得契約の確認である，ということと同義である。しかしその後半は，所有権という権利と抵当権という権利との間にある，性質上の違いに基づいて，カテゴリカルに異議の要否を論じるものである。そして，このうちの後者の論理が，次款で検討する承認書制度に受け継がれていくことになる。

第2款　承認書制度

1771 年 6 月の勅令[106]は，任意売却命令を廃止して（37 条），その代わりに承認書（lettre de ratification）制度を導入した（6 条）。これによって，物上差押えの手続を履践する必要は，形式上もなくなった。そして，強制売却における執行債権者すなわち買主による最初の入札とこれに対抗する他の抵当権者らによる入札というシステムに代えて，通常の売買契約とこれに対する抵当権者による 10 分の 1 の増価競売というシステムが導入される（9 条）。この制度は，民法典の滌除制度における増価競売制度に受け継がれていくことになる。承認書付与の申立てから 2 か月間は，増価競売申立て期間兼異議申立て期間とされるが，常設の抵当権保存吏が異議申立てを受け付けるため，予めの異議申立ても可能となった。この期間が満了すると，買主に承認書が与えられる。

---

104)　Bourjon, *supra* note 42, livre VI, titre VIII, chapitre VIII, n. 40.

105)　Denisart, *Collection de décisions nouvelles et de notions relatives a la jurisprudence actuelle*, t. 2, Paris, 1777, V° *Decrets d'Immeubles*, n. 38.

106)　Isambert et al., *Recueil général des anciennes lois françaises: depuis l'an 420 jusqu'à la révolution de 1789*, t. 22, Paris, 1830, p. 530 et s..

150

第 4 節　補説 2：承認書制度と Nemo plus 原則

　この承認書には，décret の効力のうち，抵当権に対する効力だけが認められた。つまり，その他の物権に対する効力は，応用されなかったのである。勅令 7 条[107]は次のとおり定めている。

　　「7 条　承認書は，承認書の押印の前に以下に規定された方式で異議申立てをしなかった，売主の全ての債権者との関係で，抵当権及び先取特権を滌除し，そのような承認書を取得した不動産の取得者は不可譲的な所有者であり続け，いかなる種類のものであろうと，いかなる理由の下であろうと，前主の債務を義務づけられることはない……ただし，当該承認書は所有権，物権，土地権，地役権その他に関して，売主が有していた以上の権利を取得者へ与えず，当該承認書の効力は先取特権及び抵当権を滌除することに限定される。」（傍点は引用者による。）

　ここでは，取得契約の内容となっていたかに関わりなく，権利の性質に応じたカテゴリカルな扱いの区別がなされている。さらに注目すべきは，「売主が有していた以上の権利を取得者へ与えず」という文言である。この文言は，売主にいかなる権利が属していたかに着目する点で，Bourjon が任意売却命令の効力を制限する際に援用していた「確認する者は何も与えない（*confirmat, nihil dat*）」ではなく，まさに *Nemo plus* 原則を示すものといえる。

　そしてこのことは，抵当権についてのこの勅令の理解を示唆している。7 条の文言は，所有権や土地ラント等の物権の滌除すなわち懈怠 purge の効力を承認書に与えることが，売主の有していた以上の権利を取得者に与えることになる，ということを意味する。これは，それらの物権を次の第 5 節で紹介する「肢分権」として捉えることでよく理解できる。つまり，物権は所有権の一部を切り出したものであると考えれば，切り出された後の残部の取得者が懈怠 purge によって完全な所有権まで取得することは *Nemo plus* 原則に反する，ということになるわけである。これに対して，承認書は抵当権に対しては懈怠 purge 及び当然 purge の効力を有する。このことは，この勅令がこの効力を *Nemo plus* 原則と抵触しないものと考えている，つまり，抵当権を肢分権として捉えていないことを示唆している。抵当権の負担付きの土地所有者はその所有権の一部を切り出されていないと理解すれば，抵当権が消えても *Nemo plus* 原則には抵触しない，というわけである。このことは，次節で見る Pothier の

---

107)　Isambert et al., *supra* note 106, p. 532.

抵当権理解との対比において，重要な意味を持つであろう。

第5節　Pothier による「物権」の体系化と抵当権理解の変容

　ここでは，フランス古法の学説史を締めくくるものとして，18世紀後半の学者 Pothier の学説を紹介しておきたい。彼は Paris 慣習法典の解釈者ではないが，後述する19世紀の学説（後記第4章）に大きな影響を与えることになるからである。本章でこれまで紹介してきた β 説の諸学説とは異なり，Pothier は抵当権の中心的効力を目的不動産の売却に求める。この点では，彼の見解は，β 説によって否定された Loyseau の α 説（前記第1章第2節）への回帰を示すものといえよう。しかし，α 説における抵当権が，債権に与えられた執行力の「割付け」であったのに対して，Pothier における抵当権は，むしろ所有者が有する売却権を所有権から切り出したものとして説明されている（γ 説）。この相違の背景には，Pothier における諸物権の体系が存在するものと考えられる。彼は，所有権以外のすべての物権を，所有権の一部である「肢分権」として捉え，そのような物権の統一的理論（「肢分権」理論）の中に抵当権をも取り込んでいるのである（第1款）。このような，物権の統一的体系への抵当権の取込みは，抵当権設定の要件をめぐる Pothier の議論からも窺い知ることができる（第2款）。

　β 説からの決別に伴い，Pothier は抵当権の特徴である，décret 手続における抵当権者への売却代金の配当及び抵当権の当然 purge を，抵当権の権利の内容とは無関係のものとして理論的に疎外し，その際に，Bourjon の「変換」理論を借用することになる（第3款）。

第1款　「肢分権」としての抵当権

　Pothier は，抵当権の中心的効力を目的物の売却に求めている。その背景には，彼が構築した物権の体系が存在する。Pothier は，権利を物権と人的権利とに二分した上で，貢租権や土地ラントなど，下級所有権以外のすべての物権を包括して，下級所有権の一部すなわち「肢分権」として捉える「肢分権」理論によって物権を体系化している。その物権の体系の中で，抵当権は所有権から切り出された肢分権たる売却権として位置づけられる（このようにして抵当権

第5節　Pothier による「物権」の体系化と抵当権理解の変容

が肢分権であると説く学説を，本書は「肢分権説」と呼ぶ）。その結果，彼の見解は，抵当権の中心的効力を目的物の売却に求める点ではかつての α 説に接近しているものの，結局のところ抵当権による売却を執行による売却と区別するものとなっている。

(i)　「肢分権」の体系と抵当権

まず，Pothier が構想していた権利の体系を析出したい。Pothier は，人が物について有する権利を *jus in re* と *jus ad rem* とに二分する。そのうちの *jus ad rem* が究極的には人に対する権利であるのに対して，*jus in re* は物に対する権利とされている[108]。

ただし，彼はここで，物に対して行使される権利という意味での《対物性》によって *jus in re* を *jus ad rem* と区別しているに留まり，介在者の義務を生じさせないという意味での《直接性》を *jus in re* の性質として挙げているわけではない，ということには注意を要する。確かに，すでに彼はここで，《*jus ad rem* ならば，権利者と物との間に，契約によって義務を負う者が介在する》という命題は認めている。しかし彼は，この命題の裏命題《*jus in re* ならば義務者は介在しない》には言及していないのである。これは，次に示すとおり彼が *jus in re* の中に貢租権等の上級所有権や土地ラントを含めているためと考えられる。というのも，これらの権利は，土地の所持者を義務者として介在させるものであり（前記第1章第1節第1款，Pothier 自身もそのことを認めている[109]），物の所持者がその義務者になるという意味で《対物性》を認めることはできても，《直接性》を認めることはできないからである。これに対して，これらの

---

108)　Pothier, *Traité du droit de domaine de propriété* (*Œuvres de Pothier* par Bugnet, t. 9, Paris, 1846), n. 1.「人々は，流通に置かれた物について，二種類の権利を考えてきた：物の中に有する権利，これを人々は *jus in re* と呼ぶ；物に関連して有する権利，これを人々は *jus ad rem* と呼ぶ。*jus in re* は，我々が物の中に有する権利であり，これによって物は，少なくとも一定の点で，我々に帰属する。*jus ad rem* は，我々が物の中にではなく，ただ物に関連して，我々との関係で我々に物を与える義務を契約した人に対して有する権利である。」

109)　Pothier, *Traité du contrat de bail à rente* (*Œuvres de Pothier* par Bugnet, t. 4, Paris, 1847), n. 18 で，彼は次のとおり土地ラントが土地の所持者を義務者として介在させるものであることを認めている。

「……土地上に土地ラントを有する者は，ラントを設定された土地の占有者の所為によって，占有者の手によってのみ権利を享受しうるのであり，占有者は年賦金を弁済せねばならない。……この義務（obligation）が彼らを，ラント年賦金が占有期間中に発生する限度で，ラント年賦金の人的義務者（débiteurs personnels）にする。」

153

権利が消滅しあるいは物権でなくなった後，19世紀後半の学説は，《直接性》を物権一般に共通する性質とすることになる（後記第4章）。それゆえ，本書は，Pothier と 19 世紀後半の学説との間の差異を検出するため，以上のように《対物性》と《直接性》とを区別しておきたい[110]。加えて，Pothier は *jus in re* に《絶対性》すなわち万人に対する対抗可能性を認めているわけでもない。確かに，Pothier は *jus ad rem* に《対人性》を認め，特定人との関係でのみその効力を認めている。しかし *jus in re* も，《対物性》を有する結果として，《物の現時の所持者》に対して行使されることが想定されているに過ぎず，それは《不特定人》ではあっても《万人》ではない。これに対して，19 世紀の Valette 以降の学説は，物権一般を，万人に対する対抗可能性を有する「絶対権」として捉えるようになり，第三取得者を含む「所持者」を《万人》の中に解消するようになる（後記第4章）。

彼は次のとおり，この *jus in re* を「物権」概念と同視した上で，すべての物権を，所有権の一部が切り出されたものとして観念し，さらに，その中に，上級領主権（上級所有権）・土地ラント・地役権と並んで，抵当権を含めている。そこには，Bourjon のような，物権の中で「物に内在する」土地負担と「物（の価値）を吸収する」抵当権とを区別する発想（前記第2節第1款）は，存在しない。

> 「*jus in re* を，人々は物権（droit réel）とも呼ぶが，これにはいくつかの種類がある。主たるものは，所有領主権（droit de domaine de propriété）である。
> 　その他の種類の物権は，所有領主権に由来し（émanent），その切り取られた手足のようなものである（comme des démembrements）。それらは，封建または貢租領主権（seigneuries féodale ou censuelle）などの上級領主権（droits de domaine de supériorité）；土地ラント権，人的地役権及び土地地役権の地役権，抵当権である。」[111]（傍点は引用者による。）

---

110)　Pothier は物権一般に物に対する《直接性》を認めていた，と説明されるのが一般的である（Rigaud, *Le droit réel: histoire et théories: son origine institutionnelle*, Toulouse, 1912, p. 104, 佐賀徹哉「物権と債権の区別に関する一考察(1)」法学論叢 98 巻 5 号〔1975〕27 頁, 31 頁, 33 頁）。しかし，このような理解は《対物性》と《直接性》とを混同するものであり，そのような混同の結果，Pothier が土地ラントを物権に含めていることについて説明がつかなくなっていると考えられる。

111)　Pothier, *supra* note 108, n. 2.

154

Pothier による，この「切り取られた手足」の喩えに基づいて，19世紀の学説は，すべての物権は所有権の「肢分権（démembrement）」である，と説明するようになる（後記第4章）。

ここですべての物権の源とされた「所有領主権」すなわち下級所有権について，Pothier は，これを物の「処分権」として定義した上で[112]，その処分権の内容に譲渡の権利を含めている[113]。このことが，次の(ii)で述べるとおり抵当権を売却権として理解することを支えているといえる。

(ii)　売却権としての抵当権

このような「肢分権」としての物権の体系を用意し，抵当権をその体系の中に取り込みながらも，Pothier における抵当権の内容は，同じく肢分権である土地ラントとは相当に異なるものとなっている。彼は次のとおり，抵当権を売却権として位置づけている。

　　「『抵当権』……は，債権者が他人の物の中に有する権利であり，代金から債権の弁済を受けるために，他人の物を売却させることを可能にするものである。この抵当権は，物の中の権利，*jus in re* である。」[114]（傍点は引用者による。）

この説明と，前述した「肢分権」としての抵当権理解とを総合すると，彼は抵当権を，所有者が所有権に基づいて有する売却権を切り出したものと理解し，そうすることで抵当権を肢分権の体系に取り込んでいる，ということが分かる。以下では，このことをさらに彼の各論的な説明によって例証していきたい。

第一に，彼は，所有者による抵当権設定と，「何人も自己の有する以上の権利を移転しえない」「何人も自己の物について抵当権を有しえない」という法格言との整合性を問題視する。つまり，所有者自身は抵当権を有していないにもかかわらず，自己の有しない権利を他人に設定しうるのだろうか，と問題提

---

112)　Pothier, *supra* note 108, n. 4.「この所有権〔引用者注：所有領主権〕は，その効力との関係で，次のように定義されねばならない：『他人の権利も法律（lois）も害することなしに，物を自己の意のままに処分する権利。』」

113)　Pothier, *supra* note 108, n. 5.「処分の権利は，所有者が有する，物を譲渡し，同様に自己が望む範囲で自己の物の中の権利を他人へ与え，または物について自己が適切と判断した使用のみを許す権利を含む。」

114)　Pothier, *Traité de l'hypothèque* (*Œuvres de Pothier* par Bugnet, t. 9, Paris, 1846), n. 1.

第 2 章　17・18 世紀フランスにおける抵当権と追及権

起するのである。その上で，所有権には処分権が，さらにその中には売却権が
含まれ，所有者がこれを債権者に移転したものが抵当権である，という説明を
与えることで，問題の解決を試みている[115]。

　第二に，このように抵当権を所有権の一部である売却権が切り出されたもの
として理解する場合，後順位抵当権者はいかなる権利を取得するのか，裏返せ
ば債権者間の優先弁済権はどのように法律構成されるのかが問題となる。
Pothier は，特に債務者が将来取得する財産上の抵当権を念頭に置いて，後順
位抵当権者は残余について権利を取得したに過ぎない，という形で先順位抵当
権者の優先弁済権を説明している[116]。

　最後に，彼も抵当権の効力の説明に「割付け」の語を用いている[117]。しか
し，これまでに述べたところによれば，この割付けは，執行力の割付けではな
く，抵当物の売却権の割付けであることが分かるだろう。

　もっとも，前述のとおり物権一般に《直接性》ではなく《対物性》しか認め
ていないことに対応して，彼は抵当権にも，義務者を介在させないという意味
での《直接性》を認めてはいない。その前提として，彼は物上差押債権者を抵

---

115)　Pothier, *supra* note 114, n. 44.「もしかすると，所有者は自己の物の中に抵当権を有しないので，
　いかにして所有者は他人に抵当権を与えることができるのか，ということが言われるかもしれない。
　これに対する応答は容易である。物の所有者は確かに，抵当権の形では，自己の物の中に抵当権を
　有していない。彼は，形式上は抵当権を有していない；しかし彼は，それを超越して（eminen-
　ter），すなわち抵当権ではなく所有権を，抵当権を構成するすべてのものを有している；なぜなら，
　抵当権は抵当物を保持し（tenir）売却する権利にその本質がある；然るに，この権利は所有者が
　有する所有権（*dominium*）の中に含まれている。所有権は，主として物を処分し，従って売却す
　る権利を含む；それゆえ，所有者は物を売却する権利を有するので，この権利を債権者へ移転する
　ことができるのである。」

116)　Pothier, *supra* note 114, n. 54.「……3 人の異なる債権者に対して，異なる時に異なる義務を，
　現在及び将来の抵当権の下で契約し，その後にある土地を取得した場合：これら 3 人の債権者はこ
　の土地上の抵当権について競合するのか，それとも契約の日付の順序に従うのか。……フランスの
　判例は一貫して『これらの債権者は競合せず，契約の日付の順序に従って配当記載されねばならな
　い』としてきた；その理由は，債務者は最初の債権者と将来財産上の抵当権の下で契約することで，
　それらをこの最初の債権者を害して他者に抵当入れする権能を禁じられる；その結果，これらの債
　権者が抵当権を同時に取得したとしても，最初の債権者は第二の債権者に優先し，第二の債権者は
　第三の債権者に優先する，というのは，第一の債権が弁済された後の残余についてしか，債務者が
　この第二の債権者に抵当権を与えることも，第二の債権者が抵当権を取得することもできなかった
　からである；第三の債権者についても，第二の債権との関係で同様のことを言う必要がある。」

117)　Pothier, *supra* note 114, n. 63.「抵当権の効力は，債務の全体に，抵当物及びその各部分を割り
　付ける，というものである。」

156

当不動産競売の「売主」と考えてはいない[118]。彼は，物上差押えに基づく抵当不動産の競落について，裁判所が差押債務者に対して売却を強制するものと考えている[119]。つまり，差押債務者は売却を義務づけられ，その義務の履行を裁判所によって強制された結果，競売がなされる，と考えているのである[120]。抵当権設定者が所有者であり続けた場合における，この差押債務者の売却義務は，抵当不動産の第三取得者が登場している場合における，第三取得者の委付義務（後記(iv)）に対応するものということができる。

(iii)　執行力としての抵当権への接近

このような Pothier の抵当権理解は，抵当権の中心的効力を目的物の売却に求める点では，かつて Loyseau が主張し，しかし 17 世紀及び 18 世紀の Paris 慣習法典の解釈者が拒絶していた，執行力の「割付け」としての抵当権理解（α説）に，再び接近するものといえる。

まず債務者が抵当不動産を所有し続けている場合について，Pothier は，債務者に対する執行名義に基づく物上差押え及び裁判上の売却を，抵当権の目的を達するための方法として位置づけている[121]。この説明は，Loyseau による，債務者が抵当不動産を所有し続けている場合には抵当権は執行名義の「即時執行力」に実質的に解消される，という説明（前記第 1 章第 2 節第 2 款(ii)）を，さらに一歩進めたものといえる。

第三取得者に対する追及権すなわち抵当訴権についての Pothier の理解も，Loyseau の学説への接近を示している。Pothier はまず，抵当訴訟の主たる目

---

118)　Pothier, *Traité de la procédure civile* (*Œuvres de Pothier* par Bugnet, t. 10, Paris, 1848), n. 636.「競落は，裁判所が差押債務者のために差押債務者の意思に反して，差し押さえられた土地の競落人へ行う真の売却である。」

119)　Pothier, *supra* note 118, n. 630.「フランス法では，売主は債務者ではない（差押債権者か異議債権者かを問わず），というのも，債権者は他の者と同様に競落人になれるからである；裁判所が売却し，むしろ差押債務者が裁判所によって売却を強制されている……。」（傍点は引用者による。）

120)　鳥山泰志「抵当本質論の再考序説(1)」千葉大学法学論集 23 巻 4 号（2009）1 頁，39 頁は，Pothier が物権一般に《直接性》を認めているという理解を前提に，Pothier が抵当権を売却権として捉えることで「抵当権の直接行使性を見出し，ここからそれが物権であることを根拠付けていたと思われる」，という理解を示している。しかし，この理解は，その前提にすでに問題があるのに加えて（前掲注 110）参照），本文で紹介した物上差押えに基づく抵当不動産競売の法律構成についての議論や，第三取得者の委付義務についての Pothier の議論（後記(iv)）を看過したものといえる。

121)　Pothier, *supra* note 114, n. 65-66.

第 2 章　17・18 世紀フランスにおける抵当権と追及権

的は土地の委付にあると主張する[122]。これに対して，抵当債務の弁済も，設
定ラントの新たな名義の作成も，彼においては「権能」という位置づけしか受
けていない[123]。

　彼はさらに，Loyseau（前記第 1 章第 2 節第 2 款(iv)）を引用して，弁済を義務
づける実務上の抵当訴訟の申立事項を批判している[124]。

（iv）　執行力からの距離

　しかし，執行名義と関係なく生じる法定抵当権を承認しているため[125]，
Pothier も結局のところ，Loyseau と異なり，債務者に対する執行名義の効力
と抵当権の効力とを分離せざるを得なくなっている[126]。のみならず，彼は，
物権が義務者を介在させないという《直接性》を，物権の性質と考えてはいな
い（前記(i)）。そのため，19 世紀の学説，とりわけ Duranton（後記第 4 章第 1 節
第 2 款）以降の学説とも異なり，Pothier は抵当権の効力として直接に抵当目
的物への執行を認めてはおらず，第三取得者が有する抵当不動産についても，
あくまで第三取得者の委付義務を前提として，第三取得者に対する執行名義に

---

122)　Pothier, *supra* note 114, n. 103.

123)　Pothier, *supra* note 114, n. 109.「取得者は，弁済または新たな名義の作成を申し出ることで，委
付を回避する権能を有する；抵当訴訟について介在し，取得者に抵当土地の委付を命ずる判決の中
には，常に次の条項がある：『弁済または新たな名義の作成を選ばない限り……。』たとえこの条項
が判決中になくても，このことは常に含意されている，なぜなら，それは抵当訴権の性質に由来す
るものだからである。債権者は抵当土地の委付について，抵当土地を売却させることで債務の弁済
を引き出すこと以外の利益を有していない；弁済が提供された場合，債権者は利害を失っており，
この委付を主張することができない。」

124)　Pothier, *supra* note 114, n. 110.「抵当債務の弁済は，抵当土地の取得者の側からは，委付を回避
するための権能に過ぎない，ということに注意すべきである：それは義務ではない；なぜなら，第
三取得者はこの債務の債務者ではなく，彼はそれを契約しておらず，契約当事者の人的義務を相続
したり分割したりもしていないからである。それでも，人々はしばしば，第三取得者に対して，委
付を選ばない限り抵当債務の弁済を義務づけられるべし，と申し立て，判決をこれらの申立てに適
合させずにはいられない；しかしこれらの申立て及び宣告は正確ではない：これは本末を転倒する
ものである：Loyseau, liv. 3, chap. 4. それでも，それらはなお有効である；そして，言葉の順序が
逆であるにもかかわらず，申立てに関しても宣告に関しても，目的と考えられるのは委付である；
債務の弁済は，委付を避けるために取得者に与えられた権能でしかない。」

125)　Pothier, *supra* note 114, n. 26.

126)　Pothier, *supra* note 114, n. 67 は，隠れた抵当権（hypothèque tacite: 後掲注 133）参照）を有す
る債権者は債務者に対する判決か債務者が自己拘束した公証証書を得なければ抵当財産を差し押さ
えることができない，としている。Loyseau との対比については，前掲注 24）参照。

第5節　Pothier による「物権」の体系化と抵当権理解の変容

基づく執行を要求している。

　彼は，第三取得者に対する抵当訴訟によって求められる抵当委付について，それが「真の抵当委付」と異なり，第三取得者による執行の甘受に過ぎない，という Loyseau の主張を踏襲していない。そして，むしろ積極的に抵当委付と執行の甘受との違いを強調し，第三取得者に対しては抵当訴訟によって執行名義を獲得することを要求している[127]。

　このことを踏まえると，Pothier においては結局のところ，第三取得者が取得した不動産の物上差押え及び裁判上の売却は，抵当権そのものの効力ではなく，抵当訴訟によって獲得される，委付義務者たる第三取得者に対する執行名義の効力として位置づけられているといえる。そして，このように抵当委付を抵当権の効力の受け皿として用いたために，抵当委付がラント法に起源を持ち，本来は「割当て」による第三取得者の人的義務を制約するためのものであった，ということ（前記第1章第1節第2款(iv)）は隠蔽されている。

(v)　物権債権二分論の検出

　このように，Pothier は物権が義務者を介在させないという《直接性》を物権の性質とは考えず，その結果，第三取得者が有する抵当不動産への執行のために，第三取得者自身の義務に基づく，第三取得者自身に対する執行名義を要求している。それでもなお，Pothier の抵当権理論の背景には物権債権二分論を検出することができる。そもそも，彼の売却権としての抵当権理解は，抵当権は物権として物に対する効力をその中心的効力とする，という考え方に基づいている。さらに Pothier は，これまでの学説とは異なり，第三取得者に対する抵当権の効力を説明するのに「追及権」の用語自体を用いていない。追及権の行使は，物に対する売却権の行使一般に還元されており，ただこの売却権の行使のためには執行名義が必要であるところ，抵当権者は債務者以外の第三者に対しては執行名義を有しないので執行名義獲得のための抵当訴訟が必要であるとされているに過ぎないのである。そのため，彼はその抵当訴訟を，土地を占有する（債務者ではないという意味での）第三者に対する訴訟として定義した

---

127)　Pothier, *supra* note 114, n. 68.「抵当物が債務者ではなく第三者の占有下にある場合，債権者は第三者に対して抵当物の差押えをすることはできない。第三者は自己の義務者（obligé）でも被命令者（condamné）でもないからである；債権者は委付をさせるための訴権のみを有する。委付の後は，選任された委付財産管理人（curateur）を相手として，抵当物を差し押さえることができる。」（傍点は引用者による。）

159

第2章　17・18世紀フランスにおける抵当権と追及権

上で[128]，抵当訴権が物的訴権であるという理由で，この第三者に「所有の意思」のみを要求し，債務者またはその承継人からの「取得」（所有権移転）という要素を捨象している[129]。このような「第三者」の定式は，物上保証人[130]や，無権利者からの取得者をも含みうるものとなっている。これは，Pothier が抵当訴訟を物上訴訟の一般理論の中に位置づけようとしているためであるといえる。もっともこの点は，理論や体系に傾斜しすぎているためか，後の 19 世紀の立法や学説にあまり直接的な影響を与えてはいない。

第2款　「引渡し」理論の抵当権設定要件への侵入

このように，Pothier は物権と債権との峻別を前提に，物権の体系化を進め，その体系の中に抵当権を組み込んでいる。Loyseau は，土地ラントと設定ラントの抵当権との効力上の差異を主張することに主眼を置いていたため，物権全

---

128)　前掲注 127)。

129)　Pothier, *supra* note 114, n. 71.「抵当訴権は人的訴権ではなく物的訴権である，というのも，抵当訴権は被告が原告に対して契約したいかなる義務から生じるものでもなく，これら当事者は決して一緒に取引してはおらず；原告が抵当物の中に有する抵当権から生じ，この訴権は物の占有者に対するこの権利の実行を含むからである。この訴訟は，この権利が属する債権者によってしか提起されえない；そして，その他すべての物上訴訟のように，原告が実行するこの権利に服する土地その他の不動産の占有者に対してしか提起されえない。この訴訟の提起を受ける取得者は，実際にそうであれ，そのようなものと宣言された場合であれ，所有者として，所有の意思をもって土地を占有する者である。」

130)　もっとも，フランス古法の学説は，物上保証に対してあまり関心を示していない。

　　例えば Loyseau は，「設定者による抵当委付が認められうる場合がありうるか」を論じる際に，他人の債務について人的に義務を負わずに物を抵当入れした物上保証人には抵当委付を認めるべきである，と説く。しかし，彼は同時に，そのような物上保証は稀にしか生じない，とも述べている（Loyseau, *supra* note12, livre IV, chapitre III, n. 16）。従って，この議論はあくまで思考実験的なものとされている。

　　Pothier も，ローマ法源（D. 20, 1, 5, 2）を引用して，他人の債務のための抵当権設定が可能であるということを述べるに留まり（Pothier, *supra* note 114, n. 60），それ以上に踏み込んだ議論はしていない。

　　その理由について Ansault, *Le cautionnement réel*, Defrénois, 2009, n. 4 は，当時は公証証書から一般抵当が生ずると考えられるようになっており（前記第1章第2節第2款(ii)参照），公証証書によって通常の保証をすれば保証人の全財産上に一般抵当権が生ずるので，敢えて特定財産上の物上保証を設定する必要がなかったためではないかと推測している。実際，抵当目的物について「特定の原則」が導入された後の 19 世紀の学説は，物上保証の法律関係をより切実な問題として論ずるようになる（後記第4章）。

160

第5節　Pothier による「物権」の体系化と抵当権理解の変容

体の体系化には消極的であった（前記第1章第2節第4款）。しかし Pothier は，抵当権を所有権の一部である売却権と捉えることで，土地ラントと抵当権との効力上の差異を維持しつつ，両者を包摂する物権全体の体系を構築しているのである。ここでは，このことのさらなる例証として，Pothier における約定抵当の成立要件をみてみたい。彼は，約定抵当を黙示的な設定合意によって成立するものと説明し，さらに不動産所有権移転の引渡し理論を抵当権設定に導入することで，物権設定要件の理論的統一を進めているのである。

その前提として，彼はローマ法源を援用して，不動産所有権移転の引渡主義を，理論上は[131]堅持している。また，所有権の移転は原則として売買契約という合意に基づくものとされている。つまり，目的物所有権を移転する合意と目的物の引渡しとによって，所有権が移転するのである[132]。

この前提の下で，Pothier はまず，約定抵当権[133]の設定についても，再び契

---

131)　ただし，彼は当事者間の合意のみによる仮装引渡しを認めることで，実質的には意思主義に接近している。

　「仮装引渡し（tradition feinte）は，物が売主の側に留まっているにもかかわらず，それによって買主が売却された物の占有を得たように見せかけるものである。

　この擬制は占有改定条項（clause de constitut）から生じる。この条項によって，売主は買主の名で物を保持するよう任じられる。この条項によって，買主は売却された物の占有を，売主の仲介（ministère）によって取得したものとみなされ，売主はその時点からもはや自己の名ではなく占有するのではなく買主の名で保持するものとみなされる。」（Pothier, *Traité du contrat de vente*（*Œuvres de Pothier* par Bugnet, t. 3, Paris, 1847), n. 313.）

　「これまでに言及されたすべての種類の仮装引渡しは，*nudâ voluntate* で，当事者の同意のみによってなされる。」（*Id.,* n. 314.）

132)　Pothier, *supra* note 131, n. 318.「……引渡しの効力は，……買主の人格に売却された物の所有権を移転させる，というものである。売買契約は，それ自体としてはこの効力を生じえない。契約は，契約当事者間の人的義務（engagements personnels）を形成することしかできない：契約の結果としてなされる引渡しのみが，契約の目的をなした物の所有権を移転しうる。これは，『所有権は裸の合意によってではなく引渡しによって移転される（*Traditionibus, non nudis conventionibus dominia transferuntur*）；L. 20, *Cod. de Pact.*〔引用者注：C. 2, 3, 20〕』という準則に従ったものである。」

133)　彼の学説はすべての抵当権を公的権威に還元する Bourjon の学説（前記第2節第4款）を経た後のものなので，裁判上の抵当権と法定抵当権については，黙示的設定意思のロジックは及んでいない。この点は，法定抵当権に黙示的設定意思のロジックを持ち込んでいた Brodeau（前記第1節第3款）とは異なる。

　Pothier, *supra* note 114, n. 5 は，「法定抵当権」の語を，設定の黙示的合意すらないものという意味で，つまり裁判上の抵当権にも妥当する概念として設定している。そして，さらにその一部である，執行名義を有しない抵当権に，「tacite 抵当権」の概念を用意している。Pothier におけるこの «tacite» の用語法は，Brodeau のそれ（前掲注40)）とは明らかに異なるものである。

161

約の中に黙示の抵当権設定合意を読み込む[134]。これは，Bourjon が黙示的設定合意を拒絶していた（前記第 2 節第 4 款）のとは対照的であり，かつて Loyseau が説いていたところ（前記第 1 章第 2 節第 4 款(ii)）を復活させるものといえる。

さらに彼は，フランス法では抵当権の設定に引渡しそのものは要求されないと断りつつも，抵当証書の公印を，引渡しに代わるものとして位置づけている[135]。このような説明は，Loyseau にもみられなかったものである（前記第 1 章第 2 節第 4 款参照）。

後の民法典起草時に，Bruxelles 控訴裁判所意見は，公示（登記）を引渡しと接続する（後記第 3 章第 4 節）。これに対して，Pothier はあくまで公証証書を引渡しと接続しており，Bruxelles 控訴裁判所意見のように公証証書とは別に公示を引渡しと接続しているわけではない。しかし，引渡し理論を抵当権へ持ち込もうとしている点では，彼の見解は Bruxelles 控訴裁判所意見の先駆を成すといえるだろう。

第 3 款　décret 手続の理論的疎外

このように，Pothier はすべての物権を所有権とその「肢分権」とに体系化し，抵当権を不動産売却権として捉えることでその肢分権の体系に取り込んだ（γ 説）。その結果，β 説においては抵当権の中心的効力であった，債権者間の優先弁済権は，Pothier においては抵当権の効力の中心を外れ，後順位抵当権を先順位抵当権の切り出し後の残余のみについての権利として捉えることによって説明されることとなった（前記第 1 款(ii)）。そのため，Bourjon においては優先弁済権の行使手続として位置づけられていた décret 手続も，Pothier においては物権の体系から外れた理論的異物として疎外される。とりわけ，売却権

---

134)　Pothier, *supra* note 114, n. 5.「約定抵当は，公証証書から生じるものである。この種の抵当権が『約定』といわれるのは，この証書によって何らかの義務を他者に対して負う者が，約定によって，自己がその現在および将来のすべての財産を当該義務の担保のために抵当に入れることに合意しており，この約定が証書によって明示されているか，証書中に言外に仄めかされている（sous-entendue）からである。」（傍点は引用者による。）

135)　Pothier, *supra* note 114, n. 10.「フランス法によると，単なる約定は抵当権を生じない：我々はしかし，引渡しを要求するのではなく；約定が公的権威のある印璽を備えた場合に，約定は抵当権を生じた；公的権威の力が，この場合には引渡しの代わりとなるのである。」（傍点は引用者による。）

第5節　Pothierによる「物権」の体系化と抵当権理解の変容

としての抵当権理解からは，「売却権」を行使していない，物上差押債権者以外の抵当債権者（保存異議債権者）がなぜ売却代金を弁済されるのか[136]，その抵当権がなぜ当然purgeに服するのか，という点を説明しきれないのである。これらの理論的疎外に際して，彼は当初は権利の買戻しという法律構成を採用していたが，その後，彼はBourjonの「変換」理論を借用するに至った。しかしこれはあくまでも「借用」であり，décret手続の効力（抵当権の順位に従った売却代金の分配及び抵当権の当然purge）は，抵当権の効力内容に外在的な，特殊な手続的効力として位置づけられた（(i)）。

　さらに彼は，これらの理論的疎外の結果として，décret手続外における第三取得者から抵当権者への売却代金の弁済を，単なる被担保債務の一部弁済（第三者弁済）として扱うことになる（(ii)）。

(i)　décret手続における抵当債権者への売却代金弁済と抵当権の当然purge

　Pothierは当初，décret手続における，抵当権の順位に従った抵当債権者への抵当不動産売却代金の配当と，これに伴う抵当権の当然purgeとを，抵当権の買戻しとして法律構成しようとしていた。

　このことを示しているのが，下位配当手続（sous ordre）に関する彼の説明である。下位配当手続とは，抵当債権者が配当手続で得る配当金を，さらに当該の抵当債権者の抵当債権者へ，動産としてではなく不動産として，抵当権の順序に従って分配するための手続である。このように抵当権の順序が妥当することを説明するための前提として，彼はOrléans慣習法典の注釈書の中で，抵当債権者が配当手続で得る配当金はその抵当権の対価である，とする。そして，土地の対価である配当金が配当手続で抵当権の順序に従って分配されるのと同様に，不動産である抵当権の対価は下位配当手続で抵当権の順序に従って分配される，という[137]。ここでは，競落代金が競落で移転される土地所有権の対

---

136)　なお，保存異議債権者と異なり，自ら物上差押えを実施した抵当債権者については，一見すると，売却権に基づいて競落の際に自ら売買契約の当事者になり，売主として契約に基づき売却代金を受領している，という説明が可能であるように見える。しかしPothier自身は，前述のとおり差押債権者を競落の際の売主として構成していないために（前掲注118）），差押債権者への売却代金の弁済すら，抵当不動産売買契約の効力として説明することができないのである。

137)　Pothier, *Coutume d'Orléans* (*Œuvres de Pothier* par Bugnet, t. 1, Paris, 1845), Introduction au titre XXI, n. 142.「この抵当権は土地の中の権利（droit dans les héritages）であり，不動産権（droit immobilier）であって，その対価（prix）はその結果として，抵当権の順序によって彼らの間で分配されねばならない。――このことをよく理解するためには，債権と債権に付着する抵当権

第2章　17・18世紀フランスにおける抵当権と追及権

価であるように，配当金は消滅する抵当権の対価であるとされており，売却代金の配当及びそれに伴う抵当権の消滅は，いわば競落人による抵当権の買取りないし買戻しとして法律構成されている，といえる。この場合，競落人と抵当債権者とは直接に契約関係に入っていることになる。そしてそれゆえに，この時点では，彼も Bourjon（前記第2節第3款(i)）と同様に，競落人による競落代金供託と抵当債権者の還付請求によって，差押債務者を介在させない，競落人から抵当債権者への直接の弁済の効力が生じるものと理解することができた[138] [139]。

とを区別する必要がある。債権は債務者の人格に対する権利である：抵当権は抵当入れされた財産の中の権利である。私が，債務者の財産を差し押さえ，またはすでになされていた物上差押えに異議申立てすることで，当該財産にかかっていくとき，私が当該財産の中に有し，私が行使し私が訴追しているのは，抵当権である。私が配当手続中で有効に配当記載され，同時に私に人的に支払われねばならない金額は，私の抵当権の対価であり，金額が抵当権の対価である限りにおいて，私は配当記載されているのである。しかし私が物上差押えされた財産の中に有するこの抵当権は，土地の中の権利であり，従って不動産であり，質権は質に供されうる（*pignus pignori dari potest*）（L. 1, *Cod. Si pign. pign.*〔引用者注：C. 8, 23, 1〕）という準則に従って，それ自体が私の債権者へ抵当入れされているのである。下位配当における décret 交付の前の異議によって，彼らは彼らに抵当入れされた抵当権を差し押さえているのである：そしてこの差押えの効力は，各人が抵当権の順序に従って，私が配当記載を受ける金額を私の地位で受領する権利を与えることであり，その配当金は対価である。」（傍点は引用者による。）

138)　Pothier, *supra* note 137, n. 107.「競落人がこの競落によって競落代金から完全に解放されるのは確かである；そして，……それらの金銭が帰属すべき者たち（ceux à qui elles doivent appartenir）によって引き出されるまでは，競落人がその金銭の所有者である……。」

　　ここでいう「それらの金銭が帰属すべき者たち」は，複数形であることから，差押債務者ではなく抵当債権者（差押債権者及び異議債権者）であることが分かる。彼らは競落代金の債権者として供託金の還付を受けるものと考えられているのである。

139)　その後 Pothier は，*Traité du contrat de dépôt*（*Œuvres de Pothier* par Bugnet, t. 5, Paris, 1847）, n. 103-104 において改説し，次のとおり，供託金が供託によって直ちに差押債権者及び異議債権者に帰属する，と構成している。しかしここでも，差押債権者及び異議債権者が競落代金の債権者であり，競落人がその債務者であると考えられている点に変わりはない（なお，彼はその理由として，前記第1款(ii)と異なり，この時点では，差押債権者及び異議債権者に，競落における売主の地位を認めている）。

　　「この供託〔引用者注：競落代金の供託〕の第一の効力は，これをなした競落人に，競落代金からの解放をもたらすことである。競落によって，競落人は，差押債権者及び配当手続で支払いを受けるべき異議債権者との関係で，この代金の債務者となっていた。……この供託の第二の効力は，供託された金銭の所有権が，各人が配当手続において支払われるべき権利を有する部分について，差押債権者及び異議債権者へ移転される，というものである。……差押債権者と異議債権者は，土地の売主であり，代金は彼らに支払われねばならない：それゆえ，供託金受領吏は彼らのために彼らの名で代金を受領するのである。」

第 5 節　Pothier による「物権」の体系化と抵当権理解の変容

　しかしその後，上記の説明に代える形で，Pothier も Bourjon の「変換」理論（前記第 2 節第 3 款(i)）を抵当権の当然 purge の法律構成として導入することになる[140]。もっとも，Pothier における「変換」理論の意義は，Bourjon におけるのとは決定的に異なる，ということに注意すべきである。Pothier は，抵当権の当然 purge を décret の特殊な効力に基づくものとして正当化するために，「変換」理論に依拠している，といえる。なぜなら，彼は売却権としての抵当権理解を前提として，抵当権の買戻しという構成に代替する抵当権の当然 purge のための法律構成として，この「変換」理論を導入しているからである。これは，Bourjon における「変換」理論の意義が，優先弁済権を中心とする抵当権理解の中で，単にその優先弁済権の行使のための正規手続を décret 手続に限定するものに過ぎなかった（前記第 2 節第 3 款(iv)）のとは異なる。

　さらに，彼はこれと同時に，売却代金の抵当権者への弁済については，前述したようなかつての自説を改め，売却代金が第三取得者から抵当債権者へ直接に弁済されると考えることを否定している[141]。物上差押えに基づく競落について，彼は，差押債務者が売主の地位にあると説いていた（前記第 1 款(ii)）。彼はこのことを根拠にして，競落代金は観念的には競落人から一旦差押債務者に弁済され，次いで，差押債務者の財産となったこの競落代金を原資として，差押債務者から抵当債権者へ抵当債務の弁済がなされる，と構成する[142]。これは，「変換」理論の生みの親である Bourjon が，「変換」の結果として，抵当権者が直接に第三取得者や競落人に対して売却代金の弁済を求める訴権を有することを認めていたのとは対照的である。Bourjon は，優先弁済権を中心とした抵当権理解に基づき，抵当権が代金上の権利に「変換」され抵当債権者が第

---

140)　Pothier, *supra* note 118, n. 587.「これらの異議〔引用者注：保存異議〕は通常，代金上の支払差止め＝差押えに変換される。」

　　　この記述は，Pothier, *supra* note 137 にはいまだ登場していなかった。この記述が登場すると同時に，前掲注 137) に相当する Pothier, *supra* note 118, n. 657 からは，配当金を抵当権の対価として説明する記述が消滅している。

141)　Chadel, *Traité de la purge virtuelle des privilèges et hypothèques*, Paris, 1902, n. 127 は，専ら供託金が誰に帰属しているかという観点からではあるが，Pothier におけるこのような見解の変遷を指摘している。

142)　Pothier, *supra* note 118, n. 630.「……裁判官は差押債務者のために差押債務者の名で売却しており，従って代金は差押債務者に弁済されたものとみなされねばならない：この代金は，配当手続によってどの債権者へ弁済されねばならないかが決定されるまで，裁判所の手で供託金受領者の手中に置かれる；しかし，この代金はその時点までは差押債務者の財産である；債権者は分配までは弁済されていない。」

165

三取得者に対して直接の訴権を取得することによって，優先弁済権の行使が可能になる，と考えていた。これに対して Pothier は，抵当権を不動産所有権の一部たる売却権として捉えていたので，「変換」後の「代金上の権利」と売却代金との間にも，不動産上の抵当権と不動産所有権との間に存在するのと同様の関係を認めざるを得なかった。それゆえ，供託金還付請求権は差押債務者に帰属し，抵当権は「変換」の結果として当該供託金還付請求権上の権利になる，と構成する必要があったのである。そして，差押債務者から抵当債権者への弁済は，次に見る décret 手続外での第三取得者からの弁済と同様に，被担保債務の弁済として構成されたものといえる。

(ii) décret 手続外での第三取得者による抵当債権者への売却代金弁済と抵当権の当然 purge

Pothier は Bourjon と異なり，第三取得者が抵当権を消滅させるためには，取得代金額ではなく抵当債務全額を抵当権者に弁済することが必要である，と説いている[143]。Bourjon は，優先弁済権を中心とする抵当権理解に基づき，追及権を優先弁済権の補助として位置づけていたため，不動産買主が抵当権の順位に従って売却代金を抵当権者に弁済した場合には，追及権はその目的を達成して当然 purge により消滅する，と考えていた（前記第 2 節第 3 款(ii)）。これに対して Pothier は，売却権としての抵当権理解に基づき，追及権を単に第三者が占有する抵当不動産についての売却権行使として捉えているため，当然 purge は décret 手続に固有なものであり，décret 手続を経ない場合においては，第三取得者から抵当債権者への売却代金の弁済に，抵当債務の一部弁済という意味しか認めえないのである。

Pothier はその一方で，décret 手続によらない任意売却の売却代金が支払差止め・差押えを受けた場合に，抵当権の順位に応じた代金の配当を求めている。この点でも彼は Bourjon（前記第 2 節第 3 款(iii)）と異なるが，もっともこの結論自体はむしろ 17 世紀の Paris 慣習法典の解釈者のそれ（前記第 1 節第 2 款(iii)）に回帰するものといいうる。しかし，Pothier においては，前述のとおりこの

---

143) Pothier, *supra* note 114, n. 103.「……委付を回避するために取得者に提供される弁済は，被担保債務及びその付帯債務：すなわち，利息及び費用の全部の弁済であることが必要である。少しでも未払いが残っていれば，取得者は占有するすべてを委付することを義務づけられる。抵当財産はその全体が，債務全体へのみならず，残額すべてへ抵当入れされているからである。」

第 5 節　Pothier による「物権」の体系化と抵当権理解の変容

代金分配はあくまでも被担保債務の一部弁済に過ぎず，抵当権の当然 purge に裏打ちされたものではない。そこで彼は，この結論を，専ら訴訟の循環を防ぐという実質的理由に基づくものとして説明しようとしている[144]。

第 4 款　小括

　Pothier の説く抵当権理解は，目的物の売却をその効力の中心に置く点において，本章でこれまでみてきた β 説とは一線を画するものであり，むしろ，その実質において，かつて Loyseau が説いていた，執行力の「割付け」としての抵当権理解（α 説）に接近するものであった。Pothier が第三取得者の抵当債務弁済義務を否定しているのは（第 1 款(iii)）そのことを示すものといえる。Pothier の特徴は，「肢分権」理論によって物権の統一的理論体系を構築して抵当権をそこに取り込み（第 1 款(i)），抵当権を所有権の一部である売却権として捉えることで（第 1 款(ii)），そのような実質的に同様の帰結を導くための新たな理論構成を提示した点にある。彼が不動産物権の統一的理論体系の構築を志向していたことは，彼が約定抵当権の設定に必要な公証証書を，不動産所有権移転に必要とされる「引渡し」に代わるものとして位置づけていることからも分かる（第 2 款）。この「肢分権」理論の下での売却権としての抵当権理解（γ 説）は，フランス民法典の起草過程では必ずしも受け容れられないが（後記第 3 章），その後の 19 世紀の学説に強い影響を与え，とりわけ Valette によって「肢分権」の用語ごと復刻されることになる（後記第 4 章）。

　しかし，このように「肢分権」理論に取り込むと，décret 手続における抵

---

144)　Pothier は，異議債権者が全部弁済を受けた後の残余は décret に対して異議を申し立てなかった抵当債権者の間で「動産」として抵当権の順位に関係なく按分される（Pothier, *supra* note 114, n. 166），ということを説明した後に，このこととの対比で，次のとおり述べている。

　「複数の債権者が，何らかの不動産の代金として共通の債務者に支払われるべき金額について，décret を得ていなかった買主に支払差止め・差押えをしていた（ont saisi et arrêté）場合には別である：この金額が動産だとしても，それは抵当権の順位と順序に従って分配される。これは訴訟の循環を防ぐためである，なぜなら，もし分配がこのような形でなされないと，代金未払いの décret を受けていない土地の上に抵当権を保存している第一の債権者は，抵当訴訟によって当該土地を買主に委付させ，抵当権の順序で代金を弁済されるために土地を売却させるだろうからである。」（傍点は引用者による。）（Pothier, *supra* note 114, n. 167.）

　実は，「なぜなら」以下の理由づけは，内容上は 17 世紀の学説のものと変わらない。しかし Pothier はこの代金分配を抵当権の効力そのものとしては捉えておらず，その点に 17 世紀の学説との相違が存在するのである。

当権者への売却代金の配当や抵当権の当然 purge は，抵当権の内容から説明することができなくなる。それゆえに，彼は Bourjon の「変換」理論（前記第2節第3款(i)）を借用し，抵当権の当然 purge と売却代金の抵当権者への配当とを，décret という特殊な手続が有する「変換」という特別な効果によるものとして説明しているのである（第3款）。この点は，19世紀の学説においても「法律効」理論として引き継がれることになる（後記第4章第1節第3款）。

第6節　本章のまとめ

　本章で示されたことを，序章で設定した本書の課題のうちの二つに即して再構成すると，次のようになる。

第1款　第一の課題について

　本書の第一の課題は，フランス法学説史において，第三取得者の抵当債務弁済義務の有無をめぐる課題意識が存在したことを示すことであった。この課題との関係では，本章で取り扱った時代においても，学説はそのような課題意識を常に有していた，ということができる。17世紀の Paris 慣習法典の解釈者は，前章で紹介した Loyseau の学説に影響を受けながらも，第三取得者に抵当債務の弁済義務を負わせるべきでないという彼の主張を受け容れることはなかった（第1節第1款）。そして第三取得者に抵当債務の弁済義務を認める考え方は，18世紀の Paris 慣習法典の解釈者においてもなお健在であった（第2節第2款）。そしてこれらに対する批判学説として，Pothier が Loyseau を支持し，第三取得者に抵当債務の弁済義務を課すべきでないと主張したのである（第5節第1款）。

第2款　第二の課題について

　本書の第二の課題は，19世紀の学説が第三取得者の抵当債務弁済義務を否定した理由を明らかにすることであった。この課題との関係では，二つのことをいうことができる。
　一つは，17世紀の Paris 慣習法典の解釈者が，執行力の「割付け」として

の Loyseau の抵当権理解（α説）と，これに基づく，第三取得者の抵当債務弁済義務に関する彼の主張を踏襲しなかったのはなぜか，ということに関わる。前章で示したとおり，Loyseau の問題意識は，専ら，設定ラントの「割当て」を受けた土地の第三取得者が過酷な法的地位に置かれることを回避することにあった。17 世紀の Paris 慣習法典の解釈者は，そのような Loyseau の問題意識には応接しているのである。しかし彼らは，弁済義務の否定によってではなく，第三取得者が負う義務の執行対象財産を抵当土地に限定し，かつ抵当土地の第三取得者が抵当委付によって弁済義務をすべて免れることを認めることによって，弁済義務の否定によることなく問題を解決している。加えて，Loyseau と同様，彼らにも不動産物権の統一的理論体系への志向はいまだ存在していなかった（第 1 節）。彼らが第三取得者の抵当債務弁済義務に関する Loyseau の主張を踏襲しなかったのは，そのためであったといえよう。

　もう一つは，Loyseau と Pothier との違いに関わる。第三取得者に抵当債務の弁済義務を負わせるべきでないと主張しているという点は，両者に共通している。しかし，Loyseau の時点には存在しなかったものを，Pothier は二つ持っていた。

　第一に，Pothier には物権の統一的理論体系が存在した。前章で示したとおり，Loyseau にはいまだ物権の統一的理論体系を構築するという志向が存在しなかった。もちろん，第三取得者に抵当債務を弁済する義務を肯定していた Paris 慣習法典の解釈者らも，そのような志向を有してはいなかった（第 1 節第 3 款，第 2 節第 4 款）。これに対して，Pothier は「肢分権」理論によって物権の統一的理論体系を構築し，抵当権をそこに取り込んでいた（第 5 節第 1 款(i)）。従って彼には，抵当権を所有権の一部である売却権として捉え，その結果として，債権者間の優先弁済権を中心とする抵当権理解（第 1 節第 1 款，第 2 節第 2 款）を否定する必要があったのである（第 5 節第 1 款(iii)）。

　第二に，Pothier は，décret による抵当権の当然 purge と，その際における売却代金の抵当債権者への弁済とを，Bourjon が用意していた「変換」理論によって説明することができた。Bourjon 自身は，優先弁済権の行使手続として décret 手続を捉えており，décret による権利の「変換」も，そのような優先弁済権を中心とする抵当権の性質に基づくものといえた。しかし，所有権の一部である売却権として抵当権を捉える Pothier にとって，décret 手続における売却代金の抵当権者への配当や，抵当権の当然 purge は，抵当権の性質から説明できるものではなかった。そこで彼は Bourjon から「変換」理論を借用し，

169

第 2 章　17・18 世紀フランスにおける抵当権と追及権

「肢分権」理論と緊張関係を有する décret 手続を理論的に疎外するために「変換」理論を用いているのである。

第3章　フランス中間法及び法典編纂期における
抵当権と追及権

　第2章までに紹介した，フランス古法の学説における抵当権理解は，序章第4節で予め示したように，次の三つに類型化することができる。

　α説：債権の執行力としての抵当権（Loyseau〔前記第1章第2節〕の系譜）

　β説：債権者間の優先弁済権（配当順位）を効力の中心とする抵当権（Paris
　　　慣習法典の解釈者〔前記第2章第1節・第2節〕の系譜）

　γ説：所有権の肢分権（売却権）としての抵当権（Pothier〔前記第2章第5節〕
　　　の系譜）

　この3種類の抵当権理解は，フランス革命後の中間法期の立法[1]や法典編纂の際の議論の中に，様々な形で現れる。ここでは，いかなる理解が，どのようにして民法典及び民訴法典の規定に結実したのか，という観点から，それらを分析する。前半では主として，共和暦3年の décret（第1節）の α説と対比することで，共和暦7年の法律（第2節）と共和暦8年委員会案（第3節）との間に共通性（β説）を検出したい。後半では主として，上記の β説と γ説との違いを示すものとして，共和暦7年の法律の起草者による報告の間の温度差，共和暦8年委員会案に反対する Bruxelles 控訴裁判所意見（第4節）と破毀裁判所意見（第5節）との温度差，民法典起草時の Conseil d'État での議論において公示及び特定原則を支持した者の意見の間の温度差（第6節）に着目してい

---

1)　なお，フランス革命時の 1789 年 10 月 3 日＝12 日の décret（Duvergier, *Collection complète des lois, décrets, ordonnances, règlements, et avis du Conseil-d'État*, t. 1, Paris, 1834, pp. 44-45）により，教会法的な有利息貸付契約の禁止が解かれた。これによって，設定ラントという構成は，金融上必要なものではなくなった。もっとも，前記第1章及び第2章で見たとおり，これに先立つ 17 世紀には，すでに設定ラントは単なる金銭債務と化しており，抵当権からラントの「割当て」法理が排除されていたので，もはやこの有利息貸付けの解禁が抵当法に理論的影響を与えることはなかった。

171

第3章　フランス中間法及び法典編纂期における抵当権と追及権

く。

　本章では，このような抵当権理解をめぐる対立構造を一通り説明した後に，さらに補説として，不動産所有権移転の公示をめぐる諸問題においてこの対立構造が表面化していることを示したい。とりわけ，Conseil d'État において必ずしも γ 説が支配的でなかったことの表れとして，抵当権の公示及び特定が原則として採用されていたにもかかわらず，所有権移転の公示に関する Treilhard 草案 90 条が削除されたことに着目したい（第 7 節）。

第 1 節　共和暦 3 年の décret

　フランス革命後，民法典制定までの法状態は，中間法（droit intermédiaire）と呼ばれる。中間法期における最初の体系的抵当立法は，国民公会（Convention nationale）によって制定された，共和暦 3 年 messidor 9 日の décret contenant le Code hypothécaire[2]であった（本書はこれを「共和暦 3 年の décret」と呼ぶ）。

　共和暦 3 年の décret は主として，Loyseau に見られたような，債権の執行力としての抵当権理解（α 説）を受け継いだものということができる。もっとも，その後の学説の影響も部分的にみられ，とりわけ，直前の 18 世紀の学説が有していた，第三取得者に対する追及権や債権者間の優先弁済権を抵当権者と目的不動産との関係に還元する傾向は，継承され，より徹底されているといえる。以下では，このことを明らかにしていきたい。

---

2)　Duvergier, *Collection complète des lois, décrets, ordonnances, règlements, et avis du Conseil-d'État*, t. 8, Paris, 1835, p. 151 et s..

　　これを研究対象とする先行研究として，池田恒男「共和暦三年法論 (1) (2・完)」社会科学研究 32 巻 1 号 (1980) 1 頁，32 巻 3 号 (1980) 1 頁がある。もっとも，この論文は共和暦 3 年の décret の規範内容について，「抵当権一般の概念と構造は……当時の一般的水準を必ずしも超えるものでなかった」（「(2・完)」37 頁）と評している。これに対して本書は，前記第 2 章までの古法学説に対する分析をもとに，共和暦 3 年の décret における「抵当権一般の概念と構造」が必ずしも直前の時代の通説的見解と連続してはいないことを示そうとするものである。本書の立場からは，共和暦 3 年の décret と直前の時代の学説との連続性は，むしろ抵当権の各利害関係者に対する効力を抽象して抵当権の効力を対物的に構成する傾向に求められるべきこととなる。

172

第 1 節　共和暦 3 年の décret

第 1 款　抵当権の定義と概念

共和暦 3 年の décret は，抵当権を物権として定義している（（i））。その具体的内容は，かつての Loyseau におけるのと同様，債務者不動産に対する執行力とされている（（ii））。もっとも，Loyseau とは異なり，共和暦 3 年の décret は，抵当権の目的を不動産に限定している（（iii））。

（i）　抵当権の物権性

共和暦 3 年の décret における抵当権の定義は次のようなものである。そこでは，抵当権の物権性が宣言されている。

> 「*2 条　抵当権は，義務づけられた者（obligé）すなわち（ou）債務者（débiteur）の財産上の物権（droit réel）であり，債権者との間で契約された義務の担保のために債権者に与えられる……。*」

（ii）　執行力としての抵当権

以上のように，共和暦 3 年の décret において抵当権は基本的には不動産上の物権として定義されているが，その効力の中核は，以下のとおり，債務者財産に対する執行力にあった。

共和暦 3 年の décret は，公証証書からの一般抵当権の当然発生を定め，証書中での抵当目的財産の特定を要求していない。19 条 1 項は次のとおり規定する。

> 「*19 条 1 項　前 2 条で言及された性質の証書〔引用者注：公証証書または裁判上の承認を経た私署証書〕は，当然に，そして明示される必要なしに，義務づけられた者及び給付命令を受けた者並びにその相続人の現在及び将来の財産上に，抵当権を与える。*」

これを受けて，26 条は次のとおり規定する。

> 「*26 条　登記された抵当権は，登記がなされた保存局のある郡に所在する，義務づけられた者または有責宣告を受けた者の現在及び将来のすべての財産上に及ぶ。*」

173

第 3 章　フランス中間法及び法典編纂期における抵当権と追及権

そしてこのように公証証書から一般抵当権が当然に発生するという原則のために，共和暦 3 年の décret においては，執行名義を有する者は必ず抵当権を有する，という関係が維持されており，無担保債権者による不動産執行は予定されていない。

これとは逆に，共和暦 3 年の décret においては，抵当権者は必ず執行名義債権者である，という関係すら存在する。執行名義なしに生じる法定抵当権は，古法においても直ちに執行を基礎づけるものではなかったが，共和暦 3 年の décret はこれを一旦廃止するに至っているからである[3]。

（iii）　抵当目的物の不動産への限定

もっとも，2 条にいう「財産」は，不動産とその従物とに限定されており，この点は，Loyseau が α 説に基づき執行力の及ぶあらゆる財産上に抵当権を観念していた（前記第 1 章第 2 節第 2 款(ii)）のとは対照的である。これは，その後の 17 世紀の学説が β 説に基づき追及権と優先弁済権の及ばない動産を抵当権の目的から外した（前記第 2 章第 1 節第 1 款）のを，そのまま踏襲したものと考えられる。

「5 条　抵当権の目的となるのは，次のものに限られる。

1，流通に置かれまたは譲渡可能な土地財産の所有権，その従物，未収取の果実の総体，未伐採の材木，土地地役権

2，利用期間がまだ 25 年残っている場合には，永小作のみから生じる同じ財産の用益権」

「6 条　動産は，いかなる抵当権の目的にもならない……。」

第 2 款　追及権の位置づけと内容

共和暦 3 年の décret においては，抵当権の第三取得者に対する効力すなわち追及権も，Loyseau のように目的物の「割付け」を第三取得者の下でも維持するという形ではなく，第三取得者による抵当不動産譲受けの抵当権者に対する対抗不能という形で表現されている。これは，抵当権の執行力の対物的性格

---

3)　このことは，Loyseau がフランスにおける執行名義なき法定抵当権の存在に言及していなかったこと（前掲第 1 章注 144)）と符合する。

174

を Loyseau 以上に徹底したものといえる。

　共和暦 3 年の décret は，その 4 条で，抵当権者の追及権を，設定者の所有に留まっている財産に対する執行力や他の債権者に対する優先弁済権（後記第 3 款(iv)）と並んで規定している。

　　「4 条　抵当負担を受ける物が誰の手に渡っても，抵当債権者は，物を*追及し*（*suivre*），弁済または債権者のために約された義務の履行がない場合には*物を売却させ，順位と優先性に応じて*，後に定める方式で，抵当債権額まで物の代金を受領する権利を有する。」（傍点は引用者による。）

　追及権の具体的な現れ方は，105 条以下で定められている。これらの条文は，後の民法典のような「効力」や「第三取得者に対する効力」という表題の下ではなく，Chapitre VII「財産の収用（expropriation）」のうちの §I「任意収用（expropriation volontaire）」という表題の下に置かれている。ここでは，「収用」概念が，強制収用（expropriation forcée）と任意収用との上位概念として用意されている。これは一見すると，債権者による強制売却を抵当権の行使として重視しない β 説との連続性を示しているようにも見える。しかし実際には，後述のとおり，これは懈怠 purge を「収用」一般の効力として認めるためのものであって，抵当権の当然 purge は，強制収用に特有の効力として位置づけられている（後記第 4 款）。

　共和暦 3 年の décret における第三取得者の地位は，次のようなものであった。すなわち，抵当債権を期間内に全部弁済しないと（105 条 2 号），第三取得者は抵当債権者との関係では所有者とみなされず，抵当債権者は強制収用の方式に従って抵当目的物を売却する権利を有する（107 条）のである。

　　「105 条　有償であれ無償であれ，すべての任意収用において，自己の利益のために当該収用が合意された者は，以下の二つの条件の下でしか，収用目的土地の不可譲的な所有者になりえない。

　　1，財産所在地のアロンディスマンの抵当権保存局に，契約の日付から 1 か月以内に，自己の契約を通知し，その抄本を提出すること。

　　2，これに引き続く 1 か月の間に，先の日付を有する，自己の前主のための（*du fait de son auteur*）すべての抵当債権と抵当証券に支払いをなし，または保存吏の面前でもしくは保存吏を適式に呼び出してそれらの金額を供託金庫（*caisse*

第3章　フランス中間法及び法典編纂期における抵当権と追及権

du receveur）に預け，さらにこれに加えて，予め登記及び証券の抹消を行うこと
……。」

「*107条　第二の〔引用者注：105条2号の〕条件を欠く場合，取得者は，抵当債
権者との関係では，抵当目的物の所有者とみなされず，抵当債権者は，取得者の
契約及び通知にもかかわらず，後記§II〔引用者注：強制収用〕によって命じられ
た方式で，最高額入札者への抵当目的物売却を実行する権利を有する。*」

ここでは，抵当債権を期間内に全部弁済しなかった第三取得者は抵当権実行
手続においてその存在を無視されており，抵当不動産は設定者の所有財産とし
て強制収用されるものと解される。そのため，共和暦3年のdécretにおいて
は，古法における追及権の実務的表現であった第三取得者に対する抵当訴訟制
度は廃止されており，後の破毀裁判所案（後記第5節第2款）や民法典（後記第
6節）における第三取得者への催告（sommation）のような手続すら存在しない。

同様に，共和暦3年のdécretには，古法において第三取得者の義務または
権能とされていた抵当委付も存在しない。抵当委付は抵当権実行に基づく差押
えに解消されているのである。かつてLoyseau（α説）も，第三取得者が設定
ラントの「新たな名義」作成によって負う弁済義務を免脱するための抵当委付
のみを「真の抵当委付」と呼び，それ以外の抵当委付は物への執行を第三取得
者が甘受することの言い換えに過ぎないと評していた（前記第1章第2節第2款
(iii)・(vi)）。これに対して，Duplessis以降のβ説は，第三取得者の抵当債務弁
済義務を認めた上で，抵当委付による免脱可能性を，そのような第三取得者の
「抵当的」弁済義務と債務者自身の人的弁済義務とのメルクマールとしていた
（前記第2章第1節第1款(ii)・(iii)及び第2節第2款）。またγ説のPothierも，差
押えを債務者に対する執行名義の効力と，抵当委付を抵当権の効力として区別
し，債務者所有不動産の差押えは執行名義の効力に基づくものと考えていた
（前記第2章第5節第1款(iv)）。しかし共和暦3年のdécretはβ説のように第三
取得者の抵当債務弁済義務を観念しておらず，また前述のとおり抵当権を執行
名義の効力として整理しているので（前記第1款(ii)参照），Pothierのような執
行と抵当委付との区別も施していないのである。

176

第3款　抵当権の懈怠 purge と登記制度

　抵当不動産に競落人や第三取得者が登場した場合，古法においては，強制命令・任意売却命令・承認書制度が，保存異議を欠く抵当権者の抵当権を，適時の権利行使を怠ったことを理由として滌除した（懈怠 purge）。もっとも，保存異議を申し立てても，抵当権者は不動産売却代金から抵当権の順序に従って弁済を受けるのと引換えにその抵当権が滌除されることを免れなかった（当然 purge）。

　このうちの抵当権の当然 purge については次の第4款に留保することとし，ここでは，共和暦3年の décret における，抵当権の公示制度である登記（inscription）制度が，第三取得者との関係では，保存異議なき抵当権の懈怠 purge と同質のものであったことを示す（(i)・(ii)・(iii)）。もっとも，この登記制度は，第三取得者との関係での懈怠 purge を超えて，債権者間の優先弁済権についても同様の意義を有しており，様々な利害関係者に対する効力発生の時点が統一される傾向をここに看取できる（(iv)）。

(i)　登記制度と第三取得者

　共和暦3年の décret は，抵当権の公示を徹底しており，その19条2項では，登記は抵当権を「終局的に取得」するための要件とされている。

　　「*19条2項　ただし，これらの証書〔引用者注：公証証書または裁判上の承認を経た私署証書〕の登記という方式によらなければ，抵当権は終局的には取得されえない。登記はこの目的のために，保存吏……によって登記簿の中になされ……る：その後，その者〔引用者注：保存吏ら〕は抵当権の保存を請け合う。*」

　しかし実際には，共和暦3年の décret における登記は，第三取得者との関係では，古法における保存異議を踏襲するものに過ぎない。このことを示すのが，抵当権の効力発生時点の遡及である。抵当債権者は，次のとおり，常に登記の時点からしか抵当権の効力を主張しえないわけではなく，遅滞なく登記すれば，抵当権を生じた証書の日付に遡って抵当権の効力を主張しえたのである。

　　「*22条　裁判権に基づく任意または訴訟の公の証書は，控訴を受ける可能性のある判決でさえも，1か月以内に登記されれば，証書の日付の日から抵当権を与*

え，この期間が経過すると，抵当権は登記の日からはじめて存在し順位を有する。」

(ii)　任意売却における抵当権の懈怠 purge

このような登記制度の実効性を確保するため，共和暦3年の décret は抵当不動産の「任意収用」に，登記なき抵当権の懈怠 purge の効力を認めている。ここでも，登記には，承認書制度における保存異議に関する規律と同じ規律が妥当している。とりわけ，第三取得者への譲渡後も，所定期間内であれば，譲渡人の抵当債権者が登記を備えることができる，という点が重要である。このことは，共和暦3年の décret における登記が，第三取得者との関係で，抵当権の成立要件ではなく抵当権の懈怠 purge に対する保存要件であることを示している。

このことは，共和暦3年の décret の 105 条 2 号（前記第 2 款参照）が，第三取得者が追及権を免れるために弁済せねばならない抵当債務を，「先の日付を有する」ものに限定していることから認められる。ここでも，前述の 22 条に従って，抵当権が所定期間内に登記された場合には，任意収用すなわち譲渡の日付と抵当証書の日付との先後が，そうでない場合には譲渡の日付と登記の日付との先後が，それぞれ問題とされる。その結果，登記が譲渡後になされた場合でも，所定の期間内に登記がなされており，かつ抵当証書の日付が譲渡の日付に先んじていれば，抵当権は保存されることになる。しかし，所定期間内の登記を怠った場合，抵当権は懈怠 purge を受けることになる。同様に，105 条 1 号は第三取得者の側にも取得契約の日付から 1 か月以内に任意収用手続を開始することを要求しており，共和暦3年の décret が第三取得者と抵当権者の双方に実体的権利変動から 1 か月の猶予期間を与えていたことが分かる。

第三取得者への譲渡後一定期間内の登記を許容するこの規律は，後に共和暦 7 年の法律によって覆されるが（後記第 2 節第 4 款），民訴法典 834 条によって復活し（後記第 7 節），1855 年の法律によって再び覆されるまで（後記第 4 章）存続することになる。

もっとも，共和暦3年の décret における登記制度は，抵当不動産の任意売却における当然 purge を前提にしたものではないため，その第三取得者との関係での機能は，古法における保存異議や民訴法典 834 条の下での登記制度とは異なっている（後記第 4 款(ii)）。

178

（iii）　強制売却における抵当権の懈怠 purge

　抵当不動産の「強制収用」の場合も，同じ規律が妥当する。共和暦3年の décret の163条は，強制売却後の配当手続において，終局的競落の日までに「存在した」抵当権のみを保存吏に記載させている。

　　「*163条　抵当権保存吏は，1，保存吏の責任で真正性を認証された，終局的競落の日までに存在したすべての抵当権を含む抵当権の発生原因台帳（livre de raison）の抄本……を作成する。*」

　しかし，前述した22条に従って，終局的競落前に成立した抵当権であっても，所定期間内の登記を怠った場合には，懈怠 purge を受けることになる。

（iv）　登記と債権者間の優先弁済権

　以上のように，共和暦3年の décret における登記の効力は，第三取得者に対する追及権の点では，従来の保存異議のそれと変わらなかった。しかし，債権者間の順位（優先弁済権）に関しては，共和暦3年の décret の登記は，従来の保存異議にない効力を備えている。

　共和暦3年の décret は，4条（前記第2款）を受けて，23条で優先弁済権の内容を具体化している。ここでは，従来どおり時的な先後が抵当権者間の順位を決することとされている。

　　「*23条　抵当目的物の司法上の売却の際に代金がすべての抵当債権を支払うのに不足している場合，代金はまず最も古い債権者に，その抵当債権額まで分配され，次いで次順位の債権者に，そして連続的に代金が尽きるまで分配される。*」

　もっとも，古法においては，時的先後は保存異議ではなく証書の日付によって定まり，保存異議が適時になされない場合には，ただ第三取得者との関係での懈怠 purge の結果として債権者間での順位をも失うことがあるに過ぎなかった。これに対して，共和暦3年の décret の22条（前記(i)）によれば，登記が遅滞なくなされなかった場合，債権者間でも登記の日付によって順位が決せられるため，第三取得者との関係で懈怠 purge を受けなくても，債権者間では順位が登記の時点まで後退することがある。これは22条が，抵当権の効力主張の可否を決する基準を，第三取得者や他の債権者といった様々な利害関係

第3章　フランス中間法及び法典編纂期における抵当権と追及権

人との関係で画一化した結果であるといえる。しかも，その22条によれば抵当権者が遅滞なく登記すれば抵当権の効力が証書の日付に遡ることから，「抵当権の公示による不動産取引の安全」が唱えられるようになる以前からすでにこのような画一化の傾向が存在していた，ということができるだろう。

第4款　抵当権の当然 purge の位置づけ

これに対して，抵当権の当然 purge は，共和暦3年の décret においては，執行手続に認められた特殊な効力として位置づけられている。その結果，抵当権の当然 purge は強制売却の場合には競落の効力として認められているが（(i)），任意売却の場合には認められなくなっている（(ii)）。その論理的前提として，共和暦3年の décret は，不動産の売却代金に対する抵当権の効力を否定しており，この点は Bourjon の「変換」理論が前提としていた考え方を共有するものと評しうる（(iii)）。

(i)　強制売却における抵当権の当然 purge の維持

共和暦3年の décret も，強制収用手続には，登記された抵当権の当然 purge の効力を認めている。次のとおり，抵当権の当然 purge を認める明文の規定が存在するのである。

> 「*159条　この寄託*〔引用者注：競落代金の寄託〕*がなされると，競落人は競落代金から完全に解放され，競落人は，この点*〔引用者注：競落代金〕*について追及される（recherché）ことも，差押債務者またはその前主の下で生じた，競落財産上のいかなる抵当債権に応対する義務を負うこともありえない……。*」（傍点は引用者による。）

(ii)　任意売却における抵当権の当然 purge の不存在

これに対して，抵当不動産の「任意収用」は，当然 purge の効力を認められていない。「任意収用」は，一見すると従来の承認書制度（前記第2章第4節第2款）を継承したもののように見える。しかし，承認書制度と異なり，任意収用手続に認められているのは，登記しなかった抵当権に対する懈怠 purge の効力のみで，代金の弁済と引換えに抵当権に当然 purge をもたらす，という効力は認められていないのである[4]。

180

第1節　共和暦3年の décret

　任意収用手続においては，第三取得者は，先の日付を有する「すべての」抵当債務の弁済を義務づけられている（105条2号）。「先の日付」とは，譲渡の日付以前の日付という意味と解される。従って，取得代金を弁済するだけでは，第三取得者は抵当権を免れないのである。

　増価競売制度の不存在も，任意収用制度に当然 purge の効力が認められていないことの傍証となる。抵当権の当然 purge の効力を有していた，1771年6月勅令の承認書制度と，後の共和暦7年の法律及び民法典の滌除制度は，抵当債務者と第三取得者が安価な取得価額を約定した場合に備えて，抵当債権者による増価競売を認めていた。しかしこの増価競売制度は，共和暦3年の décret の任意収用手続には用意されていない。これは，任意収用手続においては抵当債務の全額弁済が必要であるためである[5]。つまり，当然 purge の効力を備えていないために，増価競売を用意する必要もなかった，ということである。

　このように抵当不動産の任意売却において抵当権の当然 purge 制度が存在しないことは，前述した第三取得者との関係での登記制度の機能にも影響する。古法における保存異議は，décret 手続等による当然 purge を免れさせるものではなく，そのために専ら décret 手続において第三取得者に売却代金の弁済先を示す機能を果たしていた（前記第1章第1節第4款(iv)）。しかし共和暦3年の décret における登記は，抵当不動産の任意売却を受けた第三取得者との関係ではこのような機能を有しえず，この点は古法の保存異議と登記制度との連続性を中途半端なものとしている。

(iii)　不動産売却代金に対する抵当権の効力の否定

　このように，抵当権の当然 purge は，執行手続に認められた特殊な効力として位置づけられている。その論理的前提として，共和暦3年の décret は，不動産売却代金に，抵当権の目的たる不動産としての性質を否定している。このことは，不動産の強制売却による債権者への配当金をさらに当該債権者の債権者の間で配当する「下位配当手続」[6]における配当順序を規律する90条によ

---

4)　池田・前掲注2)「(2・完)」25頁は，この「任意収用」を，承認書制度と同様の当然 purge 制度として理解している。これに対して，香山高広「第一次総裁政府における抵当法『構想』」九州大学法政研究 70巻1号（2003）1頁，29-30頁注86は，本書が本文で示したような理解を示している。

5)　Petiet, *des Adjudications sur Surenchère*, Paris, 1884, n. 143.

181

って示されている。下位配当手続は，共和暦 3 年の décret の下でも一応存続している。しかしそこでは，古法におけるのと異なり，債権者の債権者が有する抵当権の順位は妥当しなくなっている。すなわち，配当金は債権者の債権者の間で按分されるのである。

　　　「90 条　同一債務者についての下位配当手続で複数の異議者が競合し，彼らに弁済するのに不足がある場合，当該債務者に属する金銭についていかなる区別も優先性も抵当権の順序も存在せず，当該金銭は按分で分配されねばならない。」

　これは，前述のように抵当権が不動産のみを対象とすることが明確にされた（前記第 1 款(iii)）ためと考えられる。共和暦 7 年の法律によって導入された特定原則（後記第 2 節第 1 款）によってではなく，それ以前に確立されていたこの「金銭には抵当権は及ばない」という原則の貫徹によって，すでに配当金には抵当権の順位が及ばなくなっていたのである。この原則は，抵当債権者が優先弁済権を主張するためには抵当権を不動産上の権利から代金上の権利へ「変換」する必要があると考える Bourjon の「変換」理論が前提としていたところのものであった[7]。共和暦 3 年の décret の下位配当手続の規律は，そのような「変換」理論の前提にあった考え方を，さらに徹底したものといえる。

第 2 節　共和暦 7 年の法律

　以上のような共和暦 3 年の décret を廃したのが，総裁政府（Directoire）によって制定された，共和暦 7 年 brumaire 11 日の法律である[8]。これは，実体

---

6)　下位配当手続については，Orléans 慣習法典の下位配当手続に関する Pothier の記述に言及した前記第 2 章第 5 節第 3 款参照。

7)　前述のとおり，17 世紀の学説は，β 説に基づき，任意売却命令がなくても，不動産の任意売却代金について抵当権者に優先弁済権の主張を認めていた（前記第 2 章第 1 節第 2 款(iii)）。これに対して Bourjon は，β 説を維持しつつも，抵当権は本来不動産上の物権であり，他方で金銭債権は動産であるので，抵当権者が不動産売却代金について他の債権者に優先弁済権を主張するためには，強制命令や任意売却命令によって抵当権が不動産上の権利から売却代金上の権利に変換される必要がある，と説いていた（前記第 2 章第 2 節第 3 款(iii)）。

8)　なお，共和暦 3 年法の制定後，共和暦 7 年の法律の起草までに起草され審議された抵当法案を対象とする研究として，香山・前掲注 4) がある。本書は，共和暦 7 年の法律の起草過程のみを検討

182

法である loi sur le régime hypothécaire[9]と，手続法である loi sur le régime hypothécaire et les expropriations forcées[10]の二本立てになっている（以下では，両者を合わせて「共和暦7年の法律」と呼び，このうちの前者を共和暦7年「第1法律」と，後者を共和暦7年「第2法律」と呼ぶこととする）。

　共和暦7年の法律の立法過程は，次のようなものである。まず，500人会議（Conseil des Cinq-Cents）で，Crassous の報告に基づいて，法案を採択する決議がなされた。次いで，元老会議（Conseil des Anciens）が Lebrun の報告と Cornudet の報告とに基づいて議論を行ったが，元老会議は法案を500人会議に差し戻した。そのため，再度500人会議で Jacqueminot の報告に基づいて法案が修正され，この法案が元老会議で Boutteville 報告に基づいて採択された[11]。

　ここでは，共和暦7年の法律の条文に加えて，差戻し後の500人会議での Jacqueminot 報告と，最後の元老会議での Boutteville 報告を資料として，共和暦7年の法律における抵当権の構想を明らかにしていきたい。すなわち，共和暦7年の法律は，共和暦3年の décret が復興した，執行力としての抵当権理解（α説）から決別し，債権者間の優先弁済権を中心とした抵当権理解（β説）を，Paris 慣習法典の解釈者の理解（前記第2章第1節及び第2節）以上に突き詰めているのである。もっとも，共和暦7年の法律は，特定原則と公示原則を導入するなど，古法の抵当制度に対する改革を試みており，そのために，後に，抵当権を不動産所有権の一部とみる γ 説の Bruxelles 控訴裁判所意見の支持を受けることとなる（後記第4節）。しかし実際には，抵当権の効力に関する共和暦7年の法律の規定はあくまでも β 説に立脚したものであって，γ 説とは立場を異にしていた。すなわち，共和暦7年の法律においても，β 説に基づき，抵当権の当然 purge 手続における債権者間の優先弁済権の実現を促すために，抵当不動産の第三取得者の抵当債務弁済義務を内容とする追及権が認められていた（第2款・第3款）。それゆえに，特定原則は政策的な理由づけを与えられ

の対象としている。

9)　Duvergier, *Collection complète des lois, décrets, ordonnances, règlements, et avis du Conseil-d'État*, t. 11, Paris, 1835, p. 12 et s.。

　これを翻訳したものとして，フランス担保法研究会「試訳・共和暦七年ブリュメール一一日の抵当制度に関する法律」九州大学法政研究 69 巻 4 号（2003）807 頁がある。

10)　Duvergier, *supra* note 9, p. 27 et s.。

　これを翻訳したものとして，フランス担保法研究会「試訳・共和暦七年ブリュメール一一日の抵当制度及び強制的所有権移転に関する法律」大阪市立大学法学雑誌 50 巻 3 号（2004）769 頁がある。

11)　以上の経緯につき，Guichard, *Législation hypothécaire*, t. 1, Paris, 1810, p. 43-44.

ており（第1款），また公示原則の中にあっても，登記制度が抵当不動産の第三取得者との関係で果たす機能は，古法における保存異議と実質的に同様であった（第4款）。

第1款　抵当権の定義と概念

共和暦7年の法律は，共和暦3年の décret の前提にある α 説から決別し，債権の執行名義の効力と抵当権とを区別している（(i)）。抵当権はむしろ，執行名義によって債権の執行対象財産とされうる不動産の上に，執行名義の効力とは別に存在する物権とされているのである（(ii)）。

一方で，共和暦7年の法律は，抵当権の目的たる不動産が設定時に特定されたものであることを要求しているが，この特定原則は，必ずしも抵当権を不動産所有権の一部として捉える理解（γ説）に基づいて要求されているわけではなかった（(iii)）。

(i)　執行力と抵当権との区別と「特定の原則」

共和暦7年の法律においては，不動産執行は執行名義を有する債権自体の効力として整理され，抵当権はそのような執行名義の効力とは区別されている。

共和暦7年の法律が，不動産執行を債権の効力に基づくものとして整理している，といえるのは，共和暦7年の法律においてはじめて，抵当権を有しない執行名義債権者が登場し，無担保債権者による，抵当権に基づかない不動産差押えが登場するからである。共和暦7年の法律は，抵当権に目的物特定を要求する特定原則によって公証証書債権者を無担保債権者に切り下げる一方で，そうして無担保債権者に切り下げられた公証証書債権者に，不動産執行を認めているのである。

共和暦7年の法律は，執行名義を有する者は，当然に抵当権者でもある，という従前の関係を破壊する。この関係は，判決や公証証書から当然に一般抵当権が生じるということに基づくものであった。しかし共和暦7年第1法律4条1項は，次のとおり，約定抵当権について抵当目的不動産の「特定の原則」を定めることで，特定の不動産を抵当不動産として定めていない公証証書の債権者を，無担保債権者に切り下げたのである。

　「4条1項　任意的な抵当特約はすべて，抵当入れされる不動産の性質と所在

とを指示するものでなければならない：それは特約の際に債務者に帰属する財産
しか含むことができない……。」（傍点は引用者による。）

　他方で，債権者に執行名義があれば，抵当債権者でなくとも差押えの申立て
が可能とされている。共和暦7年第2法律1条は，次のとおり，抵当権ではな
く執行名義を不動産強制売却の要件としている。

　　「*1条　何人も，執行名義に基づいて……のみ，不動産の強制売却を実行しう
　　る。*」

　従前は，執行名義を有する者は，当然に抵当権者でもある，という関係が成
立していたために，このような定めがあっても，抵当権が実体的根拠であると
解する余地があった。しかし，約定抵当に特定原則が導入され，無担保債権者
たる公証証書債権者が登場したことで，この第2法律1条は，無担保債権者に
不動産強制売却の道を開くという意味を与えられている。これによって，不動
産に対する執行力は，執行名義を有する債権それ自体の効力として整理された
といえる。
　これに対して，共和暦7年の法律における抵当権は，以上のような不動産に
対する執行力とは区別されている。共和暦7年の法律における法定抵当権の復
活が，このことを示している。法定抵当権は，執行名義と関係なしに生じる抵
当権であり，共和暦3年の décret はこれを廃止していたが，共和暦7年第1
法律3条4号は次のとおり，これを復活させている。

　　「*3条　抵当権は……次の債権のために存在する。……*
　　4, 法律が抵当権を与えた債権」

　この法定抵当権の復活により，抵当権者は必ず執行名義債権者である，とい
う共和暦3年の décret における関係も再び崩された。そして，執行名義なき
法定抵当権に認められる効力こそが，抵当権に固有の効力と理解されるように
なるのである。

(ii)　抵当権の定義——「割り付けられた不動産」の上の物権
　以上の考察は，抵当権の定義をめぐる共和暦3年の décret と共和暦7年の

第3章　フランス中間法及び法典編纂期における抵当権と追及権

法律との間の相違を説明することを可能にする。共和暦3年のdécretにおいては，抵当権の定義は「義務づけられた者すなわち債務者の財産上の物権」であった（前記第1節第1款(i)参照）。これに対して，共和暦7年の法律において抵当権を定義する第1法律1条1項は，このうちの「義務づけられた者すなわち債務者の財産」という文言に代えて，下記のような文言を用いている。

　　「*1条1項　抵当権は，義務の弁済に割り付けられた不動産*（les immeubles affectés au paiement d'une obligation）*の上の物権である。*」（傍点は引用者による。）

　この文言は，共和暦7年の法律における抵当権が執行力と区別されたものであることを示すものといえる。ここでいうところの不動産の「割付け」は，不動産を執行対象とすることを意味するところ（前記第1章第2節第2款(iii)），この1条1項において，不動産を義務の弁済に「割り付ける」のは，抵当権とは区別された，義務の執行力であると考えられる。確かに，この条文は，Loyseauが構想していたように（前記第1章第2節第2款(iii)）抵当権自体が「割付け」を行う，ということを意味するようにも読める。しかし「義務の弁済に割り付けられた」という文言は，抵当権を執行力として理解する共和暦3年のdécretには存在せず，前記(i)のとおり抵当権を執行力と区別する共和暦7年の法律によって，はじめて付け加えられたものである[12]。したがって，この条文は，執行力による割付けを受けた不動産の上に，執行力とは別のものとして抵当権が存在する，ということを意味するものと解されるのである[13]。

　この点を除くと，共和暦7年の法律は共和暦3年のdécretの定義を踏襲しており，とりわけ共和暦7年の法律も抵当権の物権性を宣言している。しかし，この物権性の具体的内容は，共和暦3年のdécretにおけるのとは異なり，抵当権が債権者間の優先弁済権及びそれを補助するための第三取得者に対する追

---

12)　もちろん，この文言については，共和暦7年の法律が共和暦3年のdécretと異なり抵当権の目的物特定の原則を採用したことの表れと見ることも可能ではある。しかし，後の共和暦8年委員会案は，目的物特定の原則の廃止を提案しているにもかかわらず，この文言を含む共和暦7年の法律の定義を踏襲している（後記第3節第1款(iii)）。

13)　加えて，抵当権自体が「割付け」を行うということを示すのであれば，より直截に，「物権」の語を先行詞に取る関係代名詞quiを使い，これを主格とする形容詞節「それは不動産を義務の弁済に割り付ける «qui affecte les immeubles au paiement d'une obligation»」という表現を用いることができる。しかし，1条1項では「不動産」の語を修飾する過去分詞構文が用いられており，このことも，本文のような理解を可能とするものといえる。

及権として，抵当権を発生させた当事者以外の第三者に影響することであった（後記第2款）。

(iii)　目的物特定の原則に対する理解の温度差

前記(i)のとおり，共和暦7年の法律は抵当目的不動産特定の原則を採用している。後に民法典の起草過程で，Bruxelles 控訴裁判所意見は，抵当権を所有権の一部（すなわち肢分権）として理解する立場から，この共和暦7年の法律の特定原則を支持することになる（後記第4節第1款）。しかし，共和暦7年の法律の立法者の間では，必ずしも Bruxelles 控訴裁判所意見のような理解が支配的であったわけではなかった。このことは，共和暦7年の法律の報告者の間で，以下のとおり，この原則の理解をめぐって若干の温度差が検出されることから窺われる。

Boutteville 報告は，抵当権の設定を動産担保権設定における引渡しと理論構成上接続し，抵当権設定の本質を，土地の「準占有」に求めている[14]。そして，抵当権設定に関するこのような理解から，抵当権の目的物特定の原則を演繹している[15]。そこには，γ説をとる後の Bruxelles 控訴裁判所意見（後記第4節第1款(iii)）に通ずるものがあるといえる。

実は，Jacqueminot 報告にも，このような肢分権的抵当権理解の萌芽ないし影響は，すでに見受けられる。彼も将来財産上の抵当権の不承認について，抵当権が物権であり「準占有」であり一種の「共同所有権」である，ということから説明しているのである[16]。

---

14)　Guichard, *supra* note 11, pp. 305-306.「提供されまたは求められる担保物（gage）が動産の場合，これほど単純なことはない：担保物は貸主の手中に交付され，貸主は弁済された時にのみこれを手放す；しかし，担保として与えまたは受け取ることが望まれているのが不動産の場合，とりわけ，……当事者が抵当権の設定を選ぶ場合，いかにして当事者は自らの目的を満足しうるか？　不動産の担保物は，動産の担保物のように貸主に託されることはない：貸主は，不動産担保物の所持（détention），自然的占有（possession naturelle）を有しないのである。しかし，当事者の意図に従って，不動産が貸主のための真の担保物となり，物的担保権となるためには，貸主への不動産の引渡し（tradition）と貸主の積極的占有の代わりに，それらの性格を有し，それらのすべての効力を生じ，それらを補完するような手順が必要である：よく使われる表現に従うと，『貸主のための準占有（quasi-possession）』が必要なのである。」（傍点は引用者による。）

15)　Guichard, *supra* note 11, p. 307.「……『本質的に決定され（déterminée）特定された（spéciale）』性質の抵当権こそが，原初的に用いられた抵当権であり，一般抵当権はその後に不当に導入されたものに過ぎない，ということが，古い慣用から残された諸概念によって確証される。」

16)　Guichard, *supra* note 11, p. 266.「抵当権は物権であり準占有である：存在せず，もしかすると決

第 3 章　フランス中間法及び法典編纂期における抵当権と追及権

　しかしその一方で，Jacqueminot 報告は，抵当目的物特定の原則を，抵当権が抵当不動産の所在地において登記されねばならないことの結果と捉え，特定原則を公示原則に従属させている[17]。この理解には，特定原則を公示原則の政策目的達成のための補助と捉える，後の破毀裁判所の理解（後記第 5 節第 1 款(i)）と，相通ずるものがある。

第 2 款　追及権の位置づけと内容

　共和暦 7 年の法律は，追及権の規定において，Paris 慣習法典の解釈者の，債権者間の優先弁済権を中心とする抵当権理解（β 説）に回帰している。むしろ，共和暦 7 年の法律の追及権の規定は，古法期において Paris 慣習法典の解釈者が有していた理解以上に明確に，債権者間の優先弁済権に抵当権の効力の中核としての位置づけを与えている。具体的には，共和暦 7 年の法律は，抵当不動産への執行を追及権の直接の内容とせず，第三取得者自身に抵当債務を弁済することを義務づけるとともに，そのような追及権に優先弁済権の補助としての位置づけを与えている（(i)）。その一方で，滌除制度の導入によって抵当権の当然 purge 制度を任意売却についても復活させ，第三取得者の抵当債務弁済義務をこの滌除制度の利用促進のためのものとしている（(ii)）。そして，第三取得者に課せられたこの弁済義務を強化するために，共和暦 7 年の法律は，共和暦 3 年の décret が廃止した抵当委付制度を復活させなかった（(iii)）。

(i)　追及権と執行力及び優先弁済権との関係
　第 1 法律の Chapitre V は，「先取特権及び抵当権の効力」の表題の下で，専ら追及権が生じる場面の法関係を論じている。
　追及権は，Chapitre V の 14 条で規定されている。ここでは，共和暦 3 年の

　して存在することがないかもしれないような物の上に，物権は存在しえない。債権者に共同所有権（co-propriété）及び準占有があるためには，債務者が所有者（propriétaire）または占有者（possesseur）であることが必要である。」

17)　Guichard, *supra* note 11, p. 262.「この性質の特定性は，公示の帰結であり，必然的効果でさえある：実際，公示はすべての市民に開かれた台帳の上の登記によってしか生じえない。濫用を避け，探索を容易にし，原則の画一性を確立するために，この台帳は抵当不動産所在地の郡において開かれていなければならず，然るに，この規定（statut）なくして公示はなく，ある意味では，この規定だけが，決議案が望むような特定を形成するのである。」

décret 4 条に存在していた，追及権を目的不動産に対する執行力として説明する記述が，消滅している。さらにここでは，第三取得者に対する追及権が，債権者間の順位すなわち優先弁済権の補助として捉えられている。

> 「14 条　不動産上に先取特権または抵当権を有する債権者は，以下の順序（ordre）で代金から弁済を受け，配当記載（collocation）を受けるために，当該不動産を，それが誰の手に渡ろうと，追及する（suivre）ことができる……。」

これは，17 世紀の Paris 慣習法典の解釈者が追及権に与えていたと考えられる，第三取得者に抵当権の順位に従って売却代金の弁済を促すためのものとしての位置づけ（前記第 2 章第 1 節第 2 款(iv)）に通ずるものといえる。つまり，この規定は債権者間の優先弁済権を抵当権の効力の中核に据える β 説を端的に表現したものといえるのである。そしてここに，後の共和暦 8 年委員会案（後記第 3 節第 1 款(ii)）や破毀裁判所案（後記第 5 節第 1 款(i)）の「共同担保についての合法的優先原因」という抵当権理解の先駆形態を見出すことができる。

(ii)　追及権の具体的内容

それでは，共和暦 7 年の法律における追及権の具体的内容はいかなるものであったのか。このことを表しているのが，抵当権の滌除（purge）制度を用意した第 1 法律 30 条である。そこでは，第三取得者は次のとおり，代金額が抵当債務未満の場合に，抵当債務の全額弁済を免れるため，抵当債務を取得代金限りで弁済することによる抵当権の滌除手続を進めることを義務づけられている。

> 「30 条　契約中で表示された代金が，すべての負担及び抵当権を支払うのに不十分な場合，取得者は，それらの全部を弁済することを免れ，14 条によって認められた訴追（poursuites）の効力から身を守るために，譲渡証書の謄記（transcription）[18]から 1 か月以内に，債権者の選定住所に，次のものを送付することを義務づけられる（tenu）。
> ……
> 3，所有権に課せられた負担及び抵当権の一覧表に，期限が到来した負担及び

---

18)　謄記（transcription）と登記（inscription）との違いについては，後掲注 115）参照。

第 3 章　フランス中間法及び法典編纂期における抵当権と追及権

抵当権，期限が到来するであろう負担及び抵当権を，それらが設定された際と同じ期限と態様で，*しかし自己の証書で約された代金に満つる限りで*，即金で支払う旨の宣言を付したもの」（傍点は引用者による。）

　これを受けて，同 32 条は滌除手続の効果として，抵当権の順位に従った抵当権者への取得代金の弁済と，それに伴う抵当権の当然 purge を規定している。共和暦 3 年の décret で一旦消滅していた，任意売却による抵当権の当然 purge が，ここに復活したのである。

　　「*32 条　……*〔引用者注：所定期間内の増価競売申立てを欠く場合〕*不動産の価値は，取得契約によって約された代金に終局的に定まり，取得者はその結果として，当該代金を受領すべき順序にある債権者へ当該代金を弁済することで，全ての負担及び抵当権を免れる。*」

　ここで注意すべきは，増価競売の締切りによって直ちに抵当権が消滅するのではなく，取得代金を抵当権の順位に従って弁済することで，抵当権が消滅するものとされている点である。この規定は後に民法典にも取り込まれ（ただし，代金の弁済に加えて供託が明示的に許容されるようになる），民法典起草過程での護民院における Grenier 報告や 19 世紀の学説は，この規定と「変換」理論とを整合させることに苦労することとなる（後記第 6 節第 3 款(ii)及び第 4 章第 1 節第 3 款・第 4 節第 2 款）。

　これに対して，滌除を実施しない第三取得者は，抵当債務の全額弁済を義務づけられることになる。30 条柱書の「それらの全部を弁済することを免れ，14 条によって認められた訴追の効力から身を守るために」という文言が，これを示している。しかしこの文言は同時に，滌除がこの義務を免れるためのものであること，言い換えると，抵当債務の全額弁済義務が，滌除手続による取得代金の抵当債権者への抵当権の順位に従った弁済を事実上強制する作用を有することを示してもいる[19]。加えて，30 条柱書は，所有権移転謄記から 1 か月以内という滌除手続開始の期間制限を，共和暦 3 年の décret における（懈怠 purge のための）任意収用手続（105 条 1 号，前記第 1 節第 2 款及び第 3 款）から

────────

19)　19 世紀前半の学説も，共和暦 7 年の法律についてこのような理解を示している（前掲注 21）参照）。

190

第 2 節　共和暦 7 年の法律

引き継いでいるところ，共和暦 7 年の法律における所有権移転謄記は，第三取得者が自己の所有権を確保するための要件とされている（後記第 7 節）。この滌除手続開始の期間制限も，滌除権の喪失による追及権（抵当債務全部弁済義務）への直面をサンクションとして第三取得者に滌除手続の利用を促すものといえる。このように，共和暦 7 年の法律における追及権は，第三取得者に対して取得代金を抵当権の順位に従って抵当債権者へ弁済するよう促すための権利であったのである。この構造は，17 世紀の β 説における追及権が第三取得者に取得代金を抵当権の順位に従って抵当債権者に弁済するよう促し，また Bourjon における追及権が第三取得者に任意売却命令手続の利用を促すものであったのと完全に一致している。

　そして，そのような促進にもかかわらず第三取得者が滌除手続を進めない場合には，抵当権者が抵当債務の全部弁済義務に基づいて抵当権の目的不動産に対して執行できることが必要である。その際には，古法におけるのと同様に，抵当権者は第三取得者に対する執行名義を得る必要があり，そのためには第三取得者に対する抵当訴訟が必要だったと考えられる[20]。共和暦 7 年の法律には，抵当訴訟に代わる，追及権に基づく抵当目的不動産への執行方法（催告手続）を定めた，後の民法典 2169 条に相当する規定が存在しない。後に護民院（Tribunat）で民法典制定に関与した Grenier は，その著作において，民法典 2169 条が共和暦 7 年の法律に対応する規定を有しない新設規定であることを認めている[21]。共和暦 7 年の法律においては，第三取得者の抵当不動産への執行が第

---

20)　共和暦 7 年の法律の条文には抵当訴訟への言及は存在しないが，Jacqueminot 報告には，抵当訴権への言及がある（後掲注 25）参照）。
21)　Grenier, *Traité des hypothèques*, 3ᵉ éd., t. 2, Clermont-Ferrand, 1829, n. 323, n. 340, n. 458.
　　もっとも，彼はこのことを次のように説明している。民法典は，滌除を第三取得者の任意に委ねた結果，滌除を望まない第三取得者の地位を定める必要が生じたために，第三取得者に抵当債務の全額弁済または不動産の委付を義務づけ，さらにこの義務の履行を強制する手段として，追及権に基づく執行を認めた，というのである。この説明によれば，共和暦 7 年の法律では第三取得者は滌除を強制される結果，第三取得者が滌除を進めない場合は観念されえないので，追及権に基づく執行も定められなかった，ということになろう。
　　しかし，この説明には疑問がある。共和暦 7 年の法律においても，滌除が自動的に進められたわけではなく，第三取得者がこれを実施する必要があり，従って第三取得者が滌除を進めないという状態は存在しえたからである。第 1 法律 30 条も，滌除を進めなかった場合に第三取得者が抵当債務の全部弁済義務を免れないことを示唆している。
　　この点につき，Grenier と同じく護民院で民法典制定に関与した Tarrible は，次のように説明している。すなわち，共和暦 7 年の法律は第三取得者に滌除を厳密な意味で義務づけていたわけでは

第3章　フランス中間法及び法典編纂期における抵当権と追及権

三取得者の義務に基づくものであってその点で通常の強制執行と何ら変わるものではないということが，民法典以上に明確にされていたのである。

(iii)　抵当委付廃止の維持

一方で，共和暦7年の法律における追及権の内容には，古法とりわけParis慣習法典におけるそれとは異なる点もあった。すなわち，共和暦7年の法律にも，共和暦3年のdécret（前記第1節第2款）と同じく，抵当委付制度が存在しないのである。もっとも以下のとおり，共和暦7年の法律における抵当委付廃止の理由は，α説に基づく共和暦3年のdécretにおけるそれ（執行力と抵当権との融合の結果）とは異なるものと解される。

前記第1節第2款で振り返ったように，Duplessis以降のβ説は，第三取得者の抵当債務弁済義務を認めた上で，抵当委付による免脱可能性を，そのような第三取得者の「抵当的」弁済義務と債務者自身の人的弁済義務とのメルクマールとしていた。他方でβ説は，第三取得者の義務の執行対象財産が抵当不動産に限定されることや，抵当権の当然purgeによって第三取得者の義務が消滅することも認めていた。そこで共和暦7年の法律は，第三取得者の抵当債務弁済義務と債務者自身の人的義務との区別を残しつつも，第三取得者の抵当債務弁済義務を強化すべく，第三取得者から抵当委付の権能を奪ったものといえる。そして前記(ii)で述べたとおり，第三取得者の抵当債務弁済義務は，第三取得者による滌除手続の利用を促す作用を有するものであった。従って，抵当委付の廃止による抵当債務弁済義務の強化も，滌除手続の利用を促すためのものであったと考えられる。実際，民法典起草時に委付の復活が提唱された時の議論でも，共和暦7年の法律に対するこのような理解が前提とされている（後記第6節第2款(iii)参照）。

ないが，滌除をしない場合に第三取得者に抵当債務全部弁済義務を課すことによって，滌除を不可欠のものとしていた，というのである（Merlin, *Répertoire universel et raisonné de jurisprudence*, t. 18, Paris, 1828, v° *transcription au bureau des hypothèques*, §1 [Tarrible]）。

　従って，共和暦7年の法律に，後の民法典2169条に相当する，追及権に基づく抵当目的不動産への執行の規定が存在しない理由は，本文で述べたとおり，第三取得者自身の義務に基づく，第三取得者自身に対する執行名義による執行が予定されていたためと解される。

第3款　抵当権の当然 purge と追及権をめぐる理解 —— 抵当債務の期限の利益の維持について

共和暦7年の法律は，抵当不動産の任意譲渡及びこれに伴う抵当権の滌除に際して，抵当債務の期限の利益を維持している。後の Bruxelles 控訴裁判所意見は，抵当権を所有権の一部として捉える理解（γ説）に基づき，抵当債務の期限の利益の維持を抵当権の当然 purge の否定（「引受主義」の採用）によるものと捉えた上で，これを支持する（後記第4節第3款）。しかし，共和暦7年の法律の起草過程では，そのような理解は示されていなかった。起草過程においては，第三取得者が債務者と並んで抵当債務弁済義務を負うということを前提に，債務者自身が有していた期限の利益を第三取得者にも与えることが目指されていたに過ぎないのである。β説に基づく，優先弁済権の実現による追及権消滅としての当然 purge（前記第2章第1節第2款（iii））は，確かにこの滌除制度に受け継がれていたのである。

(i)　任意売却における期限の利益の維持

共和暦7年の法律においては，抵当不動産の譲渡にもかかわらず，期限未到来の抵当債務の期限の利益は維持される，という原則が，第1法律15条において，次のとおり確認されている。

> 「*15条1項　負担を課された不動産の任意または強制売却は，譲渡された元本〔引用者注：設定ラント元本のこと〕もその他の期限未到来の債権も，請求可能にしない。*
> *2項　その結果，取得者及び競落人は，登記された抵当債務及び負担を支払うために，不動産の前所有者が有していたのと同じ期限及び期間を享受する。*」

共和暦7年第1法律30条3号は，この抵当債務の期限の利益の維持を，滌除手続との関係でも繰り返しており，この点で共和暦7年の法律の滌除制度は古法における当然 purge 制度と異なっている[22]。この条文は前記第2款(ii)で

---

22)　もっとも Loyseau は，期限既到来の後順位債権者が期限未到来の先順位債権者のために担保を立てて配当を受領することを認めることで，先順位債務の期限の利益を維持しようとしていた（前記第1章第2節第3款(i)）。

第3章　フランス中間法及び法典編纂期における抵当権と追及権

引用したが，着眼点が異なるので再掲したい。

> 「30条　契約中で表示された代金が，すべての負担及び抵当権を支払うのに不
> 十分な場合，取得者は，それらの全部を弁済することを免れ，14条によって認
> められた訴追（*poursuites*）の効力から身を守るために，譲渡証書の謄記（*trans-
> cription*）から1か月以内に，債権者の選定住所に，次のものを送付することを
> 義務づけられる（*tenu*）。
> 　……
> 　3，所有権に課せられた負担及び抵当権の一覧表に，期限が到来した負担及び
> 抵当権，期限が到来するであろう負担及び抵当権を，それらが設定された際と同
> じ期限と態様で，しかし自己の証書で約された代金に満つる限りで，即金で支払
> う旨の宣言を付したもの。」（傍点は引用者による。）

　立法過程での報告は，このような期限の利益維持の理由を以下のとおり説明
している。そこでは，一種の併存的債務引受状態によって抵当債権者の保護が
図られていることが理由とされている。

　共和暦7年の法律の Jacqueminot 報告は，抵当不動産の譲渡によって一種
の併存的債務引受状態が生じると考えている。彼はまず，抵当不動産の第三取
得者が負う義務についての古法の規律を，いわば売主の抵当債務を第三取得者
が承継した状態として理解する[23]。そして，期限の利益喪失の理由を，売主に
対して与えていた信用を新たな債務者に対して与えることができない，という
ことに求める[24]。これに対して，彼は反対の結論を主張するが，その際に，こ
の第三取得者による抵当債務の承継が，原債務者（ここでは，抵当債務の債務者
たる不動産売主）を免責しない，いわば併存的債務引受状態を作り出すもので

---

23)　このような理解は，後に19世紀半ばにおいて同様に滌除手続における期限の利益維持を復活さ
せようとした「抵当権改革」委員会案の de Vatimesnil 報告においてもみられる（後記第4章第2
節）。

24)　Guichard, *supra* note 11, pp. 275-276. 「この日まで，債務者が抵当権を負担する不動産を売却し
た時点で，債務は請求可能になっていた。売主と取得者は，当初与えられていた信用を喪失してい
た。この喪失は「法律」の効力ではなく，十分一般的な判例の効力であり，その判例は，正しい
（vrai）というよりはむしろ巧妙な（subtil）推論に基礎を置いていた；それは，債権者に対して，
その意思に反して，債権者が選択した以外の債務者を提供することはできない；条件が変更され，
その者はもはや債権者に同じ担保を提供しないので，債権者はその者に対して信頼を設定すること
を義務づけられない，というものである。」（傍点は引用者による。）

194

あることを確認する[25]。この併存的債務引受状態によって債権者の利益が保護されていることを前提に，彼は，抵当債務の期限の利益を維持すれば，債権者を害することなしに債務者に利益を与えることができる，という[26]。

Boutteville 報告も同様に，第三取得者が売主の抵当債務を承継する地位にあることを前提として，期限の利益を維持すべき理由を，原債務者たる売主が免責されないこと（併存的債務引受状態）によって債権者の利益が保護されることに求めている[27]。

ここで注目すべきは，後の Bruxelles 控訴裁判所意見（後記第 4 節第 3 款）のように，期限の利益の維持が，抵当権の効力が抵当不動産の譲渡にかかわらず存続すること（引受主義）の必然的帰結とは考えられていない点である。古法における承認書制度のように，滌除手続の際に第三取得者が期限の利益を享受しないとしても，そのことが，「抵当権の効力が抵当不動産の譲渡にかかわらず存続する」という原則に反するものとは考えられていないのである。このことは，前記第 2 款で述べたとおり，共和暦 7 年の法律における追及権が，そもそも第三取得者に滌除手続の利用を促すためのものであることを示しているといえるだろう。

(ii)　強制売却における当然 purge と期限の利益の維持

任意売却による当然 purge が共和暦 7 年第 1 法律 30 条及び 32 条によって明示されたのとは対照的に，強制売却による当然 purge については，逆に，共和暦 3 年の décret に存在していた明文規定が，共和暦 7 年の法律では消滅している。しかし，前記(i)で引用した共和暦 7 年第 1 法律 15 条は，任意譲受

---

25)　Guichard, *supra* note 11, pp. 277-278.「譲渡の際に，債権者はその債務者に対する人的訴権と，担保物のすべての取得者に対する抵当訴権とを保存する。それゆえ，この場合にいかなる理由が，彼の利益のために完全な履行を受ける契約において彼を義務づけるものに反することを認めるのか？　なぜ，債権者の地位が悪化しないのに，債務者の地位が悪化するのか？」

26)　Guichard, *supra* note 11, p. 278.「信用が一般に売却代金に影響する，ということに異論の余地はない。それゆえ，取得者が売主に与えられた期限の利益を確かに享受できるならば，債務者がより良い条件を得ることが普通にある：そして，この利益は債権者に何らの損害ももたらさない……。」

27)　Guichard, *supra* note 11, p. 300.「……不動産が抵当権の負担付きで移転した場合，取得者は常に同じ担保を有し，一人ではなく二人の債務者を有した：譲渡は債権者に，新たな所有者に対しては，抵当権宣言訴権しか与えなかった。このことから，この決議によればいまや登記債権者には完全な権利が維持されるので，譲渡元本及び期限付きで貸し付けられた金額を請求可能にする理由はもはやなく，売主及び債務者に与えられた期間を保存する規定ほど完璧に正当なものはない。」（傍点は引用者による。）

人と強制売却に基づく競落人とを区別しない書きぶりとなっており，従って，当然 purge に関する第1法律の規定は，強制収用にも適用されたものと解される。

強制売却の場合であっても抵当債務の期限の利益が維持されることについては，第2法律にも手がかりが存在する。競落人が競落代金の弁済または供託をしない「空競り」（前記第2章第3節参照）の場合を規律する第2法律24条は，次のとおり規定している。

　　「24条　競落人が競落条件を満足し，*債権者が権利を取得した際におけるのと同じ期限と態様で債権者へ弁済することを怠った場合*，競落人に対して，債権者の有効な配当記載を含む配当判決の抄本に基づき，空競りに基づく再売却及び競落が進められる。」（傍点は引用者による。）

第4款　抵当権の懈怠 purge と公示原則

共和暦7年の法律は，抵当権登記を，古法の保存異議や共和暦3年の décret における登記のような懈怠 purge に対する保存要件としてではなく，一般的な，または少なくとも第三者との関係での効力要件として規定している。この点で，共和暦7年の法律からも，様々な利害関係者に対する効力発生の時点が統一される傾向を看取できる。しかし，抵当権登記が第三者対抗要件とされたのは，専ら債権者間で抵当権登記の日付による順位決定を貫徹するためであった（(i)）。従って，第三取得者との関係では，抵当権登記はなお抵当権の懈怠 purge に対する保存要件として機能していた（(ii)・(iii)）。そのため，前述した抵当権の当然 purge 制度を踏まえると，登記は当然 purge 手続において第三取得者に取得代金の弁済先を示すことで債権者間の優先弁済権の実現に寄与するという機能を担っていたのである。

(i)　登記と債権者間の優先弁済権
共和暦7年の法律3条は次のとおり規定している。これは，登記を抵当権の一般的成立要件とするかのような書きぶりである。

　　「3条　抵当権は，以下の債権のために，*しかし登記を条件として存在する*：……」（傍点は引用者による。）

第 2 節　共和暦 7 年の法律

　また，元老会議における Boutteville 報告は，抵当権設定を動産担保権設定における引渡しと法律構成上接続し，抵当権設定の本質を「準占有」とする γ 説的な理解（前記第 1 款）を前提に，登記を「第三者」との関係での効力要件（対抗要件）として位置づける[28]。さらに彼は，抵当権の順位をも以上の理論の一適用場面として片づけている。債権者間においては，いずれかの獲得した準占有だけが，排他的に有効なものとなる，というのである[29]。

　しかし実際には，共和暦 7 年の法律の具体的規定において，抵当権の登記は，専ら抵当権者間の順位を決定するものとして登場している。共和暦 3 年の décret と異なり，共和暦 7 年の法律は，抵当権者間の順位を登記の日付で決定するのであるが，そのために，共和暦 7 年第 1 法律 2 条は，次のとおり「登記による順位取得」を宣言している。

　　「2 条　登記を目的とする公の台帳上に登記されることによってのみ，抵当権は順位を有し，不動産上の先取特権は効力を有する。」

　これを受けて，次のとおり，追及権を規定する同 14 条が，4 号で登記の先後による順位決定を明示的に定めている。14 条の柱書は前記第 2 款(i)ですでに引用しているが，併せて再掲したい。

　　「14 条　不動産上に先取特権または抵当権を有する債権者は，以下の順序（ordre）で代金から弁済を受け，配当記載（collocation）を受けるために，当該不動産を，それが誰の手に渡ろうと，追及する（suivre）ことができる：……
　　4，抵当債権者は，その登記の先後（priorité de leurs inscriptions）に従う……。」
（傍点は引用者による。）

---

28)　Guichard, *supra* note 11, pp. 306-307.「……抵当権は貸主に準占有を移転するが，準占有しか移転せず，この準占有は外部的で明白な事実には存しないので，準占有は，契約当事者との関係では，自らの合意によってのみ，利害ある第三者との関係では，この合意の公示，すなわち，この合意が登記されて第三者に知られうる公の登記簿によってのみ，生じうる。」（傍点は引用者による。）

29)　Guichard, *supra* note 11, p. 307.「……動産の担保物との関係で，引渡し（remise）を同時に複数の者についてなしえない，ということは，不動産の担保物との関係でも，本質的には同じである。複数の者が同時に，一つの真の占有を超えて準占有を有することはできない。」

197

第3章　フランス中間法及び法典編纂期における抵当権と追及権

(ii)　任意売却における抵当権の懈怠 purge の機能的存続

　これに対して，共和暦7年の法律において，登記が第三取得者との関係でも効力要件として立ち現れるのは，債権者間で登記が順位を決定することの反射に過ぎない。すなわち，第三取得者が代金を抵当権者へ弁済する際には，債権者間の順位を定める登記に従わねばならない，というに過ぎないのである。14条が柱書では登記に言及していないのは，このことを示すものといえる。

　そのため，債権者間の順位の観点を除くと，第三取得者との関係では，抵当権登記は抵当権の懈怠 purge に対する保存要件に機能的に代替するものということができ，立法者も実際にこの機能的同質性を意識していた。500人会議における Jacqueminot 報告からは，登記が第三取得者との関係で有するこの機能を，懈怠 purge に対する保存異議と同様のものとして捉える理解が窺われる[30]。そしてこのことは，登記が第三取得者との関係では依然として保存異議と同様に，滌除手続における代金の弁済先を示すものとして理解されていた，ということを示している。前述のとおり，共和暦7年の法律においては登記された抵当権も第三取得者の滌除による当然 purge の対象となった（前記第2款 (ii)）。このことを踏まえると，登記は第三取得者との関係では，古法における保存異議と同様，懈怠 purge に対する保存要件として，滌除手続において第三取得者に取得代金の弁済先を示す機能しか有しえなかったものといえる。

(iii)　強制売却における抵当権の懈怠 purge の機能的存続

　このように，抵当権登記制度は機能的に抵当権の懈怠 purge 制度に代替するものであったので，強制売却においても，抵当権の懈怠 purge のための特別の制度は用意されていない。すなわち，強制競売における競落も，任意売却による所有権移転と同じ扱いを受けることが予定されているのである。

---

30)　Guichard, *supra* note 11, pp. 277-278.「登記がひとたびなされると，抹消されない限り，不動産は抵当権を課されている。この負担は，いかなる場合でも不動産を追及する。譲渡は抵当権を消去しえない。譲渡の際に，債権者はその債務者に対する人的訴権と，担保物のすべての取得者に対する抵当訴権とを保存する。」（傍点は引用者による。）

第3節　共和暦8年委員会案

　共和暦7年の法律が制定された後，共和暦8年 brumaire 18 日のクーデタによって，執政政府（Consultat）が樹立される。この執政政府は，共和暦8年 thermidor 24 日の arrêté によって，民法典全体を起草するための委員会を設置した（本書はこの委員会を「共和暦8年委員会」と呼ぶ）。この委員会は，Tronchet（議長），Bigot-Préameneu，Portalis と Malleville（書記）からなり，共和暦9年 pluviose 1 日に民法典の草案[31]を公表した（本書はこれを「共和暦8年委員会案」と呼ぶ）。

　ここでは，この共和暦8年委員会案の抵当法制に関する部分（livre III の titre VI「先取特権及び抵当権」，titre VII「承認書制度」，titre VIII「不動産強制売却」）[32]を分析したい。この法案の抵当法制に関する部分は，結局のところその大部分が民法典の規定に結実することなく終わったが，にもかかわらず，民法典の中に重要な残滓を留めているからである。

　共和暦8年委員会案は，共和暦7年の法律の公示原則（前記第2節第4款）及び特定原則（前記第2節第1款）を否定するものであった。そのため，共和暦8年委員会案の作成に関与した Bigot-Préameneu の Conseil d'État における報告は，共和暦7年の法律を踏襲せず 1771 年6月勅令の下での抵当法制に立ち返ることを標榜している[33]。しかし，共和暦7年の法律についての前記第2節の

---

31)　以上の経緯につき，Locré, *La Législation civile, commerciale et criminelle de la France*, t. 1, Paris, 1827, pp. 70-72。

　なお，この共和暦8年委員会案及びこれに対する各裁判所の意見についての先行研究として，香山高広「1804 年フランス抵当法における『特定の原則』と『公示の原則』の意義(1)(2)」東京都立大学法学会雑誌 38 巻2号（1997）295 頁，39 巻1号（1998）475 頁がある。この論文は，公示原則と特定原則に着目したために，公示原則及び特定原則の維持を主張する破毀裁判所意見と Bruxelles 控訴裁判所意見とを，公示原則及び特定原則の廃止を提案する共和暦8年委員会案に対する反対意見として整理している。

　これに対して，本書の分析視角は，Paris 慣習法典の解釈者の見解に連なる β 説と Pothier の見解に連なる γ 説との間の対立に着目する，というものである。本書はこの分析視角に基づいて，公示原則及び特定原則の維持・廃止に関する意見については，その結論よりもむしろ理由づけに着目した。そしてその結果，共和暦8年委員会案と破毀裁判所意見とをともに β 説に属するものとして，Bruxelles 控訴裁判所意見を γ 説に属するものとして整理し，むしろ破毀裁判所意見と Bruxelles 控訴裁判所意見との間に対立を見出している。

32)　Fenet, *Recueil complet des Travaux préparatoires du Code civil*, t. 2, Paris, 1836, p. 211 et s..

分析を踏まえると，抵当権の効力をめぐる基本的構想に関する限り，共和暦8年委員会案と共和暦7年の法律との間には，実は共和暦7年の法律と共和暦3年の décret との間ほど大きな隔たりは存在しなかったことが分かる。すなわち，共和暦8年委員会案は，特定原則の廃止を提案しているものの，なお抵当権を執行力とは区別した上で，債権者間の優先弁済権をその効力の中心に据えており，共和暦7年の法律と同様，β説の類型に属するものといえる（第1款）。第三取得者に対する追及権も，共和暦7年の法律におけるのと同様，抵当権の当然 purge 手続の中で債権者間の優先弁済権が実現されることを促すための抵当債務弁済義務として規定されている（第2款）。登記制度の廃止と承認書制度の復活も，抵当不動産の第三取得者との関係では，共和暦7年の法律における登記制度が第三取得者との関係で承認書制度から実質的に継承していた機能を，再び顕在化させたに過ぎなかった（第3款・第4款）。

第1款 抵当権の定義と概念

　共和暦8年委員会案は，特定原則の否定に伴い，執行力と抵当権とを，ともに法律によって債権自体に認められた効力として捉えており，この点では共和暦3年の décret に類似している（(i)）。しかし，抵当権は執行力とは区別されており，債権者間の優先弁済権がその概念的中核に据えられており，この点で，共和暦8年委員会案は，共和暦3年の décret とは異なり，むしろ共和暦7年の法律に通ずるものがある（(ii)）。その結果，共和暦8年委員会における抵当権の定義規定も，共和暦7年の法律におけるそれをほぼ踏襲したものとなっている（(iii)）。

(i) 債権の効力としての執行力と抵当権
　共和暦8年委員会案においては，特定原則の否定の影響で，抵当権も執行力と同様に，法律によって債権に付与された効力とされている。
　共和暦8年委員会案は，執行力を，債権一般に法律上当然に与えられた効力とし，執行名義を単なる手続要件に後退させている。titre VI の1条は，次のとおり債権一般に法律上当然に執行力を認め，これを抵当法制の出発点としている。

---

33) Fenet, *Recueil complet des Travaux préparatoires du Code civil*, t. 15, Paris, 1836, p. 223.

「1条　人的に義務づけられた（obligé）者は皆，その現在及び将来の，動産及び不動産のすべての財産に基づいて，義務（engagement）を果たすことを義務づけられる（tenu）。」

これと同時に，共和暦8年委員会案は，抵当権をも，執行名義にではなく一定の債権自体に法律によって与えられた効力として理解している。13条1項は，抵当権が（約定抵当権を含めて）法律によって与えられたものであることを示している。

「13条1項　抵当権は，法律によって認められた場合に，かつ法律によって認められた方式でのみ生じる。」

さらに14条は，次のとおり，共和暦7年の法律の抵当目的物特定の原則を廃止して，共和暦3年のdécretと同様，公証証書からの一般抵当権の当然発生を復活させることを提案している。

「14条　抵当権は，法定抵当権も裁判上の抵当権も約定抵当権も，債務者の現在及び将来の全財産に及ぶ。ただし約定抵当権については反対の約定がある場合を除く。」

後にConseil d'Étatでの審議の際に，委員会を代表してBigot-Préameneuがこの規定の趣旨を説明している。彼によれば，債権は債務者の現在及び将来の全財産に対して執行力を有するところ，抵当権はこれに附従するものであるので，当然に同じく債務者の現在及び将来の全財産に及ぶ，というのである[34]。

34）　Bigot-Préameneuは，古法における公証証書からの抵当権の当然発生について次のように説明している。彼によれば，共和暦8年委員会案は古法の制度に立ち返るものとされているので，この説明は共和暦8年委員会案の趣旨説明でもあるといえる。

「……債権者は，義務（engagement）が契約された瞬間から，抵当財産上に物権（droit réel）を有し，この権利は義務に附従するもの（accessoire）として考えられ，そしてその結果として（consequement），現在の財産及び将来の財産に適用された。」（傍点は引用者による。）（Fenet, *supra* note 33, pp. 224-225.）

第3章　フランス中間法及び法典編纂期における抵当権と追及権

(ii)　執行力及び優先弁済権との関係

しかし他方で，共和暦8年委員会案 titre VI の13条2項は，共和暦3年の décret とは異なり，むしろ共和暦7年の法律を踏襲して，執行名義とは無関係に生じる法定抵当権を承認している。

　　　「*13条2項　法定のすなわち（ou）公の名義なき（tacite）*[35]*抵当権は，法律のみに基づいて存在する抵当権のことである……。*」

そのため，共和暦8年委員会案は以下のとおり，共和暦7年の法律と同様に，抵当権を執行力から区別し，執行力自体ではなくそれを競合債権者との関係で補強する優先弁済権をその概念的中核に据えている。

titre VI の2条は，債権の執行力の競合債権者との関係を，次のように定めている。

　　　「*2条　同じ者に複数の債権者がいる場合，その全財産は全債権者の共同担保（gage commun）であり，債権者間に合法的な優先原因（causes légitimes de préférence）がない限り，代金は債権者間で按分される。*」

その上で，抵当権は同3条によって，債権に基づく共同担保に対する執行力そのものではなく，2条にいうところの，競合債権者との関係での「合法的優先原因」として位置づけられている。

　　　「*3条　債権者間の合法的優先原因は，抵当権及び先取特権である。*」

このことによって，抵当権は債権者の共同担保に関する合法的優先原因として，執行力自体とは区別されているのである。のみならず，抵当権を債権者の共同担保に関する合法的優先原因として捉える考え方は，債権者間の優先弁済

---

35)　«tacite» は通常，証書という明示の形ではなく黙示的に合意されたという意味で「黙示の」と訳される（前掲第2章注40））。しかしここでは，この言葉は裁判上の抵当権及び約定抵当権との対比で用いられているところ，法定抵当権に与えられた「法律のみによって生じる」という説明は，執行名義すなわち公的権威を帯びた名義（判決・公証証書）によらずに生じる，という意味である。従って，«tacite» の語もこれと同じ意味と解される。そこで，日本語として熟してはいないが，本文のように「公の名義なき」と訳した。この訳については，前掲第2章注133）参照。

権を抵当権の中核とするβ説を端的に表現したものといえるだろう。それゆえ，この規定は，第三取得者に対する抵当権の効力（追及権）を，債権者間の順位（優先弁済権）の反射として捉えていた共和暦7年第1法律14条（前記第2節第2款(i)）に通ずるものがあるといえる。これらの規定は，その後の審議でも温存され，民法典に残されることとなる（後記第6節）。

(iii)　抵当権の定義

このように，共和暦8年委員会案における抵当権も，共和暦7年の法律と同様に，執行力から区別され，債権者間の優先弁済権を効力の中心としていた。そのため，共和暦8年委員会案12条1項は，共和暦7年の法律における抵当権の定義（前記第2節第1款(ii)）を，「割り付けられた不動産の上の」という語を含め，ほぼ同じ文言で踏襲している。

　　「*12条1項　抵当権は，債務の支払いに割り付けられた不動産の上の物権である。*」

そして，ここで宣言された物権性の具体的内容も，共和暦7年の法律と同様に，前述した債権者間の優先弁済権及び次の追及権をめぐる条文で明らかにされる。

第2款　追及権の規定

共和暦8年委員会案の追及権に関する規定は，古法への復帰という全体的傾向のため，共和暦7年の法律のように突き詰めた内容にはなっていないものの，Paris 慣習法典の解釈者の理解（β説）とりわけ Bourjon の理解に強く影響を受けたものとなっている。

共和暦8年委員会案 titre VI の12条は，1項で抵当権の物権性を宣言していたが（前記第1款(iii)），2項第3文では，追及権を次のように規定している。ここにも，共和暦7年の法律と同様，抵当目的不動産の売却または執行の表現は存在しない。

　　「*12条2項　……抵当権は不動産を，それが誰の手に渡ろうと追及する (suit)。*」

第3章　フランス中間法及び法典編纂期における抵当権と追及権

　この追及権の具体的内容を規定する諸条文は，「第三所持者[36]に対する抵当権の効力，すなわち（ou）抵当訴権」と題された chapitre III に収められている。49条は，この追及権行使の手続として，古法の抵当訴訟制度を明示的に復活させる。ここでは，抵当不動産の第三取得者の義務内容は，Paris 新慣習法典 101条と同じく，「弁済または抵当委付」となっている。古法の抵当委付がここで復活しているものの，依然として抵当債務の弁済が第一の義務とされている。

　　「49条　抵当または先取特権訴権は，第三所持者に対して，抵当権宣言の請求によって行使される：第三所持者は，債権の額がいくらであろうと債権者に弁済し，または裁判上売却されるために抵当不動産を委付することを義務づけられる（tenu）……。」

　抵当訴訟によって命じられる委付は，真の抵当委付（58条）とは区別されて「裁判上の委付（délaissement judiciaire）」[37]とされているが，いずれにせよ委付不動産は強制売却の手続に従って競売される（68条）。titre VIII（不動産強制売却）の3条2項は，このことを示すものである。

　　「3条1項　物上差押えは，債務者に対してしかなされえない。
　　2項　前項の規定にもかかわらず，債権者は，債務に抵当入れされた不動産の第三所持者に対して，『先取特権及び抵当権』の titre〔引用者注：titre VI〕で説明したとおりに手続を進めることができる。」

　これに対して，後の民法典 2169条に相当する，追及権に基づく不動産執行（催告手続）の規定は，共和暦8年委員会案にもいまだ存在しない。
　以上のような内容の追及権が，債権者間の優先弁済権を補助するためのものであることは，以下の諸規定によって明らかにされている。
　50条では，Paris 高等法院大審議部 1597年判決の法理（前記第2章第1節第2款(ii)）が，Bourjon の制限的解釈（前記第2章第2節第3款）の限度で条文化されている。すなわち，抵当不動産の第三取得者は，取得代金を抵当権の順位に

---

36)　この「第三所持者」の用語法については，前掲第1章注31)参照。
37)　この「裁判上の委付」という表現は，共和暦8年委員会案73条で登場する。

従って任意に抵当債権者に弁済することで，代金の弁済を受けなかった後順位抵当権の効力をも免れるのである。

　「50条　前条の定めにもかかわらず，先取特権者または抵当権宣言を請求する者よりも先順位の債権者の弁済に代金が用いられていた場合には，第三所持者は不動産の委付を義務づけられない，ただし，請求者が自ら第三所持者によって弁済されたものを償還しまたは先行債権額を超える代金で売却し，かつそのために有効な保証金を提供する場合は，この限りでない。」

　後述のとおり，共和暦8年委員会案は抵当権登記制度を廃止して承認書制度（前記第2章第4節第2款）を復活させることを提案している。51条では，その承認書手続を履践することで，第三取得者は取得代金の弁済よりもさらに前倒しされた時点で抵当権の効力を免れる旨を規定する。

　「51条　承認書を得るために契約が掲示された時点で，この訴訟はもはや第三所持者に対して続けられえない：ただし，債権者が異議の効力を行使すること，承認書手続の titre〔引用者注：titre VII〕で述べることを妨げない。」

　承認書手続は異議債権者に対して抵当権の順位に従った配当を確保するものであり（後記第4款(i)），51条による追及権の消滅は，第三取得者による承認書手続の履践によって追及権が債権者間の優先弁済権確保の目的を達するためであるといえよう。

第3款　登記制度廃止の提案と抵当権の懈怠 purge

　以上のように，特定原則廃止の提案にもかかわらず，抵当権の効力をめぐる基本的構想は共和暦7年の法律と共和暦8年委員会案との間で通底していたといえる。そこで次に，公示原則廃止の提案との関係で両者の異同を分析してみたい。
　本款では，まずこの点に関する共和暦8年委員会案と共和暦7年の法律との具体的差異を確認しておきたい。共和暦8年委員会案は，抵当権登記制度を廃止して，承認書制度による抵当権の懈怠 purge と，これに対抗するための抵当債権者の保存異議とを復活させることを提案している。もっとも，それは主

第 3 章　フランス中間法及び法典編纂期における抵当権と追及権

として債権者間の順位を念頭に置いた提案であって（(i)），結果的に抵当不動産の第三取得者との関係にも影響が及んでいるものの，その点は正面からは論じられていない（(ii)・(iii)）。

(i)　登記制度廃止の提案と債権者間の順位決定

共和暦 8 年委員会案は，共和暦 7 年の法律の抵当権登記制度が抵当権登記を抵当権の効力要件とするものである，という理解を前提として，その廃止を提案している。これに伴い，抵当債権者間の順位については，古法以来の，証書の日付によって債権者間での順位を定める準則が復活している（titre VIII の116 条及び 117 条）。

共和暦 8 年委員会案の起草者の一人である Bigot-Préameneu は，Conseil d'État での審議において，このことを次のように説明する。彼は，共和暦 7 年の法律の登記制度は登記を抵当権の効力要件とするものである，という理解を前提とする。そして，登記を効力要件とすることは，債務者の所有権についての原則に反する（つまり，自己の所有物について自由に担保権設定することができるという原則に反する），というのである[38]。

他方で彼は，登記制度廃止提案の理由として，共和暦 7 年の法律の登記による債権者間の順位を，歪曲されたものと評している[39]。共和暦 7 年の法律においても，登記制度は債権者間での抵当権登記の日付による順位決定を貫徹するためのものであったところ（前記第 2 節第 4 款），共和暦 8 年委員会案による登記制度廃止提案もこれに対応して，抵当権登記の日付による債権者間の順位決定をまさに批判の対象にしているのである。

(ii)　任意売却における抵当権の懈怠 purge

これに対して，第三取得者との関係では，共和暦 7 年の法律の登記制度は特

---

38)　Fenet, *supra* note 33, p. 238.「公の登記を要求することで，債権者に完全な安全をもたらすことができると仮定しよう；もしこの手段が所有権の原則と相容れないのであれば，このような手段を用いてはならない。先取特権，法定抵当権が登記なしに効力を有しないということを提案することで，登記はこの原則を覆さないだろうか？」（傍点は引用者による。）

39)　Fenet, *supra* note 33, p. 242.「抵当権が契約によってではなく，各不動産上の登記によってのみ取得される体系においては，担保のために債務者の全財産を望む債権者がそうした財産を知らず，後発債権者が先順位を有すべき者よりも前に登記された場合には，優先の権利（droit de priorité）は，もはや変質し歪曲された状態でしか存在しない。これらの考察は，すべての抵当権に共通するものである……。」（傍点は引用者による。）

206

に批判されているわけではない。共和暦8年委員会案は，抵当権登記制度を廃止する提案の結果として，抵当不動産の第三取得者との関係では保存異議制度と承認書制度による抵当権の懈怠 purge を復活させている。titre VII がこの承認書制度について規定しており，とりわけその3条は抵当権の懈怠 purge を直截に定めている。

> 「3条　債権者が承認書の封印前に法定の方式で異議をなすことを怠った場合，そのような承認書を取得した者は，いかなる種類であれ，いかなる理由であれ，前所有者の債務を義務づけられない。」

しかし，このような明示的変更にもかかわらず，抵当不動産の第三取得者との関係で共和暦7年の法律の登記制度を批判するような理由づけは特にみられない。これはそもそも，共和暦7年の法律においても，登記制度が抵当不動産の第三取得者との関係では抵当権の懈怠 purge の機能を担っていたためであろう（前記第2節第4款）。

(iii)　強制売却における抵当権の懈怠 purge

共和暦7年の法律においては，強制売却における抵当権の懈怠 purge も登記制度に解消されていた。これに対して，共和暦8年委員会案では，不動産強制売却手続にも，再びそれ自体に抵当権の懈怠 purge の効力が認められるようになる。

不動産強制売却は titre VIII で規定されており，その104条は，保存異議を怠った債権者の権利の懈怠 purge を次のとおり定めている。

> 「104条　保存異議者は，物上差押調書の抄本が裁判所の法廷の掲示板に掲示されてから90日以内に異議を申し立てることを義務づけられ，これを怠ると失権する。」

第4款　抵当権の当然 purge

以上のように，共和暦7年の法律の登記制度と共和暦8年委員会案の承認書制度との間には差異が存在したが，それは主として債権者間の順位決定基準を左右するものであった。そのため，抵当不動産の第三取得者との関係では，両

第3章　フランス中間法及び法典編纂期における抵当権と追及権

者の差異は見かけほど大きなものではなかった。このことは，抵当権の当然 purge を視野に入れることでさらに明らかになる。

　共和暦8年委員会案は，承認書制度（（i））と強制収用（（ii））に抵当権の当然 purge の効力を認めている。共和暦8年委員会案における保存異議は，抵当権の当然 purge を前提として，当然 purge 手続において第三取得者に取得代金の弁済先を示す機能を担っていたのである。この機能は，共和暦7年の法律の登記制度が第三取得者との関係で担っていたものでもあった（前記第2節第4款）。

(i)　任意売却における抵当権の当然 purge

　共和暦8年委員会案の承認書制度は，古法におけるそれと同様，抵当権の懈怠 purge と併せて，抵当権の当然 purge をも担っている。titre VII の1条は次のとおり，異議の有無にかかわらずすべての先取特権及び抵当権が滌除される旨を述べている。

　　「1条　承認書は，……裁判所から発せられる証書であり，これによって当該裁判所は，有効期間内に抵当権局に異議をなした抵当債権者に代金を分配する負担の下で，すべての先取特権及び抵当権を滌除された所有権を宣言することで，譲渡契約を承認する。」（傍点は引用者による。）

　さらに，承認書への保存異議の効力について，12条は次のとおり規定している。ここでは，異議は抵当権そのものを保存する効力を認められていない。

　　「12条　法定の方式での抵当権保存局への異議は，不動産所有権移転に基づいて承認書が取得された際に先取特権及び抵当権の負担を課されている当該不動産の代金について，順位に従って配当記載される効力を，当該先取特権及び抵当権に保存する。」（傍点は引用者による。）

　この承認書制度においては，共和暦7年の法律の滌除制度とは異なり，期限未到来債務の期限の利益は失われる。3条は，債務が「いかなる種類であれ，いかなる理由であれ」抵当債権者及び先取特権債権者に異議の申立てを義務づけている。そして，その異議者への配当手続について，titre VII の85条によって準用された titre VIII の121条は，次のとおり，期限の到来を定めている。

第 4 節　Bruxelles 控訴裁判所意見

「*121 条　債権が期限付き……である場合，債権は強制売却の効力によって請求可能になったものとして配当記載される。*」

(ii)　強制売却における抵当権の当然 purge

強制収用による抵当権の当然 purge も，保存異議の定義上，前提とされている。titre VIII の 88 条 3 号は，強制売却への保存異議について，次のとおり規定している。

「*88 条　強制売却について，3 種類の異議がある。……*
3，保存異議；
直接保存異議は，差押債務者の債権者が，競落から生じる代金について，自己に支払われるべきものを弁済されるために，そして自己のすべての権利，先取特権及び抵当権を保存されるために，異議を申し立てる場合の異議である。
間接または下位（sous-ordre）の保存異議は，差押債務者の債権者の債権者による異議の場合のものである。」

強制収用においても，共和暦 7 年の法律とは異なり，期限未到来の抵当債務の期限の利益は失われる。強制収用への保存異議については，titre VIII の 106 条が，保存異議はすべての種類の債権に必要である旨定めており，さらに前記(i)で紹介した同 121 条は，この保存異議者への配当手続における期限の到来を定めている。

第 4 節　Bruxelles 控訴裁判所意見

この共和暦 8 年委員会案について，各地の控訴裁判所と破毀裁判所に意見が求められた。

ここでは，後に取り上げる破毀裁判所意見の比較対象として，Bruxelles 控訴裁判所の意見 [40] を予め取り上げたい。Bruxelles 控訴裁判所は，抵当法制については特に別途詳細な意見を付しており [41]，そこでは，Pothier において見

---

40)　Fenet, *Recueil complet des Travaux préparatoires du Code civil*, t. 3, Paris, 1836, p. 255 et s..

41)　*Observations particulières sur le projet de système hypothécaire formant les titres VI, VII et VIII,*

られたような（前記第2章第5節）所有権の一部としての抵当権理解（γ説）に基づく，共和暦7年の法律への支持と共和暦8年委員会案への強烈な反対とが展開されている。この意見は，いわゆる Nantissement 地方を代表するものといえる。フランス北東部の一部の地域や，この当時フランスに編入されていたベルギーが，この Nantissement 地方には含まれていた。この地方においては，所有権移転の引渡主義に基づいて，不動産の一種の仮装引渡しである nantissement を所有権移転と抵当権設定とに共通の要件とする，nantissement 慣習が行われていた（前記第1章第2節第4款(ii)参照）。そのことが，γ説に基づくこの意見の全体的傾向を規定しているものと考えられる。

この Bruxelles 控訴裁判所意見は，制限物権としての抵当権理解に慣れ親しんだ今日の我々の耳には非常によくなじむものである。しかし，前に紹介した共和暦7年の法律の立法過程における議論（前記第2節）や，最終的に民法典の規定に直結した破毀裁判所の意見（後記第5節）とこの意見とを比較すると，そこには抵当権の基本的構想の差異に基づく微妙な温度差が看取されるだろう。

第1款　抵当権の定義と概念

Bruxelles 控訴裁判所意見は，β説に立つ共和暦8年委員会案の抵当権を誤ったものと断罪する一方で，共和暦7年の法律を，γ説を採用したものとして理解し，この理解を前提として擁護する。そして，一方で所有権の一部として，他方で動産質の不動産版として，抵当権の公示及び特定を求める。

このように，所有権及び動産質の法理から，物権及び物上担保権の原理を帰納し，そこからさらに抵当権の公示及び特定の必要を演繹している点に，破毀裁判所意見にはない，Bruxelles 控訴裁判所意見の特徴がある。Bruxelles 控訴裁判所意見は，抵当権の公示及び特定の政策的利点にも触れてはいるが，それらはこの意見においてはあくまでそうした原理が結果として実現するものに過ぎないので，そうした政策的利点の主張については，ここでは紹介しない。

(i)　問題設定

Bruxelles 控訴裁判所意見は，物権債権二分論を前提として，共和暦7年の法律における抵当権を物的なもの，共和暦8年委員会案における抵当権を人的

---

du livre III（Fenet, *supra* note 40, p. 292 et s.）.

なものとして対置している。この意見が，共和暦7年の法律と共和暦8年委員会案との間で，「公示」と「非公示」，「特定」と「一般」という対比の上位の対比として，「物的」と「人的」という対比を行っている[42]のは，このことを示すものである。

(ii) 不動産所有権理論の抵当権への拡張と共和暦7年の法律

このうちの共和暦7年の法律の体系を説明するために，Bruxelles 控訴裁判所意見は，抵当権ではなく，土地所有権の，しかも所有権移転ではなく所有権それ自体の登記制度を出発点とする。そして，nantissement を所有権移転契約の謄記に置き換えることで，所有権移転謄記を引渡し（tradition）理論へ接続し，所有権移転謄記に引渡しに相当する効力を与えている。すなわち，契約自体は買主に *jus ad rem*（ここでは，売主に引渡しを求める権利）しか与えず，引渡しとしての所有権移転謄記がはじめて，買主に物権（*jus in re*, droit réel）を移す，というのである[43]。

その上で Bruxelles 控訴裁判所意見は，抵当権登記をも，このような所有権登記及び所有権移転謄記の応用として捉えている[44]。この点は，Pothier が抵

---

42) *Supra* note 41, n. 21.「……物的な，公示された，特別な，台帳に登記された抵当権という共和暦7年 brumaire11 日第1法律の体系を選択するか，それとも，人的な，隠れた，一般的な，債務者の家産中の特定の土地財産の売却と債権者間の順位決定手続の裁判上の惹起が異議によって存在を生じさせるまで，どこにも存在の痕跡を残さない抵当権という民法典草案〔引用者注：共和暦8年委員会案〕の体系を選択するか，が問題である……。」

43) *Supra* note 41, n. 5.「北ヨーロッパのほとんどすべての国は，数世紀来，『土地財産のための戸籍（état civil）』を有していた。この点に関する，各国の基本的思想は，自国の土地を一定の区画に切り分け，公の台帳を各郡（arrondissement）のために設け，この台帳の中に，各郡にあるすべての土地所有権を，所有者の名とともに登記する（inscrire），というものであった。所有権の移転はそれぞれ，各郡でこの台帳上に謄記された（transcrite）；そしてその後直ちに，売買契約はたとえ公的権威を帯びたものであっても『所有権という物権（droit réel de la propriété）』を移転するものではなく，『*jus ad rem*』，売主によって引き受けられた義務に従った売買目的物の引渡しに向けられる，売主に対する *empti venditi*（売買契約）訴権しか与えない，ということが，格言として認められた。この訴権は，売主に対する純粋に人的なものであり，物自体に対しても，第三占有者に対しても及ばなかった。しかし，売買契約の『謄記』が郡の公の台帳になされるやいなや，所有権，物権，『*jus in re*』は，新たな所有者としての取得者の側に移った……。」（傍点は引用者による。）

44) *Supra* note 41, n. 6.「しかし，この制度〔引用者注：謄記による所有権移転〕は，原初の単純な関係の中に取り残されはしなかった：人々はすぐに，このよき影響を拡張できることに気づいた。人々はほとんど同時に，土地財産上のすべての先取特権または抵当権その他のすべての物権……が，

当権設定に必要な公証証書を，不動産所有権移転に必要な「引渡し」に代わるものとして捉えていたこと（前記第2章第5節第2款）に通ずるものがある。しかもBruxelles控訴裁判所意見は，このように抵当権登記について論ずる中で，ベルギーの1611年永久勅令24条を脚注で引用している[45]。そこでは，抵当権がまさに所有権の一部として描かれているのである。

共和暦7年の法律は，このような所有権移転の引渡主義と接続された公示の体系全体を承継したものとして位置づけられている[46]。前記(i)の問題設定は，このような共和暦7年の法律の位置づけに基づくものなのである。

(iii) 動産質と担保権の統一的理論

以上のように理解された共和暦7年の法律を，Bruxelles控訴裁判所意見は，動産質の理論によって支持しようとする。しかし結局のところ，この議論も，これまでに説明してきた所有権移転の理論を，動産質の理論を媒介にして，抵当権に導入しようとするものということができる。そしてそのために，この意見においては特定原則が公示原則に先行している。

Bruxelles控訴裁判所意見は，フランス語のgageが有する多義性を巧みに利用して，担保権の統一的理論を構築しようとする。gageの語は，一方で担保権や担保目的物一般を意味し，他方で動産質を意味する。このことを利用して，この意見は，動産質に妥当する理論が抵当権を含む担保権全体に妥当せねばならない，と主張するのである。

Bruxelles控訴裁判所はまず，gage（動産質）とhypothèque（抵当権）の違いは客体が動産であるか不動産であるか以上のものであってはならない，という[47]。その上で，gage（担保権一般）の観念を展開し，それは①客体の特定的

『財産所在地の郡の』公の台帳上の，そして当該物権に服する所有権自体とその所有者とが記載された紙片の上の登記によってのみ取得されうる，ということを望んだ。」

45) *Supra* note 41, n. 6, p. 294, note a.「1611年に出された，ベルギーの永久勅令24条：『不動産に関するいかなる物権も，それについて設定された œuvres de loi〔引用者注：nantissement の別称〕によらない限り，売買または遺贈によって全部的に，もしくは抵当によって一部的に，取得されえない……。』」（傍点は引用者による。）

46) *Supra* note 41, n. 7.「この抵当システムを，共和暦7年 brumaire11日第1法律は，共和国全土に共通のものとした……。二つの会議〔引用者注：500人会議と元老会議〕の複数の発言者は，適切にも，この体系を『土地所有権の戸籍（état civil）』と呼んでいる。」

47) *Supra* note 41, n. 50.「我々は，gage と hypothèque について，法制の基本原則は同じでなければならない，と考える。二つの語にちぐはぐな意味，異なった概念を与え，動産と不動産の性質に

第 4 節　Bruxelles 控訴裁判所意見

指定と②客体の掌握（main-mise）から成る，という[48]。①は抵当権の特定原則
と，②は抵当権の公示原則と接続されるものである。

　そのうちの②抵当目的物の掌握を抵当権登記と結びつけるため，Bruxelles
控訴裁判所意見は掌握を抽象化・観念化している[49]。Bruxelles 控訴裁判所意
見は，この抵当目的物の掌握を物権変動の一般理論から演繹し，それによって
不動産所有権移転の議論を抵当権に持ち込もうとする。Bruxelles 控訴裁判所
意見はまず，不動産物権変動の一般理論として，引渡主義と，その引渡しが書
面によってなされるべきことを宣言する[50]。そして，不動産譲渡の謄記がその
書面による引渡しにあたることを確認した上で，抵当権登記についても，上記
の一般理論を妥当させる[51]。

　かくして，Bruxelles 控訴裁判所意見においては，抵当権登記もまた一種の
擬制的引渡しとして観念される。従って，抵当目的不動産の①特定的指定は，
動産質の目的動産及び所有権移転の目的不動産のように，抵当目的不動産の抵

　　由来する違い以外の違いを導入することは，無用に法制を複雑にし；思想を不明確にし……；不可
　　解な不明確さを判例に再びもたらし，しまいには法律の知識を無知な信奉者の排他的専有物とする
　　ことになり；多くの市民から，自己の権利義務についての実感的知識を奪う。このように，我々の
　　原理に従うと，gage は動産の hypothèque であり，反対に hypothèque は不動産の gage でなけれ
　　ばならない。」

48)　*Supra* note 41, n. 51.「然るに，hypothèque は不動産の gage でしかなく，それ以上のものでは
　　ないという，根本原則の同一性がここで要求するものを見ていこう。この gage の観念が，それ以
　　上に単純な二つの観念をさらに含んでいる，ということに，異論の余地はないように思われる：1,
　　貸主が担保物 gage として債権者に与えまたは割り当てることを望む客体の，『特定的な指定（dé-
　　signation spéciale)』；2, 債権者に安全をもたらすための，『当該客体についての債権者の掌握
　　（main-mise)。』」

49)　*Supra* note 41, n. 51.「そして，この掌握は，債権者の占有でも，物の果実の享受（使用）でも
　　なく：それは，必要な場合に債権者に債権の償還を確保するための，虚無的所持（nue détention)
　　に過ぎない，ということに注意しよう。」
　　　なお，ここでいう「虚無的所持」は，他人に用益権を設定した所有者に残される権利である「虚
　　有権（nue propriété)」のアナロジーで，現実的把握を伴わない法律上の所持を意味するものとし
　　て用いられているものと考えられる。

50)　*Supra* note 41, n. 53.「不動産の引渡し（tradition）は，動産の引渡しのように手から手へとはな
　　されえない。……この引渡しを，書面によって，『œuvres de loi によって』規律する必要があっ
　　た。」

51)　*Supra* note 41, n. 53.「ここでは，まさに証書と『œuvre de loi』とが，債権者の『手中に』，この
　　不動産の上の『物権』〔引用者注：抵当権のこと〕を移す：以上が，『債権者の掌握（main-
　　mise)』である，なぜなら，œuvre de loi は引渡しの効力を有するからである。これが上記の第二
　　の条件である。」

213

第3章　フランス中間法及び法典編纂期における抵当権と追及権

当債権者への「引渡し」を観念するための，不可欠の前提として位置づけられる[52]。

　これら特定的指定と掌握とを備えてはじめて，抵当権は物の上の gage といいうることになるのである。後述するように，Bruxelles 控訴裁判所はこの特定的指定及び掌握の具備を，所有者による客体の譲渡の効力を否定しうる，という効力に結びつけ，特定的指定及び掌握を欠く抵当権は所有者による譲渡の効力を否定できないので真の gage とはいえない，と説く。この，所有者による譲渡の効力を否定する効力こそが，Bruxelles 控訴裁判所意見における抵当権の「追及権」の内実なのである（後記第2款）。

（iv）　共和暦8年委員会案における抵当権への批判

　以上の観点から，Bruxelles 控訴裁判所意見は，共和暦8年委員会案における抵当権を批判する。

　Bruxelles 控訴裁判所意見は，共和暦8年委員会案における，特定されていない抵当権を，前記(iii)で展開されたような意味での真の gage（担保権）とは呼べない，と評する[53]。そしてその理由として，Bruxelles 控訴裁判所意見は，この場合には所有者に客体の「掌握」があるので，所有者による客体の譲渡は妨げられない，ということを挙げる（後記第2款）。そして，このような真の gage でない抵当権は，単なる「優先性」に過ぎない，という[54]。Bruxelles 控訴裁判所意見は，共和暦8年委員会案 livre III, titre VI の3条が抵当権を共同担保における「合法的優先原因」としていること（前記第3節第1款(ii)）に着目し[55]，そこに公証証書の排他的作成権者である公証人の既得権保護を読み込

---

52)　*Supra* note 41, n. 53.「それは『特定的でなければならない』，というのも，『定まった，個別の，知られた物』についてしか，引渡しをなしえないからである。これが上記の第一の条件である。」

53)　*Supra* note 41, n. 54.「……〔引用者注：目的物の特定を書くと〕動産の場合，gage（担保権）は存在しない：それゆえ，それが不動産であるとしても，gage（担保権）は同様に存在しない。この帰結は厳密に正確である。ここでは，gage（担保権）の第一の要件，すなわち，『gage（担保物）の指定』が欠けているのである：それは，抵当権の『特定性』そのものに他ならない。」

54)　*Supra* note 41, n. 41.「民法典草案〔引用者注：共和暦8年委員会案〕で提案された法制を採用するのであれば，抵当不動産を『債権の gage』と定義することは，人間的な精神を有する明快なすべての概念を混同するものである……抵当権を『公証証書に付随する単なる優遇』；他の無担保債権者または後日付債権者に優先して，債務者の破産の場合に，または債務者が売却した特定不動産の売却代金上に配当記載を受ける権利に変換したのは，フランスの大部分を規律していた古法に固有の誤りである。」

55)　*Supra* note 41, n. 59, n. 90.

んでいる[56]。

それゆえ，Bruxelles 控訴裁判所は，共和暦 8 年委員会案 livre III, titre VI の 12 条が抵当権を「物権」として定義していることについても，共和暦 8 年委員会案における抵当権の内実とは異なるものとして批判している[57]。

第 2 款　追及権の位置づけ──任意売却における懈怠 purge への敵意

前記第 1 款(iii)の最後で予告したように，Bruxelles 控訴裁判所意見は，特定と掌握（公示）を欠く gage（担保権一般）が真の gage と言えないことの理由を，特定と掌握（公示）を欠く gage には追及権を認められない，ということに求めている。

Bruxelles 控訴裁判所意見はここでも，動産質の追及権（(i)）を抵当権に応用して，追及権の内実を，抵当目的物の譲渡についての許諾権として捉える。そして，前記第 1 款(iii)で展開した物権変動の一般理論をもとに，特定と掌握（公示）を備えた抵当権にのみ，そのような追及権が認められる，と主張する（(ii)）。これらの議論も，γ 説に基づく立論といえる。もっとも，共和暦 8 年委員会案も抵当権の追及権を認める規定を置いていたが，Bruxelles 控訴裁判所意見は，共和暦 8 年委員会案の抵当権がその成立後，任意売却の際に承認書制度による懈怠 purge に服するものであることを理由に，それを本来の追及権とは認めていない（(iii)）。

(i)　動産質の追及権

Bruxelles 控訴裁判所意見はまず，gage（担保権一般）の追及権の理論を，動産質を念頭に置いて展開する[58]。そこでは，特定された担保目的物の，担保債権者による掌握は，債務者による担保物処分を妨げるためのものとして説明さ

---

56)　*Supra* note 41, n. 59.「抵当権は『ある債権のための，公証人の面前で，当該公証人が登録された管轄内で契約されたことの見返りとしての，優先弁済権（droit de préférence）』である：以上が，この奇妙な権利の正確な定義である。」

57)　*Supra* note 41, n. 94.「……民法典草案〔引用者注：共和暦 8 年委員会案〕は，12 条で抵当権を定義する：『抵当権は，債務の弁済に「割り付けられた」不動産上の「物」権である。』これは，共和暦 7 年の法律 1 条を不注意によって引き写した定義である……。」（傍点は引用者による。）

58)　*Supra* note 41, n. 52.

第 3 章　フランス中間法及び法典編纂期における抵当権と追及権

れている。担保債権者による掌握がなければ，担保は客体の所持者による処分
を妨げる効力を有しない[59]。これに対して，担保債権者による担保の客体の掌
握は，掌握を失った客体の所有者による譲渡の効力を否定する効力を有し，そ
の結果，所有者は担保債権者の同意なくして客体を有効に譲渡できない，とい
うのである。これは，追及権を担保目的物の譲渡許諾権として理解するもので
あり，物的な効力を有する担保権の設定によって所有権が制限されるという γ
説の思想が表れている。後に述べる，19 世紀前半の Valette の追及権理解は，
まさにこの Bruxelles 控訴裁判所意見の追及権理解の系譜に属するものといえ
る（後記第 4 章）。

(ii)　抵当権の追及権

Bruxelles 控訴裁判所意見は，このことを抵当権に応用して，登記された抵
当権の追及権をも，抵当目的不動産の譲渡を妨げるものとして理解している[60]。
さらに，抵当権の追及権も，抵当目的物の譲渡許諾権として理解されている。
抵当権登記の抹消のために必要な抵当債権者の同意（共和暦 7 年第 1 法律 25 条）
が，抵当目的不動産の譲渡についての抵当債権者の同意と同視されている[61]の
は，このことを示すものといえよう。

(iii)　共和暦 8 年委員会案の承認書制度における懈怠 purge への批判

これに対して，担保目的不動産の特定を欠く抵当権について，Bruxelles 控
訴裁判所意見は，これは真の gage（担保権）ではないので所有者による客体の
譲渡を「妨げない」，という[62]。Bruxelles 控訴裁判所意見はこのことに，共和
暦 8 年委員会案における抵当権は「真の gage」とはいえない，という自らの

---

59)　これは，古法以来，「動産は抵当権によって追及されない」という法格言の下で，担保債権者へ
　　引き渡されていない動産上の動産担保権には追及権が認められてこなかった（前記第 1 章第 1 節第
　　2 款(vi)），ということを背景に有する議論であるといえよう。

60)　*Supra* note 41, n. 53.「抵当権簿の管理者は，私〔引用者注：抵当債権者〕の『抵当権登記』を
　　害して，甲〔引用者注：債務者〕から乙〔引用者注：抵当不動産の取得者〕への売買を謄記しない
　　だろう。それゆえ，私は完全に平穏であり，実際，平穏である理由がある。」

61)　*Supra* note 41, n. 52, p. 330, note a.

62)　*Supra* note 41, n. 54.「私〔引用者注：債権者〕がこの者〔引用者注：担保不動産を特定しよう
　　としない債務者〕に 10 万フランを貸し付けた場合，彼が自己の不動産を翌日に売却することを妨
　　げるものは何もない，なぜなら『彼は不動産を自己の手中に有している』からである。」（傍点は引
　　用者による。）

主張（前記第1款(iv)）の根拠を求める。もっとも，実際には，共和暦8年委員会案における抵当権も，追及権それ自体は認められていた（前記第3節第2款）。しかし共和暦8年委員会案における抵当権は，有効に設定された後も，承認書手続による懈怠 purge にさらされており，懈怠 purge を免れるためには，保存異議によって保存される必要があった（前記第3節第3款）。Bruxelles 控訴裁判所意見はこの点に着目して，これを追及権の（実質的な）否定と捉え，このことを，共和暦8年委員会案における抵当権が「真の gage」とはいえないことの証左としているのである[63]。この議論は，一旦成立した物権は保存要件を課されてはならない，という，物権一般についての Bruxelles 控訴裁判所意見の議論（後記第7節参照）に呼応するものといえる。

第3款　滌除制度に対する理解——期限の利益の維持と任意売却に伴う当然 purge の否定

以上のように，Bruxelles 控訴裁判所意見は，共和暦7年の法律のように抵当権の懈怠 purge を抵当権の成立要件としての抵当権登記に解消することを主張していた。そしてそれゆえに，共和暦8年委員会案が抵当権に成立要件としての抵当権登記ではなく懈怠 purge に対する保存要件（異議）を課したことを批判していた。

その一方で，Bruxelles 控訴裁判所意見は，任意売却による抵当権の当然 purge（共和暦7年の法律30条）を意識していない。抵当目的不動産の譲渡に伴う滌除は，期限未到来の債務を担保する抵当権について，譲渡後直ちには当然 purge をもたらさない。Bruxelles 控訴裁判所は，このことで滌除制度は抵当権の当然 purge としての性格を失っている，と理解している。前述のとおり，γ説は抵当不動産の譲渡に伴う抵当権の当然 purge を，抵当権の効力に外在的

---

63)　*Supra* note 41, n. 54.「実際，民法典草案〔引用者注：共和暦8年委員会案〕で提案された体系においては，私〔引用者注：債権者〕は自己の債務者のいかなる不動産も『手中に（sous la main)』していない，ということが明らかである。債務者が遠方のある農地の所有者である，ということを私が知らなかった場合，債務者は農地を容易に売却するだろう；裁判所書記課への契約書提出，財産所在地の裁判所における契約書の掲示〔引用者注：承認書制度の諸手続〕を，私は知らない；売買は『私の知らない間に，私の異議（opposition）なしに承認される（ratifiée)』だろう。それゆえ，言葉の固有の正確な意味においては，『私がその不動産を手中にしている』というのは誤りであり；それゆえ，『私が不動産 gage を有している』というのは誤りである。」（傍点は引用者による。）

な，décret 手続に特別に認められた効力として理論的に疎外する傾向にあった（前記第2章第5節第3款）。Bruxelles 控訴裁判所はこれをさらに進めて，抵当不動産の任意売却による抵当権の当然 purge 自体を否定しているのである。

共和暦7年第1法律15条は，滌除制度の条文ではないが，抵当不動産の譲渡の際に取得者が抵当債務の期限の利益を享受する旨を規定している。Bruxelles 控訴裁判所は，この15条によって，登記された抵当権が抵当目的不動産の譲渡にもかかわらず存続することになる，と理解している。

Bruxelles 控訴裁判所意見が，15条を同27条（所有権は抵当権の負担付きで取得者へ移転する）と並べていることは，このことを示すものである。すなわち，15条によって，登記されかつ期限未到来の抵当債務は，譲渡後も期限の到来まではそのまま存続することになるが，この意見はこの15条を，27条と並んで抵当不動産譲渡後の抵当権の存続を定めたものとして捉えているのである。

そして，この抵当権の存続によって，取得者が取得時に一度に支払うべき代金額が減少することを，Bruxelles 控訴裁判所意見は，「特定性の体系」の帰結として位置づけている[64]。もっとも，ここでいう「特定性の体系」とは，目的不動産の特定と掌握とによって，目的不動産譲渡の際に揺らぐことのない物権を確立させる体系全体を指すものと解される。目的不動産が特定されるという命題それ自体は，譲渡後の抵当負担の存続を直接に導くものではないからである。

15条のこのような理解を前提として，Bruxelles 控訴裁判所意見は，滌除制度における抵当債務の期限の利益を維持する30条3号を，15条の滌除制度における確認として位置づけているものと解される。なぜなら，この意見は30条3号については特に言及していないからである。つまり，Bruxelles 控訴裁判所は，滌除制度が抵当債務の期限を到来させないことを，抵当不動産譲渡後に抵当権が存続することの表れとして捉えているのである。

逆に，共和暦8年委員会案の承認書制度は，譲渡後一定期間内に期限未到来の抵当債務の期限を到来させ，すべての抵当権について一斉に当然 purge を生じる。Bruxelles 控訴裁判所は，抵当権に懈怠 purge とそれを回避するため

---

64) *Supra* note 41, n. 53.「これは，特定性の体系の，甚大で崇高な利点である！ かくして，この体系は，不動産が負担を課せられていても，不動産の流通を促進する；そのような不動産を取得するのに，さほど大きな資本は必要なく，このことが，すべての種類の商業・工業及び産業を促進するのである。」

の保存要件を課すこと（前記第2款(iii)）だけでなく，この当然 purge をも抵当権の追及権と相容れないものと見ているのである。

第5節　破毀裁判所案

　破毀裁判所は，共和暦8年委員会案の抵当法制に関する部分を批判して共和暦7年の法律を支持する意見[65]を表明するだけでなく，共和暦7年の法律を下敷きにした対案[66]を自ら作成した（これを本書はそれぞれ，「破毀裁判所意見」，「破毀裁判所案」と呼ぶ）。

　この破毀裁判所の意見は，共和暦7年の法律を支持して共和暦8年委員会案を批判したという点では Bruxelles 控訴裁判所と同じである。しかし，共和暦7年の法律をいかなるものと理解して支持し，共和暦8年委員会案のいかなる点を批判しているのか，という点に着目すると，実は破毀裁判所は Bruxelles 控訴裁判所とは立場を異にしているということが分かる。Bruxelles 控訴裁判所意見がγ説の立場から共和暦8年委員会案のβ説それ自体を批判していたのに対して，破毀裁判所案はβ説を共和暦8年委員会案と共有しつつ特定及び公示原則の維持を主張しているに過ぎないのである。

第1款　抵当権の定義と概念

　破毀裁判所は，抵当権の全体的構想として，Bruxelles 控訴裁判所意見の肢分権としての抵当権理解（γ説）を共有していない。破毀裁判所はむしろ，共和暦8年委員会案のβ説に基づく抵当権理解を踏襲しつつ（(i)），専ら政策的観点からの修正として，特定を要求している（(ii)）。

(i)　抵当権の位置づけ

　破毀裁判所案は，先取特権及び抵当権を，債権の執行力に対する補強として，すなわち全債権者の共同担保についての優先原因として位置づける，という，共和暦8年委員会案の基本的立場を踏襲している。破毀裁判所案の1〜3条は

---

65)　Fenet, *supra* note 32, p. 607.

66)　Fenet, *supra* note 32, p. 649.

次のとおり，共和暦8年委員会案 livre III, titre VI のそれと，2条の若干の文言上の違いを除いて，ほとんど同じなのである。とりわけ，共和暦8年委員会案3条を破毀裁判所案3条がそのまま取り入れている点は，注目に値する。この共和暦8年委員会案3条は，債権者間の優先弁済権を抵当権の中核とする β 説を端的に表現した条文であり（前記第3節第1款(ii)），Bruxelles 控訴裁判所意見はこれを批判していた（前記第4節第1款(iv)）。

　　　「1条　人的に義務づけられた者は皆，その現在及び将来の，動産及び不動産のすべての財産に基づいて，義務を果たすことを義務づけられる。」
　　　「2条　債務者の全財産は，その債権者の共同担保であり，債権者間に合法的な優先原因がない限り，代金は債権者間で按分される。」
　　　「3条　債権者間の合法的優先原因は，抵当権及び先取特権である。」

　抵当権を「割り付けられた不動産の上の」物権であると宣言し，その具体的内容を追及権に求めている点についても，共和暦7年の法律及び共和暦8年委員会案と同じである。

　　　「14条1項　抵当権は，債務の支払いに割り付けられた不動産の上の物権である。」

(ii)　抵当目的物の特定

　破毀裁判所案48条1項は，共和暦8年委員会案14条（前記第3節第1款(i)）と異なり，むしろ共和暦7年第1法律4条1項（前記第2節第1款(i)）を踏襲して，約定抵当権の目的物特定を要求している。

　　　「48条1項　約定抵当は，債権を設定する公的権威ある名義の中で，またはその後の公的権威ある証書の中で，その時点で債務者に属している不動産それぞれの性質と所在とを特定的に宣言し，債務者がその不動産の上に債権の抵当権を同意している場合にのみ，有効である。」

　もっとも，破毀裁判所意見によれば，この特定は，専ら政策的観点に基づいて，しかも公示原則に従属するものとして要求されるものである。
　その前提として，破毀裁判所意見における特定原則の理解は，次のようなも

のである。すなわち，契約の際には，抵当債務を登記する権利が債権者に与えられる。その権利行使としての登記は，当然に目的物を特定してなされねばならないが，のみならずそもそも「登記する権利」自体も目的不動産を特定して与えられねばならず，これが特定原則である，というのである[67]。

この特定原則が要求される理由を，破毀裁判所意見は，公示原則の政策目的の実現を妨げないため，と説明している。破毀裁判所意見は後述するとおり，登記による公示原則を復活させている。そして，公示原則の政策目的を，債務者の支払能力が明らかになる時点を不動産売却の時点から貸付けの時点にまで前倒しして新たな抵当貸主の保護を図ること，借主が負担のない財産について信用を完全に利用できるようにすること，代金発生・分配時の配当手続を簡単にして手続費用を削減し，これらによって抵当貸付けを促進することに求めている（後記第3款(ii)）。しかし，登記する権利が特定的に与えられないと，全財産について全債権者の権利の競合が生じ，その結果，追及権行使の際に債務者の全財産の一般的検索とそれによる手続費用の増大が生じ，公示原則の効果が減殺される，というのである[68]。その結果，特定原則は公示原則に従属させられている[69]。

これは，共和暦7年第1法律のJacqueminot報告（前記第2節第1款(iii)）に通ずる理解であり，Boutteville報告やBruxelles控訴裁判所意見（前記第4節第

---

67) Fenet, *supra* note 32, p. 615.

68) Fenet, *supra* note 32, pp. 615-616.「この権利〔引用者注：債務者の全財産上に抵当権登記を取得する権利〕が公証証書の効力のみによってすべての債権者に属する，と仮定する。彼らはみな登記によって，収用が実施される同じ財産上に競合するだろう……ここで我々は，一般的検索，手続費用，反論と議論，紛争好きの者を訴追された債務者の争奪へと突き動かす利益から生じるすべての悪い結果に立ち戻る：これらの原因と後順位のために弁済を受けられない債権者は，もはや他の財産を収用する以外の選択肢を有さず，そこでも同じ争い，大騒ぎ，破滅が，債務者が最後の土地を奪われるまで繰り返される。そして，登記の権利の一般性の直接かつ必然的な効力によって，フランスは，裁判上の配当手続の最も激しい災いの下に，再び陥るだろう；人々はこれを避けることを望んでいたのである。結局，これらの予期された不運の間違いない余波によって，所有者から問い合わせを受けたすべての資本家は，自己に差し出された担保物に，もはや安全も明快さも認めない：資本家は完全な安全ではなく，おそらく僅かな期待しか見出さず；支払可能性について，明快さではなく，一般的検索やそこから生じる付帯事件及び費用が振りまく濃い暗闇の中におかれるだろう；資本家にいかなる財産が提供されようと，この財産はその価値を超える債権者集団の中にあるように思われるだろう。」

69) Fenet, *supra* note 32, pp. 619-620.「……抵当権の特定は，公示に本質的なものでないとしても，公示の自然な帰結であり，公示から健全な効果を展開して確保するのに最も適した随行者なのである。」

第3章　フランス中間法及び法典編纂期における抵当権と追及権

1款(iii)）とは温度差があるといえる。

第2款　追及権の規定

　破毀裁判所が β 説に立っていることは，追及権の内容からも窺われる。抵当権の追及権及び滌除制度に関して，破毀裁判所は，Bruxelles 控訴裁判所意見とは異なり，共和暦7年の法律と共和暦8年委員会案とを対立的なものとして捉えておらず，ともに β 説に基づくものとして捉えている。本款及び第4款でみるとおり，破毀裁判所案の規定が両者を折衷したものとなっているのは，このことを示すものといえる。そしてこの案が，民法典の規定にほとんど直結することになる。ここでは，追及権に関する具体的規定を紹介する。

　破毀裁判所案14条は，1項では抵当権の物権性を宣言していたが（前記第1款(i)），3項では共和暦8年委員会案12条2項第3文を踏襲して，抵当権の追及権を宣言している。

　　　「*14条3項　抵当権は，不動産が誰の手に渡ろうとそれを追及する。*」

　一方で，破毀裁判所案75条は，共和暦7年第1法律14条を踏襲し，追及権が「弁済され配当記載されるため」のものであることを明示している。この75条は，ほぼそのまま民法典2166条に継承されることになる。

　　　「*75条　不動産上に，登記された先取特権または抵当権を有する債権者は，その債権の配当順序に従って配当記載され弁済されるために，不動産が誰の手に渡ろうと不動産を追及する。*」

　抵当不動産の第三取得者の義務について，破毀裁判所案77条は共和暦7年第1法律30条柱書と同様，抵当債務の全部弁済義務を定めている（ただし，執行対象財産が限定されるために，「所持者として」の文言が加えられている）。この規定は，後に若干の文言変更（後記第6節）を経て，民法典2167条となる。

　　　「*77条　第三所持者がこれらの方式〔引用者注：滌除のための方式〕を満足しない場合……登記の効力のみによって，第三所持者は，所持者として（comme détenteur），すべての抵当債務を義務づけられる（obligé）。*」

222

第5節　破毀裁判所案

一方で，破毀裁判所案78条は，抵当委付を廃止している共和暦7年の法律を踏襲せず，共和暦8年委員会案による抵当委付の復活（前記第3節第2款）を維持する。

　「78条　この場合，第三所持者は，請求可能な利息及び元本を，その額がいくらであろうとすべて弁済するか，または抵当不動産を何らの留保もなしに委付するかを義務づけられる（tenu）。」

後述のとおり，この委付の復活は，共和暦7年の法律の下で事実上強制されていた滌除に任意性を与えるためのものとして説明されている（後記第6節第2款(iii)）。この規定も民法典2168条に継承されることになる。

破毀裁判所案は共和暦8年委員会案と異なり，抵当訴訟を予定していない。破毀裁判所案では，追及権の具体的内容を規定する諸条文はchapitre V「第三所持者に対する先取特権及び抵当権の効力」に収められており，この表題は，共和暦8年委員会案のchapitre IIIから「すなわち抵当訴権」を削ったものである。のみならず，破毀裁判所案79条は，抵当訴訟とそこで得た執行名義に基づく執行（共和暦8年委員会案の「裁判上の委付」）に代えて，催告（sommation）手続による抵当不動産売却を用意している。この規定は，後に民法典2169条となる。

　「79条　第三所持者が，これらの義務（obligation）のうちの一方を完全に満足しない場合，各抵当債権者は，原債務者への支払命令（commandement），及び第三所持者に対する，請求可能な債務を弁済しまたは土地を委付することの催告（sommation）の30日後に，第三所持者について，抵当不動産を売却してもらう権利を有する。」（傍点は引用者による。）

この79条は，77条の義務の執行について，単に訴訟による第三取得者への給付命令を経ない簡易な手続を認めるものに過ぎない[70]。しかし，第三取得者

---

70)　破毀裁判所案77条を継承した民法典2167条について，民法典の立法後間もない時期に，次のような説明がなされている。
　「登記の効力のみによって」という文言について，「……新占有者に対する執行名義を宣言してもらう必要はない；抵当債権者が当該新占有者に対して訴追し債権の弁済を請求するためには，当該新占有者が抵当不動産を取得したというだけで十分である。」（Persil, *Régime hypothécaire*, Paris,

223

第3章　フランス中間法及び法典編纂期における抵当権と追及権

に対する執行名義の消滅と，「抵当不動産を売却してもらう権利」という規定ぶりは，後に 19 世紀の学説（とりわけ Troplong 以降の学説）が追及権についての理解を転換する際にその手がかりとなる（後記第 4 章）。

第 3 款　抵当権の懈怠 purge と公示原則

　破毀裁判所意見は，共和暦 8 年委員会案が抵当権登記制度を廃止して承認書制度による抵当権の懈怠 purge と保存異議とを復活させようとする点に賛同していない。破毀裁判所案は，共和暦 7 年の法律と同様に，抵当権登記を第三者に対する効力要件（対抗要件）として用意している。しかし，これも共和暦 7 年の法律におけるのと同様，抵当権登記が第三者対抗要件とされたのは，専ら抵当権登記の日付による順位決定を貫徹するためであり（(i)），第三取得者との関係では，抵当権登記はなお抵当権の懈怠 purge に対する保存要件として機能している（(ii)・(iii)）。そのため，次款で扱う抵当権の当然 purge 制度と合わせると，登記は当然 purge 手続において第三取得者に取得代金の弁済先を示すことで債権者間の優先弁済権の実現に寄与するという機能を担っていたのである。

(i)　登記と債権者間の優先弁済権

　破毀裁判所意見は，抵当権登記を懈怠 purge に対する保存要件としてではなく，抵当権成立要件として理解しているように見える[71]。また，破毀裁判所案は，登記を対競合債権者及び対第三取得者に共通する抵当権の第三者対抗要件とするかのような規定ぶりになっている。破毀裁判所案には，共和暦 7 年第 1 法律 3 条柱書のような，登記を抵当権の一般的成立要件とする規定はないが，共和暦 7 年第 1 法律 14 条 4 号と異なり，次のとおり，登記による順位決定の規定を追及権の規定から独立させて用意している。

　　1809, art. 2167.)

　　　ここでは，2167 条の弁済義務について，執行名義を得る必要がないということが述べられている。そして，破毀裁判所案 79 条に相当する民法典 2169 条こそが，執行名義によらない執行を可能にしていたのである。

[71]　Fenet, *supra* note 32, p. 609.「抵当権を生じるすべての証書が登記されること；各郡の登記局で登記されること；抵当権は登記の日にはじめて生じることを命じるのが分かりやすい……。」（傍点は引用者による。）

「*4条　債権者間では，抵当権保存吏の台帳上の登記によって，法律によって定められた態様で公にされた限りで，かつ当該登記の日からのみ，先取特権は不動産について効力を生じ，抵当権は順位を取得する，ただし法律が明示的に定めた例外のみを除く。*」

その上で，破毀裁判所案75条は，共和暦7年第1法律14条柱書とは異なり，次のとおり，登記を債権者間の順位とは独立に追及権の行使要件とするかのような書きぶりになっている。そして，この書きぶりは民法典2166条にも継承されていく。

「*75条　不動産上に，登記された先取特権または抵当権を有する債権者は，その債権の配当順序に従って配当記載され弁済されるために，不動産が誰の手に渡ろうと不動産を追及する。*」（傍点は引用者による。）
「*77条　第三取得者がこれらの方式〔引用者注：滌除のための方式〕を満足しない場合……登記の効力のみによって，第三取得者は，取得者として，すべての抵当債務を義務づけられる（oblgé）。*」（傍点は引用者による。）

(ii)　任意売却における抵当権の懈怠 purge の機能的存続

しかし，破毀裁判所案においても，共和暦7年の法律（前記第2節第4款(i)）と同様，第三取得者との関係で登記が成立要件とされるのは債権者間で登記が成立要件であることの反射に過ぎないと考えられる。そしてそれゆえに，第三取得者との関係での登記の機能も，保存異議と同様，取得者に代金の弁済先を示すことにあると考えられる。なぜなら，破毀裁判所意見は次のとおり，抵当権の登記が成立要件とされていることを，専ら債務者を同じくする他の債権者（及びその反射としての債務者）の利益との関係で説明しており，不動産取引の安全（すなわち第三取得者が取得前に抵当権を認識しうること）には言及していないからである。このことは，破毀裁判所意見が滌除手続（次款参照）を前提として追及権を理解していることを示唆している。

　破毀裁判所意見によれば，公示原則は，①債務者の支払能力（厳密に言うと，貸付けによって債務超過になるか否か）が明らかになる時点を不動産売却の時点から貸付けの時点にまで前倒しして新たな抵当貸主の保護を図り，②借主が負担のない財産について信用を完全に利用できるようにし，③代金発生・配当時の順位決定手続を簡単にして手続費用を削減し，これらによって抵当貸付けを促

第3章　フランス中間法及び法典編纂期における抵当権と追及権

進する，という政策目的を有する，という[72]。このように，破毀裁判所意見において，公示原則が達成するものとされる政策目的は，他の債権者の利益に関するものであって，その中に不動産取引（すなわち不動産譲渡）の安全は含まれていないのである。

（iii）　強制売却における抵当権の懈怠 purge の一時的復活

このように，破毀裁判所意見においても，登記は第三取得者との関係では，抵当権の懈怠 purge に対する保存要件と同様の機能を有するものといえる。

もっとも，このような機能的代替物があるにもかかわらず，強制売却において，破毀裁判所案は，titre VII の 52 条で，終局的競落に諸権利の懈怠 purge の効力を認め，その中に抵当権の懈怠 purge をも含めている。

　　「52条　終局的競落は競落人に，命じられた期間内に競落代金……を弁済することで，競落された財産及び権利の完全な所有権を，すべての取戻し訴権・地役権・土地負担・債務及び抵当権から解放された状態で，移転する。」

しかし，このような規定が存在するのは，破毀裁判所案が不動産強制売却について所有権の懈怠 purge 制度を設けたこと（後記第 7 節）の影響であって，所有権の懈怠 purge 制度を用意するついでに，そこに抵当権の懈怠 purge が取り込まれたに過ぎないものと考えられる。

第 4 款　抵当権の当然 purge

このように，破毀裁判所案は共和暦 8 年委員会案の承認書制度を否定したが，その一方で，共和暦 7 年の法律の滌除制度（前記第 2 節第 2 款）を下敷きにした滌除制度を用意して，これに承認書制度に代わる任意売却の際の当然 purge 制度としての性格を与えている。破毀裁判所案は，Bruxelles 控訴裁判所意見（前記第 4 第 3 款）と異なり，共和暦 7 年の法律の滌除制度を抵当権の当然 purge 制度として捉えているのである。このことは，共和暦 7 年の法律で認められていた，滌除制度及び不動産強制売却における抵当債務の期限の利益維持を，破毀裁判所案が共和暦 8 年委員会案に従って廃止していることから明らか

---

72)　Fenet, *supra* note 32, p. 607, p. 615.

226

になる。この期限の利益維持は，Bruxelles 控訴裁判所意見が，共和暦 7 年の法律の滌除制度を当然 purge 制度としてではなく引受主義的に捉えるための手がかりとしていたものであった。従って，この点で破毀裁判所案は Bruxelles 控訴裁判所意見と正面から対立しているのである。

（i）　任意売却における抵当権の当然 purge

　破毀裁判所案の滌除制度は，共和暦 7 年の法律の滌除制度を下敷きにしているが，共和暦 8 年委員会案との折衷の結果，これに複数の変更を加えている。一つは，前記第 2 款で触れた，「滌除の任意化」である。破毀裁判所案は，共和暦 7 年の法律における，所有権移転謄記から 1 か月以内という滌除通知の期間制限を，実行開始前または遅くとも最初の催告から 1 か月以内に変更し（91条），同時に，前述のとおり滌除以外の選択肢として委付を用意した。ただし，この点について，破毀裁判所意見は特に説明を与えていない。後の Conseil d'État での議論において，これを踏襲した Treilhard 草案の規定についての説明が与えられている（後記第 6 節第 2 款(iii)参照）。

　その一方で，破毀裁判所案は，第三取得者が滌除を実施した場合に，期限未到来債務の期限を到来したものとする。破毀裁判所案 76 条が，このことを定めている。

　　「*76 条　第三取得者が，自己の所有権を補強し滌除するために命じられる方式をとった場合，第三取得者に移転された不動産上に抵当権を有する，譲渡された元本及び期限付債権は，直ちに請求可能になる。*」

これに対して，第三取得者が滌除を実施しない場合については，共和暦 7 年第 1 法律 15 条の建前（前記第 2 節第 3 款）が維持されている。

　　「*77 条　第三取得者がこれらの方式を満足しない場合，第三取得者は原債務者に与えられた期間及び期限を享受する……。*」

ここでは，破毀裁判所意見が共和暦 7 年の法律における追及権ひいては破毀裁判所案における追及権をどのようなものとして理解していたのかが明らかになる。破毀裁判所意見は，Bruxelles 控訴裁判所意見とは異なり，共和暦 7 年の法律を，追及権に対する対抗手段として滌除制度を用意することで，売買代

第 3 章　フランス中間法及び法典編纂期における抵当権と追及権

金と引換えに譲渡によって抵当権を消滅させるものとして理解しているのである。以下ではこのことを示していく。

　破毀裁判所意見はまず，1771 年 6 月勅令の承認書手続（前記第 2 章第 4 節第 2 款）と，共和暦 7 年の法律の滌除手続（謄記及び滌除通知）との連続性，同質性を強調している[73]。Bruxelles 控訴裁判所意見のように，両者の間に根本的な違いを見出していないのである。

　その上で破毀裁判所意見は，共和暦 7 年第 1 法律 15 条の支持者による主張を，以上の理解と対置させる。15 条は，抵当不動産譲渡の際に第三取得者が抵当債務の期限の利益を享受する，というものであった。破毀裁判所意見によれば，15 条の支持者は，1771 年 6 月勅令の承認書手続が抵当権を存続させないものであるのに対して，共和暦 7 年の法律の滌除手続は抵当権を存続させるものであると理解している，というのである[74]。前に紹介した Bruxelles 控訴裁判所意見は，まさにこれに該当するものといえる。15 条を支持する Bruxelles 控訴裁判所は，抵当債務の期限到来まで抵当権の消滅が生じないことをもってはじめて，抵当権が譲渡にもかかわらず「保存」されている，つまり追及権を承認されているといえるものと捉えていた。これは，滌除制度に抵当権の当然 purge としての性質を承認しないものといえた（前記第 4 節第 3 款）。

　これに対して，破毀裁判所意見は，承認書制度や滌除制度によって抵当権の消滅が直ちに生じるとしても，抵当権が追及権を否定されることにはならない，と応答している[75]。それゆえ，破毀裁判所意見は，承認書制度や滌除制度に抵当権の当然 purge としての性質を認めているといえる。

　共和暦 7 年の法律に対する以上の理解を前提に，破毀裁判所意見は抵当債務

---

73)　Fenet, *supra* note 32, p. 644.「……謄記及びその後の滌除通知は，増価競売がなければ，代金を超えるすべての後順位抵当権を消去し，順位に従って代金を受ける抵当権をその代金に縮減する効力を有する。これは，かつての承認書と同じ目的と同じ効果であり，人々が言うとおり，承認書も抵当権を滌除していた……。」（傍点は引用者による。）

74)　Fenet, *supra* note 32, p. 644.「……謄記及び通知の効力と，承認書の効力との，この完全な類似点は，共和暦 7 年の法律についての議論の中で，立法者によって注目されていなかったように思われる。取得者に原債務者と同じ期間を利用する権利を与える同法 15 条の擁護者は，期限付債権者の抵当権は承認書によって保存されないが，これに対して謄記によってであれば保存される，ということを理由にしていた。」

75)　Fenet, *supra* note 32, p. 644.「抵当権は代金上にのみ，そして代金額まで保存される；しかし，それは承認書の後でも同じであった；それ〔引用者注：抵当権が保存されること〕は，期限付債権が請求可能になることを妨げるものではなかった……。」

の期限の利益に関して以下のような主張を行う。滌除の際には，併存的債務引受状態を解消するために，抵当債務の期限の利益を喪失させる必要がある，というのである。

破毀裁判所意見は，共和暦7年第1法律15条が抵当債務の期限の利益を認めたことを，あくまで政策的な利点のためのものとして理解する。15条は，不動産売買時点で買主が準備すべき額を引き下げることによって抵当不動産の買い手を出現しやすくするためのものである，というのである[76]。Bruxelles控訴裁判所は，この政策的利点にも触れつつ，15条に抵当目的物特定の体系の一帰結という原理的な位置づけを与えていた。破毀裁判所意見の理解は，これとは好対照をなすものといえる。

その上で，破毀裁判所意見は，共和暦7年第1法律15条の背後に，抵当不動産の譲渡によって抵当債務の一種の併存的債務引受状態が生じる，という理解があることを指摘する[77]。この理解は実際，共和暦7年の法律についての諸報告に登場していた（前記第2節第3款(i)）。このような15条理解を前提に，破毀裁判所意見は，滌除の場合，併存的債務引受状態には実際上の不都合が伴っている，という[78]。破毀裁判所意見は，具体的には次のような不都合を挙げる。抵当不動産の譲渡後に第三取得者の下で抵当不動産の価値が下落した場合，債務者がその悪影響を受けることになる。そのため債務者は，弁済のための不動産譲渡の後も，第三取得者が抵当不動産を適切に維持管理することを保証する地位に置かれ，酷な負担を課せられることとなる，というのである[79]。

そこで，破毀裁判所意見は滌除の場合に免責的債務引受を主張するのであるが，抵当債務の期限を維持したままであれば，これも不都合を招く，という。すなわち，今度は期限付の抵当債権者が，実際にはまだ弁済を受けていないた

---

76) Fenet, *supra* note 32, p. 636.「弁済の容易さと，売買から引き出しうる最も高い代金を引き出すという観点から，この法律は有用性を持っていた，ということを否定することはできない……。」

77) Fenet, *supra* note 32, p. 637.「人々は……，期限付債権の抵当に供された土地の全体が売却された場合，債権者は，この財産上の抵当権を取得者の手中で保存し，この担保物が与える安全を何ら失わず，第一の債務者を失うことなしに，取得者の人格に第二の債務者を得，第一の債務者は実効的弁済（paiement effectif）によってのみ本当に解放されうるので，何らの不都合なしに，新たな占有者に同じ期間を与えることができる，と認める。」（傍点は引用者による。）

78) Fenet, *supra* note 32, p. 637.「しかし，旧所有者，第一の債務者をその債務のくびきの下に置いたままにするのは，害悪であり，不当でさえあって，債務は，第一の債務者との関係では，抵当土地の収用（expropriation）によって支払われたものとされねばならない……。」

79) Fenet, *supra* note 32, p. 637.

めに，不安定な地位に置かれる。例えば共同抵当の異時配当の際に，先の配当
における期限付債権者の配当記載額は，第三取得者との関係では未弁済である
にもかかわらず債務者との関係では弁済されたものとみなされるため，後の配
当では配当記載されないことになる。そうすると，期限付債権者の利益を保護
しながら，順位が上昇する後順位者（期限到来済み）への配当を行うためには，
後順位者による保証金積立てが必要となり，これは法律関係を錯綜させる，と
いうのである[80]。

　破毀裁判所意見は，こうした実際上の不都合を生じさせないようにするため，
期限付抵当債務についても期限の利益を喪失させ，直ちにすべての抵当債務を
清算する必要がある，という[81]。実際，破毀裁判所案は，この抵当債務の期限
の利益喪失と併せて，第三取得者の解放を弁済または代金供託にかからしめる
ことで，早期の清算を促している。

　　「*94条　これらの方式*〔引用者注：増価競売申立て〕*が期間内に履践されなかっ
　*た場合，不動産の価値は契約で規定された代金または新所有者が宣言した代金に
　*終局的に決定されたままとなり，新所有者はその結果，当該代金を，受領すべき
　*順位にある債権者に弁済することで，すべての先取特権及び抵当権から解放され
　る。」

この規定は，民法典 2186 条へ引き継がれることになる。

(ii)　強制売却における抵当権の当然 purge

　強制収用における抵当権の当然 purge は，前記第 3 款 (ii) で紹介した titre
VII の 52 条で規定されている。共和暦 7 年の法律と異なり，ここでは，強制
収用による抵当権その他の権利の懈怠 purge を示す明文の規定が置かれた結
果（後記第 7 節），抵当権の当然 purge を，抵当権その他の権利の懈怠 purge
と一緒に規定する，古法の強制命令の規律が一旦再現されている。これも抵当
権の懈怠 purge と同様，破毀裁判所案が強制収用について所有権の懈怠 purge

---

80)　Fenet, *supra* note 32, p. 638.
81)　Fenet, *supra* note 32, p. 639.「取得物から当該取得代金への縮減が生じねばならないのであれば，
　すべての取得者に，すべての競落人に，非常に短い期間の間に当該取得代金を弁済する義務を課す
　必要がある，と私は考える。」

230

制度を用意したためについでに規定されたものと考えられ，その後の民訴法典には引き継がれていない（後記第6節）。

第6節　民法典及び民事訴訟法典の起草過程

　以上のように，共和暦8年委員会案（前記第3節）に対するBruxelles裁判所意見（前記第4節）がγ説の立場から共和暦8年委員会案を批判していたのに対して，破毀裁判所案（前記第5節）はあくまでもβ説の枠内で共和暦8年委員会案を批判するものであった。

　これらの意見を踏まえて，Conseil d'Étatで共和暦8年委員会案をめぐる議論が展開される。そこではまず，共和暦8年委員会案を擁護するBigot-Préameneu報告[82]と，これをγ説の立場から批判して共和暦7年の法律の特定及び公示原則の維持を主張するRéal報告[83]という，二つの対立する報告がなされ，それらをたたき台として議論が展開された。（第1款）。

　その結果，共和暦8年委員会案に代わる，特定及び公示原則を維持する内容の新たな草案が，Treilhardによって起草されることとなった（これを「Treilhard草案」と呼ぶ）。しかし，このTreilhard草案[84]は破毀裁判所案を下敷きにして作られたものであった。そのため，Conseil d'Étatでの議論による変更は，結局のところβ説からγ説への移行を意味するものではなく，β説の内部での修正に過ぎなかったのである（第2款）。

　このTreilhard草案は，さらにConseil d'Étatにおいて審議され，そこでの意見をもとに修正草案[85]が作成され，護民院（Tribunat）に非公式に伝達された。そして，修正草案に対する護民院の意見をもとに，Conseil d'Étatの立法部と護民院の立法部との間での協議を経て，Conseil d'Étatの最終草案が立法院（Corps législatif）に提出され，Treilhardが報告を行っている。

　このように，最終草案はγ説ではなく，破毀裁判所案‒Treilhard草案というβ説の系譜に立つものであった。しかし，この最終草案が立法院から護民院に

---

82)　Fenet, *supra* note 33, pp. 223-271.

83)　Fenet, *supra* note 33, pp. 280-287.

84)　Fenet, *supra* note 33, pp. 326-351.

85)　Fenet, *supra* note 33, pp. 396-411.

第3章　フランス中間法及び法典編纂期における抵当権と追及権

公式に伝達された後，護民院で報告を行った Grenier は，β 説と γ 説との対立を特に意識することなく，γ 説の立場から最終草案を説明しており，後の19世紀の学説における変化の兆候がすでに見られる（第3款）。かくして，この最終草案は護民院を通過し，さらに立法院で可決されて民法典として制定された[86]。なお，関連する民法典の条文の最終的な形は，後記第5款で掲げてある。

ただし，この民法典では不動産差押え手続の規定が置かれなかったため，不動産差押え手続における抵当権の当然 purge は，その後に制定された民事訴訟法典で規定された。この民事訴訟法典にも，β 説から γ 説への移行を示す規定は存在しない（第4款）。

第1款　Conseil d'État における審議

Conseil d'État では，はじめに，共和暦8年委員会案が共和暦7年の法律の特定及び公示原則を否定している点に特化して議論がなされた。Bigot-Préameneu 報告は前述のとおり，古法における公証証書からの抵当権の当然発生の原則を支持して特定原則を批判し，かつ抵当権の公示としての登記制度の廃止を主張した（前記第3節）。ここでは，この報告に反対して共和暦7年の法律を擁護した Réal 報告と，同じく共和暦7年の法律を擁護する他の論者（具体的には，Treilhard）との間の温度差を分析したい。Réal 報告は，共和暦8年委員会案（β 説）に対する，γ 説的な立場からの批判であった（(i)）。これに対して，Treilhard の発言は，結論としては Réal 報告をおおむね支持しているものの，γ 説の立場からは距離を置いているのである（(ii)）。

---

86)　以上の経緯につき，Locré, *La Législation civile, commerciale et criminelle de la France*, t. 16, Paris, 1829, pp. 53-55.

　　ここで扱う民法典の起草過程についての先行研究としては，香山高広「1804年フランス抵当法の基本的性格(1)～(5)」小樽商科大学商学討究50巻2＝3号（2000）213頁，51巻1号（2000）115頁，51巻2＝3号（2001）151頁，52巻1号（2001）187頁，52巻2＝3号（2001）339頁がある。前掲注31）引用の論文と同様，この論文も，各論者が結論として公示原則及び特定原則の維持を主張したか廃止を主張したかに着目するものである。これに対して本書は，Paris 慣習法典の解釈者の見解に連なる β 説と Pothier の見解に連なる γ 説との間の対立に着目する，という分析視角に基づき，公示原則及び特定原則の維持を結論として主張する者の間に存在する温度差を析出しようとするものである。

232

第6節　民法典及び民事訴訟法典の起草過程

(i)　Réal 報告

Réal 報告は，Bruxelles 控訴裁判所意見と同じ系列に属する見解（γ説）と考えられる。彼は抵当権設定（不動産信用）と所有権移転（不動産取引）とを完全に同列に論じているからである[87]。そのため彼は，抵当権設定証書の公示が所有権移転契約の公示（後記第7節第2款）とともに，共和暦7年の法律の中心をなしている，という[88]。そして，そのようなものとしての公示制度を支持する理由として，彼は政策的利益を挙げているが，その中には不動産信用のみならず不動産取引の促進も含まれている[89]。

抵当目的物の特定については，Réal 報告はこれを公示原則と区別することなく，一体のものとして論じている[90]。特定に関する具体的議論は，彼の報告においてはほとんど展開されていないのである。この彼の態度には，Bruxelles 控訴裁判所意見（γ説）が，共和暦7年の法律を所有権移転の引渡主義に基づく nantissement 慣習の受容として捉えることで，共和暦7年の法律における抵当権の公示と特定とを nantissement 慣習から同時に導出していたのに通ずるものがある。

(ii)　Treilhard 発言

その後，Bigot-Préameneu 報告とこの Réal 報告とを軸にして，議論が展開される。そこで，後に共和暦8年委員会案に代わる草案を作成する Treilhard が意見を述べており[91]，注目に値する。彼の議論は，一見すると Réal 報告と類似しているが，実は Réal 報告のように，抵当権を所有権の肢分権として捉

---

87)　Fenet, *supra* note 33, p. 284.「不動産は，譲渡されるために，または貸し付けられた額の弁済もしくは義務の履行に割り付けられるために，取引中に登場する。それゆえ，抵当法制が満たすべき目的は，これら二種の取引の本質を変容させまたはその形成を妨げることなしに，それらに最大の確実性をもたらすことである。」

88)　Fenet, *supra* note 33, p. 286.「不動産の譲渡及び抵当権の保存のためにこの法律が用意する制度の基盤は，同一である：それは，所有権移転契約及び抵当権設定証書の公示である。」

89)　Fenet, *supra* note 33, p. 285.「我々はこのことから，……共和暦7年の法律は，不動産売却により多くの取得者の競合を呼び，その結果，土地の代金をその真の価値に戻すことに力強く貢献するだろう；そして資本家は不動産貸付けに完全な担保・安全を見出して，より小さな利息で満足するだろう……と結論する。」（傍点は引用者による。）

90)　Fenet, *supra* note 33, p. 285.「今や，これらすべての利点が，共和暦7年の法律によって作られた抵当システムに見出され，それらは同法が確立した抵当権の「公示」と「特定」の原則に負うものである，ということを示すのは容易であろう。」（傍点は引用者による。）

91)　Fenet, *supra* note 33, pp. 271–275.

233

える Bruxelles 控訴裁判所意見の議論（γ説）の系譜にあるのではなく，そうした議論から距離を置いている。Bruxelles 控訴裁判所意見に存在し，Réal 報告にも残存していた特徴が，Treilhard の議論からは検出されないからである。

彼もまた，目的物特定と公示を一体として論じている[92]。しかし彼は，公示及び特定を，債権者の不動産信用の安全・不動産差押え手続の軽量化といった政策的利益で正当化しており，しかもその際に，Réal と異なり，所有権移転の公示にも，不動産取引の安全にも言及していない。彼は，専ら抵当債権者間の優先弁済権との関係を念頭に置いて，公示及び特定原則の導入を主張している。すなわち，彼は古法の抵当法制の不都合について，専ら，抵当債権者が他の抵当債権者の存在によって受ける不利益のみを指摘している[93]。さらに彼は，これと対置する形で，共和暦7年の法律における抵当法制の利点を，抵当貸付けを行おうとする者が先順位抵当権者の存在を知ることができるという点に求めているのである[94]。

議論はその後，共和暦7年の法律に倣って抵当権の公示・特定を原則的に要求することを前提として，とりわけ法定抵当権との関係でその例外をどこまで認めるか，という問題に還元されていく。Treilhard はここで，裁判上の抵当権及び法定抵当権を含むすべての抵当権に公示及び特定を求めている。しかしここでも，彼が考慮しているのは，競合する他の債権者との関係だけであり，第三取得者の不動産取得の安全は登場していない[95]。

---

92) 彼は，共和暦7年の法律における特定原則と公示原則とを一体のものとして捉えている（Fenet, *supra* note 33, p. 272）。

93) Fenet, *supra* note 33, pp. 271-272. 「十分な担保に守られていると考えた債権者が，先立つ債権者によって押しのけられ，しかしそのことを知る手段を何ら有しない，ということが生じていた。抵当債権者は日付の順序に従って階級づけられていた。通常，抵当債権者はたくさんおり，各債権者がその代理人を立てるので，配当手続は多額の費用を生じ，費用は担保を吸収して担保を裁判所の人々の餌食にした。」

94) Fenet, *supra* note 33, p. 272. 「……不動産の負担を調査するためには，抵当権保存局に向かい，登記簿を調べれば十分である；なぜなら，抵当権は証書の日付の日からではなく登記の日にはじめて取得されるので，不動産が登記を課せられているか，いくら課されているのかを知るのは簡単だからである。この情報に基づいて，各人は取引するかしないかを決定する。」

ここにおける「取引」が何であるのかは，この記述だけでは判然としない。しかし，この記述が前の記述と対置されたものであることを念頭に置くと，ここにおける「取引」が抵当貸付けのみを指していることが分かるだろう。

95) Fenet, *supra* note 33, pp. 307-308. 「物事の本質を考えることで，すべての種類の抵当権の公示及び特定がなければ，抵当権は見かけだけのものになるだろう，ということを容易に理解できる。実際，人々は自己の弁済を確保するためにのみ不動産を担保に取る；しかしこの用心は，もしもそれ

第2款　Treilhard 草案

Conseil d'État では，以上のような議論の結果，抵当権の公示・約定抵当の特定・法定抵当権の保護を求める決議が採択された。そのため，この決議に従って，共和暦8年委員会案に代わる新たな草案が，Treilhard によって起草されることとなった。この Treilhard 草案[96]は，β説の立場に立つ破毀裁判所案を下敷きにしており，さらにこの破毀裁判所案は前述のとおり，抵当権に関する基本的条文について，同じく β説に立つ共和暦8年委員会案を踏襲していた。そのため，Bruxelles 控訴裁判所意見が γ説の立場から批判していた，共和暦8年委員会案の諸条文も，Treilhard 草案に入り込むこととなった（(i)）。

追及権の規定に関しても，Treilhard 草案は，β説の立場に立つ破毀裁判所案の規定をほとんど引き写しており，これらの規定は特に Conseil d'État での議論の対象にもならなかった（(ii)）。ただし，共和暦7年の法律が一旦廃止し，破毀裁判所案において復活した「抵当委付」については，Conseil d'État での議論の中で，「滌除の任意化」という観点からの説明が与えられているが，この説明も β説の立場からの説明と考えることができる（(iii)）。

滌除制度についても，Treilhard 草案は破毀裁判所案のそれをほぼ引き写している。共和暦7年の法律と破毀裁判所案との間には，滌除制度における期限の利益喪失の有無という差異が存したが（前記第5節第4款(i)），期限の利益を喪失させる破毀裁判所案の立場が踏襲された（(iv)）。

(i)　抵当権の基本的構想

Treilhard 草案1条から3条は，破毀裁判所案1条から3条（前記第4節第1款）を介して，共和暦8年委員会案1条から3条（前記第3節第1款）を取り入れたものである。とりわけ，抵当権を共同担保の合法的優先原因として位置づける共和暦8年委員会案3条が，Treilhard 草案3条でもなお維持されているのは，債権者間の優先弁済権を中心として抵当権を構想する β説の系譜を示すものといえる。これら1条から3条の規定は，そのまま民法典2092条から

が完全な担保（sûreté）を与えないなら，有益なものではなくなる。しかし，担保を取得する者が取引相手の地位を確認できない場合，抵当権はこのような結果〔引用者注：完全な担保を与えること〕を生じうるだろうか？　先行する，知られていない債権者が不意に現れ，担保物を吸収してしまう。このことが，公示と特定を考えさせてきた。」（傍点は引用者による。）

96)　Fenet, *supra* note 33, p. 326 et s..

第 3 章　フランス中間法及び法典編纂期における抵当権と追及権

2094 条となる。

　その一方で，Treilhard 草案 23 条 1 項は，やはり破毀裁判所案 14 条 1 項を介して，「割り付けられた不動産の上の」物権として抵当権を表現した共和暦 8 年委員会案 12 条 1 項を継承している。この規定もまた，そのまま民法典 2114 条 1 項となる。

　Treilhard 草案 38 条 1 項は特定の原則に関する破毀裁判所案 48 条 1 項を踏襲している。

　その後，Conseil d'État においてこの Treilhard 草案が審議されたが，これらの基本的な条文についても，公示原則及び特定原則についても，特に議論は存在しない[97]。

(ii)　追及権の規定

　Treilhard 草案は，追及権の規定についても，破毀裁判所案をほとんどそのまま取り込んでいる。ただし強制収用の具体的手続については規定しておらず，それらは民訴法典へ委ねられることになる。

　Treilhard 草案 75 条及び 77 条から 79 条は，以下のとおり破毀裁判所案 75 条から 78 条の引き写しである。

　　「75 条　不動産上に，登記された先取特権または抵当権を有する債権者は，その債権の配当順序に従って配当記載され弁済されるために，不動産が誰の手に渡ろうと不動産を追及する。」
　　「76 条　第三所持者がこれらの方式を満足しない場合，第三所持者は原債務者に与えられた期間及び期限を享受する：しかし，登記の効力のみによって，第三所持者は，所持者として，すべての抵当債務を義務づけられる。」
　　「77 条　この場合，第三所持者は，請求可能な利息及び元本を，その額がいくらであろうとすべて弁済するか，または抵当不動産を何らの留保もなしに委付するかを義務づけられる。」
　　「78 条　第三所持者が，これらの義務のうちの一方を完全に満足しない場合，各抵当債権者は，原債務者への支払命令，及び第三所持者に対する，請求可能な債務を弁済しまたは土地を委付することの催告の 30 日後に，第三所持者について，抵当不動産を売却してもらう権利を有する。」

---

97)　Fenet, *supra* note 33, p. 361.

第6節　民法典及び民事訴訟法典の起草過程

Conseil d'État からの非公式伝達を受けた護民院の意見においても，めぼしい議論はほとんど存在しない。唯一，護民院は草案76条について表現の変更を提案するが，その際に次のとおり，「所持者として」義務づけられるという表現を，特に論ずることなく削除している。

　　「76条　第三取得者が滌除のための以下の方式を満足しなかった場合，第三取得者は謄記の効力のみによってすべての抵当債務を義務づけられ，原債務者に与えられた期限及び期間を享受する。」（傍点は引用者による。）

護民院の提案は全体としては受け容れられたものの，「所持者として」の語は，草案76条に相当する民法典2167条で結局復活した。これは，抵当債務全額弁済を「人的に」義務づけられないことを明確にするためと推測される。

　　「2167条　第三所持者が滌除のための以下の方式を満足しなかった場合，第三所持者は謄記の効力のみによってすべての抵当債務を所持者として (comme détenteur) 義務づけられ，原債務者に与えられた期限及び期間を享受する。」（傍点は引用者による。）

Treilhard 草案の規定は，若干の文言の変更を除いて，ほぼそのまま民法典2166条から2169条へと継承される（文言の変更について，後記第7節第6款(iii)参照）。それゆえ，Treilhard 草案においても民法典においても，破毀裁判所案（前記第5節第3款）と同様，抵当権の懈怠 purge 制度は，登記制度に吸収されて機能的に存続している[98]。そもそも Treilhard は専ら債権者間の優先弁済権を念頭に置いて抵当権の公示及び特定を論じており（前記第1款(ii)），第三取得者に対する追及権の規律に実質的変更を加えることは念頭になかったものと考えられる。この抵当権の懈怠 purge の機能的存続は，後に民事訴訟法典834

---

98)　Treilhard 草案及び民法典においては，抵当権の公示原則（前記第1款）の例外として，妻・未成年者・禁治産者が夫または後見人の財産上に有する法定抵当権は，登記なしに順位を有するものとされている（Treilhard 草案44条，民法典2135条）。このような法定抵当権については，抵当不動産の任意売却を受けた第三取得者との関係で懈怠 purge のための特別手続が用意されている（chapitre IX）。これは，登記されない法定抵当権については登記制度によって抵当権の懈怠 purge を吸収することができないためであり，登記される抵当権については登記制度が抵当権の懈怠 purge を吸収していることを裏づける制度であるといえる。

条で顕在化することとなる（後記第 7 節第 7 款(ii)）。

(iii) 「滌除の任意化」に関する説明

Treilhard 草案をめぐる Conseil d'État の審議においても，以上のような追及権そのものに関する条文についての議論は，ほとんどなされていない。しかし，滌除通知に関する Treilhard 草案 93 条（後の民法典 2183 条）の文言をめぐる以下の議論[99]が，追及権の内容，とりわけ共和暦 7 年の法律が廃止していた抵当委付制度を破毀裁判所案が復活させた理由と関係している。この議論からは，破毀裁判所案やそれを踏襲した Treilhard 草案が，第三取得者が抵当債務の全部を弁済する義務を負うことを前提に，委付を認めることによって，共和暦 7 年の法律におけるような滌除の強制を緩和しようとしていることが分かるのである。

Treilhard 草案 93 条は，次のようなものであった。

　「*93 条　新所有者が抵当債務の全額の弁済を免れ，chapitre VI〔引用者注：先取特権及び抵当権の第三所持者に対する効力〕で認められた訴追（poursuites）の効力から身を守ることを望む場合には，新所有者は，訴追の前または最初の催告から遅くとも 1 か月以内に，債権者の登記上の選定住所に，以下のものを抄本によって通知する義務を負う。……*」（傍点は引用者による。）

この「抵当債務の全額の弁済を免れるため」という文言について，執政Cambacérès が草案を批判する。彼は，共和暦 7 年の法律が滌除をしない第三取得者に抵当債務の全部弁済を義務づける点で酷であり，この点が批判されてきた，と紹介する。そして，共和暦 7 年の法律と異なり，民法典では第三取得者は債務の弁済か「委付」かの選択を認められねばならない，という。

これに対して Treilhard も，草案は特に第三取得者の弁済か委付かの選択権を否定する趣旨ではない，と応答する。このやりとりを経て，「抵当債務の全額の弁済を免れ」という文言は，修正後の新 92 条では削除されている。

このように，破毀裁判所案や Treilhard 草案において，抵当委付の復活は，抵当債務の全部弁済義務を前提として，滌除によって代金を弁済しない第三取得者に，抵当債務の全部弁済以外の選択肢を認めることで，過酷さを緩和する，

99）　Fenet, *supra* note 33, p. 391.

という意味しかなかった。しかし，その後の19世紀には，抵当委付復活の前提であった第三取得者の抵当債務弁済義務は否定される。そして，むしろ抵当不動産の委付や不動産執行の甘受こそが第三取得者の本来的義務であり，滌除は第三取得者の任意に委ねられた特別の抵当権消滅手段である，とまで理解されるようになる（後記第4章）。

（iv）　滌除と期限の利益の喪失

　滌除手続における，期限未到来の抵当債務の取扱いについて，共和暦7年の法律は期限の利益を維持していた（前記第2節第3款(i)）。Bruxelles控訴裁判所意見は，γ説の立場から，この期限の利益の維持を，滌除制度から抵当権の当然 purge としての性格を失わせるものと解した上で，これを支持していた（前記第3節第3款）。これに対して，破毀裁判所案は共和暦7年の法律の滌除制度に抵当権の当然 purge としての性格を認めた上で，抵当債務の期限の利益を第三取得者との関係では喪失させる修正を施していた（前記第5節第4款(i)）。

　この点について，Treilhard 草案は，滌除の際の期限の利益喪失を明示していた破毀裁判所案76条を削除し，草案93条3号に，破毀裁判所案91条5号の「即金弁済（sur-le-champ）」の語のみを残した。この語は，期限の利益を維持していた共和暦7年の法律30条3号にも存在する文言であった。

　しかし Conseil d'État での議論の際に Tronchet がこの点について意見を述べ，期限の利益喪失を明示するよう求める。これに対して Treilhard 自身は，「即金弁済」の語に期限の利益喪失の意を込めたつもりであった旨弁解している[100]。これを受けて，滌除の際の，期限未到来債務の取扱いについて，破毀裁判所案におけるのと同様の期限の利益喪失を明確にする修正がなされた。こうして生まれたのが，最終草案93条（民法典2184条）である。

　　「*93条　取得者……は，……自分が，債務及び抵当負担を，代金額に満つるまでに限り，期限が到来した債務であるか否かを問わず，即金で支払う用意がある旨を宣言する。*」（傍点は引用者による。）

---

100)　以上につき，Fenet, *supra* note 33, pp. 391-392.

第3款　護民院における Grenier 報告

　最終草案は，以上のような経緯で成立したものであった。そこには，Bruxelles 控訴裁判所意見が批判していたような（前記第4節第1款(iv)），抵当権の基本的な構想についての共和暦8年委員会案の規定（前記第3節第1款）が残されており，抵当権を所有権の肢分権とする Pothier 学説のような理解（前記第2章第5節第1款）は，そこからは検出されないはずであった。

　しかし，この最終草案についての，Grenier の護民院における報告は，γ 説の立場から最終草案を報告している（(i)）。このことは，19世紀前半の学説が β 説と γ 説の対立を意識することなく γ 説の立場から民法典を解釈するようになること（後記第4章）を予感させるものであったといえる。

　さらに滌除制度について，Grenier の護民院の報告は，β 説の Bourjon が古法の décret の説明に用いていた「変換」理論を用いて説明している（(ii)）。これは，γ 説の Pothier による「変換」理論の借用（前記第2章第5節第3款(i)）を踏襲するものといえ，後の19世紀前半には Grenier 自身がこれを「法律効」理論へ発展させることとなる（後記第4章）。

(i)　抵当権の基本的構想

　Grenier の報告は，以下のように，Bruxelles 控訴裁判所意見に代表されるような，抵当権を所有権の肢分権とする理解（γ 説）の影響を強く受けていると考えられる。

　彼は，最終草案の背景に nantissement 慣習（前記第1章第2節第4款(ii)）を強く意識している[101]。そのため彼は，公示原則及び特定原則を，この nantissement 慣習に還元している[102]。このような議論のしかたは，まさに

---

101)　Fenet, *supra* note 33, pp. 483-484.「……フランスには，抵当権設定の態様に関して，長年人々が求めてきたが叶わなかった治療を見出しうる規定を有する慣習法があった。……それらはいくつかの呼称で，とりわけ，saisine 及び nantissement 慣習法と呼ばれた。……抵当権は不動産上の nantissement によってのみ設定されうる。複数の不動産上にも，常に独立に取得される；このことから，債権者は同じ目的物について抵当的に付与（nanti）されえず，または少なくとも最初に所定の方式を満足した者を害して付与されえない，ということになる。」

102)　Fenet, *supra* note 33, p. 484.「このように，これらの慣習法では，抵当権は単に公示の性格を有していたのではなく；さらに，この第一の性格に大いに実効的なものとする，特定性という性質をも有していた。公示と特定というこれら二つの性格についての考察を，両者の結びつきとの関係で考察したい；なぜなら両者を対立させることは不可能だからである。」

第6節　民法典及び民事訴訟法典の起草過程

Bruxelles 控訴裁判所意見にみられたものであった（前記第4節第1款(iii)）。さらに彼は，抵当権及びその登記について，競合する抵当債権者と第三取得者とを完全に同列に扱っている[103]。Grenier はこのように，それまでの議論における β 説と γ 説との温度差を意識することなく，γ 説の立場から最終草案に説明を与えていたのである。

(ii) 「変換」理論の受容

加えて，滌除制度についての Grenier 報告の内容は，Bourjon による保存異議の「変換」理論（前記第2章第2節第3款(i)）の流れを汲むものであり，すでに 19 世紀前半の「法律効」理論（後記第4章）を先取りするものとなっている。

報告の中で，彼は，抵当権の滌除を「抵当権を不動産から切り離し，抵当権を代金上の訴権に変換する（convertir）」[104]ものと言い換え，この「変換」を以下の説明における鍵として用いている。この「変換」は，抵当権が不動産上の物権であるということと，滌除の際に抵当権が代金について権利を有することとを整合的に説明するためのものといえる。後に彼自身が打ち出し，その後の学説に共有されていく「法律効」理論の萌芽が，すでにここに現れている。彼は，滌除の効力を「変換」の観点から説明し，代金の弁済または供託の前の時点で「代金上の訴権」を用意することでその後の代金の弁済を説明しているのである。その結果として，彼はここでは，最終草案 95 条（民法典 2186 条）の「新所有者は，代金の弁済または供託をすることで，すべての先取特権及び抵当権から解放される」（傍点は引用者による）という文言を無視している[105]。

彼は，滌除手続において取得者に期限未到来債務を即時弁済させる 2184 条

---

103)　Fenet, *supra* note 33, pp. 494-495.「第一に，債権者の債務者に対する関係では，抵当権は必要ではない。抵当権の観念は，各第三者，例えば日付において後れている債権者や債務者からの取得者との関係でのみ構想される。……債権の公示は，登記の方法によってのみ抵当権にもたらされるのであり，それゆえ，新たな債権者及び後れた取得者との関係でしか必要ない。前者は，先立つ抵当権の存在を知りえなかった，という推定された善意の効力のみによって優先する。後者は，登記の欠缺によって知らなかったすべての抵当権から解放されうる。」（傍点は引用者による。）

104)　Fenet, *supra* note 33, p. 504.

105)　Fenet, *supra* note 33, p. 505.「不動産は，入札〔引用者注：増価競売申立て〕を促すための債権者への通知後に入札がないことによってはじめて，または入札があった場合には強制収用の方式を伴う競落の後にはじめて，解放される。」

　もっとも，Grenier は民法典の制定後，変換理論と 2186 条の文言との間にあるこの緊張関係に対して，これとは別個の手当を用意することになる（後記第4章第1節第3款(iii)）。

241

第3章　フランス中間法及び法典編纂期における抵当権と追及権

をも，この「変換」に基づく帰結として説明している。この「変換」の結果として，もはや抵当権が土地上に存在しないため，売主（旧所有者）が新所有者と重畳的に期限付債務につき人的に義務を負い続けるのは，売主にとって負担が大きい，というのである[106]。

第4款　民事訴訟法典の不動産差押え手続における抵当権の処遇

　Treilhard草案は，破毀裁判所案と異なり，不動産差押え手続についての規定を置いておらず，Treilhard草案をもとに制定された民法典もこれを手続法典に委ねていた。そのため，不動産差押え手続は，1806年に制定された民事訴訟法典によって規定されることとなった。この民事訴訟法典は必ずしも破毀裁判所案を踏襲する規定ぶりにはなっていないものの，β説の実質に変更を加えるようなものではなかった。

　破毀裁判所案には，不動産差押えにおける抵当権の懈怠purge及び当然purgeに関する明文の規定が存在していた（前記第5節第3款・第4款）。このような規定は，この民訴法典からは失われている。しかし，このことから，民訴法典の下では不動産差押えに基づく競落判決に抵当権の当然purgeの効力が認められなくなった[107]，と解することはできない。少なくとも抵当権登記が必要な抵当権については，当然purgeを前提にする規定が存在するのである。具体的には，民訴法典696条はすべての登記債権者に個別の通知をすることを要求しており，民訴法典774条は代金の全額が弁済された後に抵当権登記が職権で[108]抹消されることを規定している。19世紀前半の学説も，不動産差押えに基づく競落判決による抵当権の当然purgeを解釈上維持しており[109]，後述

---

106)　Fenet, *supra* note 33, p. 506.

107)　西津佐和子「滌除」九大法学74号（1997）35頁，79-80頁注4は，このように解している。

108)　民訴法典774条は «L'inscription d'office sera rayée définitivement...» という書きぶりになっている。文言上は，これを「『職権登記』は終局的に抹消される」と訳すこともできる。しかし，この «d'office» は，競落謄記後の売主先取特権の職権登記との混同を避けるべきという護民院からの指摘（Locré, *La Législation civile, commerciale et criminelle de la France*, t. 22, Paris, 1830, III loi, II partie, VI, n. 103）を受けて，772条の «inscription d'office» から «d'office» が削除され，773条の «déchargera l'inscription d'office»（職権で登記を解除する）の語順が «déchargera *d'office* l'inscription» に変更されたにもかかわらず，なお残された文言である。従って，「職権」は「登記」ではなく「抹消する」にかかるものと解される。

109)　Troplong, *Le droit civil expliqué suivant l'ordre des articles du Code, des priviléges et*

第 6 節　民法典及び民事訴訟法典の起草過程

する，強制競売手続における抵当権登記の「法律効」発生時点をめぐる議論も，この当然 purge を前提にしたものである（後記第 4 章）。

　これに対して，抵当権の懈怠 purge は，Treilhard 草案及び民法典の段階では，抵当権登記制度によって機能的に代替され，吸収されていた（前記第 2 款(ii)）[110]。民訴法典においてはさらに，後に詳しく説明するとおり，むしろ抵当権登記制度の内容が，不動産差押えとの関係で（後記第 7 節第 7 款(iii)）のみならず任意売却との関係でも（後記第 7 節第 7 款(ii)），抵当権の懈怠 purge 制度により接近している。

第 5 款　小括

　ここでは，本節の分析の総まとめとして，最終的な民法典の規定のうち，本書にとって重要なものを掲げ，それらの系譜についての簡単な説明を施したい。これによって，民法典（及びその前身である Treilhard 草案）の規定が，β 説を共有する共和暦 7 年の法律，共和暦 8 年委員会案及び破毀裁判所案に由来するものであったことが分かるだろう。

　抵当権及び先取特権についての総則規定として，次のような規定が置かれている。なお，民法典の担保法に関する規定の位置や条文番号は，2006 年の担保法改正によって大きく変更されており，次に掲げる条文はそれぞれ現行の民法典 2284 条，2285 条及び 2323 条に相当する。

　「*2092 条　人的に義務づけられた者は皆，その現在及び将来の，動産及び不動*

---

hypothèques, t. 3, Paris, 1833, n. 663.

110)　ただし，公示原則の例外として，登記なしに順位を有することが認められた，妻や法定抵当権については，登記制度によって懈怠 purge を吸収することができない。そのため，抵当不動産の任意売却を受けた第三取得者との関係では，そうした法定抵当権の懈怠 purge のための特別手続が用意されていた（前掲注 98)）。これに対して，不動産差押えに基づく競落人との関係では，競落判決にこうした法定抵当権に対する懈怠 purge の効力を認めることができないかが 19 世紀前半に判例において争われ，結局否定される。それゆえ，競落人も競落後に第三取得者のための民法典の懈怠 purge 手続を履践せねばならなかったが，1858 年 5 月 21 日の法律で，不動産差押え手続にも懈怠 purge のための特別手続が導入されることになる。すなわち，この法律によって改正された民訴法典新 692 条は，登記不要の法定抵当権者に対する登記の催告を定め，新 717 条 7 項は，すべての抵当権についての当然 purge と併せて，登記不要の未登記法定抵当権についての懈怠 purge を定めている。

243

第3章 フランス中間法及び法典編纂期における抵当権と追及権

産のすべての財産に基づいて，義務を果たすことを義務づけられる。」

「*2093条 債務者の全財産は，その債権者の共同担保であり，債権者間に合法的な優先原因がない限り，代金は債権者間で按分される。」*

「*2094条 債権者間の合法的優先原因は，抵当権及び先取特権である。」*

特に2094条により，抵当権が共同担保に関する債権者の合法的優先原因とされていることが分かる。この規定は，破毀裁判所案（前記第5節第1款）を介して共和暦8年委員会案（前記第3節第1款）からもたらされたものであるが，内容上は，抵当権の追及権が債権者間の順位の第三取得者に対する反射に過ぎないことを示した共和暦7年第1法律14条（前記第2節第2款(i)）にまで遡ることができる。このような追及権の位置づけは，抵当権を不動産に対する執行力と考えるα説や，抵当権を不動産所有権の一部たる売却権と考えるγ説にはなじまないものであり，現にBruxelles控訴裁判所意見はγ説の立場からこれを批判していた（第4節第1款(iv)）。

抵当権の総則規定として，次のような規定が置かれている。これは，現行民法典2393条1項及び3項に相当する規定である。

「*2114条1項 抵当権は，義務の支払いに割り付けられた不動産の上の物権である。……*

3項 抵当権は，不動産が誰の手に渡ろうとそれを追及する。」

1項は，義務の執行力に服する不動産上に抵当権が設定される[111]ことを示しており，2094条の「共同担保の合法的優先原因」と並んで，抵当権の本質が債権の執行力を債権者間の優先弁済権によって補強することにあるということを示すものといえる。この規定も，破毀裁判所案・共和暦8年委員会案を介

---

111) これは，古法において公証証書ある債権が当然に債務者の全不動産上に抵当権を認められていたため，抵当権を用いた物上保証取引を行う実益がなかったこと（前掲第2章注130)参照）の影響であると考えられる。民法典の下では，抵当目的物特定の原則（2129条，現2418条）が導入されたことで（前記第2款(i)），抵当権による物上保証取引を行う実益が生じたはずであったが，そのことは直ちには民法典の規定に反映されていなかったものといえる。もっとも他方で，民法典にはすでに，特定遺贈との関係で，「他人の債務のための」抵当権設定すなわち物上保証を前提とする規定（1020条）も一応存在していた。そして19世紀になると，学説も抵当権を用いた物上保証に本格的に言及するようになる（後記第4章第1節第5款）。

244

第6節　民法典及び民事訴訟法典の起草過程

して共和暦 7 年第 1 法律 1 条から取り込まれたものである（前記第 2 節第 1 款
(ii)）。

2129 条（現 2418 条）は抵当目的物の特定を求めている。これは共和暦 7 年
第 1 法律 4 条 1 項（前記第 2 節第 1 款(i)）及び破毀裁判所案 48 条 1 項（前記第 5
節第 1 款(ii)）に連なるものであり，これによって，Loyseau や Pothier が依拠
していた，執行名義を有する者は必ず抵当権者であるというフランス古法の前
提が崩された。他方で，目的物特定の原則には抵当権と所有権との類比を容易
にする側面があり，γ 説に基づいてこれを支持する論者もいたことから（前記
第 2 節第 1 款(iii)・第 4 節第 1 款(iii)），特定原則の導入はその後の 19 世紀におけ
る γ 説の台頭（後記第 4 章）の一因をなしたとも考えられる。もっとも，特定
原則の導入過程においては，γ 説によることなく，登記による抵当権の公示が
機能するための補助としてこれを説明する見解も存在した（前記第 2 節第 1 款
(iii)・第 5 節第 1 款(ii)）ことには注意を要する。

chapitre VI では，「第三所持者に対する先取特権及び抵当権の効力」の表題
の下で，次のような規定が置かれている。この規定は，現行民法典 2461 条に
相当する。

　　　「2166 条　不動産上に，登記された先取特権または抵当権を有する債権者は，
　　その債権の配当順序に従って配当記載され弁済されるために，不動産が誰の手に
　　渡ろうと不動産を追及する。」

「その債権の配当順序に従って配当記載され弁済されるために」という文言
も，追及権が債権者間の順位の第三取得者に対する反射に過ぎないことを示し
たものであり，破毀裁判所案を介して共和暦 7 年の法律から取り込まれたもの
である。

　　　「2167 条　第三所持者が後に規定される滌除の方式を満足しない場合，第三所
　　持者は登記の効力のみによって，所持者として，すべての抵当債務を義務づけら
　　れ続け，原債務者に与えられた期間及び期限を享受する。」

この 2167 条は現行民法典 2462 条に相当し，追及権の効力として，第三所持
者が抵当債務の弁済義務を負うことを示している。これは，共和暦 7 年第 1 法
律 30 条柱書にも実質的に規定されていた（前記第 2 節第 2 款(ii)）。ただし，執

第 3 章　フランス中間法及び法典編纂期における抵当権と追及権

行対象財産が限定されることを示すために，破毀裁判所案において「所持者として」の文言が加えられている（前記第 5 節第 2 款）。

　　「*2168 条　この場合，第三所持者は，請求可能な利息及び元本を，その額がいくらであろうとすべて弁済するか，または抵当不動産を何らの留保もなしに委付するかを義務づけられる。*」

　この 2168 条は，現行民法典 2463 条に相当する。ここで言及されている「委付」すなわち抵当委付は，共和暦 7 年の法律では無用な権能として廃止されていたが（前記第 2 節第 2 款(iii)），共和暦 8 年委員会案で復活し（前記第 3 節第 2 款），「滌除の任意化」のために破毀裁判所案でも維持され（前記第 5 節第 2 款），民法典に取り込まれたものである。民法典起草過程の Conseil d'État における議論が，このことを示していた（前記第 2 款(iii)）。

　　「*2169 条　第三所持者が，これらの義務のうちの一方を完全に満足しない場合，各抵当債権者は，原債務者への支払命令，及び第三所持者に対する，請求可能な債務を弁済しまたは土地を委付することの催告の 30 日後に，第三所持者について，抵当不動産を売却してもらう権利を有する。*」

　この 2169 条は，2006 年改正後の民法典 2464 条に相当し[112]，2167 条で定められた第三所持者の義務について，抵当債権者のために抵当訴権に代えて簡易な執行方法を定めたものであって[113]，このような制度は破毀裁判所案で創設された（前記第 5 節第 2 款）。

　これに対して，抵当不動産を設定者が所持し続けている場合には，抵当債権者も無担保債権者と同様に，債権者としての地位に基づいて，設定者に対して通常の強制執行手続を用いることが予定されており，それとは別に「担保権実行」の手続が用意されているわけではない。この場合，抵当権設定証書（約定抵当権の場合[114]）や判決（裁判上の抵当権の場合）が執行名義としての役割を果

---

112)　さらにその後の民事執行法典の制定に伴い，民法典 2464 条のうち催告手続を定めた部分は民事執行法典 R321-5 条 2 項に移されている。

113)　手続上も，催告は抵当債権者から第三取得者に対して直接されるのではなく，執行吏（huissier）による送達（signification）を要するものとされている（Troplong, *supra* note 109, n. 794，現行民事執行法典 R321-1 条）。

246

たすものの，抵当権の存在それ自体は，配当の段階までは手続上特別な意味を
有しない。配当手続において，債権者間の優先弁済権が行使される段階になっ
てはじめて，抵当権の存在が意味を持つのである。

chapitre VIII では，「所有物から先取特権及び抵当権を滌除する方法」とい
う表題の下で，以下のような滌除手続に関する規定が置かれている。この滌除
手続は，抵当不動産の任意売却代金についての抵当権者の優先弁済権の実現と
引換えに抵当権を消滅させる当然 purge 制度として，破毀裁判所案（前記第5
節第4款）と共和暦7年の法律（前記第2節第2款）とを介して，1771年6月勅
令（前記第2章第4節第2款）から持ち込まれたものである。従って，この手続
は，β説に基づく法律及び法案にとって，理論的に重要な位置を占めるもので
あったといえる。実際，α説に立つ共和暦3年の décret は，抵当不動産の任
意売却後の当然 purge 手続を第三取得者に認めていなかった（前記第1節第4
款(i)）。

> 「*2181条　第三所持者が不動産所有権または不動産物権の滌除を望む場合，そ
> の移転契約書は抵当権保存吏によって完全に謄記されねばならない。……*」

なお，2182条は，所有権移転謄記の効力とも関係するので，後に掲げるこ
ととする（後記第7節第6款(ii)）。

> 「*2183条　新所有者が，この titre の chapitre VI で認められた訴追の効力から
> 身を守ることを望む場合，新所有者は，訴追の前に，または遅くとも最初の催告
> を自ら受けてから1か月以内に，各債権者に……以下のものを送付せねばならな
> い……。*」

> 「*2184条　取得者……は，抵当債務及び抵当負担を，代金額に満つるまで，債
> 務が請求可能か否かを区別することなく，即金で弁済する旨を，当該証書によっ
> て宣言せねばならない。*」

期限の利益は，共和暦7年の法律によって一旦維持されたが，これは政策的
考慮に基づくものでしかなかった（前記第2節第3款）。これに対して，
Bruxelles 控訴裁判所意見はγ説の見地から期限の利益の維持を貫徹するよう

---

114)　当時の民法典 2127 条（現 2416 条）は，公証証書を約定抵当権の設定要件とする。

求めていたが（前記第4節第3款），破毀裁判所案で期限の利益の喪失が定められ（前記第5節第4款），この趣旨は民法典起草過程における Conseil d'État の議論でも確認された（前記第2款(iv)）。

> 「2186条　債権者が定められた期間内に定められた方式で入札〔引用者注：増価競売〕を申し立てなかった場合，不動産の価値は契約によって規定され……た代金に終局的に決定されたままとなり，新所有者は，その結果，当該代金を順序に従って債権者に弁済し，またはそれを供託することで，すべての先取特権及び抵当権から解放される。」

この規定は共和暦7年第1法律32条（前記第2節第2款(ii)）から取り込まれたものであり，抵当権の当然 purge を，代金の弁済または供託にかからしめている。しかし Grenier はその護民院における報告で，代金の弁済や供託に先立つ増価競売期間の満了によって不動産上の権利が代金上の権利に「変換」され，不動産が解放されると説明していた（前記第3款(ii)）。それゆえ，彼は後にこの規定の扱いに苦慮することとなる（後記第4章）。

これら 2181 条，2183 条，2184 条，2186 条は，それぞれ現行民法典 2476 条，2478 条，2479 条及び 2481 条に相当する規定である。

以上のように，民法典は，β説の立場に立つ共和暦7年の法律，共和暦8年委員会案及びとりわけ破毀裁判所案を下敷きにして制定された，ということができる。しかし護民院における Grenier 報告は，すでにこの民法典を γ 説の立場から説明しており（前記第3款(i)），この傾向は，19世紀の学説にも引き継がれることになる（後記第4章）。

第7節　補説：所有権移転の公示──所有権の懈怠 purge と抵当権登記の終期

以上に述べた，抵当権の効力の構造をめぐる理解の対立の，具体的な表れの一つとして，ここでは，所有権移転の公示をめぐる諸問題を取り上げたい。所有権移転に公示を要求するか。公示を要求する場合，その公示を，競合する譲受人との関係で要求するか，それとも専ら取得者と前主の抵当債権者との関係を規律するものとして扱うか。競合譲受人間を規律するものと考える場合，そ

れを所有権移転の成立要件として捉えるか，それとも所有権の懈怠 purge に
対する保存要件として捉えるか。抵当権の効力の構造をめぐる理解は，次のと
おり，これらの問題とも関係している。

　すなわち，抵当権を所有権の一部と捉えて抵当権の目的物特定と公示の必要
性を主張していた Bruxelles 控訴裁判所意見（γ 説）は，そもそも所有権の目的
物特定と公示の必要性を議論の出発点としていた（前記第 4 節第 1 款(ii)）。そし
てそれゆえに，二重譲渡関係を念頭に置いて，所有権移転の公示を所有権移転
の引渡主義と結びつけることで，抵当権の公示すなわち登記と同様に，所有権
移転の公示を所有権移転の成立要件としている（第 4 款）。後の 19 世紀の学説
においては，次第にこの考え方を応用した「対抗要件主義」が支配的になって
いく（後記第 4 章）。

　しかし，抵当権の目的物特定と公示とを，専ら政策的観点から主張していた
者（β 説）は，所有権の公示を抵当権の公示とは別異に解する余地を残してい
る。彼らのうち一部の者は，所有権の公示を要求する場合でも，所有権の公示
を，二重譲渡関係ではなく，専ら譲渡人の抵当債権者による抵当権登記の終期
を念頭に置いて論じている（第 2 款・第 5 款）。また他の者は，抵当権の公示す
なわち抵当権登記とは異なり，所有権の公示主義を，所有権の懈怠 purge に
対する保存要件として所有権の公示を求めるものと捉えた上で，これを否定し
ている（第 3 款）。そして，民法典の起草過程においては，そのうちの後者の見
解が，Treilhard 草案 91 条の削除という形で勝利し，γ 説が構想したような，
所有権の公示を中心とする統一的な物権公示の体系は採用されなかった（第 6
款）。

　民訴法典の起草過程では，この Treilhard 草案 91 条の削除に関する，二つ
の観点からの後始末が扱われている。一つは，Treilhard 草案 91 条が機能的
に代替していた，強制収用における所有権の懈怠 purge の問題であり，ここ
では *Nemo plus* 原則（前記第 2 章第 4 節）が拡張的に解釈されることによって強
制収用による所有権の懈怠 purge までが妨げられることになった。もう一つ
は，譲渡人の抵当債権者による抵当権登記の終期の問題であり，民訴法典はこ
の問題を処理するにあたって，抵当権登記に第三取得者との関係では再び古法
における保存異議と同等の意味を与えることとなった（第 7 款）。

第3章　フランス中間法及び法典編纂期における抵当権と追及権

第1款　共和暦3年の décret

　所有権移転の公示をめぐる β 説と γ 説との間の対立・温度差を分析する前に，ここではその前史として，共和暦3年の décret（前記第1節参照）における所有権移転の公示を概観しておきたい。共和暦3年の décret は，土地所有権の公示制度を有してはいたものの，それは不動産の二重譲渡関係を規律するものではなく，専ら抵当債権者の安全のための制度であった（(i)）。そのため，これとは別に，強制収用には所有権等の懈怠 purge の効力が認められている（(ii)）。また，土地所有権の公示制度が抵当権登記の時的限界を定める機能を担っていないので，これとは別に，任意収用については抵当権の設定および登記の時的限界を定める制度が用意されていた（(iii)）。

(i)　「任意収用」における所有権の懈怠 purge の不存在

　不動産所有権移転の公示制度として，共和暦3年の décret は土地宣告（déclaration foncière）制度を用意している。しかしこの制度は，不動産の二重譲渡関係を規律するのではなく，専ら抵当債権者に債務者の資力を明らかにし，抵当債権者が債務者の資力を誤信して貸付けを行うことを防止するための制度であった。

　土地宣告が抵当債権者のための権利であることを示しているのが，32条である。この条文は，抵当債権者に，債務者に対して土地宣告を求める権利を与えている。

　　　「*32条　債権を登記された抵当債権者は，土地所有者である債務者に対して，……土地宣告をして登録し，その結果が保存局に記載された旨証明するよう求める権利を有する。*」

　土地宣告は，次のとおり所有権に基づく取戻請求権の行使要件でもあるが，競合譲受人間で先に自ら土地宣告を備えた方が所有権を得るとされているわけではない。

　　　「*92条　土地所有権の取戻請求は，追奪請求が予め抵当権保存吏に通知されていない場合には，裁判官の面前に持ち出され審理されえない……。*」
　　　「*93条　この通知は，抵当権保存吏によってこの目的のために登記簿に記載さ*

れ，かつ，現時の所持者による土地宣告が，それがない場合には追奪請求者による土地宣告が通知に先行していなければ，無効となり，保存吏はこの通知を登録することを禁じられる。」

　以上の規定は，競合譲受人の取引安全のための規定ではなく，抵当債権者の安全のための規定である。次のとおり，無権利者の抵当債権者の抵当権も，真の権利者による土地宣告及び取戻請求を予告する抵当権保存吏への通知の前に登記を得た場合には有効とされているのである。

　　「95条　この通知〔引用者注：92条の，取戻請求に先立つ通知〕の前に登記された抵当権……は，抵当目的物上に完全な効力を有する，ただし所有者の設定者に対する責任追及を妨げない。」
　　「96条　〔引用者注：抵当権の登記が〕通知に後れた場合，取戻物が追奪請求者のものと認められると，それらの抵当権は取戻物との関係では無効である。」

　99条は，「任意収用」であれ「強制収用」であれ，所有権移転が有効であるために，譲渡人の所有権についてこの土地宣告が予めなされていることを要求する。ここでは，土地宣告が譲受人ではなく譲渡人の所有権について要求されており，この土地宣告が譲渡人の取戻請求のためのものであることが窺われる。

　　「99条　生者間の土地収用は，任意であれ強制であれ，権原のいかんにかかわらず，所有者（所有者がこれを怠る場合には，実行債権者）による，目的財産の土地宣告が先立たなければなされえず，されても無効となる。」

(ii)　強制収用における所有権の懈怠 purge
　これに対して，強制収用手続では，終局的競落に，抵当権以外の権利に対する懈怠 purge の効力が認められている。

　　「149条　終局的競落は，この競落前に解決されなかったすべての取戻しまたは差押解除異議にもかかわらず，競落人を競落目的財産の不可譲的所有者（propriétaire incommutable）にし，取戻しまたは差押解除異議は当然に代金上の損害賠償に変換される。」

251

第 3 章　フランス中間法及び法典編纂期における抵当権と追及権

（iii）　抵当権の設定および登記の終期

　土地宣告とは別に，任意収用の際には，抵当権保存局への売買契約の通知及び契約書抄本の提出が必要とされており（105条1号），それまでは，譲渡契約後であっても前主の債権者は抵当権を取得できる（106条）。

　　　「*105条　有償であれ無償であれ，すべての任意収用において，自己の利益のために当該収用が合意された者は，以下の二つの条件の下でしか，収用目的土地の不可譲的な所有者になりえない。*

　　　1, 財産所在地の郡の抵当権保存局に，契約の日付から1か月以内に，自己の契約を通知し，その抄本を提出すること。……」

　　　「*106条　第一の条件を欠く場合，当該契約に後れた，前主のための抵当権は，通知の日まで，当該収用の目的財産上になお有効に取得されうる。*」

　従って，譲渡人の抵当債権者は，この通知の日までに抵当権を取得し，22条に従ってその後1か月以内に抵当権登記をすれば（前記第1節第3款(i)），その抵当権を保護された。

第2款　共和暦7年の法律

　共和暦7年の法律（前記第2節参照）では，土地所有権の公示制度としての所有権移転謄記が，「第三者」に対する「対抗」のためのものとして位置づけられるようになる（(i)）。そして，二重譲受人間では，所有権移転謄記が所有権の懈怠 purge を機能的に代替したために，所有権の懈怠 purge は強制売却においても廃止されている（(ii)）。「何人も自己が有していた以上の権利を移転しえない」という *Nemo plus* 原則が宣言されているのは，このような，所有権移転謄記による機能的代替を前提とした所有権の懈怠 purge の廃止を示すものである。

　しかし，共和暦7年の法律の立法過程においても，土地所有権の公示制度によって規律することが主として想定されていたのは，二重譲受人間の関係ではなく，土地の譲渡人の抵当債権者と土地の譲受人との間の関係であった（(iii)）。具体的には，所有権移転謄記制度に主として期待されていた機能は，譲渡人の抵当債権者による抵当権登記の終期を定めることであった（(iv)）。このことは，共和暦7年の法律が γ 説の立場からなされた立法ではなかったことを示してい

252

る。

(i) 所有権移転謄記制度の概要

　共和暦7年の法律は，土地所有権の公示制度として所有権移転謄記制度を導入した。この所有権移転謄記制度の効力については，各条文が様々な可能性を示しているが，少なくとも，二重譲受人間において，競合譲受人の所有権移転謄記によって，所有権移転謄記を経ていない所有者の権利を懈怠 purge に服せしめるというものではなかった。なぜなら，*Nemo plus* 原則の宣言が，そのことを示していたからである。もっともそれは，所有権の懈怠 purge が所有権移転謄記制度によって機能的に代替された結果ということもできた。

　共和暦7年第1法律26条1項は，所有権移転の公示制度として，所有権移転謄記（transcription）[115]制度を導入している。

> 「*26条1項　抵当権の目的となりうる財産及び権利の移転証書は，財産所在地の郡の抵当権保存局の台帳上に，謄記されねばならない。*」

　謄記の効力は，次のとおり，所有権を移転する証書を「第三者」に対して「対抗」するための要件として規定される。

> 「*26条2項　それまでは，移転証書は，売主と契約し，本法の諸規定（dispositions de la présente）を遵守していた第三者（tiers）に対抗され（opposés）えない。*」

　この条文の趣旨を説明する，500人会議における Jacqueminot 報告からは，譲渡が当事者間では合意のみによって完全であることを前提に，その譲渡の効力が第三者を害さないよう所有権移転謄記制度が用意されたことが窺われる[116]。このことからは，共和暦7年の法律における所有権移転謄記が所有権

---

115)　原語では，抵当権設定証書の「登記」が «inscription» であるのに対して，所有権移転証書の「謄記」は «transcription» である。前者は必要な情報を記入するというニュアンスを帯びているのに対して，後者は証書をそのまま転記するというニュアンスを帯びている。なお，これらの訳語は，星野英一「フランスにおける不動産物権公示制度の沿革の概観」『民法論集　第2巻』（有斐閣，1970）1頁，10頁注2（初出，江川英文編『フランス民法の150年（上）』〔有斐閣，1957〕）に従ったものである。

116)　Guichard, *supra* note 11, pp. 271-272.「譲渡は，売主と買主に関する限り，彼らの相互的な合意

第3章　フランス中間法及び法典編纂期における抵当権と追及権

移転の引渡主義と連続したものではないことが分かるだろう。

　一方で，共和暦7年の法律には次のとおり，「謄記が所有権を移転する」という表現もあり，これを効力要件と解する見解が存在した，ということも指摘されている[117]。

　　「*28条　26条で命じられた謄記は，売主が有していた，不動産の所有（propriété）への権利を，……取得者へ移転する。*」

　また，これらの規定を受けて，これらの条文及び抵当権の滌除制度に関する条文を含む titre II には「収用物を補強し（consolider）滌除する（purger）態様」（傍点は引用者による）という題目がつけられている。

　しかしいずれにせよ，これらは，競合譲受人の所有権移転謄記に，所有権移転謄記によって保存されていなかった取得者の所有権に対する懈怠 purge の効力を与える，という規定ではなかった。この点で，共和暦7年の法律の所有権移転謄記制度は，異議を懈怠した第三者の所有権に対する懈怠 purge の効力を有していた，古法における強制命令（前記第1章第1節第4款(iii)）とは異なっていた。

　このことを特によく示しているのが，前述した28条である。共和暦7年の法律は，法律構成上，所有権の懈怠 purge から決別することを，この28条において，取得者へ移転される権利について「売主が有していた」という限定を付すことで，明確にしている。これは，定式上は，1771年6月勅令7条が承認書制度について宣言していた *Nemo plus* 原則を継承するものといえる。1771年6月勅令7条は，*Nemo plus* 原則の宣言によって，承認書について，抵当権及び先取特権以外の権利の懈怠 purge の効力を否定していた（前記第2章第4節第2款）。

で完全である……。しかし，他人は譲渡を知ることに利益を有しうる。譲渡の秘密性は，抵当の秘密性と同様に，善意者にとって致命的でありえ，詐害行為に有用でありうる。……それゆえ，譲渡もまた公の台帳上の取引の対象となることが必要であった：譲渡が登記前に売主と契約した者を害しえないことが必要であった……。」（傍点は引用者による。）

[117]　滝沢聿代『物権変動の理論』（有斐閣，1987）91頁。さらに進んで，鎌田薫「フランスにおける不動産取引と公証人の役割(2)」早稲田法学56巻2号（1981）1頁，7-8頁は，自ら共和暦7年の法律における所有権移転謄記を所有権移転の効力要件であったと理解している（ただし，共和暦7年の法律制定から民法典制定までの時期の学説は，共和暦7年の法律における所有権移転謄記が効力要件であるか否かの問題を正面から取り扱っていなかっただろう，という留保を付している）。

ただし，共和暦 7 年の法律の *Nemo plus* 原則は，1771 年 6 月勅令 7 条のそれとは異なり，謄記によって所有権が公示されていることを前提としている。二重譲渡の局面において，第一譲受人が第二譲受人に対して「売主すなわち譲渡人は，もはや土地を有していない」と言うためには，自らが所有権移転謄記を備えている必要があるのである。従って，所有権の懈怠 purge は，法律構成上はともかく，機能的には，次の強制収用の場面のみならず，任意譲渡の場面でさえ所有権移転謄記によって実現されているといえる。そしてこのことが，民法典の起草過程において所有権移転謄記制度への批判を招くことになった（後記第 6 款(ii)）。

(ii)　強制収用による所有権の懈怠 purge の廃止

このように，所有権移転謄記制度が所有権の懈怠 purge を機能的に代替し，*Nemo plus* 原則が宣言された結果，共和暦 3 年の décret まで維持されていた，強制収用による抵当権以外の権利，とりわけ所有権の懈怠 purge も，共和暦 7 年の法律では廃止されている。第 2 法律 25 条 1 項は，このことを次のとおり定める。この規定も，定式上は，前述の *Nemo plus* 原則を強制収用にまで拡張するものといえる。

　　「*25 条 1 項　終局的競落は，差押債務者が有していた以外の，所有への権利を，競落人へ移転しない。*」

ただし，ここでもやはり，所有権移転謄記によって権利が公示されていることが前提とされている。*Nemo plus* 原則の下でも，権利の懈怠 purge は，機能的には，所有権移転謄記によって代替されていたのである。この点は，後の民訴法典とは異なる（後記第 7 款(i)）。

(iii)　想定されていた適用場面

26 条における，売主と契約した「第三者」には，定式上，売主の抵当債権者のみならず，譲受人をも含む。前述のように，所有権の懈怠 purge が機能的には所有権移転謄記によって代替されている，といえたのも，そのためであった。

しかし，500 人会議での Jacqueminot 報告は，実は二重譲受人間での適用を想定した議論はしていなかった。彼は，専ら前主以前の所有者の抵当債権者を

第 3 章　フランス中間法及び法典編纂期における抵当権と追及権

「第三者」として想定しているのである。具体的には，彼は第三者が譲渡を知らずに譲渡人に貸付けをしてしまうことを危惧し，このことを，26 条 2 項で認められた謄記の効力の根拠としている[118]。このことは，共和暦 7 年の法律が γ 説の立場からされた立法ではないことを示すものといえる。γ 説の立場から所有権移転謄記制度を支持する Bruxelles 控訴裁判所意見は，この Jacqueminot 報告とは対照的に，まさに二重譲受人間で所有権移転謄記制度が機能することを念頭に置いているからである（後記第 4 款）。

（iv）　抵当権登記の終期

それゆえ，共和暦 7 年の法律における所有権移転証書の謄記制度は，主として抵当権登記の終期を定めるものとして機能することが想定されていた，ということができる。この抵当権登記の終期という観点から見ると，共和暦 7 年の法律は，共和暦 3 年の décret 22 条（前記第 1 節第 3 款(i)，本節前記第 1 款(iii)）のように，譲渡（謄記）後に前主の抵当債権者による登記期間を設けてはいない。

500 人会議における Jacqueminot 報告は，元老会議で謄記後 1 か月の登記期間を設けるべきという主張があったことに言及している。この主張は，抵当権登記を，古法の保存異議及び共和暦 3 年の décret の抵当権登記と同様，所有権移転によって譲渡人の抵当債権者の既得の抵当権が懈怠 purge を受けることを避けるための保存要件として理解するものといえる。これに対して彼は，抵当権登記を抵当権の効力発生要件として捉える立場から，共和暦 7 年の法律の規定を説明している[119]。

第 3 款　共和暦 8 年委員会案

このように共和暦 7 年の法律が所有権移転謄記制度を導入したのに対して，

---

118)　Guichard, *supra* note 11, p. 272.「第三者は，存在しない担保に基づいて貸付けをなしうる；社会にとって，人々が第三者を裏切りえないことが重要である。それゆえ，譲渡もまた公の台帳上の取引の対象となることが必要であった；譲渡が登記前に売主と契約した者を害しえないことが必要であった……。」（傍点は引用者による。）

119)　Guichard, *supra* note 11, pp. 272-273.「債権者は，抵当割付けの結果としてのみ，債務者の不動産上に権利を有する；とりわけ，抵当権の公示の体制において，この本質的原則から離れないことが重要である。然るに，物の上に権利を有しない者は，売却も弁済も停止することができない。」

256

第7節　補説：所有権移転の公示

共和暦8年委員会案（前記第3節参照）は，契約のみによる所有権移転を認め（意思主義），所有権移転謄記制度の廃止を提案している。さらに共和暦8年委員会案は，1771年6月勅令における承認書制度（前記第2章第4節第2款）と同様の承認書制度の復活を提案し，承認書による所有権の懈怠 purge をも否定している（(i)）。それゆえ，この承認書制度は，専ら抵当債権者による異議の終期を定める役割のみを与えられたものであったといえる（(iii)）。その反面，強制収用については，共和暦8年委員会案も，所有権の懈怠 purge 制度を機能的に代替する所有権移転謄記制度の廃止を提案しているために，所有権の懈怠 purge と所有権者の異議とを復活させている（(ii)）。

(i)　所有権移転の意思主義──承認書による所有権の懈怠 purge の否定

共和暦8年委員会案は以下のとおり，所有権移転の意思主義を採用する。

第一に，共和暦8年委員会案は所有権移転の引渡主義と距離を置いている[120]。livre III, titre XI（売買）の2条[121]は，次のとおり規定している。

　「*2条　物と代金とが合意されるやいなや，たとえ物がなお引き渡されていなくても，代金が弁済されていなくても，売買は達成される (accomplie)。*」

もっとも，これはすでに共和暦7年の法律の Jacqueminot 報告に表れていた。すでに紹介したとおり，彼は，当事者間では譲渡は合意のみによって完全である，と述べ，引渡主義から距離を置いていたのである（前記第2款(i)）。

第二に，共和暦8年委員会案は，所有権移転謄記の効力に関する共和暦7年の法律26条も踏襲していない。共和暦8年委員会案は，抵当権登記制度と所有権移転謄記制度とを廃止して，異議制度と承認書制度とを復活させることを提案しているのである。

---

120)　ただし，森田修『強制履行の法学的構造』（東京大学出版会，1995）86-87頁は，共和暦8年委員会案の livre III, titre II の 34 条が，合意によって引渡義務が履行される，という構成によって，抽象化された形ではあるがなお引渡主義を維持している，と指摘する。

　　しかし，本書のここでの問題関心は，契約外の方式である所有権移転謄記の共和暦8年委員会案における処遇にあるので，この点には立ち入らない。もっとも，この指摘に依拠することで，引渡主義が抽象的な形でなお維持されているにもかかわらず，所有権移転謄記は廃止が提案されている，という点を捉えて，共和暦8年委員会案における引渡主義と所有権移転謄記との理論的分離を指摘することはできるだろう。

121)　Fenet, *supra* note 32, p. 334.

第 3 章　フランス中間法及び法典編纂期における抵当権と追及権

これを受けて，任意売却のための承認書は次のとおり，1771 年 6 月勅令におけるのと同様に，所有権の懈怠 purge の効力を否定されている。titre VII は異議を抵当債権者及び先取特権債権者のみに用意しており，同 4 条は，1771 年 6 月勅令 7 条のような *Nemo plus* 原則の宣言こそ含んでいないものの，次のとおり所有権の懈怠 purge を否定している。

「*4 条　承認書の効力は，先取特権及び抵当権の滌除に限定される。*
承認書は所有権，物的負担及び物的地役権を消去しない。……」

従って，承認書制度は専ら，後述するように抵当債権者による異議の終期を定めるためのものであったといえる（後記(iii)）。これは，1771 年 6 月勅令の承認書制度においても同様であった（前記第 2 章第 4 節第 2 款）。そもそも，所有権移転謄記制度を用意していた共和暦 7 年の法律においても，所有権移転謄記制度の適用場面として主に想定されていたのは，譲渡人の抵当債権者について抵当権登記の終期を定める場面であった（前記第 2 款(iii)・(iv)）。

(ii)　不動産強制売却における所有権の懈怠 purge の復活

ここで廃止が提案されている所有権移転謄記制度は，共和暦 7 年の法律においては不動産強制売却による所有権の懈怠 purge を機能的に代替するものであった（前記第 2 款(ii)）。従って，この所有権移転謄記制度廃止の提案に伴い，共和暦 8 年委員会案は，不動産強制売却に，抵当権以外の権利，とりわけ所有権の懈怠 purge の効力を再び認めるよう，提案している。

その前提として，共和暦 8 年委員会案は所有者による不動産強制売却への異議を復活させている。

「*88 条　強制売却について，3 種類の異議がある。*
1，取消しまたは部分解除異議
取消異議は，第三者が，差押不動産の全体が自己に属すると主張する場合の異議である。
部分解除異議は，第三者が，自己に属する不動産が物上差押目的不動産の一部をなしていると主張する場合の異議である。……」

これを前提として，共和暦 8 年委員会案は次のとおり異議の期間制限を定め，

258

所有権の懈怠 purge を定めている。

> 「93条　取消異議は，競落の日の前は常になされうる：競落の日以後は，もはや未払いの代金についてしかなされえない。
> 解除異議は，競売許可前になされねばならない。
> 競売許可後になされ，競落前に終局的に判断されなかった解除異議は，異議者に……代金についての権利のみを与える。」

(iii)　抵当債権者による異議の終期

共和暦8年委員会案は，抵当権登記制度の廃止を提案しており，そのために抵当権の懈怠 purge と保存異議とを復活させている（前記第3節第3款）。そのため，抵当債権者による異議は，(ii)で紹介した所有者の異議の終期とは異なり，譲渡の効力が生じた後も認められている。

任意売却の場合，譲渡の効力は契約によって生じるが，異議は承認書への押印まで認められる。titre VII の70条は次のとおり定めている。

> 「70条　承認書への押印（sceau）の後は，もはや当該承認書に含まれた不動産上に異議をなしえない。」

不動産強制売却の場合は，保存異議の申立期間は物上差押調書抄本の掲示から90日以内とされている。titre VIII の104条は次のとおり定めている。

> 「104条　保存異議者は，物上差押調書の抄本が裁判所の法廷の掲示板に掲示されてから90日以内に異議を申し立てることを義務づけられ，これを怠ると失権する。」

第4款　Bruxelles 控訴裁判所意見

このように，共和暦8年委員会案は共和暦7年の法律の所有権移転謄記制度の廃止を提案していたが，Bruxelles 控訴裁判所意見（前記第4節参照）は，この点でも共和暦8年委員会案に批判的である。

Bruxelles 控訴裁判所意見は，所有権移転謄記を所有権移転の引渡主義における引渡しに相当するものとして捉えており，この理解と抵当権を所有権の一

第3章　フランス中間法及び法典編纂期における抵当権と追及権

部として捉える抵当権理解（γ説）とを組み合わせることによって，抵当権の公示原則の必要を導出していた（前記第4節第1款）。従って，当然のことながら，所有権移転謄記は，引渡主義における引渡しと同様に，所有権移転の成立要件として理解されている[122]。このように，所有権移転謄記を所有権移転の引渡主義における引渡しと同視する点は，共和暦7年の法律のJacqueminot報告（前記第2款(i)）や破毀裁判所意見（後記第5款(i)）にはみられない，Bruxelles控訴裁判所意見に固有の特徴である。

　しかもBruxelles控訴裁判所意見は，所有権移転謄記を所有権移転の引渡主義における引渡しに相当するものとして位置づけているために，この制度が不動産の二重譲渡関係を規律することを念頭に置いている。この点も，共和暦7年の法律のJacqueminot報告（前記第2款(iii)）や破毀裁判所意見（後記第5款(ii)）とは異なっている。Bruxelles控訴裁判所意見は，譲渡証書の謄記を所有権移転の成立要件とすることの利点として，二重譲渡の防止に言及している[123]。

　従って，この所有権移転謄記制度は，機能的には所有権の懈怠 purge を代替するものといえる。そのため，Bruxelles控訴裁判所意見は，共和暦7年の法律と同様，この謄記とは別に所有権保存要件を課すこと，すなわち所有権の懈怠 purge 制度を設けることを拒絶している[124]。

---

122)　*Supra* note 41, n. 5.「所有権の移転はそれぞれ，各郡でこの台帳上に謄記された：そしてその後直ちに，売買契約はたとえ公的権威を帯びたものであっても『所有権という物権（droit réel de la propriété)』を移転するものではなく，『*jus ad rem*』，売主によって引き受けられた義務に従った売買目的物の引渡しに向けられる，売主に対する *empti venditi*（売買契約）訴権しか与えない，ということが，格言として認められた。この訴権は，売主に対する純粋に人的なものであり，物自体に対しても，第三占有者に対しても及ばなかった。しかし，売買契約の『謄記』が郡の公の台帳になされるやいなや，所有権，物権，*jus in re* は，新たな所有者としての取得者の側に移った……。」

123)　*Supra* note 41, n. 5.「……自己の所有権を二度売買すること……はできなかった，なぜなら，第一買主が謄記されているからである。この方式の後は，売主はもはや所有権の証明書を得ることができなかった……。」

124)　このことは，謄記によって所有権移転が移転した場合についての次の記述に示されている。「……取得者の所為なしに，誰も所有権を奪うことができなかった；いかなる事由もその権利を害しえなかった；取得者は自己の権利の保存（conservation）のためにすべき何らの積極的行為義務（devoir actif）も有しなかった；所有者の権利は，居ながらにして保存されたのである。」（*Supra* note 41, n. 5.）

第7節　補説：所有権移転の公示

第5款　破毀裁判所案

　破毀裁判所も，共和暦8年委員会案が共和暦7年の法律の所有権移転謄記制度の廃止を提案している点については批判的であった。それゆえ破毀裁判所案（前記第5節参照）も，共和暦7年第1法律26条と同様の，譲渡契約の謄記制度に関する規定を有している（(i)）。しかし，それは必ずしも二重譲渡関係を規律するものではなく，専ら抵当権登記の終期を示すものであるに過ぎなかった（(ii)）。このことは，破毀裁判所案も Bruxelles 控訴裁判所意見とは異なり，γ説の立場からの立法提案ではなかったことを示している。

　ただし，共和暦7年の法律の所有権移転謄記制度が二重譲渡関係にも一応適用されうるものであったのに対して，破毀裁判所案のそれはそもそも二重譲渡関係を規律するものではなかった。従って，破毀裁判所案の所有権移転謄記制度は，共和暦7年の法律におけるそれとは異なり，所有権の懈怠 purge を機能的に代替するものではなかった。このことは，破毀裁判所案が強制売却に所有権の懈怠 purge の効力を認めていることによって示される（(iii)）。

(i)　譲渡契約の謄記と所有権移転

　破毀裁判所意見は，共和暦8年委員会案が所有権移転の引渡主義を離れている点については特に批判を加えていない[125]。しかし，破毀裁判所案は，Bruxelles 控訴裁判所意見（前記第4款）のように引渡主義と不動産所有権移転謄記制度とを接続してはいないため，このことを不動産所有権移転謄記制度の廃止につなげてはいない[126]。破毀裁判所案6条第1文及び第2文は，不動産所有権移転証書の謄記の効力について，次のとおりこれを第三者対抗要件として規定している[127]。これは，後述する違い（後記(iii)）を除いて，共和暦7年

---

[125]　共和暦8年委員会案 livre III, titre XI（売買）の2条（前記第3款(i)）につき，Fenet, *supra* note 32, p. 720.

[126]　なお，共和暦8年委員会案が合意による引渡義務の履行という形で引渡主義を維持している，という森田・前掲注 120) 86-87 頁の指摘によっても，破毀裁判所案は，同様に抽象化された引渡主義を維持しつつ，それとは別立てで，契約外の方式である所有権移転謄記制度を復活させた，ということができるだろう。いずれにせよ，共和暦8年委員会案は Bruxelles 控訴裁判所意見とは異なり，所有権移転謄記制度を引渡主義に接続しているわけではない，といえるのである。

[127]　香山・前掲注 31)「(1)」350 頁は，引渡主義から距離を置く共和暦8年委員会案 livre III, titre XI（売買）の2条等を破毀裁判所が支持していることを根拠に，破毀裁判所は共和暦8年委員会案の意思主義体系を承認している，と説明する。そして，破毀裁判所案は意思主義体系を貫徹したた

第 3 章　フランス中間法及び法典編纂期における抵当権と追及権

第 1 法律 26 条とほぼ同じ規定になっている。

> 「*6 条　不動産所有権移転証書はすべて，抵当権保存吏の台帳上に謄記されねばならない：それまでは，証書は第三者に対抗されえない。*」

　また，破毀裁判所案の chapitre VII は，共和暦 7 年の法律を踏襲して，謄記制度を念頭に置いて「所有物を補強し，所有物から先取特権及び抵当権を滌除する方法」という表現を用いている。このことは，破毀裁判所も共和暦 7 年の法律 26 条と同様に，謄記を所有権移転に関する何らかの要件と考えていたことを示唆する。

　しかしその一方で，破毀裁判所案はこの所有権移転謄記制度によって二重譲渡関係を規律することを想定しているわけではない。破毀裁判所案 90 条 1 項は，抵当権の滌除制度との関係で，所有権移転謄記制度を用いている。これは，後の Treilhard 草案 92 条 1 項，民法典 2182 条 1 項に相当する。

> 「*90 条 1 項　所有権移転名義の，保存吏の台帳での謄記だけでは，不動産上に設定された先取特権及び抵当権は滌除されない。*」

　破毀裁判所案はこの 90 条 1 項の直後に，2 項として次のような規定を置く。これは，任意譲渡における *Nemo plus* 原則を宣言するものであり，後の Treilhard 草案 92 条 2 項，民法典 2182 条 2 項に相当する。

> 「*90 条 2 項　不動産は新所有者に，前主に属していた諸権利（les droits）を伴って，かつ不動産が負担していたのと同じ先取特権及び抵当権を割り付けられてのみ，移転する。*」

　これに相当する規定は，共和暦 7 年の法律にも存在した。共和暦 7 年第 1 法律 28 条である。しかしそれは「謄記は……所有への権利を取得者に移転する」（傍点は引用者による）という規定であった（前記第 2 款(i)）。これに対して，破

めに，所有権移転謄記に所有権移転の（何らかの）効力をかからしめる，共和暦 7 年の法律のような所有権移転謄記制度は採用していない，と考えている。これは，この破毀裁判所案 6 条の存在を看過したものといえる。

262

毀裁判所案 90 条 2 項は謄記の語を一切出していない。この表現の変更もまた，破毀裁判所案 90 条 2 項が共和暦 7 年第 1 法律 28 条と異なり，謄記を（第三者との関係限りでさえ）所有権移転の成立要件として表現しないようにしていることを示すものといえる。他方で，90 条 2 項が規定する *Nemo plus* 原則は，他人の所有権の懈怠 purge を否定するものでもある。従って，90 条 2 項はすでに生じた他人への所有権移転の効力を事後的に否定するものでもありえないのである[128]。

（ii） 抵当権登記の終期としての所有権移転謄記

　それでは，破毀裁判所案における所有権移転謄記制度とはいかなるものなのであろうか。この点については，以下のように，破毀裁判所案 6 条は，「第三者」として専ら前主の抵当債権者を念頭に置き，所有権移転謄記を抵当権登記の終期を定める制度として位置づけていたものと解される。そしてこのことは，破毀裁判所案が Bruxelles 控訴裁判所意見のような γ 説の立場からの立法提案ではなかったことを示しているといえる。

　そもそも，破毀裁判所案 90 条 1 項は滌除のための制度として謄記制度を用意している。破毀裁判所意見も，所有権移転証書の謄記を，抵当債権者と第三取得者との間でも，所有権移転の「公示」としては扱っていない（ここでいう「公示」とは，取引に入る前の者に対する警告という意味であって，登記終期の警告は「公示」ではない）。破毀裁判所意見は，公示原則について説明する際に，債務者の積極財産（所有物）については，契約当事者（抵当貸主）が所有名義を調査するしかない，と述べている[129]。従って，破毀裁判所意見において，所有権移転謄記は，専ら前主からの抵当権設定（より厳密には，前主の抵当債権者が第三

128）　もちろん，二重譲渡関係を対抗要件によって処理することに馴れた今日の目から見ると，譲渡人からの第二譲渡を無権利者からの譲渡から区別し，*Nemo plus* 原則を無権利者からの譲渡のみに適用されるものとして限定することで，第一譲受人の権利を否定することは可能である。しかし，このような議論が当時においては必ずしも通用していなかった，ということが，次の民法典の起草過程における Conseil d'État での議論によって明らかにされるだろう（後記第 6 款）。

129）　Fenet, *supra* note 32, p. 607.「債務者の支払能力の確約は，債務者の積極財産と消極財産が知られていることの結果である。積極財産は一般には占有によって，より正確には債務者が取引相手に対して立証する所有名義によって知られる。これは契約当事者の問題である。法律はこれを契約当事者の用心に任せ，これを補いえない：契約当事者のみが，必要なすべての情報を調査することができる；失敗した場合，契約当事者は自らしか責めることができない。債務者が自己に属しないある財産上に提供することを望んだ担保は，この財産が属する者を害しえない。」

取得者に抵当権設定の効力を主張するために必要な，抵当権登記）の終期を定めるための制度として位置づけられている。

　このことは，さらに以下のとおり，破毀裁判所案6条及びこれと関連する諸規定と，それらを説明する破毀裁判所意見の記述によって，明らかにされる。破毀裁判所案6条には，共和暦7年の法律26条2項の「売主と契約し，本法の諸規定を遵守していた第三者」という表現はないが，その代わりに第3文が次のように定めている。

　　「6条　……新たな所有者によってこの謄記の前に合意された譲渡証書または抵当証書は，前の諸所有者から当該不動産上の何らかの権利を取得し，自己の名義を登記または謄記させていた第三者との関係では，なかったものとみなされる（comme non avenus）。」（傍点は引用者による。）

　「新たな所有者によって」という文言から，この規定が典型的な二重譲渡関係すなわち同一譲渡人からの第一譲受人と第二譲受人との関係を念頭に置くものでないことが分かる。また，この「何らかの権利」を取得した第三者に，売主の抵当債権者が含まれることは問題ない。しかし，売主からの所有権の取得者は含まれるのだろうか。つまり，第一譲受人からの転得者と，謄記を備えた第二譲受人との関係だけは，6条の適用範囲に含まれるのだろうか。

　この点については，破毀裁判所が売主からの第二譲受人を保護することを念頭に置いて，第三者を「前の諸所有者から当該不動産上の何らかの権利を取得し，自己の名義を登記または謄記させていた第三者」と規定したとは考えられない。破毀裁判所は，第三者を「前の諸所有者から当該不動産上の何らかの権利を取得し，自己の名義を登記または謄記させていた第三者」に限定することで，売主の債権者を保護しつつ，先取特権者としての売主自身を保護から排除することを専ら念頭に置いていたと考えられる。その理由は次のとおりである。

　実は，破毀裁判所案6条は，共和暦7年第1法律26条や後のTreilhard草案91条とは異なり，「先取特権」という題目を掲げたchapitre Iに置かれている。破毀裁判所案6条と並んで，同8条2号は未払いの売却代金のための売主先取特権について次のとおり規定し，買主の謄記に基づく売主先取特権の職権登記制度（共和暦7年第1法律29条第2文）を維持するとともに，売主にも取得者の名義を謄記する権利を与えている。

「8条 不動産上の先取特権付債権者は，以下のとおりである。……

2，売主は，自らが売却した不動産上に，代金の一部または全部の弁済のために先取特権を有する。

この先取特権は，取得者へ所有権を移転し，代金の全部または一部の債務を証明する名義の謄記によって，保存される：そのために，抵当権保存吏は職権で，自己の台帳上に，この名義から生じる未登記債権を登記する：売主は，取得者の名義を謄記させ，その結果として代金に基づいて自己へ支払われるべきものを登記させることもできる。」

このように取得者の名義を謄記する権利を売主に与えたことについて，破毀裁判所意見は以下のとおり，売主は抵当権保存吏に依存することなく自己の権利を自ら守らねばならない，という趣旨であることを説明する。

このことを説明するために，破毀裁判所意見は次のような事案を用意する。売主Ａが買主Ｂに不動産を売却したが，買主Ｂは謄記も代金弁済もしておらず，売主Ａ自身も自己の売主先取特権を登記してはいない。買主Ｂは転得者Ｃへ当該不動産を売却し，転得者Ｃは滌除のために謄記を済ませたが，代金の弁済には至っていない。売主Ａ，買主Ｂ，転得者Ｃには，それぞれ債権者がおり，それぞれ自己の債務者が不動産を所有している間に自己の債務者に対して登記をしていた。

この場合，買主Ｂが謄記していないため，売主Ａの抵当権は保存吏によって職権登記されない。そのため，転得者Ｃによる滌除手続において，売主先取特権者である売主Ａは弁済を受けない。しかし破毀裁判所意見は，このことを問題視してはいない[130]。

これに対して，破毀裁判所意見は，Ａの登記債権者は保護されねばならない，という。そしてそのために，破毀裁判所案99条を用意する。99条は，前々主から前主への所有権移転証書が未謄記だった場合に，第三取得者は，前主から自己への所有権移転証書のみならず，前々主から前主への所有権移転証書も自ら謄記せねばならない，と規定する。そして，これを怠った場合，前主の抵当債権者の抵当権しか滌除されず，第三取得者は前々主の抵当債権者の抵

---

130) Fenet, *supra* note 32, p. 645.「Ａの債権はどうなるのか？ その抵当権は失われるが，それはＡの過失によるものである，というのもＡは登記を怠っており，Ａは保存吏の配慮に依存することなく自ら監視せねばならなかったのである。」

第 3 章　フランス中間法及び法典編纂期における抵当権と追及権

当負担を負い続ける，とする。共和暦 7 年の法律にも，後の Treilhard 草案・民法典にも，これに対応する規定は存在しない。

> 「*99 条　先行する所有者の名義から抵当権及び先取特権が滌除されていなかった場合，それらの名義は，もはや先行する所有者によっては滌除されえない；しかし，新所有者がそれらの抵当権及び先取特権から解放されたい場合，すべての先行する未謄記名義を謄記し，各旧所有者のすべての登記債権者に通知する義務を負う；これを欠くと，彼らの先取特権及び抵当権は不動産上に存続する。*」

破毀裁判所意見は，この 99 条の趣旨を説明する際に，共和暦 7 年第 1 法律 26 条を援用し，売買後も謄記までは前主の抵当権設定は有効である，としている[131]。

ここで，前述の破毀裁判所案 6 条第 3 文が，売主 A の債権者を保護するためのものであったことが分かる。破毀裁判所案 6 条第 3 文をこの状況にあてはめると，次のようになる。

> 「買主 B によってこの謄記の前に合意された，転得者 C への譲渡証書は，売主 A から不動産上の抵当権を取得し，自己の名義を登記させていた『売主 A の債権者』との関係では，なかったものとみなされる。」

破毀裁判所意見は，そのために，転得者 C は滌除の際に BC 間のみならず AB 間の売買契約を謄記せねばならない，という[132]。99 条をこの状況にあてはめると，次のようになる。

> 「買主 B の名義から抵当権及び先取特権が滌除されていなかった場合，買主 B の名義は，もはや買主 B によっては滌除されえない；しかし，転得者 C がそれらの抵当権及び先取特権から解放されたい場合，すべての先行する未謄記名義を

---

131)　Fenet, *supra* note 32, p. 646.「法律〔引用者注：共和暦 7 年第 1 法律〕は正当にも，謄記は売主の抵当権を消去しまたは縮減しうる；謄記までは，第三者との関係では売買は存在せず，この売主と有効に契約しうる，と言っている（26 条）。売買の謄記がなされていない場合，売却された財産は常に売主に属していたものとみなされ，売主の債権者の抵当権を，たとえそれが売買から謄記までに取得された抵当権であっても，課せられる。」（傍点は引用者による。）

132)　Fenet, *supra* note 32, pp. 646-647.

第7節　補説：所有権移転の公示

謄記し，売主 A 及び買主 B のすべての登記債権者に通知する義務を負う：これ
を欠くと，彼らの先取特権及び抵当権は不動産上に存続する。」

　このように，破毀裁判所の考察では，共和暦 7 年の法律 26 条は，二重譲受
人間ではなく，専ら第三取得者と前主以前の所有者の抵当債権者との関係，具
体的には，抵当権設定（その成立要件としての抵当権登記）の終期を定めるもの
として論じられているのである。破毀裁判所案における所有権移転謄記制度を
以上のように理解することは，破毀裁判所自身が（謄記を含む）滌除制度と承
認書制度の連続性を強調していること（前記第 5 節第 4 款(i)）とも整合する。
そしてこのことは，破毀裁判所案が γ 説の立場からの立法提案ではなかったこ
とを物語っているといえる。γ 説の立場から所有権移転謄記制度を支持してい
た Bruxelles 控訴裁判所意見は，まさに二重譲受人間で所有権移転謄記制度が
機能することを想定していたからである（前記第 4 款）。

(iii)　強制売却と所有権の懈怠 purge
　このように，破毀裁判所案においては，譲渡契約の謄記は二重譲渡関係を規
律するものではなかった。任意売却に関するこの議論は，強制売却にも影響す
る。共和暦 7 年の法律の所有権移転謄記制度は，（立法者によって正面から想定さ
れていたとはいえないにせよ）二重譲渡関係を適用範囲に収めることで，所有権
の懈怠 purge を機能的に代替していたからである（前記第 2 款(ii)）。これに対
して，以上に述べたとおり，破毀裁判所の謄記制度は二重譲渡関係を規律する
ものではなく，所有権の懈怠 purge に機能的に代替するものではない。そこ
で破毀裁判所案は，共和暦 8 年委員会案と同様，強制売却における終局的競落
に，所有権等の懈怠 purge の効力を与えている。titre VII の 52 条が，これを
規定している。

　　「52条　終局的競落は競落人に，命じられた期間内に競落代金……を弁済する
　　ことで，競落された財産及び権利の完全な所有権を，すべての取戻訴権・地役
　　権・土地負担・債務及び抵当権から解放された状態で，移転する。」

　これを受けて，53 条以下では，異議制度に代わる取戻権の行使態様が定め
られている。

267

第3章　フランス中間法及び法典編纂期における抵当権と追及権

第6款　民法典の起草過程

　民法典の起草過程では，所有権移転証書の謄記を所有権移転証書の第三者に対する対抗要件とする共和暦7年の法律の規定を復活させることが一旦は提案される（Treilhard 草案91条）。しかし，結局この提案は取り下げられ，所有権移転謄記は単なる滌除手続開始要件とされた。Bruxelles 控訴裁判所意見が主張していたような，γ説に基づく，所有権移転謄記を中心とした物権公示の体系は，この時点では実現しなかったのである。

　そこに至る過程で，Treilhard 草案91条は，二重譲渡局面において第二譲渡に伴う懈怠 purge によって先行譲受人の所有権を剥奪するものと理解され，この理解に基づいて批判されている。これは，*Nemo plus* 原則に基づき承認書制度に所有権の懈怠 purge の効力を認めないという共和暦8年委員会案の判断（前記第3款(i)）が，Treilhard 草案における所有権移転謄記制度にもそのまま持ち込まれたものといえる。共和暦7年の法律が二重譲渡局面を所有権移転謄記制度の主たる適用場面として想定しておらず（前記第2款(iii)），破毀裁判所案も二重譲渡局面を所有権移転謄記制度の適用場面と考えていなかったことが（前記第5款(ii)），このような結果をもたらしたといえるだろう。

(i)　議論の前兆──Tronchet 意見の謄記理解

　Treilhard 草案91条をめぐる議論の前哨戦として，Treilhard 草案起草前の Conseil d'État の共和暦12年 pluviose 12日の会期における議論の中で，Tronchet が共和暦7年の法律の謄記制度を批判している。その批判の前提として，彼は共和暦7年の法律における謄記を，所有権移転の効力要件ではなく，他人による所有権取得の際の（懈怠 purge に対する）所有権保存要件として理解している[133]。さらに彼は，第二譲受けを無権利者からの譲受けとして理解している[134]。

---

133)　Fenet, *supra* note 33, pp. 289-290. 「売買においては，謄記は不要である。謄記を用いるのは，取得者に所有権を確保する（assurer）ためであろうか？　取得者の保護（garantie）は，取得の日付の先後から生じる；そして，この日付は契約によって確かなものとされる。」（傍点は引用者による。）

134)　先ほどの引用部分に続けて，彼は次のように述べている。
　　「……それは，第三取得者がもはや所有者でない者（homme qui ne soit plus propriétaire）から買うことによって騙されるのを防ぐためであろうか？　この点について調べる通常の方法によって，

268

第 7 節　補説：所有権移転の公示

(ii)　Treilhard 草案 91 条をめぐる Conseil d'État の議論

Conseil d'État における議論を経て，共和暦 8 年委員会案に代えて起草された Treilhard 草案は，基本的には破毀裁判所案を下敷きにしていたが，その 91 条では，次のとおり，破毀裁判所案 6 条ではなく，共和暦 7 年第 1 法律 26 条 2 項を踏襲していた。

　　「*91 条　謄記されていない所有権移転証書は，売主と契約し，自ら本法の諸規定を遵守した第三者に対抗されえない。*」

追及権及び抵当権滌除に関連する条文で，Conseil d'État において最も議論があったのが，この Treilhard 草案 91 条であった[135]。この条文は Conseil d'État における議論を経て最終的に削除されるが，その過程を分析すると，この条文が規律する二つの関係（①二重譲渡関係・②抵当債権者と抵当不動産の第三取得者との関係）が，互いに全く異質なものとして捉えられていたことが浮かび上がってくる。

　すなわち，91 条が①二重譲渡関係にもたらす効力は，第二譲渡に伴う懈怠 purge によって先行譲受人の所有権を剥奪するものと理解された上で[136]，強い批判を受けた。そこでは，譲渡後の売主は無権利者と理解され，無権利者からの買受人と売主からの二重譲受人が同列に論じられている[137]。そして起草

第三取得者は十分な情報を得る，ということが，経験によって示されてきた。」（傍点は引用者による。）Fenet, *supra* note 33, p. 290.

135)　Fenet, *supra* note 33, pp. 386-391.

136)　後掲注 138) 参照。鎌田・前掲注 117) 7 頁は，所有権移転謄記は対抗要件か効力要件か，という自身の問題意識に基づいて，ここでの議論について「草案第九一条の如き規定は謄記を効力要件と解するのでない限り理解し難いとの趣旨と解しうる意見が大勢を占めていたと評しうる」という理解を示す。しかし，91 条に対する反対者は，第二譲渡の謄記による懈怠 purge が第一譲受人の所有権を侵害することを問題視しているのであって，謄記を所有権移転の「効力要件」と捉えた上で所有権が直ちに移転しないことと意思主義との矛盾を批判しているわけではない。そもそも，Treilhard 草案には共和暦 7 年の法律 28 条のような「謄記が所有権を移転する」という文言を用いた条文がないので，謄記の効力要件的理解（前掲注 117) 参照）は根拠を失っている。Treilhard 草案は破毀裁判所案を下敷きにしており，共和暦 7 年の法律 28 条に相当する Treilhard 草案 92 条も，破毀裁判所案 90 条 2 項を引き写したものとなっているのである。この破毀裁判所案 90 条 2 項と共和暦 7 年の法律 28 条との違いについては，本節前記第 5 款(i)参照。

137)　星野・前掲注 115) 16 頁が「総会における議論はやや的外れなものが多く」と書くのも，このように第二譲渡を無権利者からの譲受けとして捉える観点が議論の中に混入しているためと思われる。確かに，対抗要件主義に基づき，譲渡人からの譲受けと無権利者からの譲受けとを峻別するこ

269

第3章　フランス中間法及び法典編纂期における抵当権と追及権

者側も，これに対する反論として，今日流布しているような「所有権の帰属の
相対性」を説くわけでも，謄記が所有権移転の成立要件であると説くわけでも
なく，むしろこの批判との正面衝突を回避しようとしている。

　その一方で，91条が②抵当債権者と抵当不動産の第三取得者との関係にも
たらす効力は，第三取得者の謄記を譲渡人の抵当債権者による登記の終期とす
るものと理解され，これに対する批判は少なかった。そのため，起草者側はこ
の②を適用場面として前面に出すことで，91条を擁護しようとする。しかし，
この戦略は失敗し，結局91条は全面的に放棄された。以下では，議論の具体
的な経緯を紹介しながら，このことを明らかにしていく。

　まず，反対者 Malleville が質問を行う。この質問からは，彼が，91条を①
二重譲渡場面に適用することは，第一譲受人の所有権に対する懈怠 purge と
して作用する，と理解していることが分かる。

　彼は Treilhard 草案91条を批判するために，Treilhard 草案92条を援用す
る。これは次のとおり，破毀裁判所案90条（前記第5款(i)）を引き写したもの
であり，その2項は Nemo plus 原則を宣言したものである。

　　「92条1項　所有権移転契約の……単なる謄記は，不動産上に設定された抵当
　権及び先取特権を滌除しない。
　　2項　不動産は，前主に属していた諸権利（les droits）とともに，そして不動
　産に課されていたのと同じ先取特権及び抵当権に割り付けられた状態でしか，新
　所有者に移転しない。」

　彼は，①二重譲渡の場面を念頭に置き，第一譲渡後の譲渡人が無権利者であ
るという前提で，第二譲渡に92条を適用し，91条とこの92条との矛盾を訴
える。「91条が実際に，第一の取得者が謄記の欠缺のみによって所有権を奪わ
れうるということを望んでいたのか」（傍点は引用者による）と問いかけるので
ある[138]。

――――――――――――――――――――――――――――――――――――――
　とに慣れ親しんだ今日の目から見ると，この議論は「的外れ」に見えるかもしれない。しかし，古
　法の強制命令による所有権の懈怠 purge に慣れ親しんでいた当時においては，この議論は必ずし
　も的外れとは考えられていなかったのではないかと思われる。
[138]　香山・前掲注86)「(5)」347頁は，所有権移転謄記は対抗要件か効力要件か，という自身の問
　題意識に基づいて，この Malleville 発言が前提とする91条理解を，謄記を対抗要件でなく効力要
　件と捉えるものとして評する。

270

第7節　補説：所有権移転の公示

　これに対する応答として，Treilhard はこの時点では，先行して譲渡を受け
た未謄記譲受人が所有権を奪われうることを認めている[139]。ここですかさず
Jollivet が，Malleville の質問とは無関係な，②前主による抵当権設定場面の話
を付け加えている[140]。

　しかし，反対者の最大の関心は①二重譲渡場面であったため，当然ながら
Jollivet の付加は反対者に無視されることになる。Tronchet は，二重譲渡の場
面と，無権利者からの譲渡の場面とを併せて[141]，他者の謄記具備による所有
者の所有権剝奪の不当性を訴える。彼は，買主に売主の権原の調査を免除する
規定として 91 条を理解し，そのために所有権を侵害するのは不当であるとい
う[142]。彼もまた，91 条の効力を所有権の懈怠 purge として捉えているといえ
る。

　ここで執政 Cambacérès が，Conseil d'État 立法部に対して，91 条の趣旨，
具体的には「買主が所有者でなかった者から購入した場合でも，謄記は買主に
所有権を与えるのか」（傍点は引用者による）について求釈明した。この求釈明
は，今日の目から見ると，Tronchet が無権利者からの譲渡と二重譲渡とを混
同しているために生じた議論の食い違いを正すためもののように見える。しか
し，以下の展開を見ると，実はそうではなく，むしろ Cambacérès は①二重譲

　しかし実際には，彼の草案 91 条に対する理解は「第一の取得者が謄記の欠缺のみによって所有
権を奪われうる」（傍点は引用者による），すなわち，一旦譲渡によって移転した所有権が，譲渡証
書の未謄記を理由に，後発の所有権移転契約の謄記具備によって懈怠 purge を受ける，というも
のである。従って，謄記を効力要件と捉え，譲渡後も謄記までは所有権が移転しない，と考えてい
るわけではないのである。

　従って，Malleville 発言に対する冒頭の評価は「所有権移転謄記は対抗要件か効力要件か」とい
う後世の問題設定に引きずられた評価であって，Malleville の議論を内在的に理解するものとはい
えないだろう（このことは，Malleville 以外の反対者の 91 条に対する理解についてもいえる〔前
掲注 136）参照〕）。

139)　「それが本条の帰結である。二重譲渡の場合に，取得者間の優先性を規律することが必要であ
った。本条は，謄記した取得者に優先性が与えられることを望んでいる……。」

140)　「加えて，この規定は売主が売却不動産に抵当権を課す権能を奪うためにも必要であった。」

141)　Tronchet も，無権利者の売却と同一売主による二重売却それぞれについて別個に言及してい
ることから，両者を一応異なる事案類型として理解してはいるように思われる。しかし，彼の見解
の中に，両者の帰趨を異なるものとする契機は存在しない（このことにつき，前記(i)参照）。

142)　彼はその他にも，②売買後の売主の抵当債権者を保護するために買主が犠牲にされるのは不当
である，91 条の沿革となった共和暦 7 年の法律の規定は国庫の利益（つまり税収）を目的とした
ものでしかない，などと種々雑多な反対論を展開しているが，本文で紹介した部分だけが執政
Cambacérès に拾われており，議論の中で意味を持ったのは当該部分だけであると思われる。

271

第3章　フランス中間法及び法典編纂期における抵当権と追及権

渡の場面における91条の効力を所有権の懈怠 purge と理解した上で，これを否定的に評価し，91条の効力を②売主の抵当債権者との関係に限定する道を模索していることが分かる[143]。

この求釈明に対して，Treilhard は「92条が，土地は売主に属する諸権利を伴ってしか新所有者に移転しないと決定することで，困難を解決している」と説明する。この説明も，今日の目から見ると，無権利者からの譲渡と二重譲渡が峻別されるべきことを述べているように見えるが，その後の展開を見ると，実はそうではなく，ここで Treilhard は批判を受けて軌道修正を始めていることが分かる。

この説明に対して，Tronchet が，91条を所有権の懈怠 purge として理解する立場から，しかし無権利者からの譲渡ではなく二重譲渡の場面を念頭に置いて，批判を加える。彼は，92条にもかかわらず，91条によれば「謄記が所有権を滌除する «Elle（※ transcription）purge la propriété»[144]」ことは明らかである，という。そして，これは売主に stellionat（詐欺的売却）の実行を認め，買主から所有権を奪い，売主の権原を十分吟味しなかった軽率な取得者を優遇するものである，という。この売主による stellionat は，ここでは文脈上第二譲渡を意味するので，彼が二重譲渡の場面を念頭に置いていることが分かる。

この Tronchet の批判に対する Treilhard の応答こそが，彼の軌道修正を明らかにするものである。すなわち，Treilhard は，Tronchet らの批判をかわす

143）　Cambacérès はこれ以前にも，共和暦7年の法律を，所有権の流動化（mobiliser）と譲渡の迅速化・容易化を目指すものと理解した上で，この点を「国家にとって何の利点もない」と否定的に評価していた（むしろ国家は「同じ家族への所有権の固定に，自らの安全を見出す」という）（Fenet, *supra* note 33, pp. 314-315）。このことは，彼が不動産取引すなわち不動産所有権移転の促進に対して強い警戒心を抱いていたことを示している。他方で彼は，1771年6月勅令が契約公示後2か月の異議間を設けていたことを積極的に評価しており（*Id.*, pp. 313-314），これは不動産譲渡に対して抵当信用を保護することに関心を示すものといえる。

　　それゆえ，彼は謄記を所有権移転の第三者対抗要件とすることについて，抵当債権者保護によって不動産信用の安全を図ることには積極的であったが，第二譲受人保護によって不動産取引の安全を図ることには消極的だったものと解される。

144）　なお念のため，民法典の livre III, titre XVIII, chapitre VIII の表題のように «purger les propriétés des priviléges et hypothèques»（所有物から先取特権及び抵当権を滌除する）という表現が存在する。ここでの propriété は「所有物」であって「所有権」ではない。しかし，本文の表現は，Tronchet の議論の中で «la transcription ne purge pas les priviléges et les hypothèques» という文と対になって登場してきたものであり，「抵当権または先取特権」の滌除と対置された「所有権」の滌除を示すものと解される。

272

第7節　補説：所有権移転の公示

ために，①二重譲渡の場面で謄記を優劣の基準とすることを放棄している[145]。彼は，Tronchet の批判を的外れなものとして一蹴し，無権利者からの譲渡と二重譲渡の峻別（さらには所有権の帰属の相対性）を説くことはしていないのである。そして彼は「それゆえ，人々〔引用者注：文脈上 Tronchet を指すと解される〕が指摘してきたような難点は実際には存在しない」ので，それを理由に91条を拒絶すべきではない，と言う。この応答は文脈上，92条の存在を理由にして，91条が二重譲渡場面において第一譲受人から所有権を剥奪する効力を有することを否定するものに他ならないものといえる[146]。Tronchet が指摘していた難点は，二重譲渡場面における第一譲受人からの所有権剥奪だったからである。

　この応答に続いて，Treilhard は91条の採択を求め，そのために91条の立法理由の説明を展開するが，そこではもはや①二重譲渡場面への言及はなく，専ら②前主による抵当権設定場面が論じられている[147]。すなわち，彼は抵当権の公示によって貸主に借主の状況を調査する手段が与えられること，にもかかわらず貸主が借主を謄記に従って所有者とみなすことができないのは片手落ちであるということを指摘する。そして，売主（すなわち借主）が売却後の売却物上に担保権を設定することは stellionat（ここでは文脈上，詐害的担保権設定を指す）を犯すことであるが，それでも，謄記を信じた貸主（抵当権者）と不動産の未謄記買主を比較すれば，後者が不都合を甘受すべきである，と説く。そして，Jollivet が冒頭でさりげなく付け加えていたとおり，前主の抵当債権者が出現するのを防ぐためには，買主は所有権移転契約を謄記せねばならないと説明する。そして最後に，この規定は「売主が失った物の上に設定した抵当権

145）「……権原を調査せずに購入するほど軽率な者がいた場合を仮定すると，そうした者の軽率さは，自分たちのみに苦痛をもたらすだろう；苦痛は真の所有者を害しない，というのも，92条によれば，彼らが物の上に取得するのは，売主が有し得た権利だけだからである……。」

146）Treilhard はそれ以前にも，Cambacérès が共和暦7年の法律を，所有権の流動化（mobiliser）と譲渡の迅速化・容易化を目指すものとして批判した際に（前掲注143）），「私もまた，所有権の流動化及び迅速すぎる移転の制度を拒絶する」と（その真意は定かではないが）同調していた（Fenet, *supra* note 33, p. 315）。

147）Besson, *Les livres fonciers et la Réforme hypothécaire*, Paris, 1891, p. 100 は，第二譲受人と前主の抵当債権者とが等しく「第三者」とされることに幻惑されて，ここで Treilhard が主戦場を切り替えた（つまり，「第三者」の類型を第二譲受人から前主の抵当債権者に変更した）ことを見過ごしている。そしてその結果，Treilhard のこの応答を，漠然と「不動産所有権移転の公示がよき抵当制度の必須の条件である」（傍点は引用者による）ことを説いたものと解釈している。

273

第3章　フランス中間法及び法典編纂期における抵当権と追及権

しか扱わない」こと，売主と取得者が共謀して売主の抵当債権者を詐害することを防ぐには謄記が必要であり，91条がなければそのような詐害行為が可能になってしまう[148]ということを確認する。

このようにTreilhardは，92条を根拠に91条の①二重譲渡場面への適用を否定し，91条を専ら②売主の抵当債権者に対する「取得者と売主の詐害的共謀を予防する手段」，すなわち不動産信用の安全のための条文であるかのように装っている。そしてこれによって，彼は91条を無修正で通過させようと狙ったのである。

しかし，Treilhardによるこの巧みな逃げ切り戦略は，次の執政Cambacérèsの発言によって結局水泡に帰する。彼もまた，91条の効力を所有権の懈怠purgeとして理解していることが，ここで明らかになる。

彼は，条文の文言からは，Treilhardが説明したような意味は十分明らかになっていない，と指摘する。彼はとりわけ，通常の用語法によれば，*Nemo plus*原則を宣言した92条2項の「諸権利（les droits）」の中には所有権が含まれないことを，疑義の源として問題視する。そして，自己の見解として，「謄記は所有権を滌除する効力を有すべきでない」と述べる[149]。この発言は，彼もまた91条の効力を所有権の懈怠purgeとして理解していることを示している。

かくして，彼はこの点に関して「法律の意図につき疑義を残さないため」の草案の修正を提案した。その結果，「契約の謄記は，売主が所有者でなかった所有権を買主に移さないこと」を明らかにするように草案の修正を命じる決議が採択された。この決議もまた，今日の目から見ると，無権利者からの譲渡と二重譲渡を峻別し，91条が二重譲渡の場面における謄記基準の原則を，92条が無権利者からの譲渡の無効を明らかにするように修正を命じたもののように見える[150]。しかし，これまでの議論の流れからすると，これはむしろ，92条2項の「諸権利」に所有権を加え，かつ91条の「第三者」から第二譲受人を除いて，91条に所有権の懈怠purgeの効力を持たせないよう修正を求めるも

---

148)　これは，草案91条がなければ，譲渡時点で直ちに前主の抵当権設定・登記が不可能になる，という理解を前提としている。

149)　ただし，ここでCambacérèsが農村における境界紛争の当事者からの農地譲受けの例（すなわち，二重譲渡事例ではなく無権利者からの譲受けの例）しか挙げなかったことが，後世の誤解（後掲注151））を招いたと考えられる。

150)　香山・前掲注86)「(5)」348頁。

274

第7節　補説：所有権移転の公示

のであることが分かる。

　2日後に Treilhard は決議に基づく修正を施した草案を再提出する。そこでは，92条2項に相当する条文の文言が「売主は取得者に，売却物上に自ら有していた所有権及び権利のみを移転する……」（傍点は引用者による）に改められ（新91条2項），*Nemo plus* 原則が所有権に関してより明らかな形になった。そしてこれとともに，当初の91条に相当する条文は，修正ではなく，削除されていた。この削除も，以上のように重大な修正が求められていたことを踏まえれば，決して唐突なものとはいえないだろう[151]。そして，修正後の新91条

---

151)　後世のフランスの研究者は一般に，草案91条を「基本的な部分が採択されていたにもかかわらず，なぜか最終的には削除された」ものと理解している。そしてその理由について，「もしかすると，誤解か手違いの結果として」(Troplong, *Le droit civil expliqué suivant l'ordre des articles du Code, des priviléges et hypothèques*, t. 1, Paris, 1833, préface, pp. xxxiv-xxxvi), または「Conseil d'État が最後の瞬間に意見を変えた」(Besson, *supra* note 147, p. 100) などと推測している。日本の研究者も，このような，草案91条の削除は Conseil d'État における議論の結果ではない，という理解を，特に疑うことなく紹介してきた（今村与一「19世紀フランスの抵当改革(1)」社会科学研究37巻6号〔1986〕1頁，9頁，香山・前掲注86)「(5)」348頁）。星野・前掲注115) 16頁や滝沢・前掲注117) 110頁注24も，議論における勝敗については明確な理解を示していないが，議論の結果と修正後の草案との間に不連続があることは前提としているようである（なお，川島武宜『所有権法の理論』〔岩波書店，1949〕は，290頁で単に「論争の末ついに民法典中に規定されないことに」なったと紹介した上で，292-293頁注96で Planiol, *Traité élémentaire de droit civil*, t. 1, n. 2606〔5e éd., 1950, n. 3237 に相当し，草案91条は十分な理由なしに削除された，とのみ言及する〕と Hedemann, *Die Fortschritte des Zivilrechts im XIX. Jahrehundert*, 2. Teil, 2. Hälfte, Berlin, 1935, S. 54〔草案91条と修正後の草案の違いにしか触れていない〕とを引用しているに留まる）。

　これに対して，Conseil d'État での議論に参加していた Malleville の *Analyse raisonnée de la discussion du Code civil au Conseil d'État*, 3e éd., t. 4, Paris, 1822, p. 275 は，草案91条について，修正決議の結果として削除されたものと回想している (Locré, *supra* note 86, p. 236 の註釈も，91条は Conseil d'État における共和暦12年 ventose10日の議論の結果として削除された，としており，Aubry et Rau, *Cours de droit civil français d'après la méthode de Zachariæ*, 4e éd., t. 2, Paris, 1869, §207も，修正決議の理由は議論からあまり明らかにされてはいないものの，この決議が共和暦7年の法律のシステムを維持することを含意しているのかを「少なくとも疑うことができる」という)。

　この Malleville の説明は，無権利者からの譲渡の場面と二重譲渡の場面とを峻別することに慣れた今日の学者からは「そのロジックを十分に理解することができなかった」(香山・前掲注86)「(5)」358頁注362 などと片づけられてしまっている。しかし，本文のような理解によれば，修正決議が実は第二譲受人を91条の「第三者」から外すことを要求するものであり，91条が削除されたのもそのためである，ということが分かるだろう（「第三者」を「前主の抵当債権者」に変更して91条を存続させなかったのはなぜか，という謎はなお残るが，起草者側が実は二重譲渡の規律を主たる目的にしていたためか，「第三者」の語を用いないで起草することが立法技術上の何らかの理由で困難だったためと推測される）。

が，次のとおり民法典 2182 条となった。この規定は，2006 年担保法改正後の現行民法典 2477 条に相当する。

> 「2182 条 1 項　単なる所有権移転証書の，抵当権保存吏の台帳への謄記は，不動産上に設定された抵当権及び先取特権を滌除しない。
> 　2 項　売主は，売却物上に自分自身が有していた所有権及び権利だけを取得者に移転する；売主は売却物を，自己が負担していたのと同じ先取特権及び抵当権の割付けを受けた状態で移転する。」

かくして，所有権移転の効力は，謄記に左右されないこととなり，所有権移転謄記は滌除手続開始要件となった。

(iii)　護民院の提案

Conseil d'État からの非公式伝達を受けた護民院は，91 条削除の結果を受けて，この草案の表現について文言上の修正を提案している。

Treilhard 草案 76 条（後の民法典 2167 条）・88 条（後の民法典 2179 条）及び chapitre VIII の表題は，所有権移転契約の謄記について「所有権を補強する（consolider）」ための方式，という表現を用いていた。この表現は，共和暦 7 年の法律及び破毀裁判所案から継承されたものである。

Treilhard によって再提出された，修正後の草案は，91 条の削除と併せて，この表現を，修正前に 91 条が属していた chapitre VIII の表題からは削除していた[152]が，chapitre VI にある 76 条及び 88 条には残していた[153]。

そこで，護民院は，共和暦 7 年の法律 26 条と異なり，もはや謄記は滌除手続開始要件でしかない，という理由で，76 条についてその削除を要求し[154]，最終草案はこの表現を 76 条及び 88 条からも削除した[155]。

---

152)　Fenet, *supra* note 33, p. 407.

153)　Fenet, *supra* note 33, p. 406.

154)　Fenet, *supra* note 33, pp. 415-416.

155)　Fenet, *supra* note 33, p. 438 et p. 440.

第7款　民訴法典とその起草過程

Treilhard 草案 91 条の削除を受けて，民訴法典はその後始末として二つの問題に取り組んでいる。

一つは，古法の強制命令に認められていた，所有権の懈怠 purge を，強制収用に認めるか，という問題である。この問題は，所有権の懈怠 purge の機能的代替物となる所有権移転の公示制度を用意するか否かに影響される。しかし，Treilhard 草案 91 条の削除の際に援用された *Nemo plus* 原則のために，民訴法典においては，機能的代替物なしに，強制収用から所有権の懈怠 purge の効力が剥奪されることとなった（(i)）。

もう一つは，抵当権登記期間の終期，より具体的には，抵当不動産所有権移転の効力発生後の，譲渡人の抵当債権者による抵当権登記の可否である。この問題は，譲渡証書の謄記を譲渡人の抵当債権者との関係で抵当不動産所有権移転の成立要件とするか，という問題と，抵当権登記を抵当権の成立要件とみるか懈怠 purge を回避するための保存要件とみるか，という問題とが組み合わさったものとして立ち現れる。前述のとおり，譲渡証書の謄記に関する Treilhard 草案 91 条の擁護者は，抵当権登記の終期が問題となる場面を，91 条の適用場面として挙げていた（前記第 6 款(ii)）。そしてこの 91 条が削除された結果，民訴法典は，抵当権登記の終期を遅らせるため，抵当権登記を第三取得者との関係では抵当権の懈怠 purge に対する保存要件として扱うこととなった。これは，抵当権登記に第三取得者との関係では再びフランス古法における保存異議と同等の意味を与えたものといえる（(ii)・(iii)）。

(i)　強制収用における所有権の懈怠 purge の帰趨

所有権移転謄記がなければ所有権移転を「第三者」に対抗できない，という Treilhard 草案 91 条が排除されたことで，強制収用手続における *Nemo plus* 原則（すなわち所有権の懈怠 purge の廃止）が民法典の下で持つ意味は，共和暦 7 年第 1 法律 26 条 2 項及び 28 条の下でのそれ（前記第 2 款）とは異なるものになる。すなわち，共和暦 7 年第 1 法律 26 条 2 項は，所有権の懈怠 purge に機能的に代替するものであったが，民法典の下では，所有権の懈怠 purge の機能を担う制度がなくなったのである。

そのため，民訴法典の起草過程では，破毀裁判所案（前記第 5 款(iii)）のように，強制収用における所有権の懈怠 purge を復活させる（古法の強制命令手続へ

第3章　フランス中間法及び法典編纂期における抵当権と追及権

復帰する）ことが，一旦は提唱される。これは，強制収用に対する信頼を確保するため，*Nemo plus* 原則を強制収用において一旦放棄することを意味する。

　にもかかわらず，民訴法典 731 条は結局，共和暦 7 年の法律を踏襲して，強制収用における *Nemo plus* 原則を復活させる。民訴法典の立法者の一部は，強制収用における所有権の懈怠 purge が共和暦 7 年の法律においては所有権移転謄記制度によって機能的に代替されていた，という理解を有しておらず，*Nemo plus* 原則を教義的に貫徹したのである。このことも，共和暦 7 年の法律の謄記制度が二重譲受人間の対抗関係を規律するということが，当時において想定されていなかったことを示すものといえる。そしてその結果，任意譲渡においても強制収用においても，抵当権の懈怠 purge だけが機能的に存続することになる。古法における承認書制度の効力範囲が，強制収用にも妥当するようになったのである。この具体的な経緯は，以下のとおりである。

　Conseil d'État 立法部の手による草案[156]は，742 条で差押目的物の所有者に終局的競落前の取戻しを求め，746 条で一定の条件の下で所有者の失権を定めていた。さらに，747 条では明白な地役権以外の物的負担の権利者にも入札前の登記を求め，750 条ではその登記が有効と判断された場合にのみ当該物的負担が競落条件に加えられる（すなわち，競落人に引き受けられる）旨を定めていた。この草案は，Conseil d'État でほとんど議論されることなく一旦は採択された[157]。

　しかし，Conseil d'État からの非公式伝達を受けた護民院立法部の意見[158]は，所有者の権利の懈怠 purge により厳格な条件を課すことを求めた。これを受けて，両立法部門の間で協議がなされたが，そこでさらに根本的に，所有権について懈怠 purge を認めること自体の妥当性が問われるようになる。Conseil d'État における議長 Archichancelier が，次のように協議の内容を紹介している[159]。

　協議の中で，彼は，不動産差押え手続の簡略化（裁判上の賃貸借の廃止，それに伴う差押えの受命裁判官の廃止）の結果，手続期間が短縮され，所有者が十分な警告を受けないので，所有権を懈怠 purge の対象とすべきではない，と主

---

156)　Locré, *supra* note 108, III loi, II partie, I, n. 1.

157)　Locré, *supra* note 108, III loi, II partie, III, n. 9-10.

158)　Locré, *supra* note 108, III loi, II partie, VI, n. 87et n. 90.

159)　Locré, *supra* note 108, III loi, II partie, VIII, n. 7.

張した。ただし彼は，次の Bigot-Préameneu とは異なり，*Nemo plus* 原則の貫徹を主張するのではなく，専ら不動産差押え手続における所有者への警告の不十分さという実質論に依拠している。

その結果，この問題は Conseil d'État に再び付託された。ここで，Bigot-Préameneu は，共和暦 7 年第 2 法律 25 条を援用して，強制収用手続における *Nemo plus* 原則の「復活」を主張した[160]。そしてこの意見が Conseil d'État での論争に勝利したのである。

ところで，このように *Nemo plus* 原則を定める民訴法典 731 条が成立する際に，強制収用手続における抵当権の当然 purge とこの *Nemo plus* 原則との関係は，何ら議論されていない。むしろ，*Nemo plus* 原則が定められたにもかかわらず，抵当権の当然 purge は当然視されていたのである（前記第 6 節第 4 款）。このことから，強制収用手続における抵当権の当然 purge は，*Nemo plus* 原則の例外[161]としてではなく，*Nemo plus* 原則と両立しうる無関係のものとして理解されていたことが窺われる。しかも，このような理解はここではじめて登場したものではない。すでに 1771 年 6 月勅令 7 条が，任意売却の際の承認書制度について，*Nemo plus* 原則と抵当権の当然 purge とを両立させていたのである（前記第 2 章第 4 節第 2 款）。

(ii) 任意譲渡における，抵当権登記の終期

謄記がなければ所有権移転を「第三者」に対抗できない，という Treilhard 草案 91 条が削除されたことによって，所有権移転は，前主の抵当債権者との関係では，所有権移転後の譲渡人による抵当権設定を無効とすることになった。さらに，抵当権登記が抵当権の成立要件として理解されていたため，所有権移転前に譲渡人によってされた契約に基づく未登記の抵当権についても，譲渡後の抵当権登記は無効と解されることになった。

しかしその後，この抵当権登記の終期の問題はさらに議論され，とりわけ任意譲渡に関しては，民訴法典 834 条が，譲渡後も一定の登記期間を前主の抵当債権者に与える。これは，それ自体としては抵当権登記が譲渡によって直ちに

---

160)　Locré, *supra* note 108, III loi, II partie, VIII, n. 6.

161)　竹下守夫『不動産執行法の研究』（有斐閣，1977）94 頁（初出，兼子一還暦記念『裁判法の諸問題（下）』〔有斐閣，1970〕）125 頁及び同 127 頁注 2 引用の Glasson, Tissier et Morel, *Traité théorique et pratique d'organisation judiciaire, de compétence et de procédure civile*, t. 4, Paris, 1932, n. 1321.

第3章　フランス中間法及び法典編纂期における抵当権と追及権

締め切られることの弊害を除去するためのものであった。しかしそのために，共和暦7年の法律以来，抵当権の成立要件とされてきた抵当権登記は，保存異議や共和暦3年の décret における抵当権登記のような，懈怠 purge に対する保存要件に還元された。このようにして抵当不動産譲渡後の抵当権登記が認められたことは，当時における抵当権理解が，古法におけるそれと連続していた，ということを例証するものといえる。この性格変更の具体的経緯は，以下のとおりである。

民法典の Treilhard 草案をめぐる Conseil d'État での議論において，草案91条の起草者 Treilhard は，91条がなければ譲渡後の譲渡人による抵当権設定もその登記も一切無効となる，という前提で議論していた[162]。しかし，91条削除後の草案を護民院で報告した護民官 Grenier は，この問題に関する理解に揺らぎを見せていた。

当初の報告書では，彼も Treilhard と同様の理解を示す。譲渡後は，譲渡人による抵当権設定のみならず，譲渡前に譲渡人が設定した抵当権についての登記も無効になり，もはやこうした登記を締め切る（arrêter le cours des inscriptions）ために所有権移転謄記を経る必要はない，というのである[163]。その前提には，登記を抵当権の成立要件とする理解があるものと解される。

しかし護民院で，彼はこの報告書に「訂正（errata）」を加え，そこでは，抵当権登記は，もはや抵当権の成立要件ではなく，保存要件とされている。その訂正によれば，譲渡後の譲渡人による抵当権設定は無効だが，譲渡前にされた譲渡人による抵当権設定について譲渡後に抵当権登記を経ることは，所有権移転謄記までは妨げられず，所有権移転謄記はこの抵当権登記を締め切る効力を有する[164]，という。ここでは，抵当権を設定する契約によって直ちに抵当権が生じていることを前提に，譲渡の時点と抵当権を設定する契約の時点との先

---

162)　前掲注148）参照。

163)　Fenet, *supra* note 33, p. 505.

164)　Fenet, *supra* note 33, p. 505, note a. この訂正後の Grenier の理解による所有権移転謄記の効力は，破毀裁判所が所有権移転謄記に認めていた効力に近いが，両者の間には重要な違いがある。
　破毀裁判所は，抵当権設定契約の時点と譲渡の時点との先後に関係なく，登記が謄記に先んじてさえいれば抵当権設定の効力を認めていた。これは，破毀裁判所が登記を抵当権成立要件と捉える一方で，譲渡の効力は抵当債権者との関係では謄記の時点から生じると理解していたためである。
　これに対して，Grenier は訂正後も，訂正前の理解のうち，譲渡後の譲渡人による抵当権設定は無効である，という部分を維持している。これは，Treilhard 草案91条削除の結果，譲渡人の抵当債権者との関係でも譲渡の効力は直ちに生じる，という点を動かせなくなったためと考えられる。

280

第7節　補説：所有権移転の公示

後が問題とされている。そして，抵当権登記は抵当権の成立要件ではなく，既存の抵当権を保存するためのものとして位置づけられており，その結果，謄記は譲渡の効力発生後に，それとは別に登記の終期を示すものとされているのである[165]。

しかし，この「訂正」は，Conseil d'État の 1805 年 8 月 29 日（共和暦 13 年 fructidor 11 日）付 avis[166] によって否定される。この avis は，登記を抵当権成立要件として捉えた結果，所有権移転後の抵当権の登記を認めなかったのである。

すると今度は，このことが詐害的譲渡（すでに秘密裏に譲渡していた不動産への抵当権設定）を誘発したとして，この avis を立法的に否定する民訴法典 834 条 1 項が制定される。これは次のとおり，所有権移転謄記後 2 週間を，前主の債権者のための登記期間とするものである。

　　「*834 条 1 項　……抵当権を有していたが，その後になされた抵当不動産の譲渡の前に自己の名義を登記していなかった債権者は，所有権移転証書の日付の後，遅くとも当該証書の謄記後 15 日以内に登記を取得したことを証明した場合にのみ，入札〔引用者注：増価競売〕の申立てを受け付けられる。*」

この 834 条は，Treilhard 草案 91 条削除の影響で，所有権移転の効力を謄記にかからしめることはしていない。834 条が，譲渡人による抵当権設定自体の日付が所有権移転契約の日付の後である場合の抵当権設定を無効のままにせざるを得なかったことが，このことを示している。

この限界を前提としつつ，このことから生じる詐害的譲渡の弊害を可能な限り抑えるために，834 条は，抵当権設定契約によって直ちに抵当権を発生させ，登記を既存の抵当権の保存要件とすることで，所有権移転後の抵当権登記を可能にしている[167]。そして所有権移転謄記は，所有権移転の発生を遅らせるこ

---

165)　もっとも，この「訂正」は，抵当権登記に対する Grenier 自身の理解の変更によるものではなく，むしろ登記の終期を延長して 91 条削除の弊害を除去することを目的としてされたものとみられる。なぜなら，他の箇所では，彼は依然として登記を抵当権の成立要件として理解していたからである（前掲注 103）参照）。

166)　Locré, *La Législation civile, commerciale et criminelle de la France*, t. 23, Paris, 1830, p. 49.

167)　このように所有権移転後の抵当権登記を可能にすることが，第三取得者に不測の損害を与える，ということは，特に考慮されていない。これは，第三取得者にとって，前主以前の所有者にどれほ

第3章　フランス中間法及び法典編纂期における抵当権と追及権

となしに，単に登記の終期の起算点として，未登記の抵当権に対する懈怠
purge を生じさせるものとして位置づけられた。

(iii)　強制収用における，抵当権登記の終期

　その一方で，強制収用との関係では，登記は所有権移転すなわち競落判決ま
でとされた。しかしここでも，登記は抵当権成立要件ではなく保存要件として
理解されている。

　強制収用において登記が締め切られる時点について，民訴法典に明文の規定
はないが，民訴法典の起草過程に，手がかりが残されている。民訴法典 752 条
及び 755 条の護民院における議論において，登記が競落判決までになされねば
ならないことを明示する，表現上の修正が提案された[168]。結局，この提案は
実現しなかったが，立法院における Grenier 演説は，登記が競落判決までにな
されねばならないことを「誤解されえない基本原則」として説明している[169]。

　19 世紀前半の諸学説も，以上のような理解を踏襲している。とりわけ，
Troplong の説明は，彼が登記を抵当権成立要件ではなく保存要件として理解
していることを示すものといえる。彼は，競落判決に当然 purge の効力が認
められることを前提に，懈怠 purge の効力も競落判決に認められている，と
説明する[170]。ここでは，彼が，譲渡の時点そのものではなく，懈怠 purge の
効力発生時点が登記の終期を決定する，と考えていることが分かる。

第 8 款　小括

　本節で示されたことから，次のようなことがいえる。すなわち，本節で扱っ

　どの抵当債権者がいるかは問題ではなかったためであろう。すなわち，第三取得者が民法典上の滌
　除手続によって，代金の弁済と引換えに全抵当権に対する当然 purge を行うことが，ここでは当
　然の前提とされているものと考えられる。

168)　Locré, *supra* note 108, III loi, II partie, VI, n. 93-94.

169)　Grenier は，護民院での修正提案が結局実現しなかった理由を次のとおり説明している。「無
　限に変わりうる場面・状況に従う諸問題に関しては，立法者の過大な用心は，それを不当な限定に
　陥らせうる。この場合には，法律は，誤解されえない基本原則の適用について，裁判所に一定の自
　由を与えれば，それだけより良いものとなる。」(Locré, *supra* note 108, III loi, II partie, XIV, n. 19.)

170)　Troplong, *supra* note 109, n. 663.「強制収用による売却後は，不動産上の登記はできないことに
　異論の余地はない。登記された抵当権もすべて消除されるのだから，いわんや，未登記の抵当権も
　消除される。」

282

た議論の中には，所有権移転の公示に積極的か消極的かという立場の違いが存在しただけでなく，所有権移転の公示に積極的な立場の中にも，二つの異なる立場があった。一つは，主としてまたは専ら抵当権登記の終期を定めることを念頭に置いて，政策的に所有権移転の公示を進めようとする，共和暦7年の法律や破毀裁判所案の立場であった（第2款・第5款）。これに対してもう一つは，所有権移転の公示を引渡主義と結合させ，二重譲渡の場合をも念頭に置いて広く物権変動の一般理論を確立し，抵当権登記をもその一例として位置づけようとする，Bruxelles 控訴裁判所意見の立場であった（前記第4節）。この立場の違いは，前者が抵当権の中心的効力を債権者間の優先弁済権に求める理解（β説）に立つのに対して（前記第2節・第5節），後者が抵当権を所有権の一部として捉える理解（γ説）に立つ（前記第4節），という抵当権理解の相違を反映したものといえる。そして，Treilhard 草案91条の削除（第6款）は，この時点では Bruxelles 控訴裁判所意見のような立場が理論的に敗北を喫したことを意味した。実際，Treilhard 草案91条の削除の後も，譲渡人の抵当債権者による抵当権登記の終期を遅らせる試みだけは続けられ，それが民訴法典834条に結実したのである（第7款）。

第8節　本章のまとめ

　本章で示されたことを，序章で設定した本書の課題のうちの二つに即して再構成すると，次のようになる。

第1款　第一の課題について

　本書の第一の課題は，フランス法学説史において，第三取得者の抵当債務弁済義務の有無をめぐる課題意識が存在したことを示すことであった。この課題との関係では，次のようなことを指摘できる。すなわち，第三取得者の抵当債務弁済義務を否定する Pothier 学説の登場（前記第2章第5節）にもかかわらず，中間法期の立法及び民法典起草時の法案の多くが，なお Paris 慣習法典の解釈者の見解（前記第2章第1節及び第2節）を踏襲し，第三取得者の抵当債務弁済義務を認める条文を有していた。そして，それらが民法典の条文を形作ったのである。その背後には，抵当権の効力の構造をどのようなものとして捉えるか

をめぐる，本章冒頭の α 説（Loyseau）・γ 説（Pothier）対 β 説（Paris 慣習法典の解釈者）という対立があった，といえる。第三取得者の抵当債務弁済義務の有無は，この抵当権の効力の構造をめぐる対立が表面化する一局面であったため，この対立に支えられて，第三取得者の抵当債務弁済義務の有無をめぐる課題意識は根強く存在していたのである。

第2款　第二の課題について

　本書の第二の課題は，19世紀の学説が第三取得者の抵当債務弁済義務を否定した理由を明らかにすることであった。この課題との関係では，第三取得者の抵当債務弁済義務を否定した Pothier の学説が，直ちに学説における支配力を獲得していたわけではなく，むしろ彼の学説は本章が扱った時代においては新興勢力としての位置づけを受けていた，ということがいえる。この時代には，抵当権の公示及び特定原則の導入という抵当制度の大改革が行われたが，そのことは，必ずしも抵当権の効力の構造についての Pothier 学説の支配確立を意味しなかったのである。

　Bruxelles 控訴裁判所意見は，抵当権の効力の構造について，Pothier の学説に通ずるような理解を示していた（第4節）。Bruxelles 控訴裁判所意見は，そのような理解に基づいて抵当権の公示及び特定の原則を主張しており，民法典で特定及び公示の原則が民法典で採用されたことは，一見すると，この意見が抵当権の効力の構造に関する構想ごと採用されたことを意味するように見える。実際，このことからは，公示及び特定の原則の採用がその後の γ 説の台頭（次章）の環境を整える意味を持ったことが窺われる。

　しかし，この意見が前提としていた γ 説による抵当権の構想は，この時代においては勝利することなく終わっていた。民法典に直結したのは破毀裁判所案（第5節）であって，これは抵当権の公示及び特定の原則を採用していたものの，抵当権の効力の構造についてはなお β 説の理解を保持していたのである。そしてこのことが，Bruxelles 控訴裁判所意見と破毀裁判所案及び破毀裁判所意見との間に偏差を生み出していた。とりわけ Bruxelles 控訴裁判所意見の出発点であり，この意見にとって理論的に必要不可欠であった Treilhard 草案 91 条が削除されたこと（第7節第6款）は，民法典における β 説の存続を物語っていた。

　その背景事情として，承認書制度に代えて導入された滌除制度と γ 説との間

の緊張関係を読み取ることができる。Bruxelles 控訴裁判所意見は，滌除手続との関係で期限未到来の抵当債務の期限の利益を維持し，かつそのことに滌除制度から抵当権の当然 purge 制度としての性格を奪うという意味を与えることで，この緊張関係の解消を試みていた（第4節第3款）。しかし結局のところ，β 説の破毀裁判所案は滌除制度との関係で抵当債務の期限の利益を喪失させ（第5節第4款），これが民法典にも踏襲されたことで（第6節第2款），滌除制度が古法における décret 手続及び承認書制度に連なる抵当権の当然 purge 制度であることが明らかにされた。そのため，その後の護民院における Grenier 報告は，Pothier と同様に「変換」理論を借用することによって，γ 説の立場から最終草案を説明しつつ抵当権の当然 purge をも説明する，という対処を示していた（第6節第3款）。次の第4章で見るとおり，その後の 19 世紀の学説は，この方向を発展させていくこととなる。

第4章　19世紀フランスにおける抵当権と追及権

　本章は，19世紀の学説の流れと，その画期となった19世紀半ばの立法の動きとを検討の対象とする。本章第4節で見るとおり，19世紀後半のフランス法学説は一致して，第三取得者が抵当債務に「義務づけられる（obligé）」という民法典2167条及び弁済または抵当委付を「義務づけられる（tenu）」という同2168条[1]の文言に反して，第三取得者はただ取得不動産の売却を甘受するに過ぎない，という，序章第1節第1款で見た今日の日本法学説の通説と同様の解釈を展開している。しかし，これまでに見てきた古法・中間法や民法典の起草過程，本章第1節で見る19世紀前半の学説を視野に入れると，それが決して民法典に対する当然の解釈ではなく，むしろ起草時の考え方を離れて19世紀前半に醸成されたものであったことが分かるだろう。

　前章で見たとおり，中間法及び民法典起草過程においては，抵当権を物の売却権として，物の所有権の肢分権として捉える Pothier の学説（序章第4節にいう「γ説」）は，必ずしも勝利したとはいえなかった。特定の原則の導入により，執行名義を有する無担保債権者が登場し（前記第3章第2節第1款(i)），不動産の売却を求めることができるのはすべて抵当権者であるという Pothier が依拠したフランス古法の前提が崩れていたためである。その結果，民法典の規定，とりわけ追及権に関する規定は，債権者間の優先弁済権（配当順位）を抵当権の効力の中心に据える Paris 慣習法典の解釈者の理解（序章第4節にいう「β説」）を色濃く反映したものとなっていた。その最たるものは，第三取得者に抵当債務弁済義務を認める諸規定の書きぶりであった。

　しかし他方で，抵当権者は執行名義を得れば抵当不動産を差し押さえること

---

1)　民法典の条文については，本章で取り扱う主要なものを，前記第3章第6節第5款で紹介した。

ができ，しかも約定抵当権及び裁判上の抵当権は執行名義を設定原因とするものでもある（前記第3章第6節第5款）。加えて，特定の原則は抵当権と所有権との類比を容易にする側面を有し，γ説の論者によっても支持されていた（前記第3章第2節第1款（iii）・第4節第1款（iii））。そこで，その後の19世紀前半の諸学説は，次第にPothierの学説を継承することで，第三取得者の抵当債務弁済義務を否定するようになっていった。とりわけValetteは，自ら第三取得者の抵当債務弁済義務について論じてはいないものの，Pothierの肢分権説（前記第2章第5節）を19世紀に復刻し，他の学説に影響を与えた。そしてこの肢分権説の復活は，やはりBourjonの「変換」理論（前記第2章第2節第3款）を復刻した，Grenierの「法律効」理論によって準備されていた（第1節）。

　もっとも，19世紀半ばの「抵当権改革」と呼ばれる時期の立法では，Pothier学説に対する最後の抵抗として，売却代金から抵当債務の弁済を受ける権利としての抵当権理解に基づく法案が提出された（第2節）。しかしこれは結局挫折し，その後，1855年の法律の制定を機に不動産物権変動の理論的統一が進められると（第3節），Pothier学説はさらに影響力を高めていった。その結果，19世紀後半の学説においては，抵当権の効力の構造は完全に平板化され，抵当権の第三取得者に対する効力は，不動産売却権としての抵当権が第三取得者に対抗された姿として説明されるに至った（第4節）。

第1節　抵当権及び追及権をめぐる19世紀前半の学説・判例

　前章でみたとおり，民法典の規定，とりわけ追及権に関する規定には，抵当権を売却代金から抵当債務の弁済を受ける権利として捉えるParis慣習法典の解釈者の理解が反映されていた。しかし，その後の19世紀前半の諸学説は，そのようにして形成された民法典を解釈対象としているにもかかわらず，むしろ次第にPothierの学説の強い支配下に置かれていく。さらにTroplong以降の学説は，民法典2169条が認めていた，第三取得者に対する執行名義なき抵当不動産執行を，第三取得者の義務の強制執行ではなく，物権としての抵当権の行使そのもの（実行）として捉える。（第1款）。Durantonはこれを発展させて第三取得者の委付義務を否定し，第三取得者の義務の内容を《抵当不動産の売却を甘受する義務》と定式化することで，Pothier流に理解された抵当権を，物権の《直接性》の体系に整合的に修正した。そしてそのような学説の流れの

中で，Valette が Pothier による不動産物権の統一的理論体系である「肢分権」
理論（前記第2章第5節）を復刻し，抵当権を「肢分権」として捉える肢分権説
を再び主張するに至った（第2款）。その裏返しとして，優先弁済権を中心とす
る抵当権理解（β説）は学説上忘却されていく。このことを示す二つの補説と
して，第三取得者が先順位抵当権者への代価弁済を抗弁とすることの可否をめ
ぐる議論（第4款）及び物上保証人の法的地位に第三取得者の法的地位を応用
する議論（第5款）を取り上げたい。

　このような学説の動きを側面から支える役割を果たしたと考えられるのが，
Bourjon の「変換」理論（前記第2章第2節）を仕立て直した，Grenier の「法
律効」理論である。この「法律効」理論は，さらに Troplong によって「契
約」による正当化を施されたことで，売却権としての抵当権理解と抵当権の当
然 purge 制度との間に存在する不整合を，抵当権理論の外で調整する役割を
担うこととなった（第3款）。

第1款　Pothier 学説の流用から依拠へ

　19世紀初頭の学説は，抵当権を物の売却権として，物の所有権の肢分権と
して捉える，Pothier の学説の影響を強く受け，これを，Paris 慣習法典の解
釈者の理解を反映し，Pothier 学説に即した形になっていないはずの民法典の
解釈に，いわば流用するようになっていた。もっとも，これらの学説自体も，
当初はなお，Paris 慣習法典の解釈者の学説にみられた β 説の名残を残してい
た。しかし，学説は次第に，Paris 慣習法典の解釈者の理解を反映した，民法
典の追及権に関する規定を批判し，意識的に Pothier 学説に依拠して民法典を
いわば塗り替えるようになり，その過程で，こうした名残は次第に消去されて
いく。その際に，第三取得者に対する催告に基づく抵当不動産強制競売手続
（民法典 2169 条）は，第三取得者の義務の執行から，物に対する売却権の第三
取得者に対する行使へと，その性格を変更された。

(i)　Battur における抵当権と追及権

　Battur は，明示的に抵当権を「肢分権」として捉えてはいないものの，
Pothier の「肢分権」説を実質的に継承するものといえる。

　彼は抵当権を，物の所有権とりわけ処分権の一部として捉えている。約定抵
当の設定に，抵当権設定者が所有権を有しかつ不動産譲渡能力を有しているこ

第 4 章　19 世紀フランスにおける抵当権と追及権

と（民法典 2124 条）が必要である，ということについての彼の説明が，そのような彼の理解を示している。彼は Pothier を明示的に引用して[2]，所有権は処分権を含むところ，抵当権は物を追及する権利と弁済のために売却させる権利をその本質とするので所有権に含まれている，と説明している[3]。

このように Battur が Pothier の抵当権理解を踏襲していることは，彼の追及権理解にも反映されている。彼は，抵当権が「物に内在する権利」であるということによって，その追及権を基礎づけようとしている。これは，Pothier が抵当権の《対物性》[4]によって抵当不動産譲渡後の抵当権存続を理由づけていたのを（前記第 2 章第 5 節第 1 款(iii)）踏襲するものといえる[5]。Battur はさらに，民法典 2169 条によってもはや第三取得者に対する抵当訴訟が催告手続に置き換えられていたにもかかわらず，追及権を従前どおり抵当訴訟と読み換えた上で，その目的は不動産の抵当委付であって抵当債務の弁済は第三取得者の権能に過ぎない，と説く[6]。この主張も，Pothier の主張を踏襲するものである（前記第 2 章第 5 節第 1 款(iii)）[7]。

しかも，Pothier がなお抵当委付に基づく委付財産の売却と抵当訴訟で獲得

---

2)　彼は具体的な箇所を指定して引用していないが，前記第 2 章第 5 節第 1 款(ii)で紹介した Pothier の記述が，これに相当するものと思われる。

3)　Battur, *Traité des priviléges et hypothèques*, t. 1, Paris, 1818, n. 157.「抵当権は物の中の権利（droit dans la chose）であり，物の中の権利は物を有する者によってのみ与えられうる。Pothier は，物の所有者は物の中に抵当権を有していない；所有者は抵当権を抵当権の形で有していないが……，抵当権を構成するすべてのものを有する；なぜなら，抵当権は，物が誰の手に渡ろうとそれを追及し，債務の弁済のために物を売却させる権利を，その本質としており；この権利は譲渡の一つの根源（principe）であって，物を処分する権利を含む所有者の所有権（*dominium*）の中に含まれているからである，と言う。」（傍点は引用者による。）

4)　本書における，物権の《対物性》概念と《直接性》概念との区別については，前記第 2 章第 5 節第 1 款(i)参照。

5)　Battur, *supra* note 3, n. 127.「抵当権は，抵当目的物の中に形成された権利であり……：その物に内在するもの（inhérente）であり，……物が誰の手に渡ろうとそれを追及する。」

6)　Battur, *Traité des priviléges et hypothèques*, t. 2, Paris, 1818, n. 426.「抵当訴権の申立事項は選択的なものであってはならない，というのも，その真の目的は抵当不動産の委付だからである；第三所持者の委付を避ける権利は，実際，権能でしかない……。」なお，この「第三所持者」の用語法については，前掲第 1 章注 31) 参照。

7)　ここで Battur は，2168 条が抵当債務の弁済義務を観念し，かつこれを委付の義務より前に出していることについても，Loyseau を引用して，古法の誤った実務の影響であると説明している。しかし彼も Pothier と同様（前記第 2 章第 5 節第 1 款(iv)），この抵当訴権の申立事項における委付は真の抵当委付ではなく執行の甘受に他ならない，という Loyseau の主張は受容していない。

した第三取得者に対する執行名義に基づく抵当不動産の強制売却とを峻別していたのに対して（前記第2章第5節第1款(iv)），Battur はすでに，抵当委付に基づく委付財産の売却と催告手続に基づく強制売却（民法典 2169 条）とを連続的に捉えている。彼は，委付不動産の売却を強制売却の一種と考えることで，強制売却を抵当訴権の究極的な目標として捉えている[8]。これは，第三取得者への催告手続の導入により，第三取得者に対する執行名義が必要なくなり，強制売却を追及権それ自体の効力として捉えやすくなったことの影響と考えられる。このような傾向は，後に Troplong においてより明確に示されることになる（後記(iv)）。

　その一方で，Battur はなお β 説の名残を示してもいる。抵当権の具体的効力としては，彼は債権者間の優先弁済権と第三取得者との関係での追及権のみを挙げており，設定者との関係での効力（設定者の下での売却）を挙げていない[9]。さらに彼は追及権を，任意売却代金から抵当債務の弁済を受けるための機会を滌除手続において債権者に保障するものとして理解している[10]。このような追及権の捉え方は，追及権を債権者間の優先弁済権の補助として位置づけるものであり，β 説に特徴的なものであった（前記第2章第1節第2款(iv)）。

(ii)　Tarrible における抵当権と追及権

　Tarrible も Battur と同様に，Pothier の「肢分権」説の主要部分を実質的に継承しているといえる。

　彼は，債務者財産が全債権者の共同担保である（民法典 2093 条）旨を示した上で，これとの対比において，抵当権を「特別割付け」として，「物の中の権利」として説明している[11]。彼はこのことを展開して，抵当権が目的不動産を

---

8)　Battur, *supra* note 6, n. 474.「抵当訴権の目的（objet）は抵当不動産の委付であり，その目標（fin）は，第三所持者が委付をしようと，弁済または委付を拒絶して強制売却が第三所持者自身に対してなされようと，不動産の強制売却である。」

9)　Battur, *supra* note 6, n. 401.

10)　Battur, *supra* note 6, n. 403.「登記だけが，抵当債権者に，不動産が誰の手に渡ろうとそれを追及する権利を与え，抵当債権者が自己の利益に注意するために呼び出されることなしには，譲渡は成し遂げられず抵当権は滌除されない，ということを確実にする。」（傍点は引用者による。）

11)　Merlin, *Répertoire universel et raisonné de jurisprudence*, t. 7, Paris, 1827, v° *hypothèque*, section II, §III [Tarrible], Art. I, n. I.「抵当権は，債務者に属する財産の，義務履行の担保のための特別割付け（affectation particulière）と定義されうる。……抵当権は物の中の権利（droit dans la chose），jus in re であり，物そのものを割り付け，その本質は，主として抵当債権者に抵当目的物代金の分

第 4 章　19 世紀フランスにおける抵当権と追及権

売却させる権利であることを明らかにしている [12]。

　彼は抵当権の追及権を，以上のような抵当権の「割付け」や物権としての性質に起因するものとして位置づけている。この点でも彼は，抵当権の《対物性》によって抵当不動産譲渡後の抵当権存続を理由づけていた Pothier 学説を継承しているといえる [13]。追及権の内容についても，彼は Pothier と同様に，委付を求める権利として理解しており [14]，従って，抵当債務の弁済を，この委付の義務を回避するための方法として捉えている [15]。

　しかも，彼も Battur と同様，この委付をすでに第三取得者に対する催告手続に基づく強制収用と連続的に捉えている。Tarrible は，Battur が委付財産の売却を一種の強制売却と捉えたのとは逆に，第三取得者に対する催告手続に基づく強制収用を，競落判決によって第三取得者に委付を強制する手続として捉えている [16]。Tarrible は，第三取得者の義務を，抵当債務を全部弁済しない

　配の中での他の債権者に対する優先性を与えることに存する。」

12)　Merlin, *supra* note 11, v° *hypothèque*, section II, §III, Art. II, n. I.「すべての債権者が，この優先性を取得することに関心を有する：債権者は，不動産上の権利を用いてこれを得る。その不動産上の権利は，債務者またはその他の所持者の下にある，割り付けられた不動産を売却させ，代金から他の無担保または劣後順位債権者に優先して弁済をさせる権利を債権者に与える：これが抵当権である。それゆえ，抵当権は債務者の不動産上の物権である。この権利は所有権ではなく（所有権は債務者に残されたままである），代金を債務の弁済に用いるために割り付けられた財産を売却させる権利である。」（傍点は引用者による。）

13)　Merlin, *supra* note 11, v° *hypothèque*, section II, §III, Art. II, n. I.「抵当権は債権者に，割り付けられた不動産が誰の手に渡ろうとこれを追及する権利を与える：この権利は，抵当権の物的性質に起因するものであり，抵当権の最も顕著な利点の一つである。」（傍点は引用者による。）

　　Merlin, *Répertoire universel et raisonné de jurisprudence*, t. 17, Paris, 1828, v° *tiers-détenteur* [Tarrible], n. I.「抵当権は，抵当不動産を割り付ける『物権（droit réel）』である：権利者によって，割り付けられた不動産上に，すべての新たな占有者に対して行使されうる，ということは，物権の性質によるものである。この属性は，あらゆる種類の物権に共通のものであり，抵当権には特に 2166 条によって与えられている……。」（傍点は引用者による。）

14)　Merlin, *supra* note 13, v° *tiers-détenteur*, n. VII.「この訴権は，抵当不動産が売却されて新たな競落人に明け渡され債権者が代金から債権の弁済を受けるよう，抵当不動産の委付を得ることに，主として向けられている……。」

　　Id., n. VIII.「土地の委付は，ここで我々が扱っている訴権の主たる目的である。」

15)　Merlin, *supra* note 13, v° *tiers-détenteur*, n. VIII.「第三所持者は，任意または強制の委付を避けるのに，二つの方法しか有していない。一つは，請求可能な元本及び利息の全部を弁済することであり，最も有効な手段である……。」

16)　Merlin, *supra* note 13, v° *tiers-détenteur*, n. VIII.「所持者は委付を拒絶しうる：この場合，抵当不動産の強制売却が，所持者に対してなされ，所持者に新たな競落人への抵当不動産の委付を強制する競落判決が出されるに至る。」（傍点は引用者による。）

限り収用を甘受させられるという消極的義務として捉える理解を示してもいる[17]。

その一方で，Tarrible にも Battur と同様に，β説の名残が見受けられる。Tarrible も，抵当権の効力としては追及権と優先弁済権のみを挙げている。そして，そのうちの追及権の消極的側面として，抵当権者は滌除手続または強制競売手続において代金配当の機会を保障されることなくしてその抵当権を滌除されない，という点を強調し，追及権が優先弁済権の補助として機能することを示しているのである[18]。

（iii）　Grenier における抵当権と追及権

護民官として民法典の起草過程に参加していた Grenier も，護民院総会における彼の報告がすでに示していたとおり（前記第 3 章第 6 節第 3 款），Pothier の「肢分権」説を実質的に継承するものといえる。しかし同時に，彼はこれまでに紹介してきた学説よりも強く β説の名残を残している。

抵当権の定義について，Grenier は Tarrible と同様，民法典 2114 条に明示された「割付け」と「物権」に着目する。ただし，彼は Tarrible とは異なり，抵当権を売却権として構想することを明示してはいない[19]。約定抵当の設定者

---

17)　Merlin, *supra* note 13, v° *tiers-détenteur*, n. VII.「第三所持者との関係での抵当権の効力は，抵当権を構成する物権の性質に由来する。債権者の抵当権は，所有権の移転によって何らの変質も被らない：抵当権はその諸利点を何ら失うことも得ることもない。単純な所持から生じた第三所持者の義務は，それに基づいて抵当債務を弁済するよう直接に強制されうるような積極的な義務ではない：それは，所持者がその効力を停止するため弁済期の到来した債務の元本及び利息全部の弁済を選ばない限り，不動産の所有者が変わらなかった場合と同じ権利及び訴権を債権者が抵当不動産上に行使することを所持者に甘受させる，消極的義務に過ぎない。」

18)　Merlin, *supra* note 11, v° *hypothèque*, section II, §III, Art. II, n. I.「この追及権は能動的なだけでなく，受動的でもあり，この後者の側面でも劣らず重要である。我々が『受動的』と呼ぶこの権利の本質は，不動産上の抵当権が設定され登記によって補強された時点から，代金が真の価値に到達するよう，かつ当該代金の分配によって自己が順位に即して配当表に記載されるよう監視するため，債権者が個人的に呼び出されることなくしては，この抵当権が任意または強制の譲渡によって滌除されえない，ということにある。」（傍点は引用者による。）

19)　Grenier, *Traité des hypothèques*, 3ᵉ éd., t. 1, Clermont-Ferrand, 1829, n. 4.「……Basnage, *Traité des hypothèques*, ch. 6 は抵当権について，〔引用者注：定義の〕寄せ集めは無用であり，『ひとたび有効に契約されると，抵当権は土地を割り付け，それによって債務者はもはや最初の抵当債権者を害して義務を負うことができなくなる』，という。Pothier, *Introduction au titre 20 de la Coutume d'Orléans*, n. 1 及び n. 22 は，抵当権は『物の中の（dans la chose）』権利，*jus in re* である，という。これらの定義はすべて，民法典 2114 条に含まれた定義に帰着し，それらの定義は 2114 条を用意し

第4章　19世紀フランスにおける抵当権と追及権

に不動産譲渡能力を要求する民法典 2124 条を説明する際も，彼は抵当権設定を一種の譲渡として理解していることを仄めかすに留めている[20]。さらに彼は，抵当権設定者が抵当不動産の所有者であることが必要であるということを説明する際に，*Nemo plus* 原則（前記第 2 章第 4 節参照）からこの結論を導き出す[21]。このことは，抵当権が所有権に含まれたものとして理解されていることを示唆するが，このこともはっきりと述べられているわけではない。

　これに対して，彼の追及権理解は，Pothier 学説及びそれを継承した諸学説とは明確に異なるものとなっている。そしてそこには，古法における β 説の名残を認めることができる。

　第三取得者が滌除をしない場合について，Grenier は民法典 2168 条の文言に即して，第三取得者に抵当債務を全部弁済しまたは抵当不動産を委付する義務を認めている。そこでは，第三取得者に抵当債務を弁済する義務を課すことは避けられておらず，後の Troplong のような 2168 条の文言に対する批判（後記(iv)）も展開されていない[22]。

　このことは，第三取得者に対する催告手続に基づく強制収用（民法典 2169条）の位置づけにも影響を与える。Grenier はこの催告手続に，第三取得者に弁済または委付の義務の履行を強制するための手段という位置づけを与えている[23]。しかも，この催告手続の導入に伴う抵当訴訟の廃止を，彼は，単に抵当権者の第三取得者に対する訴訟手続を省略したものとして理解している。彼は，

　たとさえいえる：『抵当権は，債務の支払いに「割り付けられた」不動産上の「物権」である……；それは，誰の手に渡ろうと不動産を追及する。』」

20)　Grenier, *supra* note 19, n. 31.「抵当権設定権能は，譲渡能力の帰結である；法律が譲渡能力を奪った者は，抵当権設定能力も奪われる。一方は他方の結果である。ローマ及びフランスの法律は，常に抵当を譲渡に喩えてきた。」（傍点は引用者による。）

21)　Grenier, *supra* note 19, n. 51.「他人の財産上に抵当権を設定することはできなかった。この不可能は，何人も自己が有する以上の権利を移転しえない，という基本原則に基づく。……所有権を移転できないということから，抵当権を設定できないということになる。抵当権は固有の意味の所有権ではない；しかし，民法典 2114 条によれば今日でもそうであるように，抵当権は，義務の支払いに割り付けられた不動産上の『物権』であった。」（傍点は引用者による。）

22)　Grenier, *Traité des hypothèques*, 3ᵉ éd., t. 2, Clermont-Ferrand, 1829, n. 340.「2168 条は，第三所持者は……請求可能なすべての利息及び元本を弁済し，または抵当不動産を留保なしに委付することを義務づけられる，とする。」

23)　Grenier, *supra* note 22, n. 340.「第三所持者は，滌除のための手段を取ろうとしないからには，弁済または抵当委付をせねばならない，と感じられる。立法者は債権者が債務者〔引用者注：第三所持者の誤りか〕に弁済または委付を強制しうるような手段を編成せねばならなかった。然るに，それが民法典 2169 条において立法者がしたことである。」

第 1 節　抵当権及び追及権をめぐる 19 世紀前半の学説・判例

債務者の義務の執行の拡張ではない，第三取得者自身の義務の執行として抵当不動産を売却する，という構造を，古法の抵当訴訟（前記第 1 章第 1 節第 2 款(iii)）から民法典 2169 条に持ち込んでいるのである[24]。

　以上の議論は，第三取得者の法的地位を，後に Troplong や Duranton が否定するような（後記(iv)・第 2 款(ii)），弁済か委付かの選択債務を負うものとして捉える議論といえるだろう。しかし彼はこれに留まらず，売却代金から抵当債務を弁済することを第三取得者の義務として捉え，むしろ委付に，第三取得者が滌除によって代金から抵当債務を弁済する義務を免れるための手段（権能）としての位置づけを与えてすらいる。

　その前提として彼は，民法典が滌除を任意に委ねたものの（前記第 3 章第 6 節第 2 款(iii)），立法者は滌除を積極的に評価している，という。つまり，滌除を義務と言うことはできないものの，民法典はなお第三取得者を滌除（すなわち代金からの抵当債務弁済）へと誘導している，というのである[25]。

　このように，滌除を民法典が第三取得者に推奨する選択肢として理解した結果，彼は委付を，第三取得者が滌除を免れるための「権能」として理解することになる。第三取得者による滌除通知後の委付が認められるかを論ずる際に，彼は不動産の委付を「権能」と表現している[26]。この点は，Pothier やその影

---

24)　Grenier, *supra* note 22, n. 339.「Chapitre 6〔引用者注：「第三所持者に対する先取特権及び抵当権の効力」〕のすべての諸規定の注目すべき効力は，民法典以前において行われていた抵当訴訟の廃止である。……この訴訟の目的は，第三所持者に債権の弁済を強制することであった：しかし……この訴訟は相当の費用を生じた……。結果は，第三所持者に対する，債権の弁済または不動産の委付の給付命令（condamnation）の宣告であった。それだけではない：いくつかの裁判所が用いていた申立事項（conclusions）によれば，第三所持者は一定の裁量的な期間に委付をなすことにつき給付命令を受け；そして，委付がない場合，人的に弁済につき給付命令を受けた。然るに，民法典によれば，すべては無用となった。……もはや口頭弁論事件（affaire de plaidoirie）ではなく，法律によって与えられた，第三所持者への催告後の一定期間内の執行（exécution）だけが問題となる。2169 条。」

25)　民法典 2183 条が第三取得者に，抵当権者から弁済または委付の催告を受ける前の自発的な滌除通知だけでなく，抵当権者からの催告後に対抗手段としてする滌除通知を認めていることについて，彼は次のように説明している。「立法者は，命じられた方法〔引用者注：滌除通知〕による滌除がなされないことを，常に残念に思っているように思われる，というのは，この手段は債権者や第三所持者の利益に，そして概して原債務者の利益にすらなるからである。この理由で，立法者は，〔引用者注：抵当権者からの催告後の〕弁済または委付のための期間が，抵当権の滌除のために取られるべき方法にも共通の期間となることを望んだのである。」（Grenier, *supra* note 22, n. 340.）

26)　Grenier, *supra* note 22, n. 458.「取得者はすでに，自己の取得契約自体によって，売却代金の債務者であった：取得者は，不動産委付の権能（faculté）を行使しない限り，この義務を免れること

295

第 4 章　19 世紀フランスにおける抵当権と追及権

響を受けた Battur, Tarrible の議論とは正反対である。

このように Grenier は委付を第三取得者の義務ではなく権能として捉えているために，抵当債権者が第三取得者の委付に反対し，任意売却代金額で満足すると表明している場合について，彼は委付は認められないと説いている。ここでも，委付という権能が認められることの前提として，滌除手続を怠った第三取得者は抵当債務全額につき弁済義務を負う，という理解が示されている[27]。このような理解は，抵当委付制度をめぐる民法典の起草過程においても示されていた（前記第 3 章第 6 節第 2 款(iii)）。

(iv)　Troplong における抵当権と追及権

このように，Grenier は Pothier 学説（γ 説）を実質的に承継しつつも，これと対立するはずの β 説や民法典の文言に親和的な解釈を示していた。これに対して，Troplong はそのような Grenier の見解と民法典の文言とを合わせて手厳しく批判する。そのために，Battur や Tarrible らが Pothier 学説と民法典の文言との差異を意識することなく Pothier の慣習法学説を民法典の解釈にいわば流用してきたのに対して，Troplong はその差異を意識しつつ，むしろ Pothier 学説に依拠して民法典の文言から離れた解釈を展開する。

抵当権の定義について，彼は民法典 2114 条を引用し，そこから抵当権が物権であること，不動産を債務の弁済に割り付けることを導き出す。その上で彼は，民法典 2114 条の定義自体からは導き出しえないものとして Pothier を引用しつつ，抵当権が目的不動産の売却権であることを付け加えている[28]。

さらに彼は，抵当権設定能力に関する同 2124 条を説明する際に，特に展開することなく，抵当権設定は物の所有の一部譲渡である，と一言述べている[29]。

ができない。」

27)　Grenier, *supra* note 22, n. 345.「委付の権能は，取得者が〔引用者注：滌除のために〕命じられた方式を怠った場合に，すべての登記された債権について，それがいくらであっても弁済することを義務づけたことで取得者に宣言する苦痛に関して，法律が与えた鎮痛剤である。」（傍点は引用者による。）

28)　Troplong, *Le droit civil expliqué suivant l'ordre des articles du Code, des privilèges et hypothèques*, t. 2, Paris, 1833, n. 386.「しかし，定義が完全であるためには，債権者が抵当目的物の占有を保持することと，抵当権の目的は割り付けられた物の売却にあることとを付け加える必要がある。……第二の点は，Pothier によって示されている。『抵当権または担保権は，債権者が他人の「物の中に」有する，「代金から弁済を受けるために，裁判所で当該物を売却させる」権利である』。」（傍点は引用者による。）

第 1 節　抵当権及び追及権をめぐる 19 世紀前半の学説・判例

これは，Pothier の「肢分権」としての抵当権理解を実質的に反映するものといえる。

このように γ 説を採用することの裏返しとして，Troplong は，β 説においては抵当権の効力の中核を占めていた債権者間の優先弁済権を，抵当権の物権性からの一帰結として周辺化している[30]。この点で，Troplong は Battur や Tarrible よりも徹底して β 説からの離脱を図っていると言える。

以上のような γ 説の立場を前提に，Troplong は追及権をも抵当権の物権性から演繹している[31]。これは，抵当権の《対物性》によって抵当不動産譲渡後の抵当権の存続を理由づける Pothier の立場を踏襲するものといえる。Troplong は前述のとおり Pothier に依拠して抵当権を売却権として捉えていたので，Pothier の説くところに従い，追及権の目的は委付であると説いている[32]。

それゆえに，彼は民法典 2167 条の文言が第三取得者に抵当債務の弁済義務を認める書きぶりとなっている点を批判している[33]。抵当債務の弁済について，彼は Pothier と同様に，義務づけられた委付を免れるための権能に過ぎないものとして位置づけている[34]。そして，Grenier が追及権の目的を抵当債務の弁

---

29)　Troplong, *supra* note 28, n. 460.「抵当権は物の所有（domaine）の一部譲渡であるので，譲渡能力を有する者によってのみ設定されうる。これは古法の判例の原則でもあった。」

30)　Troplong, *supra* note 28, n. 386.「不動産が債務の弁済に『割り付け』られているので，このことから，債務者は最初の抵当債権者を害して不動産を他の債務の抵当に入れることはできない，ということが帰結されねばならない。」

31)　Troplong, *supra* note 28, n. 386.「抵当権は物権であり，抵当権に割り付けられた不動産が誰の手に渡っても，それを追及する。これは，すべての物上訴権の特性である……。」

32)　Troplong, *Le droit civil expliqué suivant l'ordre des articles du Code, des priviléges et hypothèques,* t. 3, Paris, 1833, n. 782.「……実務家ではなく法学者によって書かれたものはすべて，債権者は第三占有者に対して，債務の弁済ではなく物の委付を求める権利を有する，としてきた。」

33)　Troplong, *supra* note 32, n. 781.「本条は Paris 慣習法典 101 条と合致しており，Loyseau, Coquille 及びその他のフランスの学説が長い間力強く否定してきた誤りのうちの一つを繰り返している。この誤りは，おそらくは抵当権の titre の起草を支配していた慌ただしさのために，立法者に気づかれなかったのだろう。」

　　　Id., note 32, n. 782.「実際，第三所持者が債務の弁済を義務づけられるというのは誤りである。実際，契約も準契約もなしに，かつ債務者の相続人でもないのに，いかにして人は義務づけられうるのだろうか？　第三所持者は，財産保持者（bien-tenant）として，物についてのみ，委付のみを義務づけられるのである：これこそが，彼に求めることができることのすべてである。なぜなら，第三所持者を訴追する債権者は第三所持者に対して純粋に物的な権利しか有しないからである。然るに，すべての物上訴権において，申立事項は物に向けられており，人には向けられない。」

34)　Troplong, *supra* note 32, n. 782.「実のところ，第三所持者は被担保債権額を弁済することで委付を免れることができる：しかしこれは権能，委付の請求に対する抗弁に過ぎない。選択債務ですら

第4章　19世紀フランスにおける抵当権と追及権

済に求めていること（前記(iii)）を批判している[35]。従ってまた，彼は民法典
2168条の文言が第三取得者に抵当債務の弁済または委付を義務づける書きぶ
りとなっている点についても批判を加えている[36]。

　さらに彼は，第三取得者への催告に基づく強制売却（民法典2169条）を，第
三取得者の義務の執行としてではなく，単なる第三取得者に対する抵当権の行
使として捉えている[37]。この記述は，第三取得者に抵当不動産の売却を甘受す
る義務のみを認め，抵当債務の弁済のみならず抵当不動産の委付も第三取得者
の権能であるに過ぎない，と説くDurantonの見解（後記第2款(ii)）をすでに
先取りしたものといえる。

　以上のような，抵当権の第三取得者に対する効力に関するTroplongの理解
は，古法の抵当訴訟に関する彼の歴史認識によって支えられている。彼は，古
法における抵当訴訟の意義を，PothierやGrenierのように第三取得者の義務
に基づく第三取得者への執行名義の獲得に求めるのではなく，隠れた抵当権を
訴訟手続によって公に宣言することにのみ求めている。その結果，民法典の下
では追及権行使に登記が要求されるようになったため（2166条），抵当訴訟も
それによって得られる執行名義も不要になった，と説明する[38]。彼は，抵当訴

ないのである。……本条が，弁済を『義務づけられる』とするのは誤りである。滌除をしない所持
者は弁済を選ばない限り委付を義務づけられる，と言わねばならない。」

35)　Troplong, *supra* note 32, n. 783.「この問題に通暁したGrenier自身がこれに陥っており，その t.
2, p. 109に以下のような記述があるのに驚く：『委付の権能は，法律が，取得者が（滌除のために）
命じられた方式を怠った場合に，すべての登記された債権について，それがいくらであっても「弁
済することを義務づけたことで取得者に宣言する苦痛に関して，法律が与えた鎮痛剤」である。』
しかし，そうではない！　取得者は弁済の苦痛を受けない！　ましてや，委付はその苦痛への鎮痛
剤ではない‼　委付のみが義務的（*in obligatione*）である。弁済は任意的（*in facultate*）でしかな
い……。」

36)　Troplong, *supra* note 32, n. 785.「……立法者はもっと論理的に，請求可能な元利金を弁済しない
限り第三所持者は委付の義務を負う，と書くべきだった……。」

37)　Troplong, *supra* note 32, n. 779 bis.「……民法典の下では，登記された抵当権は不動産差押えに
代わり，債権者は第三所持者に対して『正しい方法として』その不動産差押えの実行権を有する。
……第三所持者に対する抵当権の行使は，もはや裁判所の面前に持ち出されず，抵当権はただ迅速
かつ直接的な執行の方法を開始するだけである。」（傍点は引用者による。）

38)　Troplong, *supra* note 32, n. 779 bis.「この訴訟〔引用者注：抵当訴訟〕が必要だった理由は，抵
当権は，物的な態様で物に割り付けられているといっても，抵当訴訟によって第三所持者に対して
判決が取得されていない限り，第三所持者に対する執行の方法（voie d'exécution）を引き起こす
ことができなかったからであった。なぜなら，抵当権は隠れていたので，第三所持者を強制するた
めには抵当権の存在を公に宣言することが必然的な前提条件だったからである。この抵当訴訟が，

訟制度を古法における抵当権の公示手続として捉えることで，抵当訴訟制度に内在していた抵当債務弁済義務の痕跡を消去しているのである。さらに彼はこの観点から，Grenier が抵当訴訟の廃止を，訴訟による抵当権の公示の廃止としてではなく，口頭弁論事件の廃止として捉えていることを批判している[39]。もっとも，Troplong の立場からは，むしろ Grenier が催告手続に基づく強制売却を第三取得者の義務の履行確保手段として捉えていること（前記(iii)）が批判されるべきであった。Troplong がこのような批判を展開していないことも，そのこと自体が，Grenier になお残存していた第三取得者の抵当債務弁済義務の痕跡を消去するものといえる。Troplong は，Grenier の議論の前提に第三取得者の抵当債務弁済義務を想定すること自体を拒絶しているのである。このように，Troplong は古法における第三取得者の抵当債務弁済義務の痕跡を消去することで，自らの抵当権理解が古法の抵当権理解と連続しており，民法典の文言のみがそこから逸脱している，という図式を描き，民法典の文言に対する自らの批判を正当化しているのである。

第 2 款　肢分権説の否定と復権

(i)　問題の所在――抵当権は動産か不動産か

もっとも，以上に紹介した学説においては，「抵当権は肢分権であるか」という問いは正面から論じられてはいなかった。これに対して，以下で紹介する学説においては，「抵当権は動産か不動産か」なる，我々から見れば奇妙な問いが立てられ，さらにこの問いの中で，抵当権の肢分権性が正面から問題とされるようになる[40]。

　抵当権を公のものとした民法典の下では不要になったのは明らかである。」

[39]　Troplong, *supra* note 32, n. 779 bis, p. 361, note 2.「Grenier は，抵当訴訟がもはや存在しないことを示すために，2166 条及び 2169 条を引用し，『もはや「口頭弁論事件」ではなく「執行」が問題となる』と付け加える（t. 2, p. 92, n. 339）。私は，Grenier が裁判官の面前の訴訟に口頭弁論事件しか見出しておらず，彼の目から見て，それが訴訟の方法（voie d'action）と執行の方法（voie d'exécution）との間を区別する徴表である，ということに驚かされた。」

[40]　抵当権の肢分権性をめぐるフランスの学説を紹介する先行研究として，太矢一彦「抵当権の物権性について――フランスにおける学説を中心として」獨協法学 48 号（1999）167 頁がある。しかしこの論文は，抵当権の目的を物自体ではなく物の上の所有権と解すべきである，という主張を支えるため，抵当権の肢分権性を否定するフランス学説を紹介することに主眼を置くものなので，時期的な違いを捨象し，19 世紀後半から 20 世紀後半の学説を同列に論じている。また，19 世紀半ば

第4章　19世紀フランスにおける抵当権と追及権

　日本法において「物」が有体物に限定されている（民法85条，後記第5章第1節第3款(i)）のとは対照的に，フランス法では，有体物のみならず，権利をはじめとする無体物までもが「物（chose）」ないし「財産（bien）」に含められ，「動産（meuble）」と「不動産（immeuble）」とに区別される。これは主として，処分行為に関する行為能力の点で，動産と不動産とが以下のような異なる扱いを受けており，権利の処分についてもどちらの規律を適用するかが問題となるためである[41]。当時における法定夫婦財産制においては，婚姻までに妻が有していた抵当権が動産だと考えると，夫婦共通財産に入り（民法典1401条1号参照），婚姻まで妻の財産だったとしてもその管理処分能力は夫に専属する（1421条）のに対して，不動産だと考えると妻の固有財産となり（1404条），夫もその管理能力は有するが（1428条1項），夫のみでの処分はできない（1428条3項）。夫婦共通財産の財産分離が生じると，妻は動産については単独での処分能力を有する（1449条2項）のに対して，不動産は夫の同意または同意に代わる授権の裁判なしに単独では処分できない（1449条3項）。

　そこで，抵当権の処分のために必要なのは，動産の処分能力か不動産の処分能力かが問題となったのである。

(ii)　抵当権の肢分権性に言及しない学説

　まず，「抵当権は肢分権か」という問いに明示的に答えることなしに，「抵当権は動産か不動産か」という問題を検討した学説として，Duranton を紹介したい。彼は同時に，物権一般に，義務者を介在させないという意味での《直接性》が認められることを示唆している。そしてそのために，不動産差押えの実施を第三取得者に対する抵当権の正当な行使方法として位置づけた Troplong の見解を発展させ，第三取得者に抵当不動産を委付する義務を課してきたそれまでの学説による追及権理解に修正を加えている。

　以前の学説は，抵当権の肢分権性を明示的に否定した Marcadé 以外紹介されておらず，Pothier の肢分権理論を19世紀に復活させた Valette への言及は存在しない。これに対して本書は，肢分権理論がフランス法学説史において，物権の統一的理論体系の構築のために果たした役割に着目し，そのために，Valette が Pothier の肢分権理論を19世紀前半に復活させていたことに着目するものである。

41)　フランス古法においては，当時における抵当権の主要な被担保債務であった設定ラントを，Paris 慣習法を含む多くの慣習法が不動産と理解していたため（Pothier, *Traité du contrat de constitution de rente* (*Œuvres de Pothier* par Bugnet, t. 3, Paris, 1847), n. 112），この問題は顕在化しなかった。

第1節　抵当権及び追及権をめぐる19世紀前半の学説・判例

　彼は物権一般の性質を論じるにあたって，「直接に（directement）」という表現こそ用いていないものの，《対物性》を超えた，義務者を介在させないという意味での《直接性》をすでに示唆している[42]。物権の性質についてのこのような一般論を前提として，Duranton は民法典 2114 条の定義に従い，抵当権をその物権の一種として分類している[43]。そして物権の中でも抵当権に特有の効力として，目的不動産の売却権付与を挙げている[44]。

　もっとも，追及権及び優先弁済権をめぐる彼の説明[45]には，なお Pothier 以

---

42)　Duranton, *Cours de droit français suivant le Code civil*, t. 4, Paris, 1828, n. 225.「物の中の権利（droit dans la chose）は，『ある者に帰属する，何ら他の者に対するのではない，物の上の権能』である。」（傍点は引用者による。）

43)　Duranton, *Cours de droit français suivant le Code civil*, t. 19, Paris, 1835, n. 241.「抵当権は，用益権，使用権または居住権のように不動産が抵当権に割り付けられる（affecté），という点で『物』権（droit *réel*）であるが，その効力は同じではなく，固有の効力を有する。」

　ここで，「割付け」の語は，Loyseau（前記第 1 章第 2 節）における「割付け」（抵当権は，不動産を債務の弁済に割り付ける）とは異なる用いられ方をしている。すなわち，人が不動産を物権に割り付ける，という使い方である。この用法における「割付け」は「不動産上に設定する」という意味しか含まず，「不動産を執行対象とする」という意味は捨象されている。

　なお，後世の Pont, *Explication théorique et pratique du Code civil*, 3ᵉ éd., t. 10, Paris, 1878, n. 327, p. 341, note 2 や Baudry-Lacantinerie, *Traité théorique et pratique de droit civil*, 3ᵉ éd., t. 26, Paris, 1906, n. 894, p. 2, note 2 は，肢分権説を採用しているものとしてこの Duranton の見解を位置づけているが，その整理のしかたには疑問がある。Duranton は「抵当権は，用益権や地役権と同様に不動産が割り付けられる（affecté）点で物権である」としており，彼らはこの不動産の affecté を不動産所有権の démembré と読み換えたものと解されるが，両概念が互換可能かどうかこそが問題であり，「同様に」という語も，どこまでのことを示しているのかは明らかでない。

　そもそも Pont などは，明示的に肢分権説から距離を置く Aubry と Rau（後記第 4 節第 1 款(i)）でさえも肢分権説として位置づけており，従前の学説分布の正確な描写に気を配っているとは言い難い。

44)　Duranton, *supra* note 43, n. 241.「この権利の本質は，弁済を欠く場合に，無担保債権者及び後順位抵当債権者よりも優先的に代金から弁済を受けるために，割り付けられた財産をそれが誰の手に渡ろうと売却させる権能を債権者に与えることにある。」（傍点は引用者による。）

45)　Duranton, *Cours de droit français suivant le Code civil*, t. 20, Paris, 1836, n. 215.「これ〔引用者注：追及権〕は，不動産が債務者の手中を離れた場合に，抵当権者が抵当権から生じる優先弁済権を行使するために有する手段（moyen）である……。この追及権能がないと，抵当権及び先取特権の目的（but）である優先弁済権は，債務者の意向次第で，財産の譲渡によって見かけだけのものになってしまうだろう；法律は，抵当権に物権の性格，物を割り付ける権利の性格を与えることで，これを回避しようとした。」（傍点は引用者による。）

　Id., note 43, n. 248.「……抵当財産の譲渡によって，抵当権が債務者の意のままに見かけ上の権利にされることがないように，法律（lois）は抵当権に『追及』権を，すなわち，債務者のためにあらゆる所持者の手中にある財産を追及する権利を結びつけた。そしてこの権利は，弁済がない場合

301

第 4 章　19 世紀フランスにおける抵当権と追及権

前の古法学説の残滓も見受けられる。彼はまず，抵当権の目的は優先弁済権である，と説き，追及権を，優先弁済権が譲渡によって脅かされないために法律が抵当権に与えた補完として位置づけている。この説明は，優先弁済権を抵当権の効力の中心に据える β 説の流れを汲むものといえる。そして，抵当権の《物権性》は，あくまでも追及権が認められた結果として，あるいは法律が抵当権に追及権を与えることの表現として理解されている。つまり，論理的には追及権の有無が抵当権の《物権性》の有無に先行しており，追及権から帰納的に《物権性》が導かれているのである。この説明は，物の追及を抵当権の物権性の基礎とする点で，α 説の流れを汲むものといえる。

　その追及権の内容について，彼は，物権の《直接性》を示唆していることに呼応して，第三取得者の義務一般を否定し，抵当権が第三取得者に対しても物の売却権として行使されるということを徹底している。彼は第三取得者に抵当不動産の売却を甘受する義務しか認めず，抵当債務を弁済する義務のみならず，従前の学説が認めてきた，抵当不動産を委付する義務すらも認めないのである。抵当債務を弁済する義務や抵当不動産を委付する義務と異なり，抵当不動産の売却を甘受する義務は積極的給付義務ではないので，彼はこれによって，抵当権の第三取得者に対する効力を物権の《直接性》と整合させたものといえる。彼はまず，第三取得者の弁済義務を否定する[46]。さらに彼は，抵当不動産の委付をも，第三取得者の義務としてではなく，権能として捉える[47]。彼はそれゆえ，抵当権者が追及権として有するのは，委付・滌除・被担保債権弁済のいずれの権能も行使しなかった場合の強制収用の権利だけである，という[48]。これは，かつて Loyseau が抵当訴訟の申立事項である委付が「真の抵当委付」で

に，財産を売却させ，そこから生じる代金から弁済を受けることができる，という効力を伴うものである。この権利が，我々が与えた抵当権の定義において 2114 条が言う物権，$jus\ in\ re$ を構成する……。」（傍点は引用者による。）

46)　Duranton, *supra* note 45, n. 225.「抵当不動産の全部または一部の第三所持者が抵当権の滌除のための方式を満足しなかった場合，確かに抵当権者は当該第三所持者に対して追及権を有するが，この権利は，第三所持者を被担保債権の債務者とみなす，ということまでするものではない……。」

47)　Duranton, *supra* note 45, n. 225.「……第三所持者が期限に従った被担保債務の弁済も不動産の委付も拒絶した場合，債権者は 2169 条に従って収用を実施する権利しか有さず，裁判所は，不動産の委付及び債務の弁済を欠くために，第三所持者に対して何らの給付命令（condamnation）もなしえない。委付は，現行の法律によって抵当不動産取得者に与えられた純粋な権能，したがって使うことも使わないこともできる権能に過ぎない。」

48)　Duranton, *supra* note 45, n. 225.「ゆえに，債権者は……弁済期到来済みの債務の弁済がない場合に 2169 条に従って不動産を売却させる権利しか有しない。」

第 1 節　抵当権及び追及権をめぐる 19 世紀前半の学説・判例

はなく不動産への執行の甘受であると説いていたこと（前記第 1 章第 2 節第 2 款
(iii)）を想起させる。Troplong が不動産差押えの実施を第三取得者に対する抵
当権の正しい行使方法として捉えていたのは（前記第 1 款(iv)），この Duranton
の見解を先取りするものであった。

　ただし，被担保債権の弁済義務に先に言及し，委付をもう一つの選択肢とし
て位置づけている民法典 2168 条や，被担保債権の弁済と委付を選択債務関係
として捉える見解に対しては，彼も Troplong と同様，第三取得者が余儀なく
されるのは委付だけである，とする批判を加えてもいる[49]。

　しかし彼は結局，民法典においては，被担保債権の弁済のみならず抵当不動
産の委付も第三取得者の真の義務ではない，と解釈している[50]。以下に見るよ
うに，彼が催告手続に基づく強制売却を定めた民法典 2169 条を，訴訟手続の
免除ではなく，給付命令の拒絶として捉えているのは，このことに基づく。彼
はまず，古法における抵当訴訟が，第三取得者の義務について執行名義である
給付命令判決を与えるものであった，という歴史認識を示す[51]。この歴史認識
それ自体は，Troplong のそれとは異なり，むしろ Grenier のそれに近い。し
かし彼は，民法典がここに本質的な変更を加えた，と説く。民法典は，Gre-
nier が説くように抵当訴訟による給付命令判決を不要としたというよりも，
むしろこれを許されないものとして拒絶している，というのである[52]。この理

---

49)　2167 条の文言について，彼は次のように批判している。
　　「ただし，所持者が『所持者としてすべての抵当債務につき義務づけられたままである』と言う
　　のは正確ではない，なぜなら，すでに見たとおり，所持者としての資格は，所持者を『義務づけ
　　(oblige)』ないからである：第三所持者は，不動産の収用を回避するために，抵当債務の弁済を選
　　択したくなければ不動産の委付を余儀なくされる（tenu），というだけである。同様に，債務者に
　　ついて言及する際に，本条は『原（originaire）』債務者という語を用いてはならなかった。この表
　　現は，所持者というもう一人の債務者がいるように聞こえるからである。」(Duranton, *supra* note
　　45, n. 228.)
50)　Duranton, *supra* note 45, n. 233.「収用を避けるために，あたかも二つの物について選択的に義務
　　づけられているかのように弁済または委付をせねばならない，というのは正確ではない：収用を避
　　けるための義務は，物だけからなっており，その本質は委付である。しかし彼は抵当債務の弁済に
　　よってこれを回避することができる：そのため，債務者の選択による選択的義務と区別するために，
　　取得者としての義務は任意的権利と呼ばれるものの数に入る：……これは取得者の真の義務にはな
　　らない……。委付も弁済もしない場合に収用を受忍するのが，唯一の義務である……。」
51)　Duranton, *supra* note 45, n. 233.「……確かに，古法の判例（jurisprudence）では，弁済されて
　　いない債権者は，第三所持者を召喚して，抵当債務全額の弁済を選択しない限り不動産を委付させ
　　る権利を有していた。そのため，Pothier はその *traité de l'Hypothèque* において，抵当権の第三所
　　持者に対する効力をこのように説明していた。」

303

第 4 章　19 世紀フランスにおける抵当権と追及権

解は，彼が第三取得者の実体法上の義務として抵当債務弁済の義務も抵当不動
産委付の義務も認めていない，ということに対応している。彼は，「所持者」
をあたかも「真実の債務者」であるかのように訴追することはできない，と説
明しているのである [53]。

　以上のように，Duranton は抵当権を含む物権に《直接性》を示唆するに至
っていたが，彼においては，抵当権の《物権性》は抵当権の「追及権」から帰
納されたものに過ぎなかった。それゆえ，抵当権が「肢分権」であるかについ
ては，彼は何ら言及していないのみならず，むしろ消極的な理解を示唆してい
る。彼は，約定抵当設定能力に関する民法典 2124 条の立法理由を論ずる際に，
Battur や Troplong が説いていたような《抵当権設定＝所有権の一部譲渡》と
いう考え方とは一線を画している。彼はこれを，債務発生の時点で譲渡の潜在
的可能性があることを立法者が看過して，抵当権を間接的な譲渡（譲渡の原因）
であると考えたための規定である，としている [54]。従って彼は，「抵当権は動
産か不動産か」という問いについては，抵当権の附従性を援用して，被担保債
権が金銭債権などの動産である場合には抵当権も動産権である，と答えてい
る [55]。

---

52)　Duranton, *supra* note 45, n. 233.「しかし，これらの諸原理は民法典によって変更された：抵当権
は第三所持者に対して異なる態様で行使される；弁済または委付のために彼らを『召喚する』必要
はなく，してはならない；『支払命令（commandement）』の後に，弁済または委付の単なる『催
告（sommation）』が彼らに対してなされるのである。そして 30 日後に売却を進めることができ，
売却は民訴法典で規定された強制収用すなわち不動産差押えの方式に従ってなされる。しかしこの
ことから，債権者が今日，第三所持者に対して，債務の弁済または任意の委付がない場合に，委付
について『給付を命ずる（condamne）』判決を得ることができる，ということにはならない：こ
の権利は，民法典では明らかに拒絶されている……。」

53)　Duranton, *supra* note 45, n. 233.「……債権者が単なる所持者をあたかも自己の真実の債務者であ
るかのようにして訴追できる，と確信するのは誤りである。」

54)　Duranton, *supra* note 43, n. 347.「民法典の起草者は，通用している，ただし多くの場合において
不正確な観念，すなわち，抵当権は譲渡に通じる手段・債務の弁済がない場合の間接的な譲渡であ
る，という観念から出発して，約定抵当は抵当不動産の譲渡能力を有する者によってしか設定され
えてはならない，と結論した。しかし，この観念は真実からはほど遠い：それ自体が例外的なもの
に過ぎない。抵当権が設定者の何らの人的債務もなしに第三者のために供えられた場合〔引用者
注：物上保証の場合〕にはこれは正しい，というのも，その場合は，抵当権がなければ不動産はそ
の債務のために譲渡される危険にさらされないからである；しかし，抵当権が設定者の債務のため
に設定された場合には完全な誤りである；なぜならその場合，実は不動産譲渡の根源は抵当権設定
にあるのではなく：譲渡の原因は，義務そのものにあるからであり，そしてこのような場合がほと
んどである。」

（iii）　肢分権説の明示的否定

　Duranton は抵当権の肢分権性の否定を示唆するに留まっていたが，さらに
進んで，抵当権の肢分権性を明示的に否定する見解が登場する。

　Marcadé は，民法典の抵当権に関する部分については注釈書を残していな
いが，財産の分類を示す際に，一定の範囲で自らの抵当権理解を示している。
これまでに紹介してきたように，当時の通説が抵当権を不動産売却権として捉
えるものであったのに対して，彼は以下のとおり，抵当権を不動産の売却権と
して捉えず，抵当権の肢分権性を否定することで，その不動産性を否定してい
る。

　彼はまず，従前の学説のように抵当権を動産と考えることと，抵当権を *jus
in re* と考えることとは相容れない，と言う。そして，抵当権を動産と考える
ことではなく，抵当権を *jus in re* と考えることを問題視する[56]。

　しかし，彼も民法典 2114 条で宣言された抵当権の物権性を否定しているわ
けではない。彼は一般論として，「物権（droit réel）」の中には，「物の中の権利
（*jus in re*）」すなわち所有権の肢分権ではないが，「物に対する権利（*jus in
rem*）」ではあるものも含まれる，と説く。そして抵当権は「土地に対する，
金銭への権利」であって，物の中の権利ではないが，物に対する権利である，
というのである。

　彼はまず *jus in re* と *jus in rem* との区別を準備するため，権利の客体（ob-
jet）と権利の受動的主体（sujet passif）という二つの分類軸を用意する。そして，
権利一般を，権利行使の客体の観点からは *in re*（物の中の）と *ad rem*（物に向け
られた）に，権利行使の受動的主体の観点からは *in rem*（物に対する）と *in per-*

---

55)　Duranton, *supra* note 43, n. 241.「……この権利は不動産上に存在するものの，抵当権は概して動
　産債権の弁済を担保することを目的とするものであり，そしてその場合には不動産権ではない：な
　ぜなら，従物が主物の性格を奪い，その性格を主物に与えるのは，原則に反するからである：然る
　に，抵当権は従物に過ぎず，債権は動産なので（529 条），抵当権はそのこと自体によって動産権
　である。それゆえ，配偶者の一方が婚姻時に第三者に対して有する債権に第三者の財産上の抵当権
　が付いている場合でも，あたかも抵当権がない場合と同じように 1401 条によって夫婦共通財産に
　入る：これに対して，もし債権が抵当権のために不動産と評価されるなら，債権は夫婦共通財産に
　入らないだろう：それは一方の配偶者に固有のものである。」
56)　Marcadé, *Elémens du droit civil français ou Explication méthodique du Code Napoléon*, 7ᵉ éd., t. 2,
　Paris, 1873, n. 361.「近代の論者は……みな，抵当権を動産だと考えており，それは正しい：しかし
　彼らは，抵当権は不動産の中の *jus in re* である，と言う時に誤りを犯しており，自分自身の判断を
　ひっくり返している，というのも，この〔引用者注：不動産の中の *jus in re* という〕資格は，抵当
　権を目的による不動産にするからである。」

第 4 章　19 世紀フランスにおける抵当権と追及権

sonam（人に対する）に分ける[57]。

　そして，彼はこの議論を次のように抵当権にあてはめる。通常は，受動的主体の点で *in rem* の権利は，客体の点では *in re* であるが，抵当権は，受動的主体の点で *in rem*（不動産に対する）でありながら，客体の点では *ad rem*（金銭へ向けられた）である特殊な権利である，というのである[58]。

　以上の彼の主張を図式化すると，表のようになる。

表

		客体（objet）	
		in re	*ad rem*
受動的主体 （sujet passif）	*in rem*	所有権等	抵当権
	in personam	×	特定的債務

※ ■：物権

　このように，彼は抵当権の客体（objet）を，土地ではなく金銭であると考え，そのことから，抵当権は「客体（目的）による不動産（immeuble par objet）（民法典 526 条）」にあたらない，と結論する[59]。一方で彼は，抵当権は *jus in re* で

---

57)　Marcadé, *supra* note 56, n. 361.「論者のこの矛盾は，*jus in re*，物の中に行使される権利（droit *s'exerçant dans* une chose）と，*jus in rem*，物に対して実行される権利（droit *se poursuivant contre* une chose）という二つの表現を混同しているところに由来する。——権利の『客体（目的〔objet〕）』，すなわちその上に権利が行使されまたはされねばならないところのものを考えるとき，その権利は，あるときは *in re* であり，またあるときは *ad rem* である；権利の『受動的主体（sujet passif）』，すなわち争いの場合にそれに対して訴追するところのもの，それに対して訴権が向けられるところのものを考えるとき，その権利，より正確には訴権は，あるときは *in rem* であり，またあるときは *in personam* である。かくして，1，*jus in re* と *jus ad rem* とを対置する；次いで，2，もう一つの観点から，*jus*（または *actio*）*in rem* と *jus*（または *actio*）*in personam* とを対置する。」

58)　Marcadé, *supra* note 56, n. 361.「……*jus in re* は，常に *jus in rem* でもあって，決して *jus in personam* ではない；反対に，単純な *jus ad rem* は，通常は *in personam* であって *in rem* ではない。しかし，抵当権の場合にはそうではない。抵当権は同時に *jus ad rem*（金銭への権利〔droit à l'argent〕）であり，かつ *jus in rem*（不動産に対する〔contre l'immeuble〕）でもある。ここから過ちが生じる；物に対する（*in rem*）訴権は一般には *jus in re* であるところ，抵当権は物に対する（*in rem*）訴権を生じるので，抵当権は *jus in re* であると考えられてきた。しかし，そうではないのである。」

59)　Marcadé, *supra* note 56, n. 362.「抵当権の場合，問題となる不動産は，権利の『客体』ではなく，『受動的主体』である。権利の客体は，不動産を仲介者として取得するであろう金銭である。それゆえ，抵当権は不動産を客体としない，その客体は金銭，すなわち動産だからである。」

はないが，*jus in rem* であるために，物権（droit réel）の名に値する，と説く[60]。

このように，彼が客体の点で抵当権は *jus in re* ではないと説いているのは，義務者を介在させないという意味での《直接性》と，万人に対する対抗可能性という意味での《絶対性》とを抵当権に認めていない，ということを意味する。彼は，*jus in re* が《直接性》を有し，そのために積極的給付請求を基礎づけないものであることと，*jus in re* が《絶対性》を有し，そのために万人に対して対抗可能な権利であることとを説いている[61]。しかし彼は前述のとおり，抵当権については「不動産」が義務者として介在すると考えている。それゆえ，抵当権に《直接性》と《絶対性》とを認めることができず，従って抵当権を *jus in re* に含めることができなかったのである。

その一方で彼は，抵当権は受動主体の点で *jus in rem* であると説くことで，抵当権が《人に対する権利》となることを回避している。彼は，*jus in rem* は物に対して向けられた，すなわち《対物性》を有するものであり，その結果として，当該物の所持者が訴訟の名宛人になる，と説く[62]。従って彼は，抵当権を *jus in rem* と捉えることによって，人ではなく土地をあたかも債務者であるかのように捉えようとした，ということができる。この整理は，古法における土地ラントが，Loyseau によって「人ではなく土地が支払わねばならない」ものと表現されていたことを想起させる（前記第1章第1節第1款）。しかし，

---

60) Marcadé, *supra* note 56, n. 362.「抵当権は不動産に対する訴権を与え，それゆえに物権（droit réel）である，というのも，抵当権は人に対して（*in personam*）訴追する代わりに，物に対して（*in rem*）訴追するからである。」

　　Marcadé は，抵当権が *jus in re* であることを否定したために，他説から物権性を否定する説として紹介されることがある（Aubry et Rau, *Cours de droit civil français d'après la méthode de Zachariæ*, 4ᵉ éd., t. 2ᵉ, Paris, 1869, §165, note 4 etc.）が，彼も，抵当権が「物権（droit réel）」であるという，民法典 2114 条に明記された前提を崩してはいない。

61) Marcadé, *supra* note 56, n. 361.「*jus in re* は，権利者が排他的に，直接的にそして絶対的に，万人との関係で等しく，物の上に有する権利である……。*Jus in re* は，その独立で絶対的な性質の効力によって，待つべきものも受け取るべきものも請求すべきものも何もない……。」（傍点は引用者による。）

62) Marcadé, *supra* note 56, n. 361.「人に対する権利を論じることなしに，物に対して向けられた権利や訴権が，*in rem* と呼ばれる……確かに，*jus in rem* においても，名宛人とされるのは人である；*in personam* な訴権と同様に，人が出頭を促され，人が召喚される（なぜなら，物に対しては弁論や議論をしようがないからである）。しかし，人的訴権においては，その者のみが債務に基づいて探求される；これに対して，物上訴権では，訴追されている物の現時の占有者が（誰であれ），占有者の資格のみによって，人的義務とは無関係に捕捉される。」

第4章　19世紀フランスにおける抵当権と追及権

Marcadé は土地の負う金銭債務の執行対象財産が当該土地自体に限定されることを暗黙裡に前提としているのに対して，古法における土地ラントは「割当て」の効果として所持者の全財産を執行対象としていた。従って，執行対象財産の限定は *jus in rem* という性質からは直ちに出てこないはずの帰結である。それにもかかわらず，Marcadé が執行対象財産の限定を当然視しているのは，中間法期における土地ラントの人的債権化[63]のために Marcadé が土地ラントを考察の対象から外していることの影響といえるだろう。

　このように，彼は抵当権を売却権としてではなく不動産が負う債務として捉えることで，抵当権の肢分権性と不動産性とを否定している。この点で，彼の見解は，本節でこれまで見てきた，Pothier 学説の影響で抵当権を不動産所有権の一部たる売却権として捉える 19 世紀前半の通説とは，一線を画するものといえる。そして結局のところ，Marcadé の見解は 19 世紀を通じて異説の扱いを受けることとなる。

（iv）　肢分権説の復権

　これに対して，Pothier を踏襲して，抵当権を所有権の一部として理解する学説が登場する。Valette[64]は，19 世紀フランス学説史の中ではじめて，抵当権を肢分権の中に位置づける Pothier の記述を明示的に継承し，さらに発展させた[65]。しかも，彼のこの主張は，抵当権の不動産性についての彼の結論の前

---

63)　前掲第 1 章注 19）参照。

64)　Valette, *Traité des priviléges et hypothèques*, t. 1, Paris, 1846.
　　　この著作は未完に終わり，1 巻しか世に出ていない。それは，著者が抵当権改革の挫折に憤ったためと言われている（福井勇二郎「19 世紀に於ける佛国民法學の發達——ユージェーヌ・ゴドゥメの講演に據りて」『仏蘭西法學の諸相』〔日本評論社，1943〕1 頁，59 頁）。

65)　Valette 自身は，前記第 2 章第 5 節第 1 款(i)で紹介した Pothier, *Traité du droit de domaine de propriété* の記述ではなく，抵当不動産所有者による抵当負担なき所有権の時効取得を認めた Pothier, *Traité de la posession et de la prescription*, n. 136, n. 139 の記述を手がかりにして，自説を展開している。そして，抵当権はこれまで学説上肢分権とされておらず，民法典 526 条も抵当権を「目的による不動産」に挙げていないが，それはローマ法源の不適切な分類に影響されてのことに過ぎない，という。
　　　この Valette の見解が，当時において画期的なものであったことは，彼自身の次の記述からも窺うことができる。
　　　「抵当権が所有権の肢分権である，というこの単純な提案によって，どれほどに奇妙な苛立ちが引き起こされてきたかは，想像できないだろう。確かに，権利から何かを取り去ったときには権利はもはや完全なものでない，というこの些細な観念を（用益権や地役権のように）抵当権に適用することは，さほど大胆な革新ではない！　しかし，民法典の基本的規定についての最も大胆な改革

308

第1節　抵当権及び追及権をめぐる 19 世紀前半の学説・判例

提となっているわけではないにもかかわらず，敢えて純粋に理論的な主張として展開されているのである。このように Pothier の肢分権説を復権させることで，Valette は所有権と抵当権とを同質のものとして理解し，所有権の《絶対性》を物権一般に拡張し，追及権をその《絶対性》の一つの表れとして位置づける。

　彼が抵当権は「物権」であるというとき，彼はそこに，不動産所有権の肢分権という意義を込めている[66]。

　彼は肢分権についての一般論を展開するにあたり，所有権を，最も完全な物権として，さらには物からすべての効用を引き出す権利として定式化しており，民法典 544 条で示されている所有権の《絶対性》への言及はあるが（この点については後述する），Duranton がすでに示唆していた《直接性》への言及は存在しない[67]。この《直接性》の不存在は，Pothier の定式に即してのものと考

法案に冷淡で無関心であるような法律家は，古い分類の中で占めていた順位を移動された抵当権を，怒りなしには見ようとしない。小さな物事の慣れは，大きな物事の慣れよりも情熱的で不寛容であるように思われる。おそらくそれは，そうした慣れが各個人の心の奥底の人格に起因しているからであろう。」（Valette, *supra* note 64, n. 124, p. 181, note 1.）

　もっとも，同時代に Valette の同志が全くいなかったわけではなかった。Hureaux, « Étude historique et critique sur la transmission de la propriété par actes entre-vifs », *Revue de droit français et étranger*, t. 3, 1846, p. 678, 683-684 は，抵当権が物権であり肢分権であることから，その設定には引渡し（tradition）が必要であった，と説き，公署証書の公印を引渡しに代わるものとして捉える Pothier の記述（前記第 2 章第 5 節第 2 款）を援用している。

66)　Valette, *supra* note 64, n. 124.「物権，所有権からの肢分権（démembrement）：これらの語は，我々によれば，よく用いられる一つの法律用語の同義語として受け取られねばならない。」

　Valette はさらに，ここに次のような脚注を付すことで，ここにおける「物権」が単なる万人に対する対抗可能性を意味するに留まらないことを示している。

　「ここで我々は，『物 réel（res）』の語の語源に合致した，固有の意味の『財産（biens）』または『物（choses）』を目的とする『物権（droits réels）』にしか言及しようとしていない。このような注意をするのは，時に担保権（sûreté）や名声（réputation）の権利，身分（état des personnes）など，『物（choses）』を目的としない絶対権すなわち万人に対抗可能な権利が『物権（droits réels）』と呼ばれることがあるからである。」

　この脚注にいう「担保権」が「物権」であると言うとき，彼はそこに，絶対権・万人に対する対抗可能性という意味しか与えていない。このことは逆に，担保権の中でも特に抵当権は，単に万人に対抗可能だという意味で物権であるというに留まらず，固有の意味の物（choses）を目的とし，所有権の肢分権と呼ぶことができる，と彼が理解していることを窺わせる。

67)　Valette, *supra* note 64, n. 124.「実際，最も完全な物権，最も絶対的な態様でその物を処分する権利（民法典 544 条），従って，物を使用し，利用し，破壊さえし，またはそれを譲渡することによって他の客体を取得する，一言でいえば，そこからもたらされうるすべての効用（utilité）を引き出す権利でないとすれば，物の完全な所有権とは何であろうか？　然るに，特別の物権が，その性

309

第4章　19世紀フランスにおける抵当権と追及権

えられる（前記第2章第5節第1款(i)）。

　彼はこの一般論を抵当権に応用して，抵当権が肢分権であることを示す。そこでは，所有権の内容のうち，所有者の物質的変更・損壊の自由の制限に加えて，不動産を代金に変形する権利[68]及びそのコロラリーとしての譲渡を許諾する権利[69]が抵当権者に与えられる，と理解されている。彼はここで，他の債権者に対する優先弁済と第三取得者に対する追及権とを，物との関係に引き直している。彼は，所有者から抵当権者に与えられる権利としての売却権について「その債権額に満つるまで」と表現しており，これは債権者間の優先弁済権を物との関係に引き直した表現であると考えられる。また，売却権のコロラリーとしての譲渡許諾権も，第三取得者に対する追及権を，第三取得者への譲渡の効力制限という形で物との関係に引き直した表現に他ならない。彼は，所有者が抵当不動産を抵当権者の同意なしに譲渡し（，第三取得者から滌除通知を受け）ても，増価競売権の行使によって所有者による譲渡の効力を覆滅できる，ということを，追及権の内容として捉えているのである。この説明は，民法典の起草過程における Bruxelles 控訴裁判所意見の中に類似のものを見つけることができるが（前記第3章第4節第2款），それまでの学説には見られないものであった。

　従って，彼は設定に譲渡能力を要求する民法典 2124 条を説明する際にも，Battur や Troplong（前記第1款）と同様に，抵当権の設定が不動産の部分譲渡

質やその重要性がどうであれ，所有者以外の者のために同じ目的物上に設定された場合，所有者の権利はもはや完全性を維持せず，その一部分が所有者の不利に切り離された（détachée），ということは明らかではないのか？　それゆえ，表現の厳格な的確さを伴って，この新たな物権は『所有権の肢分権』と呼ばれる。」（傍点は引用者による。）

68)　Valette, *supra* note 64, n. 124.「……物質的損壊の問題以外でも，完全な所有者に物と引換えに金銭をもたらすことを認める部分の処分権は，所有権者には帰属してない。それ以来，抵当不動産を金銭に変形する権利は，その債権額に満つるまで，万人との関係で，抵当債権者が有しているのである。所有者が売却した場合，それは債権者の計算でですしかない。代金を受ける権利を有するのは債権者のみであるからである。」（傍点は引用者による。）

69)　Valette は前掲注 68) 引用部分の展開として，次のように続けている。「……債権者は，自己の同意なしにされた売却を終局的なものとして承諾することを義務づけられてさえいない；債権者は，公の入札による新たな売却を請求することで，その売却を失敗させることができる（民法典 2185 条〔引用者注：増価競売申立て〕参照）。それゆえ，売却代金を受ける権能が所有者から奪われているだけではなく，譲渡の権能でさえも手つかずのまま所有者に残されてはいないのである。所有者による処分行為が他人の意思によって消滅させられるとき，所有者がなお完全な処分権を有していると考えることなどできるだろうか？」（傍点は引用者による。）（Valette, *supra* note 64, n. 124.）

310

第1節　抵当権及び追及権をめぐる19世紀前半の学説・判例

であるということを理由としている[70]。

　もっとも，彼はこのように抵当権の肢分権性を主張しながら，この主張を抵当権の不動産性に直結させてはいない。むしろ彼は，抵当権の附従性を理由に，動産の規律の適用を主張している[71]。このことから，抵当権は肢分権であるという彼の主張が純粋に理論的なものであることが分かるだろう。

　彼は，このように抵当権を「肢分権」として物権の体系の中に取り込むことで，他の債権者に対する優先弁済権と第三取得者に対する追及権とを導出している。Valette は前述のとおり，優先弁済権及び追及権を，所有者が抵当権者に与える権利の内容の中にすでに取り込んで対物的に表現していた。彼はその上で，抵当権は物権であるので，前述した所有権と同様の「絶対権」すなわち万人に対抗可能な権利である，と説き，このことから，抵当権の優先弁済権及び追及権を，売却権としての抵当権がそれぞれ他の債権者及び第三取得者に対抗された姿として演繹している[72]。このように，追及権は売却権の第三取得者に対する対抗として位置づけられており，第三取得者は「万人」の中に解消されているのである。これは，Duranton が追及権を認める実質的必要性から抵当権の《物権性》を帰納していた（前記(ii)）のとは論理的順序が逆転している。

　こうして Valette は，「肢分権」理論の復刻によって，抵当権を含む物権一般を，所有権と理論的に結びつけた。それゆえ，彼の学説は，後に物権変動の

---

70)　Valette, *supra* note 64, n. 124.「……約定抵当の有効性を評価するためには，所有者が当該担保目的不動産を『譲渡』する能力を有していたかを考慮する必要がある：なぜなら，抵当権の設定は一種の部分譲渡だからである（2124 条を参照せよ）。」

71)　Valette, *supra* note 64, n. 124.「それでも，不動産上の物権である抵当権が債権の附従物であるという見方を捨ててはならない。然るに，この債権はほとんど常に動産である：なぜなら，ほとんど常に債権は金額を目的としているからである（民法典 529 条参照）。……ひとたび抵当権が設定されると，それは債権者にとっては自己の債権の附従物に過ぎない。それゆえ，例えばその債権が動産であるなら，これに付随する抵当権は債権と共に動産の受遺者に移転される：同様に，抵当権は夫婦共同体の積極財産となるだろう（1401 条 1 号参照）：最後に，例えば夫婦別産の妻（1449 条）のように自己の動産を自由に処分できる債権者は，当該抵当債権を処分することができる。」

72)　Valette, *supra* note 64, n. 124.「2114 条の『物権』の語は，抵当権が単なる債権，すなわち特定の債務者との関係でのみの権利ではなく，絶対権，すなわち万人に対抗可能であることを示している。すべての者との関係で，かつすべての者に対して，抵当債権者は一定の金額を抵当財産の売却代金から弁済される理由があると主張する。この権利が不動産所有者の他の債権者との関係で考えられる場合，これは優先弁済権と呼ばれる（2093 条及び 2094 条参照……）：反対に，この権利を第三取得者に対して行使されるものと考える場合，それは追及権と呼ばれる（2166 条以下参照）；それゆえ，抵当権はこれら二つの権利の集合体以外のものではなく，理論または実務においては，明快さのためにこれらが区別されている。」（傍点は引用者による。）

311

第4章　19世紀フランスにおける抵当権と追及権

統一的理論が形成される（後記第3節）ための下地を作るものであった，ということができるだろう。

第3款　抵当権の当然 purge と法律効理論

以上第1款及び第2款で見たように，Pothier の学説を継承した19世紀前半の諸学説は，抵当権を抵当不動産所有権の一部である売却権と捉え，追及権を抵当不動産の売却権が抵当不動産の第三取得者に対して主張されたものとして捉えるようになった。そしてそのことから，第三取得者は抵当不動産の売却の受忍または売却のための委付のみを義務づけられ，抵当債務の弁済義務を負わない，という帰結を導き出していた。

しかしこのことによって，強制売却の場合には競落代金の，滌除の場合には任意売却代金の弁済を受ける抵当権者の権利を，いかに説明するかが問題となる。なぜなら，その際には抵当権者と抵当不動産の競落人や第三取得者との間の関係を論じるのが自然であり，これを抵当権者と抵当不動産との関係に解消することは難しいからである。この問題自体は，β 説の立場から債権者間の優先弁済権を目的不動産との関係に引き直した Bourjon もすでに直面していたものであったが，γ 説（売却権としての抵当権理解）においてはさらに，そもそも債権者間の優先弁済権が売却権としての抵当権の効力構造の中で占める位置が明らかでない，という問題も立ち現れる。加えて，強制競売の場合における抵当権の当然 purge や，任意売却後の滌除手続による当然 purge をいかに説明するかも問題となる。この当然 purge は，抵当権が物権として目的物の譲渡後も当然に物の上に存続するという「追及権」と矛盾するようにみえるからである。とりわけ，γ 説によると，売却権を行使していない，強制競売の場合における執行債権者以外の抵当債権者について，売却代金の弁済とこれに伴う抵当権の当然 purge とを説明するのは困難である。これらはまさに，γ 説を採用していた Pothier もかつて直面していた問題であった（前記第2章第5節第3款(i)）。

19世紀においては，これらの問題は，抵当権登記の「更新」が手続上どの時点まで必要なのか，という問題と結びつけられることによって，顕在化することになる。そこでは，学説は，かつて Pothier がしていたのと同様に，18世紀に Bourjon が唱えていた保存異議の「変換」理論（前記第2章第2節第3款(i)）を γ 説に整合的に改鋳して，当然 purge 制度である滌除や競落判決の効

312

力を理論的に説明しようとする。この「変換」理論は，登記の更新の問題には，Grenier によって，滌除や競落判決が，抵当権登記に「法律効」を生じさせ，不動産上の物権である抵当権を代金上の権利に変形する，という「法律効」理論という形で持ち込まれる（(iii)）。この「法律効」理論こそが，γ 説と優先弁済権及び追及権の現実の姿との間の緊張関係を緩和する役割を果たす一方で，抵当不動産の第三取得者の法的地位と競落人のそれとの理論的連続性を示す点では，β 説の最後の残滓でもあったのである。しかし，「法律効」は γ 説に内在的な根拠を有するものではないため，その後 Troplong によって，抵当権者と競落人または第三取得者との間の契約の効力に解消されていく。そしてこれにより，抵当権の消滅は，抵当不動産の譲渡による抵当権の当然 purge としての性格を失うに至る（(iv)）。

　このことを説明するための前提として，以下では，まず登記更新の要否という問題について説明した上で（(i)），法律効理論が誕生する前の学説及び判例を概観し（(ii)），これとの比較によって法律効理論の意義を明らかにしたい。

(i)　問題の所在——抵当権登記の更新と登記の「法律効」

　競売代金や任意売却代金から抵当債務の弁済を受ける抵当権者の権利が，いつどのようにして生じるのか，という問題は，抵当権登記の「更新」制度との関係で論じられることになった。この制度は，抵当権の時効とは別に，登記の累積によって抵当権保存局の台帳管理が困難になることを防止するため，登記から 10 年以内に更新されなかった登記を自動的に失効させる制度である。強制売却制度や承認書制度の発動前に抵当債権者が予め保存異議をしておくことを認めた 1771 年 6 月勅令（前記第 2 章第 4 節第 2 款）が，その 16 条で保存異議について 3 年以内の更新を命じたのが，その起源とみられる。その後，共和暦 7 年第 1 法律 23 条では登記について 10 年の更新期間が定められた。民法典起草時には，共和暦 8 年委員会案が異議の更新期間を 5 年へと短縮し（titre VII, 14 条），破毀裁判所案は登記の更新期間の廃止を提案していた（63 条）。Conseil d'État でも更新制度を廃止する提案があったが，実務的必要から，登記に 10 年ごとの更新を要求する民法典 2154 条が残されたといわれる。しかし，抵当権者が抵当権を実行しまたは第三取得者による滌除手続を経て配当を受けるまでのどこかの時点で，この更新が不要になるのではないか，ということが争われた。

　破毀院 1808 年 4 月 5 日判決[73] は，民訴法典施行前の，共和暦 7 年第 2 法律

第 4 章　19 世紀フランスにおける抵当権と追及権

に基づく不動産差押え手続による強制収用の事案について，この問題を取り扱った。そして，以下のような一般論を定立し，登記の「法律効」が発生した時点で 10 年が満了していたか否かを問題としていた。

　「抵当権登記の更新は，10 年の期間の満了前に登記が法律効（effet légal）を生じなかった場合にのみ必要となるが；この期間の満了前に，他の債権者との関係で競合または抵当権の先後（priorité）を確立するために，債権者が登記を利用していた場合，以後は抵当権登記の更新は必要でも有用でもなくなる，というのも，そのような場合には，登記それ自体がもはや目的（objet）を有しないからである。」（傍点は引用者による。）

　この判決は，この一般論を適用した結果として，10 年の満了前に競落を告げる掲示がなされていれば，以後の更新は不要である，という。そしてその理由は，この掲示に登記一覧が書かれており，これに即して配当手続がなされ，競落代金が分配されるため，その登記による順位と登記の先後とが，この時点で抵当債権者にとって「不可撤回的に取得された権利（droits irrévocablement acquis）」になるためである，という。

　ただし，この判決は共和暦 7 年第 2 法律下の事案に関して判断を下したものであるため，民訴法典施行後の不動産差押え手続の事案に直接作用するものではなかった。民訴法典では，掲示の時点・内容が変更されており，さらに登記債権者が配当手続であらためて届出をする必要も生じたのである。しかも，この判決の事案では，実際には配当手続開始時点でさえまだ 10 年が経過していなかったため，いかなる時点ではじめて法律効が生じるのかは，いまだ明確とはいえなかった。

(ii)　「法律効」の忘却

　そのため，この判決が提示した「法律効」概念は，学説上も判例上も，一旦は忘却されていく。

　Battur は，破毀院 1808 年判決を，登記債権者への個別的警告がなされた時点を基準としていたと理解している。そしてその結果，強制競売手続については，差押え掲示の登記債権者への通知時に 10 年が満了していたか否かを基準

---

73)　Cass. civ. 5 avril 1808, S. 1808, 509.

とする。その際に，彼は登記の「効力」の語しか用いていない[74]。

　彼は滌除制度についても，同様の観点から，滌除通知時点を基準としている。ここでも，彼は登記の「効力」の語しか用いていない[75]。もっとも，滌除制度については，彼も後の Grenier による法律効理論の原型のような議論も展開している。滌除通知によって，取得者は抵当権者に対して代金額の人的債務者になり，抵当権者の順位及び境遇が確定するので，以後の更新は不要である，というのである[76]。しかし，彼は後の Grenier の法律効理論と異なり，滌除通知によって抵当権が不動産の権利でなくなるために登記が不要になる，と考えているわけではない。かえって，彼は民法典 2186 条を援用して，抵当権からの不動産の解放を代金の弁済または供託にかからしめている[77]。

　ただし，強制競売についても滌除制度についても，彼は更新の欠缺を主張できる者の範囲を限定している。彼は，抵当債務者，第三取得者，抵当債務者を同じくする他の登記債権者（強制競売の場合，差押債務者，競落人，差押債務者の抵当債権者）には，登記更新の欠缺を主張する利益を認める。その一方で，更新を怠った登記債権者からみて彼らよりも遠い関係にある，第三取得者固有の債権者，第三取得者からの転得者及びその債権者（強制競売の場合，競落人固有の抵当債権者，競落人からの転得者及びその債権者）には，更新の欠缺を主張する利益がない，という。この規律は，後の Grenier における相対的法律効と類似している。もっとも，Battur はその理由を，彼らには保存史によって当該登記の存在を知らされる制度が用意されていない，ということに求めている[78]。

74）　Battur, *supra* note 3, n. 398.「強制収用の場合，登記債権者は掲示の通知によって警告され，担保価値について注意するよう催告される。この時点で彼らの登記が失効していなかった場合，登記はこの通知の結果としてすべてその効力（effet）を生じており，その失効は対抗されえない。まして，競落後及び配当手続への異議の間にはじめて 10 年が満了した場合も，同様でなければならない。」

75）　Battur, *supra* note 3, n. 398.「第三取得者が 10 年満了前に契約を謄記し，登記債権者に通告〔引用者注：滌除通知〕した場合，すべての登記債権者は自己の登記から効力（effet）を得ている。登記債権者は警告され，自己の担保を見張るよう催告されている……。」

76）　Battur, *supra* note 3, n. 398.「……登記債権者の順位及び境遇は，不可撤回的に決定される（irrévocablement fixés）。通知から 40 日以内に増価競売がなかった場合，代金は取得者の手中で決定され，取得者は契約で定められた金額について彼らの人的債務者（débiteur personnel）になる。それゆえ，登記の更新は無用である。」

77）　Battur, *supra* note 6, n. 536.「謄記と通知は，新取得者を滌除に着手させるが，完遂はさせない；民法典 2186 条によれば，40 日の期間の経過も，代金の弁済または供託がない限り，不動産を抵当権から完全には解放しない。」

第 4 章　19 世紀フランスにおける抵当権と追及権

　学説のみならず判例も，破毀院 1808 年判決が用いた「法律効」概念に重きを置いていない。破毀院民事部 1821 年 1 月 31 日判決[79]は，強制競売の事案について，不動産差押えの謄記・登録は抵当権登記に公示や「効力」を与えず，その時点では登記の更新は免除されない，と判断する。そこでは，「法律効」の語は用いられていない。また，「公示」はこの判決が Battur のように登記債権者等への警告を重視していることを示すものと考えられる。次いで破毀院審理部[80]1821 年 8 月 9 日判決[81]は，同じく強制競売の事案について，一般論として，登記は配当手続開始時まで更新されていることを要する，ということを示唆する。そこでは，「登記の効力」の語すら用いられなくなっている。ただしこの判決の事案では，競売判決時点ではすでに登記後 10 年が経過していたので，当事者は競売判決時ではなく，さらに遡って登記債権者への掲示の通知（民訴法典旧 695 条）の時点での更新免除を主張しており，この判決はこの主張を退けたものであった。掲示の通知の時点で更新が免除されない理由として，この判決は，民法典に更新免除の規定がないことと，それらが売却前の方式に過ぎず，抵当権と債権者の順位を承認するものではないこととを挙げている。

---

78)　Battur, *supra* note 3, n. 398.「ただし，売主のまたは差押債務者の債権者，及び売主または差押債務者自身と，取得者がまたは競落人が不動産上に抵当権を与えることができた債権者，及びその後の取得者〔引用者注：取得者のまたは競落人の転得者〕とを混同してはならない。後者は，規律され保護されるべき新たな利害を有している。一方で，彼らは，不動産上に登記がまだ存在し，それらが自分に優先しまたは自分を追奪するに違いない，と考えたなら，もしかすると貸し付けたり買ったりしなかったかもしれない；他方で，彼らはそれらを知らされまたはその効力を評価させられることができない，というのも保存吏は滌除を望む新たな取得者〔引用者注：転得者〕にそれらの登記の一覧表を送付する義務を負わないからである；これらの点で，失効は彼らによって対抗されえない。」（傍点は引用者による。）

79)　Cass. civ. 31 janvier 1821, S. 1821, 375.「……登記がその効力（effet）を生じるまで，登記は定められた期間内に更新されねばならない……不動産差押え，その差押債務者への通告，これらの証書の裁判所書記課及び抵当権局における謄記及び登録は，登記に更新の目的を満足しうるような公示も効力も与えない……。」

80)　破毀院審理部（chambre des requêtes〔野田良之「フランス法」田中英夫ほか『外国法の調べ方』（東京大学出版会，1974）147 頁では「予審部」〕）は，1947 年の制度改革まで存在した，破毀申立書をスクリーニングするための部である（北村一郎「フランス法」『アクセスガイド外国法』〔東京大学出版会，2004〕128 頁注 39）。今日の日本の民事訴訟制度で喩えるならば，上告受理・不受理決定のための部が独立に存在するようなものであった。もっとも，その判決には理由が付されており，その判断には一定の先例的価値が存するものと考えられているようである。

81)　Cass. req. 9 août 1821, S. 1821, 486.「……この点〔引用者注：抵当権の存否と債権者間の順位〕についての議論と真の裁判上の異論は，各債権者が適式な名義を示さねばならない配当手続開始時にはじめて始まる……。」

第1節　抵当権及び追及権をめぐる19世紀前半の学説・判例

　Tarrible は，第三取得者及び競落人の弁済義務の発生を，滌除通知及び競落判決の効力として理解している。しかし他方で抵当権については，次のとおり，滌除手続においても強制競売手続においても，第三取得者からの単なる抵当債務の弁済による抵当権の消滅と，配当を受けられなかった抵当権の法律の効力による消滅しか観念していない。後の Grenier のような，不動産上の権利から代金上の権利への変換を観念していないのである。

　彼は，競落人は終局的競落によって抵当債権者との関係で弁済義務を負うと考えている[82]。また，第三取得者の弁済義務について，彼はこれを滌除通知の効力によって生じるものとして理解している[83]。しかし，彼はこの義務の発生時点と抵当権滌除の時点とを結びつけていない。彼は，代金が債権者に分配される際に，弁済を受けた債権者の抵当権は弁済によって，その他の債権者の抵当権は法律の効力によって消滅する，と考えているのである[84]。

　登記の更新が必要なくなる時点については，Merlin が Tarrible の記述を補足している。彼もまた，Tarrible 同様，弁済に先立つ権利の変形・変換を観念していない。

　Merlin は強制競売については，先ほど紹介した破毀院審理部 1821 年 8 月 9 日判決を，配当手続における名義届出時まで更新を要求したものと理解した上で，これを全面的に支持している。彼はその理由として，債権者が登記を利用するのは，まさに配当手続における届出時であり，その時点で無効になっている登記を利用することはできない，という[85]。

---

82)　Merlin, *Répertoire universel et raisonné de jurisprudence*, t. 15, Paris, 1828, vᵒ *saisie immobilière* [Tarrible], §VII, n. II.「競落人は債権者との関係では，所有権を取得したと考えた不動産を原因としてのみ，代金の債務者であった。」(傍点は引用者による。)

　　Id., §VII, n. III.「……終局的競落は，債務者からの収用を完遂し，競落人に所有権を移転し，競落人はもはや，不動産をいかなる種類であれすべての抵当権から解放するために，決められた順序に従って自己の競落代金を弁済することしかする必要がない……。」(傍点は引用者による。)

83)　Merlin, *Répertoire universel et raisonné de jurisprudence*, t. 18, Paris, 1828, vo *transcription au bureau des hypothèques* [Tarrible], §V, XII.「増価競売申立てがなかった，または有効な申立てがなかった場合，宣言〔引用者注：滌除通知〕の効力が，民法典 2186 条で規定されている。……新所有者は確かな所有者となり，代金弁済しか義務づけられない。」(傍点は引用者による。)

84)　Merlin, *supra* note 83, vo *transcription au bureau des hypothèques* [Tarrible], §VII, I.「一般に，抵当権及び先取特権を滌除するためには，1，不動産が売却されること；2，代金が有効な順序で配当記載された債権者に分配されることが必要である。それらの債権者の抵当権は，弁済によって滌除される：その他の債権者の抵当権は，法律の授権によって滌除される。これらの原則は，強制収用にも任意譲渡にも同様に適用される。」(傍点は引用者による。)

317

第 4 章　19 世紀フランスにおける抵当権と追及権

　それゆえ，彼は任意譲渡後の滌除手続との関係でも配当手続における名義届
出までの更新を要求しており，そのために，滌除通知後の登記更新を免除する
見解を批判している[86]。

　実際，配当手続における登記届出時は，登記が抵当債権者に利用される最後
の時点といえるので，Merlin のように解すれば，10 年の経過後に登記が用い
られるということはなくなる。保存局がいつまでも古い登記の保存を余儀なく
されて台帳管理に支障を来すことを防ぐ，という更新制度の立法趣旨からする
と，この Merlin 説が最も立法趣旨に忠実なものであったといえるだろう。

(iii)　「法律効」の再定位

　しかし，学説はその後，抵当権の安定を優先し，更新制度の妥当範囲を縮小
させる，すなわち，更新が不要になる時点を繰り上げていく方向に展開する。
そしてこの結論を理論的に支えるものとして，学説は 1808 年判決の「法律効」
概念を持ち出し，これを再定位する。すなわち，「法律効」に，かつて Bour-
jon が保存異議から支払差止め＝差押えへの変換との関係で唱えていた（前記
第 2 章第 2 節第 3 款(i)），「不動産上の抵当権の消滅・代金上の権利への変形」
という意味を込めるのである。

　この法律効概念の復興・改鋳を進めたのが，Grenier であった。ただし彼は，
全体としては Pothier 学説の継承者であるものの，同時期の他の学説とは異な
り，Bourjon のように第三取得者に抵当債務弁済義務を認めていた（前記第 1
款(iii)）。従って彼は，専ら「売却代金から」弁済する第三取得者の義務及び弁
済を受ける抵当権者の権利を説明するために，法律効概念を用いている。彼の

---

85)　Merlin, *Répertoire universel et raisonné de jurisprudence*, t. 8, Paris, 1827, v° *inscription hypothécaire*, §VIII bis, n. V. 「……破毀院審理部 1821 年 8 月 9 日判決は，簡潔に，配当手続が開始されて登記債権者が名義を届け出るまで，更新義務は消えない，と判断した。この時点は実際，登記債権者がまさに登記を利用せねばならない時点である。その際に，もはや効力を失っている登記をいかにして利用できようか？　競落から配当手続開始までの間に登記がその終期に達して無効とみなされる場合，その際に届出に供されるだろうか？」

86)　Merlin, *supra* note 85, v° *inscription hypothécaire*, §VIII bis, n. VI. 「このこと自体から，任意譲渡の場合に，民法典 2183 条に従った，滌除のための登記債権者への契約の通知が，更新を免除し，不動産代金分配のための配当手続の開始前に登記が失効することを妨げるか，という問題が解決するか？　いかにして登記はそのような効力を生じうるだろうか？　任意取得者が登記債権者との間で契約した，取得物代金までの弁済の義務を，強制収用による取得者は，競落によって同様に契約している；然るに，強制収用による売却は，その時点では効力を有していたが配当手続開始前に終期を迎える登記の失効を妨げない；それゆえ，2183 条の通知もそれを妨げえない。」

第 1 節　抵当権及び追及権をめぐる 19 世紀前半の学説・判例

「法律効」理論は，Bourjon の「変換」理論を γ 説の立場から修正する内容となっているが，それだけに，β 説に親和的な民法典の規定との間に緊張関係を生じ，再度の微調整を余儀なくされている。

　強制競売手続との関係では，彼は登記の更新を競落時まで要求し，その後は不要であると説く。彼はその理由として，競落時点で抵当権の登記が「法律効」を生じる，という[87]。

　このことを，彼は次のように敷衍する。彼は，「登記の目的」を「抵当権の目的」に置き換え，抵当権の目的が抵当債務の弁済または（弁済がない場合には）抵当不動産の売却であるということを前提とする。そして，競落すなわち売却によって，不動産上の物権としての抵当権がその目的を達し，代金上の訴権に変換されることをもって，彼は登記がその法律効を生じたと捉えている[88]。ここではまず，抵当権者が競落代金の弁済を求めることができるためには，抵当権者の権利が代金上の訴権に変換されている必要がある，と彼が考えていることが窺えるが，その限りでは Bourjon の変換理論と共通している。しかし，β 説の Bourjon は優先弁済権の行使が実際に確保される配当金供託時まで返還を認めなかったのに対して（前記第 2 章第 2 節第 3 款(i)），Grenier はここで，抵当権者による売却権の行使がすでに成されたという理由で，競落時にすでに変換を認めているのである。この点は，彼の法律効理論がすでに，変換理論に γ 説的変容を加えるものであったことを示すものといえる。これに加えて，彼は競落時に法律効が生ずると解すべき理由として，登記は不動産物権としての抵当権を保存するものである，ということを前提に，競落以降はそれまでのように不動産上の物権としての抵当権を登記によって保存する必要がなくなる，という[89]。そしてこれに対して，競落後の配当手続は，競落によって抵当権者が

---

87)　Grenier, *supra* note 19, n. 108.「……私は，競落によって登記の目的は満足され，その法律効を受ける：そのため，その時点で 10 年が経過していなければ更新は不要になる，と考える。」

88)　Grenier, *supra* note 19, n. 108.「私は，……抵当権という物権は目的物の売却によってその効力を生じる，という原則に，この意見の根拠を置く。抵当権の目的は，債権の弁済，または弁済がない場合には抵当不動産の売却である，ということに異論はない。それゆえ，不動産が売却された時点で，抵当権の目的は満足される。抵当権は代金上の訴権に変換され，この訴権は競落の必然的帰結である。」（傍点は引用者による。）

89)　Grenier, *supra* note 19, n. 108.「競落後は，不動産上の物権としての抵当権を保存するために必要なことは何もない。残るは，登記の日によって決定されたままの抵当権の順位に従って，代金上の訴権を行使することだけである。確かに，この訴権も登記の効力に依存している，というのも登記の効力が配当手続の時点で判断されねばならないからである：しかし，訴権はそれでも存在する，

第 4 章　19 世紀フランスにおける抵当権と追及権

得ていた権利に何も付け加えるものではなく，ただそれを確認するものに過ぎない，と説く[90]。この説明は，彼が，競落判決後も競落人に代金供託を促すために追及権を存続させる，という β 説の発想（「空競り」による再競落の法律構成に関する前記第 2 章第 3 節参照）を有していないことを明らかにする。従って彼は，破毀院審理部 1821 年 8 月 9 日判決（前記 (ii)）の先例的意義を，事案に即して限定している[91]。この判決は，Merlin が配当手続における登記届出時まで更新が必要であると主張するために拠り所としていたものであった。

　彼は，以上の「法律効」理論を，任意譲渡後の滌除手続にも持ち込もうとする。しかし，彼は追及権について β 説の名残を残していた（前記第 1 款 (iii)）ためか，ここでは，法律効によって代金上の権利が発生するという点も，法律効発生時に不動産が抵当権から解放されるという点も，あやふやなものになっている。

　彼は，任意譲渡後の滌除手続においては，滌除通知時に法律効が発生し，以後の登記更新は不要になる，と説く。ただし，ここには，取得者と登記債権者の間の「契約」という新たな要素が持ち込まれている[92]。彼はこの契約を，第三取得者と抵当権者の間の「司法上の契約」という。しかし彼はこの司法上の契約に，法律効理論の帰結の一つである，第三取得者の義務を発生させるものという意味を持たせてはいない。彼は，この司法上の契約によって第三取得者が委付権能を放棄し，そのために従前から存在していた第三取得者の代金弁済義務が「絶対的」なものになり，第三取得者は滌除通知の撤回すなわち滌除後の委付を禁止される，と説いているに過ぎない[93]。それゆえ，契約の成立を認

　なぜなら，競落時点から，登記はそれが与えた完全な諸権利の中にあり続けるからである。」

90)　Grenier, *supra* note 19, n. 108.「抵当権という物権は競落まで存続し，そして競落までは，有効な登記によって保存されねばならない。その後の配当手続は，債権者がすでに得ていた権利に何も付け加えない。配当手続は代金の区分しかもたらさない：配当手続はこれらの権利の効力を規律する：しかしまさにこれらの権利はその基礎を配当手続の外に有している：これらの権利は競落時点における有効な登記の存在を基礎としているのである。」

91)　Grenier, *supra* note 19, n. 108.「破毀院は，登記が競落時点で法律効に達したと判断する必要がなかった，というのもこの事案では掲示の通知から競落までの間に 10 年が経過していたからである。それゆえ，競落が更新の必要を終了させるかという問題は完全に残されている，と結論せねばならない。」

92)　Grenier, *supra* note 19, n. 112.「登記が通知〔引用者注：滌除通知〕の時点で効力を有する場合，登記はその法律効を得る。法律効を生じるのは，取得者と登記債権者の間の契約である。」

93)　Grenier, *supra* note 22, n. 458.「2184 条によれば通知に含まれねばならない，代金額まで債務を即金で弁済する旨の宣言を，取得者と登記債権者の間の司法上の契約（contrat judiciaire）と考え

めるために，彼は第三取得者の申込みに対応する抵当権者の承諾を擬制しているわけではない。このように考えると，「司法上の契約」という語には，第三取得者の意思に基づいており，その内容が第三取得者を拘束する，という以上の意味はないものと解される。

　加えて，法律効理論のもう一つの帰結である，滌除通知時点で法律効が発生し，不動産が解放される，という点も，弁済・供託ではじめて不動産が解放される，とする民法典 2186 条との間に緊張関係を有する。この緊張関係は，2186 条が競落判決後も競落人に代金供託を促すために追及権を存続させるという β 説の発想に立つことに起因するものであるが，Grenier は，追及権について β 説的理解を正面から打ち出すことなく，相対立する二つの手当てを用意している。それらはいずれも，滌除を実施した第三取得者からの転得者とその抵当債権者を念頭に置いたものである。

　一つは，法律効の相対性である。それは次のような議論である。法律効は，滌除の当事者（すなわち，滌除通知を受けた抵当債権者と滌除通知を発した第三取得者）の間で相対的にのみ生じる。そのため，転得者やその債権者との関係では法律効は生じない。そのため，代金が弁済または供託されるまで，抵当権は不動産上に存続しているが，抵当権者が第三取得者からの転得者に追及権を行使し，第三取得者固有の抵当債権者に対して優先弁済権を行使するためには，滌除通知後も登記を更新していることが必要である[94]。この説明は，後の学説において，契約や一方的義務負担行為の相対的効力という正当化根拠を得ることになる（後記第 4 節第 2 款）。

　一方で，彼は全く別の手当てを試みている。それによれば，法律効のうちの不動産解放効だけが条件的であり，法律効自体は絶対的に生じているので，法律効発生後の登記の更新は不要である，というのである。彼は，不動産の解放には弁済または供託という条件が付されており（2186 条），そのために第三取

ることはできないか？　これは債務者と債権者の間で実際になされる契約である。取得者はすでに，自己の取得契約自体によれば，売買代金の債務者である：取得者は，不動産委付の権能を行使しない限り，この義務を免れることができない。しかし，法律が取得者に与えた選択権を取得者が行使して委付権能を放棄するや否や；抵当権の滌除に向けた行為をするや否や，とりわけ取得者が明示的に『代金額までの債務の即金弁済』を申し込むことを宣言した場合，いかにして取得者が絶対的な態様でこの代金の債務者にならないというのか？」（傍点は引用者による。）

94)　Grenier, *supra* note 19, n. 113.「しかしこのこと（滌除通知による法律効の発生）は，不動産の連続的取得者と，その人的債権者との関係では，適用できない。……それゆえ，債務者上の登記を 10 年満了前に更新しておくことが常に賢明だということになる。」

得者は弁済または供託前に抵当権者を害して不動産を処分することができない，と説く[95]。そしてそれゆえ，転得者は前主による弁済または供託の有無に気をつけるべきだ，として，滌除通知後の抵当権者による登記更新の必要に疑問を呈する[96]。強制競売との関係では，彼は専らこの後者の手当てを用いている。彼は，強制競売の法律効は絶対的であるが，不動産解放だけは条件付きであるとして，抵当権者による追及権・優先弁済権の行使を認めつつ，競落後の登記更新を免除しようとするのである[97]。

ともあれ，この Grenier の法律効理論は，その後破毀院によって採用されるに至る。破毀院審理部 1829 年 7 月 7 日判決[98]は，強制競売手続に基づく競落

---

95)　Grenier, *supra* note 22, n. 462.「……不動産の処分前に債権者の登記が更新されなかった場合，取得者が供託も弁済もしていないのに不動産を処分しうるのか，という問題が提起される。不動産は抵当権から解放されているが，それは，抵当権が代金上の訴権に変換され，取得者が代金の弁済についてしか義務を負わない，という意味においてのみである，ということができる。しかし，法律はこの不動産上の抵当権からの解放を絶対的及び無限定のものとして宣言してはいない。この解放は重要な条件に服している。この条件とは，取得者が『配当を受ける順位にある債権者に代金を弁済するか供託する』ことである。不動産の解放を，それが服する条件から切り離すことはできない。それゆえ，弁済も供託もない限り，取得者は債権者を害して不動産を譲渡できないように思われる。」（傍点は引用者による。）

96)　Grenier, *supra* note 22, n. 462.「……その時点〔引用者注：代金の弁済または供託〕まで，不動産は常に，通知時点で有効に登記されていた抵当権に基づく，債権者の追及権に影響される。ある者が，増価競売がないことが宣言されてから弁済または供託までの間に，不動産を買うべく現れた場合，この者は取得物が滌除されているか否かについて必要な情報を取得せねばならない……。いくらかの確かさを持って取得したいと思う取得者は，売主の上に存在する抵当権を滌除するだけでなく，その前の所有者の上に存在する抵当権も滌除せねばならない。然るに，買おうとする者は，通知・増価競売の不存在だけでなく，代金が弁済または供託されたかを確かめねばならない。法律は，弁済または供託の条件でのみ抵当権からの解放が存在しうることを望んでいる。」（傍点は引用者による。）

97)　Grenier, *supra* note 22, n. 462.「裁判上の収用に関して，登記の目的が達せられる時点がいつなのかという問題が提起されてきた。……しかし，この問題は債権者間のみに関するものであるということに注意すべきである。……競落人はその競落に基づいて，競落代金の弁済を済ませることなしに，競落時点で有効に登記されていた債権者を害して，競落不動産を譲渡し抵当に入れることができる，と言うことができるだろうか？……否定が，私には疑いないように思われる。競落人と契約するすべての取得者，すべての債権者は，……競落代金が弁済または供託されたかを確かめるまでは，用心せねばならない。なぜなら，……抵当権の滌除を完成させるのは代金の弁済または供託だからである。」（傍点は引用者による。）

98)　Cass. req. 7 juillet 1829, S. 1829, 325.「……登記がそのすべての効力を生じ，登記債権者の権利が不可撤回的に取得された時点から，更新義務はもはや存在しえない；抵当権の登記は，終局的競落判決が不可撤回的になった日に，真にその効力を生じる；この時点から，登記債権者の権利は不可撤回的に取得されている……。」

判決の謄記から起算して配当手続の開始までに 10 年の更新期間が経過していた事案について，競落判決後に抵当権者が登記を更新する必要性を否定し，抵当権者への優先的配当を認めた。そこでは，「法律効」の文言こそ用いられていないが，競落判決の確定によって登記が「効力（effet）」を生ずるという形で，Grenier の結論とその理由づけの実質的部分とが採用されている。次いで破毀院審理部 1831 年 6 月 14 日判決[99]も，強制競売手続における競落判決後，配当異議訴訟の控訴審判決までに，抵当権者による最後の更新から起算して 10 年が経過していた事案について，同様に判示して抵当権者への優先的配当を認めている。破毀院民事部 1831 年 12 月 20 日判決[100]も，強制競売手続に基づく競落判決によって債権者の一人が競落人となって配当手続を開始することなく代金を保持し続けたので，他の抵当債権者がこの競落人を第三取得者として追及権を行使したが，競落判決から追及権行使までの間に抵当権者による最後の更新から 10 年が経過していた事案について，同様に判示して追及権の行使を認めている。この判決には，競落判決による登記の効力発生の理由として，抵当権が売却権であること，競落判決後は抵当権が不動産上の権利でなくなることを挙げている点でも Grenier 説の影響が見られる。

（iv） 合意の効力としての「法律効」

この Grenier の「法律効」理論は，Pothier 学説を意識的に承継し，抵当権を売却権として捉える Troplong によって，抵当不動産の譲渡による抵当権消滅（すなわち抵当権の当然 purge）としてではなく，抵当債権者と第三取得者との間の契約の効力として整理される。そして，抵当債権者と第三取得者との間の契約を観念したために，彼はかつての Pothier とは異なり，競落代金が差押債務者を介することなく競落人から直接に抵当債権者へ弁済されることを認めている。もっとも，この契約による正当化も，追及権によって売却代金の弁済または供託を促すという β 説的な発想との折衷のため，条件による修正を余儀

99）　Cass. req. 14 juin 1831, S. 1831, 357.「……抵当不動産の差押えと収用による売却は，競落時点で存在する登記に，効力を生じさせる……。」

100）　Cass. civ. 20 décembre 1831, S. 1832, 1, 154.「……登記は抵当債権及び先取特権債権の公示を確かなものにし，弁済がない場合に不動産の公の収用を進める権利を債権者に与えることを目的とする：それゆえ，収用が競落によって完了されるやいなや，登記はその効力を生じており，もはや更新されてはならなくなる；……競落人は代金の弁済のみを義務づけられ，代金は動産でしかない……。」（傍点は引用者による。）

なくされている。

Troplong は，更新が必要なくなる時点についての一般論としては，法律効を，抵当権を代金上の権利に変換するものと理解した上で，更新の要否を分ける基準とする Grenier 説を，完全に踏襲している[101]。

そのため，強制競売手続との関係では，Troplong は，競落によって法律効が生じ登記更新の必要がなくなる，と結論する。しかしその説明のために，彼は Grenier 説にない要素を付け加える。競落は，登記債権者と第三取得者の間に締結された「契約」である，というのである。かくして，Troplong においては，法律効は契約の効力として説明されることとなる。そしてその結果，彼は競落代金が差押債務者を介することなく競落人から抵当債権者へ弁済されることを契約の効力として説明することができた[102]。これは，かつて Pothier が競落代金の抵当債権者への配当を，競落人から差押債務者に対する競落代金の弁済と，差押債務者から抵当債権者への抵当債務の弁済とに分解していた（前記第2章第5節第3款(i)）のとは異なる。

ただし，代金の弁済または供託前に抵当権が消滅するという事態を防ぐため，彼は，法律効を契約成立時に直ちに発生させるのではなく，代金の弁済または供託を法律効発生の停止条件とする，という修正を加えている。彼は Grenier のように不動産解放効だけを条件的なものにするのでなく，法律効全体を条件的にしているのである。その上で，彼は条件成就の遡及効（民法典 1179 条）を援用することで，競落後の更新不要という結論とのつじつまを合わせようとしている[103]。そのため，条件が成就しなかった場合に，抵当債権者が競落代金

---

101) Troplong, *supra* note 32, n. 717.「……登記が効力を生じたために更新が必要なくなる場合を説明せねばならない。不動産が金銭に変換され，債権者の権利がもはや代金上の権利でしかない場合，登記はその効力をすべて生じており，更新は必要なくなった，と容易に考えることができる。もはや抵当に服する物はない……。」

102) Troplong, *supra* note 32, n. 720.「競落とは何なのか？　それは裁判所によって，登記債権者と第三取得者の間に締結された契約であり，第三取得者は契約の代金を登記債権者にしか弁済しない代わりに，登記債権者は第三取得者に対して登記を解除し，不動産を自己の抵当権から解放する義務を負うことを定めている。……競落は競落人と登記債権者を結びつける；競落は競落人を登記債権者に対する債務者にする；競落に，優先順位に従ってなされるべき弁済の約束をもたらす。さらに，すべての登記債権者はこの契約の当事者となり，競落時に存在する登記の順位に従った弁済と引換えに，不動産が解放されることを約束したものとみなされる。」（傍点は引用者による。）

103) Troplong, *supra* note 32, n. 720.「ただし，私は，競落は代金が弁済されるという条件でのみこれらの効力が生じ，弁済なくして抵当権の動産の金額への変形も順位の転記もない，と考える。さらに先に進んで，私は弁済が抵当権滌除の『停止』条件であるということさえ認める（民訴法典

第 1 節　抵当権及び追及権をめぐる 19 世紀前半の学説・判例

未払いの競落人からの転得者に対して追及権を行使するためには，競落後も登記の更新が必要である，と説く[104]。しかし彼はその一方で，空競りに基づく再競落の場面では，競落後の登記の更新が不要であるという結論を導くため，競落人との関係で（弁済を待たずに）追及権が消滅する，という考え方を示してもいる[105]。

　任意売却後の滌除についても，彼は第三取得者の申込みと抵当債権者の承諾による「契約」の成立という構成を採用し，両当事者の意思の合致を強調する[106]。しかし Grenier と異なり，彼は，増価競売期間の満了までは登記の更新が必要である，と説く。彼は，「承諾」の時点で「申込み」が生きているためには，「承諾」の時点まで登記が更新されている必要がある，と考えているのである[107]。

　ただしここでも，法律効は契約成立で直ちに発生するのではなく，さらに弁済または供託を停止条件とする。彼はこのことを前提に条件成就の遡及効を援

---

773 条，774 条）。しかし，弁済がなされた場合，条件は成就することによって遡及効を生じ，競落の日から達成されていたものとみなされる。それゆえ，競落と供託の間に 10 年が経過していたことは重要ではない。……考える必要があるのは競落の時点である。その時点で順には債権者間で決定されたものとみなされ，登記が弁済を求め，不動産の金銭への変形がなされたものとみなされる。」

104)　Troplong, *supra* note 32, n. 722.「……競落人が代金を弁済されておらず，物の譲渡が危惧される限り，第三取得者に対する追及権を保存するために登記を更新することが不可欠ある。……というのも，弁済の欠缺は滌除を停止するからである。」

105)　Troplong, *supra* note 32, n. 721.「まず，優先弁済権について……間違いなく，再売却は競落人を剝奪し，その痕跡を消去する。しかし，再売却は新たな競落人に，空競り人に明示または黙示的に課せられていた条項を移すものに過ぎない。……それゆえ，空競りは義務を満足しなかった競落人に対する制裁である。それは，債権者の権利を変更することなく，むしろそれを維持し，効力を生じさせることを目的とする……。追及権に関しても，同じように完遂されている。ひとたび代金が得られ，弁済が約束されると，追及権には目的がなくなる。競落人が競落不動産を占有し続けている場合，空競りによる再売却は抵当権の行使ではない。再売却は，配当記載されている限り，無担保債権者によっても促されうる。それゆえ，登記の更新は必要ない。」

106)　Troplong, *supra* note 32, n. 724.「……通知は登記債権者への弁済の申込みを含み，40 日〔引用者注：増価競売申立期間〕の経過はこの提案に対する明示の承諾に相当する。その時，債権者と取得者の間の契約が成立する。取得者は弁済を義務づけられ，債権者は抵当権を解除して受領に同意する。」

107)　Troplong, *supra* note 32, n. 723.「私は通知が更新を免除するという原則を採用する，ただし……増価競売の申立てなしに 40 日が経過するし，この期間の後にはじめて登記が失効するという条件付きで：なぜなら，この期間の経過によって準契約（quasi-contrat）が承諾されるからである。」

第4章　19世紀フランスにおける抵当権と追及権

用し，滌除通知時に契約が成立して法律効が発生し，以後の更新は不要になる，と説く[108]。そのために彼は，任意売却後の滌除との関係でも，弁済がなかった場合に追及権に基づく強制競売をするためには，増価競売期間経過後も登記の更新が必要である，と説く[109]。彼はそのため，弁済または供託を済ませずに第三取得者が不動産を転売した場合，第三取得者からの転得者及びその債権者との関係では，増価競売期間経過後も更新が必要としている[110]。

契約の効力として法律効を説明するこの Troplong の見解は，後のいわゆる「抵当権改革」期の議論の中では，委員会案に対する反対意見として登場することになる（後記第2節第3款(iii)）。

（v）抵当権の消滅を法律効として捉えない見解の残存

もっとも，19世紀前半の時点では，法律効理論はいまだ必ずしも一般的ではなかった。抵当権を売却権として捉えながらも，その物権性を追及権から帰納していた Duranton は，ここでも，代金から抵当債務を弁済する第三取得者の義務を契約の効力として捉えてはいるものの，抵当権の消滅を法律効として捉えてはいない。

強制競売手続との関係では，彼も Grenier と同様，競落によって以後登記の更新が不要になる，という結論を採用している。また，Grenier の説明のうち，抵当権の目的は不動産の売却であるので競落によって目的が達成される，という箇所は共通している。さらに彼は Troplong と同様，競落によって競落人を登記債権者に対して拘束する契約が締結され，この契約の効力に基づいて競落人が登記債権者に対して義務を負う，と考えている。しかし，彼は Troplong と異なり，抵当債権者の解除義務をこの契約の内容としてはいない[111]。彼は

---

108) Troplong, *supra* note 32, n. 724.「この準契約は，……実は弁済がなされることを条件としている。しかし，この条件が成就すると，申込みが終局的となった日に遡及する効力を有する。その間の登記失効は有害ではない……。」

109) Troplong, *supra* note 32, n. 725.「しかし，通知後に弁済がなかった場合，滌除の条件を欠く。抵当権は物を割り付け続け，担保物の差押えをすることが必要である。債権者は，強制収用の競落時点まで登記を更新しない限り，有効な順位を保存できない。その理由は，不動産が滌除されていない限り，不動産は抵当権に服し続け；それゆえ，この抵当権は効力を存続させるためのすべての条件を満たす必要があるからである。」

110) Troplong, *supra* note 32, n. 725.

111) Duranton, *supra* note 45, n. 163.「実際，競落によって，競落人と債務者を互いに拘束し；競落人を登記債権者に対して拘束し，登記債権者間の順位を決定する契約が形成される。……抵当権の

第1節　抵当権及び追及権をめぐる19世紀前半の学説・判例

この契約の効力を，不動産上の抵当権から代金上の権利への変形とは捉えていない。Grenier の学説を紹介する際にも，彼は「権利の変形」（不動産上から代金上への権利の移転）という法律効理論の部分を落として，売却による抵当権の目的達成のみを紹介している[112]。

　それゆえ彼は，不動産が直ちに抵当権から解放されるとは考えず，抵当権は競落後も弁済または代金供託までは当然に存続すると考えている。彼は *Nemo plus* 原則を理由に，競落人は抵当負担が存在する状態で転得者に不動産を売却しているのだから，抵当権者は競落人からの転得者に対して登記の更新なくして当然に追及権を行使できる，と考えている[113]。

　任意売却後の滌除については，彼は増価競売期間満了まで更新を求める Troplong を批判して，滌除通知後の更新は増価競売申立てが実際になされない限り不要であると説く。ここでも，彼は更新の要否を決める事情として抵当権者の代金上の権利の成立のみに着目しており，不動産の解放には着目していない[114]。

　彼もまた，第三取得者の申込みと抵当債権者の承諾による契約によって第三取得者が義務を負う，という構成を採用している。しかし，滌除通知の時点で，

　　目的は，債務者による弁済がない場合に，裁判上の手段によって不動産を売却することであり，競落人の義務は代金を順位に従って抵当債権者に弁済することであり，抵当権のこの目的は競落によって達成されており，すでにすべての効力を生じた登記の更新は，競落人との関係でも，収用債務者との関係でも，収用債務者のその他の登記・未登記債権者との関係でも，不要になる。」（傍点は引用者による。）

112)　Duranton, *supra* note 45, n. 163.「Grenier は，競落時に更新が免除されると考える，なぜなら，競落によって登記がすべてその効力を生じるからである。というのは，抵当権の目的は，弁済がない場合には不動産の売却であるところ，売却によってその目的が達成されるからである。」

113)　Duranton, *supra* note 45, n. 166.「新たな取得者が得た不動産は，その時点で消えている登記に割り付けられており，その登記の効力は達成され，その割付けの下でしか，新たな取得者は自己固有の債権者に抵当権を設定しえない。売主＝競落人は，不動産について，自己が有していた以上の権利を新取得者に移転しえなかったのであり，新取得者はそれ以上の範囲の権利を他者に設定できなかったのである。取得者の債権者は，売主先取特権や取得者が自己固有の債権者に設定した抵当権を害して，取得者が不動産上に与えた抵当権を行使しえない，なぜなら *nemo plus juris in alium conferre potest, quam ipse habet*（何人も自己が有するより多くの権利を与えることはできない）だからである。」

114)　Duranton, *supra* note 45, n. 167.「我々は……40 日の間に増価競売がなければ，登記はすべての効力を生じ，順位は通知の効力によって決定され，それ以来分配されるのは動産だけであり，これは抵当債権者相互の間にのみ関わるので，登記の更新は通知以来必要なく：登記は 40 日間の間に失効しえなかった，と考える。」（傍点は引用者による。）

327

第4章　19世紀フランスにおける抵当権と追及権

すでに承諾が解除条件付きで擬制されている[115]。

　さらに彼は，任意売却後の滌除についても，不動産上の抵当権が代金上の権利に変換されるという理解を示していない。彼は，増価競売期間を経た後の取得者を強制競売手続における競落人と同視している。ここでは，明示的には登記の更新が絶対的に不要であることしか述べられていない[116]。しかし，先ほど紹介した，競落判決後も競落人からの転得者に対して追及権が存続することを認める議論を念頭に置くと，ここでも，滌除通知及び増価競売期間後も追及権が存続していることが前提になっていることが分かるだろう。

　このように，19世紀前半には，法律効理論には Duranton のような異論がなお存在していた。しかしその後，19世紀後半になると，法律効理論が学説を席捲することになる（後記第4節第2款）。

第4款　補説1：追及権行使における非剰余主義の生成と売却代金弁済事例の包摂

　フランス古法において，債権者間の優先弁済権を中心とする抵当権理解（β説）に立つ Bourjon は，抵当不動産の第三取得者が，売却代金全額を先順位抵当権者に弁済したことを，後順位抵当権者の抵当訴訟に対する抗弁とすることを認めていた。これは，第三取得者が売却代金全額を抵当権の順位に従って抵当権者に弁済することで，抵当権者の追及権はすでにその目的を達し，取得不動産上の抵当権について当然 purge が生ずる，と考えるものであった（前記第2章第2節第3款(ii)）。これに対して Pothier は，売却権としての抵当権理解（γ説）に基づき，この抗弁を否定していた（前記第2章第5節第3款(ii)）。民法典の起草過程において，共和暦8年委員会案50条は Bourjon の説を採用してこ

---

115)　Duranton, *supra* note 45, n. 167. 「少なくとも我々にとっては，取得者と債権者の間に契約が形成されるのは40日の満了後であるというのは正しくない；反対に，契約は通知によって形成され，確かにそれは条件付きであるが，条件は申込みの承諾によって成就している。……『時』が契約または準契約を形成するのではなく，当事者の明示または黙示の合意が契約を形成するのであって，この合意は，通知が債権者になされた時点で，増価競売によって反対の意思を示さない限り，すでに債権者側についてもみなされている。」（傍点は引用者による。）

116)　Duranton, *supra* note 45, n. 167. 「ひとたび増価競売なしに40日が満了すると，取得者は競落人とみなされ，それゆえ，前に述べたこと〔引用者注：強制競売手続についての記述〕が同様に妥当する：登記は，債権者間だけでなく，新所有者の債権者や，転得者及びその債権者との関係でも，終局的に効力を生じていた。」（傍点は引用者による。）

328

第1節　抵当権及び追及権をめぐる19世紀前半の学説・判例

の抗弁を明示的に承認していたが（前記第3章第3節第2款），その後の破毀裁判所案は特に理由を示すことなくこの規定を脱落させていた（前記第3章第5節第2款参照）。

　前記第1款及び第2款で扱った，19世紀前半における γ 説の浸透（β 説の排除）は，この抗弁の帰趨という形でも姿を現している。19世紀の学説は以下のとおり，この抗弁を，第三取得者が先順位抵当債権者へ売却代金を弁済したことそれ自体によってではなく，売却代金全額を吸収する先順位抵当権を第三取得者が弁済による代位で取得したことによって後順位抵当権の行使が妨げられる旨の主張として理解する。その結果，第三取得者が先順位抵当債権者への弁済による代位で先順位抵当債権者を兼ねなくても，第三取得者自身がもともと執行債権者に優先する抵当権を有しておりその被担保債権額が目的不動産の価値以上であることを抗弁として，第三取得者が後順位抵当権者による不動産差押えを免れることができるかが，同種の問題として論じられるようになる。さらには，執行債権者に優先しその被担保債権額が目的不動産の価値以上であるような抵当債権者が他に存在することを抗弁として，第三取得者が後順位抵当権者による不動産差押えを免れることができるか（剰余主義）も，同種の問題として論じられるようになる。

　以上のように問題の立て方が変わったために，結論としても，古法におけるのとは逆に，抗弁は否定されるようになる。これは，議論の射程が拡大したことの裏返しとして，抗弁の根拠が，第三取得者による抵当権者への順位に従った売却代金弁済とは無関係な，無益執行抑止の思想のみに求められるようになったためである。

　19世紀の学説における議論の端緒となったのが，破毀院民事部1818年2月10日判決[117]である。この判決の事案は，第三取得者が売却代金を先順位抵当債権者に弁済したわけではなく，先順位抵当権者が抵当不動産を債務者から売買によって取得したが，滌除をしなかったので，後順位抵当権者が不動産差押えを申し立てた，というものであった。この不動産差押え手続において，第三取得者は，自らが執行債権者よりも先順位の抵当権者であってその被担保債権額が不動産代金全額を吸収するものであることを理由として，差押えの無効を主張した。Rouen 王立裁判所が第三取得者の主張を認めて差押命令を取り消したのに対して，この破毀院判決はこれを破毀した。この判決はその理由とし

---

117)　Cass. civ. 10 février 1818, S. 1818, 1. 173.

第4章　19世紀フランスにおける抵当権と追及権

て，不動産差押えの権利は民法典 2169 条によってすべての抵当債権者に与えられており[118]，抵当権の先後の問題には依存しない，裁判官は執行債権者にとっての実益の有無を競売判決後の配当手続まで終局的に判断しえない，ということを挙げている。

Grenier は，破毀院判決には言及していないものの，Rouen 王立裁判所判決を批判しつつ，破毀院判決と同様の理由づけによって抗弁を否定している[119]。彼はここで，第三取得者がもともと先順位抵当権を有していた場合のみを論じている。Duranton も，破毀院判決を支持しているが，そこでは第三取得者がもともと先順位抵当権を有していた場合のみを論じている[120]。

これに対して Troplong は，第三取得者が先順位抵当権者である場合について，破毀院判決を引用しつつ抗弁を否定する[121]のみならず，さらにそのことを理由として，第三取得者が先順位抵当権者に代金を弁済していた場合についても抗弁を否定している。その際に，彼は売却代金を弁済した第三取得者の抗弁を，抵当権に関する法定代位の主張として分析している[122]。ここでは，第三取得者による売却代金の弁済は，単なる第三取得者の先順位抵当権取得原因として位置づけられているといえる。彼はさらに，第三取得者以外に先順位抵当権者がいる場合にまで議論を拡張して，先順位抵当権者の存在は抗弁にならないと説いている[123]。

---

118) 2169 条（2006 年の担保法改正前）の文言は前記第 3 章第 6 節第 5 款で紹介したが，ここに再掲する。本文で紹介した破毀院判決の理由づけは，この傍点部の文言に依拠したものである。
　「2169 条　第三所持者が，これらの義務のうちの一方を完全に満足しない場合，各（chaque）抵当債権者は，原債務者への支払命令，及び第三所持者に対する，請求可能な債務を弁済しまたは土地を委付することの催告の 30 日後に，第三所持者について，抵当不動産を売却してもらう権利を有する。」（傍点は引用者による。）

119) Grenier, *supra* note 22, n. 335.

120) Duranton, *supra* note 45, n. 237.

121) Troplong, *supra* note 32, n. 804.

122) Troplong, *supra* note 32, n. 805.「第三の抗弁が，何人かの学者によって指摘され，それは前の抗弁〔引用者注：もともと先順位抵当権を有している第三取得者の抗弁〕と大いに関係するものである。それは，第三所持者が不動産の価値に満つるまで，執行債権者よりも先順位の債権者に弁済して法定代位したことから生ずる抗弁である。」（傍点は引用者による。）
　Ibid..「この事例は，前の事例〔引用者注：第三取得者がもともと先順位抵当権を有している事例〕と同じ理由と態様によって判断されねばならない。法定代位の方法で，取得者は先順位抵当権についてそれを有していた債権者に置き換わる。それゆえ，あたかももともと自ら執行債権者に先行する抵当権を有していたかのようなものである。然るに，前述したとおり，第三所持者はこの場合に執行の継続を回避できない……。」（傍点は引用者による。）

第 1 節　抵当権及び追及権をめぐる 19 世紀前半の学説・判例

　このような Troplong の議論のしかたが，その後の 19 世紀後半の学説に踏襲されることとなった。そこではさらに，第三取得者が売却代金を先順位抵当債権者に弁済した場合と第三取得者がもともと先順位抵当権を有していた場合との差異をめぐる意識が，Troplong における以上に希薄化している[124]。かくして，古法における β 説が残していた痕跡は，19 世紀を通じて徐々に学説から消去されていったのである。

第 5 款　補説 2：物上保証人の法的地位への応用

　第 1 款及び第 2 款で見たような，19 世紀前半における γ 説の浸透（β 説の排除）に伴い，第三取得者は単なる抵当不動産所有者として位置づけられるようになっていく。このことは，同じく抵当不動産所有者である物上保証人の法的地位をめぐる 19 世紀前半の議論から，すでに窺い知ることができる。

　民法典によって抵当目的物特定の原則が導入された後の 19 世紀になると，物上保証が現実の問題として扱われるようになる[125]。その際に，19 世紀の学説は，物上保証人の法的地位を，第三取得者のそれになぞらえて説明する[126]。

---

123)　Troplong, *supra* note 32, n. 795 ter..

124)　Aubry et Rau, *Cours de droit civil français d'après la méthode de Zachariæ*, 4ᵉ éd., t. 3, Paris, 1869, §287 及び Baudry-Lacantinerie, *Traité théorique et pratique de droit civil*, 3ᵉ éd., t. 27, Paris, 1906, n. 2167 は，第三取得者が「自らまたは代位によって」抵当権を有する場合を形式的にも区別することなく論じた上で抗弁を否定している。さらに Pont, *Explication théorique et pratique du Code civil*, 3ᵉ éd., t. 11, Paris, 1880, n. 1143 の記述からは，もはや執行債権者よりも先順位の抵当権者が第三取得者自身であるかそれ以外であるかを区別する契機すら失われており，本文引用の破毀院判決から追及権行使局面一般における非剰余主義が導出されている。

　なお，19 世紀前半の学説は，第三取得者の抵当権が不動産の代金を吸収する見込みである場合に，不動産差押えの手続費用の発生によって第三取得者の抵当債務への弁済額が減少することを防ぐため，第三取得者から執行債権者への立保証請求を認めていた（Grenier, *supra* note 22, n. 335, Troplong, *supra* note 32, n. 804）。しかし，これら 19 世紀後半の学説は，そのような立保証請求すら否定するようになっている。

125)　これに対して，フランス古法においては，公証証書から当然に一般抵当権が発生したために，学説は物上保証にあまり関心を示していなかった（前掲第 2 章注 130）参照）。目的物特定の原則を導入したフランス民法典においても，なお一部の規定が物上保証を前提として示唆するに留まっていた（前掲第 3 章注 111）参照）。

126)　このことから，19 世紀において，物上保証不動産の競売を支える理論として，売却権としての抵当権理解が普及した可能性も否定できない。

　しかし，実際に物上保証不動産の競売と関連づけて売却権としての抵当権理解を正当化した当時

331

第 4 章　19 世紀フランスにおける抵当権と追及権

そこで具体的に問題となったのが，第三取得者の滌除権（前記第 3 款）を物上
保証人にも拡張することの可否である。

　ここでも，画期を成したのは Troplong の著作であった。彼は，Loyseau の
記述[127]を引用しつつ，第三取得者以外で抵当委付をなしうる者として物上保
証人を挙げるとともに，Troplong の時代において物上保証取引が現実に行わ
れるようになっていることを証言している[128]。

　Troplong はさらに，物上保証人にも第三取得者と同様の滌除権を認めてい
る。滌除をなしうる者の範囲について，彼は委付をなしうる者の範囲に関する
自らの記述を全面的に参照し[129]，抵当不動産所有者が人的義務を負う者か否
かという抵当委付に関する判断基準[130]を滌除にもそのまま準用している。滌
除手続を通じた第三取得者と抵当権者との間の合意成立を擬制することで滌除
の「法律効」を説明する彼の立場（前記第 3 款(iv)）からは，合意の当事者が抵
当不動産の譲受人である必要はないためであろう。しかし，物上保証の際に抵
当不動産の譲渡は存在しないので，抵当不動産の譲渡を原因とする抵当権の当
然 purge は本来生じえないはずである。従って，Troplong の議論は，合意の

の文献は見当たらない。そもそもフランス法学からは，抵当権者がなぜ物上保証不動産の競売を申
し立てられるのかという問題意識を検出することができない。フランス法においては約定抵当の設
定に公証証書が必要であり（前記第 3 章第 6 節第 5 款），この公証証書が執行名義となる以上，抵
当権者が物上保証不動産の競売を申し立てられることは，売却権としての抵当権理解を持ち出すま
でもなく執行法的に自明であったと考えられる。フランス法学の問題意識は，むしろその設定証書
の執行名義としての効力をいかにして物上保証不動産に限定するかに向けられている。現代フラン
ス法においても，物上保証人の地位を保証人のそれになぞらえる学説が有力に主張されており（前
掲序章注 105）参照），民事執行法典上も，物上保証不動産の競売手続は，追及権の行使手続
（R321-4 条及び R321-5 条）ではなく，債務者所有不動産の差押え手続を基調としたものとなって
いる（R321-3 条 3 項）。これらの事実は，抵当権に内在する売却権ではなく，物上保証設定証書
の執行力が（公証された保証契約書の執行力と同様に）不動産差押えを基礎づけている，という理解
を示唆している。

127)　前掲第 2 章注 130) 参照。

128)　Troplong, *supra* note 32, n. 816.「これ〔引用者注：物上保証人による抵当委付の承認〕は
Loyseau の意見でもある。彼はもっとも，このような場合〔引用者注：物上保証〕は稀であると注
意する；なぜなら，人が自己の土地を拘束しながら自己の人格を拘束しないことは，そうあること
ではないからである。それでも，私はこのような状況が存在するのを見てきた。それゆえ，私はこ
の場合の委付を注目すべきものとして指摘したい……。」

129)　Troplong, *Le droit civil expliqué suivant l'ordre des articles du Code, des priviléges et
hypothèques*, t. 4, Paris, 1833, n. 903 bis.

130)　Troplong, *supra* note 32, n. 816.

332

擬制によって滌除の「法律効」から抵当権の当然 purge としての性格を奪うという彼の立場に支えられたものといえ，それによって，第三取得者は物上保証人と並ぶ「人的義務を負わない抵当不動産所有者」として抽象されているといえる。

　もっともその後，19 世紀後半の学説は物上保証人の滌除権を否定するようになる。しかし，このことは，第三取得者を単なる抵当不動産所有者として捉える傾向と必ずしも矛盾しない形で説明されることになる（後記第 4 節参照）。

第 6 款　小括

　本節で示されたことから，次のようなことを指摘できる。まず，中間法期の立法及び民法典の起草過程が Pothier 学説を拒絶していた（前記第 3 章）のとは対照的に，その後の 19 世紀前半の学説は，基本的に Pothier 学説の影響下にあった，ということができる。もっとも，19 世紀前半においても実は当初から Pothier 学説の支配は完全であったわけではなく，その傾向は 19 世紀前半を通じて徐々に強まっていった，ということもいえる。Battur は明示的に Pothier を引用しており（第 1 款(i)），その後の学説も，抵当権を所有権の一部たる売却権として捉える γ 説を採用していることから，内容的に Pothier の強い影響下にあることが窺える。それらの学説の多くが，売却権の行使を甘受しまたはそのために抵当不動産を委付する義務のみを第三取得者に課し，第三取得者の抵当債務弁済義務を否定するという特徴を備えていた。一方で，これらの学説からは民法典の規定が γ 説の抵当権及び追及権理解と整合的でないという意識が明確には検出されず，そのため，特に過渡期的性格を残している Grenier（第 1 款(iii)）に代表されるように，古法以来の β 説の名残もなお見受けられた。これに対して，Troplong 以降の学説は，民法典の規定が γ 説と整合的な形になっていないことを意識しながら，Pothier 学説に依拠することで民法典の規定の文言を離れた解釈を志向していたのである。さらに，γ 説の定着は，抵当債務弁済義務を否定するに留まらず，第三取得者の法的地位をより具体的に規定するようになっていた。Troplong は売却権としての抵当権理解に基づいて，民法典 2169 条が第三取得者に対する執行名義なき抵当不動産執行を認めていることを，第三取得者の義務の執行としてではなく，物権としての抵当権の実行そのものとして捉えた（第 1 款(iv)）。第三取得者による代価弁済の抗弁に関する議論（第 4 款）や，物上保証人の法的地位に関する議論（第 5

款）も，β説の痕跡を消去する傾向が Troplong において特に顕著であったことを示している。Duranton はこの Troplong の見解を発展させて，第三取得者に抵当不動産売却の甘受以外の義務を課すことを否定し，抵当権を含む物権を《直接性》によって体系化しうることを示唆した。これらの議論の中には，第三取得者に抵当債務の弁済義務が認められるか，という課題意識が明確な形で表れている。Valette が Pothier の「肢分権」理論を復活させて所有権の《絶対性》を他の物権にも及ぼし，追及権を物権の《絶対性》の一つの表れとして位置づけたのも，このような学説の流れを受けてのことであった（第2款）。

　それでは，なぜ Pothier 学説は19世紀の学説にこれほどの影響力を持ちえたのか。この点については，Pothier が不動産物権の統一的理論体系の構築を志向していたことが大きかったものと考えられる。Valette は，Pothier の「肢分権」理論による不動産物権の統一的理論体系の構築に共感したために，「肢分権」理論によって抵当権を説明しようとしたものといえる。なぜなら，彼は抵当権を不動産権として捉えるという「肢分権」理論の解釈論的実益を敢えて放棄しながら，「肢分権」理論を導入しているからである。彼が不動産物権の統一的理論体系の構築を志向していたことは，不動産物権変動の要件をめぐる後記第3節の議論でも明らかにされるだろう。

　さらに注目すべきは，Valette による Pothier の「肢分権」理論の復刻がなされる前に，「肢分権」理論を準備する「変換」理論もまた，Grenier によって，γ説により整合的な「法律効」理論という形で19世紀学説に持ち込まれていた，という事実である（第3款）。かつて Pothier も，Bourjon が用意していた「変換」理論を用いて，「肢分権」理論と緊張関係を有する抵当権の当然 purge を décret の効力として理論的に疎外していた（前記第2章第5節第3款）。これと同様に，「肢分権」理論の復刻前に Grenier が「法律効」理論を提唱していたのである。しかも，この「法律効」を Troplong が直ちに第三取得者または競落人と抵当債権者との間の契約に基づくものとして捉えたことで，抵当権の消滅を，抵当不動産の譲渡による当然 purge としてではなく，契約に基づくものとして理論的に疎外することができるようになった。従って，このような「契約に基づく法律効」の理論が，Valette による「肢分権」理論の復活を準備したものと考えられる。

334

第2節 「抵当権改革」法案における抵当権と追及権

　19 世紀半ばに，民法典の抵当権に関する部分を改正しようという気運が高まる。そして，1841 年の国璽尚書 Martin du Nord による各地方の裁判所及び大学法学部へのアンケート[131]の結果を踏まえ，1850 年に法案[132]が国民議会に提出された（本書はこれを「政府案」と呼ぶ）。これを国民議会によって組織された委員会が検討し，委員会を代表して de Vatimesnil[133]が報告[134]を行うとともに，新たな草案[135]を提出した（本書はこれを「委員会案」と呼ぶ）。この委員会案は国民議会で審議されたが，ルイ・ナポレオンのクーデタによって挫折してしまい，その後，この諸法案の一部のみが 1855 年 3 月 23 日の法律によって実現されることになる（以下「1855 年の法律」と呼ぶ）。諸法案のうち 1855 年の法律によって実現された部分は，次の第 3 節で 1855 年の法律の沿革として取り上げることとし，ここでは，1855 年の法律によって取り扱われなかった部分のみを取り扱うこととする。

　これまで，これら一連の動きは「抵当権改革」と呼ばれてきた。そして，公示と特定を備えた先進的な共和暦 7 年の法律と，古法の影響を残した民法典，という構造を前提に，この抵当権改革，とりわけ de Vatimesnil 報告と委員会案は，古法の影響を脱して先進的な共和暦 7 年の法律を目指したものとして理解されてきた。そしてこの観点から，とりわけこの抵当権改革が法定抵当権の公示を推し進めるものであったことが注目されてきた[136]。

　しかし本書はすでに，共和暦 7 年の法律に，Paris 慣習法典の解釈者の，債権者間の優先弁済権を効力の中心とする抵当権理解（β 説）が反映されていることを示した（前記第 3 章第 2 節）。従って，この観点からは，de Vatimesnil 報告と委員会案の位置づけも，自ずから異なるものとなる。本書は，むしろそれ

---

131)　Martin du Nord, *Documents relatifs au régime hypothécaire et aux réformes qui ont été proposées*, t. 1-3, Paris, 1844.

132)　*Le Moniteur universel* du 10 avril 1850, pp. 1160-1163.

133)　福井・前掲注 64) 59 頁には，Valette がこの de Vatimesnil のことを唯一自分と並び立つ当時の抵当法の第一人者として評価していた，ということを窺わせるエピソードが紹介されている。

134)　*Le Moniteur universel, Supplément au N° 116 du 26 avril 1850*, p. 1.

135)　*Supra* note 134, p. 12.

136)　今村与一「19 世紀フランスの抵当改革(1)(2・完)」社会科学研究 37 巻 6 号（1986）1 頁，38 巻 1 号（1986）45 頁。

335

らの中に，前記第 1 節で紹介してきたような Pothier 学説（γ 説）の支配に対する，最後の抵抗の動きを見出すのである。

すなわち，委員会案の規定や de Vatimesnil の報告は，優先弁済権を効力の中心とする抵当権理解を窺わせるものとなっている（第 1 款）。そしてそれゆえに，委員会案は，第三取得者に抵当債務を弁済する義務を認める民法典の文言を，すでに Troplong らの批判にさらされていたにもかかわらず（前記第 1 節第 1 款(iv)）維持する。委員会案はむしろ，民法典起草時の破毀裁判所案以来，執行の実質を有するもの（裁判上の委付）としての性質を失い，滌除を任意化するための選択肢となっていた抵当委付（前記第 3 章第 5 節第 2 款）の廃止を提案する（第 2 款）。さらに委員会案は，取得代金から抵当債務を弁済せずに執行を受けた第三取得者について，執行の結果得られた競落代金額と第三取得者の取得代金額との差額を抵当債権者に弁済する人的義務を創設する。特にこの差額弁済の人的義務を創設する規定に対しては，国民議会において，抵当権を所有権の一部である売却権として捉える Pothier 学説の立場からの反対意見が示され，これに対して de Vatimesnil が再反論することとなる。この応酬は，委員会案が Pothier 学説に対する抵抗の動きであったことを如実に示すものとなっている（第 3 款）。

第 1 款　抵当権と滌除制度の位置づけ

de Vatimesnil 報告は，共和暦 7 年の法律によって形成された抵当制度を「完全で絶対的な公示の体系」と評価している。もっとも，彼がそこで着目しているのは抵当権者の売却権ではなく，「順位」すなわち他の債権者に対する優先弁済権である [137]。このことからは，かつての Paris 慣習法典の解釈者（前記第 2 章第 1 節・第 2 節）のように，de Vatimesnil が抵当権の効力の中心に債権者間の優先弁済権を据えていることが窺われる。これは，Pothier 学説を継承した 19 世紀前半の学説が抵当権を所有権の一部たる売却権として理解していた（前記第 1 節第 1 款・第 2 款）のとは対照的である。

---

137)　*Supra* note 134, p. 1.「完全で絶対的な公示の体系を伴っていれば，土地信用（crédit foncier）は現実的な障害に遭遇しえない。各人は契約の際に，自分がいかなる順位にあるかを知っている；それはほとんど，抵当不動産の代金の一部が前もって各人のために支払指図されている（déléguée）のと同じ状態である。」（傍点は引用者による。）

第2節　「抵当権改革」法案における抵当権と追及権

　彼の β 説に基づく抵当権理解の一つの表れが，滌除制度の位置づけである。
19 世紀前半の学説は，滌除の「法律効」によってはじめて第三取得者が抵当
債権者に対して売却代金を弁済する義務を負う，と考えていた（前記第 1 節第 3
款）。これに対して，de Vatimesnil 報告は，17 世紀の Paris 慣習法典の解釈者
のように（前記第 2 章第 1 節第 2 款），第三取得者が滌除手続によらずに当然に
売却代金を抵当権の順位に従って抵当債権者に弁済する義務を負うことを認めて
いる。裏を返すと，滌除手続には，売却代金が債務総額に満たない場合におい
て抵当債権者に増価競売の機会を保障する意味しか与えられていないのである。
委員会案 2181 条が，取得代金が被担保債務を超える場合に，第三取得者の滌
除通知を禁止しているのは，第三取得者が滌除手続によらずに当然に取得代金
から抵当債務を弁済する義務を負っていることを示すものといえる。

　　「2181 条　売買の主たる代金が一定額の金銭の元本であり，この元本が登記さ
　　れた主たるまたは従たる債権の総額を超える場合，取得者は登記債権者に滌除通
　　知をしてはならず，通知をした場合には，通知費用は自己の負担のままとなる。」

　この条文について，de Vatimesnil 報告は，滌除手続によらず第三取得者が
売却代金を抵当権者に弁済することについては当然視しており，滌除手続に伴
う手続費用しか問題にしていない[138]。彼が第三取得者の義務を当然視してい
ることは，後記第 3 款(iii)で紹介する国民議会での議論の中でより明確に示さ
れることとなる。
　一方で，委員会案 2182 条は，かつての共和暦 7 年の法律や Bruxelles 控訴
裁判所意見と同様に，滌除時の期限の利益を維持する改正を提案している。し
かし，Bruxelles 控訴裁判所意見が γ 説に基づき，譲渡にもかかわらず抵当権
が存続するという観点から期限の利益維持を求めていた（前記第 3 章第 4 節第 3
款）のとは異なり，de Vatimesnil 報告は，専ら抵当債務を生じさせた契約の
遵守の観点からこれを説明している。そして彼はその前提として，第三取得者
を，当該契約における抵当債務者である売主からの，抵当債務の承継人とみて
いるのである[139]。これは，かつて共和暦 7 年の法律が滌除手続における抵当

---

138)　*Supra* note 134, p. 10.「実際，このような場合に通知が無用であり，費用が無駄なのは明らか
　　である：なぜなら，すべての債権者への弁済がある以上，誰も増価競売の利益を有さず，清算は合
　　意でなされるに違いないからである。」（傍点は引用者による。）

第4章　19世紀フランスにおける抵当権と追及権

債務の期限の利益維持を認めた理由を説明する際に，共和暦7年の法律の報告書が前提としていたのと同じ理解である。共和暦7年の法律の報告書は，第三取得者が売主の抵当債務を承継する地位にあるという前提で，滌除手続における抵当債務の期限の利益維持を，そのような承継が原債務者を免責するものではない（一種の併存的債務引受状態を作り出す）ということに求めていた（前記第3章第2節第3款(i)）。

第2款　抵当債務弁済義務の維持と抵当委付の廃止

このように，委員会案においては，抵当権は売却代金を抵当権の順序に従って弁済するよう第三取得者に求める権利として理解されており，第三取得者は抵当債務について債務者＝不動産売主の承継人的地位に立つと考えられていた。それゆえ，委員会案においては第三取得者の抵当債務弁済義務が維持されている。委員会案に先立ち，すでに政府案2174条は，民法典2167条が第三所持者に課した抵当債務弁済義務を1項で維持するとともに，民法典2168条を修正する2項において，すでに委付制度の廃止を提案していた。これは，抵当委付を無用な選択肢として排除することで，売却代金を抵当権の順位に従って弁済する第三取得者の義務を強化した，共和暦7年の法律の規律（前記第3章第2節第2款）を復活するものといえる。

　　「*2174条1項　第三所持者は，登記の効力のみによって，所持者の資格において，抵当債務すべてについて義務を負い（obligé），原債務者に与えられた期限及び期日を享受する。*
　　2項　第三所持者は，所持者の資格において，期限が到来したすべての利息及び元本を，それがいくらであろうと，何らの留保もなしに弁済することを義務づ

---

139)　*Supra* note 134, p. 5.「民法典2184条及び政府案2184条は，契約を通知する取得者が，登記された抵当債務及び負担を，債務の履行期到来の有無を問わず即金で弁済するつもりである，と宣言することを求める。この規定の効力は，債権者と債務者の間の契約への侵害をもたらすことである。貸付契約中によく見られるように，債務者及び債権者の利益のために期間が定められていた場合，取得者は，売主の承継人に過ぎないのに，売主がなす権利を有していなかったことをなすことになる；なぜなら，取得者は通知の相手方たる登記債権者から，当該登記債権者が享受する権利を有していたはずの期間の利益を奪うからである。これほど合意の安定性の原則に反するものはない。」（傍点は引用者による。）

第2節　「抵当権改革」法案における抵当権と追及権

けられる（tenu）。第三所持者は決して，不動産を委付することはできない。」

　委員会案もこの点については政府案を踏襲しており，2175条1項で第三取得者の抵当債務弁済義務を維持するとともに，2176条3項では抵当委付の廃止を提案している。

　　「2175条1項　……取得者が……抵当権滌除のための方式を満足しなかった場合，取得者は登記債権の全部について抵当的に義務づけられ，原債務者に与えられた期間を享受する。」
　　「2176条3項　第三所持者のための検索の抗弁及び委付の権能は廃止される。」

　この抵当委付の廃止は，売却代金を抵当権の順位に従って弁済する第三取得者の義務を強化するためのものといえる。国民議会における de Vatimesnil 発言は，委付を，第三取得者が抵当債権者との関係で「自己の契約」すなわち売買契約から解放されるための手段として捉えている。そして委付の廃止を，第三取得者に対して代金を抵当債権者へ支払うよう強制するものとして捉えている[140]。

第3款　不動産執行後における差額弁済の人的義務の創設

　第三取得者の法的地位に関して委員会案を最も特徴づけていたのが，追及権に基づく不動産執行がなされ，その結果得られた競落代金が第三取得者の取得代金を下回った場合において，第三取得者に差額弁済の人的義務を課す規定である。この規定は，第三取得者の抵当債務弁済義務（前記第2款）を，抵当不

---

140)　*Le Moniteur universel* du 22 février 1851, p. 547.「『委付の権能が廃止された』ということは，今日では取得者はこれまでする権利があったこと，債権者との関係で契約から自らを解放することを，今日ではできなくなる，ということである。委付は，取得者が債権者との関係で自己の契約から解放される権能に他ならない。取得者は言った：『私は売主に対して拘束されていたが，私はすでに弁済した：私はもはや売主に対して義務を負っていない：私が抵当債権者によって実行されるなら，私は不動産を委付する。』……我々はこれを望まず，皆さんはこのシステムを採用した。その結果，取得者は自己の契約から解放されえない；彼は売主との関係で解放されえないのと同様に，債権者との関係でも解放されえない。彼は常に（債権者がいない場合，または債権者が代金全額を吸収してしまわない場合には）売主に対して，または債権者に対して，代金を再度支払うことを義務づけられる：これが委付の廃止の帰結なのである。」（傍点は引用者による。）

339

第4章　19世紀フランスにおける抵当権と追及権

動産を最初の執行対象財産とし，かつ第三取得者の取得代金を上限とする，特殊な人的義務にするものであった（(ii)）。しかも，この規定は，競落人と第三取得者を同視するフランス法の伝統的発想に基づくものといえた。なぜなら，この第三取得者の義務は，不動産差押え手続において競落人が競落代金の弁済または供託を怠って「空競り」による再売却が進められた場合に当初の競落人（すなわち空競人）が負う義務に相当するものであったからである（(i)）。しかし，委員会案のこの規定は，国民議会において反対意見を誘発する。この反対意見はまさに，抵当権を所有権の一部である売却権として捉える見解の特徴を備えたものであった（(iii)）。

(i)　前史──空競人の差額弁済義務の位置づけ

古法とりわけ Paris 慣習法典においては，競落人は，強制命令の場面における，抵当不動産の一種の第三取得者であった。それゆえ，空競りに基づく再売却は，元来は追及権に基づく，売却代金から抵当債務を弁済する義務の執行の，強制命令局面における姿であったといえた。さらに，空競人は再売却後も，再売却価額が空競人の取得価額を下回った場合には，その差額につき人的義務を負っていた。これは，空競人が競落代金の限りで抵当債務の弁済につき人的義務を負っていることの表れであった。（前記第2章第3節）。

しかしすでに18世紀には，空競りによる再競落を，第一の競落の解除による所有権移転の覆滅として法律構成する動きがあった（前記第2章第3節第4款）。その後，中間法期の共和暦3年の décret においては，空競りによる再売却は，第一競落の効力存続を前提とする，実行債権者の追及権に基づく執行としての性格を一旦回復していた[141]。しかし，共和暦7年の法律においては，空競りに基づく再売却の法的性質は，再び第一の競落の解除による所有権移転の覆滅へと変化していく[142]。民法典の起草過程における共和暦8年委員会案

---

141)　共和暦3年の décret は，空競りによる再売却を151条以下で規定しているが，その規定は次の点で，空競りによる再売却を追及権に基づくものとする理解を前提にするものと考えられる。

まず，空競りによる再売却は，実行債権者の申立てによることが必要とされていた（151条）。然るに，共和暦3年の décret においては，実行債権者であるためには抵当債権者であることが必要であった（前記第3章第1節第1款）。従って，空競りによる再売却を申し立てることができるのは抵当債権者のみであった。

さらに，再売却代金額が空競りの入札額を下回った場合に空競人が差額につき人的な弁済義務を負う（152条）だけでなく，再売却によって剰余が出た場合には，空競人が剰余を受領できた（153条）。これは，第一競落の効力存続を前提とするものといえる。

340

も[143]破毀裁判所案も[144]，この共和暦7年の法律の構成を継承していた。結局のところ，空競りは民法典には規定されず，民事訴訟法典へ先送りされたが，民事訴訟法典でも第一の競落の解除による所有権移転の覆滅という構成は維持された。民事訴訟法典は737〜745条で空競りに基づく再競売を規定しているが，ここでは共和暦3年のdécretと異なり，申立資格は実行債権者にも抵当債権者にも限定されていない。

　その結果，空競人の差額弁済義務も，売却代金から抵当債務を弁済する義務の残存として理解されなくなっていた。Conseil d'État においては，差額弁済義務を定めた民事訴訟法典744条[145]（案764条）は過酷である，という Defermon の批判があった。これに対する Treilhard の応答は，空競人の差額弁済義

---

142)　共和暦7年の法律は，空競りに基づく再売却を，第2法律の22条及び24条で規定している。
　　この法律においては，強制収用の申立権者が抵当権者に限られなくなっていた（前記第3章第2節第1款）。これに加えて，第2法律22条は，弁済を受けていないすべての債権者に，空競りに基づく再売却申立資格を与えている。
　　さらにこの法律では，共和暦3年の法律において第一競落の効力存続を示していた（前掲注141)），差額弁済の人的義務も，剰余が生じた場合の帰属先も，特に規定されていない。
　　もっともこの法律においては，空競りとは別に，不動産の解放は代金の弁済または供託によって生じた（第2法律94条）。そのため，弁済または供託までは，追及権の存在が代金弁済の履行を促していた。
143)　共和暦8年委員会の民法典草案は，titre VIII の161条，162条で空競りによる再売却を規定していた。
　　この草案は，共和暦3年の法律と異なり，再売却代金が空競りの入札額に満たない場合に空競人に差額を弁済する義務を特殊な担保責任として認めており（162条），さらに，空競りの入札額を超えた場合の剰余を空競人が利得することは認めていない（同条）。
　　なお，この草案では，競落人が直接弁済を義務づけられるか供託を義務づけられるかは，入札心得書で決まる（159条）。直接弁済の場合，配当記載されながら弁済を受けていない債権者は実行者にそのことを通告し，実行者が再売却を実施する（168条）。これに対して供託の場合，再売却の申立権者は文言上不明である。
144)　破毀裁判所案は titre VII の50条，51条で空競りによる再売却を規定していたが，それはほぼ共和暦8年委員会案を踏襲するものであった。ただし，50条には共和暦8年委員会案の168条のような申立資格の限定はない。さらに51条は，再売却代金が空競りによる入札の額を上回る場合の剰余が「空競人の利益とならない」（共和暦8年委員会案162条）ということの意味を，まず債権者に，次いで差押債務者に支払われることと明示している。
145)　差額弁済義務と，逆に再売却価額が取得価額を上回った場合の剰余の帰属について，民事訴訟法典744条は破毀裁判所案を踏襲している。
　　「744条　空競人は，自己の代金と空競りに基づく再売却の代金との差額を身体によって（par corps）義務づけられ，剰余がある場合もこれを請求することはできない：この剰余は，債権者に弁済され，債権者が満足された場合には差押債務者へ弁済される。」

務を完全に政策的なものとして説明しており，売却代金から抵当債務を弁済する義務の残存という理解はすでに完全に消滅していた[146]。

その後，1841年の民事訴訟法典の改正に伴い，新740条が空競人の差額弁済義務を規定したが，特に規定の実質は変更されていない[147]。

(ii) 委員会案における第三取得者の差額弁済義務

しかし委員会案は，強制売却に基づく競落代金からの抵当債務弁済を，再び追及権に基づく売却代金からの抵当債務弁済の一種として捉える。そしてその結果，委員会案は，空競りに基づく再売却後の，空競人の差額弁済義務を，追及権に基づく抵当不動産への執行を受けた後の第三取得者にも応用している。これは，競落人と第三取得者を同視するフランス法の伝統的発想に基づくものといえる。そして委員会案はこの規定によって，売却代金から抵当債務を弁済する第三取得者の義務を，特殊な人的義務にしているのである。

すでに紹介したように，委員会案2175条1項は第三取得者に抵当債務全額について弁済義務を認めていた（前記第2款）。しかしそれは「抵当権によって」義務づけられるものに過ぎず，その執行対象財産は取得不動産に限定されていた。しかし同条2項は，第三取得者が抵当債務の弁済につきさらに一定の限度で人的義務を負うことを規定している。これを受けて，委員会案2177条は，追及権に基づく不動産差押えの結果得られた競売代金が，第三取得者の負っていた売却代金額よりも小さい場合には，（たとえ第三取得者がすでに代金を設定者に弁済していても）第三取得者は差額の弁済につき抵当権者に対して人的義務を負う，と規定している。

　「*2175条1項　交換の相手方であれ受贈者であれ，取得者がChapitre 8の抵当権滌除のための方式を満足しなかった場合，取得者は登記債権の全部について抵*

---

146) Locré, *La Législation civile, commerciale et criminelle de la France*, t. 22, Paris, 1830, III loi, II partie, III, n. 12.「引き続いて転売に基づいて投機売買するため，弁済できないものを競落し，その投機が失敗した場合には空競りに基づく再売却を許す，このならず者の大衆を，売買から遠ざけるために，用心しすぎることはない。支払能力のない策士を抑制するためには，彼らの人格にかかっていくしかないのである。」

147) 「740条　空競人は，自己の代金と空競りに基づく再売却の代金との間の差額を身体によって *(par corps)* 義務づけられ，剰余がある場合もこれを請求することはできない：この剰余は，債権者に弁済され，債権者が満足された場合には差押債務者へ弁済される。」

当的に義務づけられ，原債務者に与えられた期間を享受する。

2項　それに加えて，取得者は登記債権者に対して，ただし2177条で定められた場合及び限度でのみ，人的にも義務づけられる。」

「2177条　取得者に対する訴迫の効力によって，不動産が当該取得者の買受価格よりも低い価格で競落された場合，取得者は二つの代金の差額につき登記債権者に対して人的に義務づけられる：配当手続がなされている場合，この差額は配当表に記載された劣後債権者に分配される。

代金から解放されていない取得者による任意の転売の場合，この取得者もまた，代金と転得者に対する不動産差押えまたは増価競売の結果としてされた競落から生じた代金との差額につき，債権者に対して人的に義務づけられる。ただし，この転得者に前項の規定が適用されることを妨げない。」

この差額弁済義務の前提として，de Vatimesnil 報告は，第三取得者が滌除通知を待たずに抵当権者に対して売却代金限りで抵当債務弁済の人的義務を負う，と考えている。そしてこのことを基礎づけるために，今度は第三取得者ではなく抵当権者が，売買契約（売却代金債権）との関係で，売主たる抵当権設定者の「承継人」として捉えられている[148]。

ただし彼は，催告手続に基づく取得不動産の強制収用がこの義務の本来的な履行強制方法であり，まずこれによる競落代金の配当を経た後に，残額についてのみ通常の人的義務の履行強制方法が認められる，と考えている[149]。その結果として，現実に第三取得者の人的義務が問題となるのは，催告手続に基づく強制収用の売却価額が第三取得者の取得価額を下回った場合の差額に限られ

---

148)　*Supra* note 134, p. 5.「民法典の体系によれば，契約を通知しなかった取得者は債権者に対して人的に義務づけられないが，このことは重大な不都合の原因である。この体系においては，取得者は，自らが高コストだと思い，または自己にとってもはや都合のよくない取引から解放されうる：取得者は委付の権能を用い，または収用に任せる。どちらの場合にせよ，取得者が弁済義務を約した代金よりも（委付や収用の）代金が安い場合，登記債権者は差額を失う。しかしながらこの取得者は，売主に対しては，自己の代金を弁済することを人的に義務づけられていた：なぜ，この売主の承継人（ayant cause）であるところの抵当債権者に対しては，この取得者は代金の弁済につき人的に義務づけられないのか？」

149)　*Supra* note 134, p. 5.「それでも，取得者にこの人的義務を満足するよう直ちに強いるのは不公正であるように思われる，というのも，取得者は収用または増価競売による剥奪の危険にさらされているからである。しかし，取得物の代金と，取得者に対する不動産差押えの結果としてされた転売の代金との差額の弁済を義務づけることは，衡平に適っている。」

るのである。それゆえ，この立法提案は，第三取得者の差額弁済義務を定めることによって，第三取得者の抵当債務弁済義務を，売却代金を上限とし，取得不動産を最初の執行対象財産とする，特殊な人的義務としたものといえる。

この差額義務の規定は，競落人の法的地位と第三取得者の法的地位とを連続的に捉える発想に立つものといえる。なぜなら，民訴法典740条によって，空競人もこれと同様の差額弁済義務を負わされているからである（前記(i)）。しかも，少なくともフランス古法においては，その差額弁済義務はやはり競落人が競落代金の限りで抵当債務の弁済につき人的義務を負っていることの表れということができたのである（前記第2章第3節第1款(ii)）。このような，競落人の法的地位と第三取得者の法的地位とを連続的に捉える発想は，フランス法に伝統的なものであるといえる。例えば，フランス古法における強制命令と任意売却命令は，抵当権の当然 purge を通じて，競落人の法的地位と第三取得者の法的地位とを揃えるものであった（前記第1章第1節第4款）。そして19世紀に入ってもなお，「法律効」理論によって，競落人の法的地位と第三取得者の法的地位とが揃えられていたのである（前記第1節第3款）。

(iii)　国民議会の第二読会における応酬

国民議会の第二読会において，委員会案の他の部分に変更が加えられ，この2177条は新2170条となった。この2170条について，これに反対する Renouard と de Vatimesnil との間で議論が繰り広げられる。Renouard の反対意見は，第三取得者に抵当債務の弁済義務を認めず，滌除等を契約による権利の変換として正当化する点で，抵当権を所有権の一部である売却権として捉える見解の特徴を示すものであった（前記第1節参照）。従って，この応酬はまさに，Pothier 学説を踏襲して抵当権を売却権として捉える見解と，Paris 慣習法典の解釈者の見解を踏襲して抵当権を売却代金から抵当債務の弁済を受ける権利として捉える見解との間の対立を示すものといえる。

Renouard は，第三取得者がすでに代金を売主（抵当権設定者）に弁済していた場合には，差額弁済の人的義務を免除するよう修正を求める。彼はその前提として，滌除手続を経ていない場合，第三取得者は抵当債権者に対して何ら弁済義務を負っていない，と主張している[150]。

---

150)　*Supra* note 140, p. 546.「取得者が代金を弁済していなかった場合には，革新の結果は完全に正当である。しかし，時にはそうでない場合もあるのではないか？……取得者は，抵当権滌除の方式

第2節 「抵当権改革」法案における抵当権と追及権

彼の議論の前提にある理解は，次のようなものである。抵当権は不動産上の物権であり，滌除手続を経た場合に限って，契約に基づいて代金上の権利に変換されるはずだから，滌除を経ていない段階で第三取得者が設定者へ代金を弁済しても，弁済先を誤った弁済であるとはいえない，というのである[151]。これは，法律効を契約によって正当化する Troplong の見解に基づくものといえる（前記第1節第3款(iv)）。

これに対して，委員会案報告者 de Vatimesnil が反論する。彼は前述のとおり，優先弁済権を効力の中心とする抵当権理解に基づき，抵当権が登記されているだけで抵当債権者は第三取得者に売却代金から抵当債務を弁済するよう求めることができる，と考えている（前記(ii)）。彼はここでは，このことを，登記に売却代金の「支払差止め＝差押え」の効力を認める，という形で表現している。

彼はまず，滌除手続を経ていなくても，抵当権の登記に代金の「支払差止め＝差押え」の効力を認めるべきであるので，第三取得者が登記を無視して代金を売主に弁済しても，抵当権者に対抗できない，と反論している[152]。彼はこのことを前提にして，第三取得者が原理的には，滌除手続とは無関係に，かつ

を満たさずに，代金またはその一部を弁済している。……私は，その場合に，売主とのみ契約し，売主に対してのみ義務を負い，登記債権者に対してはいかなる態様でも結びつきのなかった取得者に，登記債権者に対する人的義務を宣言するのが正当なのかを問うているのである。私はそれを認められない。」（傍点は引用者による。）

151) *Supra* note 140, p. 547.「……あなたたちは完全に抵当権を変質させている。抵当権は不動産上の物権でしかない；抵当権は，第三取得者が滌除の方式を満たし，債権者への通知によって債権者と契約した場合に限って，代金上の権利に変換される；しかし，債権者と契約しておらず，抵当債権者との関係で何もしていない限り，抵当債権者は不動産上にのみ訴権を有するのである。」（傍点は引用者による。）

　もっとも，Renouard のこの論法によれば，そもそも滌除手続による契約を経ていないのに第三取得者に差額弁済の人的義務を負わせること自体が一律に（すでに代金を弁済していたか否かに関係なく）不当である，ということになりそうである。実際，Renouard は委付が第三取得者による取得代金免脱の方法となることを問題視して委付の廃止に賛成しており，第三取得者の人的義務を専らそのためのものとして捉えている（*supra* note 140, p. 546）。しかし，たとえ委付が廃止されても，抵当債権者からの差額弁済請求を受けた第三取得者が差額を第三取得者にではなく自己の売主に対して弁済することは妨げられないはずである。従って，Renouard は結局，第三取得者が「抵当債権者に対して」人的義務を負うことは認めていない，といえるだろう。

152) *Supra* note 140, p. 547.「不動産上に存在する抵当権の登記は，〔引用者注：売却代金の〕支払差止め＝差押え（saisie-arrêt）の効力を有する。我々はこの抵当権の登記に，支払差止め＝差押えと同じ効力を与えることを望む。」

345

第4章　19世紀フランスにおける抵当権と追及権

売主に代金をすでに弁済しているか否かにかかわらず，抵当債権者に対して代金を弁済する義務を負う，と説く[153]。この結論自体は，委員会案の報告書（前記(ii)）でもすでに述べられていた。

　ただし，2177条自体はあくまでも，抵当不動産の強制売却後に残った，抵当債務と売却代金との差額についてのみ人的義務を認めていた。これを de Vatimesnil 発言は，抵当権者の保護のために特別に第三取得者の人的義務を認めたのではなく，むしろ衡平の観点から特別に第三取得者を保護するため，最初に抵当不動産につき執行するよう抵当債権者に命じたものとして位置づけている[154]。この点も，委員会案の報告書（前記(ii)）ですでに述べられていたものである。

　結局，Renouard の反対にもかかわらず2170条は採択され[155]，この論争は de Vatimesnil の勝利に終わっている。

第4款　小括

　国民議会における Renouard と de Vatimesnil との論争（第3款(iii)）は，その直接の対象こそ，第三取得者が売主に代金を弁済した場合にも第三取得者の差額弁済義務を認めるか否かであったものの，実はそれに留まらない意味を有していた。第三取得者の差額弁済義務の規定は，売却代金から抵当債務を弁済する第三取得者の義務（第2款）を，取得不動産を最初の執行対象財産とし，かつ第三取得者の取得代金を上限とする，特殊な人的義務にするものであった。それゆえ，この論争の争点は，競落人が抵当債権者に対して負う義務と同様の，取得代金を抵当権の順位に従って抵当権者へ弁済する義務を，滌除手続と無関係に第三取得者にも認めるか否か，という，学説史上長く争われてきた問題に通底するものだったのである。実際，委員会案が第三取得者の抵当債務弁済義

---

153)　*Supra* note 140, p. 547.「……原則は次のとおりである：取得者は，〔引用者注：売主の〕債権者がいない場合には売主に，または，取得者の手中での支払差止め＝差押えの等価物となるような登記を有する抵当債権者に，自己の代金を再び支払う義務を負う。」

154)　*Supra* note 140, p. 547.「ただし，我々は鎮痛剤を認めた；我々はこう言った：取得者が金銭を有さず，実行を受け，不動産が収用によって，空競りによってまたはその他の態様で転売された場合は，取得者は新たな代金と自己の固有の代金との差額についてのみ債権者となろう。誰がこれに不平を言うことができようか？　代金が10000フランだけ少ない場合，10000フランしか義務づけられないだろう。これが，衡平の命じた鎮痛剤である……。」

155)　*Supra* note 140, p. 547.

346

務を認める民法典の文言を温存していたのに対して（第2款），Renouard が第三取得者の抵当債権者に対する抵当債務弁済義務の不存在を議論の出発点としていた（第3款）。このことは，この論争の背景に，第三取得者の抵当債務弁済義務をめぐる課題意識が存在していたことを示すものといえる。

　従ってまた，すでに 19 世紀前半に Pothier 学説が支配的になりつつあったものの，このいわゆる「抵当権改革」の時点では，Pothier 学説の支配はなお確立してはいなかった，ということができるだろう。委員会案の抵当権理解は，Pothier 学説のそれではなく，むしろ Paris 慣習法典の解釈者のそれであった（第1款）。それゆえ，委員会案は第三取得者の抵当債務弁済義務を認め，さらに抵当委付を廃止することでそれを強化しようとさえしていた（第2款）。そしてこの見解が，第三取得者の差額弁済義務に関する論争において，Pothier 学説（及びこれに依拠した Troplong の見解）に従う Renouard の見解に対して，勝利を収めたのである（第3款）。

　しかし，この「抵当権改革」の試みが挫折した後，19 世紀後半の学説においては，Pothier 学説の支配はかえって不動のものとなる（後記第4節）。そして本書がその契機として考えるのが，1855 年の法律の前後を通じた，不動産物権変動の一般理論の構築である。次節では，これを紹介したい。

第3節　補説：1855 年の法律と不動産物権変動の一般理論の構築

　「抵当権改革」委員会案は，19 世紀前半に広く流布していた Pothier 学説（γ 説）に抗い，債権者間の優先弁済権を中心とする抵当権の効力構造（β 説）を示すものであったが（前記第2節），その立法は結局挫折し，起草者 de Vatimesnil は表舞台から姿を消した。そしてその後，19 世紀後半の学説においては，Pothier 学説の支配はいよいよ動かぬものとなる（後記第4節）。本節では，その要因と考えられる，1855 年の法律の立法過程及びその後の展開を追ってみたい。この立法を契機として，物権変動の一般理論が構築され，Pothier 学説によって理解された抵当権も，その一般理論に取り込まれることになるのである。

　ルイ・ナポレオンのクーデタの後，抵当権改革法案の一部を実現するために，1855 年の法律が制定された。立法の具体的経緯は，次のとおりである。まず

第4章　19世紀フランスにおける抵当権と追及権

Conseil d'État によって法案が作成され，Suin によって立法院に理由説明がなされた[156]。次いで，立法院の委員会がこれを検討して法案の一部を修正し，委員会を代表して de Belleyme がこれを立法院に報告した[157]。その後，立法院で議論がなされ[158]，そこでさらに若干の修正を経て 1855 年 1 月 17 日に法案は可決された[159]。

　1855 年の法律は，第一に，不動産所有権移転の対抗要件主義を導入した（第1款）。もっとも，このこと自体は，β 説の論者からも γ 説の論者からも必要とされていた。しかし，γ 説の論者はその際に，不動産所有権の「肢分権」をも，従って抵当権をも同時に視野に入れた，物権変動一般についての統一的理論の構築を目指していた。この γ 説の志向は，不動産譲渡人の抵当債権者が所有権移転謄記後にした抵当権登記の効力を否定する，という規定に結実することになった。こうして，抵当権設定を含む物権変動一般について，公示の先後によって優劣を決するという対抗要件主義が貫徹されることになったのである（第2款）。さらにその後，この対抗要件主義は，本来想定されていた利益の保護を超えて，不動産譲渡証書が差押謄記時点で未謄記の場合に，譲渡人の抵当債権者が，追及権に基づく譲受人に対する催告手続ではなく，譲渡人に対する不動産執行を実施することを正当化するに至った（第3款）。こうして，抵当債権者と抵当不動産の第三取得者との関係は，物権変動一般の対抗要件主義に取り込まれていき，物権の対抗可能性が発動する一場面として位置づけられるようになったのである。

第1款　不動産所有権移転の対抗要件主義

　1855 年の法律の中心的課題は，Treilhard 草案 91 条（前記第 3 章第 7 節第 6 款 (ii)）を復活させ，所有権移転証書の謄記を不動産所有権移転の第三者対抗要件とすることであった。このこと自体は，1855 年の法律以前にも，β 説か γ 説かという抵当権理解の違いを超えて，いわば超党派的に必要と考えられていた（(i)・(ii)）。しかし 1855 年の法律の立法過程において，その目的は，抵当貸付

---

156)　Troplong, *Priviléges et hypothèques: commentaire de la Loi du 23 mars 1855 sur la transcription en matière hypothécaire*, Paris, 1856, appendice, p. 1.

157)　Troplong, *supra* note 156, p. 21.

158)　Troplong, *supra* note 156, p. 52.

159)　Troplong, *supra* note 156, p. 140.

けの制度的安全から，次第に競合譲受人等の第三者自身の取引安全へと移っていく（(iii)）。そしてこのことが，物権変動の統一的要件の確立に寄与することとなる。とりわけ，謄記の効力について，*Nemo plus* 原則（前記第 2 章第 4 節参照）との抵触を回避するために対抗要件主義という構成が採用されたことは，抵当権設定登記に関する民訴法典 834 条の帰趨（後記第 2 款）に影響することとなる。

(i) Martin du Nord によるアンケート

すでに，「抵当権改革」に先立つ Martin du Nord のアンケート（前記第 2 節冒頭参照）においても，大半の意見が，不動産所有権移転契約の公示を不動産所有権移転の第三者に対する対抗要件とすべき旨を主張していた。

しかも Strasbourg 大学法学部意見[160]などの例外を除いて，多くの意見が，公示の対象を「抵当権の目的となる不動産上の権利」に限定していなかった。このことは，公示を物権変動の統一的要件にしようとする流れがすでに存在していたことを示している。Valette が中心となって作成された，1841 年のアンケートにおける Paris 大学法学部報告は，その一例である[161]。

(ii) 「抵当権改革」期の草案

しかし，「抵当権改革」期の草案においては，物権の公示は，共和暦 7 年の法律におけるのと同様（前記第 3 章第 7 節第 2 款），依然として当該物権を抵当目的とする抵当貸付けの安全のためのものに過ぎなかった。それらの法案は，むしろ共和暦 7 年の法律よりも一層明確に，物権変動の一般理論を構築する傾向とは相容れない兆候を示していた，ということすらできる。なぜなら，不動産所有権のみを公示の対象としていた共和暦 7 年の法律と異なり，この法案は，公示の対象となる権利の範囲を拡張したが，その限界は，抵当権との関係を念頭に置いて画されているからである。もっとも，「抵当権改革」終盤になされ

---

160) Martin du Nord, *supra* note 131, t. 1, Paris, 1844, n. 65.

161) « Des réformes à operer dans la législation hypothécaire, sous le point de vue de la publicité des hypothèques et des autres droits réels immobiliers », rapport adressé par la Faculté de droit de Paris à M. le Ministre de la Justice (Valette, *Mélanges de droit, de jurisprudence et de législation*, t. 2, Paris, 1880, p. 221), n. I. 「我々の意見は，今日，所有権または不動産所有権の股分権のすべての譲渡に完全な公示を与える，という態様の，画一的で単純で，不動産の全部または一部を譲渡するすべての場合を包含する体系を採用する必要がある，というものである。」（傍点は引用者による。）

349

第 4 章　19 世紀フランスにおける抵当権と追及権

た草案への修正の後は，物権変動の統一的理論の構築が，徐々に影を落とし始める。

　政府案についての，司法大臣 Rouher の理由説明は，この法案における物権の公示制度の整備が，抵当貸付けの安全のためのものであることを明示している[162]。このことを具体的に規定しているのが，政府案 2092 条である。そこに公示の対象として列挙された権利は，それ自体抵当権の目的となりうる権利か，抵当目的物上の権利で抵当権に影響しうるものである[163]。

　　　「*2092 条　不動産所有権，永小作権（emphytéose），用益権（usufruit），使用権*
　　（usage）もしくは居住権（habitation）を，有償もしくは無償で，移転もしくは宣
　　言する証書，または，明白なもしくはそうでない地役権（servitude）その他の同
　　じ所有物の上の物権，18 年を超過する賃借権もしくはそれより短くても 3 年分
　　以上の賃料の前払いを含む賃借権（baux）を設定する証書は，完全に抵当権保存
　　局の台帳に謄記される。それまでは，それらの証書は，害意なしに（sans fraude）
　　売主と契約した第三者に対抗されえない。」

　「害意なしに」とあるように，ここでは第三者に善意までは要求されていない。しかし，その理由を「第三者」一般について統一的に求めることはできないだろう。この点について起草者からの積極的説明は見当たらないが，本書のこれまでの議論を踏まえると，前主の抵当債権者に善意が要求されていないのは，次のような理由によるものと考えられる。すなわち，悪意の債権者に対する前主の抵当権設定が有効でも，譲受人すなわち第三取得者は，滌除手続によって取得代金を弁済することで，当然 purge の保護を受けられるのである。

---

162)　*Supra* note 132, p. 1160.「抵当システムはすべて，所有権を基礎とする。所有権が存在しなければ，抵当権は無に帰する；所有権が疑わしければ，抵当権は覚束ない；所有権を容易に証明できなければ，抵当権は猜疑心なしでは受容されない。然るに，民法典は，売買は当事者の合意のみによって完全であると宣言し，隠れた売買を認めることで，すべての担保権を台無しにした；それゆえ債権者は，秘密のままの証書によって担保に供された所有権がすでに売却されていない，ということを確かめることが決してできなかった。それゆえ，安全の基盤として公示を得ること；共和暦 7 年の法律の原則に戻る……ことが必要である。不意打ちをより完全に予防するため，18 年を超える賃貸借またはより短期の賃貸借で 2 年を超える賃料前払いを含むものも，同様の方式に服するだろう。」

163)　政府案 2122 条によれば，2092 条で謄記の対象として列挙された諸権利のうち，抵当権の目的となりうるのは，所有権，永小作権，用益権だけである。

350

第3節　補説：1855年の法律と不動産物権変動の一般理論の構築

　これに対して，競合譲受人に善意が要求されていないのは，前述のとおり，政府案における所有権移転の対抗要件主義が，競合譲受人自身の取引安全を本来的目的とするものではなく，あくまで抵当債権者の取引安全を本来的目的とするものであるためである，と考えられる。第二譲渡の効力発生は，土地信用の安全のための手段であり，悪意の譲受人への第二譲渡を公認してでも，所有権移転の公示を促し，これによって抵当債権者が確信を持って所有者に低利の抵当貸付けを行えるようにすることが目指されているのである。

　以上のことは，委員会案でも同様であった。以前に紹介したことの繰返しになるが（前記第2節第1款），de Vatimesnil 報告は，共和暦7年の法律を，抵当権の公示と不動産所有権移転の公示を備えていたものと評価した上で，所有権移転の公示も，不動産譲渡ではなく専ら抵当信用のためのものとして理解している[164]。さらにこの報告は，目指すべき立法の姿を提示する際にも，抵当信用の安全のみを念頭に置いている[165]。そのため，この立法の目標の一つとして，de Vatimesnil 報告は「抵当権の目的となりうる」権利の公示を掲げている[166]。これを受けて，委員会案は次のとおり定めている。

　　「*2152条1項　無償であれ有償であれ，生者間の不動産及び2110条により抵当権の目的となりうる不動産権（droits immobiliers）の移転は，第三者との関係では，取得名義または口頭の譲渡の存在を認定し宣言した判決の膳記によってはじめて生じる（s'opère）*[167]。

---

164)　*Supra* note 134, p. 1.「完全で絶対的な公示の体系を伴っていれば，土地信用（crédit foncier）は現実的な障害に遭遇しえない。各人は契約の際に，自分がいかなる順位（rang）にあるかを知っている：それはほとんど，抵当不動産の代金の一部が前もって各人のために支払指図されているのと同じ状態である。」（傍点は引用者による。）

165)　*Supra* note 134, p. 2.「民法典の体系から，完全で絶対的な公示の体系へと立ち返る必要がある。土地信用（crédit foncier）が現実に存在するためには，すべての抵当負担が貸主の目に明らかにされること：貸主が自らの知識によって借主の状態を判断できること：貸主が法律家や実業家を頼ることを余儀なくされないこと：一言で言えば，館または農場の占有者の不動産に関する貸借対照表（bilan immobilier）を作るのに足し算と引き算をすれば十分である，ということが不可欠である：足し算は当該財産に課せられた登記の総額を計算するためのものであり，引き算はこの所有権の価値について残されたものを知るためのものである。」（傍点は引用者による。）

　　Ibid..「ここでは，重要な，土地信用に影響を及ぼしうる革新のみを取り上げ，細目の変更は取り上げない。」

166)　*Supra* note 134, p. 2.

167)　de Vatimesnil の報告（*supra* note 134, p. 4）も，膳記のない売買について，次のとおり，第三

351

第 4 章　19 世紀フランスにおける抵当権と追及権

2 項　前項に記載された不動産権の放棄もまた，第三者との関係では，謄記によってはじめて効力を生じる。

譲渡は，たとえ謄記されても，前主の有していた以上の権利を取得者に移転しない，ただし，謄記を怠った先行取得者との関係，及び次条 6 項で定められた場合の第三者との関係では，この限りでない。」（傍点は引用者による。）

さらに de Vatimesnil 報告は，その他の「不動産の価値を減ずる一定の不動産権」の公示をも，「重要な，土地信用に影響を及ぼしうる革新」の一つとして列挙している[168]。かくして，委員会案は以下のように，不動産の価値を減ずる権利を，抵当取引に影響する権利として，その公示を求めている。

「2153 条 1 項　以下の不動産権は，たとえ抵当権の目的とならなくても，それらを設定する名義の謄記によって公示されねばならない。

不動産質（antichrèse），

地役権の設定または既得の地役権の放棄，

使用権，

居住権。

者との関係では所有権移転の効力が生じないものと考えている。「確かに，最近の取得者が優先されるかもしれない；しかしなぜか？　なぜなら，第一の取得者が，売買を第三者との関係で完全（parfaite）にするために不可欠な方式を，満足していなかったからである。」

　もっともその一方で，彼の報告にはなお，一旦取得した所有権を懈怠 purge から保存するための要件として謄記を捉えているかのような部分も存在する。「取得者が謄記を怠ってその権利を奪われる（frustré）のは，抵当債権者が有効な登記の取得を怠って自己の権利を奪われる（privé）のと同じくらい，奇妙なことではない。」（*Ibid..*)

　しかし，この部分はむしろ，抵当権の登記が第三取得者との関係で懈怠 purge からの保存要件として機能していること（後記第 2 款(ii)）から，その背景にある価値判断を謄記にも及ぼしたに過ぎないものと考えられる。

168)　*Supra* note 134, p. 2. de Vatimesnil 報告は，このことを次のように説明している。

　「それ〔引用者注：抵当権の目的となりうる権利〕以外も，謄記によって公示されねばならない；なぜなら，例えば所有者が観望地役権または建築禁止地役権を設定した場合，それは所有者の館または土地の市場価値を大きく減じ，この譲与を知らないで所有者と取引する第三者は騙されるだろうからである。」（傍点は引用者による。）（*Id.,* p. 5.)

　本文で述べたように，de Vatimesnil 報告は専ら抵当信用の安全を念頭に置いており，「土地信用に影響する革新」として「不動産の価値を減ずる」権利の公示を挙げている。従って，ここでいう「所有者と取引する第三者」は，不動産譲渡取引を行う第三取得者ではなく，不動産信用取引を行う抵当債権者を念頭に置くものである，ということが分かるだろう。

第3節　補説：1855年の法律と不動産物権変動の一般理論の構築

　2項　これらの権利は，上述の権利の設定証書の謄記前に登記を取得した債権者及び自己の名義を謄記させた取得者には，対抗されえない。ただし，継続的で明白な地役権については，地役権を設定しまたは廃止する証書の謄記の欠缺は，地役権の外的徴表の創出または破壊の後にはじめて名義を登記させまたは謄記させた第三者によっては援用されえない。……」（傍点は引用者による。）

　ここでは，対抗関係が妥当するのは「債権者」と「取得者」とに限られている。登記を取得した「債権者」への対抗は，債権者による抵当不動産執行の際に競落人がいかなる負担を引き受けねばならないかを問うものと解される。その一方で，「取得者」への対抗は，任意売却による取得者がいかなる負担を引き受けねばならないかを問うものであり，これが問題とされているのは，取得代金が債権者の抵当債務弁済の原資となるからに他ならないものといえる。
　しかし，法定抵当権の公示が否定された後に提出された修正案は，対抗関係の妥当範囲を，物権の取得者との関係一般に拡張している。委員会案旧2152条・2153条に相当する新2143条・2144条は，次のように定めている[169]。とりわけ新2144条は，「第三者」の内容を具体的に定めていた旧2153条とは異なる規定ぶりになっている。

　「2143条1項　以下のものは，財産所在地の抵当権局において物化される（réalisés）。
　1，不動産譲渡，抵当権の目的となりうる不動産権の設定または移転を記載した，すべての生者間の証書；
　2，上記の不動産権のすべての放棄；
　3，前2号において表明されたような性質を有する口頭の合意の存在を宣言した，すべての判決。
　2項　物化まで，証書または判決から生じた権利は，前主から物権を取得し，このtitreを遵守した第三者に対抗されえない。」（傍点は引用者による。）
　「2144条　以下の不動産権は，たとえ抵当権の目的とならなくても，それらを設定する名義の物化によって公示されねばならない。
　不動産質，
　地役権の設定または既得の地役権の放棄，

---

169)　*Le Moniteur universel* du 16 février 1851, p. 492, p. 496.

353

第4章　19世紀フランスにおける抵当権と追及権

　　使用権，
　　居住権。
　　物化までは，これらの権利は，所有者から物権を取得しこの *titre* を遵守した
第三者には，対抗されえない。ただし，継続的で明白な地役権については，地役
権を設定しまたは廃止する証書の物化の欠缺は，地役権の外的徴表の創出または
破壊の後にはじめて名義を登記させまたは物化させた第三者によって援用されえ
ない。……」（傍点は引用者による。）

　これらの条文案に関する de Vatimesnil の答弁にも，以前の報告には見られ
なかった思想が見受けられる。質問者 Gros は，土地信用と土地所有権とを対
立的なものとする前提で，2143 条は所有権を犠牲にして土地信用を保護する
ものである，と批判する。これに応答する際に，de Vatimesnil は，売主と契
約する者の取引の安全を，土地信用の促進のための手段ではなく，それ自体と
して公示制度の目的に昇格させているのである [170]。
　しかし，このように「第三者」の取引安全を制度目的と位置づけているため
に，彼は，第三者の善意が要求されていない理由について，応答に苦心してい
る。2143 条が第三者に善意を要求していないことへの，Gros の批判に対して，
de Vatimesnil は，そのような批判に理由があるとすればそれは民法典にも妥
当するはずだ，と応答している [171]。その背景には次のような事情がある。民
法典は，詐害の恐れが強い贈与及び継伝処分（substitution）については謄記を
要求していた（941 条）。これを受けて民法典 1071 条は，この謄記がない場合
に，債権者または第三取得者が贈与及び継伝処分を知っていたとしても，この
ことは謄記の欠缺を補充する効力を持たない，としていたのである。もっとも，
民法典 1071 条も，抵当貸付けの保護のために所有権移転の公示を促進する手
段として，悪意の後発取得者に謄記欠缺の援用を認めているに過ぎないものと
考えられる。それゆえ，de Vatimesnil も結局は，所有権移転の対抗要件主義
を，保護される「第三者」の取引安全のためではなく，「公的利益」のための
「公序」として説明せざるを得なくなっている [172]。

---

170)　*Supra* note 169, p. 495.「……土地信用，つまり貸主の利益だけが問題なのではない：この問題
　　は，所有者と契約するすべての者，すなわち，売買の契約をする者，代金で地役権を取得する契約
　　をする者，その他すべての者の利益に関わる。」
171)　*Supra* note 169, p. 496.
172)　*Supra* note 169, p. 496.「……民法典の起草者も我々も潔白である，というのは，公的利益（in-

354

第3節　補説：1855年の法律と不動産物権変動の一般理論の構築

　この応酬は de Vatimesnil の勝利に終わったが，その後「物化（réalisation）」という言葉が，とりわけその語源との関係で問題視された。「契約の物化」という制度が，古法期の nantissement 慣習法（前記第1章第2節第4款(ii)）にあったのである。

　修正案は，証書全体の謄写を求めないことから，「謄記」の語はふさわしくないといい，この「物化」の語を用いていた。そこで，新2145条と関連して，この語を用いるべきとする Valette と，この語は封建的色彩を強く帯びているので，これに代えて謄記（transcription）の語を再び用いるべきとする Dupin との間で，論争が繰り広げられた。

　Dupin 発言は以下のとおり，新しい謄記制度を意思主義と調和したものとして理解している。そしてこの理解を前提として，意思主義と相容れない nantissement 慣習と，新しい謄記制度とを切り離そうとしている。彼は nantissement 慣習法における「物化」制度の封建的性格を説くが，その際に，所有権移転が「物化」によってはじめて生じる点を問題にしている[173]。彼の発言は，nantissement 慣習法における「物化」を，契約の存否に関わる要件として捉えているのである[174]。そして彼は，民法典の意思主義がこの「物化」制度とは相容れないものであることを説き，「物化」制度と対置されたものとして民法典の意思主義を支持する[175]。彼は以上のような理由で，問題が言葉の問題

---

terêt public）のために作られた，譲渡が効力を生じるための方式がある場合，この規定の不遵守を援用しようとする者がこの譲渡を知っていたか否かを探求する必要はないからである。方式が満足されなかった時に直ちに，それが公序（ordre public）であるということのみによって，万人がこれを援用する権利を有するのである。」

173)　*Supra* note 169, p. 497.「Nantissement と呼ばれる慣習法において，vest と devest の慣習法において，所有権は，次のようにして移転された：ある者が売却をしたい場合，起源において，すべての所有権は領主に属するという前提があったので，譲渡は封建的な力の介入によってはじめてなされえた。所有者は領主の面前に赴き，自己の所有権を手放した。それは，あたかも所有権を領主に与えるかのような臣従礼（hommage）だった。所有権を得た領主は，それを買主に授与した（investissait）；この vest と devest の操作のことを，物化（réalisation）と呼んだ。それは擬制でしかない，なぜなら，土地そのものを与えるわけではなかったからである。しかし所有権移転の象徴として，所有権の象徴的引渡しと証書の物化とを証明するために，売主は土の塊を持ってきて取得者に手渡した。以上が，物化する（réaliser）と呼ばれるものである。」（傍点は引用者による。）

174)　*Supra* note 169, p. 497.「しかし少なくともこの時期においては，言葉は一種の真実でありえた。なぜなら，それは契約の実体そのものに基づいていたからである。契約はこれらの方式に従うので，これらの方式を用いなければ存在しなかった。」

175)　*Supra* note 169, p. 498.「……こうした物化という物質的な（matérielles）操作に代えて，売買は当事者の相互的同意によって，与えられ受容された信義（foi）によって生じる；物が引き渡さ

355

第4章　19世紀フランスにおける抵当権と追及権

であって実体の問題ではないことを再三断りつつも，「物化」の語は民法典上の売買にとってふさわしくない，と主張する。この主張は，売買はたとえ当事者間であっても所有権移転を生じるのだから，「物化」されていない売買などありえない，という主張を含むものといえる[176]。

　これに対して Valette は，新たな謄記（物化）制度が民法典の意思主義と調和せず，むしろこれを塗り替えるものであることを正面から認める。彼は，意思主義を強調する Dupin の主張を，謄記制度そのものを攻撃するものとして理解し，批判している[177]。Valette 発言はむしろ，nantissement 慣習と新しい謄記制度との連続性を強く意識している[178]。

　彼は，このように nantissement 慣習における「物化」制度と新たな謄記制度との連続性を強調しつつ，「物化」の封建的性格に対する批判をかわすため，この法案の下では領主ではなく人民が所有権を移転する，と説明している[179]。ここでも「物化」がはじめて所有権を移転するという点が維持されている。そしてそのために，彼は，民法典1583条が「売主との関係では，買主は直ちに所有権を取得する」と定めていることに，売主の契約上の義務の発生によって[180]または契約当事者の心理の上で[181]すでに買主があたかも所有者として扱

れておらず代金が弁済されていなくても，売主と買主との同意という事実のみによって売買は完全である（parfaite），と言う民法典が，いかに限りなくより厳厳に満ちており，より道徳的で，精神主義的（spiritualiste）であるかがわかるだろう。」

176)　*Supra* note 169, p. 498.「……私は今日，皆さんは同時に売買の本質に触れている，と言う。というのも，皆さんは，物化されていない売買を想定しているからである。」（傍点は引用者による。）

177)　*Supra* note 169, p. 498.「彼〔引用注：Dupin〕は，体系の本質を攻撃している，なぜなら彼は，所有権の移転を意思の力のみによって行う民法典の哲学的体系，知的体系が取り替えられることに，所有権移転に台帳上の登記による物質的な公の徴表を刻み込む物質的な方式によってそれが変えられることに，不満を述べていたからである。」

178)　*Supra* note 169, p. 498.「……この言葉〔引用者注：「物化」〕は，フランス全体の一部をなしており，他の地域と同じ法を持っていた地域の言葉から借用されたものである。それゆえ，制度をフランスの一部から借用する時に，同時にその制度を指し示す言葉を借用することは，驚くべきことだろうか？」

179)　*Supra* note 169, p. 498.「今日領主の役割を演じるのは誰か？　それは公的権威であり，公的な力である：人民（peuple）が，代理人（agents）によって，機関（fonctionaires）によって介入し，vest と devest を行い，甲や乙に所有権を移転するのである……。」（傍点は引用者による。）

180)　*Supra* note 169, p. 498.「売主は義務づけられており（obligé），その相続人は義務づけられており，彼の義務を承継するすべての者は，彼と同様に義務を負う（tenu）；しかし，第三者との関係では，売主を代表（représent）せず，彼の義務を負わない者との関係では，第三者との関係で所有権を設定するために必要な方式がない限り，売主は常に所有者である。」

第3節　補説：1855年の法律と不動産物権変動の一般理論の構築

われる，という以上の意味を認めない。彼にとって，所有権の帰属や移転は，契約当事者間ではなく，専ら第三者との間で問題とされるべき事項なのである。

　彼は，このように nantissement 慣習と新たな公示制度との連続性を意識した結果，民法典起草時の Bruxelles 控訴裁判所意見（前記第3章第7節第4款）と同様に，抵当権の公示とその他の物権変動の公示とを統一的に捉えようとしている[182]。

　しかし結局のところ，Valette 発言への支持は広まらず，議会の議決によって「物化」は「謄記」に戻された[183]。この結果は一見すると，民法典の意思主義を修正することに対する議会の抵抗感を物語っているようにも見える。しかしここでは，所有権移転の効力が少なくとも第三者との関係では謄記まで生じない，という対抗要件主義の法律構成自体が意思主義との緊張関係ゆえに変更されているわけではなく，専ら封建的制度との連続性が問題とされているに過ぎない。対抗要件主義と意思主義との緊張関係をめぐる問題意識の希薄さ[184]は，次の1855年の法律の起草過程においても明らかにされるだろう。

(iii)　1855年の法律3条

　委員会案は結局立法に至らないまま挫折したが，物権変動契約の公示及び公示の対抗要件化は，次の1855年の法律によって実現された。この1855年の法

---

181)　*Supra* note 169, p. 498.「公的権威は公との関係で移転を認めない，と私は言ったが，これは良心（conscience）との関係でもなく，内心（for intérieur）との関係でもなく，売主の義務を承継する家族との関係でもなく，ただ公との関係では，法定の方式の達成の後にはじめて移転を認める，という意味である。」

182)　*Supra* note 169, p. 498.「皆が，抵当権は公示されねばならない，と考える。古法では，抵当権は隠れていた：皆さんが一定の物権へ与えた，この公示を，我々はその他の物権の設定にも与えようとしているのである。」「皆さんはこれを抵当権についてしている。自己の土地を抵当入れした者は，抵当債権者が抵当権を登記させていなければ，公との関係では，あたかも債権者がいない者として扱われないのか？　彼が土地を売却し，譲渡し，抵当権が登記されていない場合，彼は抵当権の負担のない解放された所有権を譲渡しないのか？　常に同じ体系が，社会的要請が求める限りにおいて，広がっているのである。」（傍点は引用者による。）

183)　*Le Moniteur universel* du 21 février 1851, p. 535.

184)　星野英一「フランスにおける不動産物権公示制度の沿革の概観」『民法論集　第2巻』（有斐閣，1970）1頁，42頁〔初出，江川英文編『フランス民法の150年（上）』〔有斐閣，1957〕）は政府案について，意思主義との関係を意識して「単なる合意のみによって権利変動が行われるという民法典の原則を維持」するものと理解している。そしてこの理解は，明記されていないものの，委員会案についても妥当しているようである。しかし，委員会案をめぐる起草者の報告や議会での議論からは，そのような意思主義との緊張関係をめぐる問題意識を検出することはできなかった。

357

第 4 章　19 世紀フランスにおける抵当権と追及権

律の公示制度も,「抵当権改革」期の草案が有していた限定を継承しており,また第三者の善意を要求しないものとなっている。そして起草者による理由説明も,起草過程の当初においては,それに対応して,専ら抵当信用の安全の観点からなされていた。しかし,起草者の説明は徐々に抵当信用の安全を離れて「第三者」の取引安全へと変容している。また,起草過程の当初においては,謄記は物権変動の対抗要件ではなく,懈怠 purge のための,または逆に取得した物権を懈怠 purge から保存するための要件として構成されていた。しかし結局のところ,*Nemo plus* 原則（何人も自己が有する以上の権利を与えることができない）との抵触を回避すべく,謄記は「抵当権改革」期の草案と同様の対抗要件へと再び変容している。この謄記の性質変更は,抵当権設定登記の第三取得者に対する効力に関する民訴法典 834 条をめぐる議論にも影を落とすこととなる（後記第 2 款(iii)）。

Conseil d'État の法案 1 条は,「抵当権の目的となる諸権利」の限定を継承している。

　「*1 条　以下のものは,財産所在地の抵当権保存局に謄記される。*
　1, 不動産所有権または抵当権の目的となる諸権利を譲渡しまたは宣言する,生者間のすべての証書；
　2, 上記の諸権利の変更または放棄を記載した,すべての証書；
　3, 上記のものを目的とする口頭の合意が存在したことを宣言する,すべての判決；
　4, すべての競落判決。」（傍点は引用者による。）

Suin は,Valette らとは異なり,再び専ら土地信用の観点からこれを説明している[185]。

法案 2 条は,委員会案によって放棄されていた,賃借権の公示を復活させている。

　「*2 条　以下のものは,同様に謄記によって公示されねばならない。*
　1, 不動産質,地役権,使用権,居住権を設定するすべての証書；

---

185)　Troplong, *supra* note 156, p. 8.「今日,土地信用の制度,土地信用の多くの取引における安全の必要によって,この原理に立ち戻る義務が課されている：それが 1 条の目的である。」

第3節　補説：1855年の法律と不動産物権変動の一般理論の構築

2，同じ権利の放棄を記載したすべての証書；

3，上記のものを目的とする口頭の合意が存在したことを宣言する，すべての判決；

4，27年を超える存続期間の賃借権，及び，それに満たない存続期間の賃借権についても，3年を超える期限未到来賃料の前払いを含むすべての証書。」

Suin は，抵当権の目的とならない権利の謄記に関するこの2条をも，専ら土地信用の観点から説明している[186]。

他方で，Conseil d'État の法案においては，謄記は懈怠 purge 及び懈怠 purge からの保存要件として構成されている。法案4条（後の法律3条）は次のようなものであった。ここでは，「第三者」の資格を画する「権利」の範囲は漠然と拡がっている。これは，謄記の効力を，すべての権利の懈怠 purge として理解しているためである。次のとおり，権利の公示は謄記の懈怠 purge の効力に対する保存要件として位置づけられている。

「4条　謄記までは，証書または判決から生じる権利は，権利を有しその権利を法律に則って保存する第三者に対抗できない。」（傍点は引用者による。）

Suin の理由説明でも，謄記は懈怠 purge 制度として理解されている[187]。懈怠 purge は一旦取得した権利を喪失するという構成なので，これは意思主義ではなく Nemo plus 原則に対する修正ということになる。

これに対して，de Belleyme の報告は，公示制度の目的として，所有権の確

---

186)　Troplong, *supra* note 156, p. 8.「共和暦7年の法律は，草案2条で列挙された証書の謄記を命じていなかった；しかし，売買契約の謄記を命じるすべての理由は，不動産の市場価値を変え，貸主に提供される担保物の重要性を減ずる，すべての肢分権及び負担の公示を命じるためにも再現される。」（傍点は引用者による。）

　　Id., p. 9.「この〔引用者注：2条による公示の〕必要性は，土地信用会社の制度によってより抗し難いものになっている。土地信用会社にとって，この点についての法律の沈黙は，常に危険をもたらすだろうからである。」（傍点は引用者による。）

187)　Troplong, *supra* note 156, p. 10.「謄記による剝奪（dessaisissement）の効力は，第三者との関係では，契約の目的たる不動産に課せられた権利を当該第三者が売主または取得者のいずれから引き出すのかに従って二重である。売主から権利を得た第三者は，謄記の前にそれらの権利を明らかにせねばならず，謄記は，法律が公示に服せしめた，知られていない負担を滌除する……。」（傍点は引用者による。）

359

第4章　19世紀フランスにおける抵当権と追及権

立を，土地信用の安全とは別個独立に掲げている。この報告は「所有権，その肢分権及び負担の，移転または設定証書を，第三者との関係で有効なものとするために，謄記が必要である，とすること」の必要性を説明するために，所有権の確立と抵当法制の確立とを並列している[188]。この報告は，共和暦7年の法律の体系を復活させることの利点についても，同様の説明を与えている[189]。

　さらに，立法院における彼の発言は，所有権の第二譲受人が第一譲渡に気づかない可能性について説明した上で，その議論を直ちに用益権・地役権・賃借権にも拡張している[190]。ここでは，不動産物権を取得した者の取引安全が，それ自体として目的とされている。それゆえ，謄記の対象となる権利についての，この報告による整理のしかたは，もはや抵当権とは無関係のものとなっている[191]。

　その結果，この報告は法案の公示制度の支えを物権債権二分論に求め，公示を物権変動の一般的要件として位置づけるに至っている。法案2条は，物権でない賃借権にも公示を要求している。しかしこの報告は，この賃借権の公示を例外的なものとして扱っており，特に慎重に政策的正当化を行っている[192]。

---

188)　Troplong, *supra* note 156, p. 22.「万人が，公示が所有権の確立の基盤でなければならず，同様に（aussi bien），良き抵当法制の確立の基盤でもなければならない，ということを認めている……。」（傍点は引用者による。）

189)　Troplong, *supra* note 156, p. 27.「その〔引用者注：所有権の〕存在は常に知られ，誰の手中にあっても，その価値を増減しうるすべての変更を伴って，常に追跡されるだろう；こうして，我々の抵当法制は確固たる基盤の上に置かれ，同時に（en même temps），所有権の確立は，明白で確かな性格を有する徴表によって公示されるだろう。」（傍点は引用者による。）

190)　Troplong, *supra* note 156, p. 59.

191)　Troplong, *supra* note 156, p. 29.「1条と2条は，謄記の原則を定める……。これらを三つの類型に整理することができる：第一と第二とは，所有権またはその肢分権の設定に関する証書である；第三は，賃貸借と賃料前払いである。第一に，所有権移転証書が謄記に服さねばならないものとして現れる；しかし，完全な所有権を変質させるもの，例えば用益権，使用権及び居住権にも，同様にこれを認める必要がある。これらの肢分権は非常に重要なので，公示がそれらに及ばない場合，公示は不完全で見かけ倒しになるだろう。」

192)　Troplong, *supra* note 156, pp. 29-30.「所有権の市場価値を有益に実務的に明らかにする，という目的を完全に達成するためには，物権を設定するものでなくても，所有権の価値を変更するような性質を有する負担を所有権に課するすべての証書を，謄記に服せしめる必要がある。……我々は，賃借権及び賃料前払いに与えられた公示が，人的権利（droits personnels）の領域への侵略であり，私的合意の秘密と自由の原則を破るものであることを隠さない；しかし，この公示は正当化され，絶対的に必要であるように思われる；それゆえ我々は，法律が提示する目的の不可欠の条件として，これを受け容れた。」（傍点は引用者による。）

第 3 節　補説：1855 年の法律と不動産物権変動の一般理論の構築

　このことは逆に，この報告が Valette 発言と同様，物権債権二分論を前提として，物権変動の一般的要件として公示を要求していることを示すものといえる。

　謄記の効力についても，de Belleyme の報告には Suin の理由説明から理解の変更が見られる。彼は，第一譲受人が第二譲受人に先んじて謄記した場合の帰結を，第一譲受人への所有権移転を前提とした懈怠 purge ではなく，第一譲渡の効力の部分的否定によって説明しているのである。彼は，民法典の意思主義はもともと第三者との関係を留保したものであった，と説明する [193]。さらに立法院における彼の発言は，懈怠 purge によって *Nemo plus* 原則との抵触が生ずることを回避するものとなっている。立法院では，法案旧 4 条が繰り上がったものである 3 条について，議論がなされている。そこでは，Lequien が，3 条を民法典の体系と相容れないものとして批判する。彼はその際に，売主の特定承継人は第三者にはあたらない，と主張する。彼はその論拠として，民法典起草時の Treilhard 草案 91 条に対する反対者（前記第 3 章第 7 節第 6 款）と同様，*Nemo plus* 原則を援用する [194]。この場面で *Nemo plus* 原則を援用するためには，一旦譲渡人から第一譲受人に所有権が移転しているという前提が必要である。従って，Lequien も Treilhard 草案 91 条に対する反対者と同様に，謄記を第二譲受人にとっては第一譲受人の所有権を懈怠 purge に服せしめるための要件として，第一譲受人にとっては取得した所有権を懈怠 purge から保存するための要件として理解しているものといえる。これに対して，de Belleyme は，契約の相対的効力の原則を持ち出すことで，売主の特定承継

---

193)　Troplong, *supra* note 156, pp. 27-28.「売買に特有の 1583 条は，すべての効力と射程とを維持する；それどころか，『当事者間では……売主との関係では』という文言からは，第三者との関係で取得者を所有者にするためには当事者の同意以外の何ものかが必要であり，この何ものかは謄記であったに違いない，と結論するのが，自然でありかつ論理的であろう。」

　　滝沢聿代『物権変動の理論』（有斐閣，1987）126 頁は，この de Belleyme の報告を，「民法典の意思主義が全くそこなわれず維持される」という趣旨のものとして紹介している。その文意は多義的であるが，本文に示した理解からは，「民法典の」という限定こそが重要であり，de Belleyme は万人との関係で合意のみによって所有権が移転するという意味での意思主義を問題にしているわけではない，という点には注意を要する。

194)　Troplong, *supra* note 156, p. 64.「新たな方式が第三者との関係でのみ要求されている，と主張するのは不正確である；それは契約当事者との関係でも同じであるように見える。例えば，ある個人が自己の不動産を連続する二つの公的権威ある証書によって二度売却し，第二の取得者が自己の契約を先に謄記したために優遇される場合，この第二取得者は，第三者とはみなされない；彼は売主の権利承継人（ayant droit）であり，代表者（représentant）であって，売主は自分自身が有していたより多くの権利を譲与することはできなかったのである。」（傍点は引用者による。）

361

第4章　19世紀フランスにおける抵当権と追及権

人を第三者に含めることを正当化している[195]。この応答は，第二譲受人の謄記に懈怠 purge の効力を認めるのではなく，第一譲渡による所有権の移転を特定承継人との関係で否定することで，*Nemo plus* 原則との対立を回避するものといえる。この応酬は，当時においても，Treilhard 草案 91 条の帰趨が問題となった民法典起草時と同様，公示制度の設計にあたって意思主義との対立よりもむしろ *Nemo plus* 原則との対立が問題視されていたことを物語っている[196]。1855 年の法律が謄記にいわゆる公信力を認める形になっていないのも，まさにこの *Nemo plus* 原則の強い支配ゆえであると考えられる。

　Duclos の問題提起に対する Rouher の応答も，懈怠 purge 制度としての謄記理解が放棄されたことを示している。Duclos は，3 条の第三者となるために，どの時点で当該第三者が「不動産上の権利」を取得していることが必要かを問い，これが 3 条の文言上明らかでないことを問題視する[197]。これは，謄記を所有権移転要件と捉えた上で「不動産上の権利」の公示をも権利の成立要件として捉えるか，それとも謄記を懈怠 purge 制度と捉えた上で「不動産上の権利」の公示をこの懈怠 purge に対する保存要件として捉えるのかを問うものといえる。前者の場合，必然的に謄記時までに権利取得すればよいことになるのに対して，後者の場合は，権利取得の終期と保存要件具備の終期とが分離しうるので，権利取得は謄記以前の所有権移転までに行わねばならないという規

---

195)　Troplong, *supra* note 156, p. 69.「二人の契約当事者の他には，第三者しかいない；そして，法律によって提示された原則は，次のようなものである。すなわち，このような場合の売買は，契約当事者にとっては有効（valable）であるが，第三者との関係では無効（nulle）である，というものであり，そのように無効であるので，売主が抵当権を設定した場合には，謄記していなかった取得者が責められるべきなのである。」（傍点は引用者による。）

196)　滝沢・前掲注 193) 128 頁は，1855 年の法律による対抗要件主義について「『対抗』における権利変動の関係は，契約による第一譲受人の取得と，後から契約しながらも先に登記を経たことによって第二譲受人以下の者がこれを失権させうる関係として捉えられるべきではないか」と説く。そして，1855 年の法律 3 条が第一譲渡後謄記までの第二譲渡を有効としたことを，無権利者からの取得として，*Nemo plus* 原則の修正として説明している。これは，1855 年の法律における謄記の効力を，一旦第一譲受人に所有権が移転したことを前提とする懈怠 purge（第二譲受人の謄記）と懈怠 purge からの保存（第一譲渡人からの謄記）として理解するものといえる。滝沢論文のこのような理解は，意思主義と対抗要件主義との緊張関係という問題意識の下で，1855 年の法律 3 条を意思主義と調和させようとするものと考えられる。
　　しかし本文のとおり，de Belleyme は *Nemo plus* 原則との抵触を避けるためにまさにこの懈怠 purge 構成を回避しているのであり，その反面，前掲注 193) のとおり，意思主義を修正することは厭わなかったものといえる。

197)　Troplong, *supra* note 156, pp. 82-83.

第3節　補説：1855年の法律と不動産物権変動の一般理論の構築

律もありうるからである。実際，民法典は権利取得の終期を所有権移転時に定めており，これを前提に，民訴法典834条は保存要件具備の終期を分離させて遅らせていた（前記第3章第7節第7款(ii)）。これに対して，Rouher が応答している。応答に先立ち，彼は，謄記の対抗要件主義をローマ法学以来の所有権移転の引渡主義に接続する歴史認識を示している[198]。引渡主義は引渡しを所有権移転の成立要件とするものであり，この歴史認識は，3条に対する彼の理解にも影響を与える。彼は3条の公示を，懈怠 purge に対する権利保存要件ではなく，物権変動の（第三者との関係での）成立要件として捉えているのである[199]。彼のこの説明からも，前述した de Belleyme 発言と同様に，第二譲受人の謄記に *Nemo plus* 原則と抵触する懈怠 purge の効力を与えることを避けて意思主義を修正する傾向が検出できる。

　その後，3条は表決に付され，可決された[200]。3条による謄記の効力を懈怠 purge 及び懈怠 purge からの保存として構成することを明確に避け，*Nemo plus* 原則との整合性を保ったことが，可決につながったものと評価することができるだろう。

第2款　譲渡人の抵当債権者に対する所有権移転謄記の効力 ——抵当権登記の終期をめぐる議論

　このように，所有権移転契約の謄記が所有権移転の第三者に対する対抗要件とされた結果，所有権移転契約の謄記を，すでに民法典上対抗要件とされていた抵当権の登記と同列視することが可能になった。しかもその過程において，謄記制度の位置づけは，抵当信用の安全のための基盤から，競合的譲受人等の第三者自身の取引安全を保護するものへと変容していった。これを契機として，抵当権設定を含む物権変動の統一的理論が構築されていくことになるが，その

---

198)　Troplong, *supra* note 156, p. 85.「3条で提示された原則は，新しいものではない：それはローマ法の中に，慣習法の下に，中間法の下に存在しており；民法典の起草の際にはじめて表明されなくなった……。」

199)　Troplong, *supra* note 156, p. 86.「売買または約定抵当・裁判上の抵当に関するすべての場合において，問題は謄記の日付によって解決される。……謄記された売買契約と先行する契約との競合の場合，どちらが優先するかという問題は，法律案の文言自体によって解決される：3条は，売買は第三者との関係では契約が謄記された時に（quand）はじめて有効になる（valable），と定めている。」（傍点は引用者による。）

200)　Troplong, *supra* note 156, p. 89.

363

第 4 章　19 世紀フランスにおける抵当権と追及権

際に妨げとなったのが，民訴法典 834 条であった。なぜなら，この条文は，所有権移転謄記を抵当権の懈怠 purge 制度として機能させるとともに，抵当権登記を第三取得者に対する関係では実質的に対抗要件ではなく抵当権の懈怠 purge に対する保存要件として機能させるものであったからである（前記第 3 章第 7 節第 7 款(ii)）。従ってこの条文は，抵当信用の安全を図るという 1855 年の法律の起草過程当初の目的とは無関係に，議論の俎上に載せられることとなった。

　この民訴法典 834 条をめぐる立法論も，1855 年の法律の起草以前からすでに論じられていた。「抵当権改革」に先立ち，Valette は，不動産物権の統一的理論体系の構築を志向するために，ここでも，抵当権登記を，抵当不動産の第三取得者との関係でも「対抗要件」として捉えようとする。そして，第三取得者に所有権移転を対抗される前にされなければ第三取得者に抵当権を対抗できないものとすべきである，と主張し，民訴法典 834 条の廃止を主張していた（(i)）。これに対して，「抵当権改革」時の de Vatimesnil は，優先弁済権と追及権との非対称性を抵当権登記の効力にも反映させて 834 条を維持し，抵当権者との関係では謄記に効力発生要件と懈怠 purge 要件の両方の意味を持たせていた（(ii)）。しかし結局，1855 年の法律の立法過程において，第三取得者による謄記の「対抗要件主義」を抵当権者との関係でも貫徹すべき旨が主張された結果，1855 年の法律によって民訴法典 834 条は廃止され，謄記は抵当権者との関係でも懈怠 purge 要件としての性格を失うに至った（(iii)）。こうして，抵当権の懈怠 purge は対抗要件主義に飲み込まれて消滅し，その結果，古法における 1771 年 6 月勅令から窺われた考え方（前記第 2 章第 4 節第 2 款）とは異なり，*Nemo plus* 原則を抵当権にも及ぼすことが可能となった。これによって，抵当権者の追及権を *Nemo plus* 原則によって根拠づけることが可能となったのである。

(i)　Valette による民訴法典 834 条批判

　1841 年の抵当権改革アンケートでも，民訴法典 834 条の廃止は唱えられていた。ここでは，Valette が中心となって作成された，1841 年のアンケートにおけるパリ大学法学部報告は，前に述べたとおり，公示を物権変動の統一的要件とすることを強く推し進めるものであった（前記第 1 款(i)）。従って，そこでは，二重譲渡関係を公示の先後で決する提案と併せて，民訴法典 834 条の廃止も主張されている。そこでは，抵当権を所有権の肢分権と捉える Valette の抵

364

当権理解に基づいて，抵当権の公示と所有権の公示との徹底した同列化が図られている。そしてそのために，抵当権設定登記は第三取得者との関係でも，懈怠 purge に対する既存の抵当権の保存ではなく，抵当権取得のための要件とされている[201]。

(ii)　委員会案における民訴法典 834 条の維持

委員会案は，優先弁済権を抵当権の効力の中心に据え，追及権を優先弁済権の補助として捉える β 説の立場に立つものであった（前記第 2 節）。委員会案は，この優先弁済権と追及権との非対称性を，抵当権登記の効力との関係でも維持しようとしている。すなわち，委員会案は抵当権登記を，第三取得者との関係では，懈怠 purge に対する保存要件として理解し，そのために抵当権者との関係では所有権移転謄記に効力発生要件と懈怠 purge 要件の両方の意味を持たせているのである。以下のように，委員会案が譲渡後・譲渡謄記前の抵当権設定の効力を認め，かつ譲渡謄記後の抵当権登記を認めていることが，委員会案のこの思想を示している。

政府案 2096 条 1 項は，譲渡後・譲渡謄記前の抵当権設定の効力を承認し，これと併せて，2097 条及び 2098 条は，民訴法典 834 条の廃止，すなわち抵当権登記と譲渡謄記との競争を提案していた。

「*2096 条 1 項　所有権またはその他の物権の移転名義の，抵当権保存吏の台帳上への謄記だけでは，不動産上に登記された先取特権及び抵当権は滌除されない。*」

「*2097 条　謄記の日からは，たとえ譲渡前の名義に基づくものであっても，前主の上に登記を有効になすことも，それを求めることもできない。*」

「*2098 条　民訴法典 834 条及び 835 条は廃止される。*」

---

201)　*Supra* note 161, n. VI.「これまでに示してきた，物権公示の一般システムの採用の必然的帰結が，民訴法典 834 条及び 835 条の廃止である。それらが財政的な精神の中で起草され，それらの目的が，国庫の利益のために，判例が拒絶した謄記を必要にすることにある，と知らなければ，これらの奇妙で難解な条文を説明するのに人々は苦労しただろう。新法の体系においては，すべてが可能な限り明快で単純で画一的な原則に従わねばならないだろう。何人も登記なくして物権を取得しないだろう。取得者または債権者は急ぎ，公に知らせた場合に限って不動産物権を当てにすべきである。人々はなぜ，完全な所有権の取得者には拒む期間を，抵当債権者には与えるのか。」（傍点は引用者による。）

第 4 章　19 世紀フランスにおける抵当権と追及権

　これに対して，委員会案 2174 条は，次のとおり，政府案と同様に譲渡後・譲渡謄記前の抵当権設定の効力を認めながら（傍点部），さらに民訴法典 834 条の規律をも維持し，譲渡謄記後 15 日間の抵当権登記の効力を承認した。

　　「*2174 条　謄記から 15 日の間，前主の先取特権または抵当権付き債権者で，その名義が当該謄記に先立つ者は*，すでに譲渡が謄記された不動産の上に登記を取得することができる。
　　　この期間を経過すると，前主の先取特権または抵当権付き債権者は登記を受け付けられえない。」（傍点は引用者による。）

　このような変更が行われたのは，de Vatimesnil 報告が，そもそも政府案における抵当権登記を効力発生要件として理解していなかったためと考えられる。委員会案 2174 条が政府案を変更した理由として，de Vatimesnil 報告は，専ら抵当信用の保護という実質論を説いているのである[202]。彼が委員会に対する批判として想定しているのも，第三取得者が負担総額を知ることができる時期が 15 日間遅れる，というものである[203]。ここでも，彼が実質論に基づく反論しか想定しておらず，所有権移転謄記後の抵当権設定登記を認めることが理論的問題を生ずるとは考えていないことが分かる。それゆえ，これに対する彼の応答も，専ら，第三取得者にとって 15 日の遅れは実務上重要ではなく，抵当債権者に登記のための時間を与える必要が優先する，という実質論に基づいている[204]。

---

202)　*Supra* note 134, p. 10.「委員会が考える不都合は，以下の場合に生じる：所有者が抵当権を設定し，ほとんど同時に抵当不動産を売却した；取得者は，債権者よりも勤勉に，債権者の登記取得前に自己の契約を謄記した。政府案のシステムでは，債権者は失権する；果たして，この苛酷さは正当であり，抵当信用の真の利益に沿うものであろうか？　我々はそうは考えない。」

203)　*Supra* note 134, p. 2, p. 10.「反対の方向に作用する推論は，ただ一つしか見つからない。登記債権者に支払われるべき総額が第三取得者の代金よりも小さくなっていれば，第三取得者は安全に登記債権者に弁済することができる。政府案によると，この問題に関する事情は，謄記の時点で知られることになるが；委員会案によれば，それは 15 日後にはじめて知られるであろう。それゆえ，取得者の解放は 15 日遅れることになる。」

204)　*Supra* note 134, p. 2, p. 10.「15 日の遅れは重要ではない；弁済がこのように近接した時期になされることは稀である。取得者が流動資金を有している場合，唯一有益なことは，即金で弁済できることである，というのは，そうすることで印紙税（droits de quittance）を避けられるからである；しかし，この点について政府案を採用しても，弁済が安全に即金でなされることは決してありえないだろう；謄記を待つ必要が常にある。さらに 15 日待つことに，重大な不都合があるだろう

第3節　補説：1855年の法律と不動産物権変動の一般理論の構築

(iii)　1855年の法律6条による民訴法典834条の廃止

　これに対して，1855年の法律6条は，物権変動の一般理論を構築するために，民訴法典834条を廃止した。6条の起草過程における議論が，このことを示している。すなわち，民訴法典834条は抵当権登記を第三取得者との関係では懈怠purgeに対する保存要件として捉えていたのに対して（前記第3章第7節第7款），法律6条は，抵当権登記を第三取得者との関係でも効力要件（ないし対抗要件）として捉えるものであった。そして，この法律6条の支持者の意見は，物権変動の一般理論を構築するという観点から，この法律6条を支持していたのである。

　もっとも，Suinの理由説明は，いまだ謄記を競合譲受人との関係でも懈怠purge制度として捉えているので（前記第1款(iii)），ここでもむしろ懈怠purge制度の枠組みの中で競合譲受人と抵当権者との統一的取扱いを求めている。民訴法典834条を廃止する草案8条（後の法律6条）の趣旨を説明する際に，彼は，謄記を懈怠purge制度として捉えることから，単純に謄記に懈怠purgeの効力を直結させているのである[205]。

　ところで，かつて共和暦7年の法律の立法過程でも，謄記後一定の登記期間を設ける提案が提唱されていた（前記第3章第7節第2款(iv)）。このことについても，Suinの理由説明は，謄記を懈怠purge制度として捉える前提に従って理解している[206]。Suinの理由説明は結局，この提案を退けているが，その際にも，専ら期間を与えないことから生じる不都合を実務的手段によって回避しうること[207]や，登記期間が詐害行為の防止に不十分であること[208]に判断の根

　か？　そうとは思えない。しばしば登記取得の時間がなかった債権者を締め出すことには，より大きな不都合が存する。」

205)　Troplong, *supra* note 156, p. 11.「謄記のみが，不動産の処分権を差し止め，同様に，法律に従って明らかにされていなかった約定抵当または裁判上の抵当権を取り除く：すなわち，謄記の日から，何らの登記も前主について有効に請求されえず，取得されえない。」（傍点は引用者による。）

　　Id., p. 12.「8条は，4条〔引用者注：後の法律3条〕で認められた原則の厳密な帰結に過ぎない。」

206)　Troplong, *supra* note 156, p. 11.「謄記があたかも単なる付遅滞（mise en demeure）に過ぎないかのように，催告期間を与えることが提案されていた：証書は直ちに効力を生じる；法律は利害関係者に，保護のための方式を満足するよう督促し呼びかける。先立って他者に移転されていた権利を二番目に与えられた者は，謄記をするために，当該他者よりも短い期間しか有しなかった；それゆえ，第一の者は自己の懈怠につき責めを負うべきである，という提案である。」（傍点は引用者による。）

207)　Troplong, *supra* note 156, pp. 11-12.「もっとも，このこと〔引用者注：第三取得者の謄記後の

第4章　19世紀フランスにおける抵当権と追及権

拠を求めており，懈怠 purge 制度としての謄記理解そのものを否定してはいない。

　しかし，立法院の委員会は，特に不動産売主保護の観点から草案8条に反対し，民訴法典834条を維持しかつ売主のために契約から3年間の解除期間を確保するよう求めた。これに対して，Conseil d'État は，売主に先取特権の保存期間（契約後10日間）を与えるという譲歩のみをした[209]（その後も，売主先取特権の保存期間については，法律案において伸張と短縮が繰り返されている）。この例外の許容によって，民訴法典834条の廃止が所有権移転の対抗要件主義の論理必然的帰結である，という理由づけは困難になっていた。

　以上の経緯を前提として，立法院においても，6条をめぐって大議論が展開された。その第一ラウンドは，例外的に売主及び共同分割者に与えられる期間の長さについてのものであったが[210]，第二ラウンドとして，原則論すなわち834条の廃止そのものについての議論が展開される。そこでは，実質論も交わされたが，法定抵当権の存在や前述のような売主先取特権の例外の承認のために6条の実益はほとんどなくなっていたことから実質論は決め手とならず，結局，「この法案における謄記の性格」を支えとして，6条が採択された。まずは，このうちの実質論について紹介しておきたい。

　Rigaud は，834条を擁護する立場から，834条廃止の実質的利点に疑問を呈する。それによると，834条廃止によって得られる利益は「簡略化」，すなわち，謄記前に抵当権登記がない場合に，そのことを確認した不動産取得者が直ちに代金を弁済できる，ということしかない。しかもこの利点も，不動産売主・共同分割者の例外や法定抵当権の法定滌除の必要などといった，代金の即

　登記期間が抵当権者に与えられないこと〕が実務上いかなる損害の原因となりうるか？　取得者も貸主も，方式が満足されたことで，自分たちが安全に取引できるということを知った後に，そして自分たちの権利を保存するための準則に従った後に，はじめて代金または金銭を交付する，ということを，人々は知らないのか？」

208)　Troplong, *supra* note 156, pp. 12-13.「期間は，有用というよりもむしろ危険である；それは，自称利害関係者が常に期間をすべて享受できるわけではないのに，準則を弱める；なぜなら，譲渡が詐害的になされた場合，こっそりと謄記するよう気をつけるであろう；債権者に与えられた15日の起算点は，気づかれないままであり，債権者はその利益を稀にしか享受しえないだろう。しかし，詐害行為の場合には，債権者は1167条〔引用者注：詐害行為取消権〕に基づいて，自己の債務者によってなされた行為を攻撃できるだろう。」

209)　以上の経緯は，de Belleyme の報告書に記載されている（Troplong, *supra* note 156, pp. 43-46）。

210)　Troplong, *supra* note 156, pp. 90-99.

第3節　補説：1855年の法律と不動産物権変動の一般理論の構築

時弁済を妨げる他の要因が存在する以上，実際には無に帰する，というのである[211]。

これに対して，Conseil d'État 評定官で政府委員の Rouland が，834条廃止論の立場から，834条存続の実務的必要性に疑問を呈する。それによれば，834条廃止の結果，所有権移転謄記後の抵当権登記の効力を否定することで抵当債権者が害される，という不都合は確かに存在する。しかし，実務上，公証人がまず貸主から金を預かり，抵当不動産に抵当権登記前の詐害的所有権移転謄記がないかをチェックしてはじめて借主に金銭を交付する，という運用によって，抵当債権者の利益を保護することができる。しかも，この実務はこの当時すでに，契約から登記までに他の登記がなされる場合に備えて行われていたものであるので，834条廃止の弊害が顕在化するのは例外的な場合に過ぎない，というのである[212]。

このように，実務的な対処可能性を考慮に入れると，民訴法典834条の期間を廃止することにも存続させることにも，決定的な実務上の要請はなかったといえる。

それゆえ，この問題は，抵当権登記の第三取得者に対する効力を理論上いかなる性格のものとして捉えるか，という観点から争われることとなった。ここで，民訴法典834条を擁護する論者は，法案3条（前記第1款(iii)）に所有権移転謄記を第三者対抗要件とするものとしての位置づけだけを与えることで，この法案3条と抵当権登記を保存要件とする民訴法典834条とを両立させることは理論的に可能である，と主張する。これに対して，民訴法典834条を批判する論者は，法案3条に，公示を物権変動の統一的対抗要件とするものという意味を与えることで，民訴法典834条の廃止を法案3条によって根拠づけようとする。

Rigaud は，民訴法典834条を擁護する立場から，従前の法制とこの法案の全体とを連続的なものとして捉える。そのため，6条を削除しても法案全体を変質させることにはならず，従前の法制に戻るだけである，という[213]。これは，法案3条が持つ意義を文字どおり所有権移転謄記の効力のみに限定するものといえる。

---

211)　Troplong, *supra* note 156, pp. 99-102.

212)　Troplong, *supra* note 156, pp. 102-105.

213)　Troplong, *supra* note 156, p. 102.

第4章　19世紀フランスにおける抵当権と追及権

　Baragnon も，6条は法案全体の目指す原則の論理必然的帰結とは認められず，これを削除することは可能である，として Rigaud を支持する[214]。彼は，「抵当権改革」委員会案についての de Vatimesnil 報告がそうであったように（前記第1款(ii)）この法案の目的を専ら土地信用の促進に求め，これによって，民訴法典834条の廃止を法案の目的のために必要ないものとしている[215]。彼のこの議論も，法案3条が持つ意義を土地信用促進の目的に照らして限定的に捉えるものといえる。

　le Marquis d'Andelarre も，この法案が民法典の改正ではなく，民法典の存在を前提とした特別法として位置づけられていることを根拠に，法案6条支持者の革新的傾向をけん制する[216]。彼のこの議論も，法案3条が持つ意義を限定的に捉えるものといえるだろう。

　これに対して，民訴法典834条に批判的な Rouland は，まさにこの法案によって物権変動の統一的要件を構築し，抵当権登記をそこに取り込むことを狙っている。彼が6条を「この法律における謄記の性格」の帰結として捉えているのは，このことを示すものといえる。

　彼によると，民訴法典制定時には，所有権移転の意思主義が妥当しており，謄記は所有権の移転を規律するものではなく，第三取得者による抵当権滌除のための最初の行為に過ぎなかったので，謄記後の抵当権登記を認めても体系上の問題は生じなかった。これに対して，法案は所有権移転の公示主義を採用し

---

214)　Troplong, *supra* note 156, pp. 105-106.「私は，6条が法案で表されている原則からの必然的な帰結であるとは認めない。新しい法律に期待することが許される良い帰結をいかなる形であれ減衰させることなしに，6条を削除しうる……。」

215)　Troplong, *supra* note 156, p. 106.「そこでは，一定の公示によって，第三者に不動産所有権の移転及び不動産の価値を減少させ得る肢分権を知らせ；このようにして，取引をより確実なものとし，クレディ・フォンシエ（Crédit foncier）と呼ばれる大組織の取引を促進することが目指されている。しかし私は，この結果を達成するために，民訴法典834条……の廃止が必要だとは思わない。」
　　なお，クレディ・フォンシエとは長期の土地信用を専門とするフランスの金融機関であり，「抵当権改革」と並行して19世紀半ばに成立した。今村与一「クレディ・フォンシエの成立とフランス抵当制度」社会科学研究36巻2号（1984）1頁参照。

216)　Troplong, *supra* note 156, pp. 118-119.「理由説明からは，法案は新しい秩序を導入せず，法案は変更ではなく既存の法制の単純な補充に過ぎない；民法典を冒瀆の手にかけるものではなく，提案された諸規定は専ら既存の法律の適用から時に生じる厄介な諸帰結を回避することを目的とする，ということになる。このような性格のものだからこそ，私は進んで法案を受け容れる；もしもそれが新たな法に関するものであり，民法典は不注意で何も語らなかったもののすぐ後で民訴法典によって確立された，ある安全装置を消滅させる効力を有しているはずであるならば，私は法案を拒絶するだろう。」

ている，という。ここで彼は，Suin の理由説明とは異なり，所有権移転謄記を，他の物権に懈怠 purge を加えるための要件としてではなく，所有権移転の効力発生要件として理解している [217]。そして彼は，このことによって，この法案における所有権移転謄記は不動産取得者に完全な安全を与えるものとして構想されることとなり，その後の抵当権登記を許容することは，この所有権移転謄記の性格変更にそぐわない [218]，という。ここでいう「完全な安全」とは，抵当権者の登記が第三取得者との関係で抵当権の懈怠 purge からの保存要件としての効力を有することを認めず，登記前の抵当権の効力発生を第三取得者との関係でも否定することを意味するものと考えられる。法案 3 条は，抵当権者を競合譲受人と並ぶ所有権移転の第三者として位置づけている。然るに 3 条は，所有権の競合譲受人との関係で，所有権移転謄記まで他方の譲受人の所有権移転の効力が生じない，ということを定めている。これは，他方の譲渡によって *Nemo plus* 原則を適用される脅威から競合譲受人を保護するものといえる。Rouland 発言は，3 条によるこのような競合譲受人への保護を，「第三者」の権利主張を排して取得者に「完全な安全を与える」という形に抽象化し，取得者と「第三者」との関係に一般化するものといえる。そしてそれによって，取得者に抵当権との関係でも同様の保護を与えることを狙ったものといえる。ここでは，当然 purge 制度の存在など抵当権者と第三取得者の関係に固有の問題は捨象され，公示が物権変動の統一的要件とされているのである。

　Conseil d'État 評定官で政府委員の Suin も法案 6 条を擁護するが，ここでの彼の主張はもはや，所有権移転謄記を懈怠 purge 制度として捉えるかつての自身の理由説明よりも，むしろ Rouland の主張と共通している [219]。Guyard-Delalain も法案 6 条を擁護する。彼は，抵当権登記による抵当権の公示と所有権移転謄記による所有権移転の公示とを，明示的に同列に並べている [220]。

---

217)　Troplong, *supra* note 156, p. 103.「より明瞭でより簡単な何かに到達するため，以後は所有権の移転そのものをするために謄記を必要とすることが望まれた：これこそが，法案によって規定された謄記と，民法典中に存在する謄記との間の，根本的な差異である。」（傍点は引用者による。）

218)　Troplong, *supra* note 156, p. 104.「今日では，謄記は全く異なる性格を有する；謄記が売主に完全な安全を与えることを望むのであれば，834 条及び 835 条を維持することはできない。」（傍点は引用者による。）

219)　Troplong, *supra* note 156, p. 108.「法案は，謄記をもはや滌除のための最初の行為としてではなく，所有権の移転を確立する手段として考えている……。」

220)　Troplong, *supra* note 156, p. 129.「……法案の目的・原則について，不確かさは存在しえない。提案された法律は，精力的に，先取特権及び抵当権の公示と同様の，所有権移転証書の公示を望ん

第4章　19世紀フランスにおける抵当権と追及権

この後，採決が行われ，6条は可決された。

以上のような，立法院における議論を，後に Troplong は 1855 年の法律の注釈書において次のように捉えている。ここでの彼の理解は，まさに立法院における議論に対する本書の理解を代弁する形になっているので，まとめに代えてこれを紹介しておきたい。Troplong は，法律 6 条を，統一的な物権変動の体系を確立するために，抵当権登記の効力を第三取得者との関係でも懈怠 purge に対する保存要件ではなく対抗要件としたものとして理解しているのである。

彼はまず，委員会案を引き合いに出して，民訴法典 834 条が法律 3 条と相容れないものではなかったこと，すなわち，民訴法典 834 条を廃止する法律 6 条が法律 3 条自体の必然的帰結ではなかったことを確認している[221]。実際，de Vatimesnil の委員会案は 3 条と民訴法典 834 条とを両立させていた。

Troplong はこのことを前提に，それにもかかわらず 834 条が廃止された理由を探求し，834 条廃止論者の議論を総括している。彼はそこで，834 条廃止論者が，1855 年の法律の起草過程の当初における目標だった抵当信用の安全を離れて，より「自然な」「単純な」体系，すなわち，より統一的な物権変動の体系を目指した，と理解しているのである[222]。そしてそれゆえに，彼は法律 6 条を支持している。彼はここでも，6 条が統一的な物権変動の体系を構築するためのものであることを意識している[223]。

───────────────

でいる。この法律はいかなる手段に頼っているのか？　その手段は，その原則と同様に単純である：所有権移転証書のためには，謄記である；先取特権及び抵当権のためには，登記である。原則が立てられたところで，その適用がそれを確証する必要がある。以上が，読会にかけられているいくつかの条文の目的である。」

221)　Troplong, *supra* note 156, n. 261.「国民議会における 1850 年の議論は，この問題〔引用者注：所有権移転謄記を第三者対抗要件とすることに伴う 834 条の存廃〕を，834 条……の維持に好意的に解決していた。民訴法典の規定〔引用者注：834 条〕が，民法典の原則〔引用者注：所有権移転の意思主義〕……と相容れないものでなかったのと同じくらい，不動産所有権移転の条件として考えられる謄記とも相容れないものではなかった，ということを認める必要がある。」

222)　Troplong, *supra* note 156, n. 262.「人々は以下の意見を援用した：第三者の安全を，物権の公示に基づいて確立したい場合，可能な限り，これらの権利が公示までしか遡らないようにすることが必要である。この方式を満足するための期間を与え，この期間に達成された方式に遡及効を与えることは，この体系の利点を縮減する。謄記はある者から他の者へと所有権を移転する効力を有するので，所有権はそれ以前に設定され正式化された肢分権のみを課されて移転するのが自然である。この準則によれば，すべては単純である；そして，公示の順序（ordre）は，正確な態様で，お互いの間における権利相互の効力を示す。」（傍点は引用者による。）

223)　Troplong, *supra* note 156, n. 268.「……今や我々は，立法者が……共和暦 7 年の法律の道に立ち

372

第3節　補説：1855年の法律と不動産物権変動の一般理論の構築

　こうして，古法以来の抵当権の懈怠 purge は，対抗要件主義の中に飲み込まれていった。その結果，*Nemo plus* 原則は抵当権にも及びうるものとなった。これによって，抵当権者の追及権を *Nemo plus* 原則によって根拠づけることが可能となったのである。すなわち，抵当権を設定した後は，設定者による譲渡によっても，設定者が抵当権に相当する部分を有していなかった以上，第三取得者は同様の負担付きの状態でしか不動産を取得しない，という理解が，抵当権の懈怠 purge の消滅によって可能となったのである。前述した Rouland の発言は，まさにこのような理解を前提に，取得者を抵当権との関係でも *Nemo plus* 原則の脅威から保護することを主張するものといえる。このような理解の可能性が生じたことは，残された抵当権の当然 purge 制度を，抵当制度全体の中でますます孤立させていくこととなった。

第3款　抵当権に基づく差押えの謄記禁止効と抵当権の物権性
——無担保債権者の第三者性をめぐる議論

　以上のような経過を経て確立された，抵当権設定を含む物権変動の「対抗要件主義」は，その後さらに，本来想定されていた利益の保護を超えて独り歩きしていった。

　第1款でみたように，証書の謄記を所有権移転の第三者対抗要件とする1855年の法律3条の（少なくとも，起草当初の）目的は，抵当貸付けの安全を図ること，具体的には抵当権設定の無効を防ぐことにあった。そこでは「所有権移転の対抗」は，譲渡人の抵当債権者との関係では，譲受人が譲渡人による抵当権設定の無効を主張するための攻撃防御方法となることが想定されていた。つまり，3条は本来，抵当権設定前の密行的譲渡によってその後の譲渡人による抵当権設定が無効とされることを防ぐことが想定されていたのである。それゆえ，抵当権以外の物権を取得した第三者の取引安全がそれ自体として目的に取り込まれても，そこではあくまでも，当該物権設定の効力が先行する密行的譲渡によって覆滅されないことが目指されていた。

　しかし，この法律3条の副産物として，抵当権設定後の譲渡との関係でも，登記された抵当権に基づく差押えには，無担保債権者の差押えにはない効力が

　返ることで，より画一的で調和のとれた組み合わせを得た，ということを認める。」（傍点は引用者による。）

第 4 章　19 世紀フランスにおける抵当権と追及権

認められるようになる。すなわち、譲渡が差押え前になされ、差押謄記後に譲渡証書が謄記された場合に、3 条の反対解釈として、無担保債権者の差押えは効力を失うものと解された（(i)・(ii)）。これに対して、差押えが登記された抵当権に基づく場合、抵当権者は、法律 3 条の効果として、差押え後に謄記された譲渡を無視することができた。その結果、譲渡人の登記債権者は、譲受人に対する追及権に基づく催告手続（民法典 2169 条）ではなく譲渡人に対する不動産執行を実施することを認められたのである[224]。本書はこの効力を、差押えの「処分禁止効」に倣って、登記された抵当権に基づく差押えの《謄記禁止効》と呼ぶこととする[225]。

　もっとも、この謄記禁止効は、実は抵当権設定の無効防止とは全く異なる実質的利害状況に基づくものであった。判例形成前の学説が謄記禁止効を無担保債権者による差押えに拡張することを企てており、実際に後に無担保債権者による差押えにも謄記禁止効を拡張する立法的解決がなされたこと（(iv)）は、このことを示すものである。

　しかし、この謄記禁止効も、抵当権の《物権性》によって、物権変動の対抗要件主義からの帰結として説明されることとなった。このことを示すのが、無担保債権者の第三者性をめぐる判例である。無担保債権者は、物権を有していないという理由で、登記された抵当権を有する債権者とは区別された。そしてその結果として、債務者による所有不動産の譲渡があった場合、たとえその譲渡契約が謄記されていなくても、当該譲渡後の無担保債権者による当該不動産の差押えは無効とされた（(iii)）。

(i)　立法の経緯

　立法院の委員会は、Conseil d'État による法案の旧 4 条を 3 条に繰り上げる際に、次の傍点部分を付け加えていた。

---

224)　「抵当権改革」期における委員会案の 2173 条も、すでにこのことを明示していた。
　「*2173 条　所有権移転の名義の謄記までは、すべての訴追は当初の所有者に対して正当に向けられる。*」
225)　差押えの「処分禁止効」もこの「謄記禁止効」も、ともに差押え謄記後の行為によって執行債務者適格が変動することを防止するものである。しかし、差押えの処分禁止効は、差押謄記時点での所有者を執行債務者として固定し、差押謄記後の実体的な譲渡の効力をその限度で否定するものである。これに対してこの「謄記禁止効」は、差押謄記時点での謄記名義人を執行債務者として固定し、差押謄記前にされた実体的処分に基づく差押謄記後の謄記の効力を否定する点で、処分禁止効とは区別される。

第3節　補説：1855 年の法律と不動産物権変動の一般理論の構築

　「*3条　謄記までは，前2条の証書または判決から生じる権利は，不動産上に権利を有しその権利を法律に則って保存する第三者に対抗できない。*」（傍点は引用者による。）

　これについて，de Belleyme 報告は，無担保債権者からの謄記欠缺の主張を否定するための変更であると説明している[226]。

　この論点のその後の取扱いを見ると，物権債権二分論に基づき，公示を物権変動の一般的要件として理解しようとする，de Belleyme 報告の立場（前記第1款(iii)）が，すでにここにも表れていた，ということができるだろう。実際，すでに Troplong は3条の注釈において，この点につき，無担保債権者が「第三者」にあたらない理由を，無担保債権者が物権を有していないことに求めているのである[227]。

（ii）　判例形成前の学説

　しかし，その後これを批判する学説が登場する。この学説は，無担保債権者を法律3条の「第三者」から外したために，譲渡人の無担保債権者による差押えの謄記が，その時点ですでになされていたが未謄記の譲渡を無視する「謄記禁止効」を否定されることを批判するものであった。もっとも，この謄記禁止効が保護する利益は，法律3条が本来保護しようとしていた利益とは異なるものであったことには，注意を要する。

　Mourlon は，無担保債権者を法律3条の「第三者」から外すのは不合理である，として de Belleyme を批判している[228]。彼は，無担保債権者を法律3

---

226)　Troplong, *supra* note 156, p. 42. 「〔引用者注：旧法案〕4条は，その原則については採用されたが，その意味を厳密に示すよう，書きぶりの変更が加えられた。『不動産上に権利を有する』という言葉によって，謄記の欠缺を対抗することを望みえた無担保債権者の主張を取り除くことが望まれた。この権利は，彼らには法律案によって否定されている。」

227)　Troplong, *supra* note 156, n. 146. 「名義を謄記していない買主は，売主の無担保債権者との関係でも，同様に不可譲的な所有者である。謄記に相応しいのは物権の衝突の場面だけであり，謄記の欠缺は無担保債権者が利用できる攻撃防御方法ではない。無担保債権者は，物の上の権利（droit sur la chose）によって自己の債権を担保されねばならないとは考えていなかったのである。彼らは人としか取引しておらず，彼らが名宛人とせねばならないのは人であって物ではない。」（傍点は引用者による。）

228)　Mourlon, « Loi du 23 mars 1855 sur la transcription en matiaire hypothécaire: des conflits qu'engage le principe que les créanciers chirographaires d'un vendeur ne peuvent point opposer à l'acheteur la clandestinité de son titre, au cas où il ne l'a point fait transcrire », *Revue pratique de droit*

第4章　19世紀フランスにおける抵当権と追及権

条の「第三者」から外すことの実務的意義として，譲渡人の無担保債権者が，譲渡証書の謄記前に譲渡不動産を差し押さえて差押えの謄記を経ても，その差押えは無権利者を執行債務者とする差押えとして無効となる，という。このことを説明する前提として，彼は当時の民訴法典 686 条[229]が認めていた，差押謄記の「処分禁止効」を引き合いに出す。それは，債権者が差押謄記後の譲渡を無視して差押え手続を進めることを認める，というものであった[230]。その上で彼は，無担保債権者が法律 3 条の「第三者」にあたるかを論じることの実務的意義が，譲渡後・譲渡証書の謄記前に譲渡人の無担保債権者が譲渡不動産を差し押さえて差押えの謄記を経た場合における，当該差押えの効力の有無にあることを示している[231]。

　もっとも，既発生・未謄記の譲渡を無視するという《謄記禁止効》は，法律 3 条が本来守ろうとしていた利益とは全く異なる利益を保護するものといえる。法律 3 条は本来，譲渡人の抵当債権者との関係では，抵当権設定前の密行的譲

---

français, t. 13, Paris, 1862, p. 161, n. 1.「謄記の欠缺を対抗する権利は，有償権原証書を排除することに利害を有する者すべてに一般的に与えられているわけではない。実際，法律はそれを，『不動産上に』権利を有するものに限定している……de Belleyme によれば，この語は無担保債権者の主張を排除するために 3 条に加えられた，という。原則は確かだが，それは合理的なのか？　いかなる根拠によって正当化されるのか？　我々はそれを探究したが無駄だった。取得者がその権原の非公示性によって前主の無担保債権者を惑わし，損害を生じる場合，なぜ彼らは救われないのか？　それゆえ，彼らの安全性は信用の組織とは全く無縁なので，それらを考慮に入れてはならないのか？」

229)　「686 条　差押債務者は，支払命令（commandement）の謄記の日から，差押不動産を譲渡することも，差押不動産に物権を課することもできず，これに反するものは無効である。」
　　1855 年の法律が制定されるまで，差押債務者が抵当債権者であっても一般債権者であっても，差押債務者が支払命令の謄記（差押えの謄記）前の日付を有する譲渡証書によって差押不動産を譲渡していた場合，差押えは無効となった。その結果，一般債権者は他の財産に執行する必要があり，抵当債権者も追及権に基づく譲受人に対する催告手続（民法典 2169 条）を用いる必要があった。

230)　Mourlon, *supra* note 228, n. 2.「債務者が不動産を処分した証書が，譲渡人の債権者によって当該不動産が差し押さえられてすでに差押えが謄記された後に，はじめて確定日付を取得した場合，この譲渡は手続の進行を妨げない……。この点については，何らの困難も存在しえない。」

231)　Mourlon, *supra* note 228, n. 2.「しかし，差押えまたはその謄記の前に譲渡が確定日付を取得したにもかかわらず，譲渡が謄記されず，または差押えそれ自体が謄記された後にはじめて謄記された場合，どのように判断されるか？　譲渡は差押えよりも優先されるか，それとも反対に，差押えは存続したままであるか……？　言い換えれば，不動産を差し押さえた債権者は，差押えの効力によって，『不動産上に』権利を有する『第三者』の地位に置かれ，従って法律 3 条に従って取得者にその名義の謄記の欠缺を，または方式が満足されていた場合にはその遅れを，対抗する資格を有するか？」

376

渡によってその後の抵当権設定が無効とされることを回避するためのものであった。これに対して，《謄記禁止効》は，差押謄記前になされた密行的譲渡による執行妨害によって，別の手続が必要になり，権利の実現が遅れる，という手続的利益侵害からの保護を図るものといえる。無担保債権者の場合，この執行妨害によって，代金への執行をあらためて行い，あるいは代金自体が不当に少ない場合には詐害行為取消権を行使する必要が生じるのである。差押債権者が登記された抵当債権者であった場合のことを考えると，いかなる利益が問題となっているのかはさらに明らかなものとなる。《謄記禁止効》は，抵当債権者に，第三取得者に対する催告手続に基づく不動産執行を免除する意味しか有しないのである。

(iii) 判例の形成

しかしその後の判例は，登記された抵当債権者の申立てに基づく差押えにのみ，この《謄記禁止効》を認める。そしてその際に，抵当権の物権性を理由とするのである。

①破毀院審理部 1877 年 7 月 25 日判決[232]は，不動産譲渡の前に抵当権登記を得た抵当債権者が取得者との関係で 1855 年の法律 3 条の第三者である，という一般論を述べる。そしてこのことを理由に，不動産譲渡は，たとえ譲渡証書が差押え前の日付を有していても，差押えの謄記後にはじめて謄記された場合には，差押抵当債権者に対抗できない，と判断した。

〔事案〕　原審（Paris 控訴院 1877 年 2 月 9 日判決[233]）によれば，被告 Y 会社（Augé frères 会社）は，訴外 S（Baudin 夫妻）の抵当債権者であり，1875 年 6 月 4 日にその抵当権を適式に登記されていた。1876 年 5 月 18 日に，Y 会社は S を差押債務者として，抵当目的物である館の不動産差押えを行った。しかしその直前の 5 月 14 日に，S は原告 X（Thomas 夫妻）に，当該館を売却していた。売買証書および差押えの調書は，二つとも 1876 年 5 月 21 日[234]に抵当権登記局で謄記された。

---

232)　Cass. req. 25 juillet 1877, S. 1877, 1, 441, D. 1878, 1, 49.

233)　Cour de Paris 9, février, 1877, S. 1877, 2, 55, D. 1877, 2, 74.

234)　謄記の日付は，原審の記載では 1876 年 3 月 21 日となっているが，原々審は 5 月 21 日と認定しており，譲渡が 5 月 14 日，差押えが 5 月 18 日であることから，時系列に照らして原審の月の記載が誤植であると考えられる。

第4章　19世紀フランスにおける抵当権と追及権

XはYに対して，Sではなく自分が真の所有者であると主張して，Sに対する差押え手続の無効を請求した（これは日本法における第三者異議訴訟に相当する）。

〔判旨〕　①判決は，次のとおり判示して，Xの破毀申立てを棄却した。

「争いのない事実から生じる問題は，譲渡前に適式に登記されていた債権者による差押えの前にされた抵当不動産の売却が，差押謄記後にはじめて謄記された場合，差押債権者に対抗できるか，という点にある；民訴法典686条は，……1855年の法律3条によって事実上変更された：1855年の法律の文言及び精神からは，譲渡証書の謄記は所有権を第三者との関係で移転するために必要であり；この謄記は遡及効を有さず，謄記までは売買は第三者との関係ではなかったものとみなされる，ということになる；『不動産上に権利を有しそれを法律に従って保存していた第三者』には，譲渡前に登記されていた抵当債権者を含める必要がある：このことから，差押え前になされたが差押謄記後にはじめて謄記された原告への売買は，差押債権者である被告に対抗できない……，ということになる。」

この判決によって，抵当権者にとって，差押謄記までに譲渡謄記がなされていなければ，第三取得者に対する催告手続は不要となった。

これに対して，この判決の先例的意義を登記された抵当債権者による差押えの事案に限定し，無担保債権者による差押えの効力に関して distinction を行ったのが，次の②破毀院民事部1881年8月31日判決[235]である。この判決は，不動産売却に確定日付を与える登録後の，無担保債権者による差押えは，当該差押えが謄記された場合であっても，差押債権者を抵当債権者に変形せず，売買証書の謄記の欠缺を主張する権利を与えない，という。そしてそれゆえに，売主は私署証書売買が謄記されていなくてもこれを対抗できる，というのである。

〔事案〕　被告 Y（Bièvre 川組合〔代表者 Galiment〕）は，浚渫費用・租税・付随的費用の支払いについて，原告 X（Benôlt Verdellet）を川沿岸の工場所有者として相手取り，執行名簿（rôle exécutoire）に基づいて当該工場を不動産差押えした。この差押えの調書は，1878年10月25日に謄記された。

XはYに対してこの自己に対する差押えの無効を求め，その理由として，自

---

235)　Cass. civ. 31 août 1881, S. 1881, 1, 248, D. 1882, 1, 17.

第3節　補説：1855年の法律と不動産物権変動の一般理論の構築

分はもはや工場所有者ではない，と主張した。すなわち，Xはこの工場を1867年11月20日の私署証書によって兄弟の訴外T（Eugène Verdellet）に売却し，この私署証書は1868年2月8日に登録されていた，と主張した。

　原審（Paris控訴院1879年8月16日判決）は，1855年の法律3条を理由に，譲渡を理由に差押えが無効であるとするXの主張を，主張自体失当なものとして否定した。

〔判旨〕　②判決は次のように判示し，原判決を破毀した。ここでは，無担保の差押債権者は不動産上に物権を有する者ではない，ということが，区別の理由とされている。

　「この売買は確定日付を有しており，無担保債権者によるその後の差押えは，たとえ謄記されていても，実行債権者を抵当債権者または先取特権債権者に変形せず，実行債権者に謄記欠缺を主張する権利を与えるものではない。この権利は，不動産上に物権を有しそれを法律に従って保存していた第三者にしか認められていない。」（傍点は引用者による。）

　この判決の後も，抵当権に基づく差押えの特別扱いは続いた。③破毀院審理部1888年12月18日判決[236]は，①判決を踏襲し，差押債務者による抵当不動産の売却は，差押謄記前に謄記されていない限り，抵当債権者である差押債権者に対抗できない，と判断した。

〔事案〕　第一審判決（Châteuroux地方裁判所1887年5月31日判決[237]）によると，1886年10月21日に，原告X（Villotte）夫妻の下で登記された抵当債権者Y（Passajon）が，抵当不動産についてX夫妻を差押債務者として物上差押え手続を進めた。しかし同日に，X夫妻は，差押不動産を含むいくつかの不動産を，様々な人に売却した。これらの売買証書と差押調書は，翌日22日に謄記された。

　X夫妻はYに対して，差押えの無効を求めた。その理由は，差押えは22日にはじめて謄記されたので，民訴法典686条によれば差押債務者は21日に有効に売却することができた；1855年の法律をこの事件に適用しても，差押えの謄記が売買の謄記よりも前だったということは示されていない，というものである。

---

236)　Cass. req. 18 décembre 1888, S. 1889, 1, 64, D. 1889, 1, 185.

237)　この判決の判決文は，控訴審判決（Bourges, 12 décembre 1887）を掲載したS. 1888, 2, 59に引用されている。

379

第 4 章　19 世紀フランスにおける抵当権と追及権

〔判旨〕　③判決は次のように判示して，X 夫妻の破毀申立てを棄却した。この判決は，傍点部のように，問題が不動産執行の謄記禁止効にあることを示している。

「確かに，不動産上に登記された抵当権は，民法典 2166 条によれば物権である，というのも抵当権は土地が誰の手に渡ろうとそれを追及するからである。しかし，抵当目的物の換価のために，債務者が所有権を保持しているか第三者に譲渡しているかは，無関係ではない。2169 条は，この場合に取得者に対して収用が進められることを求めており，2170 条は取得者に主たる義務者の占有下に残っている抵当財産を検索する抗弁を許している；1855 年の法律 3 条によれば，抵当権に内在する実行の権利への，これらの制約は，土地の売買が謄記によって公にされていた場合にのみ，当該売買から生じる；このことから，1855 年の法律は民訴法典 686 条を変更し，差押債務者は差押えの謄記までは譲渡の自由を保持しているが，差押債務者による売却は，差押謄記前に登記されていない限り，抵当権によって債権を担保された差押債権者には対抗されえない……。」（傍点は引用者による。）

これによって，登記された抵当権に基づく差押えには，法律 3 条に基づき，謄記禁止効が認められるようになった，といえる。この規律は，20 世紀の④破毀院民事部 1935 年 5 月 22 日判決でも維持されている[238]。この判決は，抵当不動産の収用を実行する抵当債権者は，所有権移転証書の謄記が不動産差押えの謄記に先んじてなされている場合にしか，当該不動産の譲渡を対抗されず，その結果，取得者に対して催告手続を進めることを強制されない，ということを示す。そしてその結果，差押え前に不動産の一部の所有者となった第三者は，その取得権原が差押謄記の時点で謄記されていなかった場合には，たとえ差押謄記前に確定日付を得ていても，当該部分について差押えの解放を請求できない，という。

〔事案〕　1929 年 7 月 31 日，X 会社（L'Union 保険会社）は Y₁ 会社（le Zèbre 会社）に 1700000 フランを貸し付け，この貸付けは Suresnes にある土地上の抵当権（8 月 7 日付登記）で担保された。しかしこの土地の一部はすでに，Y₁ 会社から Y₂（Lavigne）への売買予約の目的になっていた。選択権消滅のための期間が経過す

---

238)　Cass. civ. 22 mai 1935, S. 1936, 1, 243, D. 1936, 1, 5.

380

る前の 1929 年 3 月 12 日に，Y_2 は執行吏によって，Y_1 会社に対して当該部分を取得する意思表示をし，従って，Y_2 は抵当権設定前にこの部分の所有者となっていた。しかし Y_2 は取得名義を謄記することを怠っていたため，X 会社はこの事実を知らず，抵当権は Y_1 会社の土地全体に設定されたのである。Y_1 会社は 1931 年 5 月 15 日に破産を宣告され，1931 年 11 月 10 日に X 会社は Y_1 会社を差押債務者として抵当土地の差押えを実施したが，その差押調書が謄記された時点でも，Y_1 Y_2 間の売買はまだ謄記されていなかった。Y_2 は X に対して，自己が取得した土地の差押えからの解放を請求した。

　原審（Paris 控訴院 1932 年 7 月 19 日判決）は Y_2 の主張を認めた。

〔判旨〕　④判決は次のように判示して，原判決を破毀した。

　「……自己の担保へ抵当的に割り付けられた不動産の収用を実行する債権者は，所有権移転証書が物上差押えの謄記よりも前に謄記されていない限り，当該財産の第三者への譲渡を対抗されえず，民法典 2169 条に定められた条件で取得者に対して手続を進めることを義務づけられない。」

　以上のような，判例による抵当権者の保護は，「所有権移転を対抗されない」という形こそ 1855 年の法律 3 条の形であるが，実質的に見ると，立法時に議論されていた法律 3 条の機能とは異なる機能を果たしている，といえる。第 1 款でみてきたように，法律 3 条の本来の機能は，抵当権設定前の密行的譲渡によって，その後の抵当権設定が無効とされる危険を防止することにあった。これに対して判例は，抵当権設定後・差押え直前の密行的譲渡による抵当権実行の妨害を防ぐために，抵当権設定登記に，譲渡証書の謄記を解除条件とする謄記禁止効を与えたものといえる。例えば，①判決及び③判決の事案では，譲渡が差押えの直前になされ，譲渡の謄記と差押えの謄記が同日付でなされていた。また，譲渡を理由に差押えの無効を主張したのも，抵当権者と互いに「第三者」の関係にある譲受人ではなく，むしろ譲渡人すなわち差押債務者であった。このような場合に，判例は，差押謄記前に譲渡謄記がなされていない限り，登記債権者が追及権によって譲受人に対してあらためて催告手続に基づく強制売却手続を進めることを免除したのである。

　かくして判例上，抵当権者は，本来的な 3 条の守備範囲を超えた 3 条の拡張的保護を受けることとなった，といえる。そして，②判決が示すように，この保護は抵当権の物権性と 3 条の文理解釈とによって理由づけられているのである。

第 4 章　19 世紀フランスにおける抵当権と追及権

（iv）　判例の立法的上書き

　しかし，判例が法律 3 条の解釈によって抵当債権者に与えた，密行的譲渡による執行妨害からの保護は，実は抵当債権者による不動産差押えのみならず，無担保債権者による不動産差押えにも同様に必要なものであった。

　法律 3 条が本来想定していた，担保権設定（一般担保権の場合，債権発生）前の密行的譲渡に関しては，そもそもそのような譲渡が一般債権者を害するとはいえなかった。なぜなら，一般債権者は不動産でなくても不動産の代金に（不動産と同じく最低順位で）執行できるからであり，代金自体が不当に少なければ，詐害行為取消権を行使することもできるからである。これに対して，差押えの効力を覆滅させるための密行的譲渡は，差押えをした一般債権者にも，確実に差押抵当債権者と同様の被害を与える。それは，執行妨害によって別の手続が必要になり，権利の実現が遅れる，という手続的利益侵害である。つまり，ここで問題となる実質的利益は民訴 686 条の処分禁止効が保護しようとしているものと同質のものであり，これと法律 3 条が本来的に保護を与えた抵当権者の利益とは，本質的に異なるものであった。

　それゆえ，判例はその後 1938 年 6 月 17 日の décret-loi[239]（民訴法典新 686 条 2 項）で立法的に上書きされ，差押債務者による差押不動産の譲渡を差押債権者に対抗するためには，一律に差押謄記前の所有権移転証書謄記が必要になった。かくして，登記された抵当権者による差押えの謄記禁止効は差押え一般へと拡張されたのである。

　　「*686 条 2 項　支払命令（commandement）……の謄記の後に謄記された譲渡は，登記なき差押債権者にも対抗されえない。*」

第 4 款　小括

　本節で示されたことから，1855 年の法律を契機として，不動産物権変動の一般理論が構築された，ということが指摘できる。不動産所有権移転の謄記については，起草過程の当初においては，抵当債権者の安全という実質的利益が目的とされていたといえる。しかし他方で，この立法の前から，Valette のように不動産物権の理論体系を統一するために不動産物権変動の要件を平準化し

---

239)　D. 1938, 4, 340.

ようとする動きがあった。そして実際，そのような不動産物権変動の一般理論を構築する動きは，その後の起草過程においても徐々に勢いを増していた（第1款）。そしてそれが指導原理となり，そこから抵当権設定を含む物権変動の個別問題の解決が演繹されるようになった。すなわち，「対抗要件主義」を抵当権登記の第三取得者に対する効力との関係でも貫徹するために，民訴法典834条（前記第3章第7節第7款）は廃止された。というのも，1855年の法律6条の制定過程の議事録からは，実質論レベルでの膠着状態を，理論面の整合性の要求が打ち破ったことが窺われるからである（第2款）。他方で，1855年の法律制定後，法律3条を解釈した判例は，3条が本来念頭に置いていなかったはずの，抵当不動産譲渡による執行妨害防止という目的を，抵当債権者との関係でのみ，抵当権の物権性を梃子にして達成しようとした。執行妨害防止という目的と対抗要件主義の貫徹という手段との間に齟齬があったことは，不動産上の物権を有しないために判例が救済を拒絶した，無担保の執行債権者が，その後1938年のdécret-loiで救済されたことによって明らかにされている（第3款）。

　以上のように，1855年の法律を契機とする不動産物権変動の一般理論の構築によって，抵当債権者と抵当不動産の第三取得者との関係は，物権の対抗可能性が発動する一場面として位置づけられるようになった。このことが，次節で紹介するような，19世紀後半における不動産物権の統一的理論体系の構築に寄与したと考えられる。

第4節　抵当権及び追及権をめぐる19世紀後半の学説

　第3節で物権変動の要件についてみたような，物権の統一的理解の機運は，抵当権をめぐる19世紀後半の学説にも，顕著な影響を与えている。すなわち，Valetteによって復刻されていた，抵当権も他の物権と並ぶ所有権の一部であるというPothierの「肢分権」理論が，この機運の中で，売却権としての抵当権理解をこの時期の学説に深く浸透させた。そのために，抵当権の第三取得者に対する効力は，すでにValetteに見られていたように，売却権の対抗の一局面として平板化されていく。さらにその結果として，抵当権を含むすべての物権に，義務者を介在させないという《直接性》が明示的に認められると同時に，物権の《絶対性》は，この《直接性》から「肢分権」理論を介して演繹されるようになる（第1款）。

383

第 4 章　19 世紀フランスにおける抵当権と追及権

　そしてこのような売却権としての抵当権理解の普及を支えるような形で，不動産上の抵当権を代金上の権利に変換するという Grenier の「法律効」理論と，これに対する Troplong の契約に基づく正当化も，学説に定着する。これによって，「法律効」は抵当権の当然 purge としての性格を失っていった（第 2 款）。このことを示す補説として，物上保証人の滌除権をめぐる 19 世紀前半の議論（前記第 1 節第 5 款）を受けた，19 世紀後半における議論の展開を紹介したい（第 4 款）。

　もっとも，19 世紀後半の学説も時に β 説の痕跡を残していた。このことを示す補説として，19 世紀前半に否定された，後順位抵当権者の追及権行使に対する，先順位抵当権者への売却代金弁済の抗弁を補完する Baudry-Lacantinerie の議論を紹介したい（第 3 款）。

第 1 款　抵当権及び追及権理解──Pothier＝Valette 学説の定着

　19 世紀後半には，抵当権を所有権の肢分権として捉える Valette の学説（すなわち，Valette が復活させた Pothier の肢分権説）が広く普及するようになる。もっとも当初は，《抵当権は所有権の肢分権である》という命題そのものには反対する学説があったが，そうした学説も，その抵当権理解自体は Valette と実質的に同じであった。そしてそれゆえ，学説は抵当権を物権の一つとして物権の一般理論に組み込んでいき，抵当権の第三取得者に対する効力も，所有権の一部である売却権としての抵当権が第三取得者に対抗された姿として捉えられるようになる。その結果，第三取得者は抵当不動産の売却を甘受することのみを義務づけられる，という見解が定着し，第三取得者の抵当債務弁済義務は，完全に否定されることとなった。このことによって，抵当権を含むすべての物権を，義務者を介在させないという意味での《直接性》によって体系化することが可能になり，物権の《絶対性》もこの《直接性》から「肢分権」理論を介して演繹されるようになった。

(i)　物権の《直接性》による体系化

　Valette（前記第 1 節第 2 款(iv)）の著作が世に出て間もない時期の学説は，Valette の抵当権理解を実質的に継承しているが，彼らは「肢分権」概念を厳格化したため，《抵当権は肢分権である》という定式については Valette 説と距離をとっている。その一方で，彼らは「肢分権」による物権の体系化に代え

て，義務者を介在させないという意味での《直接性》によって物権を体系化し，抵当権をそこに取り込もうとしている。

　Demolombe は，抵当権に関する注釈書を著しておらず，抵当権の第三取得者に対する効力についての理解を示してはいないものの，財産の分類に関する注釈書において抵当権にも言及している。彼は「すべての物権が，物権であること自体によって，所有権の肢分権であるといえるか」という問題を設定した上で，所有権の肢分権としての性質を「主たる物権」のみに認め，抵当権などの「従たる物権」には肢分権性を認めていない。そこでは，「安定性」と「不変性」が肢分権性を基礎づけるものとされており[240]，「従たる物権」については，その附従性が「安定性」と「不変性」を損なうものと考えられている，といえる。彼は，このように抵当権の肢分権性を否定した結果として，抵当権は動産であると主張している[241]。

　Demolombe は，Valette の肢分権説を批判する前提として，肢分権説による抵当権を，Valette が述べていたとおりの内容で所有権の行使を妨げる権利として理解している[242]。そのような肢分権説の主張に対して，彼は抵当権を「所有権を分割するのではなく包み込む権利」と表現することでその肢分権性を否定している。しかし，彼はここで，抵当権が所有者による「不動産の変更，材木の異常な刈取り，建物の取壊し，不動産代金を決定し代金を受け取るような態様の譲渡を妨げる」権利である，という Valette の具体的な抵当権理解自体は否定していない[243]。それゆえ，彼はまた，抵当権設定は譲渡そのもので

---

240) Demolombe, *Traité de la distinction des biens; de la propriéte; de l'usufruit, de l'usage et de l'habitation*, 2ᵉ éd., t. 1, Paris, 1861, n. 472.「……物権には二種類が存在することが分かる：一方は，主たる物権であり，これらは所有権の真の肢分権を構成し，実際，一般に（所有権を性格づけるものである）安定性と不変性の性格を有する。もう一方は，反対に，全く附従的な物権であり，抵当権……などの，特異な（sui generis）物権である。これらは，被担保債権の性質を分かち合い，被担保債権のように，債権固有の消滅原因にすべて服する。」（傍点は引用者による。）

241) Demolombe, *supra* note 240, n. 472.「……権利の性質は，それが目指すところの目的と，それが終局的に生み出すものによって評価される：然るに，抵当権はほとんど常に動産債権を担保するので，債権者に金銭をもたらすことを目指している：ゆえに，附従物である抵当権は，主たる被担保債権と同様に動産である（526条，529条，2114条及び民訴法典778条）。従って，抵当権は一般に債権の帰趨に従わねばならない；そして，債権の弁済を受けることができる者は，そのこと自体によって，抵当権の登記の解除に同意する能力を有していなければならない。」

242) Demolombe, *supra* note 240, n. 471.「抵当権は所有権を縮減させるのに，肢分権でないといえようか？　抵当権はいかにして，不動産の変更，材木の異常な刈取り，建物の取壊し；不動産代金を決定し代金を受け取るような態様の譲渡を妨げるのか？」

第4章　19世紀フランスにおける抵当権と追及権

はないが譲渡の萌芽を生み出す，と説明している[244]。これは，抵当権を売却権として捉える19世紀前半の通説の理解を，彼もなお維持している，ということを意味する。

このように，Demolombe は Valette の抵当権理解そのものではなく，肢分権概念を操作することで，肢分権概念から物権一般の体系化原理としての性質を奪っている。その一方で，彼は以下のとおり，抵当権を含む物権一般の性質に，義務者を介在させないという意味での《直接性》を付け加えている。彼は，物権を「人と物との間に直接的で即時的な関係を作るもの」と説明した上で，物権と人的権利（すなわち債権）との違いを，物権が「特定的義務」を生じさせないことに求めている[245]。

前述のように，肢分権理論を構築した Pothier は，この《直接性》を物権一般の性質に挙げていなかった（前記第2章第5節第1款）。Pothier 説を復刻した Valette の肢分権説も同様であり，非肢分権説の Marcadé も，《直接性》を抵当権には認めていなかった（前記第1節第2款）。これに対して，Duranton は「直接に（directement）」の語こそ用いていないものの，内容上はすでに物権一般の《直接性》を示唆しており（前記第1節第2款），Demolombe は，「肢分権」理論に代わる物権の体系化原理として，この《直接性》に着目したものといえる。このように，抵当権を含む物権の体系化原理として《直接性》を用いることができるのは，売却権としての抵当権理解によって第三取得者の抵当債務弁済義務が否定されているために他ならず，このことは，次の Aubry と Rau の見解を分析することによって明らかになるだろう。

---

243) Demolombe, *supra* note 240, n. 472.「我々は，これらの種類の権利〔引用者注：抵当権や質権〕が，所有権を分割したり破砕したりするとは見ない；敢えて言うなら，確かにそれらは所有権を包み込み，締め付けている；しかし，それらはそれによって，権利そのものを不動産所有者と抵当債権者との間で分けるというよりも，むしろ所有権の行使を妨げているのである。」

244) Demolombe, *supra* note 240, n. 472.「確かに，抵当権の効力はそれ自体として，その設定に抵当不動産の譲渡の能力を有することが要求されている（2124条）ほど，十分重い；しかしそこには，現実の何らかの譲渡というよりもむしろ，場合によっては生じるかもしれない譲渡の萌芽しかない……。」（傍点は引用者による。）

245) Demolombe, *supra* note 240, n. 464.「まさに，両者の差異の本質は，両者の存在そのものを構成する要件の差異に存するのである！　物権は，ある人の他人に対するすべての特定的義務（obligation spéciale）と無関係に存在するのに対して；人的権利は，人が他人に対して特定的に義務づけられる限りにおいてのみ存在する。」

この「特定的義務（obligation spéciale）」は，「社会の構成員全員に課せられる，他人の権利を尊重するという一般的な共通の義務（devoir général et commun）」と対置されている。

第 4 節　抵当権及び追及権をめぐる 19 世紀後半の学説

　Aubry と Rau も，Demolombe と同様に，肢分権に代えて直接性による物権
の体系化を目指している。彼らはさらに，《直接性》によって抵当権の第三取
得者に対する効力を説明することを試みている。

　彼らもまた，Valette をはじめとする 19 世紀前半の通説と同様に，抵当権
を売却権として理解している [246]。しかし，彼らも Demolombe と同様に，抵
当権を所有権の肢分権の一つとして捉える Valette の肢分権説を否定している。
抵当権を民法典 526 条の無体不動産の一つに数えた上で，彼らは脚注において
このことを説明している。彼らもまた，所有権の行使を制約するだけで所有権
の一部を権利者に与えるものではない「特異な物権」として抵当権を捉え，そ
の肢分権性を否定しているのである [247]。しかも彼らは，Demolombe とも異な
り，不動産を直接の目的とする権利であるからには，抵当権も「目的による不
動産」（526 条）にあたる，と考え，結論として抵当権は不動産にあたるとして
いる [248]。

　このように，Aubry と Rau は Valette の肢分権説に異を唱えてはいるが，
前述のとおり，彼らも Valette らの売却権としての抵当権理解自体は踏襲して
おり，彼らと Valette との間には「肢分権」概念をめぐる対立があるに過ぎな
いものといえる。

　その一方で，以下にみるように，Aubry と Rau も Demolombe と同様に，
肢分権に代えて物権の《直接性》による体系化を試みている。しかも，その
《直接性》による体系化は，彼らの追及権理解をも支えている。

　Aubry と Rau はまず，物権の《直接性》を宣言し，さらにそこから物権の
《絶対性》（万人に対する対抗可能性）を演繹している [249]。もっとも，後の

---

246)　Aubry et Rau, *supra* note 124, §283.「抵当権の目的は債権者に債権の弁済を確保することにあ
　　るので，代金から債権者に支払われるべきものの弁済を得るために，抵当権は債権者に担保不動産
　　の売却の実行を授権する……。」

247)　Aubry et Rau, *supra* note 60, §165, note 4.「本文の解決〔引用者注：抵当権は無体不動産である，
　　という結論〕を守り通すために，Valette……のように，抵当権は所有権の肢分権である，とまで言
　　う必要はない。実際，抵当権は，所有権に固有の権能の行使を一定の範囲で制約しながらも，抵当
　　債権者に所有者の権利のいかなる部分も与えはしない；それゆえ，抵当権は特異な（sui generis）
　　物権でしかない。」（傍点は引用者による。）なお，原文では «suis generis» となっているが，«sui
　　generis» の誤植と考えられる。

248)　Aubry et Rau, *supra* note 60, §165, note 4.「しかし，物権であるということだけで……，抵当権
　　はそれ自体不動産の性質を有すると結論せざるを得ない。というのも，抵当権は不動産を直接の目
　　的（objet immédiat）としているからである。」

249)　Aubry et Rau, *supra* note 60, §172.「物権は，物と権利者との間に，多かれ少なかれ完全な態様

第 4 章　19 世紀フランスにおける抵当権と追及権

Baudry-Lacantinerie（後記(ⅱ)）と異なり，《直接性》からいかなる論理によっ
て《絶対性》が導出されているのかは，いまだ明確にされていない。

　彼らは，このようにして物権の《直接性》から導き出した，物権の万人への
対抗の一局面として，物権が物の所持者に対して行使される場面を挙げている。
抵当権の場合，これはまさに「追及権」が問題となる場面であり[250]，彼らは，
このような性質が完全に妥当する物権の一つとして，抵当権を挙げている[251]。
彼らはまた，抵当権登記の効力について，所有権移転謄記の効力（1855 年の法
律 3 条）と同様に，他の債権者と第三取得者を抵当権設定の「第三者」として
抽象して議論している[252]。

　そのため，彼らは Valette と同様に，抵当権の追及権を，物権の万人に対す
る対抗力の一適用事例として位置づけている。Aubry と Rau においては，「追
及権」の語自体，総論的な部分で優先弁済権との対比のためにのみ用いられて
いるに過ぎず，もはや第三取得者の地位に関する具体的な説明には用いられて
いないのである[253]。

　それゆえ，民法典による抵当訴訟の廃止についても，彼らは Troplong と同
じく，抵当訴訟による公示が登記制度のために不要になった，という歴史認識
を示している[254]。つまり Aubry と Rau も，古法期の抵当訴訟が第三取得者に
抵当債務弁済義務の履行を求める訴訟であったということを認めず，抵当訴訟
を公示のための制度として捉えることで抵当債務弁済義務の痕跡を消去してい

　　で直接の関係を創造し，特定の者との関係でのみならず，すべての者に対して行使されうる。」（傍
　　点は引用者による。）

250)　Aubry et Rau, *supra* note 60, §172.「物権を有する者は，物権をその権利に服する物自体の上に，
　　そして，物のすべての占有者または所持者に対して行使しうる……。」（傍点は引用者による。）

251)　Aubry et Rau, *supra* note 60, §172.「フランス法は，言葉の完璧な意味において，三種類の物権
　　しか認めていない：所有権，……地役権，そして抵当権である……。」

252)　Aubry et Rau, *supra* note 124, §267.「抵当権及び不動産先取特権の第三者に対する効力は，一
　　般に，有効期間内に取得され，しかるべく更新された，適式な登記の存在に依存する（2106 条，
　　2134 条，2166 条及び 2154 条）。」（傍点は引用者による。）

253)　Aubry et Rau, *supra* note 124, §287.「期限既到来の抵当債権者は，不動産が第三所持者の手に
　　渡った場合，あたかもその債権の人的債務者に対するかのように，当該第三所持者に対して不動産
　　の収用を実行する（2166 条，2167 条）。」（傍点は引用者による。）

254)　Aubry et Rau, *supra* note 124, §287, note 2.「古法期においては，抵当権は隠れていたので，債
　　権者が命令の方式によって第三所持者の抵当不動産の売却を進めることができるのは，抵当訴訟の
　　手段によって当該第三所持者に弁済または委付を余儀なくさせた後だけであった。今日では，2167
　　条によれば，第三所持者は『登記の効力のみによって』抵当権の拘束を受け，この訴訟はもはや目
　　的を有しない……。」

388

るのである。

　ただし，彼らの著作にもなお β 説の痕跡が見受けられる。彼らは，抵当権の具体的効力として優先弁済権と追及権の二つのみを挙げており，債務者が所有するままの不動産の売却権を挙げてはいない[255]。さらに彼らは，第三取得者が抵当債務全額の弁済または抵当不動産の委付を「義務づけられる」，とする民法典 2168 条の文言に配慮して，第三取得者は債務全額の弁済または不動産の委付の「義務」を負う，という表現をなお残している。もっとも，彼ら自身のこれまでの説明との整合性を示すため，第三取得者は義務違反をしてもその効果として給付命令判決を受けることはなく，不動産の収用を実行されるようになるのみである，と念を押している[256]。

(ii)　二つの体系化原理の融合

　このように，Demolombe や Aubry と Rau は，肢分権による体系化に代えて，直接性による体系化を試みていた。しかし，その後の学説は，Pothier ＝ Valette 学説の強い影響の下で，再び抵当権の肢分権性を承認し，さらに「肢分権」の体系と《直接性》の体系との融合を試みている。その結果，「肢分権」理論の媒介によって物権の《直接性》から物権の《絶対性》を演繹する Baudry-Lacantinerie の見解が登場するに至る。

　Pont は，Valette の学説を踏襲し，抵当権を所有権の肢分権であると認める。前述のとおり，抵当権の肢分権性を否定した Demolombe は，「主たる物権」か「従たる物権」かを，肢分権性を決するメルクマールとして用いており，後者はただ所有権を制約する特異な物権に過ぎない，としていた（前記(i)）。これに対して Pont は，Demolombe が「主たる物権」として肢分権性を認めて

---

255)　Aubry et Rau, *supra* note 124, §283.「債権の弁済に割り付けられた不動産上の物権として，抵当権は債権者に二重の利益を与える，すなわち，担保不動産の代金上で無担保債権者及び後順位抵当権者に優先し（優先弁済権），不動産が誰の手に渡っても不動産を追及することができる，不動産を売却させ代金から支払いを受けるために（追及権）(2114 条)。」

256)　Aubry et Rau, *supra* note 124, §287.「催告を受けた第三所持者は，この行為から 30 日の間は，さらに滌除権能を享受する（2183 条）。期間内にこれを行使しないと，第三所持者は抵当債務の全体（元本・利息・費用）を弁済するか抵当不動産を委付する義務に終局的に服する（2168 条）。それでも，第三所持者が抵当債務の弁済または抵当不動産の委付を拒絶しても，裁判所は債権者のために第三所持者に対して人的給付命令（des condamnations personnelles）を宣告する権限を有しない。このような場合においては，債権者は第三所持者自身に対して当該不動産の強制売却を実行する以外の権利を有しないのである。」

第 4 章　19 世紀フランスにおける抵当権と追及権

おり，それまでも当然に肢分権と考えられてきた地役権を引き合いに出して，Demolombe の議論を批判している。Demolombe が主張するような「肢分権」と「ただ所有権を制約するだけの特異な物権」との区別は不可能である，というのである [257]。

それゆえ，彼は Valette の肢分権説を踏襲する。その際に，彼も Valette と同様に，抵当権者には「抵当不動産を金銭に変形する権利」が属している，と説く [258]。彼は，約定抵当設定に譲渡能力が要求する民法典 2124 条についても，約定抵当設定は不動産の譲渡行為であるためと説明し [259]，他人物抵当の無効をも，他人物売買の無効（1599 条）から，抵当も同じく譲渡行為であるという論理を介して演繹している [260]。

ただし，附従性を理由に抵当権が動産の性質を取得すると説いていた Valette とは異なり，彼はさらに抵当権を債権とは独立に不動産として扱っている。彼は，Valette を不徹底なものとして批判している [261]。

---

257)　Pont, *supra* note 43, Paris, 1878, n. 327.「例えば，用益権は，対象を物質的に変えることなしに，物から引き出しうるすべての利益や有用性を引き出す権利である。この用益権が所有権から分離された場合，所有者の権利は割り付けられ，制限されるが，その態様は，地役権が土地上に設定された場合とは異なる。地役権の効力は，所有者から物の処分権だけを，少なくとも部分的に，特定の行為との関係で奪う。それでも，地役権は用益権と同様に所有権の肢分権である。抵当権が用益権や地役権とは異なる態様で所有権に関わるというだけでは，抵当権が用益権や地役権のようにその権利の肢分権でないというのに不十分である。」

258)　Pont, *supra* note 43, n. 327.「所有権とは何か？　民法典 544 条によると，それは物を絶対的・排他的態様で利用し処分する権能である。従って，所有権は利用（jouir）処分（disposer）譲渡（aliéner）の三つの権能に還元され，それ自体として，所有者のための，これらの権能を行使する障害となりうる企てないし行為を排除する権利を意味する。抵当不動産の所有者の地位は，そのようなものだろうか？　明らかに違う；なぜなら，Valette が極めて正当に指摘したとおり，この所有者は不動産の修正を甘受することを，その修正が抵当権を害する限り妨げられ；なぜなら，それ以来，抵当不動産を金銭に変形する権利は，少なくとも債権額に満つるまでは，所有者ではなく債権者に属するからであり；なぜなら，所有者が債権者の同意なしに不動産を売却した場合，債権者は契約を承諾する必要がなく，公の競売による再売却を請求することが認められる（2185 条）。それゆえ，所有者が完全で自由な所有権（三つの権能，それらを妨げる行為に異議を申し立てる権能）の行使を認められているということはできない。然るに，所有者が権利行使の際に苦しむこれらの障害は，抵当権の効力である。それゆえ，抵当権は，用益権や地役権などと同様に，所有権の特権から何物かを引き出している，というのが正しい。そして，抵当権が用益権や地役権と同様に所有権の肢分権を構成しないなどとは，いかにしていえようか？」（傍点は引用者による。）

　この部分の記述は，ほとんど Valette, *supra* note 64, n. 124 の引き写しになっている。

259)　Pont, *supra* note 124, n. 609.

260)　Pont, *supra* note 124, n. 624-625.

390

第4節　抵当権及び追及権をめぐる19世紀後半の学説

　以上のように肢分権説を採用する一方で，肢分権に代えて《直接性》による物権の体系化を試みていた Aubry と Rau と同様に，彼は抵当権の追及権を，物権としての《絶対性》の一帰結として，その第三取得者に対する表れとして捉えている。彼は，抵当権の第三者に対する対抗可能性が，「実務的には」（債権者間の）優先弁済権及び（第三取得者に対する）追及権と呼ばれている，と繰り返す[262]。これは，理論上はこのような呼び分けは不要である，ということを示唆するものといえる。

　従って，彼は追及権を換価・強制収用の権利として捉えている[263]。これは，追及権行使による強制収用と通常の抵当権実行による強制収用を同質のものと理解していることを示している。

　民法典による抵当訴訟の廃止についても，彼は Troplong や Aubry と Rau と同じく，古法期に抵当訴訟が果たしていた公示の機能を登記が果たすようになったために抵当訴訟が廃止された，という歴史認識を示している[264]。彼の

----

261)　Pont, *supra* note 43, n. 328.「抵当権は不動産の中の権利であり，所有権の肢分権を構成する物権である，ということと，抵当権が純粋に動産の分類に属する，ということとを同時に認めることの不整合は，Marcadé によって極めて正当に明らかにされた。これは学説上の通説的見解である。……Valette 自身，抵当権が肢分権であるという見解を擁護しながらも，この矛盾を回避していないように思われる。……抵当権は，我々が見てきたように，そして法律自身が言ったように，物権であり，不動産の中の権利である：抵当権は所有権の肢分権である：抵当権は所有権者から引き出され，その総体が完全な所有権を構成するところの所有権の諸特権から何物かを確保する。それゆえ，いかにして抵当権は不動産でなくなるのか？」

262)　Pont, *supra* note 43, n. 329.「物権の資格は抵当権にとって重要である。抵当権は物権である：それゆえ，抵当権は絶対権であり，抵当不動産所有者の債権者だけでなく，当該不動産の第三取得者にも対抗できる。このことは実務的には，抵当権は同時に優先弁済権と追及権を生み出す，と言われる。」（傍点は引用者による。）

　　Id., n. 1109.「抵当権と不動産先取特権は，2114 条の表現によれば担保目的物上の『物権』であるので，このことから，絶対権であり，そのこと自体によって，所有者の債権者だけでなく，第三所持者に対しても対抗可能である，という結果になる。……実務的には，抵当権と不動産先取特権は同時に優先弁済権と追及権を生み出す，と表現される……。」（傍点は引用者による。）

263)　Pont, *supra* note 124, n. 1126.「抵当債権者は『配当表に記載され，債権または登記の順序に従って弁済されるために』不動産を追及する。法律はこれによって，追及権が，それに引き続いて配当手続が開始されるところの収用による担保物の換価（réalisation）に向けられていることを示している。」（傍点は引用者による。）

264)　Pont, *supra* note 124, n. 1126.「このこと〔引用者注：追及権行使要件として登記を要求すること〕が，我々の現時の抵当法制において，古法期の判例の下で承認され行われていた抵当権宣言訴訟を補完している。抵当権が隠れていた時には，執行の手段（voie exécutoire）によって第三所持者に対して訴追できるようにするためには，その抵当権の存在を公に宣言することが必要であった。

391

第 4 章　19 世紀フランスにおける抵当権と追及権

　この説明も，古法における抵当訴訟が抵当債務弁済義務の履行を求めるために
用意されていた痕跡を消去するものといえる。

　さらに彼は Aubry と Rau よりもさらに踏み込んで，抵当債務の弁済や委付
は第三取得者の「権能」であって「義務」ではなく，強制収用の受忍だけが義
務である，という[265]。これは，物権の《直接性》を示唆していた 19 世紀前半
の Duranton の追及権理解（前記第 1 節第 2 款(ii)）を継承するものといえる。

　ただし，Pont の著作にもなお β 説の痕跡が残されている。彼は優先弁済権
を抵当権の本質的な効力として位置づけ，追及権をその優先弁済権の補助とし
て位置づけているのである[266]。このような痕跡は，19 世紀前半の Duranton
にも見られたものである（前記第 1 節第 2 款(ii)）。この説明は，追及権及び優先
弁済権をともに売却権が第三者に対抗された姿として位置づける前述の説明と
は緊張関係にあるが，そのことは特段意識されていない。

　このように β 説の痕跡を残しつつも，Pont の追及権理解は全体として，直
接性による物権の体系化を試みていた諸学説の追及権理解を踏襲するものであ
った。もっとも，Pont の著作は Marcadé の没後にその著作の未完部分を引き
継いだものであったため，Pont 自身は物権の一般論自体を論じておらず，物
権の《直接性》それ自体には言及していない。しかし，次の Baudry-
Lacantinerie はさらに進んで，肢分権理論による物権の体系化と直接性による

このことから，抵当訴権は，債権の抵当に入れられた不動産を宣言した後に，差押え及び décret
による競落のために所持者に不動産の委付を命じる判決に至った。今日では，抵当権は実定法上公
示された状態でのみ存在するので，その存在を宣言する判決はもはや必要ない。それゆえ，抵当権
宣言訴権は廃止された……。」

265)　Pont, *supra* note 124, n. 1127.「……追及権の唯一の目的，最終目標は収用であるということを
繰り返す。時に，追及権の行使によって，所持者は『委付または弁済を義務づけられる』と主張さ
れることがあった。彼らは，弁済または委付を所持者の義務として，委付または弁済を追及権の目
的そのものとするものである。これは法的には全く正しくない。所持者には，収用を甘受する以外
の義務はない。法律は単に，債権者が訴追をする理由が債権の弁済に他ならないことを考慮して，
滌除権能以外に，抵当債務全額の弁済によって収用を免れるか，委付によって収用を免れるか，と
いう，もう一つの権能を第三所持者に与えているだけである……。」

266)　Pont, *supra* note 124, n. 1110.「……追及権が優先弁済権のように本質的でないとしても，追及
権は優先弁済権の法的補助である。抵当権及び先取特権が不動産に付着したままでなく，第三取得
者の手中の不動産を追及せず，担保権であることをやめる場合を想定せよ：債務者にとって登記債
権者の抵当権を無力化することほど簡単なことはない：割り付けられた不動産を譲渡し，何らかの
権限で処分すれば十分である。それゆえ，抵当権の担保は追及権によって不変性を取得するのであ
る。この権利は，担保物を抵当権または先取特権の拘束に引き戻し，債務者の譲渡にもかかわらず，
抵当権の担保を実効的な状態で（実は）維持（maintenir）する。」

392

第4節　抵当権及び追及権をめぐる19世紀後半の学説

物権の体系化が両立可能なものであることを明示している。

　Baudry-Lacantinerie は，Aubry と Rau と同様に，《直接性》を物権一般の性質として掲げる[267]。そのため彼は，万人を物権尊重義務の受動主体（すなわち義務者）として捉えることすら拒絶する[268]。

　他方で，彼は Pont と同様に，Valette 学説を踏襲し，抵当権が物権であるということから，抵当権が肢分権であるということを導いている[269]。抵当権の肢分の具体的内容についても，彼は Pont と同様に Valette 学説を踏襲している[270]。

　彼は，この肢分権説を批判する Demolombe らの見解を要約している。もっとも，Demolombe 自身が「主たる物権」と「従たる物権」との差異に着目して抵当権の肢分権性を否定していたのに対して，彼は Demolombe らの見解を，抵当権が土地の使用・収益を可能にしない点に着目するものとして理解している[271]。そして彼はそれに対して，Pont と同様に，肢分権として広く認められ

---

267)　Baudry-Lacantinerie, *Traité théorique et pratique de droit civil*, 3ᵉ éd., t. 6, Paris, 1905, n. 3.「物権は，権利の名義人とその権利に服する物との間に，直接の関係を構築する；権利の名義人と権利の目的たる物との間に，仲介者は存在しない。」

268)　Baudry-Lacantinerie, *supra* note 267, n. 3.「……実際には，第三者である何者かに課せられる義務，第三者である何者かと権利の名義人との間の絆は存在せず，従って，誰もがそのような権利の受動主体（sujet passif）であるとみなすことはできない。」

269)　Baudry-Lacantinerie, *supra* note 43, n. 894.「抵当権は物権であるという原則から，抵当権は所有権の肢分権であるという帰結が一般に導き出される。実際，所有権は（よく言われてきたように）すべての物権の束である；それゆえ，物権が第三者の利益のために物の上に存在する場合，束は解体し，所有権は肢分され，すべての物権は所有者に集中しない。抵当権は所有者の権能に重大な侵害をもたらす，所有者はもはや重大な制約を伴ってしか処分権（abusus）を行使できない。」

270)　Baudry-Lacantinerie, *supra* note 43, n. 894.「それゆえ，一方で，所有者は不動産を破壊する権利も抵当債権者を害する濫用的利用行為（例えば，樹林の無制限的伐採）をする権利もない。抵当債権者はそれに対してあらゆる法的手段で対抗することができる……。他方で，所有者の譲渡の権利は抵当権者の増価競売の権能によって妨げられる。……所有権がこのような障害を課されるとき，所有権が肢分されていないなどといかにしていえようか？」

271)　Baudry-Lacantinerie, *supra* note 43, n. 894.「所有権の肢分権の考え方は，権利者と物との間の直接の関係，土地の上の権利行使を含意する。抵当債権者はそのような地位にはなく，それゆえ所有権の肢分権ではない。」

　　この「権利者と物との間の直接の関係」という文言は，一見すると《直接性》の有無によって物権のうち肢分権にあたるものとそうでないものとを識別するもののようにみえる。しかし実際には，本文でみたとおり，Baudry-Lacantinerie 自身は物権一般に《直接性》を認め，物権一般につき義務者の介在を認めていないので，物権の一部のみに《直接性》を認めるという考え方は，彼にとって想定しえないものであった。それゆえ，彼はその直後にこれを「土地上の権利行使」と言い換え

393

第 4 章　19 世紀フランスにおける抵当権と追及権

ている地役権の例を引き合いに出して反論している。彼は，抵当権が土地上に
行使されるものでないことを認めつつ，土地上に行使されることは肢分権であ
るために必要ではない，というのである[272]。

　そして，以上のように抵当権が肢分権であることから，彼も Pont と同じく，
抵当権が不動産であることを導き出している[273]。

　このように，彼は抵当権に肢分権性を認めているため，Pont と同様に，抵
当権設定者に不動産所有権が帰属している必要があること（他人物抵当の無効）
を，抵当権の肢分権性から説明している[274]。さらに彼は，約定抵当の設定に
譲渡能力が要求されていること（2124 条）の説明にも，Pont と同様，所有権の
肢分は所有権の部分譲渡である，という考え方を用いている[275]。のみならず，
彼は敢えて，譲渡能力が要求されているのは抵当権が強制競売という譲渡の萌

　　ている。彼がこの「土地上の権利行使」が《直接性》よりも狭い概念として用いていることについ
　　ては，後掲注 272）参照。

272)　Baudry-Lacantinerie, *supra* note 43, n. 894.「この推論の出発点は正確であるとは思われない。
　　このことを示すには一つの例で十分であろう。地役権が所有権の肢分権であることに異論はない。
　　然るに，原則として土地所有者は要役地上に自己の権利を行使しうるとしても，場合によってはそ
　　うでないこともあり，それは抵当権と最もよく似ている。……消極的地役権：建築禁止（non aedi-
　　ficandi）または高さ制限（non altius tollendi）の地役権の場合，要役地所有者は承役地上に何らの
　　直接の権利も行使しえない；地役権の存在は物理的事実によっては明らかにされない；地役権が与
　　える唯一の権利は，建築全般または一定の高さ以上の建築を避けるところにある。抵当債権者も同
　　様である；その権利は，抵当土地上の収益（jouissance）または使用（usage）行為によっては明
　　らかにされない；抵当権は抵当権者に対して，抵当権の効力を減じるような土地所有権者の行為に
　　対抗することを許すだけである。二つの状況には同じところがあり，全員一致で消極的地役権を所
　　有権の肢分権というのであれば，抵当権も同じでなければならない。」
　　　この記述によって，Baudry-Lacantinerie が言うところの「土地上の権利行使」が，土地の使
　　用・収益を念頭に置いたものであったことが分かる。つまり彼は，非肢分権説を，物権のうち土地
　　の使用収益権を含むもののみを肢分権として捉えるものと理解した上で，物権が所有権の肢分権で
　　あることを認められるために，当該物権が土地の使用収益権を含むことは必要ではない，と反論し
　　ているのである。

273)　Baudry-Lacantinerie, *supra* note 43, n. 904.「……抵当権は常に不動産権である，被担保債権が
　　動産であっても。この解決は我々にとっては，我々が認めてきたところの，所有権の肢分権として
　　の抵当権の性格の帰結である。抵当権はこの場合，不動産の用益権や地役権と同じ資格で，目的に
　　よる不動産（immeuble par l'objet auquel elle s'applique）である（526 条）。」

274)　Baudry-Lacantinerie, *supra* note 43, n. 1294.「実際，抵当権は所有権の肢分権である；然るに，
　　所有権を肢分（これは一部譲渡に等しい）できるためには，所有者であることが必要である。」

275)　Baudry-Lacantinerie, *supra* note 43, n. 1324.「その理由は，抵当権は所有権の肢分権または不動
　　産上の物権であるので，抵当権の設定は一部譲渡だからである。それゆえ，抵当権を設定するため
　　には，譲渡が可能であることが必要である。」

394

芽であるためである，という Demolombe らの説明を紹介した上で，これを否定している。そして，債権への「一般割付け」と異なり，抵当権は所有者の財産処分の自由を奪うものであるからこそ，譲渡能力が要求されている，と説明する[276]。

彼もまた，以上のような肢分権としての抵当権を，具体的には売却権として理解している。彼は「特別割付け」の語を，物の売却権を意味するものとして用いている[277]。

以上のように，Baudry-Lacantinerie は，《直接性》による体系化と「肢分権」による体系化とを両立させている。彼はさらに，以下にみるように，抵当権の追及権に関して両者の体系を融合させている。彼は「肢分権」理論の媒介によって物権の《直接性》から物権の《絶対性》を演繹した上で，抵当権の追及権を，そうした絶対性の一つの表れと位置づけているのである。

物権一般の効力について，彼は Aubry と Rau と同様に，物権の《直接性》から，後発的物権取得者一般への対抗可能性を演繹している。その際の彼の説明からは，物権設定による所有権の「肢分」の論理と *Nemo plus* 原則（何人も自己が有する以上の権利を与えることができない）とを介して，物権の直接性から対抗可能性が演繹されていることが窺われる。後発的物権取得者の物権が目的とする「物」は，先に当該物を直接の目的として設定された物権によってすでに不完全なものとされており，このことが，先行する物権の後発的物権取得者への「対抗」という形で表現されている，というのである[278]。

---

276) Baudry-Lacantinerie, *supra* note 43, n. 1324.「この考慮は絶対的に満足なものではない。なぜなら，すべての義務が，未払いの場合には，強制収用をもたらしうるからである。にもかかわらず，抵当権を設定するためには，義務を負いうることで十分ではなく，譲渡が可能であることが必要なのである。この準則は難なく説明できる。義務を負う者は，確かに 2092 条及び 2093 条の一般担保権を債権者に与えており；人的に義務づけられることで，彼は自己の家産を担保入れしている。しかし，この一般的割付けは，漠然としていて不確定的であり；それは債務者から所有権も財産の自由処分も奪わず；この行為の後も，債務者は以前に有していた権利を保存しており，詐害行為（fraude）にならない限り，自由にそれらを行使できる。抵当権を設定した者は，そうではない。」

277) Baudry-Lacantinerie, *supra* note 43, n. 892.「……抵当不動産を差し押さえて売却してもらうことは，他のすべての債権者と同様に可能である。抵当権を際立たせるのは，不動産が債務の弁済に割り付けられる，ということである。この特別割付け（affectation spéciale）が，債務者の手中にある場合（この場合は，2092 条，2093 条に従う）だけでなく，譲渡によって第三者の所有物になった場合も，抵当債権者に抵当不動産を差し押さえ・売却させる権利を与える。」（傍点は引用者による。）

278) Baudry-Lacantinerie, *supra* note 267, n. 7.「物権は物それ自体を割り付け，その結果，原則とし

第4章　19世紀フランスにおける抵当権と追及権

　彼は，この対抗可能性を物権の「優先権（droit de préférence）」と言い換える。その上で，物権一般について，この「優先権」と並んで「追及権」を演繹する[279]。この「追及権」については，彼はそれ以上に特段の説明を与えていないが，「優先権」と並べられていることからして，この追及権もまた，「所持者」の登場前に所持者の権利の目的となる「物」が不完全なものとなっていることによって基礎づけられている，といえる。

　物権一般についての以上の議論を踏まえて，彼は抵当権についても，Aubryと Rau や Pont と同様に，その万人への対抗可能性すなわち《絶対性》の，第三取得者との関係における表れとして，抵当権の追及権を演繹している[280]。

　その追及権の具体的な内容として，肢分された売却権としての抵当権理解が立ち現れる。彼は Duranton や Pont と同様に，抵当債務の弁済のみならず抵当不動産の委付をも第三取得者の権能として捉え，強制収用の甘受のみを第三取得者の義務として捉えている。そして，第三取得者が「抵当債務全部を弁済しまたは抵当不動産の委付する義務を負う」とする民法典2168条の文言がこの理解にそぐわないものであることを認めた上で，2168条の文言に従うことを拒絶している[281]。なお，この第三取得者が有する不動産の強制収用に関して，彼は，執行名義の必要性に言及している。これは一見すると，第三取得者に義務の履行を求める抵当訴訟を用意し，その判決を執行名義として第三取得者が有する不動産の差押えを認めていた古法の制度（前記第1章第1節第2款

　　て，物の上に同じまたは異なる性質の物権を後れて取得したすべての者に対抗される：彼らは，自分自身が物と接触した時点で物の上に刻み込まれていた権利を尊重することを義務づけられ；物はもはや，当該物に課されている物権を留保した状態でしか，彼らに提供されえないのである。」（傍点は引用者による。）

279)　Baudry-Lacantinerie, *supra* note 267, n. 7.「物権は『優先』権（droit *de préférence*）を生じるが，その他に『追及』権（droit *de suite*）をも備えており，これに基づいて，権利の名義人は，当該権利の行使に備えて，自己の権利の目的である物を，所持者が誰であれ所持者の手中において訴追する（poursuivre）ことができる。」

280)　Baudry-Lacantinerie, *supra* note 43, n. 893.「物権である抵当権は，万人に対抗されうるものであり，皆はそれを尊重するよう等しく義務づけられ，その行使を甘受する：第三所持者は追及権の形で，債務者を同じくする他の債権者は優先弁済権の形で。」

281)　Baudry-Lacantinerie, *Traité théorique et pratique de droit civil*, 3e éd., t. 27, Paris, 1906, n. 2127.「第三所持者に提供された様々な選択肢の中で，第三所持者が他を選択しなかった場合にはある一つだけが当該第三所持者に課せられうる：それが，当該第三所持者の人格に対して実行される収用である。委付もまた弁済と同様に義務的ではない；この点について2168条が何と言っているように思われようとも。」

第 4 節　抵当権及び追及権をめぐる 19 世紀後半の学説

(iii)) に立ち返るもののように見える。しかし，彼はここで，第三取得者に対する執行名義ではなく，2169 条が第三取得者に対する弁済または委付の催告と並んで要求している，債務者に対する「支払命令」を得るための，債務者に対する執行名義を要求しているに過ぎない[282]。

　以上のように，Baudry-Lacantinerie も Aubry と Rau のように物権の《直接性》からその《絶対性》を導き出し，さらにそこから，第三取得者に抵当不動産の売却を甘受させる権利としての追及権理解を演繹している，といえる。さらに Baudry-Lacantinerie においては，《直接性》と《絶対性》の間に，所有権の「肢分」の論理と *Nemo plus* 原則とが介在している，ということができる。それでもなお，Baudry-Lacantinerie においても Aubry と Rau と同様，いまだ第三取得者の義務の不存在それ自体が所与の前提とされているわけではない。後に日本においても，法典調査会における梅謙次郎委員発言が，抵当権についてこれと同様の追及権理解を示すことになる（後記第 5 章）。

　ただし，Baudry-Lacantinerie にも Pont と同様，*β* 説の痕跡が見られる。彼もまた，優先弁済権を抵当権の本質的な効力として位置づけ，追及権をその優先弁済権の補助として位置づけているのである[283]。しかし，このような *β* 説の痕跡は，日本の法学説においては消去されることとなる。

---

282)　Baudry-Lacantinerie, *supra* note 281, n. 2124.「支払命令（commandement）のためには，執行名義が必要である。裁判上の抵当権者と約定抵当権者は，常に，またはほとんど常に，執行名義を備えている……。債権者が執行名義を備えていないのは，例えば私署証書売買から生じた先取特権や法定抵当権の場合であり，この場合には，債権者は債務者に対する判決を取得することで執行名義を得ねばならないだろう。」（傍点は引用者による。）

283)　Baudry-Lacantinerie, *supra* note 281, n. 2041.「追及権は，先取特権または抵当権に結びつけられた優先弁済権の補完である。これらの担保権は，支払われるべき者の弁済を債権者にもたらすために創設された。担保不動産の代金の上に，同一債務者の他の債権者に優先して配当記入されることを確保することで，それらの担保権は目的を達する。それゆえ，優先弁済権は担保権の本質である。優先弁済権が援用されえなければ担保権は存在しえないだろう。従って，追及権消滅後も優先弁済権は存続しうる，ということが帰結される。追及権は，（優先弁済権と）同じ程度に先取特権または抵当権の本質を成すわけではないが，それらに物権の性格を刻印する；それは目的ではない；それは法律が債権者に与えた，優先弁済権の行使を達成して弁済を得るための手段に過ぎない。追及権は債権者のための防護手段のように思われる。追及権がないと，先取特権または抵当権は射幸的で見かけ倒しの安全しか与えないだろう。債務者は担保不動産を譲渡するだけで権利を消すには十分である：パウルス訴権を除いて，債権者は無防備になるだろう。追及権はこの危険から債権者を解放する。それゆえ，譲渡の場合にのみ追及権は存在意義を見出しうる。優先弁済権は担保権の本質であり，常に行使される。追及権は優先弁済権の補完に過ぎないので，担保不動産が債務者の家産を離れた場合にのみ行使されうる。」

第4章　19世紀フランスにおける抵当権と追及権

第2款　法律効理論——滌除の法律効と強制競売の法律効との分離

　以上のような肢分権説の定着と軌を一にして，19世紀前半に提唱された，契約に基づいて「法律効」が生じ，不動産上の物権が代金上の権利に変形される，という理論（前記第1節第3款）も，19世紀後半に広く普及する。Aubry と Rau や Pont は，登記の更新が必要な時点をいつとするかはともかく，契約によって抵当権の「変換」を正当化する，という点では一致していた（(i)）。

　その後，契約による「法律効」の正当化が結局のところ擬制的なものであるということが認識されるようになる。もっとも，「法律効」による抵当権消滅に再び抵当権の当然 purge としての性格を与えると，「法律効」を契約で正当化することによって抑え込まれてきた，「肢分権」理論と「法律効」との間の緊張関係が，再び表面化することになる。従って，学説は「法律効」を生じる諸制度に当然 purge 制度としての性格を再び与えることなく，それらを個別に正当化し，さらには立法論的に批判するようになる。

　とりわけ，任意売却後の滌除制度については，それまで契約という正当化によって抑え込まれてきた立法論的批判が，学説によって顕著に意識されるようになる。そしてこれに対する応答として，滌除の実質的妥当性，とりわけ不動産流通の便宜が強調されるようになる。

　強制競売手続における競落判決の法律効については，司法上の契約に基づく効力という理解は，一層顕著な後退を示す。しかし，法律効は，競落判決自体ではなく，競落判決による所有権移転に認められた特別の効力として理解されることによって，より強固な正当化根拠を与えられるようになる（(ii)）。

(i)　「契約に基づく抵当権の変形」の浸透

　Aubry と Rau も，Grenier が定立した「登記の更新は，登記が法律効を生じるまで必要である」という定式を継承している。もっとも，彼らは法律効の発生を，Duranton と同様，第三取得者や競落人が抵当債権者に対して売却代金から抵当債務を弁済する人的義務を負うこととして理解している。しかしいずれにせよ，取得者の意思に基づいて取得者が弁済義務を負うという構造は，Troplong 以降の法律効理論と共通している。また，彼らも法律効とは別に滌除の効力を受け皿として，抵当権の追及権が契約に基づいて代金上の権利に変形される，という考え方を継承している。

　彼らはまず，Grenier の「登記の更新は，登記が法律効を生じるまで必要で

398

第 4 節　抵当権及び追及権をめぐる 19 世紀後半の学説

ある」という定式を継承している[284]。

　任意譲渡後の滌除について，彼らは，第三取得者が，抵当債権者への申込みによる一方的義務負担によって，すでに代金から抵当債務を弁済する人的義務を負っている，と考えている[285]。このことを前提に，彼らは滌除通知時点で法律効の発生を認めている[286]。そして，その理由として，一方的義務負担としての滌除通知から，代金を抵当権者に弁済する第三取得者の人的義務が生じることを挙げている[287]。

　しかし，彼らはこれとは別に，滌除の効力について，不動産上の追及権を代金上の権利に変形するものとして説明している[288]。これは，抵当権の変形ではなく追及権のみの変形を論じている点を除いて，Grenier にいう「法律効」と同じものである。

　このような効力を生じる滌除の法律構成について，彼らもまた，Troplong らと同様，申込みと承諾によって契約が形成されるという構成を採用している。すなわち，第三取得者による代金・評価額限度での弁済の宣言（民法典 2184条）を申込みと捉え，期間内に抵当債権者が増価競売を申し立てない限り，抵当債権者は第三取得者の申込みを承諾したものとみなしているのである[289]。

　強制競売の効力も，滌除と同様のもの，すなわち追及権を代金上の権利に変

---

284)　Aubry et Rau, *supra* note 124, §280.「登記が法律効を生じるまでは，登記は更新に服する。……この結果は，抵当不動産の譲渡の場合に，有効な弁済とは無関係に生じうる。」

285)　Aubry et Rau, *supra* note 124, §294.「2184 条に従ってなされた申込みは，それ自体として，抵当債権者の側の承諾の前からすでに，第三所持者が一方的に変更できない人的な義務をもたらす……。」（傍点は引用者による。）

286)　Aubry et Rau, *supra* note 124, §280.「……取得者が 2183 条の弁済の申込みを伴う滌除通知をした時点で，登記は債権者間でも取得者との関係でも効力を生じたものと考えられ，更新の必要がなくなる。」

287)　Aubry et Rau, *supra* note 124, §280, note 23.「今日では，この通知が取得者の側に債権者への代金弁済の人的義務を生じ，そのこと自体によって原則として彼らの登記更新を免除する，ということが一般に認められている。」

288)　Aubry et Rau, *supra* note 124, §293 bis.「滌除は抵当権の終局的消滅をもたらさない。滌除それ自体による直接の唯一の効力は，不動産上の追及権を代金にのみ向けられる権利に変形することである。ましてや，滌除は債権者及び彼らがお互いとの関係で享受する優先弁済権の地位をそれぞれ修正しない。」（傍点は引用者による。）

289)　Aubry et Rau, *supra* note 124, §294, note 34.「……我々が扱っている場面では，40 日間〔引用者注：増価競売期間〕の債権者の沈黙が，第三所持者による申込みへの承諾をもたらし，債権者はこの期間を通じて，反対の意思を明らかにしていない限り，そのことのみによって承諾しているものとみなされる……。」

399

第 4 章　19 世紀フランスにおける抵当権と追及権

形するものと考えられている[290]。その一方で，彼らは強制競売手続における
法律効発生時点を特定するための前提として，競落判決の法律構成について，
司法上の契約によって競落人が抵当権者に対する直接の人的債務者になるもの
と捉えている。ここでも彼らは，法律効発生時点との関係では，代金を弁済す
る義務の発生に着目している[291]。そしてこのことから，競落判決時に法律効
の発生を認めている[292]。彼らは，法律効の発生時点について，1855 年の法律
制定後に登場した競落判決謄記時説を明確に否定している。これは，競落判決
による所有権移転ではなく，競落人と登記債権者の間の司法上の契約を法律効
の根拠と考えるからこそである[293]。

　以上のように，彼らは法律効が一方的義務負担及び契約から発生するという
法律構成を用いている。そのため彼らは，Grenier が法律効理論の帰結を滌除
に関する民法典の文言に合わせて再調整するために唱えていた法律効の相対性
（前記第 1 節第 3 款(iii)）にも，法律効が一方的義務負担及び契約を原因とする
ため，という理論的説明を与えている[294]。

　Pont もまた，登記の更新について法律効発生時点を基準とする Grenier の
定式を維持している[295]。

---

290)　Aubry et Rau, *supra* note 124, §293 bis.「滌除は追及権を，代金のみを割り付ける権利で代替さ
　　せる効力しか有しないことから，この効力が当然に（de plein droit）譲渡または取得の性質に付随
　　している場合には，滌除は根拠がなくなる。……これは不動産差押えに基づく競売判決においても
　　……生じる……。」
291)　Aubry et Rau, *supra* note 124, §280, note 14.「……競落人は競落判決の効力のみによって，そし
　　て真の司法上の契約（contrat judiciaire）に基づいて，登記債権者に対して代金の直接の債務者に
　　なる。」
292)　Aubry et Rau, *supra* note 124, §280.「不動産差押えに基づく競落の場合，登記は競落判決以来
　　その法律効を生じたものと考えられる。」
293)　Aubry et Rau, *supra* note 124, §280, note 14.「今日〔引用者注：1855 年の法律制定後〕では，
　　……人々は，更新の必要は競落判決の謄記によってはじめて終了する，と結論しようとした。……
　　この意見には従ってはならないように思われる。実際，今日でもかつてのように，競落人は競落判
　　決の効力のみによって，そして真の司法上の契約に基づいて，登記債権者に対して代金の直接の債
　　務者になる。」
294)　Aubry et Rau, *supra* note 124, §280, note 25.「更新の免除の効力は，収用に基づく競売の場合も，
　　滌除の方式を満たした場合でも，相対的でしかなく，それを生じる原因の性質そのものによって，
　　債権者と競落人または取得者の間及び債権者相互間にしか妥当しない。この免除を転得者または転
　　得者の人的債権者に対する追及権に拡張することは，その原因を超える効力を承認することになる
　　だろう。」（傍点は引用者による。）
295)　Pont, *supra* note 124, n. 1054.「……当初の登記が法律効を生じていない限り，債務者・債権

第 4 節　抵当権及び追及権をめぐる 19 世紀後半の学説

　任意譲渡後の滌除の効力と法律構成について，彼も，合意によって抵当権が
代金上の権利に変換されると理解している[296]。ただし彼は，Duranton や Au-
bry と Rau のように通知時点から反対の意思表示がない限り直ちに合意が成
立するというのではなく，Troplong のように明示または黙示の承諾があって
はじめて合意が成立するという[297]。それゆえ，彼は増価競売期間の満了時に
法律効を認めている[298]。

　このように滌除手続の法律効を契約に基づくものとして説明する一方で，彼
はすでに，任意譲渡後の滌除制度への立法論的批判に言及している。そしてこ
れに対して，彼は Persil の抵当権改革法案報告書に書かれた政策的理由，す
なわち不動産流通を容易なものとすることを援用して，滌除制度を正当化して
いる[299]。このことは，当時において，契約に基づく法律効という正当化にも
かかわらず，滌除制度が物権であるはずの抵当権を不安定なものにするという
問題意識が生じつつあったことを物語っている。

　強制競売手続についても，彼は競落判決を司法上の契約として捉える[300]。
このように，彼も Aubry と Rau と同様，競落判決による譲渡の効力ではなく
契約の効力に着目しているため，競落判決の謄記の日ではなく競落判決自体の
日に法律効の発生を認めている[301]。

　また，Pont も強制競売手続との関係で，Aubry と Rau と同様，法律効が

者・不動産の状況が変化しようとも，登記更新の必要は存続する……。」

296)　Pont, *supra* note 124, n. 1059.「……合意（convention）または準契約（quasi-contrat）が，債権
　者間で抵当権を清算し，彼らとの関係で，担保目的物を金額に変換する……。」

297)　Pont, *supra* note 124, n. 1060.「この期間〔引用者注：増価競売期間〕が満了しない限り，我々
　は通知に申込み（offre）しか見出さず，この申込みは，承諾（acceptation）がなければ完全な合
　意を形成しえない。確かに，債権者は明示的な承諾をすることができ，この場合には合意は承諾の
　日に生じる：新所有者はその時点で登記債権者に対して終局的に義務づけられ，登記が効力を生じ
　るためにはこのことが必要である。しかし，明示的な承諾がなかった場合，合意は増価競売の申立
　てなしに 40 日が満了するまで完全ではない（この沈黙はこの場合，承諾を含意し，それ自体黙示
　の承諾を構成する）。」

298)　Pont, *supra* note 124, n. 1060.「それゆえ，40 日の満了で登記はその効力を生じ，それまでは債
　権者はその更新を免除されない。」

299)　Pont, *supra* note 124, n. 1266.

300)　Pont, *supra* note 124, n. 1056.「競落は競落人と債権者……との間の，債権者のための弁済の事
　実上の指図（indication virtuelle de payement）と，代金額まで順位に即して弁済するという競落
　人側の黙示的な約束を内容とする，司法上の契約を成立させる……。」

301)　Pont, *supra* note 124, n. 1056.「我々は……，競落が完了された日に，抵当権の登記は……その
　効力を生じる，と考える。」（傍点は引用者による。）

401

第 4 章　19 世紀フランスにおける抵当権と追及権

「債権者と競落人との間で」生ずるという留保を残しており[302]，この法律効の相対性は司法上の契約という法律構成に基づくものと考えられる。

(ii)　新たな正当化根拠の模索

Dalmbert においても，法律効理論は堅持されている。ただしそこでは，法律効は「金銭が不動産に代位する」「物上代位」という表現に発展している。

彼はまず，不動産上の権利が代金上に移るという法律効理論を継承している[303]。その上で，彼はこの効力を物上代位として説明している[304]。彼は，このことをさらに展開して，「物上代位」を，「法律が」不動産を金銭に置き換えるものとして説明している[305]。

確かに，彼もまた任意売却後の滌除を第三取得者と抵当権者の間の契約として法律構成しているのは事実である。ただし彼は，抵当権者は反対の意思を表明しない限り申込みを承諾していたものとみなされる，として，このことを根拠に，申込み時点で人的義務が存在しており，そのため申込みは撤回不可能である，と説いている[306]。これは，Aubry と Rau にも見られた説明である。

---

302)　Pont, *supra* note 124, n. 1056.

303)　Dalmbert, *Traité théorique et pratique de la purge des priviléges et hypothèques*, 3ᵉ éd., Paris, 1914, n. 2.「滌除〔引用者注：ここでは不動産強制競売の消除主義を含む〕はそれ自体としては，絶対的な態様で抵当権を消滅させない。滌除は，法律または合意が債権者に確保した物的担保を消滅させない。その直接かつ即時の効力は，担保財産を一定金額の金銭で置き換え，抵当債権者の権利をその金額上に移すことだけにある。」

304)　Dalmbert, *supra* note 303, n. 2, note 2.「この，一定金額の金銭の不動産による置換えは，一種の物上代位（subrogation réelle）である。法律（loi）が，不動産の場所を金銭で置き換え，その場合には，金銭が，債務者の家産の中で，立法者による擬制（fiction）により，置き換えられた物〔引用者注：不動産〕の資格を帯びる。以上が，抵当債権者の権利が代金上の権利に置き換えられる理由である。」

305)　Dalmbert, *supra* note 303, n. 34.「……法律によって定められた場合と条件以外では，抵当不動産の譲渡代金は当該不動産を再現出する物（représentation）ではない。確かに，ここで問題となっている代金は，売主の家産の中で，売主の家産から出た不動産の占めていた場所を取得する。しかし代金は，当然には（ipso jure），不動産の法的性質を帯びない。抵当権によって担保された義務の支払いに特別に割り付けられるのではなく，代金は動産の価値（valeur）であり，売主の全債権者の共同担保（gage commun）を構成する。立法者の明示または黙示の意思によってはじめて，譲渡された財産の様々な法的性格は，当該財産から代金上に移り，代金はこの時，「物上代位（subrogation réelle）」と呼ばれる法的擬制（fiction juridique）の助けによって，不動産を再現出する物（représentation）になりうるのである。」

306)　Dalmbert, *supra* note 303, n. 129 quater.「第三取得者の申込みが終局的に契約に変形されるのは，債権者の承諾または 40 日の満了時点である。しかし，第三取得者は申込みを撤回できるの

第 4 節　抵当権及び追及権をめぐる 19 世紀後半の学説

　しかし Dalmbert の説明では，抵当債権者と第三取得者の間の契約が物上代位を生じさせるのは，契約の内容に基づくものではなく，滌除に関する民法典の規定がそのような契約に物上代位の効力を付与したものと解されるからに他ならない[307]。彼は，この物上代位が売却代金に抵当不動産の資格を与えるものであるために当事者間の私的自治にはなじまないと考え，あくまでも法律をその根拠とすることにこだわっているのである。この点で，彼の説明は「合意による法律効」理論が滌除に与えていた説明とは異なる。

　このことが，任意売却後の滌除から生じる法律効の内容に関する彼の説明にも影響している。Grenier や Troplong と異なり，Dalmbert は 2186 条を根拠として，滌除手続における物上代位は無条件のものでも終局的なものでもなく，代金の弁済または供託までは抵当権が不動産上に存続する，という[308]。一方で，Grenier が法律効理論に対するもう一つの修正として唱えていた，任意売却後の滌除から生じる法律効の相対性は，Dalmbert の下でもなお認められている。しかし彼はこの相対性を，債務者を同じくする抵当債権者や取得者にとって物上代位が生じる時点と，取得者の人的債権者や取得者からの転得者にとって物上代位が生じる時点とは異なる，という理由で説明している[309]。この点は，従前の見解とりわけ Aubry と Rau がこの相対性を契約の相対性によっ

　か？　そうは考えない。実際，抵当権に 40 日間にわたり承諾または拒絶の権利を与え，沈黙を承諾と看做することは，そのこと自体によって，反対の意思が期間内に表明されない限り，彼らを承諾者と考えることである。このことから，第三取得者は申込みの日から抵当債権者に対して人的に義務づけられており，明示または黙示の承諾は，申込みがなされた日に遡る。」

307）　Dalmbert, *supra* note 303, n. 36, note 3.「この場合，法律の規定のみが，正式にであれ事実上であれ，法律が定めた場合に法律が定めた条件の下で，物上代位を生じさせる。物上代位は擬制であり，当事者の合意はそれ自体としてはそのような結果を生じる力を持たない，なぜなら……『……法律がこれらの財産に刻印した諸資格（qualités）は，法律のみに依存しているのであって，そうした諸資格を変更する力は我々にはない』からである。」（傍点は引用者による。）

308）　Dalmbert, *supra* note 303, n. 130.「……2184 条で定められた申込みを伴う滌除の方式それ自体は，抵当権の消滅を完成させない。確かに，申込みが明示または黙示に承諾された時点で，第三所持者に課された義務は存在しており，自己の意のままにこれを免れることはもはやできない；不動産は売主の家産の中で金銭の額に置き換えられ，金銭の額が通知の日から不動産に代位し，通知の効力は通知がなされた日に遡る。しかし，この代位は無条件のものでも終局的なものでもない；代位は金銭の現実化を本質的条件とし，それゆえ，不確かな事由であるこの現実化までは，滌除は完了せず，抵当権は引き続き不動産上に存在する。すべての抵当権及び債権者に弁済するのに資金が足りない場合，弁済を受けられない抵当権と債権者については，2183 条と 2184 条がその消滅をもたらす。」

309）　Dalmbert, *supra* note 303, n. 130 quater.

403

第4章　19世紀フランスにおける抵当権と追及権

て理由づけていたのとは異なる。

　このように滌除による「物上代位」を当事者の合意によって正当化すること
を拒絶するために，Dalmbert もまた，滌除の法律効による当然 purge が抵当
権に対する権利侵害としての性質を有することを，従前の学説以上に踏み込ん
で自ら認めている。彼は具体的には，抵当権者が一部弁済の受領を余儀なくさ
れる点と，弁済期未到来の債権の金額を受け取らねばならない点とを問題にし
ている[310]。

　強制競売手続の消除主義についても，Dalmbert は当然のことながら，物上
代位を生じさせるものとして捉えている。そしてその物上代位は，競落人と抵
当債権者との間の契約の効力としてではなく，特殊な所有権移転である競落判
決に法律が与えた効力として理解されている[311]。彼は，法律による競落判決
への法律効付与について，任意売却後の滌除とは異なる独自の正当化を行って
いる。彼はまず，抵当不動産の強制売却によって抵当権の目的が達成されるこ
とを挙げているが，これは実行債権者以外の抵当権との関係では理由として弱
い。そのため，彼はさらに不動産強制競売手続の「公示と方式」に着目してい
る[312]。もっとも，このように考えた場合，謄記を所有権移転の第三者対抗要
件とする 1855 年の法律 3 条との関係が問題となる。競落による所有権移転は
謄記の時点で執行債務者の抵当債権者に対抗されるので，法律効もその時点で
生じるのではないか，という疑問が生じるのである。同様に，1858 年に改正
された民事訴訟法典 717 条 7 項も，「適式に謄記された」競落判決がすべての
抵当権を滌除する，と定めていた。この点について，彼は執行債務者の抵当債
権者と競落人との間における法律 3 条の意味を，競落判決の謄記が登記期間の

---

310)　Dalmbert, *supra* note 303, n. 5.「……我々は，滌除が抵当債権者の権利に何らの侵害ももたらさ
　　　ない，とまでは言わない。なぜなら，滌除は抵当債権者に一部弁済の受領を強いるだけでなく，彼
　　　らに期限未到来の債権の金額の受領を余儀なくすることで，彼らから有利な地位を奪うからであ
　　　る。」

311)　Dalmbert, *supra* note 303, n. 37.「……〔引用者注：強制競売手続においては〕譲渡が，2183 条
　　　の方式による必要なしに，当然に不動産を滌除する。これらの方式は，実際，代金を物に代位させ，
　　　代金のみを割り付ける権利を不動産上の権利に代位させるものである；譲渡の性質と譲渡に付随す
　　　る方式が，抵当債権者の損害なしにその権利を譲渡代金上の権利に変換するものであると立法者が
　　　言えるようなものであれば，これらの方式は目的を失うだろう。」（傍点は引用者による。）

312)　Dalmbert, *supra* note 303, n. 56.「……これは，抵当権の目的が実現されたからだけでなく，競
　　　落に至った売却の公示と方式のために，債権者は区別なしに，不動産が解放されて自分の権利が代
　　　金上に移されることに不満を言うことができないからである。」

404

第4節　抵当権及び追及権をめぐる19世紀後半の学説

終期となることを示すだけのものと考えることで，なお競落判決の謄記ではなく競落判決自体の時点を法律効発生時点としている[313]。これは，法律効を契約の効力として捉える見地から謄記時の法律効発生を否定していた Aubry と Rau や Pont（前記(i)）とは異なる説明といえる。

　このように法律効を契約構成によって統一的に説明することを放棄した結果，Dalmbert は，強制競売手続においては，不動産は代金の弁済または供託を待たずに直ちに解放され，代金の弁済まで消滅しないのは代金上に移された抵当権だけである，という理解を示す。彼は競落判決の効力に，任意売却後の滌除とは異なる規律を妥当させているのである[314]。これは，任意売却後の滌除については不動産の解放を代金の弁済または供託まで遅らせる民法典2186条が存在するのに対して，強制競売手続についてはそのような規定が存在しないことを反映するものといえる。

　Baudry-Lacantinerie も Dalmbert と同様，任意売却後の滌除手続及び強制競売手続の法律効を，契約の効力ではなく，法律が与えた効力として捉えている。のみならず，彼は任意売却後の滌除手続を契約と構成すること自体を断念し，その法律効を，第三取得者の一方的義務負担に法律が与えた効力として捉えるに至っている。そこでは，第三取得者が自己の意思で抵当債権者に対して人的に義務を負う，という構造は保存されているものの，抵当権の消滅は法律に基づく効力として捉えられているのである。そしてこのことが，彼の滌除制度に対する評価にも影を落としている。

　登記の更新と法律効について，彼も Grenier 以来の定式を維持している。もっとも，登記の法律効ではなく，抵当権の法律効に用語が変わっているが，その他の点については，法律効を不動産上の抵当権が代金上の権利に変形されると理解する点を含め，従前の議論を踏襲している[315]。

---

313)　Dalmbert, *supra* note 303, n. 58.「……健全に解釈された1855年の法律3条及び6条と民訴法典717条最終項の組み合わせからは，謄記の方式が満足されるまで債権者は差押債務者に対して有効に登記を取得しうる，という意味において，競落判決は謄記されていない限り差押債務者の抵当債権者に対抗されえない，ということになる。しかし，彼らとの関係でも，その他すべての債権者及び競落人との関係でも，代金の不動産への代位すなわち土地の滌除は，競落判決の即時の結果であり，彼らがこの判決から謄記までに登記を取得した場合，この登記が彼らに与える唯一の権利は，……競落によって終局的に決定された代金上に配当記載される権利である。」

314)　Dalmbert, *supra* note 303, n. 130, note 2.「譲渡が当然に抵当債権者の権利を代金上の権利に変換する場合，不動産は直ちに終局的に解放される。抵当権の消滅だけが，実効的弁済にかかっている。」

第4章　19世紀フランスにおける抵当権と追及権

　任意売却後の滌除手続との関係では，彼は，滌除通知が法律効を生じる，と説く[316]。彼は，承諾を待たずに第三取得者が義務づけられ，法律効が生じる，と考えており，弁済宣言を契約の申込みと捉えていない。これは，Aubry と Rau のように，第三取得者側の一方的義務負担を問題にするものといえる。しかし Aubry と Rau とは異なり，滌除の効力はあくまでもこの一方的義務負担に法律が与えた効力と考えられている[317]。

　このことが，法律効の相対性についての説明にも影響している。滌除通知から生じる法律効の相対性は，彼の下でも維持されている。しかし彼はこの点について，滌除手続に与えられた効力は当事者の間にしか生じないと説明するのみで，契約や一方的義務負担の相対性によって法律効の相対性を説明してはいない。かえって彼は，法律効が相対的であることを，抵当権が滌除のための方式の履践後も代金の弁済まで存続すること（民法典2186条）と結びつけて説明している[318]。

　このように，彼は契約に基づく法律効という正当化に疑問を投げかけるため，

---

315)　Baudry-Lacantinerie, *supra* note 281, n. 1779.「登記は，抵当権にその有効性を確保するために不可欠である：それゆえ，抵当権が法律効を生じない，すなわち債権者の実行が不動産上に行使されねばならないうちは，登記が維持され更新されねばならない（不動産の金銭への変形が，弁済のまさに条件である）。しかし，この変形が生じる日から，債権者の権利が不動産に課されるのをやめて当該不動産を体現する金銭の額の上に移った日から，抵当権はその効力を生じ，登記更新に必要はなくなる。登記は第三者に不動産上の抵当権を知らせることを目的とする。抵当権が消滅することなく不動産上に課されるのをやめて代金上にのみ存在するようになった時点から，公示は不要になる。以上が，判例及び学説に一致して認められた原則である。」（傍点は引用者による。）

316)　Baudry-Lacantinerie, *supra* note 281, n. 1803.「取得者が滌除のための方式を満足した場合にのみ，満足した時点で，状況が変化を被る。その際，取得者は，登記債権者に契約を通知し（2183条），同じ証書で，債務を代金額まで即金で弁済する準備があることを宣言する（2184条）。この手続の結果は，抵当権の滌除の箇所で検討する条件〔引用注：代金の弁済または供託（2186条）の条件〕の下での，不動産上の訴権の消滅である。その際，債権者の権利は物の上から代金の上に移され，彼らの訴権はもはや不動産ではなく，申込みに基づいて抵当債権者に対する代金の直接の人的債務者となった取得者に向けられる。」

317)　Baudry-Lacantinerie, *supra* note 281, n. 1805.「法律は滌除を望む取得者に債権者への代金即金弁済の申込みを義務づけている。これは申込みなのか，これは合意の提案なのか？　違う，これは滌除の条件そのものである。それゆえ，取得者は自己の一方的意思によって申込みを撤回することができない。それゆえ，申込みによって，第三所持者の資格を失わないにもかかわらず，取得者は義務づけられる。申込みによって（弁済期未到来の債権者を含む）すべての抵当債権者の利益のために，ある権利が，増価競売による再売却を求め，または（債権が弁済期未到来でも）弁済される権利が生じる。」（傍点は引用者による。）

318)　Baudry-Lacantinerie, *supra* note 281, n. 1807.

第 4 節　抵当権及び追及権をめぐる 19 世紀後半の学説

滌除手続への立法論的批判にも立ち入って言及している。とりわけ，彼自身，滌除が抵当権に対する侵害であることを正面から肯定しつつ，不動産流通を容易にするという政策的観点から正当化を図っている。そこでは，債権者による換価のタイミング選択の自由が滌除手続によって奪われるという点が強調されるようになっている[319]。

　強制競売手続との関係では，彼は Dalmbert のように競落判決それ自体から法律効が生じると考えるのではなく，競落判決謄記が法律効を生じると考えている。しかしここで指摘すべきは，Dalmbert も Baudry-Lacantinerie も，Aubry と Rau や Pont のように法律効を契約の効力としていない点では共通している，ということである。ただ，Dalmbert は前述のとおり，抵当債権者と競落人との間における 1855 年の法律 3 条の「対抗」の意味を，登記の終期を決定することに限定解釈したために，なお競落判決の時点で法律効の発生を認めていた。これに対して Baudry-Lacantinerie は，「対抗」を Dalmbert よりも広く解釈し，法律効の発生をも，競落による所有権移転の抵当債権者に対する「対抗」の結果と捉えており，この違いが結論の違いを招いているに過ぎないのである[320]。

　それゆえ，滌除通知の法律効と異なり，競落判決謄記の法律効については，彼は相対性に対する疑問を投げかけている[321]。彼は不動産強制競売の場面では，他の防御手段が抵当権者に用意されていることを理由に，Dalmbert と同様，法律効発生時点での不動産の絶対的解放を提案しているのである。この議論は，任意売却後の滌除については不動産の解放を代金の弁済または供託まで遅らせる民法典 2186 条が存在するのに対して，強制競売手続についてはそのような規定が存在しない，という違いを反映するものといえる。

　以上のように，Baudry-Lacantinerie と Dalmbert は，滌除制度と消除主義との間にくさびを打ちつつあった。それでもなお，この当時の学説は，滌除と消除主義との間，ひいては第三取得者と競落人との間に，なお緩やかな連続性

---

319)　Baudry-Lacantinerie, *supra* note 281, n. 2318.

320)　Baudry-Lacantinerie, *supra* note 281, n. 1791.「物の上の権利から代金上の権利への変形は，不動産の譲渡後にしか生じない，我々がすでに述べたとおり。それゆえ，競落人が差押債務者との関係のみならず，第三者（この中に抵当債権者が含まれる）との関係でも所有者となることが必要である。然るに，この効力には謄記が不可欠である。それゆえ，謄記がなされた時点で債権者の権利は代金上に移されうるのである。」

321)　Baudry-Lacantinerie, *supra* note 281, n. 2377.

407

第4章　19世紀フランスにおける抵当権と追及権

を残している，といえる。「法律効」概念自体がその連続性を担保していたが，さらに当時の学説は，不動産強制競売における消除主義を「事実上の滌除（purge virtuelle）」[322]として捉えている。この概念は，不動産強制競売の消除主義について，競落人が滌除手続を履践することなしに，滌除の効果を生じさせるもの，という認識を示すものであり[323]，滌除と消除主義との連続性が概念レベルではなお存続していたことが窺われる。しかし，滌除と消除主義との間に存在していたこれらの接点は，日本の法学説においては消去されることとなる（後記第5章）。

第3款　補説1：第三取得者から先順位抵当権者への売却代金弁済による代位

　以上のように，19世紀後半の学説においてはγ説が通説化し，β説の痕跡消去が進められているが，そこにはなおβ説の痕跡が表現上残されていた。さらに，Baudry-Lacantinerie は，第三取得者が滌除手続以外で売却代金を抵当権者に弁済した場合において，β説からの帰結へ，実質的にではあるが，一定の歩み寄りを示している。

　前述のとおり，彼を含む当時の学説は，後順位抵当権者の追及権行使に対してかつて β説の Bourjon が第三取得者に与えていた，先順位抵当権者への売却代金弁済の抗弁を，追及権行使の「非剰余主義」に基づいて否定するようになっていた（前記第1節第4款）。しかし Baudry-Lacantinerie は，その代替措置として，売却代金を先順位抵当権者に弁済した後に後順位抵当権者による追及権行使を受けた第三取得者に対し，売主への求償権を確保するための「弁済による代位」を認める。これによって後順位抵当権者の順位上昇が阻止されることで，後順位抵当権者による追及権行使は無益なものとなり，ほとんどなくな

---

322)　Chadel, *Traité de la purge virtuelle des priviléges et hypothèques*, Paris, 1902.

　　なお，この概念は Chadel の独創によるものではなく，古くは Troplong, *Le droit civil expliqué suivant l'ordre des articles du Code, des priviléges et hypothèques*, t. 3, Paris, 1833, n. 649, t. 4, Paris, 1833, n. 905 にすでに見られる。Aubry et Rau, *supra* note 124, §293 bis や Dalmbert, *supra* note 303, n. 37 et s. も，この概念を用いている。

323)　Chadel, *supra* note 322, Introduction.「一定の取得者は 2181 条以下の手続の申立てを免除されている，なぜならその取得は，法律上当然に，先取特権及び抵当権を事実上滌除するものだからである。」Dalmbert, *supra* note 303, n. 37 にも同様の記述が見られる。

408

るだろう，というのである[324]。もちろん，彼も追及権行使の「非剰余主義」
（前記第1節第4款）を承認しているので[325]，後順位抵当権者の追及権を法的に
失わせているわけではない。それでも彼は，第三取得者に弁済による代位を認
めることで，γ説と「非剰余主義」の枠組みの中で，β説に基づく抗弁を事実
上補完しようとするものといえる。

　もっとも，第三取得者に売却代金の弁済による代位を認めるための法律構成
は明らかにされていない。仮に第三取得者が抵当権者に売却代金を弁済しても
売主に対する売却代金弁済義務を免れないのであれば，売主と第三取得者との
間には売却代金弁済義務と求償権とが対立するだろう。そしてこの求償権を確
保するために，後順位抵当権者による実行以前に先順位抵当権者への弁済によ
る代位が認められることになるだろう。しかし，仮に第三取得者が抵当権者に
売却代金を弁済すれば売主に対する売却代金弁済義務を免れるのであれば，そ
れによって求償はすでに実質的に実現されており，売主に対する求償権の発生
を認めることも困難になるはずである。このように考えると，第三取得者の代
位は，後順位抵当権者による追及権行使後にはじめて認められ，しかも後順位
抵当権者に代位することしかできない，ということになるだろう。この点につ
いての説明を欠いたまま，Baudry-Lacantinerie が弁済による代位を認めてい
るのは，彼が売却代金弁済の抗弁を否定することの実質的影響を小さくするた
めに弁済による代位という法律構成を用いているに過ぎないことを示すものと
いえよう。しかしそれゆえに，この第三取得者による売却代金の弁済による代
位は，日本の学説にも一旦受容されるものの，その後批判にさらされることと
なる。

324）　Baudry-Lacantinerie, *supra* note 281, n. 2177.「第三所持者が優先順序に従って不動産に課せら
　　れた抵当負担を取得代金の限度で弁済したに留まる場合，第三所持者は確実には抵当権実行を免れ
　　ない。しかし，取得代金が不動産の真の価値にほとんど等しい場合，第三所持者がこの帰結を得る
　　ことがありえないではない。そのような場合，弁済されない債権者が競売を進めるために不動産差
　　押えを試みることはほとんどない。競落代金はおそらく第三所持者によって弁済される額よりも小
　　さく，この代金は 1251 条 2 項に基づき弁済を受けた債権者に代位する第三所持者の求償のために
　　用いられるので，競売の申立ては無益に終わるだろう。」
325）　Baudry-Lacantinerie, *supra* note 281, n. 2167.

第4章　19世紀フランスにおける抵当権と追及権

第4款　補説2：物上保証人の滌除権をめぐる議論の展開

　第1款及び第2款で見たような γ 説の浸透と β 説の忘却により，第三取得者を単なる抵当不動産所有者として捉える傾向はさらに強まるはずである。しかし，物上保証人の滌除権をめぐる以下のような19世紀後半の議論の展開は，この傾向に歯止めをかけている。前述のとおり，Troplong は，物上保証人の法的地位を第三取得者のそれになぞらえることで，物上保証人にも滌除権を認めていた（前記第1節第5款）。これに対して19世紀後半の学説は，物上保証人の滌除権を否定することで，実質的に第三取得者の法的地位を設定者のそれとは区別しているのである。

　Aubry と Rau は，物上保証人に滌除権を否定している。そしてその理由として，物上保証人は抵当権設定契約の当事者であるところ，滌除は抵当権者の執行の権利を麻痺させるものであって設定者の契約上の義務に反する，と説く[326]。Pont 及び Dalmbert も，執行との関係は示していないものの，Aubry と Rau と同様に，滌除が設定者の抵当権者に対する義務に反することを理由として，物上保証人の滌除権を否定している[327]。

　Baudry-Lacantinerie も同様に，物上保証人は抵当権設定契約の当事者であるので，自己の契約に反することはなしえない，という理由で物上保証人の滌除権を否定する。彼は特に，設定者は抵当権者の権利を変更しない義務を負うところ，滌除は抵当権者から換価時点の選択を奪う点と抵当権者に増価競売を強いる点で抵当権者の権利に変更をもたらす，ということを付け加えている[328]。

---

326)　Aubry et Rau, *supra* note 124, §293 bis, note 24.「……〔引用者注：物上保証人には〕滌除は認められない，というのは，そのような者は債権者に対して，被担保債務の弁済の義務こそないものの，少なくとも，その妨げになる性質の行為を慎むことで，抵当権の効力を生じたままにすることを契約したからであり：その行使が債権者の執行の権利を麻痺させるところの権能〔引用者注：滌除権〕を用いることで，彼はこの義務に違反することになるからである。」

327)　Pont, *supra* note 124, n. 1272. Dalmbert, *supra* note 303, n. 106.

328)　Baudry-Lacantinerie, *supra* note 281, n. 2347.「滌除は，債権者が担保物換価の時点をもはや自由に選択できず，入札を求める際には増価競売を義務づけられるという意味で，これらの権利〔引用者注：抵当債権者の権利〕に変更をもたらす。他人の債務の担保のために抵当権を設定した者は，人的に債務の弁済を義務づけられていないが，債権者のための権利と，担保物換価実施の通常の条件を変更しうることは何もしてはならない，という義務とを確かに契約している。それゆえ，彼は滌除をなしえない。」

410

第 4 節　抵当権及び追及権をめぐる 19 世紀後半の学説

このように，19 世紀後半のフランス法学説においても，第三取得者の法的地位の特殊性はいまだ完全に失われてはいない。これらの学説は，物上保証人の滌除権を否定する理由を抵当権設定契約の拘束力に求めており，滌除制度は，抵当権者と契約関係にない第三取得者に対して抵当権が物権として有する効力の限界を画するものとして位置づけられている。このような位置づけは，フランス古法において抵当権の当然 purge に β 説が与えていた位置づけ[329]と共通している。

もっとも，物上保証人と第三取得者とを対比する分析視角それ自体が，γ 説を前提としたものであったことには注意を要する。滌除が招く物上保証人の義務違反の内容として，Aubry と Rau が抵当権者の売却権能への侵害を挙げ，Baudry-Lacantinerie も換価の時点及び態様に関する原則状態からの変更を挙げていることも，彼らの抵当権理解を反映するものといえる。従って，ここでの彼らの議論も，γ 説を基調としつつ β 説の実質を保持しようとしたものといえよう。

第 5 款　小括

本節で示されたことから，次のようなことを指摘できる。

19 世紀後半になると，第三取得者の抵当債務弁済義務を否定する見解が，学説上に完全に定着した。これは，売却権としての抵当権理解が，19 世紀前半に Valette が復刻した（前記第 1 節第 2 款）Pothier の「肢分権」理論（前記第 2 章第 5 節）によって，学説に広く普及させられたためであった。この「肢分権」による体系化の一方で，Demolombe や Aubry と Rau は，物権を肢分権ではなく《直接性》によって体系化しようとする（第 1 款(i)）。しかし結局，これらの「肢分権」による体系化と《直接性》による体系化とは，Pont やとりわけ Baudry-Lacantinerie において，両立され融合されるに至った（第 1 款(ii)）。それによれば，抵当権は物を直接に割り付けるため，第三取得者が取得した物は，取得時に抵当権によってすでに不完全なものとされており，その結果，抵当権は第三取得者に対抗される。然るに，抵当権は物の売却権であり，ゆえに，第三取得者は抵当不動産の売却を甘受する義務のみを負う，と説かれるのである。この説明は，明治 31 年民法の起草者である梅謙次郎を介して，

---

329)　前記第 2 章第 1 節第 2 款(iii)参照。

第4章　19世紀フランスにおける抵当権と追及権

日本の学説にも影響することになる（後記第5章）。

　この肢分権理論は，18世紀の Pothier において（前記第2章第5節第3款），また19世紀の諸学説においてそうであったように，不動産上の抵当権を代金上の権利に変換するという Grenier の「法律効」理論と，これに対する Troplong の契約に基づく正当化によって支えられていた。もっとも，19世紀後半には，次第にこの合意による法律効の正当化に限界が感じられるようになっていた。しかし，法律効による抵当権消滅を再び抵当権の当然 purge として位置づけることは，「肢分権」理論との間の緊張関係を表面化させることになる。そこで学説は，かつて抵当権の当然 purge 制度として統一的に捉えられていた諸制度を個別に正当化し，とりわけ滌除制度に対しては立法論的批判が加えられるようになる（第2款(ii)）。このことは，すでにこの時点において，「肢分権」理論が学説において強固な基盤を固めており，他方で「合意による法律効」理論がかつての抵当権の当然 purge 制度から当然 purge としての性格を奪うことに成功していた，ということを示すものといえよう。物上保証人の滌除権を否定するにあたっても，学説が抵当不動産譲渡の有無ではなく不動産所有者が契約当事者か否かという視角から立論していたのも，このことを示すものといえる（第4款）。

　しかしなお，この当時のフランス法学説には，β 説の痕跡も垣間見られる。Aubry と Rau は抵当権の効力として優先弁済権と追及権の二つを挙げ，Pont や Baudry-Lacantinerie はさらに追及権を優先弁済権の補助として位置づけていた。加えて，「法律効」理論が，滌除制度と消除主義とを結びつける最後の接点として残されており，だからこそ消除主義は「事実上の滌除」として位置づけられていた。のみならず，Baudry-Lacantinerie は売却代金を先順位抵当権者に弁済した第三取得者に弁済による代位を認めることで，β 説からの帰結への接近を図っていた（第3款）。これに対して，日本の法学説においてはこれらの痕跡は当初から継承されず，あるいは次第に忘却されていくことになる（後記第5章）。

第5節　本章のまとめ

　本章で示されたことを，序章で設定した本書の課題のうちの二つに即して再構成すると，次のようになる。

412

第 1 款　第一の課題について

　本書の第一の課題は，フランス法学説史において，第三取得者の抵当債務弁済義務の有無をめぐる課題意識が存在したことを示すことであった。この課題との関係では，まず，19 世紀前半の，とりわけ Pothier 学説に依拠して民法典の文言から離れた解釈を行った Troplong 以降の学説が，第三取得者の抵当債務弁済義務の有無をめぐる課題意識を明確に示している，ということができる。彼らは，第三取得者に抵当債務の弁済義務を負わせる民法典の文言を批判し，第三取得者が負うのは抵当不動産の売却を甘受する義務（または，そのために抵当不動産を委付する義務）だけである，と説いたのである（第 1 節第 1 款・第 2 款）。

　その一方で，19 世紀半ばには，なお第三取得者の抵当債務弁済義務を認める見解が存在していた，ということができる。いわゆる「抵当権改革」期の法案は，前述したような民法典の文言に対する批判にもかかわらず，なお第三取得者に抵当債務を弁済する義務を課す文言を保存していたからである（第 2 節第 2 款）。

　最後に，19 世紀後半の学説は，なお前時代の課題意識を記憶していたものの，すでに第三取得者の抵当債務弁済義務を否定することで一致しており，学説間に深刻な対立はなかった，ということが指摘できる（第 4 節第 1 款）。

第 2 款　第二の課題について

　本書の第二の課題は，19 世紀の学説が第三取得者の抵当債務弁済義務を否定した理由を明らかにすることであった。この課題との関係では，まず，19 世紀の学説が Pothier の学説（前記第 2 章第 5 節）に依拠し，さらにこれを発展させたものであった，ということが指摘できる。とりわけ，19 世紀前半の Battur は，Pothier を明示的に引用していた（第 1 節第 1 款）。また，第三取得者の抵当債務弁済義務に直接言及したものではなかったが，Valette は Pothier の「肢分権」理論を 19 世紀に復刻し（第 1 節第 2 款），この「肢分権」理論は，《直接性》による体系化と相まって，19 世紀後半の学説による第三取得者の抵当債務弁済義務の否定を根拠づけていたといえる（第 4 節第 1 款）。

　従って，19 世紀の学説が第三取得者の抵当債務弁済義務を否定した理由について，鍵を握っているのは Pothier の学説である，ということができる。

第 4 章　19 世紀フランスにおける抵当権と追及権

　そうすると，冒頭に掲げた課題は，Pothier の学説が 19 世紀の学説に影響力を持ったのはなぜか，という問いに読み換えうるということになる。そして，この問いに対する答えを示唆しているのが，Pothier の「肢分権」理論を復刻することで 19 世紀後半の学説に多大な影響を与えた Valette の，不動産物権の統一的理論体系の構築への志向である。彼は，抵当権を不動産権として扱う，という肢分権理論の解釈論的実益とは無関係に，Pothier の「肢分権」理論を復活させることに執着していた。そしていわゆる「抵当権改革」期の立法過程においても，彼を中心とした Paris 大学法学部の意見は，所有権移転証書の謄記を第三者対抗要件とすることと，対抗要件主義にそぐわない民訴法典 834 条を廃止することで，不動産物権変動の要件の平準化を進めるよう主張していた。前記第 3 章で見た，抵当権の目的物特定の原則の導入も，所有権と抵当権との類比を容易にすることで，「肢分権」理論が Pothier の時代及びその直後の中間法期以上に学説に受け容れられやすくなる土壌を準備していたということができよう。

　もっとも，「抵当権改革」のための de Vatimesnil の委員会案はなお，Paris 慣習法典の解釈者以来の，優先弁済権を効力の中心とする抵当権理解（β 説）を基盤としていた（第 2 節）。しかしその後，1855 年の法律を契機として不動産物権変動要件の理論的統一が進められ，民訴法典 834 条の廃止が実現したことで，抵当権の公示原則も，かつて Bruxelles 控訴裁判所意見（前記第 3 章第 4 節）が γ 説に基づいて構想していたように，統一的な不動産物権公示原則の一部となった（第 3 節）。これにより，もはや Pothier 学説に対する抵抗は学説上見当たらなくなり（第 4 節第 1 款），de Vatimesnil の委員会案が，結局 γ 説に対する β 説の最後の抵抗となったのである。

　このような，19 世紀における不動産物権理論の体系化に向けた機運と並んで，Bourjon の「変換」理論（前記第 2 章第 2 節第 3 款）を移植した，Grenier の「法律効」理論（第 1 節第 3 款）も，「肢分権」理論を準備し，これを支えるものであったといえる。Pothier も，「肢分権」理論と抵当権の当然 purge 制度との緊張関係を解消するため，Bourjon の「変換」理論を利用して，当然 purge を décret 手続の特殊な効力として理論的に疎外していた（前記第 2 章第 5 節第 3 款）。同様に，19 世紀においても，「法律効」理論によって，抵当権の当然 purge 制度は「肢分権」理論及びこれに基づく抵当権理論から疎外された。さらに，この「法律効」が第三取得者と抵当権者との間の契約の効力として説明されることで，「法律効」による抵当権消滅は抵当権の当然 purge とし

ての性格を喪失し，これによって「肢分権」理論と抵当権の当然 purge 制度
との緊張関係は解消されていたのである。その後，契約による法律効の正当化
が擬制的なものであるということが認識されるようになっても，「法律効」に
よる抵当権の消滅が抵当権の当然 purge としての性格を回復することはなか
った。そして，かつて抵当権の当然 purge 制度として捉えてられていた諸制
度は個別にかつ政策的に正当化され，とりわけ滌除に対しては立法論的批判が
表面化した（第4節第2款(ii)）。このように，「法律効」による抵当権の消滅が，
「肢分権」理論と緊張関係に立つ抵当権の当然 purge としての性格を回復しな
かったのも，すでに 19 世紀後半において「肢分権」理論の中に抵当権を位置
づける学説が盤石な基盤を築いていたことを示すものといえよう。

第5章　日本法における抵当権と追及権

　本章では，本書の第三の課題に取り組む。すなわち，本書がこれまでに明らかにしてきたようなフランス法学説の潮流が，《第三取得者は抵当債務の弁済義務を負わない》という現在の日本法学説の規範認識に与えた影響をここでは解明したい。具体的には，前章までに紹介したような19世紀までのフランスの法学説が，一方で日本の旧民法の起草者であるBoissonadeの草案（以下，この旧民法草案を「Boissonade草案」または「草案」と呼ぶ）や旧民法に，他方で明治31年民法やこれを解釈するその後の諸学説に持ち込まれていく過程を追う。

　この点について，序章第2節第2款で紹介した鈴木禄弥「『債務なき責任』について」は，Boissonadeが起草した旧民法の条文を明治31年民法の起草者である梅謙次郎が批判していることに触れ，この梅の立場を「明らかにドイツ法学の影響を受けている」ものと説明していた[1]。しかし本書は，Boissonadeの見解が実は抵当権理解に関する19世紀フランスの学説の展開（前記第4章第1節・第4節）を反映していなかったこと，これに対して，梅の見解がそれを取り込むものであったことを明らかにしたい。

　フランス民法典は，優先弁済権（債権者間の配当順位）を効力の中心に据える抵当権理解（序章第4節にいう「β説」）と整合的な，抵当不動産の第三取得者に抵当債務を弁済する義務を認める規定を有していた（前記第3章第6節）。これに対して，19世紀フランスの学説は，売却権としての抵当権理解（序章第4節にいう「γ説」）に基づいて，次第にそのような民法典の文言を無意識的に離れ，さらには民法典の文言を意識的に批判して，第三取得者の抵当債務弁済義務を否定するようになっていた。この過程で，Pothierの「肢分権」理論（前記第2

---

1)　鈴木禄弥「『債務なき責任』について」『物的担保制度をめぐる論集』（テイハン，2000）43-44頁。

第5章　日本法における抵当権と追及権

章第5節）が Valette によって復刻され，19世紀後半には第三取得者の抵当債務弁済義務の否定を根拠づけるようになっていた。そしてさらにその「肢分権」理論を準備していたのが，任意売却後の滌除手続及び不動産強制売却における抵当権の消除主義に関する「法律効」理論であった（前記第4章第1節・第4節）。

　19世紀後半になると，以上のような当時のフランス法学説が，法典編纂の作業を通じて日本に持ち込まれることになる。もっとも，旧民法の起草を担当した Boissonade は，「肢分権」理論こそ継承していたものの，19世紀フランスの通説とは異なり，必ずしも抵当権を「売却権」として捉える理解を示しておらず，その結果，第三取得者の抵当債務弁済義務を認めていた。これに対して，梅は反対に，「肢分権」理論自体からは距離を置くものの，抵当権を売却権として捉え，第三取得者の抵当債務弁済義務を否定する19世紀フランスの通説（γ説）を継承した（第1節）。

　その一方で，19世紀フランスにおいて「肢分権」理論を支えていた「法律効」理論は，日本の法学説には継承されず，このことが，フランスでかつて抵当権の当然 purge を生じるものとされ，「法律効」理論によって説明されていた諸制度の扱いに影響を及ぼすこととなった。すなわち，フランス法から日本法に導入された滌除制度について，Boissonade は滌除を抵当不動産の譲渡による消滅（当然 purge）ではなく第三取得者と抵当債権者との間の合意（契約）として法律構成する学説を継承する一方で，「法律効」理論は継承しなかった。梅はこれを受けて，滌除制度を，実際上の便宜のために設けられた，追及権に対する例外的な制約として位置づけるに至り，さらにその後の学説は，抵当権に対して利用権を保護する制度として滌除制度を抽象化するようになる（第2節）。

　不動産競売手続における抵当権の消除主義も，日本法に導入されたが，滌除が抵当権の当然 purge として構成されず，かつ「法律効」理論が継承されていないために，フランスと異なり，この消除主義は次第に滌除制度との連続性を失っていく。Boissonade においては，フランスにおけるのと同様に，消除主義はなお滌除制度と連続性を有していたが，その後の学説が，次第に消除主義と滌除制度との連続性を失わせていくことになるのである（第3節）。

　以上のような，日本における「法律効」理論の不存在及びそれによる消除主義と滌除制度との連続性喪失は，抵当権に基づく売却代金への物上代位及び代価弁済による抵当権消滅の位置づけにも影響を与えている。売却代金への物上

代位は当初，Boissonade によって不動産上の担保権が消滅する場合の補完と
して導入され，彼は登記によって保存された抵当権については売却代金への物
上代位を認めていなかった。これに対して，梅は明治 31 年民法において，抵
当権にも売却代金への物上代位を認め，さらに，この売却代金への物上代位に
対して第三取得者が自衛のためにする滌除を簡略化して，代価弁済による抵当
権消滅を導入した。しかし，梅はあくまでも不動産上の担保権を特別に売却代
金上に拡張したものとして物上代位を捉えており，代価弁済による抵当権消滅
も，「法律効」理論に支えられたものではなかった。そのため，売却代金への
物上代位と代価弁済による抵当権消滅との関係は，その後の学説によって解消
されてしまう。そしてその結果，売却代金への物上代位を否定する見解や，代
価弁済制度を単なる合意による抵当権消滅の確認として捉える見解が表れるに
至る（第 4 節）。

第 1 節　追及権理解の帰趨

　Boissonade 草案は，19 世紀フランスの法学説から，物権の直接性と「肢分
権」の体系とをともに継承しているが，その一方で，売却権としての抵当権理
解（γ説）を示してはおらず，その結果，第三取得者の抵当債務弁済義務を認
めている（第 1 款）。旧民法及びこれを解釈する学説も，基本的に彼の構想を維
持している（第 2 款）。

　これに対して，明治 31 年民法を起草した梅は，「肢分権」理論自体からは距
離を置くものの，抵当権を売却権として捉え，第三取得者は抵当権の肢分後に
設定者に残された所有権を取得すると構成することで，第三取得者の抵当債務
弁済義務を否定している。そのため，明治 31 年民法と同時に制定された競売
法においては，担保不動産の「所有者」が設定者であるか第三取得者であるか
を問わない，「担保権実行」一般の手続が備えられることとなった（第 3 款）。

　その結果，その後の学説は，売却権としての抵当権理解に基づいて第三取得
者の抵当債務弁済義務を否定する梅の見解を踏襲し，さらに，抵当不動産の
「所有者」一般が抵当権の「実行」を甘受すべき地位に置かれる，と説くよう
になった。そして最終的には，抵当不動産の「所有者」一般が抵当債務の弁済
義務を負わないということが，抵当権が物権として物に対する《直接性》を有
することを根拠づけるための，いわば証明を要しない公理となった。それと同

時に，抵当不動産の第三取得者の法的地位をめぐる問題は，抵当不動産の「所有者」の法的地位をめぐる問題に解消されていった（第4款）。このような流れの中で，第三取得者の抵当債務弁済義務の明治31年民法における残滓であった，第三取得者に対する抵当権実行通知が，平成15年改正で廃止されるに至った（第5款）。

第1款　Boissonade によるフランス法学説導入の状況

　Boissonade は，物権を物に対する直接の権利として統一的に把握する体系を導入している（(i)）。そしてその一方で，彼は物権を所有権の肢分権として統一的に把握する理論体系を導入し，抵当権をその理論体系に編入している（(ii)）。

　しかし，それらの体系的整理は，抵当権理解と抵当権の効力に関する各論的記述にまでは及んでいない。19世紀フランスの学説は，それらの体系的整理によって抵当権を売却権として捉え，第三取得者が抵当債務を弁済する義務を負わないという結論を支え，フランス民法典の文言を批判していた（前記第4章第1節・第4節参照）。これに対して Boissonade は，抵当権を売却権として捉えておらず（(iii)），その結果として，むしろフランス民法典と同様に，明確に第三取得者に抵当債務を弁済する義務を認めているのである（(iv)）。

(i)　物権の《直接性》

　Boissonade は，Demolombe や Aubry と Rau（前記第4章第4節第1款）と同様に，物権一般を，義務者を介在させないという意味で物に対する直接の権利として捉え[2]，この物権の《直接性》を抵当権にも及ぼしている。

　Boissonade 草案2条は，物権一般を定義するに際して，物権が義務者を介在させないという意味で物に対する《直接性》を有することを明示的に宣言している。そして，そのような直接性を有する物権の一つとして，抵当権を挙げている。このことから，彼は一般論としては抵当権にも直接性を認めているということになる。

---

2)　本書における，物権の《直接性》概念と《対物性》概念との区別については，前記第2章第5節第1款(i)参照。

第1節　追及権理解の帰趨

「2条　物権は，物の上に直接に（*directement*）行使され，万人に対抗でき，主たる物権と従たる物権がある。

主たる物権は以下のものである。

1，完全なまたは肢分された所有権

……

従たる物権は人的権利の担保をなし，以下のものである。……

5，抵当権……」

彼はこの物権の《直接性》を，Demolombe や Aubry と Rau のように，人の介在なしに行使されるものとして，人に対する請求を基礎づけないものとして説明，理解している[3]。

それゆえ，Aubry と Rau の説くところ（前記第4章第4節第1款(i)）に従えば，抵当権は目的不動産に対して直接に行使される売却権であるために，抵当不動産の第三取得者の抵当債務弁済義務は認められないはずであった。

(ii)　「肢分権」の体系と抵当権の編入

他方で Boissonade は，フランスで18世紀に Pothier によって提唱され（前記第2章第5節第1款），19世紀に Valette によって復刻された（前記第4章第1節第2款），すべての物権を所有権の一部として捉える「肢分権」の体系をも導入し，そこに抵当権を編入している。

抵当権を定義する草案1201条には，このことは明示されていない。この条文は，抵当権が執行対象不動産上の物権であることを示す当時のフランス民法典2114条と，抵当権が債権者間の優先原因であることを示す同2094条とを統合したものであり（前記第3章第6節第5款），抵当権が「物権」であることに言及しているに過ぎない。

「1201条　抵当権は，法律または人の意思によって，他者に優先して，特定の義務の支払いに割り付けられた不動産の上の物権であり，質入れ（*nantissement*）がなされている必要はない。」

---

3)　Boissonade, *Projet de Code civil pour l'Empire du Japon accompagné d'un commentaire*, nouv. éd., t. 1, Tokio, 1890, n. 4. 「物権は，物の上に直接に向けられ，『物の「上に」行使される』。この権利が帰属する者は，人を相手取る必要がない……。」（傍点は引用者による。）

第 5 章　日本法における抵当権と追及権

　もっとも，彼はこの 1201 条を解説するにあたって，抵当権が不動産所有権の肢分権であることを明示的に認めている[4]。この「肢分権」理論によっても，Pont や Baudry-Lacantinerie の説くところ（前記第 4 章第 4 節第 1 款(ii)）に従えば，抵当権は不動産所有権の一部である売却権であるために，第三取得者は抵当不動産の売却を甘受する義務しか負わず，その抵当債務弁済義務は否定されるはずであった。

(iii)　抵当権を売却権として捉える記述の不存在

　しかし，Pothier や 19 世紀フランスの学説とは異なり，Boissonade は必ずしも抵当権を不動産の売却権として捉える理解を示していない。彼による解説は，抵当権設定による所有権の「肢分」の内容として，所有者が不動産上の建築物並びに農作物の除去及び不動産の譲渡に抵当債権者の許諾を要することのみに言及している[5]。これに対して，Valette 以来の「肢分権」説には存在していた，抵当権を「抵当不動産を金銭に変形する権利」[6]すなわち抵当不動産の売却権として捉える記述は，Boissonade の解説からは脱落している。彼は，抵当権が不動産の性質を有することの根拠をも，抵当権者が不動産の売却権を有していることや，不動産の売却代金を取得することにではなく，抵当不動産の第三取得者に対する追及権に求めているのである[7]。

---

4)　Boissonade, *Projet de Code civil pour l'Empire du Japon accompagné d'un commentaire*, nouv. éd., t. 4, Tokio, 1891, n. 394.「フランスではしばしば，抵当権が所有権の肢分権であるか否か，動産権であるのか不動産権であるのかが議論される。……我々は，不動産的性格と，従って所有権の肢分権の性格への躊躇を抱かない。」

5)　Boissonade, *supra* note 4, n. 397.「……彼〔引用者注：抵当権設定者〕は，使用し収益する絶対権を保持しているだろうか？　用益権者について収益権の濫用とみなされるようなことを，彼はなしうるだろうか？　誰もが，それはなしえないと答えるだろう。また，彼が重要な建物または農作物の除去をなしえないことを人々が認め，彼による譲渡がその取得者を追及権すなわち債務の弁済のための売却にさらすのに（フランス民法典 2182 条 2 項），彼が処分する絶対権を保持しているということができるだろうか？」

　　なお，フランス民法典 2182 条 2 項については，前記第 3 章第 7 節第 6 款(ii)参照。

6)　もっとも，Pont にはこのような記述が認められるが，Baudry-Lacantinerie にはこのような記述はなかった。しかし，彼は抵当権の肢分権性を説明する箇所とは別の箇所で抵当権を目的不動産の売却権として捉えていた（前記第 4 章第 4 節第 1 款参照）。これに対して，Boissonade には抵当権の肢分権性を説明する箇所以外にも抵当権を目的不動産の売却権として捉える記述は存在しない。

7)　Boissonade, *supra* note 4, n. 396.

（ⅳ）　追及権の内容

　前記(ⅰ)・(ⅱ)でみてきたように，Boissonade は総論的記述においては，抵当権に《直接性》を認め，同時に抵当権を「肢分権」の体系に編入してもいる。19 世紀後半のフランス法学説（とりわけ Baudry-Lacantinerie）は，抵当権のこの直接性と肢分権性に基づき，第三取得者が取得した物は抵当権によってすでに肢分され不完全なものとされている，と考えることで，抵当権の第三取得者への対抗を説明していた。そして具体的には，抵当権を所有権から肢分された物の売却権として捉えることで，抵当権を対抗される第三取得者は抵当不動産の売却を甘受する義務のみを負う，と説いていた（前記第 4 章第 4 節第 1 款）。しかし Boissonade は，以下で説明するとおり，抵当権の直接性や肢分権性を，なぜか抵当権の効力に関する各論的議論には反映させていない。彼はむしろ，前記(ⅲ)でみたように抵当権を売却権として捉えていなかったために，フランス民法典と同様に，第三取得者の抵当債務弁済義務を認めているのである。

　抵当権の追及権に関して，まず草案 1262 条 1 項は，フランス民法典 2167 条よりも明確な形で，第三取得者に抵当債務の弁済義務を認めている[8]。そして，抵当不動産の「収用（expropriation）」を，この第三取得者の義務についての執行方法として規定しているといえる。これは，Pothier 以来の，売却権としての抵当権理解（γ 説）にではなく，むしろ，Paris 慣習法典の解釈者以来の，債権者間の優先弁済権を中心とする抵当権理解（β 説）に通ずるものがある。

　　「1262 条 1 項　抵当不動産が，全部もしくは一部を譲渡され，または用益権その他の物権を課された場合，所有権の譲渡または肢分権設定証書の謄記前に不動産上に登記されたすべての抵当債権者は，第三所持者に対して，自己に支払われるべきものの弁済を請求し，付帯的に（subsidiairement），抵当権の順位で代金から弁済を受けるために，あたかも当該不動産が譲渡されずまたは肢分されなかったかのように当該不動産の収用（expropriation）を実施する権利を有する。」

---

8)　Boissonade が第三取得者に抵当債務の弁済義務を認めている，ということについては，藤原明久『ボワソナード抵当法の研究』（有斐閣，1995）160 頁（初出，神戸法学雑誌 31 巻 3 号，4 号，32 巻 1 号〔1981-1982〕）がすでに指摘するところであった。しかしそこでは，この Boissonade の理解が有するフランス法学説史上の意義はいまだ指摘されていなかった。だからこそ，同 170 頁では，Boissonade と異なり，第三取得者は債務者ではない，と説く Pont の見解（前記第 4 章第 4 節第 1 款(ⅱ)）が，Boissonade の解説と同旨を言うものとして付け加えられているのだろう。

第 5 章　日本法における抵当権と追及権

　ここで「付帯的に」認められている抵当不動産の収用は,「あたかも当該不動産が譲渡され……なかったかのように」という草案の文言上は,債務者の義務の強制執行として位置づけられているようにも見える。しかし,Boissonadeの解説はこれを,債務者の義務の強制執行でも,義務の強制執行とは独立した抵当目的物の売却でもなく,第三取得者自身の義務の（任意履行を欠く場合における）強制執行として（ただし,義務の執行対象財産が抵当不動産に限定されているものとして）捉えている[9]。

　さらに,Boissonade はそこで,「付帯的に」という文言を「第三取得者による抵当債務の任意弁済を欠く場合の」という意味と解説しており,この点は,彼が第三取得者に抵当債務の弁済義務を認めたことの背景にあると考えられる彼の問題意識を示すものといえる。彼はここで第三取得者に抵当債務の弁済義務を否定した 19 世紀フランスの通説に明示的な批判を加えてはいないため,彼が意識的に通説を拒絶しているのか否かは定かでない。しかし少なくとも,彼は抵当債権者が第三取得者による抵当債務の弁済の提供を無視して抵当不動産の競売を進めることを恐れており,そのために,抵当不動産の強制収用を,第三取得者による抵当債務の任意弁済を欠く場合の「付帯的」な請求と説明しているのである。この Boissonade の問題意識は,その後の旧民法の法律取調委員会における議論にも継承されており（後記第 2 款(iv)）,明治 31 年民法起草の際に,梅委員はこの問題意識と対峙することになる（後記第 3 款(v)）。

　このように第三取得者に抵当債務の弁済義務を認めることの具体的帰結として,第三所持者が有する抵当不動産の収用の場面で,Boissonade が第三取得者に対する執行名義を要求していることを挙げることができる。草案 1290 条1 項は,第三取得者が有する抵当不動産の売却に,無担保債権者の債務者財産に対する強制執行と同様の方式を要求している。

　　「1290 条 1 項　第三所持者が先に定められた期間内に弁済もせず,委付もせず,

---

9)　Boissonade, *supra* note 4, n. 496.「追及権の主たる効力は,本条が示すように,抵当債権者に『第三所持者に対して,自己に支払われるべきものの弁済を請求する』ことを認める,というものである：抵当不動産の収用の実施は,『付帯的な』,任意弁済を欠く場合のものでしかない；もっとも,この不動産は,第三所持者の財産のうち,この債務のために差し押さえられうる唯一のものである,なぜなら,彼はこの物に基づいて,物的に（*propter rem*）のみこの債務を義務づけられており（tenu）,この点で,人的に全財産に基づいて義務づけられた債務者（1001 条）とは根本的に異なるからである。」（傍点は引用者による。）

424

滌除を申し込まなかった場合，抵当債権者は，民事訴訟法典によって規定された
　　方式と公示を伴った入札による売却によって，不動産の収用を実施することがで
　　きる。」

　Boissonade はこの 1290 条 1 項を解説する際に，第三取得者が有する抵当不
動産の競売手続においても，第三取得者に対する執行名義を要求している[10]。
これは，第三取得者に対する執行名義なしで催告手続に基づく抵当不動産の強
制売却を認めていたフランス民法典 2169 条とは異なる建前である。かつて，
フランス古法の Paris 慣習法などは，第三取得者の手に渡った抵当不動産の強
制売却のために第三取得者に対する執行名義を要求しており，この第三取得者
に対する執行名義を抵当債権者に与えるために抵当訴訟制度が存在していた
（前記第 1 章第 1 節第 2 款(iii)）。これに対して，フランス民法典 2169 条はその抵
当訴訟制度を廃止し，第三取得者との関係で執行名義を要求しない催告手続に
基づく抵当不動産の強制売却を創設した。もっとも，フランス民法典の起草時
には，これは第三取得者の義務について簡易な執行手続を認めるものに過ぎず，
この手続は第三取得者が負う義務の執行という性質をなお保持していた（前記
第 3 章第 6 節第 5 款）。しかし，その後の 19 世紀とりわけ Troplong 以降の学説
は，第三取得者が負う義務の執行ではなく，抵当権という物権を抵当不動産に
対して行使するものとして，この執行名義不要の手続を説明するようになって
いた（前記第 4 章第 1 節第 1 款(iv)）。これに対して Boissonade は，第三取得者
に対する執行名義を催告手続においても要求することで，第三取得者が有する
抵当不動産の強制売却を第三取得者が負う義務の執行として捉える，フランス
古法の建前にまで立ち返っているといえる。
　加えて草案 1290 条 1 項では，フランス民法典 2169 条が第三取得者の有する
抵当不動産の売却に際して抵当債権者に要求していた，第三取得者に対する
「弁済または委付の催告（sommation）」の手続が規定されていない。Boisso-

---

10)　Boissonade, *supra* note 4, n. 533.「入札による売却は，執行名義（判決または公証証書）に基づ
　　いてのみ，なされうる……。」
　　　Boissonade はここで，無担保債権者の債務者財産に対する執行に関するフランス民法典 2213 条
　　を引用している。そのため，藤原・前掲注 8) 221 頁はこの点を捉えて，Boissonade が説くところ
　　を「フランス民法を参考に」したものとして解説している。しかし実際には，Boissonade 草案
　　1290 条 1 項は，第三所持者が有する抵当不動産に関するフランス民法典 2169 条とは異なる規律で
　　あったのである。

第5章　日本法における抵当権と追及権

nade はこれを，不動産差押え手続において要求される，執行債務者に対する
支払命令（commandement）（当時のフランス民訴法典 673 条）で代えようとしてい
るものと考えられる[11]。このことも，彼が抵当不動産の売却を第三取得者の義
務の強制執行として捉えていたことを示すものといえる[12]。

　なお，Boissonade 草案は抵当委付制度をもフランス民法典から取り入れて
いる（1285 条）。しかし彼の解説は，抵当委付を第三取得者の義務の内容とし
てではなく第三取得者の権能として捉え[13]，しかも，抵当委付はフランス民法
典の文言上もそのようなものであると説いている[14]。このことも，彼が抵当権
の第三取得者に対する効力を第三取得者に対する抵当債務弁済義務の賦課に求
めていることと整合している。

第2款　旧民法とこれを解説する学説による Boissonade 草案の継承

　以上のような Boissonade の構想は，旧民法でも維持されている。その旧民

---

11)　実際，Boissonade, *supra* note 4, n. 533 は，競売に先立って支払命令がなされねばならない，と
　説き，強制収用手続につき支払命令を要求するフランス民法典 2217 条を引用している。もっとも，
　Boissonade はここで，第三取得者が有する抵当不動産を競売する場合に支払命令が第三取得者に
　対してなされることを想定しているものと考えられる（後に明治 31 年民法起草の際の法典調査会
　において，梅謙次郎委員が旧民法について以上のような解釈を披露している〔後掲注 49) 896 頁
　〔梅謙次郎発言〕〕）。従って，フランス民法典 2169 条が第三取得者に対する催告と並んで要求して
　いた「原債務者に対する支払命令」に相当するものは，Boissonade 草案には存在しない，という
　ことになろう。

12)　しかしその一方で，この催告は，フランス民法典 2183 条柱書でも，滌除が可能な期間の起算点
　として用いられているところ，これに相当する規定を有する Boissonade 草案 1274 条 1 項には，
　「弁済または委付の催告（sommation）」という用語が残ってしまっている。
　　「*1274 条 1 項　第三所持者は債権者に訴追されない限りいつでも滌除をなしうるが，弁済または
　委付の催告の後には，1 か月以内に行使せねば滌除の権利を失う。*」（傍点は引用者による。）
　　この齟齬は旧民法債権担保編 260 条の文言にもそのまま引き継がれており（後掲注 78)），後に
　明治 31 年民法の起草に際して梅が法典調査会でこの齟齬について指摘している（後掲注 49) 896
　頁〔梅謙次郎発言〕）。

13)　本文で述べたように草案 1290 条 1 項が「弁済または委付の催告」を要求していないことも，
　Boissonade が弁済のみを第三取得者の義務の内容としており，委付を義務の内容として捉えてい
　ないことと整合しているといえる（もっとも，前掲注 12）のとおり，この整理は草案 1274 条の文
　言にまでは及んでいなかった）。

14)　Boissonade, *supra* note 4, n. 514.

第1節　追及権理解の帰趨

法を解説する学説も，基本的には Boissonade の構想に従っている。

しかしその一方で，Boissonade を介さないフランス法学説導入の試みが，旧民法を解説する学説によって，少しずつ進められている。旧民法の解説書には，Boissonade にはなかった，抵当権を不動産売却権として捉える記述が登場し，他方で「肢分権」説を採用しない Demolombe や Aubry と Rau らの見解を意識する記述も登場するようになる。

(i)　物権の《直接性》

前記第1款で紹介した Boissonade 草案をもとにして，旧民法が制定された。物権の体系を定めていた草案2条は，旧民法においては，次のとおり財産編2条となっている。

「2条1項　物権ハ直チニ物ノ上ニ行ハレ且総テノ人ニ対抗スルコトヲ得ベキモノニシテ主タル有リ従タル有リ
……
3項　従タル物権ハ之ヲ左ニ掲ク
……
第6　抵当権」

この条文で宣言された，物権の《直接性》について，旧民法を解説する井上操『民法詳解』は，Boissonade の解説と同様に，その行使に第三者の行為・介入を要しないことである，と説いている[15]。しかし彼[16]はこれに加えて，物権と人との関係について，物権は万人を「当該権利を妨害しない義務」の義務者にする，と説いている[17]。このような記述は，Boissonade の解説には存在しなかったものである。また，今村和郎＝亀山貞義『民法正義』は，物権を物に対する直接の権利とした上で，物権一般と「人権」一般との相違点として，物権には追及権・優先権・不可分権がある，と説く[18]。このような説明も，

---

15)　井上操『民法詳解　物権之部〔復刻版〕（日本立法資料全集別巻227）』（信山社，2002〔底本：1890〕）11頁。

16)　序章と異なり，本章では日本の法学説を専ら学説史的観点から取り扱うので，論者の敬称は省略することとする。

17)　井上・前掲注15) 14頁。

18)　今村和郎＝亀山貞義『民法正義　財産編第一部　巻之壱〔復刻版〕（日本立法資料全集別巻

427

第 5 章　日本法における抵当権と追及権

Boissonade の解説には存在しなかったものであり，抵当権者の優先弁済権と追及権とを物権一般の優先権と追及権に抽象化しようとした 19 世紀後半のフランス法学説（前記第 4 章第 4 節第 1 款）から直接に影響を受けたものと考えられる。

(ii)　「支分権」の体系と抵当権の編入

　抵当権を定義していた草案 1201 条は，旧民法債権担保編 195 条となっている。この条文も次のとおり，明示的には「肢分権」についての記述を含んでいない。この条文はその後，若干の文言の変更を経て，現行民法 369 条 1 項に継承されることとなる。

　　「195 条　抵当ハ法律又ハ人意ニ因リテ或ル義務ヲ他ノ義務ニ先タチテ弁償スル為メニ充テタル不動産上ノ物権ナリ」

　旧民法を解説する学説は，Boissonade の解説と比べると，「肢分権」説から距離をとる傾向にある。宮城浩蔵『民法正義』は «démembrement» に「支分権」の訳をあて，Boissonade と同様に，抵当権は「支分権」であると説く[19]。これに対して，井上操『民法詳解』は，抵当権が「支分権」ではないとする学説を紹介し[20]，これと対置して抵当権を「支分権」とする説を紹介しており[21]，彼自身は特にどちらを支持しているわけでもない。

　今村＝亀山『民法正義』も，すべての物権を所有権の「支分権」として位置づけている。ただし，抵当権の「支分権」性については，異論の存在に言及した上で，留保を付している[22]。

(iii)　売却権としての抵当権

　前に引用した旧民法債権担保編 195 条も，草案 1201 条と同様，売却権とし

---

　53)』（信山社，1995〔底本：出版年不明〕）17-19 頁。

19)　宮城浩蔵『民法正義　債権担保編　巻之弐（日本立法資料全集別巻 61)』（信山社，1995〔底本：出版年不明〕）9-13 頁。

20)　井上操『民法詳解　債権担保編之部　下巻〔復刻版〕（日本立法資料全集別巻 233)』（信山社，2002〔底本：1893〕）356-357 頁。

21)　井上・前掲注 20) 358-359 頁。

22)　今村＝亀山・前掲注 18) 28 頁。

第1節　追及権理解の帰趨

ての抵当権理解を明示しておらず，物権の《直接性》が抵当権においていかなる形で表れるのかを示してもいない。

むしろ，旧民法の起草過程からは，抵当不動産の競売を抵当権とは無関係な執行名義の効力とする理解を検出できる。草案1211条1項は，当時のフランス民法典2127条に倣って約定抵当権の設定に公証証書を要求していたが，旧民法債権担保編205条1項はこれを改め，私署証書による「合意上ノ抵当」設定を可能とした[23]。その起草過程において，法律取調委員会では，「合意上ノ抵当」を設定する公正証書の執行力によって抵当不動産の競売が可能になる（裏返すと，約定抵当が公正証書によって設定されなければ，抵当権者が抵当不動産の競売を求める場合であっても別途執行名義の獲得が必要となる）ことを前提として，公正証書を約定抵当の設定要件とすべきか否かが議論されているのである[24]。

他方で，そこからは後の競売法の執行名義なき任意競売制度（後記第3款(v)）の下地となる意識もすでに検出される。公証人の関与が設定要件から外されたのは，抵当権の設定を確証して争いを避けるためには抵当権設定登記で十分であり[25]，公証人の関与が利益をもたらすなら当事者が自発的にこれを利用するはずなので法律で強制する必要はない[26]，という意見が通った結果である。執行名義も被担保債権の確証を前提とするものなので，この発想は，抵当不動産の競売についても同様に登記があれば執行名義は不要であるという発想につながる。さらにこの議論は，約定抵当の設定当事者（特に債権者）に公正

---

23)　ただし債権担保編250条は，無担保債権者による不動産執行との関係では，依然として公正証書によって設定された抵当権の効力のみを認めている。藤原・前掲注8)250頁は，私署証書による約定抵当権の設定を認めた205条1項とこの規定との間に不整合がある，と批判するが，実際にはこれは205条1項が私署証書による約定抵当設定を可能にしたことで生じうる弊害に対する手当てだったと言える（井上・前掲注20)587頁）。

24)　法務大臣官房司法法制調査部監修『法律取調委員会民法担保編再調査案議事筆記（日本近代立法資料叢書11)』（商事法務研究会，1988）109頁〔栗塚委員発言，松岡委員発言〕。

25)　前掲注24)110頁〔尾崎三良委員発言，松岡委員発言〕。もともと，公証人の関与を設定要件とする案を支持する意見も，当時は抵当権設定登記のために両当事者が登記所に赴く必要があって特に遠隔地では面倒であったところ，公正証書を設定要件とすれば，近場の公証人が契約の成立を確証し，公正証書を債権者が登記所に持参して登記できるのでより簡便である，と主張していた（法務大臣官房司法法制調査部監修『法律取調委員会民法草案財産担保編議事筆記　自第77回至第81回（日本近代立法資料叢書10)』〔商事法務研究会，1988〕105頁〔南部委員発言〕，前掲注24)109-111頁〔南部委員発言〕。つまり，公正証書による設定は登記所への両当事者の出頭の代替手段として位置づけられていた。

26)　前掲注24)109頁〔松岡委員発言〕，110頁〔尾崎委員発言〕。

証書を用いず危険を冒す自由を認めるべきであるという発想に基づくものであって，公正証書を抵当権設定の要件とすることに債務者保護の意味があることを看過したものといえる[27]。公正証書を即時執行の要件とすることによる債務者保護も，後に同様に看過されることとなる。

　しかもその結果，約定抵当に関する方式は，他の不動産物権変動が公正証書を要求されず登記によって第三者に対抗されること（旧民法財産編 348 条）とも平仄が合うことになった[28]。そのためか，すでに今村＝亀山『民法正義』は，物権が物に対して《直接性》を有するという前述の一般論を抵当権にも具体的に応用し，抵当権を目的不動産の売却権と捉えることによって，抵当権にも物権としての直接性が認められる，と説いている[29]。

（iv）　追及権の内容

　草案 1262 条 1 項は，旧民法においては債権担保編 248 条 1 項となっている。この規定もなお，次のとおり，第三取得者に対して抵当債務の弁済を請求する権利を抵当債権者に認め，不動産の「徴収」（«expropriation» に相当する）をこれに付随するものとしている。

　　「*248 条 1 項　抵当不動産カ譲渡サレ又ハ用益権其他ノ物権ヲ負担シタルトキハ其権限ノ登記前ニ登記ヲ為シタル抵当債権者ハ第三取得者ニ対シ債務ノ弁済ヲ請求スル権利ヲ保有シ又此不動産ノ売却代価ヲ以テ弁済ヲ受クル為メ其不動産ノ徴収ヲ訴追スル権利ヲ附随ニテ保有ス*」（傍点は引用者による。）

　草案 1262 条 1 項をめぐる法律取調委員会における議論からは，前述した Boissonade の問題意識（前記第 1 款(iv)）を法律取調委員会も引き継いでいた

---

27)　Boissonade, *supra* note 4, n. 428 は，草案 1211 条 1 項について，公証人が債権者による過剰担保の要求から債務者を守るために公証人の関与が必要である，と説明していた。これに対して，旧民法の起草過程では，「現ニ有能力者トナツタラバ何ニヲスルノモ自由デアリマス」（前掲注 24）114 頁〔松岡委員発言〕），「子供ノ如クト看做タカ」（同 114 頁〔尾崎委員発言〕）という反論がなされている。

28)　起草過程においても，公証人の関与を約定抵当の設定要件とすべきでないという意見は，永貸借設定要件と約定抵当設定要件とを対比していた（前掲注 24）112 頁〔松岡委員発言〕）。

29)　今村＝亀山・前掲注 18）22 頁。「若シ借主カ返済セサルトキハ貸主ハ抵当物ヲ公売シ其代金ヲ以テ返済セシムルノ権利ヲ有ス故ニ此権利ハ直接ニ抵当物ノ上行ハルヽ物権ナリ」（傍点は引用者による）。

第 1 節　追及権理解の帰趨

ことが窺われる。法律取調委員会では，尾崎三良委員によって「附随ニテ」の文言の削除が提案された。しかし，これに栗塚報告委員，松岡委員，村田委員が反対したため，結局この文言は存置されている。その理由として彼らは，抵当債権者が第三取得者による抵当債務の弁済の提供を無視して抵当不動産の強制収用を進めることへの懸念を示しているのである[30]。

　この条文が存在するために，旧民法を解説する当時の学説も，第三取得者に抵当債務の弁済義務を認めていた。例えば井上操『民法詳解』は，抵当権が「物上権」であることから追及権を演繹している[31]。しかしその追及権の内容としては，この条文の文言どおり，抵当債権者の第三取得者に対する債務の弁済請求を正面から認めている[32]。彼もまた，Boissonade の問題意識を共有しており，不動産の「徴収」は債務の任意弁済がない場合の補充的なものとしてのみ認められているので，第三取得者が債務を弁済しようとする場合には抵当債権者がこれを拒んで不動産を売却しようとすることはできない，と説明している[33]。さらにこの不動産の「徴収」には，第三取得者の義務の執行であるが，その執行対象財産は抵当不動産に限られる，という説明が与えられている[34]。これらはすべて，Boissonade の解説と同様のものである。ただし，Boissonade にない表現が一つだけある。執行対象財産が抵当不動産に限られる理由を説明する際に，彼は抵当権を「不動産の債務」として観念している[35]。これは，第三所持者自身が義務を負うという Boissonade の考え方とは厳密には異なるはずのものである。

　梅謙次郎は，後に明治 31 年民法の起草過程において第三取得者の抵当債務弁済義務を否定することになるが（後記第 3 款(v)），旧民法の教科書である『民法債権担保論』においては，彼もこの条文に従い，第三取得者が「物上義務」を負うことを認めていた[36]。しかしその一方で，彼はすでに，物上担保を

---

30)　法務大臣官房司法法制調査部監修『法律取調委員会民法草案担保編議事筆記　自第 82 回至第 84 回（日本近代立法資料叢書 10)』（商事法務研究会，1988）67 頁。

31)　井上・前掲注 20) 351 頁。

32)　井上・前掲注 20) 582-583 頁。

33)　井上・前掲注 20) 583 頁。

34)　井上・前掲注 20) 583 頁。

35)　井上・前掲注 20) 583-584 頁。「何トナレハ債務ヲ負フモノハ第三所持者ニアラスシテ其不動産ナレハナリ」。

36)　梅謙次郎『民法債権担保論　巻之一　第一冊〔復刻版〕』（新青出版，2001〔底本：1892〕）9-11 頁。

431

第5章　日本法における抵当権と追及権

「其物件ノ上ニ直接ナル権利ヲ与フルモノ」と説明し，この直接性から「優先権」すなわち優先弁済権と「追及権」とを導出している[37]。さらに彼は，共同担保及び特別担保の「実行」として，財産の差押えと売却を観念している[38]。これは，売却権としての担保権の実行を基本とし，債権の強制執行をその担保権実行に引きつける発想であるといえる。同様に宮城『民法正義』も，やはり第三取得者に義務を観念してはいるものの[39]，その一方で，第三取得者が有する不動産の競売を「追及権の実行」と表現している[40]。

　第三取得者が有する抵当不動産の強制売却を規定していた草案1290条1項は，旧民法債権担保編278条1項となり，「競売及ヒ所有権徴収」という款に収められている。

　　「278条1項　第三所持者カ弁済ヲ為サス又滌除ヲ提出セサルトキハ抵当債権者ハ民事訴訟法ニ規定シタル方式ト公示トヲ以テ不動産ヲ競売ニ付ス」

　旧民法の「理由書」はこの条文について，草案1290条1項についてのBoissonadeの解説（前記第1款(iv)）と同様，執行名義を要求するものとして解説している[41][42]。この解説は，私署証書による約定抵当権者が抵当不動産の競売を求めるために執行名義を得る必要があるという理解（前記(iii)）とも整合す

---

37)　梅・前掲注36) 28-29頁。

38)　梅・前掲注36) 30頁。

39)　宮城・前掲注19) 212頁。

40)　宮城・前掲注19) 317頁。

41)　*Code civil de l'Empire du Japon accompagné d'un exposé des motifs*, t. 4, 1891, p. 294. なお，本書はその復刻版（日本立法資料全集別巻31〔信山社，1993〕）を使用した。

　　このフランス語文献は，公定訳の体裁をとっているが，実際にはこれが原本であり，日本語で書かれた『民法理由書』の方が訳本であって，原本の執筆者はBoissonadeであると考えられている（池田真朗『債権譲渡の研究〔増補2版〕』〔弘文堂，2004〕45-50頁〔初出，手塚豊退職記念『明治法制史政治史の諸問題』（慶應通信，1977）〕）。この『民法理由書』を復刻したボワソナード民法典研究会編『ボワソナード民法典資料集成　第II期　後期IV 民法理由書　第4巻　債権担保編』（雄松堂出版，2001) 722頁では，「執行名義」は「執行力アルモノ」と訳されている。

42)　滌除に対する増価競売の手続を定めるため，旧民法と同時に制定された増価競売法は，その2条で民訴法の規定を準用しつつ，債務名義についての民訴法642条3号を準用から外していた。斎藤秀夫『競売法』（有斐閣，1960) 6頁は，このことを根拠にして，旧民法も担保権実行に債務名義を要求するものではなかった，と解している。しかし，増価競売は第三取得者の滌除に対する抵当債権者の緊急の対抗手段なので特別に債務名義が要求されていないものとも解しうるので，この点は決め手にならないだろう。

る。しかし，井上『民法詳解』や宮城『民法正義』は，この条文の「民事訴訟法ニ規定シタル方式」として執行名義が要求されているのか否かを明示してはいない[43]。この執行名義の要否は，明治 31 年民法の起草時に議論されることになる。

　なお，Boissonade 草案が第三取得者の「権能」として残していた「委付（délaissement）」は，旧民法においても「委棄」として存続している（債権担保編 273 条）。この制度が廃止されるのは，次の明治 31 年民法においてである。

第 3 款　明治 31 年民法における転換

　前記第 2 款でみたように，旧民法を解説する学説は，基本的に Boissonade の構想に支配されていたが，僅かずつながらも，Boissonade を介してではなく，独自にフランス法学説の導入を進めていた。このような潮流が，以下で説明するような，明治 31 年民法における Boissonade の構想からの転換を準備したといえるだろう。

　明治 31 年民法は，抵当権と抵当不動産の第三取得者の法的地位に関する 19 世紀フランス法学説（γ 説）を反映している。もっとも，明治 31 年民法の抵当権に関する部分を起草した梅謙次郎の『民法要義』による抵当権の理論的位置づけは，一見すると 19 世紀フランス法学説のそれとは大きく異なるもののように見える。しかし実は，その違いは，明治 31 年民法がフランス民法典と異なり「物」を有体物に限定したことを反映した結果に過ぎず，彼の抵当権自体についての理解は，19 世紀フランス法学説のそれを引き継ぐものであったといえるのである。

　さらに，明治 31 年民法と同時に制定された競売法においては，担保物の所有者が第三取得者であるか担保権設定者であるかを問わない「担保権実行」手続が規定された。これは，売却権としての抵当権理解を貫徹させ，第三取得者と抵当権設定者とを抵当不動産の「所有者」として同一視する観点を確立するものであった。

(i)　「物」の限定
　はじめに，梅による抵当権の体系的位置づけに影響を与えた，明治 31 年民

---

43)　井上・前掲注 20) 689-690 頁，宮城・前掲注 19) 317 頁。

法における「物」概念の変更について概観しておきたい。

物権の客体である「物」について，草案6条及び旧民法財産編6条は「有体物」のみならず「無体物」すなわち権利を含めていた（フランス法の「動産」「不動産」概念に関する前記第4章第1節第2款(i)参照）。しかし，明治31年民法85条はこれを改め，「物」を有体物に限定している。

民法主査会において，旧民法財産編6条削除の理由が説明されている。そこでは，旧民法財産編6条が無体物を物に含め，これによって権利を「常に」権利の目的物とすること，とりわけその結果として「債権の所有権」を観念することなどが批判されている。これは人権を常に物権の目的に過ぎないものとするものであって，財産編1条（「物権」と「人権」との対置）及び財産編2条（「物権」の直接性）の原則と矛盾する，というのである[44]。

ただし，明治31年民法85条に相当する民法主査会原案86条の立法理由においては，特別に無体物たる権利を物と同一視する必要がある場合には，関係条文の規定によって明らかにすることができる，ということが説かれている[45]。それゆえ，この条文は，無体物を目的物とする権利（権利の上の権利）が存在する余地を理論的に一切否定しようとするものではない。この点は，抵当権についての梅の説明を理解する上で重要である。

(ii) 物権の直接性と抵当権

その一方で，明治31年民法においても，物権は物に対する《直接性》によって体系化されていた。法典調査会において，土方寧委員は，無用の規定を置かないという方針のために，旧民法財産編2条にあった物権の定義は削除されているが，「意味ハ矢張リ既成民法ノ第二条ニアル定義ト同ジヤウナ意味ニ用キルコトニナツテ居ラウカト察シマス」[46]と発言している。これに対して，起草者の穂積陳重委員も，物権とは「物ノ上ニ行ハレ而シテ総テノ人ニ対抗スルコトガ出来ル」[47]というものである，と述べている。梅も，後に『民法要義』において，物権を「物ノ上ニ直接ニ自己ノ行為ヲ施スコトヲ得ル法律上ノ力」

---

44) 法務大臣官房司法法制調査部監修『民法主査会議事速記録（日本近代立法資料叢書13)』（商事法務研究会，1988) 591頁。

45) 前掲注44) 593頁。

46) 法務大臣官房司法法制調査部監修『法典調査会民法議事速記録1（日本近代立法資料叢書1)』（商事法務研究会，1983) 570頁〔土方寧発言〕。

47) 前掲注46) 570頁〔穂積陳重発言〕。

と定義した上で,《直接性》から他者に対する対抗可能性を演繹している（この点については,後記(v)で抵当権の追及権に関して詳しく扱う）[48]。

その一方で,「物」を有体物に限定した明治31年民法85条（前記(i)）の影響で,「動産」「不動産」も有体物のみを対象とする区分とされた（同86条〔民法主査会原案87条〕）。それゆえ,その後始末として,従前は動産質などに含まれていた,無体物である権利を目的とする質のために,「権利質」の類型が創設された[49]。その際に,この権利質とその他の質権との関係が論じられた。

梅もこの法典調査会の段階では,担保物権を有体物の権利に限定することにこだわっており,この権利質を「準質」と呼んで本来的な質権と区別することが理に適っている,としている[50]。動産質や不動産質は有体物に対する直接の権利すなわち物権といえるのに対して,この権利質は物権ではなく,ただ物権たる質権の規定の準用を受けるに過ぎない,というのである。

抵当権についても,梅はこの段階では《権利の上の権利》ではなく《物の上の直接権》として捉えている[51]。それゆえ,物自体を抵当権の目的とするのではなく物の上の権利である地上権や永小作権を抵当権の目的とするいわば「準抵当」には,法典調査会原案364条2項（現369条2項）のような特別の定めが必要である,と述べている[52]。

(iii) 『民法要義』における所有権と「処分権」

これに対して,梅は『民法要義』においては,後に述べるとおり,抵当権をも権利質と同様に所有権すなわち無体物の上の権利として理解している（後記(iv)）。ここでは,その理由を明らかにするための準備として,『民法要義』における彼の所有権理解,とりわけ所有権の構成要素とされている「処分権」の内容を紹介したい。

明治31年民法85条によって物が有体物に限定されたために（前記(i)）,梅の『民法要義』は,有体物である「物」と,有体物上の権利であり,それ自体

---

48) 梅謙次郎『訂正増補民法要義　巻之二　物権編〔復刻版〕』（有斐閣, 1984〔底本: 1911〕）1-2頁。

49) 法務大臣官房司法法制調査部監修『法典調査会民法議事速記録2（日本近代立法資料叢書2)』（商事法務研究会, 1984）579頁〔富井政章発言〕, 693頁〔富井発言〕。

50) 前掲注49) 694頁〔梅謙次郎発言〕。

51) 前掲注49) 781頁〔梅発言〕。

52) 前掲注49) 785-786頁〔梅発言〕。

第5章　日本法における抵当権と追及権

としては無体物である「所有権」との峻別を進めている。その結果，彼は以下
のとおり，所有権を構成する「処分権」から法的処分権を排除している。

　彼はまず，所有権は使用権・収益権・処分権を構成要素とすると説く[53]。そ
して，所有者が使用権と収益権を他人に与えることがあり，このようにして与
えられた使用権と収益権が「支分権」である，という[54]。注目すべきは，ここ
で彼が「処分権」に与えた内容である。彼は処分権を「物ヲ毀損シ其他其性質
ヲ変更スル」権利とする[55]。この点について梅は，一般には譲渡または放棄を
「処分」ということがあるが，所有権を構成する「処分権」における「処分」
はこの意味のものではない，と念を押す[56]。そして，所有物の譲渡・放棄は
「物」すなわち有体物の処分ではなく，所有権という「権利」の処分である，
と説いている[57]。しかし，ここでもなお《物の処分》と《権利の処分》とがパ
ラレルに論じられていることは，次の(iv)でみるような，所有権と抵当権の関
係についての梅の理解に迫る上で，注目に値する。

（iv）　売却権としての抵当権とその「支分権」性

　前記(iii)の冒頭で予告したように，梅『民法要義』では，抵当権は《権利の
上の権利》として位置づけられている。加えて，『民法要義』では抵当権等の
担保物権は「支分権」ではないものとされている。しかし以下で示すように，
梅は法典調査会の段階から一貫して抵当権を売却権として捉えている。『民法
要義』で抵当権が《権利の上の権利》とされたのも「支分権」でないとされた
のも，『民法要義』において所有権を構成する「処分権」から法的処分権が排
除されたこと（前記(iii)）を反映したものに過ぎないのである[58]。

---

53)　梅・前掲注48) 102-103頁。

54)　梅・前掲注48) 103頁。

55)　梅・前掲注48) 102頁。

56)　梅・前掲注48) 104頁。

57)　梅・前掲注48) 104頁。「……物ヲ処分ス」ト云ヘハ物ヲ意ノ如ク処置スルノ謂ニシテ即チ之
　　ヲ毀損シ又ハ其性質ヲ変更スル等是ナリ『権利ヲ処分ス』ト云ヘハ権利ヲ意ノ如ク処置スルノ謂ニ
　　シテ即チ其全部又ハ一部ヲ譲渡シ若シクハ之ヲ抛棄スル等是ナリ」（傍点は引用者による。）

58)　梅『民法要義』が抵当権を物の上の権利ではなく所有権の上の権利として構成していた，とい
　　うことは，すでに太矢一彦「抵当権の性質について——抵当権価値権説への一疑問」獨協法学46
　　号（1998) 447頁，455-456頁によって指摘されている。しかしそこでは，梅『民法要義』のこの
　　結論が，結局のところ抵当権の内容ではなくむしろ所有権の内容をどのように考えるか（とりわけ，
　　法的処分権を所有権の一権能たる「処分権」に含めるか否か）に依存していた，という点は指摘さ
　　れていなかった。そしてそれゆえに，抵当権理解それ自体については，抵当権を肢分権として捉え

436

第1節　追及権理解の帰趨

　法典調査会における梅の発言は，抵当権を所有権から切り出された売却権として捉えている。これは，19世紀フランスの通説（前記第4章第1節第1款・第2款・第4節第1款）に即したものといえる。「準抵当」（前記(iii)）の客体となりうる権利の範囲を論じるに際して，彼は，抵当権は，弁済を受けない場合において目的物を差し押さえ，それを売却して代価から弁済を受ける，というものであるので，その「実行」ができない権利は，抵当権の目的にならない，と述べている[59]。さらに彼は，第三取得者の法的地位を論じる前提として，抵当権の設定によって所有権が減殺されている，と説く[60]。これは，売却権である抵当権を所有権の「支分権」として捉える理解に基づく発言といえる。

　梅『民法要義』もなお，抵当権を売却権として捉えている。後述するように滌除制度を「純理ヨリ言ヘハ頗ル其当ヲ得サルモノノ如シ」と評価する（後記第2節第3款(ii)）前提として，梅は，抵当権設定の結果，所有者は自己の所有権を減殺されており，具体的には，所有権についてすでにその範囲で「権利ノ処分」を失っている，と指摘する[61]。前記(iii)でみたように，この「権利ノ処分」は，梅『民法要義』が《物の処分》と峻別して用いている概念であり，権利（所有権）の譲渡・放棄を意味するものであった。ここに，梅が19世紀フランス法学説と同様に，抵当権の設定を所有者による売却権の切り出しとして捉えていることが分かる。

　他方で，梅『民法要義』は，梅自身の法典調査会における発言が示唆していたのとは異なり，「支分権」から留置権，先取特権，質権及び抵当権を除き，

ていたBoissonadeよりも，むしろ抵当権を「支分権」としない梅の方が19世紀フランスの通説（γ説）を忠実に継承していた，ということは見過ごされていたといえる。

59)　前掲注49) 785頁〔梅発言〕。「抵当権ノ目的ト云フモノハ詰リ弁済ヲ受ケナイ場合ニ於テ之ヲ差押ヘ然ウシテ夫レヲ売ツテ其代償ニ付テ弁済ヲ受クルト云フモノデアル然ルニ其実行ノ出来ナイ権利ヲバ目的トシテ抵当権ヲ設定シタ所ガ其抵当権ト云フモノガ行ハレ様ガナイ」（傍点は引用者による）。

60)　前掲注49) 868頁〔梅発言〕。「抵当権ハ元ト物権デアリマシテ物ノ上ニ直接ニ存シテ居ル権利デアル夫故ニ抵当権ヲ設定シテカラ後其不動産ニ付テ或ハ所有権ヲ他人ニ移シ又ハ其他ノ権利ヲ与ヘルト云フコトガアル其所有権其他ノ権利ヲ得タル所ノ者ハ完全無缺ナル所有権ヲ得ルコトハ出来ヌ……即チ其抵当権者ノ権利丈ケ殺ガレタ権利ヲ譲受ケタノデアル唯所有者デアッテ見ルト若シ債務者ガ期限ニ至ツテ弁済ヲ為サザレバ其不動産ノ価ヲ以テ抵当権者ガ弁済ヲ受ケル権利ガアル然ウ云フモノノくつ付イタ権利ヲ得タ否モウ一層言葉ヲ正シタ言ヘバ夫レ丈ケ権利ヲ殺ガレテ居ル所有権ヲ得タノデアル」（傍点は引用者による）。

61)　梅・前掲注48) 542頁。「抵当権ハ物権ニシテ一旦其ノ設定アル以上ハ所有権ハ已ニ其効力ノ一部ヲ減殺セラレ所有者ハ其抵当権ノ範囲内ニ於テ已ニ其権利ノ処分ヲ失ヒタルモノト謂フヘシ」。

437

第 5 章 日本法における抵当権と追及権

これらの権利を《所有権の上の権利》すなわち《権利の上の権利》として捉えている[62]。もっともこれは，『民法要義』において「処分権」の内容から売却権が排除され，売却が《物の処分》ではない《権利の処分》として整理されていること（前記(iii)）に対応するものといえる。所有権は権利であり無体物であるので，これら担保物権はすべて，85 条の立法時に留保されていた，無体物を物と同一視する必要がある例外的な場合（前記(i)）として，すなわち「無体物上の権利」として理解されているのである。

このことを，梅『民法要義』は「権利質」について説明する際に詳しく論じている。ここでの彼の議論は，権利質を本来的な質（動産質・不動産質）と区別して「準質」と呼ぼうとしていた法典調査会での彼の議論（前記(ii)）とは異なっている。梅『民法要義』は，物を目的とする質権が物権であることはもとより疑いないことであるが，仔細に分析するとむしろそれらも所有権を質権の目的とするものと考えるのが妥当である，という[63]。そしてそれゆえに，学理上は動産や不動産の所有権を質の目的とすることができるので，それらの所有権以外の権利も質の目的とすることができる，と説くのである[64]。

ただし梅『民法要義』も，動産質と不動産質は，その従たる効力として物に対する留置的効力や使用収益権を含むので，明治 31 年民法も実際にはこれらは直接に物の上に存する権利としている，ということを認めている[65]。この議論を推し進めると，留置的効力や（少なくとも「実行」段階までは）使用収益権のない抵当権については，「権利質」と同様の議論が妥当することになるだろう。果たして，梅『民法要義』は，抵当権も物を目的とするというよりもむしろ所有権を目的とするというのが正確である，と説いているのである[66]。

しかし，このように抵当権が《物の上の権利》ではない《権利の上の権利》であるとすると，抵当権には物に対する直接性を認め難いはずであり，抵当権を物権といえるのかが問題となる（前記(ii)参照）。この点について，梅『民法要義』は次のとおり権利質の物権性に関する議論を応用し，《権利の上の権利》も物に関して他人の行為を要せずして行使しうるものであれば物に対する直接

---

62) 梅・前掲注 48）103 頁。「留置権，先取特権，質権及ヒ抵当権ハ支分権ニ非ス……此等ノ権利ハ寧ロ所有権ノ上ニ存スルモノト視ルヘキコトハ後ニ論スヘキ所ナリ」。

63) 梅・前掲注 48）481 頁。

64) 梅・前掲注 48）482 頁。

65) 梅・前掲注 48）482 頁。

66) 梅・前掲注 48）504 頁。

性を有する，と説くことによって，抵当権に物に対する直接性を認めている。

梅『民法要義』は権利質について，債権や著作権等を質権の目的とする場合には物権ではないが，地上権や永小作権を目的とする場合には物権である，という[67]。梅はその理由を説明する際に，動産質や不動産質も学理上は所有権を目的とする質権であるところ，これらは，物に関して他人の行為を要せずして行使しうるという点で《直接性》を有する権利であるために，物権とされている，という指摘を行う[68]。そしてそれゆえに，地上権や永小作権を目的とする質権も，そのような意味の《直接性》を理由として，有体物の上の権利ではないにもかかわらず「物権」とすることができる，という[69]。そしてこのことを理由として，抵当権も物権である，と説くのである[70]。

（ⅴ）　追及権の内容と《抵当権の実行》

以上のように，抵当権が所有権の「支分権」であることを梅『民法要義』が否定したのは，所有権を構成する「処分権」の中に法的処分権を含めなかったことの帰結に過ぎず，売却権としての抵当権理解を変更したためではなかった。そして，梅が一貫して保持している，売却権としての抵当権理解は，19世紀フランスの通説（γ説）を導入したものであった。それゆえに，彼は以下にみるとおり，第三取得者の法的地位についても，明治31年民法に19世紀フランスの通説を導入しており，それによって，第三取得者に抵当債務の弁済義務を認めていたBoissonade法案及び旧民法からの転換を図っている。

梅は法典調査会において，抵当債権者に第三取得者の弁済を請求する権利を認めた旧民法債権担保編248条の規定を「間違ツテ居ラウト思フテ削リマシタ」と述べている[71]。前記(ⅳ)で紹介したように，彼はその理由を説明する際に，第三取得者への抵当権の対抗を，第三取得者が取得した物の所有権が，物に対する直接権である抵当権の設定によってすでにその分だけ減殺されているため，第三取得者は減殺された所有権しか取得しえない，という論理で説明し

---

67)　梅・前掲注48) 484頁。

68)　梅・前掲注48) 484頁。「……学理上ヨリ言ヘハ所謂動産質及ヒ不動産質ハ所有権ヲ目的トスル質権タルコトハ已ニ論シタルカ如シ而シテ之ヲ物権トシタル理由ハ其権利カ物ニ関シ他人ノ行為ヲ要セスシテ之ヲ行フコトヲ得ルモノナレハナリ」（傍点は引用者による）。

69)　梅・前掲注48) 484頁。

70)　梅・前掲注48) 504頁。

71)　前掲注49) 869頁〔梅発言〕。

第 5 章　日本法における抵当権と追及権

ている[72]。この論理は，肢分を *Nemo plus* 原則と結びつけて後発的物権取得者への対抗を説明するものであり，Baudry-Lacantinerie においてすでに見られていた（前記第 4 章第 4 節第 1 款(ii)）。

　そうすると，抵当権が所有権にいかなる「減殺」を加えるものであるのかが問題となるところ，前記(iv)でみたように，梅は抵当権を売却権として捉えていた。それゆえに梅は，以上のようにして抵当権が第三取得者に対抗される結果として，第三取得者は抵当権の行使による売却の効力を甘受する，と説明している[73]。それゆえ，彼は，第三取得者はこのような抵当権の負担を免れるために自ら抵当債務を弁済することはあっても，抵当債務を弁済する義務を負うことは決してない，と明言している[74]。

　梅はさらに，抵当債権者が第三取得者による抵当債務の弁済の提供を無視して抵当不動産の強制収用を進めることを恐れる Boissonade の問題意識（前記第 1 款(iv)・第 2 款(iv)）に対して，第三取得者に弁済義務を認めなくても第三者弁済が可能である，と応答している。そしてそれゆえに，弁済義務を認めるのは誤りである，と説いているのである[75]。

　梅はここで，外国の学者も自分と同様のことを論じているが，それでも多くの国の法文は第三取得者に「義務ヲ弁済スル責」があるとしており，これは大いなる間違いである，という[76]。本書の前記第 3 章及び第 4 章で検討したところによれば，少なくとも，梅がいうこの「外国」の中にフランスが入っていることは間違いないといえる。

　それゆえ，第三取得者が有する抵当不動産の強制売却は，《抵当権の実行》

---

72)　前掲注 60)。

73)　前掲注 49) 868 頁〔梅発言〕。「斯様ナ訳デアッテ見ルト其第三取得者ト云フモノハ自分ノ得タル権利ヲ不動産ノ上ニ行フコトガ出来ル夫レト同時ニ抵当権者ト云フモノハ夫レト同ジ不動産ノ上ニ抵当権ヲ行フコトガ出来ル其為メニ抵当権ガ先キニ設定サレタモノデアリマスカラ抵当権ヲ行フタ結果ガ他ノ所有権其他ノ権利ヲ得ル其権利迄モ消滅セシムルト云フコトニナルカモ知レナイ夫レハ抵当権ノ性質ノ然ラシムルノデアッテ止ムコトヲ得ナイ」。

74)　前掲注 49) 869 頁〔梅発言〕。「……第三取得者ト云フモノハ自分ハ決シテ弁済ノ義務ハナイケレドモ若シ自分ノ所有権ヲ完全ニ之カラ保存シヤウト思フナラバ弁済スレバ宜イ」。

75)　前掲注 49) 868-869 頁〔梅発言〕。「後ノ人権編ノ規定ガ如何ナル規定ニナルカ知レマセヌケレドモ既成法典ノ如クデアレバ何人ト雖モ弁済ガデキル殊ニ……其弁済ヲ為スコトガ自己ノ利益デアレバ所謂債権者ノ権利ヲ自分ニ引受ケテ然ウシテ自分デ弁済ヲ請求スルコトガ出来ル斯様ナ訳デアリマスルカラ此弁済ノ義務ガアルト云フコトヲ法文ノ上ニ現ハスノハ大変ニ間違ツタコトデアラウト思ヒマス」。

76)　前掲注 49) 869 頁〔梅発言〕。

440

として整理されることとなった。この概念は，明治 31 年民法の条文上に織り込まれている。381 条は，この強制売却をなすにあたって，抵当権者が第三取得者に対して「抵当権実行ノ通知」をすることを要求しているのである。この《抵当権の実行》は，Boissonade 草案 1290 条 1 項や旧民法債権担保編 278 条 1 項のような，担保目的物の（第三取得者を含む）所有者が負う義務の執行としての強制売却とは，理論的に異なった性格のものといえる。梅も，第三取得者には強制執行されるような義務があるわけではないと説明している[77]。

さらに，明治 31 年民法 381 条に相当する法典調査会原案 377 条の，抵当権者から第三取得者への「抵当権実行ノ通知」手続についても，梅はこれを第三取得者の法的地位をめぐる理解の転換に絡めて，次のように説明する。彼によれば，旧民法においては，第三取得者が有する抵当不動産の売却は第三取得者が負う弁済義務の強制執行としての性格を有していたので，抵当債権者から第三取得者への「催告」が当然に必要であった。そしてその「催告」が，滌除の期間をも定めていた（旧民法債権担保編 260 条[78]）。しかし明治 31 年民法においては，第三取得者は弁済義務を負わないので，第三取得者に滌除を促す手続を定めるために，明文の規定が必要である，という。また，明治 31 年民法においては，第三取得者が弁済義務を負わないのに加えて，委棄（委付）制度も廃止されているので（後述），第三取得者に滌除を促す手続は「弁済または委棄（委付）の催告」ではなく，単なる抵当権実行の通知にした，という[79]。ここで，フランス古法の抵当訴訟制度のフランス民法典における名残であった「弁済または委付の催告」は，専ら第三取得者に滌除の機会を与えるための警告として位置づけられた「抵当権実行の通知」に衣替えさせられたのである。

このような，第三取得者所有不動産についての抵当権実行による競売を規定しているのが，明治 31 年民法 387 条である。この競売の手続，とりわけ執行名義の要否に関する梅の理解も，梅が Boissonade と異なり第三取得者に抵当

---

77) 前掲注 49) 896 頁〔梅発言〕。「……滌除ヲシナケレバ競売ヲ受ケナケレバナラヌ夫レハ自分ニ義務ガアルノデハナイ自分ノ手ニ在ル所ノ不動産ガ抵当権ノ目的物トナツテ居ツテ其抵当権実行トシテ競売ニナル」（傍点は引用者による）。

78) 「260 条 1 項　第三所持者ハ債権者ヨリ訴追ヲ受ケサルノ間ハ何時ニテモ滌除スルコトヲ得又弁済ヲ為スカ不動産ヲ委棄スルカノ催告ヲ受ケタル後一个月内ニ滌除スルコトヲ得但此ニ違フトキハ其権ヲ失フ」（傍点は引用者による）。

　　この条文は Boissonade 草案 1274 条 1 項に相当するものである。なお，この傍点部の文言については，Boissonade 草案 1274 条 1 項の当該部分に関する前掲注 11）参照。

79) 前掲注 49) 896 頁〔梅発言〕。

第5章　日本法における抵当権と追及権

債務弁済義務を認めていないことを反映するものといえる。梅は法典調査会において、明治31年民法387条に相当する法典調査会原案383条について、旧民法債権担保編278条（前記第2款(iv)）と意味は同じつもりである、と説明している[80]。しかし以下で示すように、彼は旧民法債権担保編278条に相当する草案1290条1項についてのBoissonadeの解説（前記第1款(iv)）とは異なり、第三取得者所有不動産についての抵当権の実行による競売に執行名義まで必要と考えているわけではないのである。

　この法典調査会原案383条について、梅は法典調査会において、この条文に基づく競売に民事訴訟法の（強制執行に関する）手続のすべてが当てはまるとは考えていない、と述べている[81]。のみならず、そもそも起草者の富井政章も梅も、担保権実行一般について、Boissonadeのように執行名義を要求する考え方を採用しないことをすでに明らかにしていた。債権質の実行に関する明治31年民法368条（法典調査会原案365条）をめぐる議論が、このことを示している。

　この条文は、債権質について「民事訴訟法ニ定ムル執行方法ニ依リテ」質権を実行できる、とする規定であったところ、長谷川喬委員が、動産質や不動産質の実行は民事訴訟法によらなくてよいという趣旨なのか、と質問した[82]。これに対して富井は、動産質や不動産質の実行については何も書いていなければ民事訴訟法の強制執行の規定が適用されて売却になると考えたので、書かなかった、と応答している[83]。これは一見すると、担保権の売却を担保物所有者の義務の強制執行として位置づけるBoissonadeの構想を踏襲する発言のようにみえる。しかし実際にはこの発言は、長谷川の質問の趣旨を、動産質や不動産質に担保物の売却によらない実行方法を認めるのか、というものと富井が誤解したことによるものであり、その後のやりとりがそのことを示している。長谷川は、なぜ債権質の実行は「民事訴訟法ニ定ムル執行方法ニ依リテ」と書く必要があるのに対して動産質や不動産質の実行についてはその必要がないのか、と再度質問した[84]。これに対して富井は、それらについては304条（後の明治31年民法342条に相当する法典調査会原案340条のことか）で物を売るということ

---

80)　前掲注49) 917頁〔梅発言〕。
81)　前掲注49) 917頁〔梅発言〕。
82)　前掲注49) 749頁〔長谷川喬発言〕。
83)　前掲注49) 749頁〔富井発言〕。
84)　前掲注49) 749頁〔長谷川発言〕。

になっているので，民事訴訟法によると言わなくても，売るということに実行方法が決まる，と応答している[85]。つまり，富井はこの法典調査会原案365条にも，債権質について転付命令による帰属を認める，という意味しか込めていないのである。ここで梅が，少なくとも動産質については手続を簡略化したいと考えており，強制執行外の執行または売却に関しては，特別法や民法施行条例の中に規定を入れたい，と付け加える[86]。

　以上のやりとりを，高木豊三委員が次のように総括している。つまるところ，起草者は法典調査会原案365条の「民事訴訟法ニ定ムル執行方法ニ依リテ」という文言に，任意競売のように，手続だけを民事訴訟法に譲る，という趣旨を込めているようである。しかし我々には，「民事訴訟法ニ定ムル執行方法」という文言は，執行力ある正本による強制執行を指すものと読めてしまう。起草者も，任意競売のように執行力ある正本なくして質権を実行できるように解さねばならない，と思っているようであるが，条文の文言はそのように解釈できるものになっていない。梅の言ったようなことがここに書いてあればよいのだが，「民事訴訟法」と直接に書いてしまうと，我々が考えたような疑義が生じてしまう[87]。高木による以上のような総括に対して，梅も富井も特段異議を差し挟んでいない。さらにその後，質権の実行方法についての議論は抵当権にも及ぶのか，と長谷川が質問しており[88]，これに対して富井はこれを肯定している[89]。

　この議論を受けて，明治31年民法と同時に競売法が制定され，この法律は担保権実行に債務名義を不要とした。注目すべきは，競売法が，抵当不動産を抵当権設定者が有している場合を含めて，担保権実行一般を強制執行とは別の新たな手続に服せしめた点である。フランス民法典2169条は，第三取得者の有する抵当不動産についてのみ，売却のための催告手続を定めていた。設定者が抵当不動産を保持している場合については，抵当債権者も通常の債権者と同様に強制執行手続を用いることが予定されており，ただ約定抵当権の設定証書や裁判上の抵当権を生じる判決を執行名義とすればあらためて執行名義を得る必要がないだけであった（前記第3章第6節第5款）。同様に，Boissonade 草案

---

85)　前掲注49) 749頁〔富井発言〕。
86)　前掲注49) 749-750頁〔梅発言〕。
87)　前掲注49) 750頁〔高木豊三発言〕。
88)　前掲注49) 762-763頁〔長谷川発言〕。
89)　前掲注49) 763頁〔富井発言〕。

第5章　日本法における抵当権と追及権

1290条1項や旧民法債権担保編278条1項も，設定者が抵当不動産を保持している場合は抵当債権者も無担保債権者と同様に強制執行手続を用いることを前提に，第三取得者の有する抵当不動産の売却についてのみ特に規定していた（前記第1款(iv)・第2款(iv)）。旧民法債権担保編278条1項を修正した明治31年民法387条もなお，第三取得者の有する抵当不動産について抵当権者に競売権を認めるものであった。つまり，競売法によって，制定法上はじめて，担保物所有者が第三取得者であるか設定者のままであるかを問わず一律に，執行名義を持たない担保権者の「担保権実行」の権利が承認されたのである。もっとも，このような競売法の発想は，梅がそれまでに抵当権者の追及権に与えていた説明とも一貫するものであった。梅は前述のとおり，抵当権設定を所有権の肢分として捉え，第三取得者は減殺された所有権のみを取得する，という，Baudry-Lacantinerie に倣った説明によって，抵当権者の追及権を正当化していた。これによれば，抵当権設定者も第三取得者も同じく減殺された所有権を有する，ということになるのである。従って，競売法は，すでにその萌芽がみられていた，第三取得者を抵当不動産の「所有者」として抵当権設定者と同視する，という発想を，さらに貫徹したものといえるのである。

　最後に，明治31年民法は旧民法まで存続させられていた「委棄」（委付）制度を廃止している。梅はこれを法典調査会において，フランスにおける1850年のいわゆる「抵当権改革」法案に倣って廃止したものと説明している[90]。しかしその一方で，「委棄」は第三取得者が債務者として強制執行を受けることの不名誉を免れるための制度であるところ，前述のように第三取得者の抵当債務弁済義務を廃止して債務者として強制執行を受けないようにすれば，この制度も必要なくなる，とも述べている[91]。この説明は，第三取得者の弁済義務を保存していたフランス「抵当権改革」法案には実際には妥当しないものであったが（前記第4章第2節），梅は「委棄」制度の廃止を第三取得者の抵当債務弁済義務の否定から生じる帰結として理解していたのである。

　以上のように，法典調査会における梅は，抵当権が物の上の直接の権利であることから，抵当権の設定を所有権の減殺と捉えて抵当権の対抗可能性を説明し，さらに売却権としての抵当権理解に基づいて，第三取得者は売却を甘受する義務のみを負う，と説明していた。そして彼は，このことを理由として，第

---

90)　前掲注49) 870頁〔梅発言〕。
91)　前掲注49) 870頁〔梅発言〕。

444

三取得者の抵当債務弁済義務を否定し，第三取得者の法的地位に関する諸制度を処理していた。その後，前記(iv)でみたように，梅『民法要義』は，抵当権を《権利の上の権利》として捉え，その「支分権」性を否定した。しかし，抵当権を物の売却権として捉え，抵当権の設定を所有権の減殺として捉える点は，『民法要義』においても変わっていなかった。それゆえ，『民法要義』は抵当権の追及権について以上のような具体的な説明を施していないが，法典調査会における梅の追及権理解が，『民法要義』においてもそのまま前提とされていると解される。

第4款　その後の学説の展開

明治31年民法と梅の解説による，Boissonade の構想からの決別は，その後の学説の展開を決定的に規定した。もちろん，その後の学説が梅『民法要義』の説明をそのまま踏襲しているわけではない。しかしその後の学説も，抵当権を売却権として捉え，抵当不動産の「所有者」が一般に売却を甘受すべき地位に置かれるものとする結果，第三取得者の抵当債務弁済義務を否定する点は一貫して維持しているのである。さらに最終的には，抵当不動産の「所有者」が一般に売却を甘受すべき地位に置かれるということが，いわば証明を要しない公理として，抵当権に物権の《直接性》を認めるための議論の出発点にされるようになった。これと同時に，第三取得者に対する抵当権の効力，抵当不動産の第三取得者の法的地位はいかなるものであるか，という問題は，抵当不動産の「所有者」一般の法的地位の問題に解消され，独自の問題としての意義を失うに至った。

(i)　「支分権」理論と《権利の上の権利》への批判

梅『民法要義』が「支分権」理論を維持し，かつ抵当権を《権利の上の権利》とする点については，それぞれ，すでに同時代の学説によって批判がなされている。しかし，「支分権」理論への批判は，他物権の設定を所有権の分割として捉える「支分権」理論に代えて他物権の設定を所有権の縮減として捉える「制限物権」理論を導入すべき，というものに過ぎなかった。また，抵当権を《権利の上の権利》として扱う点に対する批判は，所有権の処分権に譲渡の権利を含めることによって，抵当権をも《物の上の権利》として扱うべきとするものに過ぎなかった。つまり，抵当権を目的不動産の売却権として捉え，そ

445

第 5 章　日本法における抵当権と追及権

のことから，抵当権が第三取得者に抵当債務の弁済義務を課すものではないということを導く点は，何ら批判されていないのである。

　岡松参太郎『註釈民法理由』は，物権を「直接ニ物ヲ支配シ一般ニ対抗スルヲ得ルノ権利」と定義する[92]。そして物権の効力として物の支配を挙げ「故ニ物権ノ効用ヲ全フスルニハ他人ニ対シ行為又ハ避止ノ要求ヲ為スニ及ハス」（傍点は引用者による）と説く[93]。この点は梅と異ならない。

　しかし彼は，物の使用・収益・処分・占有を，所有権の物に対する支配の「作用」として挙げる[94]。そしてそのために，使用・収益・処分を所有権の「支分権」とし「成立要素」とする Boissonade の見解を批判する。物権の設定によっていずれかを欠いても，所有者はなお所有権を有するはずである，というのである[95]。その上で彼は，所有権（及び占有権）以外の物権を「他物上権」と呼び，これらは「他人ノ有スル物ニ付キ一定ノ目的及ヒ方面ニ限リ支配ヲ為ス権利」である，という[96]。つまり，彼は物権の体系について「支分権」理論から「制限物権」理論へ移行しているのである。抵当権が所有権の「支分権」であるか否かについて，彼は 1．抵当権が物に対する直接の権利であることを否定し，それによって「支分権」性を否定する見解，2．抵当権が物に対する直接の権利であることを肯定する一方で，所有者の使用・収益・処分権は失われず，ただ行使を制限されるだけであるとして「支分権」性を否定する見解，3．支分権説を紹介する。その上で彼は，「本法ハ明カニ第二説ヲ採用セリ」とだけ述べ，特にその理由を説明していない[97]。これは，所有権に関する議論の中で，彼が「制限物権」理論を採用し，「支分権」理論の全体を否定していたためと考えられる。このような「支分権」理論から「制限物権」理論への移行は，その後の学説によって踏襲され，「支分権」理論は日本の学説においては下火になっていった。もっとも，「制限物権」理論も，制限物権者が所有者の物に対する支配を部分的に獲得し，その限度で所有者が物に対する支配を失う，という理論であって，他物権を所有権に包含されうるような物に対する部分的支配権と解する点では「支分権」理論と変わりないものといえる。

---

92)　岡松参太郎『註釈民法理由　中巻』（有斐閣書房，1899）2 頁。

93)　岡松・前掲注 92) 5 頁。

94)　岡松・前掲注 92) 137 頁。

95)　岡松・前掲注 92) 135 頁。

96)　岡松・前掲注 92) 136 頁。

97)　岡松・前掲注 92) 510-512 頁。

第1節　追及権理解の帰趨

　そこで，抵当権が具体的に所有権といかなる関係にあるのかが問題となる。その前提として岡松は，所有者の権能である使用・収益・処分・占有のうちの「処分」に，「事実上ノ処分」すなわち実体の変更・消費・破壊と，「法律上ノ処分」すなわち物に関する権利を第三者に移転しまたは設定することとを含めている[98]。そのため彼は，梅『民法要義』が採用したような，「法律上ノ処分」を処分から除外する見解を批判している[99]。

　それゆえ，梅と異なり，彼は抵当権を「有体物ノ上ニ存スル所ノ物権」であるとしながら[100]，同時に，抵当権者は「不動産ヲ差押ヘテ之ヲ競売セシメ其代価ノ中ヨリ優先シテ弁済ヲ受クルコトヲ得」としている[101]。「法律上ノ処分」を物の「処分」に含めることで，彼には抵当権を物の売却権とすることと抵当権を《物の上の権利》とすることを両立させることができたのである。

　このように，岡松と梅との見解の相違は，専ら抵当権理解の外にあり，抵当権それ自体に関する岡松の理解は，梅のそれと異なるものではなかった。このことは，抵当権の追及権に関する岡松の理解にも反映されている。彼はまず，物権一般の効力として，後発的物権取得者に対する対抗可能性を意味する「優先権」を「追及権」と並んで挙げ，この優先権について，後発的物権取得者が得る権利は既存の物権によって減殺されたものである，と説明している[102]。これは，梅が抵当権の追及権を論ずるにあたって，物権の直接性から対抗可能性を演繹した際の説明（前記第3款(v)）と同様のものである。

　もっとも，抵当権の追及権についての彼の説明には，いまだ第三取得者に抵当債務の弁済義務を認める Boissonade の構想を引きずったところもある。彼は，「追及権……ニ因リ抵当債権者ハ抵当財産ノ行ク所ニ従ヒ何人ニテモ之ヲ保持スル者ニ対シテ弁済ヲ請求スルコトヲ得」とした上で，もし弁済をしない場合には，抵当財産を競売して代価を債権に充てることができる，と説明しているのである[103]。

---

98)　岡松・前掲注92) 137 頁。

99)　岡松・前掲注92) 145 頁。「或学者ハ処分権ハ事実上ノ物ノ処分ニノミ限ルト云フト雖是レ大誤謬ナリ法律上物ニ負担ヲ加フルハ事実上物ニ制限ヲ加フルトハ共々処分ニシテ法理上之ヲ区別スル理由無シ」。

100)　岡松・前掲注92) 404 頁。

101)　岡松・前掲注92) 513 頁。

102)　岡松・前掲注92) 6 頁。「後ニ権利ヲ得ル者ハ既ニ存立セル物権ヲ差引キタル権利ヲ得ルニ過キス従テ前権利ヲ尊重セサル可ラス」。

103)　岡松・前掲注92) 514 頁。

447

第 5 章　日本法における抵当権と追及権

　しかし全体としては，彼も以下のとおり梅の追及権理解に従っているということができる。彼は，抵当不動産の第三取得者の地位を，抵当権の「実行」を受忍するものとして捉えている[104]。さらに彼は，「委棄」の廃止の理由として，この制度は第三取得者の弁済義務を前提とするものであるところ，「……本法ハ第三取得者ニ弁済ノ義務ヲ認メサルニヨリ」これを廃止した，と説明している[105]。これは，梅がしていた説明に倣うものといえる。旧民法が第三取得者に弁済義務を認めていたことについても，彼は法典調査会における梅の説明に倣い，これを批判している[106]。それゆえ，抵当債務の弁済は，第三取得者の義務ではなく，第三取得者が抵当権の実行から自己の権利の安全を守るための手段として位置づけられている[107]。

　松波仁一郎＝仁保亀松＝仁井田益太郎『帝国民法正解』も，物権の直接性の意味を，権利の行使に他人の行為を要しないことに求めている[108]。彼らも岡松と同様に，所有権が使用・収益・処分の権利を集合したものであるのか単独自立の権利であるのかを論じた上で，後者の立場を採用している。つまり，彼らもまた，「支分権」から「制限物権」への移行を主張しているのである。その理由としては，前者の立場を採ると，所有者がそれらのうちの一部を切り出して他人に与えた場合に所有者が有する残余の権利を所有権とは認められなくなってしまう，ということが説かれている[109]。つまり，「支分権」が譲与されると考えると，残余の所有権は不完全な内容の所有権になるが，これでは所有権の定義を外れてしまうので，内容としては完全な所有権が制限物権の原始的成立によってその行使を制限されるに過ぎない，という捉え方をしているのである。そしてそのために，彼らはもはや，抵当権が「支分権」であるか否かと

---

104)　岡松・前掲注 92) 545 頁。「第三者カ抵当不動産ニ付キ物権ヲ取得シタルトキハ其第三者ノ地位ハ抵当権ヨリ生スル追及権ニ因リテ抵当権ノ実行ヲ受ケサル可カラス」。

105)　岡松・前掲注 92) 545-546 頁。

106)　岡松・前掲注 92) 551 頁。「抵当権ハ物権ナルカ故ニ抵当権ノ設定後ニ其物ノ所有権其他ノ物権ヲ取得シタル者ハ既ニ其物ニ付キ抵当ニ対スル丈減少セラレタル権利ヲ取得シタルモノニシテ従テ第三取得者カ自己ノ権利ヲ其不動産上ニ行フト同時ニ抵当権者モ亦自己ノ権利ヲ其不動産上ニ行フコトヲ得」。

107)　岡松・前掲注 92) 551-552 頁。

108)　松波仁一郎ほか『帝国民法正解　第参巻』(信山社，1997〔底本：1896〕) 89 頁。「権利ノ目的タル物ヲ直接ニ使用，収益若シクハ処分スルヲ得テ敢テ之カ為メニ他人ノ行為ヲ必要トセス」(傍点は引用者による)。

109)　松波ほか・前掲注 108) 458-459 頁。

いう問題を論じてすらいない。

　また，岡松と同様に，彼らも「処分」の中に売買を含めている[110]。それゆえ，梅と異なり，彼らも，抵当権の目的が「不動産ナル有体物」である[111]ということと，以下のように抵当権が売却権であるということとを両立させているのである。

　以上のように，彼らと梅との見解の相違も，専ら抵当権理解の外にあり，彼らの抵当権理解自体は梅のそれと異なるものではなかった。抵当権が売却権であるということについては，彼らは質権の説明を参照しており[112]，その質権について，質物売却の権利を質権の主要な効力として説明している[113]。さらに，その質物売却は競売手続によるが，質権者は所有者に代わって売却するのではなく，自己の権利を行使するものであって，競売によって成立する質物の売買契約において自ら売主の地位に立つ，と説いている[114]。それゆえ，彼らは抵当権についても，第三取得者が存在する場合において抵当権者に競売権を認めた明治31年民法387条を，その固有の権利に基づくものと説明した上で，明文を待たずとも明らかなものとしている[115]。彼らは，明治31年民法の書かれざる一般原則として，設定者が抵当不動産を保持している場合を含めて，抵当権者に実行権すなわち競売権を認めており，それゆえに，387条を一般原則と重複した無用の規定と断じているのである。この一般原則は，競売法が「担保権実行」手続を定めるにあたって前提として承認していたものであった（前記第3款(v)）。

　そのため，抵当不動産の第三取得者が抵当債務の弁済義務を負うか否かについては，彼らはもはや論じてすらいない。彼らは質権について，質権は物権なので質物の所有者が変更されても質権の存在には影響しないのは当然であると説明しており[116]，彼らが第三取得者の抵当債務弁済義務を論じていないのは，質権に関するこの説明が抵当権にも同様に妥当すると考えているためと解され

---

110)　松波ほか・前掲注108) 89頁。なお，同450頁は，梅の見解のような異論の存在にも言及している。

111)　松波仁一郎ほか『帝国民法正解　第四巻』（信山社，1997〔底本：1896〕）1137頁。

112)　松波ほか・前掲注111) 1134頁。

113)　松波ほか・前掲注111) 1065頁。

114)　松波ほか・前掲注111) 1066頁。

115)　松波ほか・前掲注111) 1171頁。

116)　松波ほか・前掲注111) 1060頁。

る。換言すれば，抵当不動産に第三取得者が出現しても物権である抵当権は存続するので，第三取得者も設定者と同様に，抵当権の行使すなわち「実行」を甘受すべき地位にある，ということになろう。

(ii) 物権からの義務発生の容認と第三取得者の法的地位の維持

その後，《直接性》による物権の体系化を行わない学説が登場する。Duranton に見られるように（前記第4章第1節第2款(ii)），歴史的には，抵当不動産の売却を甘受するという第三取得者の法的地位は，第三取得者の「委付義務」を物権の《直接性》に適合するよう調整したものであった。しかしこれまでにみたとおり，すでに競売法やその後の学説によって，設定者を含む抵当不動産の「所有者」一般が《抵当権の実行》を甘受すべき地位に置かれる，という一般原則が提示されていた。そしてそれゆえに，第三取得者の法的地位も，この原則に従うものとして理解されるようになっていた。その結果，《直接性》による物権の体系化を行わない以下の学説も，抵当不動産の「所有者」一般が《抵当権の実行》を甘受すべき地位に置かれる，という理解を維持している。

梅と並ぶ明治31年民法の起草者である富井政章『民法原論』は，義務者を介在させないという意味での《直接性》を物権に認めず，物権から義務が発生することを容認する。しかし，彼も梅と同様に，抵当権を所有権の一部である目的不動産の売却権として捉えており，そのことから，抵当権が第三取得者に抵当債務の弁済義務を課すものではないということを導いている。さらに，「追及権」の語を用いる必要性を否定し，第三取得者に対する効力を離れて独立に「抵当権ノ実行」の項目を設けている点は，梅の構想をさらに進めるものといえる。

彼は梅や(i)で挙げた諸学説と異なり，物権の《直接性》を，物権と債権とを分けるメルクマールにはしていない。彼は，物権は「絶対権」であるので，債権と異なるのは，「不特定人」が権利の「受働的主体」として一種の義務を負い，権利者が不特定人に直接に権利の目的たる利益の満足を求めることができる点である，と説き[117]，物権が義務を発生させることを認めている。確かに彼も，物権を債権とではなく人格権のような絶対権と区別するためのメルクマールとして，物権が直接に物を支配・利用することを挙げてはいる[118]。し

---

117) 富井政章『民法原論 第2巻物権上』（有斐閣書房，1906) 7頁。
118) 富井・前掲注117) 12頁。

450

第1節　追及権理解の帰趨

かし，彼はこの直接の支配・利用を《利益の享受》と言い換え，物権を「或物ニ就キ一定ノ利益ヲ享クル絶対権」と定義しており[119]，その「利益」を得るために人の義務が介在することを否定してはいない。それゆえ，彼が物権に認めている《直接性》は，義務者を介在させないという意味での《直接性》とは異なり，人格権のような絶対権から物権を区別するための，単に権利の目的たる利益の内容が物（有体物）と関連していることを意味するに過ぎないのである。

　以上のように，富井は物権から義務が発生することを容認しており，《直接性》によって第三取得者の抵当債務弁済義務を否定しているわけではない。しかし彼も，抵当権が所有権に包含されうる目的不動産の売却権であり，かつ万人に対抗されうるということから，抵当権が第三取得者に抵当債務の弁済義務を課すものではない，ということを導いている。彼はまず，担保物権一般に関して，その「換価権」に「担保物権ノ本質」「終局ノ目的」を見出している[120]。

　抵当権についても，富井はこの「終局ノ目的」を繰り返している[121]。さらにそのために，彼は第三取得者に対する効力を離れて独立に「抵当権ノ実行」の款を設けている[122]。このことについて，彼は，抵当権の実行は第三取得者登場の有無を問わない抵当権の本質である，と説明している[123]。このような説明は，明治31年民法387条を明文の必要がないものと説いた松波＝仁保＝仁井田『帝国民法正解』にもすでにみられた説明であった（前記(i)）。

　このことは，抵当権と所有権との関係をめぐる富井の理解にも影響している。彼は梅と同様，明治31年民法206条にいう所有物の「処分」は「事実上ノ処分」に限られ，売却のような「法律上ノ処分」すなわち所有権自体の処分は「処分」に含まれない，としていた[124]。そしてそれゆえに，抵当権の目的物た

---

119)　富井・前掲注117) 13頁。

120)　富井政章『民法原論　第2巻物権下』（有斐閣書房，1914) 298頁。「担保物権ノ本質ハ……弁済ナキ場合ニ於テ其目的物ヲ換価シ之ニ依リテ優先弁済ヲ受クルヲ以テ終局ノ目的ト為スモノナリ」。

121)　富井・前掲注120) 538頁。

122)　富井・前掲注120) 582頁。

123)　富井・前掲注120) 551-552頁。「債務ノ弁済ナキ場合ニ於テ抵当権ヲ実行スルコトヲ得ルハ他ニ自己ト優先権ヲ争ハントスル債権者又ハ抵当不動産上ニ権利ヲ取得シタル第三者アル場合ニ於テノミ生スル効力ニ非サルナリ此効力ハ抵当権ノ本質トシテ右何レノ場合ニモ生スルモノナルカ故ニ抵当権ノ実行ト題シ……之ヲ説明スヘシ」。

124)　富井・前掲注117) 93-94頁。

451

第5章　日本法における抵当権と追及権

る不動産も，その実は不動産の所有権に他ならない，と説いている[125]。これ
は，売却権としての抵当権理解を前提にする議論といえるだろう。

　もっとも，このように考えると，担保物権は，実行に至らない間は他の物権
のように「直接に物を支配する」権利と見ることができないものであるように
見える。しかし富井によれば，それは「物ノ支配」という言葉に拘泥するもの
であって，「苟モ他人ノ物ニ付キ其所有権ヲ処分スル如キ行為ヲ為スコトヲ得
ル絶対権ハ物権タルコト言フ俟タサルナリ」という[126]。彼は，前述のように
「支配」を《利益の享受》に緩和することで，梅と同様，担保物権が《権利の
上の権利》であることと「物権」であるということとを両立させようとしてい
るのである。富井は以上のように，抵当権は売却権であり，それゆえ物を支配
するものではないが，なお「物権」である，と説いているのである。

　富井はその上で，物権一般について，「追及権」を「優先権」に解消しよう
とする。彼は，同一物上に複数の物権が生じた場合に，先に発生した物権が後
に発生した物権に「優先する」結果，後に発生した物権は，全く存立しえない
か，または先に発生した物権の効力を害しない範囲でのみ存立する，と説く。
彼はこれを「優先権」と呼んだ上で，「何人ト雖モ既ニ自己ニ属セサル権利ヲ
処分スルコトヲ得サル原則ニ基クモノ」つまり Nemo plus 原則に基づくもの
と説明する[127]。このような説明は，抵当権の《直接性》と「肢分権」性とを
認めていた Baudry-Lacantinerie や，抵当権が所有権の減殺であることを認め
ていた梅にもみられたものであった（前記第4章第4節第1款(ii)，本節前記第3
款(v)）。富井はさらに，一応「追及権」を「優先権」と並ぶ物権一般の効力と
して説明しつつも[128]，これを「優先権」に解消されるべきものと考えてお
り[129]，物権の効力を示すのに本来「追及権」の語を用いる必要はない，とま
で述べている[130]。つまり，追及権も Nemo plus 原則からの帰結であり，物権
設定者から物権の目的物を取得した者は物権設定者が有していた以上の権利を
取得しないために，取得者は設定者と同等の地位に立つ，ということになるの
である。これは，物権の《対抗可能性》の平板化を進めた結果ということがで

---

125)　富井・前掲注120) 542頁。
126)　富井・前掲注120) 298頁。
127)　富井・前掲注117) 27頁。
128)　富井・前掲注117) 28-29頁。
129)　富井・前掲注117) 30頁。
130)　富井・前掲注117) 31頁。

きる。後に我妻は,「追及権」を「優先権」に還元するこの富井の方針を受け継ぎつつ,物権の「優先権」を *Nemo plus* 原則ではなく物権の《排他性》によって基礎づけることになる(後記(iii))。

富井は物権一般についてのこの議論を,抵当不動産の第三取得者の法的地位を説明する際に応用する。彼は,抵当権の第三取得者に対する効力を第三取得者に対する売却権の対抗として説明し,これに関するフランス民法典の規定を,専ら不動産の流通・改良促進のために第三取得者に抵当権の実行を免れる特別の方法を与えるものとして位置づけている[131]。フランス民法典に対するこの理解は,明治31年民法に関する彼の理解を反映したものでもあるといえる。

それゆえ,彼もまた,抵当不動産所有者一般の法的地位の理解を第三取得者にも及ぼすことで,第三取得者の抵当債務弁済義務を否定している[132]。

川名兼四郎『物権法要論』も,富井『民法原論』と同様に,《直接性》による物権の体系化を断念している。しかし彼も富井と同様,抵当権の第三取得者に対する効力を,物権の《絶対性》に基づく売却権の第三取得者への対抗として説明することで,第三取得者の地位について,抵当不動産の売却を甘受すべき地位とする理解を維持している。

彼は富井と同様,物権とは「物ニ付キテ存スル絶対権」である,と説く[133]が,富井と異なり,「絶対権」には世間一般人に対する無数の不可侵害請求権を成立させるという意味しか認めていない[134]。川名はさらに,すべての物権が物に対する「支配権」であるということはできない,と説き,特に抵当権が支配権であることを認めていない[135]。ここでの「支配」は,物理的支配を意味するものと解される。しかしそれと同時に,彼は富井と同様,物権に「物ニ付キテ存スル」こと,すなわち権利内容の物との関連性しか要求せず,《直接性》を要求していない。彼は《直接性》を「物理的支配」と結びつけ,「直接支配」として一緒に物権の定義から排除しているのである。

一方で,川名もまた,以下のとおり抵当権を売却権として捉えることで,第三取得者は抵当不動産の売却を甘受すべき地位にあると考え,第三取得者の抵当債務弁済義務を否定している。川名は,抵当権の本質は「優先的弁済受領

---

131)　富井・前掲注120) 557頁。

132)　富井・前掲注120) 558頁。

133)　川名兼四郎『物権法要論』(金刺芳流堂,1920) 1頁。

134)　川名・前掲注133) 2頁。

135)　川名・前掲注133) 2頁。

第5章 日本法における抵当権と追及権

権」であり，この点は質権と変わらない，という[136]。そしてその質権について彼は，「優先的弁済受領権」は弁済受領のためにする担保物の処分権及び弁済充当権である，と説いている[137]。それゆえ彼は，抵当権の実行は抵当不動産の競売によるとした上で[138]，競売をするのは抵当権者であって裁判所は競売の成立に助力するに過ぎず，競売は抵当権者と競落人との間に成立する，と説いている[139]。

このことは，抵当権と物との関係をめぐる川名の理解にも影響している。その前提として，彼も梅・富井と同じく，所有権の内容に関する206条の「処分」に法律的処分（権利の譲渡・放棄・担保権設定）を含めていない。法律的処分は財産権の外にあって財産権に随伴するものであり，所有権に特有なものでも，所有権の内容をなすものでもない，というのである[140]。そしてそれゆえに彼は，抵当権は「直接ニ物ヲ支配スル権利」ではない，と述べている[141]。それでも川名は，物権を「物ニ付キテ存スル絶対権」と定義していたために，抵当権についても，物を存在の基礎としており，かつ「優先的弁済受領権」に対する他人の侵害を許さない以上，なお《物の上の権利》である，ということができた。そのため，彼は抵当権を《権利（所有権）の上の権利》として捉える梅・富井説を批判している[142]。

川名はこのようにして，物権の万人に対する対抗可能性を抵当権に応用することを可能にした。その結果として，彼は抵当権の第三取得者に対する効力を売却権の第三取得者への対抗として捉える富井の理解をさらに進め，抵当権の第三取得者に対する効力を「抵当権ニ対スル第三者ノ権利」として論じている。これについて彼は，抵当権は物権であって，第三取得者を害して行使されうる（すなわち「対抗」されうる）のは当然であるところ[143]，そのことが不動産の利用と流通を妨げるため，第三取得者が抵当権の実行を免れる特別の手段を与えられている[144]，と説明している。そしてそれゆえ，抵当不動産の第三取得者

---

136) 川名・前掲注133) 263頁。
137) 川名・前掲注133) 197頁。
138) 川名・前掲注133) 299頁。
139) 川名・前掲注133) 300頁。
140) 川名・前掲注133) 57頁。
141) 川名・前掲注133) 267頁。
142) 川名・前掲注133) 267頁。
143) 川名・前掲注133) 285頁。
144) 川名・前掲注133) 286頁。

が抵当債務の弁済義務を負うか否か，という問題は，もはや論じられてすらいない。

（iii）《直接性》の体系の復活と第三取得者の法的地位

さらにその後の学説は，再び物権を《直接性》によって体系化しようとする。その際に学説は，抵当不動産の「所有者」一般が何ら義務を負わず，抵当権の「実行」としての抵当不動産の競売を甘受すべき地位に置かれる，ということをいわば公理とし，これを議論の出発点としている。つまり，抵当不動産所有者の法的地位がそのようなものであることを理由として，抵当権の《直接性》を認め，これによってさらに抵当権の《物権性》を根拠づけているのである。そしてこれと同時に，抵当不動産の第三取得者の法的地位をめぐる問題は，抵当不動産の「所有者」一般の法的地位をめぐる問題に解消され，独自の問題としての意義を失うに至る。

川名『物権法要論』が《直接性》と「物理的支配」とを一体のものとして物権の定義から排除していたのに対して，中島玉吉『民法釈義』は，《直接性》と「物理的支配」とを区別することで，再び物権を《直接性》によって体系化し，抵当権にも《直接性》を認めている。そしてその際に，抵当権が競売によって行使される権利であり，第三取得者を含む所有者が抵当権に関して何ら義務を負わない，ということを議論の出発点としている。

彼はまず，物権一般について，客体に対する「直接支配」を要求している。ただし彼はこの「直接支配」について，他人の行為の介入を要せずして客体上に力を及ぼしうるという意味である，と注釈している[145]。つまり，ここでいう「直接支配」は，単なる《直接性》に他ならないのである。

彼はさらに，物権であるというために「物理的支配」は不要である，と説いて《直接性》と「物理的支配」とを明示的に区別した上で，《直接性》だけを抵当権にも及ぼそうとする。すなわち彼は，抵当権者は目的物の物理的支配を有しないが，それでもなお抵当権が物権であると認められており，それは，抵当権者が「債務者ノ行為ヲ要セシテ」抵当物を競売し「直接ニ」売得金を取得できるためである，と説明している[146]。ここでは，抵当権が競売によって行使される権利であり，所有者が抵当権に関して何ら義務を負わない，というこ

145）　中島玉吉『民法釈義　巻之二　物権編　上』（金刺芳流堂，1924）3 頁。
146）　中島玉吉『民法釈義　巻之二　物権編　下』（金刺芳流堂，1921）1021 頁。

第5章　日本法における抵当権と追及権

とを議論の出発点として，抵当権に《直接性》が認められているものといえる。所有者の法的地位がそのようなものと解されることそれ自体の根拠は，特に示されていないのである。

　もっとも，抵当権の実行としての競売は，抵当権者自身による抵当不動産の売却とは異なり，裁判所が介在するものである。そこで，彼はこの点を次のようにして《直接性》とすり合わせている。彼は，抵当権の実行のためにする競売は，権利者がある「機関」を通して物を支配するものであって，権利者が物の占有を有しないことは，抵当権を直接支配権と見ることを妨げない，と説く。そしてこれに対して，債権の強制執行は，債務者の意思に対して強圧を加えて実行を迫るものであるので，担保権の実行とは区別することができる，と説明している[147]。

　その上で彼は，このような抵当権の《直接性》の当然の結果として，抵当権は「対世的効力」を生じ，「追及権」を生じる，という[148]。ここでは，梅（前記第3款(v)）や岡松（前記(i)）と異なり，《直接性》から「対世的効力」がいかにして導かれるのかは示されていない。これは，第三取得者も「所有者」として前述のような地位に立つ，ということを示すものといえる。

(iv) 「価値権」説の登場

　その後，序章第1節第2款(ii)でも紹介したように，抵当権を「価値権」として捉える学説が登場する。この価値権説は，売却権としての抵当権理解を抽象化し，物の「交換価値」を観念することで，担保物権の物に対する《直接性》を説明する。その際に，「価値権」説もまた，第三取得者の義務の不存在を議論の出発点として，抵当権に物権の《直接性》を認めている。

　近藤英吉『物権法論』は，担保物権を「換価格を取得することを内容とする権利（価格取得権）」と呼び[149]，抵当権の設定を，目的物の利用価値は設定者に留保し，交換価値取得権のみを債権者に与える行為と説明している[150]。もっとも近藤も，物権について，物を直接に支配することを内容とする権利と説明し[151]，直接性を「他人の行為を介せずして……利益を享受すること」と言

---

147)　中島・前掲注145) 4頁。
148)　中島・前掲注146) 1021頁。
149)　近藤英吉『改訂物権法論』（弘文堂書房，1937) 192頁。
150)　近藤・前掲注149) 292頁。
151)　近藤・前掲注149) 4頁。

456

い換えており[152]，担保物権についても，その「物権的性質」として，物の直接支配を挙げている。そして，抵当権については，価格取得という形で物を直接支配する，と説明している[153]。

他方で，近藤は，物権の直接性から排他性を導出し，その具体例として，優先的効力と追及効とを挙げているが，追及効は直ちに「物上請求権」に読み換えられている[154]。そしてこれ以外に，抵当権の追及効について特に説明を与えてはいない。逆に，抵当権の本来的効力として，目的物の換価処分と代価からの優先弁済を挙げた上で[155]，抵当権設定者は抵当権者の優先弁済を受ける権利を害しない限り目的物を処分しうる，という形で，第三取得者の地位は裏側から表現されているに留まる[156]。

石田文次郎『物権法論』『担保物権法論』は，『物権法論』で展開されている「近代所有権」論を前提として，「価値権」説の理論化を進めている。彼は，近世までは所有権の本質は客体に対する利用権にあったのに対して，近世市民社会の土地所有者は土地の転売・地代取立て・担保を目的としており，自由な処分力に所有権の本質があった，と説く。従って彼は，近世の市民社会が所有権の本質を「完全な利用力」から「自由な処分力」に転化させた，と説く[157]。物の「交換価値」とは，物が有する，この意味での「処分」の対象としての側面に他ならない。

それゆえ，彼は物権を使用権と価値権とに区別し[158]，担保物権は担保物の有する交換価値の取得を内容とする物権である，という[159]。またそれゆえに，担保権は目的物が交換価値を有するか否かが重要なのであって，目的物が有体物であることは重要ではない，という[160]。

石田『担保物権法論』は，このような「価値権」である担保物権の，物に対する直接支配を否定している。彼は，担保物権の中でも抵当権の場合，担保権者は直接占有も間接占有も有しておらず，担保権者が目的物の売却権を有する

---

152)　近藤・前掲注 149) 5 頁。
153)　近藤・前掲注 149) 192 頁。
154)　近藤・前掲注 149) 6-7 頁。
155)　近藤・前掲注 149) 317 頁。
156)　近藤・前掲注 149) 319 頁。
157)　石田文次郎『全訂改版物権法論』（有斐閣，1945）16 頁。
158)　石田・前掲注 157) 33 頁。
159)　石田・前掲注 157) 34 頁。
160)　石田・前掲注 157) 34 頁。

第 5 章　日本法における抵当権と追及権

ことのみによって直接支配を認めるのであれば，債務名義を有する債権者はすべて債務者の総財産に対して物権を有するということになってしまう，と説く[161]。そしてそれゆえに，近藤とは異なり，「物に対する直接の支配」という観点からは，物的担保権の全部を，とりわけ抵当権を物権と構成することはできない，という[162]。

　しかしだからといって，彼は抵当権の物権性を否定しているわけではない。彼は，担保権と債権との差異として，担保権が担保権者に担保物から直接に価値を取得させる権利であることを挙げ，担保権に《直接性》を認めている[163]。その際に，担保権の主たる内容が担保物の売却にあり，その行使に義務者の中間行為が必要ないこと，具体的には，物の「所有者」に対して何らの行為を請求する必要もないことが，いわば証明を要しない公理とされ，議論の出発点とされているのである。

　このことを，彼は次のようにまとめている。

　　「担保権は物権と同じく目的物の上に成立し，目的物の全体を羈束するけれども，其使用価値の取得を目的とせずに，其物の保有する交換価値の取得を目的とし，其物を換価して直接に――義務者の行為を介せずに――一定価値を取得する権利である。」[164]

　ただし彼は，担保権が交換価値の取得を目的とする価値権であるというのは担保権の実質的機能からの考察であって，自説は土地からその価値を分離して担保権の担保目的物とする「価値部分説」と同一ではない，と断っている[165]。それゆえに彼は，担保権が価値権であるといわれるのは権利の客体についてではなく，権利の内容に基づくものである，と説明する[166]。それゆえに，彼の

---

161)　石田文次郎『担保物権法論　上巻』（有斐閣，1935）18 頁。

162)　石田・前掲注 161）19 頁。

163)　石田・前掲注 161）24-25 頁。「債権は財産的価値の移動のために債務者の給付行為を請求する権利を主たる内容としてゐるが，担保権は担保物を売却する権利を主たる内容とし，物の所有者に対し何等の行為を請求することなく，直接に物から一定量の価値を取得する権利である。価値の移動について義務者の中間行為 Zwischentätigkeit を必要とするか否かに，債権と担保権との内容上の差異がある。」（傍点は引用者による。）

164)　石田・前掲注 161）25-26 頁。

165)　石田・前掲注 161）26 頁。

166)　石田・前掲注 161）27 頁。

458

見解によれば，抵当権の客体はあくまでも不動産それ自体であるということになる。この点は，後の我妻説とは異なる点である。

以上のように，彼は担保権者が物の所有者に対して行為を請求することなしに価値を取得できると説き，この点を捉えて，担保権の物に対する《直接性》を認めている。それだけに，当然のことながら，第三取得者に抵当債務の弁済義務は認められないことになる。この場合における第三取得者の法的地位について，彼は，担保権は原則として目的物が誰の手に帰してもその所在に追及して権利を行使しうる，すなわち「物権的な効力」を有している，と説いている[167]。これによれば，第三取得者は抵当権の実行を甘受すべき地位に置かれるのみである，ということになる。もっとも，このことについても，担保権の行使に義務者の中間行為が必要ないことと同様，はじめから結論が示されているに留まり，特にそれ以上の理由説明（とりわけ，物権の《絶対性》による説明）は与えられていない。しかも，このことは担保権総論において言及されているだけで，抵当権の箇所に独立の項目は設けられていない。

序章第1節第2款(ii)で紹介した我妻栄『担保物権法』は，以上のような石田の価値権説をさらに進めて，抵当権に物の交換価値に対する直接の「支配」を認めたものである。

物権の性質一般について，我妻『物権法』は「一定の物を直接に支配して利益を受ける排他的の権利」とした上で，「権利者は，これによって，他の権利の成立を排斥して，目的物の有する価値を直接に利用することができる」（傍点は引用者による）と説明する[168]。

そのうちの，物権の物に対する「直接の支配」について，彼は，権利者が満足を得るために「他人の介在を必要としない」ことと言い換え，「質権者が質物の交換価値を優先弁済に充てる場合」を例示している[169]。ここでは，石田の議論と同様に，「質権者が質物の交換価値を優先弁済に充てる場合」に質物所有者の介在が必要ないということが，物権の「直接支配」の表現として，いわば証明を要しない公理とされており，このことが議論の出発点とされている，といえる。

我妻は所有権の内容について，明示的に，目的物の「処分」に譲渡（従前の

---

167)　石田・前掲注161) 38頁。
168)　我妻栄『物権法』（岩波書店，1952) 9頁。
169)　我妻・前掲注168) 9頁。

第 5 章　日本法における抵当権と追及権

「法律上の処分」）を含めている[170]。そして彼はこれに対応して，制限物権を，物から享受する「利益」の観点から用益権と価値権とに分類している[171]。さらに我妻『担保物権法』は，石田とは異なり，抵当権が「価値権」であることから，抵当権の客体を物自体ではなく物の価値のみであると考えている[172]。それゆえ，序章第 1 節第 2 款(ii)で紹介したように，彼は抵当権を，物の「交換価値」を直接支配の対象とする物権として捉えているのである。

　このことが，序章第 1 節第 2 款(i)で紹介した，抵当権者の追及権に対する彼の理解を規定している。物権の客体を取得した第三者に対する物権の効力一般について，我妻はこれを「追及権」と呼び，次のように物権の当然の効力として説明するとともに，富井（前記(ii)）と同様，「追及権」という独立の概念を設ける必要は本来ない，と説いている[173]。富井が物権の「優先権」をNemo plus 原則によって，すなわち物権設定者が設定後に他に与えうる権利の範囲が限定されることによって基礎づけていたのに対して，我妻はこれを，設定された物権の《排他性》によって基礎づけている。この《排他性》は，物権の物に対する直接支配の効力を妨げる限りで，他の物権の効力を排除する，というものであり，「制限物権」理論により整合的なものと考えられる。彼は，「物権相互間の優先的効力」を説明する際に，地上権と抵当権との間で《排他性》を語っており[174]，両者が，互いにそのままの内容で存続することを妨げる限りにおいて，両立しない権利として捉えられていることが分かる。

　このような意味での非両立性は，抵当権と（第三取得者が取得する）所有権との間にも当然に認められるだろう。抵当不動産が抵当権設定者の下にあった時点で，抵当権は物の価値を直接に支配していた。そして，第三取得者が抵当不動産を取得しても，抵当権の直接支配権を妨げる限りで，第三取得者の権利は

---

170)　我妻・前掲注 168) 173 頁。

171)　我妻・前掲注 168) 10 頁。

172)　我妻栄『新訂担保物権法』（岩波書店，1968) 208-209 頁。「抵当権は，目的物の使用収益を設定者のもとに留める。……目的物の所有者は，目的物の使用価値を保留してその交換価値だけを抵当権者に与えることになる。……これを抵当権者の方面からいえば，目的物の利用価値は所有者のもとにおいて実現させ，自分は単に目的物の交換価値だけを把握〔するものである〕……。抵当権は目的物の物質的存在から全く離れた価値のみを客体とする権利，すなわち Substanzrecht（物質権）に対する意味での Wertrecht（価値権）の純粋な形態だということができる。」（傍点は引用者による。）

173)　我妻・前掲注 168) 17 頁。

174)　我妻・前掲注 168) 18 頁。

460

抵当権の排他性によって排除され，その結果，第三取得者は抵当権設定者と同様の地位に置かれる，ということになるのである。かくして，我妻は抵当権の「追及権」を「優先権」に解消したものと考えられる。そして彼は，物権に「追及権」が認められる理由について，特にこれ以上の説明を与えてはいない。抵当権者の優先弁済権と追及権とを，物権一般の優先権と追及権とに抽象化した時点で，それらの概念は物権一般に妥当するようその内容を著しく希薄化されており，我妻説におけるこれらの概念の冷遇は，その当然の帰結であったといえよう[175]。

　我妻は，石田と異なり，この他には，担保権とりわけ抵当権が第三取得者に対していかなる効力を有するのか，第三取得者に義務を生じさせるのか，ということについて，特に論じてすらいない。第三取得者が抵当債務について弁済義務を負うか，第三取得者に対する抵当権の効力がいかなる内容のものであるか，という問題は，すでに，抵当権の抵当不動産「所有者」に対する効力がいかなるものであるか，という問題に解消され，独自の意義を失っているのである。

（v）　売却権としての抵当権理解に対する，手続法的な見地からの批判

　抵当権を所有者の有する売却権と同様のものとして理解する実体法学説に対しては，以下に示すような手続法的な見地からの批判もなされてきた。しかしその批判も，抵当権が第三取得者を含む「所有者」に抵当債務の弁済義務を課すものではない，という点については，実体法学説と共通の前提に立つものであった。むしろ，この点は以下の学説においても所与の前提とされているといえるのである。

　雉本朗造「競売法ニ依ル競売ノ性質及ヒ競売開始ノ効力」は，とりわけ担保権に基づく競売法上の競売手続に債務名義が要求されていない点を批判する。この学説は一見すると，第三取得者が有する抵当不動産の売却に執行名義を要求していた Boissonade の構想（前記第1款）に回帰するもののようにみえるが，

---

175)　鳥山泰志「抵当本質論の再考序説(3)」千葉大学法学論集24巻2号（2009）1頁，78-79頁注
　881 は，物権総論において追及効を対抗力や絶対性に解消することには，それらの概念の曖昧さに
　照らして問題があり，追及効を独立して観念すべきである，と説く。しかし，真の問題の所在は，
　19世紀後半のフランス法学及びその影響を受けた日本法学が，抵当権者の追及権を物権一般の追
　及効に抽象化した点にあり，そのように抽象化された物権一般の追及効がさらに抽象的な物権の対
　抗力や絶対性という概念に解消されていくことは不可避であったといえよう。

実は第三取得者の抵当債務弁済義務を承認しない点で全く異なるものといえる。

雉本論文は，担保権の実行としてなされる競売は国家機関による「公売」であって，担保権者が自ら担保目的物の売主になる「私売」ではない，と説く[176]。そしてそのことを根拠にして，担保権の実行は金銭債権の強制執行の形式に従う必要がある，と説き[177]，その具体例として，債務名義に関する規定の準用を主張している[178]。

その一方で雉本論文は，競売法上の競売が「担保権の実行」としてなされるものであることに疑問の余地はない，と冒頭で断っている[179]。そこで，雉本論文が「担保権実行」のために必要な「債務名義」としてどのようなものを考えているのかが問題となる。この点を直接論じた記述はないが，雉本論文は日本法においてもドイツ法の建前が維持されていると主張しているので[180]，この論文がドイツ法をいかなるものとして紹介しているかを参考にすることができるだろう。そこで検討すると，この論文は，ドイツの BGB は抵当権の実行に債務名義を要求している，と解した上で，その「債務名義」を次のようなものと解している。すなわち，それは抵当不動産の所有者に対する「執行力ある債務名義」であり，それは被担保債権の存在を確定する債務名義ではなく，抵当権の存在を確定し，抵当権者に目的物に対する執行力を付与するものである，というのである[181]。

さらに雉本論文は，このような内容の債務名義が要求される理由として，ドイツ法学説を，「担保権の内容は担保権者が目的物から被担保債権額を取り立てることにある」とする説と，担保物所有者に「債務」を認める "Realobligationstheorie" との対立という形で紹介している。この論文はその上で後者の学説を否定し，担保権の内容は担保権者が目的物から被担保債権額を取り立てることにあるので，担保権実行に必要な債務名義は前記のようなものとなる，と説明している[182]。それゆえこの論文は，抵当不動産の所有者に抵当債務の弁

---

176) 雉本朗造「競売法ニ依ル競売ノ性質及ヒ競売開始ノ効力」京都法学会雑誌 8 巻 8 号（1913）90 頁，98-99 頁。

177) 雉本・前掲注 176) 103 頁。

178) 雉本・前掲注 176) 108 頁。

179) 雉本・前掲注 176) 91 頁。

180) 雉本・前掲注 176) 99 頁，104 頁。

181) 雉本・前掲注 176) 96 頁。

182) 雉本・前掲注 176) 97-98 頁。

済義務が存在しないことを前提に，義務者に対する義務の強制執行ではない担保権実行がいかなる手続でなされるべきかを論じたものといえるのである。

さらに小野木常「抵当権の実行と債務名義」は，強制執行を責任の強制的実現と定義した上で，民訴法上の強制執行を人的責任の強制的実現として，担保権の実行を物的責任の強制的実現として位置づける。彼はこれによって，担保権実行は物的執行であって強制執行に属する，と論じ[183]，担保権の実行にも債務名義が必要であると説くのである[184]。そしてこのことを前提に，必要となる債務名義の内容を論じているが，ここでも，担保物所有者が「人的債務」を負わないということが，議論の出発点とされている。そしてそのことは，「物的責任」という表現を与えられているのである[185]。この「物的責任」としての抵当権理解は，序章第1節第1款で紹介した，抵当権を「債務なき責任」として位置づける見解に通じるものである。

小野木論文は他方で，被担保債権の債務者ではなく担保物所有者として物的債務名義に記載された者が，担保権実行における「競売債務者」になると説いている。しかしそこでも，担保物所有者が債務ではなく「物的責任」の負担者であることが確認されている[186]。

第5款　平成15年改正における抵当権実行通知の廃止

以上のような流れの集大成となったのが，平成15年改正における，第三取得者に対する抵当権実行通知の廃止である。

前述のとおり，この通知制度は，抵当訴訟に由来する，フランス民法典の「弁済または委付」の催告から，弁済または委付を求めるという点を脱色し，専ら滌除の機会を第三取得者に保障する制度として残されたものであった（前記第3款(v)）。その背景には，第三取得者は抵当債務の弁済も委付も義務づけられない，という理解が存在していたが，この前提理解はその後の学説によっ

---

183)　小野木常「抵当権の実行と債務名義」『訴訟法の諸問題』（有信堂，1952）177頁，196-197頁（初出，法学論叢40巻3号〔1939〕）。
184)　小野木・前掲注183) 198頁。
185)　小野木・前掲注183) 202頁。「担保物の所有者は単に担保物を以てする物的責任を負担するに止まり，担保権者に対して何等人的債務を負担しないのであるから，……物的債務名義に在つては担保権の存在が……確認せられることを必要とする……。」（傍点は引用者による。）
186)　小野木・前掲注183) 203頁。

第5章　日本法における抵当権と追及権

てさらに不動のものとなっていた（前記第4款）。

　そのため，平成15年改正においても，この通知制度に対して加えられた検討は，専ら，滌除の機会を保障すべきか否かというものであり，その結果，第三取得者への通知は抵当権実行の迅速性を阻害し執行妨害を助長するものとして廃止された[187]。これによって，抵当訴訟の最後の痕跡が日本民法から消去されたのである。

第6款　小括

　Boissonade は，19世紀フランスの通説と異なり，抵当権が売却権であることを示しておらず，かつ第三取得者の抵当債務弁済義務を肯定していた。Boissonade は，抵当権者が第三取得者による抵当債務の弁済の提供を無視して不動産の売却を行うことを恐れたために，抵当債務弁済義務を第三取得者の主たる義務とし，抵当不動産の売却をそれに付随的な，任意弁済がない場合の強制執行の方法としていた。

　これに対して梅は，第三者弁済をめぐる解釈によって，第三取得者の抵当債務弁済義務を肯定することなしに，この問題意識に応接している。そして，彼は Boissonade の抵当権構想を大きく転換し，19世紀フランスの通説に従って抵当権を売却権として捉えることで，第三取得者の抵当債務弁済義務を否定したのである。彼は特に Baudry-Lacantinerie（前記第4章第4節第1款）に倣って，抵当権設定を所有権の減殺として捉え，第三取得者は減殺された所有権のみを取得する，ということに追及権の根拠を求めていた。もっとも，梅『民法要義』は，Baudry-Lacantinerie を含む19世紀フランスの通説とは異なり，抵当権を「肢分権」として捉えてはいなかった。しかしこれは，明治31年民法85条が「物」を有体物に限定し，彼が「物」を目的とする所有権の内容から物の売却権を排除した結果，抵当権を《権利の上の権利》として捉えざるを得なくなったことの帰結に過ぎなかった。

　さらに，明治31年民法とともに制定された競売法は，担保物が第三取得者の所有であるか設定者の所有であるかを問わない「担保権実行」の手続を用意した。これは，抵当権の設定を所有権の減殺として捉え，第三取得者がすでに設定者の下で減殺されていた所有権を取得したことに第三取得者に対する抵当

---

187)　谷口園恵＝筒井健夫編著『改正　担保・執行法の解説』（商事法務，2004）22-23頁。

464

権の効力の根拠を求める梅の理解をさらに徹底し，第三取得者と設定者とを抵当不動産の「所有者」として同一視するものであった。

このような，第三取得者と設定者とを抵当不動産の「所有者」として同一視し，「所有者」は義務を負うことなくただ抵当不動産の売却を甘受すべき地位に置かれる，と考える見解は，その後の学説によっても，一貫して維持された。その結果，抵当不動産「所有者」の法的地位が抵当不動産の売却を甘受すべき地位である，ということは，一種の公理となった。学説はその後，梅が採用していた「支分権」理論を「制限物権」理論にすげ替え，彼の《権利の上の権利》としての抵当権理解も次第に支持しなくなった。物権を《直接性》によって体系化することにも疑問が呈され，売却権としての抵当権理解にさえ，手続法的観点からの批判にさらされてきた。しかし，これらの学説はいずれも，抵当不動産の「所有者」が抵当債務の弁済義務を負わず，その法的地位は抵当不動産の売却を甘受すべきというものである，ということを維持し，さらには議論の出発点にすらしてきたのである。それゆえ，抵当不動産の第三取得者が抵当債務につき弁済義務を負うか否か，という問題は，そのような「公理」の一適用場面として処理されるようになり，独自の問題としての意義を失うに至った，ということができる。序章第1節第5款(i)で紹介した，鈴木禄弥『『債務なき責任』について」は，このように失われていた問題に，再び光を当てるものであった，ということができる。しかし結局のところ，平成15年改正は，日本民法から第三取得者の抵当債務弁済義務の残滓を，それとは気づかぬうちに消去してしまったのである。

第2節　滌除制度における合意構成の継承と「法律効」理論の忘却

以上のように，明治31年民法以降，抵当権設定者と第三取得者とが，抵当不動産の「所有者」として連続的に捉えられるようになった。その原因として，抵当権の当然purge制度であった滌除制度と消除主義の関係をめぐる理解が変化した結果，両者の背後にかつて存在していた，抵当権設定者を競落人と連続的に捉える発想が衰退していたことが考えられる。もともとフランス法学説においても，Pothier以来，これらの制度の効力は理論的に疎外されつつあったが，日本ではさらに，「法律効」理論の忘却の結果として，滌除制度と消除

第5章　日本法における抵当権と追及権

主義との連続性が完全に失われることになったのである。滌除制度と消除主義との連続性が失われた点については，次の第3節において説明することとし，ここでは，その前提である「法律効」理論の忘却について，滌除制度との関係で紹介したい。

　19世紀フランスにおいて，「肢分権」理論に基づく，売却権としての抵当権理解は，次のとおり，滌除制度及び不動産強制競売の消除主義に関する，Grenier の「法律効」理論によって準備されていた。不動産所有権の一部たる売却権として理解された抵当権は，その《対物性》ないし《直接性》のために，不動産が誰の手に渡っても当該不動産上に存続する。しかも，そのようにして存続する抵当権は，不動産の「売却権」であるために，第三取得者に売却のための委付を義務づけまたは売却を甘受させることしか根拠づけない。しかし，滌除制度及び不動産強制競売は，「法律効」によって不動産上のすべての抵当権を売却代金上の権利に変換するので，すべての抵当権者は抵当権の順位に従って売却代金の支払いを受け，同時に，その抵当権はすべて当然 purge に服する。この説明によって，抵当権が不動産売却権であるということと，抵当権者が競落人や第三取得者から売却代金の支払いという形で抵当債務の弁済を受け，それに伴ってすべての抵当権が当然 purge に服するということとを，理論的に両立させることが可能になったのである（前記第4章第1節第3款）。

　さらに Troplong は，この「法律効」を第三取得者（競落人を含む）と抵当債権者との合意に基づくものとして構成することで，「法律効」による抵当権の消滅から，抵当不動産の譲渡による消滅（当然 purge）としての性格を奪った。それと同時に，この合意構成は，第三取得者から抵当債権者への直接の代金支払いによる抵当債務の弁済を正当化していた（前記第4章第1節第3款）。19世紀後半になると，「合意による法律効」という構成に疑問を投げかける学説も登場したが，「法律効」理論はなお維持されていた（前記第4章第4節第2款）。

　しかし Boissonade は，売却権としての抵当権理解を採用していなかったために，「法律効」理論を日本の法学説に導入せず，滌除を抵当権の当然 purge ではなく合意に基づくものとして構成する点のみを継承した（第1款）。そしてこの点が，旧民法及びそれを解説する学説を介して（第2款）明治31年民法にもそのまま引き継がれたために，滌除制度は明治31年民法における売却権としての抵当権理解（前記第1節第3款）との間に緊張関係を生じた。さらに，用益物権者の滌除権という不純物のために，追及権に対する第三取得者の対抗手段という滌除制度の性格すら希薄化していった。このことが，その後の学説に

よる滌除手続への評価に影響しているといえる（第3款）。

第1款　Boissonade 草案

Boissonade は，滌除を抵当権の当然 purge 制度として位置づけてはいない。なぜなら彼は，滌除が第三取得者と抵当債権者との合意によってなされるという法律構成を，19世紀のフランス法学説から継承しているからである（(i)）。しかしその一方で，売却権としての抵当権理解を採用していないために，彼は19世紀のフランス法学説の「法律効」理論を取り入れてはいない（(ii)）。

(i)　合意構成の継承

滌除の目的を示す Boissonade 草案1269条は，「債権者の明示または黙示の承諾」を要求することで，滌除を第三取得者と抵当債権者との合意として法律構成している。

> 「*1269条　第三所持者は，登記されたすべての抵当債務を弁済することなしに，申込み及び以下で規定される『滌除』と呼ばれる手続の後に債権者によって明示的または黙示的に承諾された，自己の取得代金，不動産の評価価値またはそれを超える金額を，債権者にその登記の順位に従って，弁済または債権者のために供託することで，登記された抵当債務から不動産を解放することができる。*」（傍点は引用者による。）

加えて，フランス民法典2185条に相当する，増価競売申立てに関する草案1278条は，第三取得者の申込みを承諾しない抵当債権者に適式な増価競売申立てを要求することで，承諾の擬制に道を開いていた。

> 「*1278条　上記のように規定された申込みを承諾しないすべての登記債権者は，不動産または譲与された権利の入札を，以下に定める方式と期間と条件の下で，申し立てねばならない……。*」（傍点は引用者による。）

フランス民法典2183条及び2184条に相当する，第三取得者から抵当債権者への滌除通知に関する草案1276条の解説でも，Boissonade は，滌除を合意として構成していることを明らかにしている[188]。

第 5 章　日本法における抵当権と追及権

(ii)　「法律効」理論の忘却

しかし，Grenier 以来の「法律効」理論（前記第 4 章第 1 節第 3 款）や，その源流である Bourjon の「変換」理論（前記第 2 章第 2 節第 3 款）に相当するものは，草案にも Boissonade の説明にも見当たらない。Boissonade 草案においては，フランス民法典 2186 条と異なり，増価競売期間の満了で「代金が終局的に決定される」という過程を経ることなしに，代金の弁済または供託を待ってはじめて，滌除のすべての効力が生じる，とされている。ここには，申込みまたは増価競売期間の満了による「法律効」の発生が介在する余地がなくなっているのである。

> 「*1280 条　債権者が誰も有効に入札を申し立てなかった場合，不動産は，債権者間で開かれる任意もしくは裁判上の配当手続（ordre）における代金の弁済によって，または，予めの現実の提供なしに，承継人（ayant-droit）の名における供託によって，滌除されたままとなる。*
> 　*この場合，すべての抵当権は，資金が足りなかったものも含めて，抹消される。*」

これは，前述のとおり彼が売却権としての抵当権理解を採用せず（前記第 1 節第 1 款(iii)），第三取得者の抵当債務弁済義務を承認している（前記第 1 節第 1 款(iv)）ことと対応しているものと解される。彼は第三取得者の抵当債務弁済義務を観念していたために，抵当権の「変換」を観念しなくても，滌除手続において第三取得者が売却代金を抵当債権者に支払うことでその抵当債務を弁済することを説明しえたのである。

第 2 款　旧民法

旧民法は，抵当権を売却権として理解しない点で Boissonade を継承していた。それゆえに，Boissonade による合意構成の継承と法律効理論の忘却とは，旧民法とそれを解説する学説においても，そのまま維持されている。

---

188)　Boissonade, *supra* note 4, n. 516.「ここで規定された宣言は，これまでに何度か言及してきた『申込み』であり，当該申込みが承諾された場合，これが滌除に合意または取引の性格を与えるだろう。」

第 2 節　滌除制度における合意構成の継承と「法律効」理論の忘却

(i)　合意構成の継承

旧民法債権担保編 255 条ただし書も，Boissonade 草案 1269 条と同様，滌除の成立に「債権者の明示または黙示の受諾」を要求している。

　　「*255 条　第三所持者ハ登記シタル総テノ抵当債務ヲ弁済セサルモ債権者ニ其登記ノ順序ニ従ヒ不動産ノ取得代価，其評価若クハ之ニ超ユル金額ヲ払渡シ又ハ債権者ノ為メニ之ヲ供託シテ不動産ノ負担ヲ免カレシムルコトヲ得但下ニ規定セル如キ提供及ヒ滌除ノ手続ヲ為シタル後債権者ノ明示又ハ黙示ノ受諾アリタルコトヲ要ス*」

ここでは，「申込み」「承諾」の用語が用いられていない。しかし井上『民法詳解』は，抵当債権者による「承諾」前における，第三取得者による滌除の「提供」の効力（撤回可能性）を論じるにあたって，承諾によって契約が成立する（そのため，「承諾」までは随時提供を撤回できる〔旧民法財産編 308 条〕）という説に言及し，これに賛成している[189]。そして，滌除成立後に抵当不動産が滅失したとしても第三取得者は対価の給付を免れない，と説き，その理由を，対価給付義務が不動産所持者の地位ではなく契約を原因とするものだからである，と説明する[190]。

彼はまた，増価競売を申し立てなかった抵当債権者は滌除を黙示に承諾したものとみなされる，とも説いている[191]。この見解は，後に明治 31 年民法 384 条 1 項に取り込まれることになる。

(ii)　「法律効」理論の忘却

その一方で，Boissonade の解説と同様，旧民法を解釈する学説においても，「変換」ないし「法律効」理論を見出すことはできない。

申込みまたは増価競売期間の満了による「法律効」の発生が介在する余地を失わせる Boissonade 草案 1280 条は，旧民法でも債権担保編 268 条として存続している。

---

189)　井上・前掲注 20) 606-607 頁。

190)　井上・前掲注 20) 608 頁。「其義務〔引用者注：提供金額まで債権者に対して債務を弁済する，第三取得者の義務〕ハ最早不動産所持者タルノ原因ニ依リテ然ルモノニアラスシテ全ク滌除ノ契約ニ由リテ存スルモノナレハナリ」。

191)　井上・前掲注 20) 655 頁。

第5章　日本法における抵当権と追及権

　「*268条1項　孰レノ債権者ヨリモ有効ニ競売ヲ求メサリシトキハ不動産ノ滌
除ハ債権者間ノ熟議上若シクハ裁判上ノ順序配当ニ依ル弁済ヲ以テ又ハ債権者ノ
名ニ於テスル供託ヲ以テ不動産ヲ滌除ス……*
　*2項　此場合ニ於テ総テノ抵当ハ之ヲ抹消ス其元資ノ不足シタルモノト雖モ亦
同シ*」

　さらに井上『民法詳解』はすでに，滌除制度を不動産流通のための制度とし
て解説している[192]。このような説明は，Boissonade には存在しなかったもの
である。

第3款　明治31年民法とその後の学説

　明治31年民法とその後の学説でも，滌除を第三取得者と抵当権者との合意
ないし契約として構成する法律構成は維持されているが，法律効理論が取り込
まれることはなかった。
　このことは，旧民法下の学説と異なり，この当時の学説に売却権としての抵
当権理解が浸透しつつあった（前記第1節第3款・第4款）ことに照らすと，重
大な意味を持っていた。Boissonade やその構想を受け継いだ旧民法下の学説
は，抵当権を売却権として捉えず，第三取得者の抵当債務弁済義務を観念して
いたために，抵当権の「変換」を観念しなくても，滌除手続において第三取得
者が売却代金を抵当債権者に支払うことでその抵当債務を弁済することを説明
しえた。これに対して，この当時の学説は，抵当権を売却権として捉え，第三
取得者を含む抵当不動産の「所有者」一般について，抵当権の「実行」を甘受
すべき法的地位しか認めていなかった。19世紀フランスの学説もこれと同様
の問題を抱えていたが，「法律効」理論によってこの問題を解決していた。フ
ランスの学説は，滌除の際に「法律効」に基づいて抵当権が代金上の権利へ
「変換」されると考えることで，抵当権がそのような不動産上の売却権である
としても，すべての抵当権者が売却代金の弁済を受け，同時にすべての抵当権
が消滅することを説明していた。とりわけ Troplong 以降の学説は，「法律効」
を第三取得者と抵当債権者との間に擬制された「合意」に基づくものと構成す
ることで，抵当権の消滅から当然 purge の性格を奪い，かつ，すべての抵当

---

192)　井上・前掲注20) 601頁。

権者が第三取得者から直接に売却代金の弁済を受けることを正当化していた。しかし，日本の学説にはその「法律効」理論が継承されていなかった。そのため，滌除制度はそのような理論的裏づけを欠いたまま，第三取得者の不動産が抵当権の実行に服するという原則を擬制的合意によって修正し抵当権の効力を制限する例外的制度として捉えられるようになる。さらに，本来は《肢分権者に対する追及権》の対応物だった用益物権者の滌除権が，単独で明治31年民法に取り込まれたことで，追及権と滌除権との対応関係自体が希薄化する（(i)）。

　その結果，その後の学説は，滌除制度という例外を認めること，とりわけ抵当権者の承諾擬制を認めることを政策的に正当化する必要を感じるようになり，抵当不動産の流通促進が持ち出される。しかし，この政策的正当化は，地上権者及び永小作人の滌除権にはなじまないものであり，さらには立法論的批判にさらされて後退していき，滌除制度は抵当権と用益権との調和のための制度として位置づけられるに至る（(ii)）。

(i) 明治31年民法

　明治31年民法も，滌除を契約とする旧民法の法律構成を維持している。旧民法債権担保編255条と異なり，明治31年民法378条には「債権者の明示または黙示の受諾」を要求するただし書はない。しかしその一方で，384条1項が増価競売を申し立てなかった抵当債権者の承諾擬制を規定している。これは，旧民法を解説する学説の見解を条文に取り込んだものであり，Boissonade草案及び旧民法と同様に，明治31年民法も滌除を契約として法律構成していることを示すものといえる。

　　「*384条1項　債権者カ前条ノ送達ヲ受ケタル後1个月内ニ増価競売ヲ請求セサルトキハ第三取得者ノ提供ヲ承諾シタルモノト看做ス*」

　その一方で，明治31年民法の起草者は，売却権としての抵当権理解に基づき，第三取得者が「所有者」として抵当権の実行を甘受すべき地位にあると考えていた（前記第1節第3款(v)）。そのため，法典調査会において，起草者の梅は，滌除制度を，抵当権の実行に対する例外として位置づけている[193]。しか

---

193)　前掲注49) 870頁〔梅発言〕。「滌除ト云フコトハ固ヨリ例外ノ規定デアル，黙ツテ居レバ競売

第5章　日本法における抵当権と追及権

し，このような例外を説明する理論，とりわけ「法律効」理論は，彼の議論からは見出されない。

さらに，明治 31 年民法においては，滌除制度は抵当権者の滌除権者に対する追及権を前提とするものですらなくなっている。このことを示すのが，所有権に課せられた抵当権を滌除する権利を地上権者及び永小作人に認める議論である。この議論は，所有権取得者に加えて地上権者及び永小作人に滌除権を認める 378 条に基づく。

　　「*378 条　抵当不動産ニ付キ所有権，地上権又ハ永小作権ヲ取得シタル第三者ハ第 382 条乃至第 384 条ノ規定ニ従ヒ抵当権者ニ提供シテ其承諾ヲ得タル金額ヲ払渡シ又ハ之ヲ供託シテ抵当権ヲ滌除スルコトヲ得*」（傍点は引用者による。）

これに類する規定はすでに Boissonade 草案から存在していたが，元来それは，以下のような《肢分権者に対する追及権》を前提として，肢分権者がこれに対抗して自己の有する肢分権上の抵当権を滌除することを認めるものであった。

草案 1262 条 1 項（前記第 1 節第 1 款(iv)）は，所有権の全部または一部の取得者と並んで，所有者から「用益権その他の物権」の設定を受けた者をも「第三所持者」に含め，これに対する抵当権者の追及権を認めていた。Boissonade はこれを「肢分権」理論によって説明している。用益権の設定は，所有権を「肢分」する，すなわち部分譲渡するものであり，用益権者は所有権を部分的に取得した者であるので，用益権設定前に完全な所有者から抵当権の設定を受けた抵当権者は，用益権者に対して追及権を有する，というのである[194]。

この場合，抵当権設定登記後に用益権設定証書が謄記されると，用益権と用益権設定後に所有者に留保された所有権（虚有権）とが共同抵当に服するよう

セラルベキ筈ノモノデアル」。

194)　Boissonade, *supra* note 4, n. 496.「この権利〔引用者注：追及権〕は，最初の条文〔引用者注：1262 条〕が示すように，債務者が不動産の全部もしくは一部を譲渡し，または用益権の設定その他の物権の賦課によって不動産を肢分したことを前提にしている。」（傍点は引用者による。）

　　なお，フランス民法典はこのような《肢分権者に対する追及権》について明文の規定を欠いていたが，19 世紀フランス法学説にはすでに解釈論としてこれを説くものが存在していた（Troplong, *Le droit civil expliqué suivant l'ordre des articles du Code, des priviléges et hypothèques*, t. 3, Paris, 1833, n. 776, Pont, *Explication théorique et pratique du Code civil*, 3ᵉ éd., t. 11, Paris, 1880, n. 1116, Baudry-Lacantinerie, *Traité théorique et pratique de droit civil*, 3ᵉ éd., t. 27, Paris, 1906, n. 2044）。

472

第2節　滌除制度における合意構成の継承と「法律効」理論の忘却

な状態が生じ，抵当権者は用益権者及び所有者に対して別々に追及権を行使しうるものと考えられる。Boissonade は，使用権・居住権・地役権の設定は「その他の物権」の設定であるにもかかわらず，設定を受けた者に対する追及権を生じない，という。そしてその理由として，それらの物権は独立して差し押さえられ売却されうる権利ではない，ということを挙げている[195]。これを裏返すと，追及権を生じるような肢分の場合，肢分権は肢分後の所有権とは独立に，追及権の目的となり，終局的には差押え・競売の対象となる，と彼が考えていたことが窺えるのである。

　Boissonade は，このような追及権行使の相手方となる肢分権者の範囲と，滌除権者の範囲とを対応させている。Boissonade 草案 1273 条 1 項は，滌除原因とならない肢分権の範囲を規定している。ここで挙げられているうちの使用権・居住権・地役権は，1262 条の解釈上，追及権を生じさせない肢分権とされていたものでもある。

　　「*1273 条 1 項　賃借権，永借権，使用権，居住権，土地地役権の滌除*（la purge des droits de bail, d'emphytéose, d'usage, d'habitation et de servitudes foncières）*の余地はない*。」

　Boissonade は，ここで列挙されていない地上権については，解釈によって滌除権の発生を認めている。その際の理由として，肢分権が追及権を生ずるものであるか否かを判断する際と同様に，地上権が独立して売却の対象となるか否かに着目している[196]。

　もっとも，永借権は性質上独立して売却の対象になりそうであるが，永借権者は滌除権を否定されている。Boissonade はこの点について，永借権は，管理行為の性質を有しない長期賃借権として扱われ，不動産が競売された場合に

---

195)　Boissonade, *supra* note 4, n. 500.「抵当不動産が譲渡されず，単に，例えば地役権，使用権，居住権といった，さほど重要でない物権を課せられたに過ぎない場合がありえ，それらの物権は第三取得者に対して別々に差し押さえられ売却されえないので，そしてそれでも所有権は抵当債権者を害しては有効にそのように肢分されえないので，条文は，土地はこの場合，債務者の手中に残っており，『あたかも肢分されなかったかのように』債務者に対して収用される，と言う（1273 条 1 項参照）。」（傍点は引用者による。）

196)　Boissonade, *supra* note 4, n. 513.「差し押さえられ，売却されえない権利の場合，滌除は認められえない，というのも，売却がありうる結果の一つだからである。……それゆえ，法律は地上権に言及していないが，地上権は滌除の原因となる：それは所有（propriété）の権利だからである。」

473

第5章　日本法における抵当権と追及権

は，1262条（2項）の限度，すなわち管理行為の性質を有する短期賃貸借の限度で[197]引受けとなる，と説明している[198]（この点については，後記第3節第1款参照）。つまり，永借権の性質上は，永借権者に対する追及権を生じさせることも可能ではあるが，例外的に追及権を生じさせず，その代わりに，不動産が競売された場合には存続期間を限定するという形で，抵当権者の利益に配慮しているのである。そして，追及権を負担しない以上，永借権者に滌除権を認める必要もない，というわけである。

　Boissonade草案1262条1項は旧民法債権担保編248条1項に継承されたが（前記第1節第2款(iv)），これに対応して，草案1273条1項も旧民法債権担保編259条1項に継承されている。ただし，ここでは，滌除原因とならないものとして列挙された用益物権の中から「永借権」が脱落している。この点については，起草過程においても特段の議論は見当たらず，後に明治31年民法が起草される際にも，梅はその理由を専ら推測で論じている[199]。この点を除けば，259条1項はBoissonade草案1262条1項をそのまま継承しているはずであった。

　　「*259条1項　賃借権，使用権，住居権及ヒ地役権ハ滌除ヲ為ス限ニ在ラス*」

　しかし，旧民法を解釈する学説においては，この条文と肢分権者に対する追及権について定めた248条1項との対応関係が，すでに希薄化しつつあった。井上『民法詳解』は，この259条1項を，滌除権者の範囲ではなく，逆に抵当権以外で滌除の対象となる権利に関する条文と誤解している[200]。

---

197)　「*1262条2項　ただし，126条及び127条に記載された期間でなされまたは更新された賃貸借は，すでに登記された債権者によっても尊重されねばならない。*」

198)　Boissonade, *supra* note 4, n. 513.「賃貸借が長期間のものである場合，それらは債権者との関係ではなかったものとされ，土地は，認められた期間を超えて賃貸されていないものとして差し押さえられる。永借権は，常にこの期間を超えている。」

199)　前掲注49）890頁〔梅謙次郎発言〕。

200)　井上・前掲注20）620頁以下。特に，621-622頁「……此等ノ権利ニ対シテハ第三所持者ハ滌除ヲ行フコトヲ得サルナリ」。
　　この「誤解」は，「滌除する」（purger）という表現の多義性に起因するものと考えられる。フランス語の «purger» の本来の用法では，直接目的語として，負担から解放される権利（所有権など）を取る。当時のフランス民法典 Titre XVIII, Chapitre VIII の表題 «Du mode de purger les propriétés des privilèges et hypothèques»（「先取特権及び抵当権から所有権を滌除する方法について」）が，その例である。しかし，「抵当権を滌除する」のように，消滅させられる負担を直接目的

第2節　滌除制度における合意構成の継承と「法律効」理論の忘却

この「誤解」それ自体は，その後起草された明治31年民法には影響していない。その378条は，前に見たとおり，明らかに滌除権者の範囲を意識した書きぶりになっている。しかし明治31年民法においては，物権の客体を有体物に限定したことで（前記第1節第3款(i)），肢分権上の抵当権を観念することは，369条2項に基づき地上権及び永小作権上に抵当権が設定された場合を除いて，できなくなっていた（前記第1節第3款(ii)）。加えて，抵当権設定後に肢分権の設定を受けた肢分権者に対する追及権を明示していた，旧民法債権担保編248条1項に相当する条文も削除されていた（前記第1節第3款(v)）。それにもかかわらず，用益物権者の滌除権だけが残されたことで，自らの権利に抵当権が課せられているわけではない用益物権の権利者が，他人の所有権に課せられた抵当権を滌除できる，という奇妙な制度が誕生したのである。法典調査会において，起草者の梅は，抵当権の目的となった権利の取得者以外に，抵当不動産上に地上権・永小作権を取得した者にも滌除権を認める必要があり，旧民法債権担保編259条1項はこのことを裏から示したものである，という理解を示している[201]。この説明においては，それら地上権・永小作権が債権担保編248条1項に基づき抵当権の目的となっていた，という点は意識されていない。さらに，明治31年民法378条は，新たに永小作権者の滌除権を明文で承認している。梅はその理由について，永小作権の扱いを地上権と揃えることを志向するだけで[202]，抵当権の効力が抵当権設定後に設定された地上権，永小作権や旧民法上の永借権に及ぶか，という点に遡った議論は存在しない。かくして，肢分権者の滌除権と肢分権者に対する追及権との対応関係は忘却され，このことが，その後の学説において滌除の制度目的が利用権保護にまで抽象化されるための前提となったのである。

(ii)　その後の学説

このように，明治31年民法においては抵当権者の追及権と滌除制度との関係が希薄化し，滌除制度に利用権保護としての性質が混入していた。そのため，売却権としての抵当権理解が日本の法学説に浸透した（前記第1節第4款）後も，19世紀フランス法学において売却権としての抵当権理解と滌除・消除主義の

　語に取る用法も，次第に定着していたからである。
201)　前掲注49) 889-890頁〔梅謙次郎発言〕。
202)　前掲注49) 890頁〔梅発言〕。

第5章　日本法における抵当権と追及権

効力とを整合させていた「法律効」理論が，日本の法学説に持ち込まれることはなかった。学説は当初，滌除制度において第三取得者がすべての抵当債権者に売却代金を弁済し，すべての抵当権が当然 purge に服することについて，以下のとおり，専ら政策的な正当化や擬制された「合意」に基づくなし崩し的な正当化のみを行っている。そして，そのような正当化が説得力を失うにつれて，次第に滌除に対する立法論的批判が強くなっていくのである。

梅『民法要義』は，純理からいうと，滌除制度は妥当でないもののように見える，という[203]。その理由として彼は，抵当権は物権であり，抵当不動産の第三取得者は一部を減殺された状態で所有権を取得するにもかかわらず，この制度によって自己に優先する抵当権を消滅させ，完全な所有者となる，ということを挙げている[204]。

しかし梅はその一方で，実際上の便宜の観点から見ると，滌除制度は妥当である，という。抵当権の性質は，単に権利者に代価から弁済を得させることにあり，抵当権者はただ代価について権利を有する者であると言っても失当とは言えない。滌除制度においては，第三取得者は代価を提供しており，その額が相当なら抵当権者は承諾せねばならず，不相当なら承諾を与えずに一定条件の下で競売（増価競売）を請求できる。それゆえ，第三取得者は取得しようとした権利を失わず，他方で抵当権者はその「利益」を害されず，加えて「抵当権ノ附著セル不動産ノ取引ヲ容易ニスルノ利益」があるので，「公私ノ為メニ利ノミアリテ害ナキモノト謂フヘシ」というのである[205]。ここでは，実質論の前提として，優先弁済権を中心とする抵当権理解（β説）に近い理解が示唆されているが，梅自身は売却権としての抵当権理解（γ説）を採用しているために（前記第1節第4款(i)），これと異質な抵当権理解は回りくどい表現の中に隠蔽され，この議論はあくまでも実質論としての位置づけに留まっているのである。

しかも，前記(i)でみたように，明治31年民法378条は不動産の譲受人のみならず一定の用益物権者にも滌除権を認めており，このことは，抵当不動産の取引促進という説明にもなじまない。そこで梅は，滌除権という強力な権利を与えるに値するほど強力な権利を取得したか否かによって，滌除原因となる物

---

203)　梅・前掲注 48) 542 頁。
204)　梅・前掲注 48) 542 頁。
205)　梅・前掲注 48) 542-543 頁。

権（地上権，永小作権）とならない物権（占有権，地役権，留置権）とを区別し，前者の取得者はほとんど所有者に均しい権利を有するので滌除権を有する，と説明する[206]。取得した権利の要保護性という，不動産取引の促進とは異質な考慮が，すでに混入し始めているのである。

岡松『註釈民法理由』も，滌除は「法律カ第三所持者ニ与ヘタル特権」である，という[207]。もっとも，そのような制度が存在する理由として，実際に抵当権者が得る利益は，不動産そのものではなくその価額であるので，滌除を認めても抵当権者の利益を害することはない，という[208]。この説明の前提である「実際に抵当権者が得る利益」には，なお β 説の残滓を検出しうるが，他方で，彼の説明には不動産の譲渡との関連が検出されず，実際，彼は用益物権者に滌除権が認められていることを自明視して特段その理由を説明していない。

松波＝仁保＝仁井田『帝国民法正解』も，取得者は滌除ができなければいつ競売がなされるか分からず，不慮の損害を被る恐れがある[209]，利害関係人のうちの誰の権利や利益も害されないといいうる[210]，公益上もこの規定は必要である，として滌除制度を政策的に正当化する。彼らも，利害関係人の利益が害されないという点を論ずるため，抵当権者の「終局ノ目的」は不動産上にはなく債権の満足にある，としており[211]，ここからは β 説の残滓を検出できる。これに対して，彼らが「滌除」によって得られるとする「公益」の内容は独特である。彼らは，滌除がないと，抵当権の設定後は，所有者は非常に廉価での売却しかできなくなり，所有権を失ったような状態となる，という。そしてその結果，金融を必要とする所有者は，抵当権を設定するよりもはじめから売却してしまった方がよいと考えるようになる結果，一時の金策のために重要な不動産を失うことになるので，これを防ぐ必要がある[212]，というのである。つまり彼らは，滌除を不動産の流通促進のためではなく，むしろ所有者が抵当権設定を躊躇わなくなるようにするための制度として捉えているのである。そのため，用益物権者の滌除権については，彼らも特段の説明を用意していない。

206）　梅・前掲注 48) 545-546 頁。
207）　岡松・前掲注 92) 554 頁。
208）　岡松・前掲注 92) 554 頁。
209）　松波ほか・前掲注 111) 1159-1160 頁。
210）　松波ほか・前掲注 111) 1160-1161 頁。
211）　松波ほか・前掲注 111) 1160 頁。
212）　松波ほか・前掲注 111) 1161-1162 頁。

第 5 章　日本法における抵当権と追及権

　富井『民法原論』も，滌除を物権が有する追及権の例外としており[213]，例外を認めるための政策的正当化を行っている。具体的には，抵当権の追及的効力は物権である以上当然のものであるが，そのために不動産の流通や改良が妨げられ，経済上弊害が少なくないので，フランス民法典などは抵当権の追及的効力を制限して第三取得者に抵当権の実行を免れる特別の方法を認めている，というのである[214]。

　その一方で彼は，滌除制度への批判として，登記された物権の効力を無視することを挙げ，ドイツのように滌除制度を採用しない立法例もあることを指摘する[215]。それでも彼は，実際上，抵当権者は不動産価格について弁済を受ける以外の目的を有しないので，巨額の費用と手数を要する競売手続を回避して，第三取得者が相当の代価を支払うことが，各利害関係人のために便利である，という[216]。それと同時に，滌除は不動産の流通取引に便宜を図るための公益上の理由に基づくものである，という政策的正当化を行ってもいる[217]。彼においても，実質論の前提とされている「抵当権者の目的」に，なおβ説の残滓を検出しうるが，これはあくまでも実質論としての位置づけを受けている。

　しかも，彼も梅と同様，地上権者及び永小作人の滌除権については，地上権及び永小作権が所有権について最も強力な用益物権であってその取得者を保護する必要がある，として，不動産流通の促進とは異質の説明を与えている。

　川名『物権法要論』は，もはや不動産流通の促進という実質的理由を挙げず，合意構成による滌除の効力の正当化を試み，滌除を要物契約類似の一種の契約として構成している[218]。しかし彼は同時に，合意構成による正当化の限界を示唆してもいる。彼は，抵当権者は増価競売期間内に増価競売を申し込まない場合の承諾擬制によって承諾を強制されるので，抵当権者は他人の都合で自己の意思に反して抵当権を失い，それゆえにドイツやスイスはこの制度を認めていない，という[219]。さらに彼は制度の利用実態として，日本でも実際にはこの制度はほとんど用いられていないという，と述べている[220]。滌除権者につ

---

213)　富井・前掲注 117) 30 頁。
214)　富井・前掲注 120) 557-558 頁。
215)　富井・前掲注 120) 563 頁。
216)　富井・前掲注 120) 563-564 頁。
217)　富井・前掲注 120) 564 頁。
218)　川名・前掲注 133) 289-290 頁。
219)　川名・前掲注 133) 289 頁。

第 2 節　滌除制度における合意構成の継承と「法律効」理論の忘却

いては，彼は，それまでの学説のようにその範囲が用益物権者に拡張されていることではなく，むしろその範囲が一定の物権を有する者に限定されている点に着目する。そしてその理由として，滌除は抵当権の効力に対する制限なので，重要な物権を取得した者にのみ滌除権が認められている，と述べている[221]。ここでは，抵当不動産の譲渡に伴う抵当権者の追及権と滌除制度との関係が，すでに忘却され始めている，といえる。

中島『民法釈義』においては，不動産取引の便宜への言及はなお残っているが，滌除制度の「間接」的理由として位置づけられており，その前提として抵当権の効力に関する β 説の残滓といえるような議論はもはや見られない。そして，第三取得者に無用の出費をすることなく権利を保存させて第三取得者を保護する，という理由が，滌除制度の「直接」の理由として付加されている[222]。

近藤『物権法論』は，滌除制度を，抵当権の本来有すべき効力に対する，第三取得者保護のための制限として明確に位置づけている[223]。そして，その正当化のために，一方で川名の契約構成を継承しつつ[224]，他方で，中島が挙げていた，滌除によって保護される第三取得者の利益を，抵当権実行を受けて自ら買受人になった場合（民法 390 条）における手数と費用の節約，という形で具体化している[225]。滌除権者についても，彼は川名と同様，その範囲が限定される理由を説明している。そして，滌除は一般に抵当権者を害する結果を生ずる，という観点から，その者の利益を保護するためには抵当権者を害してもやむを得ないと考えられる者にのみ滌除権が認められている，という[226]。ここでは，川名以上に滌除の正当化の限界が意識されているといえる。

以上の議論が，滌除を物権の原則から外れた制度として捉え，その正当化に苦心していたのに対して，石田『担保物権法論』は，明示的に滌除制度に対して立法論的批判を加えている。彼は，滌除制度における第三取得者の申出金額が「代価又ハ特ニ指定シタル金額」（傍点は引用者による，明治 31 年民法 383 条 3 号）となっている点を捉えて，滌除制度においては第三取得者が適宜に定めた

---

220)　川名・前掲注 133) 289 頁。
221)　川名・前掲注 133) 290 頁。
222)　中島・前掲注 146) 1116 頁。
223)　近藤・前掲注 149) 316 頁。
224)　近藤・前掲注 149) 353 頁。
225)　近藤・前掲注 149) 354 頁。
226)　近藤・前掲注 149) 354-355 頁。

第 5 章　日本法における抵当権と追及権

評価額を支払えば抵当権を消滅させられるので，第三取得者にとっては便宜である，と評する[227]。起草者の梅はこの文言を，代価の定めのない取得（贈与・交換等）の場合や，誤って代価を売主に支払った場合，代価を安く設定していた場合，不当に高い金額を払ってでも不動産を取得したい場合，地上権者・永小作人が滌除する場合（地上権や永小作権の代価は不動産価額よりも安いはずであるため），抵当不動産とそれ以外の財産をまとめて買った場合を念頭に置いて説明していた[228]。これらのうち最後に挙げた場合以外では，第三取得者は代価以上の金額を提供することになるはずである。しかし石田は逆に，第三取得者が代価よりも安い金額を申し出ることを念頭に置いているのである。そして，これに対して抵当権者には対抗手段として増価競売が認められているが，増価競売は抵当権者にとって面倒なものなので，滌除は抵当権者にとって不利益な制度である，という[229]。それゆえ，抵当権者は増価競売を避けるために抵当物を安く評価して不利益を設定者に転化しようとし，その結果不動産金融の円滑が阻害されるので，立法論としては滌除を廃止すべきである，と主張する[230]。

　彼はその際に，彼の「価値権」説（前記第 1 節第 4 款）と滌除との関係について触れている。彼によれば，現代においては，不動産は投資財であるので，不動産の金銭化の方法は売買だけではなく，抵当権こそが不動産を金銭化する，という。それゆえに，滌除制度によって不動産の流通を促進するよりもむしろ，抵当権に基づく不動産金融を助成するとともに，他方で抵当権そのものの流通方法を簡易化すべきであって，滌除制度は時代遅れである，というのである[231]。この議論は，滌除制度が不動産の流通を促進するために政策的に認められた制度である，という理解を前提にしつつ，これを批判するものである。

　このような流れの中で，序章第 1 節第 3 款(i)で紹介したとおり，我妻『担保物権法』が，滌除制度を「価値権と用益権との調和」の一環として捉えるに至る。この説明は，地上権者及び永小作人の滌除権を視野に入れたものであったといえる。これに対して，平成 15 年改正後の抵当権消滅請求制度は，抵当不動産流通の促進という明治 31 年民法下当初の滌除制度の政策目的に立ち返

---

227)　石田・前掲注 161）252 頁。
228)　梅・前掲注 48）556-557 頁。
229)　石田・前掲注 161）252 頁。
230)　石田・前掲注 161）253 頁。
231)　石田・前掲注 161）253 頁。

り，地上権者及び永小作人を請求権者の範囲から除外した（現行379条）。これによって，抵当権消滅請求制度は，追及権に対する対抗手段としての性格を，結果的に回復した。しかしその後も，我妻説の観点は，序章第1節第3款(i)で紹介した道垣内弘人『担保物権法』におけるように，抵当不動産の所有者の処分権と抵当権との調和として，形を変えて継承されているのである。

第3節　消除主義と滌除制度との連続性の解消

　ここでは，前節で紹介した，滌除制度に関する合意構成の継承と「法律効」理論の忘却とを前提として，かつて同じく抵当権の当然 purge 制度であった消除主義と滌除制度との連続性が，次第に解消されていく過程を紹介したい。この連続性解消の傾向自体は，法律効を当然 purge ではなく合意によるものとして法律構成し，さらに合意による正当化にすら疑問を呈し始めていた19世紀後半のフランス法学説にも見られた（前記第4章第4節第2款(ii)）。しかし，そこではなお，滌除制度と消除主義は「法律効」理論によって統一的に把握されていた。それに対して，日本ではその「法律効」理論が忘却されていたために（前記第2節），以下のとおり，消除主義と滌除制度との連続性は完全に解消されてしまうこととなった。こうして，第三取得者と競落人との間に連続性が認められなくなったことが，第三取得者と設定者とを「所有者」として連続的に捉える発想を競売法において貫徹すること（前記第1節第3款(v)）を可能にしていたといえる。

　Boissonade は，前述のとおり滌除を抵当権の当然 purge ではなく合意による抵当権消滅として捉え，しかも「法律効」理論は継承していなかった（前記第2節第1款）。それでも，彼はなお，フランスの法学説と同様に，不動産強制売却手続における抵当権の消除主義を，滌除手続と概念上連続的に捉えていた（第1款）。

　しかし旧民法の法律取調委員会においては，さらに，抵当権の消除主義が滌除手続との概念的連続性を失っていく。そしてその後，不動産執行をめぐる旧々民訴法の規定をめぐって，両者の理論的不連続が意識されるようになり（第2款），この傾向はその後も持続することになる（第3款）。

481

第5章　日本法における抵当権と追及権

第1款　Boissonade 草案

Boissonade 草案は，抵当権の消除主義を滌除と連続的に捉えており，抵当権の処遇は不動産競売における用益物権の引受主義と対照をなしていた。もっとも，その 1272 条 1 項は，「滌除（purge）」の語を広い意味で，すなわち消除主義を含むものとしてではなく，狭い意味で，すなわち民法上の滌除手続のみを意味するものとして用いており，これが，後に旧民法下で消除主義と滌除との連続性が失われるきっかけとなった。

(i)　「滌除」としての消除主義

Boissonade 草案 1298 条は，第三取得者が有する抵当権不動産につき抵当債権者の申立てで「収用（expropriation）」を実施する場面について，抵当権の消除主義を規定している。ここでは，消除主義を示す語として，「滌除」の語が用いられている。

　　「*1298 条　すべての場合において，代金の弁済または供託の後に，すべての登記された抵当権は，資金が足りないものも含めて抹消され，不動産はそれらを滌除されたままになる（demeure purgé）*。」（傍点は引用者による。）

(ii)　「滌除の原因とならない取得」と不動産執行の消除主義

その一方で，草案 1272 条 1 項は，不動産差押えに基づく競落一般を「滌除に服しない取得」に挙げている。

　　「*1272 条 1 項　不動産差押え，増価競売及び抵当訴追その他，抵当債権者が参加するよう召喚される手続に基づく公の競落は，滌除（purge）の原因とならない*。」（傍点は引用者による。）

しかし，Boissonade の解説は，この 1272 条 1 項がフランス民訴法典 717 条 7 項の「競落が，登記された抵当権を滌除する」に反するものではなく，次の 3 項によって「債権者の権利は競落代金上……の配当記載に限定される」と説いている[232]。

---

232)　Boissonade, *supra* note 4, n. 512.

482

第3節　消除主義と滌除制度との連続性の解消

「*1272条3項　ただし，競落代金または収用の補償について，順位に従って配当記載される，抵当債権者の権利を妨げない。*」

Boissonade はそれゆえに，1272条1項が「不動産差押え……は，滌除の原因とならない」にいう場合の「滌除」は，民法上の滌除手続に限られる，と述べている[233]。つまり，1272条3項は，1272条1項について，競落が狭い意味での滌除（すなわち民法上の滌除手続）の原因とならないという意味であって，広い意味での滌除（ここでは，消除主義）を妨げるものではない，と注釈している条文なのである。1272条3項が，抵当権の当然 purge の意味で「滌除（purge）」の語を用いることなく，「配当記載される，抵当債権者の権利」を論じているのは，同じ1272条の中で「滌除（purge）」の語に広狭二つの意味を持たせるのを避けるためであったと考えられる。従って，Boissonade 自身は，「滌除（purge）」が競落の場合の消除主義を含む広い意味を持ちうることを承認しており，滌除と消除主義との連続性を消失させていたわけではないのである。

もっとも，この Boissonade 草案の文言は，結果として，次の第2款でみるような滌除と消除主義との連続性の解消を準備することとなった。

(iii)　用益物権の引受けと《肢分権者に対する追及権》

これに対して，同じく抵当権と同じく肢分権であるはずの不動産上の用益物権の不動産競売における処遇について，Boissonade は，抵当権と異なり，引受主義を構想している。これは，差押えを申し立てたのが抵当権者である場合であっても当該抵当権者に対抗できるか否かすら問わない点で，徹底したものであった。その前提に存在していたのが，《肢分権者に対する追及権》（前記第2節第3款(i)）による，用益物権に先んじて対抗要件を具備した抵当権の保護であった。

19世紀フランスにおいて，「何人も前主が有しない権利を取得しない」という *Nemo plus* 原則を強制競売の競落人について宣言した民訴法典731条（前記第3章第7節第7款(i)）は，1841年6月2日の法律による改正後も，717条1項として存続していた。これによれば，債務者が肢分権を設定していた場合，債務者は肢分権によって減殺された所有権しか有しないので，競落人も同内容

---

233)　Boissonade, *supra* note 4, n. 512.

第5章　日本法における抵当権と追及権

の所有権しか取得しえず，肢分権は（抵当権を除いて）競落人の引受けとなった。

《肢分権者に対する追及権》は，この原則と矛盾しない形で，引受けとなった肢分権上にさらに抵当権の存続を認めることで，肢分権設定前に抵当権の設定を受けた抵当権者の地位を保護する機能を有する[234]。抵当権者が肢分権者に対する追及権と所有者に対する追及権を同時に行使し，両者を同時に競売にかければ，競売によって肢分権を消除したのと実質的に変わらない結果を得ることすら可能なのである。

Boissonade は，このような追及権行使の相手方となる肢分権者の範囲と，滌除権者の範囲とを対応させており，Boissonade 草案 1273 条は，1 項で，追及権を生じさせず，従って滌除原因にもならない肢分権の範囲を規定していた（前記第 2 節第 3 款(i)）。さらに同条 2〜4 項では，そのような肢分権の競売における処遇を，次のとおり定めている。

　「*1273 条 2 項　これらの権利が抵当権に先んじて設定されていた場合，債務者の手中に残されている不動産は債務者について差し押さえられ，これらの権利を負担したままで売却に付される。*

　3 項　これらの権利が抵当権の後に設定された場合，抵当債権者はそれらの権利を顧慮することなしに不動産の売却を実行できる。

　4 項　しかし，前項の場合において，公示された賃借権は，1262 条に示された限度で，競落人によって尊重される。」

3 項は，追及権を生じない肢分権について，*Nemo plus* 原則を修正し，消除主義を妥当させるものといえる。Boissonade はこれを，肢分権者に対する追及権を定めた草案 1262 条 1 項（前記第 1 節第 1 款(iv)）の原則の適用と評して

---

234)　竹下守夫「不動産競売における物上負担の取扱い」『不動産執行法の研究』（有斐閣，1977）94 頁以下（初出，兼子一還暦記念『裁判法の諸問題（下）』〔有斐閣，1970〕），128 頁は，フランス法においては，「中間の用益権」も引受けになる，と解説する。その一方で，その注 20 は，先順位抵当権者の利益をどのように保護しているのかについて，疑問を留保している。

　本文の記述は，その先順位抵当権者の利益保護が，Boissonade 草案においては，《肢分権者に対する追及権》，すなわち引受けとなった用益物権上にさらに先順位抵当権が存続することによって担われていることを示すものである。これによれば，用益物権を引受けにしつつ，用益物権設定証書の謄記（土地公示）前に登記された抵当権だけを保護することが可能なのである。

　そして，前掲注 194）のとおり，この議論は 19 世紀フランスにすでに解釈論として存在していたのであるから，フランス法においても同様の利害調整がなされているといえる。

いる[235]。つまり，彼は，肢分権設定を抵当権者に対抗できない場合，当該肢分権が競売によって単に引受けとなることはありえず，追及権の負担付きで引き受けられるのが原則であり，その追及権を生じえない場合にはもはや消除を余儀なくされる，と考えていたのである。

これに対して4項は，賃借権が追及権の負担なしで引受けとなることを定めている。もっとも，これはあくまでも例外として位置づけられており，追及権でも消除でもなく，賃借権の存続期間を限定することによって，先に設定された抵当権との調整が図られている。この賃借権の例外を除いて，引受けは追及権の負担を前提とするものであったのである。

第2款　旧民法・旧々民訴法

旧民法の編纂がBoissonadeの手を離れた後，旧民法の法律取調委員会における議論において，抵当権の消除主義は概念上，滌除手続との連続性を喪失していく（（ⅱ））。

もっとも，旧民法はなお，抵当権の消除主義と滌除との文理上の連続性に加え，不動産競売における用益物権の処遇について，肢分権者に対する追及権付きでの引受主義を，すなわち抵当権の処遇との対照を維持していた（（ⅰ））。これに対して，旧民法と同日付で制定された旧々民訴法は，不動産執行について，抵当権の消除主義と併せて他の物権の消除主義を規定した。このことは，抵当権の消除主義の性質を決定的に変更し，これを滌除制度と理論的に分離する意味を持っていた（（ⅲ））。

(ⅰ)　「滌除」としての消除主義

旧民法債権担保編287条は，草案1298条と同様に，第三取得者が有する抵当権不動産の収用の場面について，抵当権の消除主義を規定した。ここでもなお，「滌除」の文言は残されている。

　　「*287条　如何ナル場合ニ於テモ競落代価ノ弁済又ハ其供託ノ後ハ登記シタル*

---

235)　Boissonade, *supra* note 4, n. 513.「追及権は，債権者に対抗できない所有権の肢分権を度外視して，債務者の手中に残った財産の差押えによって行使される。これは1262条1項で定められた原則の適用である。」

第5章　日本法における抵当権と追及権

　総抵当ハ之ヲ抹消シ不動産ハ滌除セラル其元資ノ不足シタル抵当モ亦同シ」（傍
点は引用者による。）

　このように，第三取得者が有する抵当権不動産の収用に関しては，滌除と消
除主義との連続性を示す手がかりが，なお条文上残されていた。そのため，こ
の条文について解説する宮城『民法正義』は，これを任意売却の際の「任意の
滌除」と対置している[236]。
　これに対して，不動産競売における用益物権の処遇については，旧民法は，
Boissonade（前記第 1 款(iii)）と同様，《肢分権者に対する追及権》付きでの引
受主義を構想していた。旧民法債権担保編 259 条 2〜4 項は，Boissonade 草案
1273 条 2〜4 項を踏襲しているのである。

　　「259 条 2 項　……此等ノ権利ヲ抵当前ニ設定シタルトキハ其附著ノ儘ニ非サ
　レハ不動産ヲ売却スルコトヲ得ス
　　3 項　抵当後ニ此等ノ権利ヲ設定シタルトキハ之ヲ斟酌セスシテ不動産ノ売却
　ヲ訴追スルコトヲ得
　　4 項　然レトモ此末ノ場合ニ於テ第三所持者ハ第二百四十八条第二項ニ記載シ
　タル制限ニ従ヒ賃借権ヲ遵守スルコトヲ要ス」

(ii)　「滌除の原因とならない取得」をめぐる法律取調委員会の議論

　しかしその一方で，滌除と消除主義との概念的分離はすでに始まっていた。
旧民法債権担保編 258 条 1 項は，滌除ができない取得として，「抵当債権者を
参加させた競売」を挙げる。これは，草案 1272 条 1 項に相当する規定である
（ただし，例示部分を欠く）。

　　「258 条 1 項　抵当債権者ヲ参加セシメタル総テノ競売ニ付テハ滌除ヲ為スノ
　限ニ在ラス」（傍点は引用者による。）

　草案 1272 条 1 項をめぐる，法律取調委員会における議論では，競落によっ
て抵当権が消滅するのは当然のことである，という不要論が持ち上がっている。
これに対して，草案 1272 条 1 項を必要と考える栗塚報告委員は，Boissonade

---

236)　宮城・前掲注 19) 330-331 頁。

第 3 節　消除主義と滌除制度との連続性の解消

の説明とは異なり，滌除と消除主義とを，機能的にこそ類似しているが本来別
物であるものと整理し，両者を概念的に分離している[237]。

このように滌除と消除主義とを概念的に分離したことは，他の条文の理解に
も影響を及ぼしている。旧民法債権担保編 258 条 3 項は，次のとおり，草案
1272 条 3 項に相当する規定である。

　　「*258 条 3 項　右ハ抵当債権者ノ其順位ヲ以テ競落代価……ノ配当ニ加入スル*
　　権利ヲ妨ケス」

法律取調委員会では，この 258 条 3 項に相当する草案 1272 条 3 項について
も，競落によって配当を受ける権利が妨げられないのは当然のことであるとい
う不要論が提起され，これに対して，やはり栗塚報告委員がこの条文を擁護し
ている。しかし以下のとおり，栗塚報告委員がこの草案 1272 条 3 項に与えて
いた意味は，Boissonade が草案 1272 条 3 項に与えていた意味とは全く異なる
ものであった。

前述のとおり，栗塚報告委員は，草案 1272 条 1 項を，競落による抵当権の
消滅が滌除とは別の原理で当然に生じる，という意味に解釈していた。彼はそ
の解釈を前提として，この草案 1272 条 3 項について，草案 1272 条 1 項がある
ために「抵当ガ無クナツタラ順序ハ入ラント云フ疑ヒアル懸念カラ起タノデア
リマス」[238]と説明している。栗塚報告委員は，草案 1272 条 3 項を，草案 1272
条 1 項が前提とする，競売による抵当権の消滅について，それが競売代金の配
当を受ける権利の成立まで妨げるものではないということを示すものとして解
釈しているのである。Boissonade は，草案 1272 条 1 項によって広い意味での
滌除（すなわち消除主義）までもが妨げられ，競落の際には抵当権が消滅しない，
という誤解が生じることを恐れていた。そしてそれゆえに，彼はこの草案
1272 条 3 項に，草案 1272 条 1 項は競落の際に広い意味での滌除（すなわち消除
主義）が生じることを妨げない，という意味を与えていた（前記第 1 款(ii)）。し
かし栗塚報告委員は，前述のとおり競落を滌除とは別個独立の抵当権消滅原因

---

237)　法務大臣官房司法法制調査部監修・前掲注 30) 90 頁〔栗塚委員発言〕。「滌除ト公売ト同ジ働
　　キノヨウダガ去リトテ滌除トハ別モノダト云フノデ能ク分テ居ルヨウデス」「共ニ抵当消滅スルカ
　　公売ヲ以テ滌除ト看做シテハナランゾヨ又ソレトハ別モノゾヨト云フノデス」（傍点は引用者によ
　　る）。

238)　法務大臣官房司法法制調査部監修・前掲注 30) 89 頁〔栗塚委員発言〕。

第5章　日本法における抵当権と追及権

として捉えていたため，広い意味での滌除を観念しえず，それゆえ，彼は草案
1272条1項をめぐるBoissonadeの危惧を共有しえなかった。そこで彼は，競
売によって抵当権が消滅するのは当然のこととして，むしろBoissonadeとは
逆に，草案1272条1項によって競売代金の配当を受ける権利の成立までもが
妨げられる，という誤解を恐れているのである。

(iii)　不動産執行における消除主義の範囲——旧々民訴法649条2項

さらに旧々民訴法649条2項は，（一般債権者であるか抵当権者であるかを問わ
ず）債権者の申立てによる不動産執行について，次のとおり，消除主義を規定
した。

> 「*649条2項　不動産ハ売却ニ因リ登記簿ニ記入ヲ要スル総テノ不動産上ノ負
> 担ヲ免ルヽモノトス但競落人其負担ヲ引受ケタルトキハ此限ニ在ラス*」

この条文は，抵当権の消除主義を規定しているという点では，旧民法債権担
保編287条と平仄を合わせたものといえる。しかしこの旧々民訴法649条2項
は，用益物権をも消除主義に服せしめる書きぶりとなっている点で，旧民法の
《肢分権者に対する追及権》付きでの引受主義の構想（前記(i)）と矛盾してい
る。その結果，ここでは，抵当権の消除主義は，登記を要する他の物権の消除
主義と連続的に位置づけられているのである。

この規定のしかたは，抵当権の消除主義もまた，他の物権の消除主義と同様
に，専ら強制執行手続に対する信頼確保のための特別な規定として，すなわち
滌除手続とは無関係なものとして位置づけられていることを意味するものであ
った。このことは，後にこの条文の改正が問題となる際に，特に河村譲三郎委
員の発言から明らかになるだろう（後記第3款(i)）。

第3款　競売法の制定と明治31年民法下の学説

前款(iii)でみたような，不動産競売における用益物権の処遇をめぐる旧々民
訴法と旧民法との対立は，担保権実行手続を規律する競売法が制定された際に
調整された。その結果，旧民法の構想どおり，消除主義規定の対象は担保物権
だけに縮減され，抵当権は登記を要する他の物権と区別されることとなった。
しかし，抵当権の消除主義と滌除制度との理論的な連続性は，その後の学説に

おいても結局のところ失われたままであった（(i)）。

さらに，《肢分権者に対する追及権》の消滅を受けて，学説は消除主義を再び一定範囲の用益物権に及ぼすようになった。このことは，不動産競売の効力内容を任意売却の効力内容から乖離させ，理論的にも，抵当権が物権一般の体系に取り込まれることを促すこととなった（(ii)）。

(i) 旧々民訴法 649 条 2 項の修正による消除主義の限定

明治 31 年民法には，消除主義に関する条文は存在しない。第三取得者が有する抵当権不動産の収用の場面について抵当権の消除主義を規定していた旧民法債権担保編 287 条は，明文の規定を要しないとして，明治 31 年民法では削除された[239]。滌除の原因にならない取得として不動産差押えに基づく競落を挙げていた旧民法債権担保編 258 条も，競売によって抵当権者は代価の弁済を受けるので抵当権が消えるのは当然のことである，という理由で，明治 31 年民法では削除された[240]。

担保権実行を規律する競売法は，不動産執行を規定する旧々民訴法よりも遅れて，明治 31 年民法の制定と同時に制定される。その 2 条 2 項が，抵当権実行一般につき抵当権の消除主義を規定している。

　「2 条 2 項　競売ノ目的ノ上ニ存スル先取特権及ヒ抵当権ハ競落ニ因リテ消滅ス」

これに合わせて，不動産執行における抵当権の消除主義を定めていた旧々民訴法 649 条 2 項は，明治 31 年の民法施行法 51 条[241]によって，よりフランス法的な規定ぶりに変更される。

　「649 条 2 項　不動産ノ上ニ存スル一切ノ先取特権及ヒ抵当権ハ売却ニ因リテ消滅ス」

---

239)　前掲注 49) 917-918 頁〔梅発言〕。
240)　前掲注 49) 891 頁〔梅発言〕。
241)　法務大臣官房司法法制調査部監修『法典調査会民法施行法案（日本近代立法資料叢書 14)』（商事法務研究会，1988) 31 頁。

489

第5章　日本法における抵当権と追及権

　法典調査会において，民法施行法51条に相当する法案50条について起草者の梅謙次郎が起草理由を説明している。彼は，旧々民訴法649条2項で消除される「負担」に抵当権及び先取特権のみならず，地上権や永小作権，地役権まで入るとすると，民法に抵触する，と説明する。そしてそれゆえに，それらを設定すると所有権はその効力を減じるので，それより余計には競売で売りようがない，という[242]。これは，用益物権の設定について *Nemo plus* 原則を不動産競売にも及ぼすという旧民法の構想を踏襲するものといえる。

　これに対して，河村譲三郎委員は，競売後に不動産に永小作権や地上権が付いていても，買受人は現れず，債権者は不動産に対して信用を置くことができなくなるのではないか，と反論している。彼は，民法の原則は認めるとしても，強制競売については特則を認めることで強制競売の円満な遂行，強制競売に対する債権者の信用を確保する必要があるのではないか，というのである[243]。この彼の反論は，抵当権のみならず登記を要する他の物権にも適用される旧々民訴法649条2項の消除主義が，前記第2款(iii)でみたとおり，競売に特有の政策的考慮に基づくものであったことをよく示している。

　そしてこれに対して，新しい旧々民訴法649条2項の規定は，登記を要する他の物権の設定について *Nemo plus* 原則を妥当させる一方で，抵当権設定を *Nemo plus* 原則の適用除外とする，フランス民訴法典の建前（前記第3章第7節第7款(i)）に即したものとなったはずであった。

　もっとも梅は，抵当不動産が任意売却された場合における，抵当権の追及権について説明する際には，フランス民訴法典制定時の学説と異なり，抵当権にも *Nemo plus* 原則を適用していた（前記第1節第3款(v)）。そして，任意売却後の滌除は，あくまでも，第三取得者所有の抵当不動産が抵当権の実行に服することの例外として扱われていた（前記第2節第3款(i)）。この説明によれば，強制売却の特殊な性質のために強制売却においては一般に *Nemo plus* 原則の適用が制限されると解さない限り，強制売却における抵当権の消除主義も，任意売却後の滌除と同様に，*Nemo plus* 原則の抵当権のみに関する例外として位置づけられざるを得ない。そうすると，強制売却の際に，他の物権について *Nemo plus* 原則の例外が認められないのに，なぜ抵当権についてのみ例外が認

---

242)　法務大臣官房司法法制調査部監修『法典調査会民法施行法整理会議事速記録（日本近代立法資料叢書14)』(商事法務研究会，1988) 47頁〔梅謙次郎発言〕。

243)　前掲注242) 47-48頁〔河村譲三郎発言〕。

490

第3節　消除主義と滌除制度との連続性の解消

められるのかが問題となるが，梅はこれに正面から答えてはいない。

　それゆえ，明治 31 年民法制定後の学説も，抵当権と他の物権との間で扱いが異なっている点には特に着目することなく，抵当権の消除主義を強制競売・任意競売手続に伴う特殊の効果として説明しており，消除主義と滌除制度との連続性は失われたままであった。

　富井『民法原論』は，抵当権実行による競売の効力について，次のように説明している。この説明は，消除主義を競売という裁判上の売却処分に伴う特殊な効力とするものであり，滌除制度との理論的連続性はもはや失われている，といえる。

> 「競売ハ裁判上ノ売却処分ニシテ普通ノ売買ト其性質ヲ異ニス従テ其効力ハ従来ノ法律関係ヲ一変シ其目的物ノ上ニ存スル先取特権及ヒ抵当権ハ競落ニ因リテ消滅スルモノトス（競二条二項）」[244]

(ii)　消除主義の再拡大──用益物権の消除

　以上のように，競売法・民法施行法立法当時の議論において，梅は，用益物権の処遇に関する規律を旧々民訴法 649 条 2 項から除去することで，差押登記前に登記された用益物権がすべて *Nemo plus* 原則に基づき買受人の引受けになることを想定していた。しかし結局，その後の学説は，用益物権の引受主義を限定し，消除される用益物権の範囲を解釈によって再び拡張した。元来，用益物権の引受主義は，《肢分権者に対する追及権》を前提とするものであった（前記第 1 款(iii)）。この《肢分権者に対する追及権》が，明治 31 年民法の下では消失したので（前記第 2 節第 3 款(i)），《肢分権者に対する追及権》が担っていた，肢分権設定前に設定された抵当権の保護を，別の方法で実現する必要が生じていたのである。

　そこでまず，抵当権実行を申し立てた抵当権者に対抗できない用益物権には消除主義が及ぶと解されるようになった。他ならぬ梅の『民法要義』に，このことを認める記述がすでに存在する[245]。彼は，競売法・民法施行法立法時に

---

244)　富井・前掲注 120) 584 頁。

245)　梅・前掲注 48) 537-538 頁は，永小作権及び地役権を念頭に，「抵当権設定ノ後ニ設定シタル物権ハ初ヨリ抵当権ニ勝ツヘキ性質ヲ有セサリシカ故ニ抵当権ノ実行ノ為メニ竟ニ消滅ニ帰スルコトアルモ是レ実ニ已ムコトヲ得サル所ナリ」と述べる。

第 5 章　日本法における抵当権と追及権

自らが固執していた *Nemo plus* 原則をこの限りで撤退させたのである。この解釈は，大審院判例として確立された[246]。

このことを前提として，先順位抵当権者を保護するための手当てとして，消除主義を「中間の用益権」へも及ぼすべきでないかが論じられた。大判大正 7 年 5 月 18 日民録 24 輯 984 頁は，このような中間の用益権は競売によって消除されると判断し，これによって，*Nemo plus* 原則は不動産競売の場面では修正され，引受けとなる用益物権に「最先順位抵当権に対抗できる」という限定が付されることとなった。大判大正 7 年は，その理由として，抵当権がすべて消除される以上，不動産は一番抵当権設定当時の態様で競売されるのが筋である，と説いていた。これを，岩松三郎『競売法』は，不動産競売は誰が申し立てたものであっても第一順位抵当権の実行とみなされる，という理論に発展させた[247]。これは，抵当権実行としての不動産競売を当該抵当権者の権利行使として，そこに，抵当権による支配の実現と，そのための劣後的物権の排除を見出すことで，抵当権を物権一般の排他性の体系に取り込む議論であったといえる。

これを，竹下守夫「不動産競売における物上負担の取扱い」は，「後順位の権利によって先順位の権利が害されてはならないという，実体物権法秩序の要請」に反するものとして批判した。竹下論文は，「中間の用益権」を引受けにしても，これに先行する抵当権は，剰余主義によって被担保債権全額の弁済を確保されることで十分保護されるので，「中間の用益権」の消除は，専ら後発の申立債権者によって先行する用益権者が害される結果を招く，と説く[248]。ここでは，《抵当権者に対する追及権》に代えて剰余主義によって先順位抵当権者を保護することで，岩松説以上に，抵当権者の申立てによる不動産競売を当該抵当権者の権利行使として捉える視覚が純化されているといえる。

結局，「中間の用益権」の消除は，現行民事執行法 59 条 2 項として立法化された。しかし，不動産競売における抵当権の消除主義が用益物権に対して及ぼ

---

246)　大判明治 36 年 11 月 25 日民録 9 輯 1295 頁は，抵当権実行を申し立てた抵当権者に対抗できない永小作権は抵当権実行に基づく競売によって所有権を取得した競落人にも対抗できない，と判断した。この大判明治 36 年は，用益物権者と競落人との対抗関係の枠組みを用いていたが，大判大正 6 年 4 月 5 日民録 23 輯 625 頁は，抵当権実行を申し立てた抵当権者に対抗できない地上権が，当該抵当権実行に基づく競落許可決定があった場合には「消滅スヘキ」である，と判断した。

247)　岩松三郎『競売法』（日本評論社，1930）29 頁。

248)　竹下・前掲注 234) 104 頁。

すこのような効果は，任意売却を受けた第三取得者の主導による滌除には認められえないものである。滌除制度は，第三取得者による取得の前に不動産上に設定された物権のうち，抵当権のみを消滅させ，用益物権を何ら消滅させない。序章第1節第3款(i)で現行の抵当権消滅請求制度について指摘したように，いかに用益物権が不動産流通の妨げになっていようと，この結論は動かない。このように，滌除と不動産競売の消除主義の効果が乖離していった結果，序章第1節第3款(ii)で見たように，抵当権の消除主義は，むしろ用益物権の消除・引受けと同列に論じられ，政策的選択の結果として説明されるようになったのである。

第4節　抵当権に基づく売却代金への物上代位及び代価弁済制度の導入と解体

　第2節及び第3節でみてきたように，売却代金の弁済と同時に抵当権を当然purge に服せしめる滌除制度及び消除主義は，「法律効」理論という共通の支えを失い，それぞれ別個独立の制度として解体された。このことは，抵当権に基づく売却代金への物上代位及びこれに伴う代価弁済による抵当権消滅の位置づけにも，影響を与えている。この両制度は本来，単一の制度を抵当不動産の売却代金の帰趨の観点と抵当不動産上の抵当権の帰趨の観点からそれぞれ表現したものであり，滌除制度及び消除主義と並んで，売却代金の弁済と同時に抵当権を当然 purge に服せしめる第三の制度として位置づけられうるものであった。しかし，「法律効」理論が忘却され，滌除制度と消除主義との連続性が失われていたために，以下のとおり，売却代金への物上代位及び代価弁済による抵当権消滅もまた，滌除制度や消除主義と連続的に捉えられることなく，孤立し解体されていくことになった。すなわち，一方で，売却代金への物上代位を否定する解釈が，他方で，代価弁済による抵当権消滅を第三取得者と抵当権者との合意による抵当権消滅に解消する解釈が登場するのである。

　フランスにおける，抵当不動産への売却代金の「物上代位」は，19世紀において，専ら滌除手続及び不動産強制競売の「法律効」を説明するための用語として用いられていた（前記第4章第4節第2款の Dalmbert の学説参照）。しかし，それ以前の17世紀には，抵当権者が，滌除手続及び不動産強制競売に相当する décret 手続の外で，任意売却代金からの抵当債務の弁済を求めることが認

第 5 章　日本法における抵当権と追及権

められていた（前記第 2 章第 1 節第 2 款(iii)）。日本でも，明治 31 年民法がこれを認めるに至ったが，不動産売却権としての抵当権理解のために，それは権利の目的を「物上代位」によって変更するという形を取らねばならなかったのである。

　代価弁済による抵当権消滅の規定は，この売却代金への物上代位と対をなして導入された。すなわち，代価弁済による抵当権消滅は，少なくとも明治 31 年民法の起草時には，抵当権に基づく売却代金への物上代位の際に物上代位を行った抵当権者の抵当権を消滅させる規定として導入されたのである。このことは，序章第 1 節第 3 款(i)で紹介した道垣内弘人「抵当不動産の売却代金への物上代位」によって，すでに指摘されていた[249]。

　その一方で，道垣内論文は起草者の見解の「問題点」を指摘していた。その問題点は，物上代位が抵当権者の強制的な権利実現を許すものであるのに対し，代価弁済は両当事者の「合意」を要件としており，両者の間には不整合がある，というものである[250]。その上で，道垣内論文は，合意を代価弁済の要件とすべき実質的理由の一つとして，代価弁済によって抵当権消滅の効果が生ずることで，後順位抵当権者の順位上昇という不利益を第三取得者が被ることを挙げている。順位上昇を防止するためには代価弁済による代位を認める必要があるが，第三取得者は代価弁済によって求償権を取得しないので弁済による代位も成立しない，というのである[251]。

　しかし，以下で詳しくみるように，起草者の梅『民法要義』が示す解釈と，道垣内論文が提示した「起草者の見解」との間には，実は乖離があり，そのため，道垣内論文が指摘した「問題点」は，梅内在的には存在しないものと解される。梅はそもそも，代価弁済による抵当権消滅を定めた明治 31 年民法 377 条（現行 378 条）が，両当事者の「合意」を要件としているとは解していない。明治 31 年民法 377 条が両当事者の「合意」を代価弁済の成立要件としている，ということは，条文上明らかなものではなく，大正期以降の学説において支配的になった一つの「解釈」の結果であるに過ぎないのである。

　加えて，道垣内論文自体が指摘しているように[252]，起草者は，代価弁済に

---

[249]　道垣内弘人「抵当不動産の売却代金への物上代位」『典型担保法の諸相』（有斐閣，2013）245 頁，250-251 頁（初出，神戸法学雑誌 40 巻 2 号〔1990〕）。
[250]　道垣内・前掲注 249) 251 頁。
[251]　道垣内・前掲注 249) 253 頁。
[252]　道垣内・前掲注 249) 248-250 頁。

494

第 4 節　抵当権に基づく売却代金への物上代位及び代価弁済制度の導入と解体

よって後順位抵当権者の順位上昇を生じさせないための手当てを用意していた。明治 31 年民法 377 条は，弁済による抵当権の消滅を，第三取得者との関係での相対的なものとしていたのである。しかし，その後起草者はこの説明を放棄し，19 世紀後半のフランスにおける Baudry-Lacantinerie の学説に倣って，代価弁済による先順位抵当権者への代位という構成を採用したので，相対的消滅が順位上昇を妨げる機能を有していたことは忘却され，さらには合意構成の浸透によって相対的消滅自体が忘却されていった。他方で，代価弁済による代位は，β 説において抵当権の順位に従った代価の弁済で後順位抵当権を当然 purge する「吸収の抗弁」（前記第 2 章第 2 節第 3 款(ii)）を，γ 説の下で機能的に代替するための構成であり，それだけに，代位を認めるための法律構成が明確であるとはいえなかった（前記第 4 章第 4 節第 3 款）。そのため，日本法学説は代価弁済による代位の成立を否定して順位上昇に対する手当てを失わせるに至っており，これが，前述した道垣内論文の拠り所となっている[253]。

　要するに，代価弁済の要件・効果が，法律効による抵当権の当然 purge の仕組みによって支えられていなかったことが，道垣内論文を登場させたといえるのである。

　このような観点に基づいて，抵当権に基づく売却代金への物上代位と代価弁済をめぐる学説史を整理すると，次のように図式化することができる。

　Boissonade 草案及び旧民法は，物的担保権が目的物の滅失等によって消滅する際に担保権を代替物上に保存するものとして，物上代位制度を導入していたが，いまだ抵当権に基づく売却代金への物上代位を認めてはいなかった（第 1 款）。

　明治 31 年民法はこれを拡張し，抵当権に基づく抵当不動産売却代金への物上代位を認めると同時に，これによって抵当権者が不当な利益を得ることを防ぐため，第三取得者が物上代位権の行使を受けて代価を抵当権者に支払った場合における抵当権の相対的消滅を規定した。これが代価弁済制度であった。しかしその後，代価弁済に伴う順位上昇への手当ては，抵当権の相対的消滅から代価弁済による代位に変更された（第 2 款）。

　その結果，抵当権の相対的消滅が順位上昇防止の機能を有していたことは忘却され，さらには，代価弁済による代位も学説によって批判されるようになった。他方で，抵当権に基づく売却代金への物上代位に疑義を呈する学説が登場

---

253)　道垣内・前掲注 249) 253 頁。

第5章　日本法における抵当権と追及権

し，その影響で，代価弁済を抵当権に基づく売却代金への物上代位から分離すべく，代価弁済による抵当権の消滅を規定する明治31年民法377条の「抵当権者ノ請求ニ応シテ」という文言の解釈が変更された。その結果，明治31年民法377条は抵当権者と第三取得者との合意によって抵当権を消滅させられることを確認した規定と解されるようになり，代価弁済による抵当権の相対的消滅も忘却された（第3款）。

第1款　Boissonade 草案及び旧民法における不存在

Boissonade 草案1138条2項，旧民法債権担保編133条2項は，売却代金への物上代位を，先取特権についてのみ，他の金銭債権への物上代位と並んで規定していた[254]。

> 「*1138条1項　先取特権を課された物が滅失しまたは第三者による毀損を受け，補償金が債務者に支払われるべき場合，先取特権債権者は，弁済前に適式に異議がなされている限り，他の債権者に先立って，当該補償金への債務者の権利を行使することができる。*
> *2項　先取特権に服する物の売却または賃貸があり，金額または価値が当該物に関する法定または約定の権利の行使によって債務者へ支払われるべきすべての場合についても同様である。*」
> 「*133条1項　先取特権ノ負担アル物カ第三者ノ方ニテ滅失シ又ハ毀損シ第三者此カ為債務者ニ賠償ヲ負担シタルトキハ先取特権アル債権者ハ他ノ債権者ニ先タチ此賠償ニ於ケル債務者ノ権利ヲ行フコトヲ得但其先取特権アル債権者ハ弁済前ニ合式ニ払渡差押ヲ為スコトヲ要ス*
> *2項　先取特権ノ負担アル物ヲ売却シ又ハ賃貸シタル場合及ヒ其物ニ関シ権利*

---

254)　Boissonade, *supra* note 4, p. 264 は，1865年に制定されたイタリア旧民法典1951条を参照している。もっとも，大島俊之「民法304条の沿革」神戸学院法学22巻1号（1992）214頁，212-213頁に掲げられたイタリア旧民法典1951条の条文訳からは，イタリア旧民法典1951条が売却代金への物上代位を規定してはいなかったことが窺われる。それゆえ，売却代金への物上代位は，Boissonade 草案によって部分的に創設され，さらに明治31年民法において梅がイタリア旧民法典2023条（後掲注258））の法律構成を（「売却権としての抵当権理解」〔γ説〕に適合するよう）物上代位に変形することによって，これを抵当権にまで拡張したものであるように思われる。この仮説を検証することは，今後の課題としたい。

ノ行使ノ為メ債務者ニ金額又ハ有価物ヲ弁済ス可キ総テノ場合ニ於テモ亦同シ」

Boissonade は草案 1138 条 2 項の規定について，先取特権の拡張ではなく保存である，と説明している[255]。そしてそれゆえに，Boissonade は一応不動産先取特権への適用を認めていたが，それは登記による保存がなされていなかった場合に限られている[256]。さらに進んで，宮城『民法正義』は，不動産先取特権に追及権が存在することを理由に，旧民法債権担保編 133 条 2 項の不動産先取特権への適用を一律に否定している[257]。

抵当権に関する草案 1207 条 1 項ただし書，旧民法債権担保編 201 条 1 項ただし書は，次のとおり，物上代位に関する以上の規定のうち補償金への物上代位に関する部分だけを抵当権に準用しており，売却代金への物上代位については準用していない。

「*1207 条 1 項　不可抗力または第三者の所為によって生じた抵当財産の消滅，縮減または破損は，債権者の危険に帰する，ただし 1138 条で先取特権について述べたような賠償金についての権利がある場合にはそれを妨げない。*」
「*201 条 1 項　意外若クハ不可抗ノ原因又ハ第三者ノ所為ニ出テタル抵当財産ノ滅失，減少又ハ毀損ハ債権者ノ損失タリ但先取特権ニ関シ第百三十三条ニ記載シタル如ク債権者ノ賠償ヲ受ク可キ場合ニ於テハ其権利ヲ妨ケス*」

第 2 款　明治 31 年民法による導入

明治 31 年民法は，旧民法の先取特権に関する物上代位の規定を拡張し，抵当権に基づく抵当不動産売却代金への物上代位を認めた。これと同時に，これによって抵当権者が不当な利益を得ることを防ぐため，明治 31 年民法は，第三取得者が物上代位権の行使を受けて代価を抵当権者に支払った場合における抵当権の消滅を規定した。これが代価弁済制度である。抵当権に基づく売却代金への物上代位は抵当権者の追及権の内容として，代価弁済制度はこれに伴う

---

255)　Boissonade, *supra* note 4, n. 272.
256)　Boissonade, *supra* note 4, n. 273.
257)　宮城浩蔵『民法正義　債権担保編　第壱巻（日本立法資料全集別巻 60）』（信山社，1995〔底本：出版年不明〕）647 頁。

抵当権の当然purge制度として，それぞれ位置づけられうるものであったが，現実には，追及権とは別個のものとして，専ら便宜的観点からの正当化が行われた（(i)）。

明治31年民法制定前後の学説も，基本的に代価弁済による抵当権消滅を抵当権に基づく売却代金への物上代位の際の抵当権消滅として捉えていた。梅が，明治31年民法377条の「抵当権者ノ請求ニ応シテ」を解釈する際に，第三取得者の「任意に」した弁済はこれにあたらない，と解していたのは，その表れであった。しかしその後の学説がこれを，第三取得者が「自ラ進ンテ」した弁済はこれにあたらない，と言い換えたことで，後の学説が両制度を分離し，代価弁済による抵当権消滅から，売却代金への物上代位に伴う当然purge制度としての位置づけを不可能にするための手がかりを与えた（(ii)）。

(i)　法典調査会での議論

明治31年民法372条は，先取特権に関する304条を準用することで，抵当権に基づく不動産売却代金への物上代位を認めている。抵当債権者が第三取得者に抵当権の順位に従った売却代金の支払いを求めること自体は，フランス古法でも，特に17世紀のParis慣習法典の解釈者によって認められていた。彼らはそれを，債権者間の優先弁済権を効力の中心とする抵当権理解（β説）に基づき，抵当権の本来的効力として捉えている，といえた（前記第2章第1節第2款）。しかしその後，抵当権を不動産売却権として捉えるγ説が普及する以前から，債権者が不動産売却代金について優先弁済を主張することは否定されるようになっていた。すなわち，Bourjonは抵当権を不動産上の権利として構成した結果，債権者側からの優先弁済の主張を否定し（前記第2章第2節第3款(iii)），さらに中間法は不動産売却代金を動産と性質決定して抵当権の順位に従った下位配当を否定していた（前記第3章第1節第3款(iii)）。ましてや，抵当権を不動産の売却権として捉え，第三取得者を競落人とではなく抵当権設定者と同視する明治31年民法の下では，競売における買受金以外の売却代金は抵当権の本来的な権利の目的たりえない。従って，売却代金の優先弁済の主張を抵当権者に認めるためには，物上代位という構成が必要だったのである。

もっとも，明治31年民法起草時の法典調査会では，抵当権に基づく不動産売却代金への物上代位それ自体はさほど議論されていない。法典調査会でよく論じられたのは，明治31年民法が同時に導入した，代価弁済との関係である。

この代価弁済を規定していたのは，明治31年民法377条に相当する法典調

第 4 節　抵当権に基づく売却代金への物上代位及び代価弁済制度の導入と解体

査会原案 373 条であった。法典調査会における，法典調査会原案 373 条に関する梅の説明は，次のようなものであった[258]。すなわち，この代価弁済制度は，滌除を許す以上は必要な規定である。なぜなら，法典調査会原案 367 条（後の明治 31 年民法 372 条）で法典調査会原案 304 条を抵当権に適用する結果，抵当不動産の代価について抵当権を行使することができるようになっている（物上代位）。ところが，別段の規定がないと，抵当権者は代価を受け取った後にそれでは足りないからといって不動産を差し押さえ公売に付して不足分を回収することができてしまうところ，それは第三取得者に二重の弁済をさせることになるので妥当でない。旧民法の精神もそのようなものだったと解されるが，明文がないと疑いが残るので規定した。この制度がないと，第三取得者は二重弁済を避けるため，代金の請求を受けてもこれを拒絶して滌除手続を進めることで抵当権を消滅させる必要があるが，それでは第三取得者にとって面倒である，というのである[259]。

　このことから，起草者の梅は，明治 31 年民法 372 条によって抵当権に基づく不動産売却代金への物上代位が認められている，と解していたことが分かる。さらに代価弁済制度は，その物上代位権の行使に対して売却代金の支払いを拒絶して滌除手続を起動させる，という第三取得者の手間を省くため，物上代位権行使の結果として抵当権が消滅することを定めた規定であった，ということが分かる。それゆえに，梅は，代価弁済の成立要件である抵当権者の「請求」が法律に基づく請求（すなわち物上代位による請求）であることを明らかにしている[260]。

---

258)　参照条文として，1865 年に制定されたイタリア旧民法典 2023 条が掲げられている（前掲注 254）879 頁）。大島俊之「民法 377 条の沿革」神戸学院法学 22 巻 2 号（1992）298 頁，297 頁によるイタリア旧民法典 2023 条の条文訳からは，明治 31 年民法 377 条と異なり，イタリア旧民法典 2023 条が第三取得者に売却代金の限度で抵当権者に対する人的義務を認める規定であったことが窺われる。そのため，イタリア旧民法典 2023 条は，フランス 19 世紀「抵当権改革」期の de Vatimesnil による委員会案（前記第 4 章第 2 節）の影響を強く受けた，債権者間の優先弁済権を効力の中心とする抵当権理解（β説）に基づく規定であったものであるように思われる。そして，明治 31 年民法の売却代金への物上代位に関する 304 条と代価弁済に関する 377 条は，梅がこのイタリア旧民法典 2023 条を，売却権としての抵当権理解（γ説）に適合するよう，物上代位及びこれに伴う抵当権消滅という形に改変した結果であるように思われる。これらの仮説を検証することは，今後の課題としたい。

259)　前掲注 49）879–880 頁〔梅発言〕。

260)　前掲注 49）883 頁〔梅発言〕。「三百七十三条ノ場合ハ……抵当権者ノ方カラ貴殿〔引用者注：第三者〕ハ自分ノ債務者ニ払フベキ代価ガアルサウデアル其代価ヲ自分ハ抵当権者トシテ法律ガ請

499

第5章　日本法における抵当権と追及権

なお，梅は質疑の中で，抵当権者は代価が不相当であると判断したならば代価に物上代位せずに抵当権を実行すればよいのだから，代価弁済による抵当権の消滅を定めても不都合はない，と説明している[261]。しかし，彼はそこでも，抵当権の消滅を，抵当権を消滅させるという抵当権者の意思によって根拠づけてはいない。この点で，梅の説明は，後に富井『民法原論』が，抵当権者が取得代価全額の弁済を受けることで，抵当権を実行しない抵当権者の意思を認定できる，と説明している（後記(ii)）のとは異なっている。

　一方で，代価弁済による抵当権消滅についての梅の説明は，専ら抵当権の二重行使を防ぐという衡平や滌除の手間を省くという便宜的利点によるものであることが分かる。代価弁済による抵当権の消滅は，売却代金の弁済と同時に抵当権が消滅するという点で，滌除制度や消除主義など，かつて抵当権の当然 purge 制度であった諸制度に連なるものといいえた。しかし梅は，代価弁済による抵当権の消滅を，滌除や消除主義による抵当権の消滅と連続的に捉えてはいないのである。これは，「法律効」理論が忘却され（前記第2節），滌除制度と消除主義との連続性が失われていた（前記第3節）ためといえるだろう。

　梅は，代価弁済によって抵当権が「第三者ノ為メニ」消滅する結果，後順位抵当権者の順位上昇が防止される，と説明している[262]。梅はこの段階では，代価弁済と弁済による代位との棲み分けを構想しており，弁済による代位は，第三者が代価とは別に（従って，抵当権者による売却代金への物上代位とは無関係に）抵当債務を弁済した場合の制度として説明されている[263]。このような抵当権の相対的消滅による順位上昇の防止は，フランス古法の β 説において，抵当訴訟に対して代価が抵当権の順位に従って配当されたことを抗弁としうる，という「吸収の抗弁」による抵当権の当然 purge が果たしていた役割を機能的に代替するものといえる。

　　　取ルコトヲ許シテ居ルカラ夫レデ請取リニ来タカラ渡セト云フノデス其場合ニ若シ第三者ガ其請求ニ応ジテ代価ヲ払ツタナラバ其抵当権者ノ抵当権ト云フモノヲ最早第三者ニ対シテ再ビ行フコトガ出来ヌゾト云フ意味ノ積リデアリマス」（傍点は引用者による）。

261)　前掲注 49) 883-884 頁〔梅発言〕。「……抵当権者ガ第三者ニ代価ヲ請求シテ来ル場合ニハ即チ其代価ヲ以テ正当ノ代価ト見ルノデアリマスカラ……抵当権ハ消エテ宜シイ若シ抵当権者ガ其代価ガ不相当ニ安イト思フタナラバ然ウ云フコトニセヌデモ抵当権者ガ不動産ヲ売ルコトモ出来ルノデスカラ夫レデ差支ヘナイ積リナノデス」（傍点は引用者による）。

262)　前掲注 49) 885-886 頁〔梅発言〕。

263)　前掲注 49) 882-883 頁〔梅発言〕。

500

第 4 節　抵当権に基づく売却代金への物上代位及び代価弁済制度の導入と解体

(ii)　明治 31 年民法制定前後の学説

　明治 31 年民法制定前後の学説は，不動産売却権としての抵当権理解を前提とするために（前記第 1 節第 3 款・第 4 款），不動産売却代金への物上代位を，専ら便宜的な制度として説明している。他方で，代価弁済については，抵当権を消滅させない抵当債務の一部第三者弁済の場合と区別するため，明治 31 年民法 377 条の「抵当権者ノ請求ニ応シテ」の解釈が問題となる。起草者の梅は，この「請求」が物上代位権の行使を意味するものであることを明確に示していたが，他の学説は，物上代位権の行使によらない手続外での代価の請求をこの「請求」に含めうるような文言を用いるようになっている。

　梅『民法要義』は，抵当権に基づく売却代金への物上代位については特に論じていないが，先取特権に基づくそれについては，便法による保護としての理解を示している[264]。それゆえ，抵当権者は本来抵当債務の弁済義務を負わない第三取得者に対して，抵当債務の弁済としてではなく，代金上の担保権行使として，代金の弁済を請求できることになる。

　彼はこのことを前提に，代価弁済による抵当権の消滅を，抵当権者による売却代金への物上代位権行使の結果として抵当権が消滅することを定めたものとする理解を示している[265]。そして，明治 31 年民法 377 条の「抵当権者ノ請求ニ応シテ」した弁済について，第三取得者が「任意ニ」した弁済はこれに該当しないため，代価弁済が成立することなく単なる抵当債務の一部弁済になる，と解釈している[266]。このことは，明治 31 年民法 377 条が「合意」を代価弁済の成立要件としているという，道垣内論文が想定していた「起草者の見解」を彼が採用していないことを示すものといえる。その理由は次のとおりである。

　「任意」の対義語は「強制」であるため，梅において，「抵当権者ノ請求」による弁済は，「任意」の弁済ではない，すなわち「強制」された弁済と呼ぶべきものということになろう。この「強制」された弁済は，文理上，抵当権者からの手続外での単なる（実体法上の根拠を有しない）請求に応じた弁済や，抵当

---

264)　梅・前掲注 48）329 頁。

265)　梅・前掲注 48）535 頁。

266)　梅・前掲注 48）539-540 頁。「若シ第三者カ任意ニ代価ヲ弁済シタルトキハ抵当権者ハ唯之ヲ一部ノ弁済ト看做スヘク而シテ残額ニ付テハ抵当権ヲ行使スルノ権利ヲ留保スル者ト謂ハサルヘカラス……之ニ反シテ第三者カ抵当権者ノ請求ニ応シテ代価ヲ弁済シタルトキハ是レ自己ト追及権ヲ有スル抵当権者トノ関係ニ於テ其代価ヲ弁済スルモノナルカ故ニ其代価ハ敢テ債務ノ一部弁済ニ非ス寧ロ抵当タル所有権……ノ価格トシテ之ヲ支払ヒタルモノナリ」（傍点は引用者による）。

501

第5章　日本法における抵当権と追及権

権者と第三取得者との単なる合意による弁済を含みえない。そのような弁済は，通常の用語法によれば「任意弁済」と呼ばれるものだからである。これに対して，抵当権者による物上代位差押えを経た請求に応じた，第三取得者による売却代金の弁済は，確かに「任意」の弁済ではなく，「抵当権者ノ請求」に応じた弁済といえる。それゆえ，「強制」された弁済とは，抵当権に基づく売却代金への物上代位による，物上代位差押えを経た請求を受けての弁済を意味するものと解され，このように解することが，梅のそれまでの議論とも整合的である。そしてこの場合，このような弁済を「合意」に基づくものと考える必要はないのである。

　他方で，起草過程における説明から変化した部分も存在する。代価弁済に伴う順位上昇の防止を，梅『民法要義』は，抵当権の相対的消滅ではなく，代価弁済による代位に担わせているのである[267]。これは，Baudry-Lacantinerie（前記第4章第4節第3款）に倣うものといえる。

　松波＝仁保＝仁井田『帝国民法正解』も，物上代位一般について，有体物を目的とすることとの抵触を問題としつつ，実際上の便宜のために設けられた制度として説明している[268]。そして，抵当権に基づく売却代金への物上代位を，抵当権の代価に対する行使として捉え[269]，抵当権者が不動産に対する行使と代価に対する行使との間で選択権を有していると説明している[270]。

　その一方で，代価弁済制度の適用場面を説明するに際して，彼らは，抵当権者が抵当権を行使せずに代価を請求することがある，と述べている[271]。彼らはそこで物上代位に関する条文を特に引用しておらず，この代価の請求が物上代位権の行使であることがすでに曖昧になっている。さらに彼らは，代価弁済成立要件である明治31年民法377条の「抵当権者ノ請求ニ応シテ」を解釈する際に，第三取得者が「自ラ進ンテ」弁済した場合にはこれに該当しないため，代価弁済が成立することなく抵当債務の一部弁済になる，と説いている[272]。

---

267)　梅・前掲注48) 540-541頁。

268)　松波ほか・前掲注111) 933頁。

269)　松波ほか・前掲注111) 1148頁。

270)　松波ほか・前掲注111) 1149頁。

271)　松波ほか・前掲注111) 1158頁。

272)　松波ほか・前掲注111) 1158頁。「買主ハ抵当権者ノ請求ニ応シテ弁済シタルトキハ抵当権ハ彼ノ為メニ消滅スルモ自ラ進ンテ弁済シタルトキハ消滅セス唯債務ノ一部ノ弁済トナルノミ」（傍点は引用者による）。

第4節　抵当権に基づく売却代金への物上代位及び代価弁済制度の導入と解体

　この「自ラ進ンテ」という表現は，一見すると梅『民法要義』が用いた「任意」と同じ意味を有する言い換えのようにみえるが，実は両者の間には重大な違いがある。「自ラ進ンテ」の弁済は，文理上，抵当権者の側からの働きかけなしにされた第三取得者の自発的弁済のみを意味するものと解されうるのである。もちろん，代価弁済を売却代金への物上代位の際の制度として捉える梅『民法要義』のような立場からも，このような「自ラ進ンテ」の弁済ならば代価弁済が成立しない，という命題そのものは真であるといえる。しかしこれを反対解釈すると，「自ラ進ンテ」の弁済でないならば代価弁済が成立する，ということになり，この命題は梅『民法要義』の立場からは偽である。なぜなら，「自ラ進ンテ」の弁済でない弁済には，「任意」でない（「強制」の）弁済には該当しなかったような，抵当権者からの手続外での単なる（実体法上の根拠を有しない）請求に応じた弁済や，抵当権者と第三取得者との単なる合意による弁済まで含まれうるからである。松波ら自身がこのような反対解釈を許容していたか否か，梅『民法要義』の文言との意味の違いを意識していたか否かは不明であるが，この表現の変更は，後の学説が代価弁済を売却代金への物上代位から離れた単なる合意による弁済へと変容させるための手がかりを与えたものといえる。そのためか，代価弁済の立法理由についても，彼らは梅とは異なり，買主の利益保護と，競売してもより多くを得られない場合には競売を回避した方がよいということを挙げている[273]。

　富井『民法原論』も，先取特権に基づく物上代位を，先取特権を債権上に行使するものとして捉えている[274]。さらに彼は，担保物権は物権の一種なので，第三者が物を譲り受けた場合，通常はこれに対して権利を行使できるのであって，登記がなかったり第三取得者が占有を取得したためにこの効力が生じない場合（民法 177 条，178 条，333 条）には債務者が受けるべき対価について優先弁済を受けることもできないはずである，という[275]。そして，物上代位をこれらの原則に対する例外として位置づけている[276]。彼は追及権がある不動産の担保物権についても，第三取得者に対して実行をするのに手数と費用を要することが少なくないので，物上代位を認めることが債権者のために便利である，

---

273)　松波ほか・前掲注 111) 1158 頁。
274)　富井・前掲注 120) 348 頁。
275)　富井・前掲注 120) 348 頁。
276)　富井・前掲注 120) 349 頁。

第 5 章　日本法における抵当権と追及権

という便宜論によって正当化している[277]。

　彼は代価弁済については，抵当権者は物上代位の規定に従って抵当不動産の代価について抵当権を行使することができるが，この権利を行使しても抵当権はそれによって当然に消滅するものではないので，二重の抵当権行使を防ぐために抵当権を消滅させた[278]，と説明している。この説明は梅の説明と全く同じものである。

　他方で彼は次のとおり，明治 31 年民法 377 条の「抵当権者ノ請求ニ応シテ」という代価弁済成立要件について解釈する際に，松波らと同様，第三取得者が「自ラ進ンテ」弁済した場合には代価弁済が成立せず，単なる抵当債務の一部弁済になる，と説いている。さらに彼は，この要件が設定されている理由として，代価弁済による抵当権消滅を抵当権者の意思に反して許容すべきではないため，という説明を加えている[279]。

　前述のとおり彼自身は代価弁済を売却代金への物上代位の際の制度として理解しているので，ここでいう抵当権者の「意思」は，実際にはあくまでも物上代位権を行使する意思を指すものと解される。しかし，この説明のしかたは，抵当権者による意思表明の形式について限定の手がかりを与えない点で，「自ラ進ンテ」の弁済（何ら抵当権者の側からの働きかけなしに第三取得者がした弁済）でないならば代価弁済が成立する，という反対解釈を助長するものといえる。

　これに加えて彼は，抵当権者も取得代価の全額につき弁済を受ける以上は，もはや抵当権を実行する意思がないものと認定するのが妥当である，と説明している[280]。この説明は，梅が法典調査会において，抵当権者が代価を不相当と判断する場合には物上代位以外の手段（抵当権の実行）に訴える余地がある，と説明することで抵当権の消滅を正当化していたに過ぎなかった（前記(ⅰ)）のとは異なるものである。梅においては，抵当権の消滅は，あくまでも抵当不動産の譲渡とその後の抵当権者の物上代位による第三取得者への代価弁済請求と

---

277)　富井・前掲注 120) 351 頁。

278)　富井・前掲注 120) 558-559 頁。

279)　富井・前掲注 120) 560-561 頁。「……取得代価ヲ以テ抵当債務ノ弁済ニ充ツルコトハ抵当権者ノ為メニモ利益ナル場合少カラスト雖モ其意思ニ反シテ之ヲ許容スヘキニ非サルコト言ヲ俟タス故ニ第三取得者ノ弁済カ抵当権消滅ノ効果ヲ生スルニハ抵当権者ノ請求ニ応シテ之ヲ為スコトヲ必要トス之ニ反シテ若第三取得者カ自ラ進ンテ其弁済ヲ為シタルトキハ抵当権者ハ唯之ヲ以テ債務者ノ為メニセル一部ノ弁済ト見ルヘク（四七四条）従テ其債権ノ残額ニ付キ抵当権ヲ行使スル権利ヲ留保セルモノト解セサルコトヲ得サルナリ」（傍点は引用者による）。

280)　富井・前掲注 120) 559 頁。

いう事実から派生する効果であり，彼は抵当権を消滅させる抵当権者の意思を抵当権消滅の根拠としていたわけではなかった。これに対して富井の説明は，代価弁済による抵当権の消滅を，抵当権を消滅させるという抵当権者の効果意思に基づく法律行為の効果として捉える余地を生むものであった。すでに，当時の日本法学説にとっては《抵当権の実行》こそが抵当権の行使方法であったので（前記第1節第3款(v)・第4款），富井が認定しようとしている，抵当権者の「抵当権を実行しない意思」は，「抵当権を消滅させる意思」に結びつきうるからである。このことは，その後の学説が，代価弁済とそれによる抵当権の消滅とを，ともに抵当権者と第三取得者との合意に基づくものとして理解する（後記第3款(iii)）ための手がかりを与えたといえる。

　代価弁済の効果については，彼も梅『民法要義』と同様，所有権取得者による代価弁済が，抵当権を「絶対的ニ消滅」させることに疑いはない，という。そして，「第三者ノ為メニ」消滅するという377条の文言は，専ら地上権者の代価弁済によっても抵当権者が被担保債権残額について抵当不動産を競売することができ，ただその際には地上権が消滅しないことを意味するものである，と付け加えている[281]。彼は，用益権への消除主義の再拡張（前記第3節第3款(ii)）を受けて，抵当権の相対的消滅に順位上昇防止とは別の意味を与えているのである。そして，順位上昇の防止を担う構成としては，梅と同様，代価弁済による代位を用意しているが，彼は，それが弁済による代位の一般原則の適用であることを強調しており[282]，このことは，批判学説を誘発することとなった。

第3款　大正期以降の学説による分離

　大正期以降の学説は，抵当権に基づく売却代金への物上代位の可否を解釈問題として認識するようになり，抵当不動産の譲渡後も抵当権者の売却権が存続する以上さらに売却代金への物上代位まで認める必要はないのではないか，という疑問を投げかけるようになる。その結果，代価弁済を売却代金への物上代位から分離し，実体法的裏づけのない事実上の代金弁済請求と解するようになった。((i))。他方で，学説は代価弁済による代位を否定するようになり，代

---

281)　富井・前掲注120) 560頁。
282)　富井・前掲注120) 562頁。

第 5 章　日本法における抵当権と追及権

価弁済に伴う後順位抵当権者の順位上昇への手当てが失われた（(ii)）。かくして，代価弁済による抵当権消滅は要件効果の両面で重要な前提を失い，抵当権を消滅させる旨の抵当権者と第三取得者との合意に解消されるに至る（(iii)）。

(i)　抵当権に基づく売却代金への物上代位の可否という課題意識の発生

　川名『物権法要論』は，代価弁済について，明治 31 年民法 377 条にいう「抵当権者ノ請求」を物上代位権の行使とは考えないことを示唆している。彼はなお，「抵当権者ノ請求ニ応シテ」という要件に該当しない場合を，梅と同様に「第三者カ任意ニ代価ノ弁済ヲ為シタルトキ」と言い換えている。しかし彼は，第三取得者は抵当権者に対して代価を弁済する債務を負担しない，と説く[283]。そしてそれゆえに，第三取得者が代価請求権を有する旧所有者にではなく，代価請求権を有しない抵当権者に弁済した結果，旧所有者が代価請求権を失うのは，迷惑なようにみえる，という[284]。しかし，この請求権は抵当権の作用によって抵当権者に弁済されるべき運命であったので迷惑ではない，として，はじめて物上代位に関する条文を掲げている[285]。つまり，抵当権者からの請求と物上代位とは，結果として同じ状態をもたらすに過ぎず，同一のものとは考えられていないのである。もっとも，この議論は抵当権に基づく売却代金への物上代位が認められることを前提としており，彼はこれを，売却代金請求権について別に法定の債権質が成立したものとして説明している[286]。

　他方で，中島『民法釈義』は，抵当不動産譲渡後の売却権の存続と売却代金への物上代位との重複を指摘する。彼は，抵当権者の追及権を理由に，抵当権者に「代物」への権利行使を認める必要はない，という。彼は抵当権を売却権として捉えており，彼の観念する追及権はその売却権が抵当不動産の譲渡後も存続することに他ならない（前記第 1 節第 4 款(iii)）。もっとも彼は，このことを理由に売却代金への物上代位を否定するには至っていない。彼はなお，代価弁済制度を，売却代金への物上代位を前提としたものとして捉えており，抵当権に基づく売却代金への物上代位の可否を解釈問題として認識していないからである。彼は，民法 304 条は抵当権者の便利を図るものである，と説明して，

---

283)　川名・前掲注 133) 286 頁。
284)　川名・前掲注 133) 286-287 頁。
285)　川名・前掲注 133) 287 頁。
286)　川名・前掲注 133) 275-276 頁。

第 4 節　抵当権に基づく売却代金への物上代位及び代価弁済制度の導入と解体

代価弁済の明治 31 年民法 377 条を参照している [287]。そして，377 条における代価の請求を「304 条の利益」と説明している [288]。

　これら二つの胎動を結合させて起草者意思の否定に至ったのが，序章第 1 節第 4 款(ii)で紹介した近藤英吉『物権法論』である。彼は，抵当権に基づく売却代金への物上代位を代価弁済から分離した上で，抵当不動産譲渡後の売却権の存続を理由に，これを否定する解釈を試みるに至る。彼は，物上代位は目的物への権利行使ができなくなった結果であるところ，抵当不動産が譲渡されても抵当権者は抵当不動産への権利行使ができるので，売却代金への物上代位を認める必要はなく，かえってこれを認めると設定者が代金を受領できなくなるので抵当不動産の取引を阻害する，と説く [289]。これは解釈論として説かれているが，このような解釈が可能になるのは，明治 31 年民法 377 条の代価弁済制度を，売却代金への物上代位を前提としない制度と解しているからに他ならない。実際，彼は代価弁済制度について，第三取得者と抵当権者の通謀によって抵当権設定者を詐害する結果を招くものと評価し [290]，具体的な詐害の内容として，代価弁済によって第三取得者が売主たる抵当権設定者に対する代価の弁済を免れることを挙げている [291]。これらの記述は，第三取得者側が代価弁済制度を能動的に自衛手段として利用することを前提とするものである。

　その後，売却代金への物上代位は「価値権」説（前記第 1 節第 4 款(iv)）によってあらためて正当化されるようになる。しかし，ひとたび売却代金への物上代位から切り離された代価弁済制度が，再び売却代金への物上代位を前提とする制度として理解されることはなかった。

　石田『担保物権法論』は，抵当権を単なる物権として捉える理解に基づくものとして，物上代位を便宜のための例外と考える梅・富井のような見解や，本来の担保権とは別個の新たな担保権と解する川名『物権法要論』のような見解を挙げている [292]。そしてこれとの対比において，次のような自説を展開している。すなわち，担保権は価値権であるので，債権の目的物が滅失・毀損した場合に債権が同一性を保ちながら損害賠償債権に転換するのと同様に，担保物

---

287)　中島・前掲注 146) 1067-1068 頁。
288)　中島・前掲注 146) 1110 頁。
289)　近藤・前掲注 149) 206-207 頁。
290)　近藤・前掲注 149) 351 頁。
291)　近藤・前掲注 149) 352 頁。
292)　石田・前掲注 161) 61 頁。

第5章　日本法における抵当権と追及権

の価値が他の形態に変じた場合には，本来の担保権は同一性を保ちつつ変形物の上に当然に及ぶ，というのである[293]。

　彼はこの議論を抵当権の売却代金への物上代位に次のとおり応用している。彼は，従前の考え方によれば，中島や近藤が指摘していたように，抵当権は追及権を有するので，目的物が存在する限り，売却代金への物上代位を認めて担保権者を保護する必要はないはずである，という[294]。これに対して，自説のように物上代位は抵当権が価値権であることに基づく当然の規定だとすれば，売却代金も目的物の価値の変形物である限り当然に物上代位が認められる，というのである[295]。

　しかし，石田においても，代価弁済制度は，売却代金への物上代位から分離されたままであった。彼は，代価弁済による抵当権消滅を成立させる「抵当権者の請求」に差押え（物上代位差押え）は不要であり，単に第三取得者に対して代価を自己に支払うよう請求することを要するのみである，と明示的に述べている[296]。その上で，彼は川名とは異なり，「抵当権者の請求」という代価弁済成立要件を充足しない場合を，抵当権者が「自ら進んで」弁済した場合と再び言い換えている[297]。かくして，彼は請求に対応する第三取得者の義務を否定している[298]。それゆえ，彼は「請求」要件を，物上代位による弁済と任意弁済との区別ではなく，専ら代価弁済制度と滌除制度との区別のために設けられた要件として説明している[299]。

　さらに彼は，代価弁済による抵当権の消滅を抵当権に基づく売却代金への物上代位の際の抵当権の消滅として理解する梅・富井の見解から，物上代位を受けた第三取得者の保護という趣旨を読み取った上で[300]，これを次のように批判している。すなわち，売却代金への物上代位の場合の抵当権の二重行使はそもそも許されない。加えて，代価弁済の選択権は「請求」する抵当権者の側にあって第三取得者側から代価弁済を選択することはできない，というのであ

---

293)　石田・前掲注 161) 62-63 頁。
294)　石田・前掲注 161) 61-62 頁。
295)　石田・前掲注 161) 63-64 頁。
296)　石田・前掲注 161) 242 頁。
297)　石田・前掲注 161) 245 頁。
298)　石田・前掲注 161) 240 頁。
299)　石田・前掲注 161) 245 頁。
300)　石田・前掲注 161) 241 頁。

る[301]。もっとも後者の批判については，第三取得者側が選択できるか否かと，結果として第三取得者の保護が図られるか否かは，本来別問題である。ここには，物上代位と無関係な第三取得者の自衛手段という，批判の名宛人となっていないはずの近藤の理解に対する批判も潜在しているといえる。

彼は以上のような理解を前提として，抵当権に基づく売却代金への物上代位を認めることは，簡易な実行方法を認めるという点で，明治31年民法377条で代価弁済による抵当権の消滅を認めるのと「趣旨において異ならない」，と説明している[302]。これは，売却代金への物上代位と代価弁済とが制度としては別個のものであることを含意しているといえる。

このように，明治31年民法377条が代価弁済の成立要件とする抵当権者の「請求」は，物上代位差押えを経ていない，従って第三取得者に対する実体法上の権利主張に基づかない，単なる要求と解釈されるようになった。その結果，代価弁済による抵当権消滅の根拠についても，売却代金への物上代位に対して第三取得者が滌除権を行使する手間を省くという起草者の説明（前記第2款(i)）に代わる説明が模索されることとなった。

我妻『担保物権法』は，石田と同様，代価弁済による抵当権消滅とは別に，抵当権者が売却代金に物上代位した場合にも，当該代金額が抵当債務額に満たなくても抵当権は消滅する，と説く[303]。そして代価弁済については，序章第1節第3款(i)で紹介したように，抵当権者による代価弁済の「請求」に含まれる意思的要素に着目し，代価弁済による抵当権消滅の根拠を，交換価値の実現に向けた抵当権者の意思に求めている。「価値権」説に基づき，代価弁済を求める抵当権者の意思を「交換価値の実現」を求める意思として解釈することで，そこに抵当権を消滅させる意思をも読み込んでいるのである。

他方で我妻は，石田と異なり，抵当権に基づく売却代金への物上代位それ自体について，中島・近藤らが指摘した追及効との重複を理由に，懐疑的な態度を示している[304]。そうすると，第三取得者が代価弁済の請求に「応じて」弁済するか否かが，第三取得者による選択として実質的な意味を持つことになる。そのため我妻は，代価弁済についても，滌除と並ぶ第三取得者保護の手段とい

---

301)　石田・前掲注161）241-242頁。
302)　石田・前掲注161）64頁。
303)　我妻・前掲注172）293頁。
304)　我妻・前掲注172）280-281頁。

第5章　日本法における抵当権と追及権

う，石田が否定した説明を復活させている[305]。もっともこれは，売却代金への物上代位によって第三取得者が抵当権者に代価を支払った際における第三取得者の保護とは似て非なるものであり，むしろ，第三取得者の自衛手段という近藤の理解に近い。かくして，「請求」した抵当権者の意思的関与に加えて，「応じて」支払う第三取得者の意思的関与が見出されたことが，代価弁済を抵当権者と第三取得者の合意として捉える学説（後記(iii)）を準備したものと考えられる。

(ii)　代価弁済に伴う順位上昇防止の消失

これと並行して，学説は代価弁済による代位を否定するようになる。そうした学説においても，抵当権の相対的消滅が順位上昇防止の機能を回復することはなく，抵当権の相対的消滅は専ら地上権者の代価弁済の効果を説明するためのものと考えられている。

中島『民法釈義』は，第三取得者が代価弁済によって債務者に対する求償権を取得することを否定し，代価弁済による代位を否定する[306]。他方で中島は，代価弁済に伴う抵当権の相対的消滅についても，専ら，地上権者が代価弁済した場合に抵当権実行は妨げられないが地上権は引受けになる，という意味を与えるだけで，所有権取得者が代価弁済した場合には，その効果は抵当権の消滅と変わらないという[307]。ここでは，順位上昇の防止は論じられていない。

石田『担保物権法論』は，この中島説に論拠を付け加える。彼は，日本民法はドイツ民法におけるような「弁済による所有者抵当」を認めていない，という理由で，第一順位抵当権者のみが請求をした場合，第一順位抵当権のみが代価弁済によって消滅し，当然に順位上昇が生ずる，という。そしてそのために，抵当権者が複数の場合，抵当権者全員で請求する必要がある，と説いている[308]。加えて，彼は第三取得者の代価弁済による代位も否定している。彼は，中島が代価弁済による第三取得者の求償権取得を否定した点について，さらに，代価弁済の場合には第三取得者は自ら支払うべき物を支払ったに過ぎない，という説明を与えている[309]。

---

305)　我妻・前掲注 172) 371 頁。
306)　中島・前掲注 146) 1110-1111 頁。
307)　中島・前掲注 146) 1111-1112 頁。
308)　石田・前掲注 161) 245-246 頁。
309)　石田・前掲注 161) 249 頁。

510

第 4 節　抵当権に基づく売却代金への物上代位及び代価弁済制度の導入と解体

　元来，代価弁済による代位は，先行債権者への売却代金の弁済に伴う「吸収の抗弁」が否定された 19 世紀フランス法学において，Baudry-Lacantinerie がその影響を軽減するための機能的代替物として導入したものであった。しかし彼も，第三取得者が売却代金を先順位抵当権者に弁済した場合に，第三取得者が求償権を取得しこれが元来の売主に対する代金債務と対立するのか，売主に対する代金債権が弁済されたものとして求償権も消滅するのか，といった構成の詳細を十分検討していなかった（前記第 4 章第 4 節第 3 款）。代価弁済による代位を生じさせるためには，代価弁済によっても売主に対する代金債務は消滅することなく求償権と対立すると考える必要があるが，今度は第三取得者が順位上昇防止のために代価を二重払いさせられる恐れが生ずる。こうした難点は，代価弁済による代位がもともと仮託的構成に過ぎなかったことに由来すると考えられるが，中島及び石田の議論は，そこを攻撃したものといえる。

　代価弁済による抵当権の相対的消滅についても，石田は中島と同様，地上権者の代価弁済の際に抵当権実行自体は妨げられず地上権が負担付きになる，ということの説明として触れており[310]，順位上昇防止の機能は忘却されている。

　我妻『担保物権法』は，代価弁済の効果としては，地上権者の代価弁済による抵当権の相対的消滅に言及するだけで[311]，中島及び石田によって否定された，代価弁済による代位には，もはや言及すらしていない。

　かくして，代価弁済に伴う後順位抵当権の順位上昇に対する手当ては消失した。本節冒頭で紹介した道垣内論文は，このように形成された学説に依拠して，代価弁済は合意を要件とするという解釈を理由づけているのである。

(iii)　代価弁済制度の解消

　実際，その後の学説は，代価弁済による抵当権消滅を，抵当権者と第三取得者との間の合意の効力に解消していく。抵当権者の「請求」に契約締結の申込みの意思としての性質を認め，この請求に応じた第三取得者に契約締結の承諾の意思を認めて，両者の間に，代価の弁済と引換えに抵当権を消滅させる「合意」の成立を観念するのである。柚木馨＝高木多喜男『担保物権法』は，代価弁済を，抵当債務全額の弁済を要しない点で第三取得者による単なる第三者弁済と，差押えを要しない点で抵当権者による売却代金への物上代位と，それぞ

---

310)　石田・前掲注 161) 248-249 頁。
311)　我妻・前掲注 172) 373 頁。

れ区別する。その上で，代価弁済を第三取得者と抵当権者との合意として捉えている[312]。これは，抵当権者の意思に加えて，抵当権の負担の消滅を望む第三取得者側の意思にも着目し，両者の合致を観念することによって，意思の内容に抵当権の消滅を読み込んだものといえよう。

　その結果，序章第1節第3款(i)で紹介したように，鈴木禄弥『物権法講義』が，代価弁済は抵当権者と第三取得者との意思の合致に基づいて抵当権を消滅させるのだから，明治31年民法377条の規定がなくてもできるはずで，たいした意義は持ちえない，と説くに至ったのである。代価弁済の効果（抵当権の相対的消滅）への言及が存在しない[313]ことも，鈴木における合意構成の徹底を窺わせる。抵当権解除の合意は抵当権を絶対的に消滅させるところ，代価弁済が単なる合意による抵当権の消滅を確認したものである以上，抵当権解除の合意によって生じないような特殊な効果は生じようがないからである。

　平成15年改正後の現行民法379条が地上権者を抵当権消滅請求権者から除外しているにもかかわらず（前記第2節第3款(ii)），なお378条が地上権者の代価弁済を残しているのも，代価弁済が滌除・抵当権消滅請求制度とは無関係な，単なる合意による抵当権解除として理解されたためといえる。

第5節　本章のまとめ

　ここでは，本章で示されたことを，本書の第三の課題との関係で再構成したい。本書の第三の課題は，本書が前章までに明らかにしてきたようなフランス法学説の潮流が，《第三取得者は抵当債務の弁済義務を負わない》という現在の日本法学説の規範認識に与えた影響を解明する，というものであった。この課題との関係では，次のようなことを指摘できる。

　19世紀のフランス法学説は，抵当権を売却権として捉え，第三取得者を抵当不動産の売却を甘受すべき地位に置くことでその抵当債務弁済義務を否定していたが（前記第4章），抵当権に関する Boissonade の構想は，これを十分反映したものではなかった。彼の構想は，抵当権が売却権であることを示さず，かつ第三取得者の抵当債務弁済義務を肯定する点で（第1節第1款），むしろフ

---

312)　柚木馨＝高木多喜男『担保物権法〔新版〕』（有斐閣，1973）413頁。
313)　鈴木禄弥『物権法講義〔改訂版〕』（創文社，1972）171頁。

ランス民法典の制定時以前における学説のそれ（前記第2章・第3章）に近いといえるものであった。

これに対して，梅によって起草された明治31年民法の抵当法は，抵当権を不動産売却権として捉え，第三取得者の抵当債務弁済義務を否定する点で，まさにフランス法学説の19世紀における展開を反映したものということができる。特に梅は，抵当権設定を所有権の減殺として捉え，第三取得者は減殺された所有権のみを取得するということで追及権を説明しており，この説明はBaudry-Lacantinerie の学説に倣うものといえる（前記第4章第4節第1款）。梅自身，明治31年民法起草の際の法典調査会において，諸外国の法典に第三取得者の抵当債務弁済義務を肯定するものが多いこと，しかしそれは誤ったものであり，諸外国の学説にもその誤りを指摘するものがある，ということを紹介している（第1節第3款）。法典については前記第3章で，学説については前記第4章でみたように，フランスは，この梅の紹介する「諸外国」に当てはまる典型的な国であったのである。

しかも，明治31年民法の起草者は，第三取得者を抵当不動産の「所有者」として抵当権設定者と同視するに至った。抵当不動産の所有者が誰であるかを問わない「担保権実行」の手続を規定した競売法は，まさにこの発想の表れといえるものであった。これは，彼らが単にフランス法学説を継承するに留まらず，抵当権の設定を所有権の減殺として捉え，第三取得者がすでに設定者の下で減殺されていた所有権を取得したことに追及権の根拠を求める理解をさらに徹底させたことを意味するものといえる。そしてこの後，日本の法学説は（少なくとも，序章第1節第5款(i)で紹介した鈴木禄弥「『債務なき責任』について」が登場するまでは）一貫して第三取得者を抵当権設定者と同視し，「所有者」一般について抵当債務弁済義務を否定している。こうして，第三取得者が抵当債務の弁済義務を負うかという問題は，独自の意義を失うに至ったのである。

以上のような日本における学説の展開は「抵当不動産の第三取得者」の法的地位をめぐる諸制度，とりわけ，かつて抵当権の当然 purge 制度であった諸制度の位置づけの変化によって準備されていたといえる。フランス民法典制定時においては，滌除制度と消除主義という二つの当然 purge 制度が，債権者間の優先弁済権としての抵当権理解を支えていた。19世紀フランス学説はこれらを，「法律効」理論によって，互いに連続的なものとして捉えたままで，「売却権」としての抵当権理解と調和させていた。さらにその後の「合意による法律効」理論は，この法律効による抵当権消滅から，抵当不動産の譲渡によ

513

第5章　日本法における抵当権と追及権

る抵当権の消滅すなわち当然 purge としての性格を奪ったが，それでもなお
滌除制度と消除主義とは「法律効」理論によって連続的に捉えられていた。し
かし日本においては，この「法律効」理論が失われた結果（第2節），両制度の
連続性は完全に解消されてしまった（第3節）。かくして，第三取得者を抵当権
設定者とではなく競落人と同視する観点が，日本の学説からは欠落することに
なったのである。

　このような，抵当権の当然 purge 制度の解体は，明治31年民法によって導
入された，抵当権の売却代金への物上代位と代価弁済制度の位置づけにも表れ
ている。これらの制度は，本来であれば，滌除制度や消除主義と同様に，売却
代金の支払いによる抵当債務の弁済とこれに伴う抵当権の当然 purge 制度と
して位置づけうるものであった。しかし，すでに当然 purge 制度が理論的に
解体されていたために，それらの制度もまた孤立し解体されることとなり，つ
いにはこれを封印する解釈が登場するに至ったといえるのである（第4節）。

　このように，明治31年民法以降の日本の法学説は，19世紀フランスの通説
を受容し，これをさらに発展させたものとして評価されうるだろう。

結章

第 1 節　課題達成の検証

本書がこれまでに論証してきたことを，序章で掲げた三つの課題に即して再構成すると，次のようになる。

第 1 款　第一の課題——第三取得者の抵当債務弁済義務をめぐる課題意識の存在

本書の第一の課題は，フランス法学説史に，抵当不動産の第三取得者が抵当債務を弁済する義務を負うか，という課題意識が存在していたことを示すことにあった。この課題との関係では，本書は次のようなことを示した。

16 世紀に編纂された Paris 慣習法典は，設定ラントの土地への「割当て」という形で，「割当て」を受けた土地の第三取得者に，抵当債務の弁済義務を認め，第三取得者の全財産をその執行対象財産としていた（第 1 章第 1 節）。

16 世紀末に活躍した Loyseau が，この「割当て」法理の設定ラントへの適用を批判し，人的債務の執行力の土地に対する「割付け」のみを認めることで，抵当土地の第三取得者の抵当債務弁済義務を否定しようとした（第 1 章第 2 節）。遅くともこの時点で，第三取得者の抵当債務弁済義務をめぐる課題意識はすでに生じていたといえる。

17 世紀及び 18 世紀における Paris 慣習法典の解釈者は，Loyseau のこの主張を採用することなく，なお第三取得者に抵当債務の弁済義務を認め，ただその執行対象財産を抵当不動産に限定した（第 2 章第 1 節・第 2 節）。

結章

18世紀のPothierは，Loyseauの主張を継承し，第三取得者の抵当債務弁済義務を再び否定しようとした（第2章第5節）。

19世紀初頭に制定された民法典では，Pothierの主張は容れられず，なお第三取得者に抵当債務の弁済義務を認める形の文言が採用された（第3章第6節）。

その後の19世紀の学説は，第三取得者の抵当債務弁済義務を否定するようになった。しかも，当初こそそれは古法期のPothier学説と民法典の条文との乖離を意識せずにPothier学説を民法典の解釈に流用した結果であったが，その後のTroplongらは，Pothier学説と民法典の条文との乖離を意識した上で，Pothier学説に依拠して民法典の条文を批判するに至った（第4章第1節）。このような，民法典の条文に対するTroplongらの批判は，第三取得者の抵当債務弁済義務をめぐる課題意識の存在を，端的に示すものといえる。この学説に対して，19世紀半ばの「抵当権改革」委員会案は最後の抵抗を示したが（第4章第2節），抵当権改革が挫折した後の19世紀後半になると，この学説の支配は不動のものとなった（第4章第4節）。

以上のように，フランス法学説史においても，抵当不動産の第三取得者は抵当債務につき弁済義務を負うか，という課題意識は確かに存在したといえる。

第2款　第二の課題——19世紀フランスにおける学説の転換の理由

本書の第二の課題は，19世紀フランス学説による従前の考え方の駆逐が，物権の統一的理論体系を構築し，抵当権をその中に取り込む，という概念操作の結果であった，ということを示すことにあった。第一の課題のような課題意識の存否の論証と異なり，この第二の課題のような原因・理由の論証には多分に評価的な要素が入り込まざるを得ないが，本書が論証してきた事実を組み合わせることで，一定の客観性をもって次のようにいうことができるだろう。

19世紀フランスの学説は，Pothierの学説を踏襲し発展させたものであった（第4章第1節・第4節）。従って，Pothierの学説が19世紀フランスの学説に対して強い影響力を持ちえたのはなぜかが問題となる。その理由としては，確かに，Pothierの学説が19世紀学説にとって直近の時代のものであり，大きな権威を有していた，ということも考えられるかもしれない。しかし本書の分析からは，次のようなことを理由として挙げることができる。

フランス法学説史において，第三取得者の抵当債務弁済義務を否定しようとしたのは，Pothierが最初ではなかった。すでにPothierの150年以上前に，

第 1 節　課題達成の検証

Loyseau が，これを試みていた（第 1 章第 2 節）。にもかかわらず，Loyseau の
試みは，その後の 17 世紀の学説には受け容れられなかった（第 2 章第 1 節）。
従って，Loyseau と Pothier とを比較することが，19 世紀学説による Pothier
学説の受容の理由を探究するために有益であろう。

　そこで検討するに，Loyseau には，いまだ物権の統一的理論体系を構築する
という志向が存在しなかった。彼の問題意識は，専ら，設定ラントの「割当
て」を受けた土地の第三取得者が過酷な法的地位に置かれることを回避するこ
とにあった（第 1 章第 2 節）。これに対して，17 世紀の学説は，弁済義務の否定
によってではなく，第三取得者が負う義務の執行対象財産を抵当土地に限定し，
かつ抵当土地の第三取得者が抵当委付によってすべての弁済義務を免れること
を認めることによって，Loyseau が意識していた問題を解決した（第 2 章第 1
節）。

　しかし，Pothier の学説には，Loyseau のそれにはない特徴が存在した。
Pothier は，「肢分権」理論によって不動産物権の統一的理論体系を構築しよ
うとしていたのである（第 2 章第 5 節第 1 款）。もっとも，Pothier 自身は必ずし
も「肢分権」理論と売却権としての抵当権理解との間にある論理的対応関係を
明確に示していたとはいえなかったが，19 世紀の Valette は，抵当権におけ
る「肢分」の具体的なあり方を示すことで，両者の間に論理的対応関係を見出
した。

　19 世紀の学説による Pothier 学説の受容も，Pothier によるこのような不動
産物権の統一的理論体系の構築に，19 世紀の学説が共感したためと考えられ
る[1]。19 世紀の Valette は，解釈論的実益とは切り離した形で，Pothier の
「肢分権」理論を完全復活させた（第 4 章第 1 節第 2 款）。彼が不動産物権の統一
的理論体系の構築を志向していたことは，抵当権改革期に彼が中心となって作
成した Paris 大学法学部意見が，不動産物権変動の要件を統一するという観点
から改革を求めていたことからも窺える（第 4 章第 3 節第 1 款・第 2 款）。そして
実際，不動産物権の統一的公示原則を導入した 1855 年の法律を契機として，
不動産物権の統一的理論体系の構築が進んだ後（第 4 章第 3 節），19 世紀後半の

---

1)　その背景には，共和暦 7 年の法律及び民法典による抵当目的物特定の原則の導入で所有権と抵当
　権との類比が容易になったことがある，と考えることもできる。もっとも，特定の原則自体は，不
　動産の競売を抵当権とは無関係の執行名義の効力として捉える方向にも作用しうるものであった
　（第 3 章第 6 節第 5 款）。

結章

学説においては，「肢分権」理論が定着すると同時に，《第三取得者は抵当債務の弁済を義務づけられない》という命題もまた揺るぎないものとなったのである（第4章第4節）。

Loyseau と Pothier との間の違いは，これだけに留まらない。Pothier の直前に，Bourjon が Pothier による「肢分権」理論の展開にとっての障害を除去していたのである。Bourjon 自身は，債権者間の優先弁済権を中心として抵当権の効力を捉えており（序章第4節にいう「β説」），第三取得者に抵当債務弁済義務を認めていた。しかし彼はこれを，強制命令及び任意売却命令に基づく，不動産上の権利から代金上の権利への「変換」として説明していた（第2章第2節第3款）。この「変換」理論は，Bourjon 自身にとって以上に，その後の Pothier の「肢分権」理論にとって大きな意味を持った。というのも，Pothier は「肢分権」理論に基づく売却権としての抵当権理解（序章第4節にいう「γ説」）に基づいて，《第三取得者は抵当債務を弁済する義務を負わない》という命題と，《抵当権は譲渡後も存続する》という命題とを導出していた。しかしこれらの命題は，抵当権の当然 purge 及びこれに伴う第三取得者による売却代金からの抵当債務弁済との間に，緊張関係を有していたからである。然るに，「変換」理論は，「肢分権」理論にとって，第三取得者による売却代金からの抵当債務弁済と抵当権の当然 purge とを，décret という特殊な手続の効力に基づくものとして説明することを可能にする意味を有した（第2章第5節第3款）。そしてこの「変換」理論は，「肢分権」理論と抵当権の当然 purge 制度との間に生じる矛盾を，抵当権それ自体の効力の外で処理する，という役割を担い続けた。後に19世紀の Grenier が「変換」理論を「法律効」理論という形で受容したにもかかわらず，その後の学説が直ちに，「法律効」を第三取得者と抵当権者の間の合意として法律構成し，「法律効」による抵当権消滅から抵当権の当然 purge としての性格を奪ったのは（第4章第1節第3款・第4節第2款），このことを示している。それゆえ，「変換」理論の存在が，Pothier の「肢分権」理論の19世紀学説に対する説得力を陰で支えていた，ということができるのである。

以上より，Pothier の主張が19世紀の学説に影響力を持ちえたのは，彼の「肢分権」理論が不動産物権の統一的理論体系の構築を志向する点で19世紀学説の共感を呼び，かつその弱点に対する手当てを「変換」理論によって備えていたためである，と本書は結論する。

第1節　課題達成の検証

第3款　第三の課題──フランス法学説の日本法学説への影響

　本書の第三の課題は，以上のようなフランス法学説の潮流が，《第三取得者は抵当債務の弁済義務を負わない》という現在の日本法学説の規範認識に与えた影響を解明する，というものであった。この課題との関係では，本書は次のようなことを示した。

　明治31年民法以降の学説，とりわけ明治31年民法の起草者である梅の見解を，旧民法の草案を起草した Boissonade の見解と比較すると，梅の見解が売却権としての抵当権理解（γ説）を採用していることが分かる。これは，19世紀フランスの通説を導入したものであった。彼はまた，抵当権設定を所有権の減殺として捉え，第三取得者は減殺された所有権のみを取得するということに追及権の根拠を求めており，これも Baudry-Lacantinerie の見解に倣うものといえた。

　しかし日本においてはさらに，競売法の制定以来，第三取得者を抵当不動産の「所有者」として抵当権設定者と同視する観点が定着し，「所有者」は抵当債務の弁済を義務づけられることなく《抵当権の実行》を甘受するのみである，と説かれるようになった。これは，19世紀フランスの学説と比較しても，抵当権の設定を所有権の減殺として捉え，第三取得者がすでに設定者の下で減殺されていた所有権を取得したことに第三取得者に対する抵当権の効力の根拠を求める理解を，さらに徹底するものであったといえる。

　このように，フランスと異なり，日本において第三取得者を抵当権設定者と同視する発想が貫徹されえたのは，滌除手続と消除主義との連続性が解消されていたことで，第三取得者を競落人と同視する発想が欠落していたためと考えられる（第5章第3節）。そしてさらにその背景として，19世紀フランス学説が共有していた「法律効」理論が日本に継受されていなかったことが考えられる（第5章第2節）。19世紀フランス学説は，「法律効」理論によって，滌除手続と消除主義とを連続的に捉えたまま，それらを売却権としての抵当権理解と整合的に理解していた。日本においては，この「法律効」理論という共通の支えが失われた結果，滌除制度及び消除主義はそれぞれ売却権としての抵当権理解との間の緊張関係に直面することとなり，このことが，かつて抵当権の当然 purge 制度として統一的に把握されていた諸制度を解体する方向に働いた。すなわち，滌除手続は擬制された合意と不動産流通に関する政策的配慮によって，消除主義は不動産強制競売への信頼確保の必要性という政策的配慮によって，

519

結章

それぞれ別々に正当化されることになった。こうして，16世紀から19世紀までフランスにおいて一貫してみられたような，第三取得者と競落人とを同視する観点が，法継受後の日本では失われてしまっていたのである。

このような背景の下で，第三取得者を抵当不動産の「所有者」として抵当権設定者と同視する発想は，疑いの余地のないものとなった。それゆえに，その後の学説においては，抵当不動産の「所有者」は抵当債務の弁済を義務づけられることなく「抵当権の実行」を甘受するのみである，という命題は，証明を要しない一種の公理として位置づけられるに至った，と考えられる。

以上のように，明治31年民法下での日本の学説は，フランスの「法律効」理論を継承しなかったために，フランス法にすでに萌芽がみられていた，第三取得者を抵当不動産の「所有者」として抵当権設定者と同視する観点を，さらに徹底させることになったのである。

第2節　解釈論に与える示唆

ここでは，抵当権に基づく売却代金への物上代位と代価弁済について，本書がこれまでに示してきたことに示唆を得るならば，いかなる解釈を新たな観点から正当化できるようになるのか，ということを示したい。以下では，具体的解釈論に入る前に，本書の研究から得られた示唆を民法369条1項の解釈に投影し，《抵当権実行の再定位》という観点から整理し直すことを試みる（第1款）。そして，この観点から正当化しうる解釈として，第一に，売却権としての抵当権理解という前提そのものを疑う解釈を（第2款），第二に，売却権としての抵当権理解を前提として維持した解釈を扱う（第3款）。

第1款　抵当権実行の再定位の試み

(i)　債権者間の優先弁済権

本書がβ説と呼んできたフランス古法学説（第2章第1節・第2節）は，抵当権の効力を，抵当権実行を介した物（ないしその価値）の支配として捉える枠組みから離れて，抵当権の効力を債権者間の優先弁済権を中心として再構成することが可能であることを示唆している。実は，日本民法においても，現行369条1項が，このような抵当権理解の残滓を留めている。

第 2 節　解釈論に与える示唆

> 「369 条 1 項　抵当権者は，債務者又は第三者が占有を移転しないで債務の担
> 保に供した不動産について，他の債権者に先立って自己の債権の弁済を受ける権
> 利を有する。」

　この条文は，旧民法債権担保編 195 条（第 5 章第 1 節第 2 款(ii)）及び Boisso-
nade 草案 1201 条（同第 1 款(ii)）を介して，抵当権が債権の不動産に対する執
行力を補強するものであることを示す当時のフランス民法典 2114 条 1 項[2]と，
抵当権が債権者間の優先原因であることを示す同 2094 条（第 3 章第 6 節第 5 款）
に連なるものである。そして，そのフランス民法典は β 説の影響を色濃く残す
ものであった。このことを念頭に置くと，369 条 1 項が，債権者間の優先弁済
権をまさに抵当権の効力の中心に据える規定として解釈されるのが素直である
ような文理構造を有していることに気づくことができるだろう。「他の債権者
に先立って」という文言に力点を置いて読むと，このことが明らかになるので
ある。
　翻って考えると，抵当権の効力を，抵当権実行による換価を通じた目的不動
産の支配や，目的物の交換価値の支配として捉える理解（序章第 1 節第 2 款）が，
この 369 条 1 項から直ちに導出されるものではない，ということも分かる。そ
のような理解をこの条文から導出するためには，以下のような操作を経る必要
がある。まず，「他の債権者に先立って」ではなく，むしろ「自己の債権の弁
済を受ける」という部分に力点を置く。そして，弁済を受けることを交換価値
の支配と読み換え，あるいは，弁済を受けるための抵当権実行を通じた目的物
支配をここに読み込む。さらに，「他の債権者に先立って」という文言は，そ
のような支配が《排他性》を有することを，競合する債権者との関係で具体化
したものとして位置づけるのである。このような解釈が，369 条 1 項の文理を
離れた迂遠なものであることは，言うまでもないだろう。

---

2)　現行民法 369 条の「債務の担保に供した不動産」という文言も，本来は，「抵当権を設定した不
　動産」という意味ではなく，「債権者の『共同担保（gage commun）』（フランス民法典旧 2093 条
　〔第 3 章第 6 節第 5 款〕＝現行 2285 条）となった不動産」，つまり「執行対象となった不動産」を
　意味するものであった，といえる。もっとも，このことは，Boissonade 草案 1201 条が「特定の義
　務の支払いに割り付けられた不動産」という語に「他者に優先して」という修飾を加え，「割付け」
　に抵当権設定の意味を混入させた時点で（第 5 章第 1 節第 1 款(ii)），すでに曖昧になっていた。

結章

(ii) 追及権の機能と内容

369条1項を，その条文構造に忠実に，債権者間の優先弁済権を抵当権の効力の中心に据える規定として解釈すると，第三取得者に対する追及権も，排他性の一表現としてではなく，債権者間の優先弁済権の補助として位置づけられる。そうすると，追及権の具体的内容も，必ずしも担保不動産競売を第三取得者に甘受させることに限ることなく，優先弁済権の補助として機能するのに必要かつ十分となるよう構想すべきことになる[3]。

追及権が優先弁済権の補助として実現すべきことは，抵当不動産の譲渡によって債権者間の優先弁済権が害されるのを防ぐことである。そのための方法としては，第三取得者の債権者と抵当権者との間に優先弁済権を及ぼし，不動産が第三取得者のもとで競売された場合に買受金を抵当権者に優先的に配当する，ということが，まずは思い浮かぶ。この方法によって優先弁済権を保護するための法律構成として，フランス古法におけるβ説は，第三取得者の抵当債務弁済義務を観念していた。すなわち，第三取得者に対する抵当債務弁済義務の履行請求訴訟として抵当訴訟を設け，その義務の強制履行方法として，抵当権者の申立てによる抵当不動産の競売及び抵当権者への配当を認めていた（第2章第1節第1款・第2節第2款）。もっとも，このように第三取得者の抵当債務弁済義務を観念することそれ自体は，今日の日本法においてはもはや必要な法律構成とはいえない。今日の日本法においては，債務主体と責任主体との分離を観

---

3) 例えば，抵当権に基づく妨害排除請求の可否について，最大判平成11年11月24日民集53巻8号1899頁は，「抵当不動産の交換価値の実現が妨げられ抵当権者の優先弁済請求権の行使が困難となるような状態があるとき」に，無権原占有者に対する請求を認めた。さらに最判平成17年3月10日民集59巻2号356頁は，抵当権者に対抗できない権原占有者に対する請求を，「抵当権の実行としての競売手続を妨害する目的」での権原設定という要件を加重した上で認めている。

　もっとも，一般債権者も，債務者が無資力の場合，債務者財産の無権原占有者に対して，債務者が所有者として有する物権的請求権を代位行使できる。また，債務者が「債権者を害することを知って」した占有権原の設定は，詐害行為取消しの対象にもなる。

　これと対比すると，抵当権者の妨害排除請求権の特徴は，①無資力要件が課されない（優先弁済権の侵害があれば足りる）ことと，②債務者がすでに抵当不動産の所有者でない場合にも利用できることの2点に収斂するといえる。そして本書の分析視角によれば，①は抵当権者の優先弁済権に，②は追及権にそれぞれ対応するものである。抵当権は，抵当不動産の第三取得者に，単なる抵当権実行の甘受に留まらず，優先弁済権の侵害を是正する義務を負わせ，これに基づいて，抵当権者は第三取得者による抵当不動産の管理処分に介入しうるのであり，これもまた優先弁済権の補助としての追及権の一内容というのである（なお，物上保証人を含む抵当権設定者も抵当権者に対して同様の義務を負うが，これは抵当権者との間の設定契約上の義務といえる）。

522

念しうるので，追及権の内容についても，第三取得者に取得不動産の限度で責任のみを端的に負担させ，これを前提として，第三取得者の債権者との間に優先弁済権を及ぼすものと解すれば足りる。

(iii) 一手段としての抵当権実行

しかし，β説が追及権を優先弁済権の補助として位置づけ，補助として必要十分な限度で追及権の効力内容を自由に構想していた点は，さらなる示唆をもたらす。すなわち，以上で検討したのは，抵当不動産の譲渡によって抵当権者の優先弁済権が害されるのを防ぐ方法のうちの一つに過ぎない。抵当不動産の譲渡によって優先弁済権が害されるとすれば，それは，第三取得者所有の財産となった不動産が競売された場合に買受金の配当手続に抵当権者が参加できず，かつ，抵当不動産の譲渡の対価についても抵当権者への優先弁済が確保されないことによる。従って，抵当不動産譲渡の対価を，競売における買受金と同様に債務者の一般責任財産から分離し，抵当権者への優先弁済に供するのも，優先弁済権を保護するもう一つの方法である。抵当権消滅請求制度や，不動産競売における抵当権の消除主義は，そのことを体現する制度であるといえる。これらの制度は，抵当不動産の売却代金が抵当権者にその順位に従って弁済され，債権者間の優先弁済権が顕在化したことに伴う，抵当権の当然 purge 制度として位置づけられる。その裏返しとして，追及権は，抵当権の当然 purge が生じていない場合にのみ存続し，そのことで，第三取得者に，売却代金を抵当権者へその順位に従って弁済するよう促す機能を備えるのである。さらに，抵当権者の側から売却代金の優先弁済を求めることも，Bourjon のように抵当権の効力を不動産との関係に引き直そうとすると理解し難くなるが（第2章第2節第3款(iii)），抵当不動産の譲渡に対する優先弁済権の保護の一環として実体的に正当化しうる（第2章第1節第2款(iii)）。具体的にいかなる手続でこれを認めるべきかについては次款以降で検討するが，このように考えることで，抵当権実行としての担保不動産競売は，抵当権の効力の中心を外れ，あくまでも債権者間の優先弁済権を顕在化させるための一手段として位置づけられることになる。

このような《抵当権実行の再定位》は，抵当権実行としての担保不動産競売手続を回避するという実務的要請に応えることにもつながるだろう。抵当権実行としての担保不動産競売の手続的不効率性は，つとに指摘されてきたところであり，不動産非典型担保（仮登記担保・不動産譲渡担保）も，抵当権実行によ

523

結章

らない不動産からの債権回収手段として発達してきたといわれる[4]。抵当権者の債権回収方法としても，抵当権実行としての担保不動産競売によらない任意売却の促進が，近時目指されている[5]。そのためには，買い手が抵当権の負担のない状態で不動産を買い受けられることが必要である。本来，そのためには抵当権消滅請求制度を活用すべきであると考えられる[6]。もっとも，第三取得者は，抵当権消滅請求をする時点ですでに所有権移転登記を備え，さらに税法上それに伴って登録免許税等の税金を支払わねばならないため，正常な第三取得者が抵当権消滅請求に失敗するリスクを織り込んで不動産を買い受けるのは困難となっている[7]。そのため，任意売却前に抵当権の負担を消滅させる方向で新たな立法論が展開されているが[8]，税法上の手当てによって[9]第三取得者が抵当権消滅請求制度を活用しやすくするのが正道であろう。加えて，抵当権消滅請求が奏功した場合の効果として，抵当権の消滅（386条）に加えて，最先順位抵当権者に対抗できない不動産上の権利も消滅する，という解釈[10]も，任意売却価格の向上のため検討に値する。《肢分権者に対する追及権》（第5章

---

4) 我妻栄『新訂担保物権法』（岩波書店，1968）596頁。

5) 任意売却の促進に対しては，むしろ正規の執行手続の機能向上を目指すべきである，という反論もありうるところではある（中野貞一郎『民事執行法〔増補新訂6版〕』〔青林書院，2010〕13頁）。しかし，そもそも法定の手続は最終手段であり，費用がかかるのは不可避であって，実際には，むしろ当事者の合意を調達するための交渉枠組みとして機能する（森田修『債権回収法〔第2版〕』〔有斐閣，2011〕12-13頁），というのが，法的手続に対するより現実的な見方ではなかろうか。

6) 平成15年の担保・執行法改正前の滌除制度下で，債権回収方法としての任意売却を滌除制度によって促進することを提言したものとして，河野玄逸「資産デフレと滌除制度の再検討」ジュリスト1071号（1995）133頁，鎌田薫ほか「抵当権制度の現状と将来像(3)」NBL702号（2000）28頁，32頁〔鎌田薫発言〕，福田誠治「滌除に代わる新たな制度の研究」帝塚山法学6号（2002）219頁。

7) 旧滌除制度下での指摘として，生熊長幸「わが滌除制度の矛盾と滌除制度廃止論」岡山大學法學會雑誌44巻3・4号（1995）515頁，540-541頁。

8) 実際，先順位担保権者のイニシアティヴで担保不動産を売却し代金を被担保債権の弁済に充てる際に，後順位担保権を担保権者の同意なしに消滅させる制度の立法化が検討されていたが（小谷芳正「民間競売と任意売却を促進するための新たな制度（下）」不動産鑑定45巻10号〔2008〕42頁，47頁以下），現在のところ，いまだ実現していない。

9) フランス法においては，滌除を申し立てた第三取得者が増価競売で所有権を失った場合，競落人は第三取得者を介さず直接設定者から所有権を取得したものと構成して，譲渡に関する租税の発生を抑えている，という（新関輝夫「滌除制度の存続の可否」米倉明ほか『金融担保法講座I巻 担保制度一般・抵当権』〔筑摩書房，1985〕221頁，228頁）。これと類似の議論は，すでに古法時代から，競落人が競落代金を弁済せずに「空競り」が生じた場合における二重の譲渡税の成否に関して，見られていたところである（第2章第3節第4款）。

10) 前掲序章注56)参照。

第2節第3款(i)）を認めていた Boissonade 草案の下では，不動産所有権が競売によって移転しても肢分権は《肢分権者に対する追及権》付きで存続し，これによって肢分前に抵当権を設定した抵当権者が保護された（第5章第3節第1款(iii)）。この保護は，不動産所有権を任意売却によって取得した第三取得者が滌除権を行使した場合でも同様に妥当するものである。この《肢分権者に対する追及権》に代えて，不動産競売の際に最先順位抵当権者に対抗できない不動産上の権利を消滅させることとなった（第5章第3節第3款(ii)）のであれば，抵当権消滅請求を受けた抵当権者にも同様の保護が与えられてしかるべきだろう。

（iv）　追及権行使の手続

それと同時に，《抵当権実行の再定位》は抵当権実行における第三取得者の手続保障についての問題提起にもつながるだろう。

旧競売法は，抵当権自体に換価権が内在するという理解に基づき，抵当権実行一般のための債務名義なき「任意競売」（現民事執行法の担保不動産競売）制度を導入した（第5章第1節第3款(v)）。これは，抵当権設定者との関係ですら，担保権者の便宜に傾斜する点で比較法的に異例な制度であった。本書が分析してきたフランス法でも，約定抵当権者は債務者に対してはあらためて執行名義を取得することなく不動産差押えを申し立てることができる。しかしそれは，約定抵当の設定に公証証書が必要であり，それが執行名義として機能するからである（第3章第6節第5款）。従って，物上保証不動産の差押えも，設定証書を執行名義として行われる[11]。これに対して日本法では，旧民法以来，私署証書による約定抵当の設定が許容されている。日本法と同様に抵当権設定に方式を要求しないドイツ法は，他方で日本法と異なり，担保不動産の換価の前提として物的債務名義（dinglicher Titel）の取得を要求している[12]。旧民法でも，私署証書による約定抵当の設定は，抵当権者に抵当不動産の競売を申し立てるための執行名義の取得を免除するものではなかった。しかし，私署証書による抵当権設定を許容したのは，抵当権設定登記による権利の証明に満足し，公正証書を用いないで危険を冒す自由を当事者に認めるべきであるという発想であった（第5章第1節第2款(iii)）。この発想は，債権者が実体異議の危険を冒して債

---

11)　前掲第4章注126)。

12)　ヴォルフ＝ヴェレンホーファー（大場浩之ほか訳）『ドイツ物権法』（成文堂，2016）515頁。

結章

務名義を備えずに競売を申し立てることを許容する担保不動産競売制度の下地にもなっているものと思われる。そして，これが債務名義を要する不動産執行と比べて設定者への手続保障に欠ける[13]としても，設定者にとっては，それは抵当権設定契約によって自ら引き受けた危険といえるかもしれない。

　しかし日本法はさらにその結果として，第三取得者への手続保障をも簡略化した。今日，担保不動産競売における第三取得者の地位は，設定者と全く同じである。平成15年改正以前，明治31年民法381条は，第三取得者に対する抵当権実行の事前通知制度を設けており，同387条は，この手続を経た債権者にのみ抵当権実行を認めていた（第5章第1節第3款(v)）。もっとも，この通知は第三取得者に滌除の機会を保障するものと位置づけられており，抵当権実行通知を受けた第三取得者による執行妨害を招くものとして，平成15年改正で廃止された（第5章第1節第5款）。しかし，この抵当権実行通知の源流は，第三取得者に対する執行名義を獲得するための，フランス古法における抵当訴訟（第1章第1節第2款(iii)）であった。債務者に対する執行名義で第三取得者の不動産を差し押さえることはできないので，第三取得者に対する「新たな名義」を獲得する必要があったのである。この制度はフランス民法典でも委付または抵当債務の弁済の催告という手続に簡略化されたが，なお存続しており（第3章第6節第5款），これに伴う第三取得者による執行妨害の危険に対しては，催告に処分禁止効を持たせ[14]，これを直ちに公示して[15]第三者に対抗する[16]という形での対応がなされている。これに対して，日本法は，第三取得者は抵当債務につき弁済義務を負わないという理由で，弁済義務を前提とする委付制度を廃止し，そのことを理由としてさらに催告手続を抵当権実行通知手続に衣替えし，結局は執行妨害を理由に手続自体を除去してしまったのである。

　かくして，手続保障なき強制換価の思想は，第三取得者に対しても貫徹され

---

13)　不動産の売買や譲渡担保においても意思のみで所有権が移転するのだから，換価権としての抵当権を意思のみで設定できても問題はないといえるだろうか。しかし，売買や譲渡担保においても，債務者に対する強制履行を求めるためには債務名義の取得が必要である。これに対して，日本法上，担保物所有者に与えられる手続保障は，執行債務者の地位に基づく実体異議と引渡命令手続だけである。

14)　第三取得者に対する催告は差押行為（民事執行法典 L321-1 条）の一つとされ（同 R321-1 条及び R321-5 条），差押行為には処分禁止効が与えられている（同 L321-2 条）。催告は執行吏送達の対象であり（前掲第3章注113)），処分禁止効が発生する時点は送達時である（同 R321-13 条）。

15)　民事執行法典 R321-6 条。

16)　民事執行法典 L321-5 条。

第2節　解釈論に与える示唆

た。執行名義なき抵当権実行を抵当権による不動産支配の発現とみなし，第三取得者にも設定者と同様に抵当権実行を甘受させる物権理論に従う限り，このことは設定者が債務名義なき抵当権実行を甘受することの当然の帰結であり，そこに疑問を挟む余地はないだろう。しかし，《抵当権実行の再定位》を経た我々は，自ら抵当権設定契約によって手続保障を放棄したとすらいえない第三取得者がなぜ設定者と同様に債務名義なき抵当権実行を甘受せねばならないのか，という疑問を発見しうるのである。

第2款　第一の解釈論——抵当権者による売却代金債権への物上代位差押えの要否

　第三取得者に対する抵当不動産譲渡の対価を債務者の一般責任財産から分離し，抵当権者への優先弁済を抵当権者自身が求める方法として，最も強力なのは，差押えによらない，売却代金取立権の付与である。すなわち，抵当権者が，304条の物上代位差押えを経ることなしに，第三取得者に対して直接売却代金の弁済を請求することを認める，というものである。これは，19世紀のフランス法学説においてγ説が支配的になる中で，β説を最も過激な形で示した「抵当権改革」期の委員会案が，実際に構想していたところのものである（第4章第2節第1款）。これによれば，抵当権の順位に従った売却代金弁済の権利義務こそが抵当権者と第三取得者との間の本来的法律関係であるので，抵当権者は，物上代位差押えによって取立権を取得することなしに，第三取得者から売却代金を取り立てる権利を当然に有する，と考えることになる。これに対して，304条が売却代金への物上代位を定め，売却代金債権の物上代位差押えを要求しているのは，登記のない動産先取特権について，代金を請求する際に公示を備えさせるためであるに過ぎない，と説明できる。また，抵当権に基づく賃料への物上代位に差押えが必要なのは，売却代金が抵当権の本来的目的であるのに対して，賃料の請求は付加的・政策的に抵当権者に認められているに過ぎず，抵当権設定登記に賃料の弁済禁止効を認めることはできないからである，と説明できる。それゆえ，抵当権者が賃料を請求する場合には，自ら差押えによって賃料につき弁済禁止効を生じさせることが必要なのである。

　この解釈を前提とすると，現行民法378条の代価弁済制度における「抵当債権者の請求」も，そのような物上代位差押えなき請求を指し示すべきことになろう。それゆえ，現行民法378条をめぐる20世紀後半の通説的解釈と異なり，

527

結章

代価弁済の成立のために「合意」は不要である，と解することになる。20世紀後半の通説的解釈が（現行民法378条に相当する）明治31年民法377条に「合意」要件を読み込んでいたのは，抵当権者の「請求」に，実体法上の基礎を与えるためであった（第5章第4節第3款(ii)）。しかしここでは，抵当権者による請求に実体法上の基礎（第三取得者の抵当権者に対する義務）があると解する以上，「合意」による実体法的根拠づけは不要ということができるのである。もっとも，代価弁済を請求した抵当権者以外の者の抵当権の帰趨が問題となるが，同様の問題は第二の解釈論においても生ずるので，この点についての議論は次款に委ねたい。

　さらに，この解釈を徹底すると，第三取得者が売却代金を設定者（売主）に弁済した場合にも，当該弁済は抵当権者との関係では無効であり，抵当権者はなお第三取得者に対してあらためて売却代金を弁済するよう請求できる，と解すべきことになろう。そのためには，抵当権設定登記それ自体が，第三取得者に対して売却代金債務の弁済禁止効を生じる，と考える必要があるだろう。加えて，抵当権実行としての担保不動産競売は代価弁済義務の履行確保手段に過ぎないので，これによる買受金が第三取得者の代価を下回る場合には，第三取得者は代価と買受金との差額を弁済する義務を免れないことになる。実際，フランス「抵当権改革」期に委員会案を起草した de Vatimesnil は，このような理解を示していた（第4章第2節第3款）。

　最後に，この解釈を前提とすると，周辺の諸制度は，以下のように位置づけられることになる。

　抵当権の実行としての担保不動産競売は，原則として，第三取得者が代価弁済を任意履行しない場合における履行確保手段に過ぎないことになる。従って，これによる買受金が第三取得者の代価を下回る場合には，第三取得者は代価と買受金との差額を弁済する義務を免れないことになる。これも，de Vatimesnil が実際に説いていたところである（第4章第2節第3款）。

　そして，抵当権消滅請求制度（現行民法379条）は，第三取得者が抵当権者に代価弁済を任意履行する際に，不当に廉価な代価の弁済による抵当権の消滅を防ぐため，抵当権者に担保権実行としての競売を申し立てる機会を与える制度として位置づけられる。裏返すと，代価の弁済による抵当権の消滅自体は抵当権消滅請求制度に固有の効果ではないと考えられる。抵当権者の第三取得者に対する追及権の内実が売却代金弁済請求権であり，抵当権実行はその履行確保手段であるとすると，売却代金の弁済こそが第三取得者の本来的義務であるの

で，その履行のみによって抵当権は消滅し抵当権実行はできなくなるはずである。もっとも，代価が抵当債務の総額を下回る場合には，これをそのまま認めると，売買契約における代価の設定次第で抵当権者の地位が不当に害される恐れがある。そこで，これを防ぎ，正当な代価を抵当権者に与えるため，第三取得者に抵当権消滅請求の手続（383条）の履践を義務づけ，抵当権者に担保権実行としての不動産競売を申し立てる機会を特別に与えている，と考えるのである。

不動産強制競売及び担保不動産競売における消除主義（民事執行法59条1項）は，この解釈によって認められる，第三取得者の抵当権者に対する売却代金の弁済による抵当権の消滅を，不動産競売に応用したものとして位置づけられることになるだろう。

第3款　第二の解釈論——抵当権に基づく売却代金への物上代位と代価弁済による抵当権の消滅

第一の解釈論は，これまでに提示されてきた物上代位否定説などと比べても，現行民法の条文との抵触が大きいとはいえないが，一方で，現行民法の条文上にこれを採用するための積極的な手がかりが見出せるわけでもない。加えて，これが現在支配的となっている，売却権としての抵当権理解（γ説）からは承認し難いものであることは，「非剰余主義」のもととなった19世紀フランスの議論（第4章第1節第4款）が示すところである。しかも，それは債権者間の優先弁済権を抵当権の効力の中心に据えるβ説からの論理必然的帰結であるわけでもない。フランス古法のβ説は，第三取得者に抵当権者に対する売却代金の弁済義務まで課していたわけではなく，第三取得者が売却代金を売主に弁済した場合に追及権（抵当債務弁済義務）を課することで，第三取得者に抵当権の順位に従った売却代金の弁済を動機づけていた（第2章第1節・第2節）。

もっとも，17世紀のβ説は，代金債権が差し押さえられた場合の配当手続における優先弁済権の主張は認めていた（第2章第1節第2款(iii)）。そしてγ説からも，以下で見るとおり，売却代金への物上代位によって抵当権に「法律効」が生ずると説明すれば，これを認めることは可能なはずである。そこで以下ではさらに，第一の解釈よりも穏健な，γ説からも説明可能な解釈についても，本書のこれまでの研究に示唆を得て，新たな正当化の可能性を示したい。

ここで正当化の対象となる解釈は，次のようなものである。第一の解釈にお

結章

けるのと同様に，抵当権者は第三取得者に対して「未払いの」売却代金を請求することができる。しかし第一の解釈におけるのとは異なり，現行民法304条及び372条の文言どおり，その場合には売却代金債権の物上代位差押えが必要である。その上で，代価弁済による抵当権の消滅を定めた現行民法378条（明治31年民法377条）の「抵当権者の請求」は，抵当権に基づく売却代金への物上代位としての，物上代位差押えを経た請求に限定されるものと解される[17]。

このような解釈を採用すると，代価弁済による抵当権消滅は，抵当権に基づく売却代金への物上代位に伴う制度として位置づけられることになる。そのため，抵当権者は抵当権の実行と抵当権に基づく売却代金への物上代位とのいずれかのみを選択的に行使しうる，という説[18]が唱えてきた，物上代位権の行使に伴う，物上代位を行った抵当権者の抵当権の消滅に，現行民法378条という実定法上の根拠が与えられることになる。

この解釈自体は，起草過程における梅発言や，梅『民法要義』によって，すでに示されていた。道垣内弘人「抵当不動産の売却代金への物上代位」は，このことを認めつつ，起草者意思を絶対視することを牽制し，起草者の見解の「問題点」を指摘した上で[19]，自らは別の解釈を展開していた。すなわち，代価弁済を定めた明治民法377条（現行民法378条）を，むしろ，代価弁済による抵当権の消滅に合意を要求し，合意によらない，抵当権に基づく売却代金への物上代位を否定する規定として解釈しているのである[20]。

もっとも，第5章第4節で示したとおり，起草者である梅『民法要義』が示す解釈と道垣内論文が提示した「起草者の見解」との間には実は乖離があり，

---

17) もちろん，このことは，抵当権者と第三取得者との合意によって抵当権を消滅させることができる，ということを否定するものではない。第二の解釈を前提としても，このことは，378条とは無関係に，合意に関する一般原則に基づいて当然に認められることになる（後掲注22）参照）。

　また，このことは，第三取得者が第三債務者として物上代位差押えの欠缺を主張する利益を放棄し，物上代位差押えを欠いた抵当権者の「請求」に応じた場合に，売却代金への物上代位の効力が生じ，これによって抵当権が消滅することを否定するものではない。第二の解釈を前提としても，このことは，378条自体の適用場面としてではなく，304条の物上代位差押えを（抵当権に基づく物上代位との関係では）第三債務者対抗要件として捉える解釈と，378条が表現する，売却代金への物上代位による抵当権消滅の原則とを合わせることによって，認められることになる（後掲注22）参照）。

18) 石田文次郎『担保物権法論　上巻』（有斐閣，1935）61頁，我妻・前掲注4）293頁。

19) 道垣内弘人「抵当不動産の売却代金への物上代位」『典型担保法の諸相』（有斐閣，2013）245頁，250-251頁（初出，神戸法学雑誌40巻2号〔1990〕）。

20) 道垣内・前掲注19）253-254頁。

530

第2節　解釈論に与える示唆

そのため，道垣内論文が指摘した「問題点」は，梅内在的にはそもそも存在しないものと解される。道垣内論文の指摘する，「起草者の見解」の問題点は，物上代位が抵当権者の強制的な権利実現を許すものであるのに対し，代価弁済は両当事者の「合意」を要件としており，両者の間には不整合がある，というものである。しかし，現行民法378条の「抵当権者の請求に応じてその抵当権者にその代価を弁済したとき」という要件を両当事者の「合意」と読むこと自体が，すでに一つの解釈である[21]。そして，梅は実はこのような解釈を採用してはいないものと考えられる。梅『民法要義』は，明治民法377条の適用のない，「抵当権者の請求」によらない弁済のことを，「任意」の弁済と呼んでいた。「任意」の弁済は，文理上，抵当権者からの手続外での単なる請求に応じた弁済や，抵当権者と第三取得者との単なる合意による弁済を含むものと解される。通常の用語法によれば，そのような弁済は「任意弁済」と呼ばれるからである。これに対して，抵当権者による物上代位差押えを経た請求に応じた，第三取得者による売却代金の弁済は，確かに「任意」の弁済ではなく，「抵当権者の請求」による弁済といえるが，そこに「合意」が成立しているとは考えられない。それゆえ，梅は明治民法377条が「合意」を要件としているという理解を採用していないものと解されるのである。しかし，その後の学説は，「抵当権者の請求」によらない弁済の場合のことを，「自ら進んで」弁済した場合と呼ぶようになった。そしてこの文言が学説に広く浸透した結果，さらにその後の学説が，「抵当権者の請求」を，抵当権者からの手続外での単なる請求に応じた弁済や，抵当権者と第三取得者との単なる合意による弁済として捉える解釈を提示し，この解釈が次第に通説化したのである。それゆえ，道垣内論文が提示した「起草者の見解」は，この後世の通説による解釈に引きつけられたものといえる。

　しかし，現行民法378条を売却代金への物上代位に伴う抵当権消滅を定めたものとする解釈について，本書の歴史研究から示唆を得ることで新たに付与しうるようになる正当化理由は，単に起草者意思に依拠したものではない。本書がこの解釈に新たに付与しうると考える正当化理由は，この解釈を採用すれば，

---

21)　むしろ，現行民法378条が代価弁済成立要件とする抵当権者の「請求」を，実体法上の権利の主張を伴わない単なる代価の要求や，合意の申込みを意味するものとして解釈することには，文理上の難点がある，とすら言うことができるだろう。なぜなら，「請求」の語は，通常の用語法では，実体法上の権利の主張を伴うものであるはずだからである。

結章

明治 31 年民法の起草者である梅自身も示し切れていなかったような，第三取
得者の法的地位をめぐる現行法上の規律全体についての整合的な理解が可能に
なる，というものである[22]。

　梅の解釈が後世の学説によって否定された原因は，梅が売却権としての抵当
権理解の下で売却代金への物上代位及び代価弁済による抵当権消滅を理論的に
位置づけるための鍵概念と，第三取得者を競落人と連続的に捉える観点とを忘
却していたことにあると考えられる。梅が明治 31 年民法を起草した時点で，
すでに日本の学説は「法律効」理論を忘却していた（第 5 章第 2 節）。そしてそ
の結果，第三取得者を競落人と連続的に捉える観点もまた失われてしまった

---

[22]　なお，本書は，このような「整合的理解」を得るために，現行民法 378 条を売却代金への物上
　代位に関する規定として捉えることが「必要」だ，とまで主張するものではない。確かに，仮に現
　行民法 378 条を売却代金への物上代位による抵当権消滅ではなく合意による抵当権消滅を定めるも
　のと解釈しても，抵当権者は売却代金への物上代位による抵当権の消滅は 378 条の外で当然に認め
　られるという立場（第 5 章第 4 節第 3 款(i)の石田説）を採用しさえすれば，この「整合的理解」
　はなお「可能」ではある。
　　しかし，鈴木禄弥『物権法講義〔改訂版〕』（創文社，1972）171 頁が指摘するとおり，抵当権者
　と第三取得者との合意によって抵当権を消滅させられること自体は，条文で定めるまでもなく明ら
　かなことである。もっとも鈴木教授自身は，抵当権に基づく売却代金への物上代位を否定していた
　ために（同 184 頁），文理上の難点（前掲注 21）を生じさせてでも，明治民法 377 条（現行民法
　378 条）を確認規定と解釈せざるを得なかった。これに対して，売却代金への物上代位に関して
　「選択権説」（前掲注 18））を採用するのであれば，現行民法 378 条について敢えてそのような解釈
　を採用する必要はなくなる。そうである以上，現行民法 378 条は，その文理に忠実に，売却代金へ
　の物上代位に関する規定として解釈されるべきであろう。
　　同様に，現行民法 304 条の物上代位差押えを（抵当権に基づく物上代位については）第三債務者
　保護要件と解する判例法理（最判平成 10 年 1 月 30 日民集 52 巻 1 号 1 頁など）を前提にすると，
　378 条の「抵当権者の請求に応じて」を，第三取得者が第三債務者として物上代位差押えの欠缺を
　主張する利益を放棄して物上代位差押えを欠いた抵当権者の請求に応じたことを意味するものと解
　釈することも可能であろう。このように解釈すれば，「請求」を物上代位差押えに基づくものでは
　ないと解しつつ，本書が提示する「整合的理解」を維持し，しかも「請求」の文言に関する文理的
　難点（前掲注 21）をも免れることができる。しかし，本書の解釈とこの解釈のいずれが妥当であ
　るかは，売却代金への物上代位による抵当権消滅と，第三債務者である第三取得者が物上代位差押
　えの欠缺を主張する利益を放棄した場合における物上代位の効力発生・抵当権の消滅とのいずれを
　明文で定める必要が強いか，という問題に還元される。そして，前者を明文で規定し，後者を前者
　から生じる解釈上の一帰結とする（前掲注 17））方が，前者を不文の原則として，その一帰結であ
　る後者を明文で規定するよりも，合理的な規定のしかたであると考えられる。法律の条文は，法の
　目指すところを明らかにするものでなければならないところ，原則を条文化してそこからその帰結
　を解釈で演繹させる方が，具体的帰結を条文化してそこから不文の原則を解釈で帰納させるよりも，
　法の目指すところをよりよく示すだろうからである。

（第5章第3節）。梅はそれゆえに，これらの制度を，政策や衡平に直接に依拠して正当化せざるを得なかったのである。

　これに対して，「法律効」理論を用いることで，第三取得者を競落人と連続的に捉える観点を持ち込めば，第三取得者の地位を定めた現行民法上の制度と，競落人の地位を定めた民事執行法上の制度とを，抵当権の当然 purge を軸にして体系化しうるだろう。第三取得者を競落人と連続的に捉える観点は，フランス古法の décret 手続に始まり（第1章第1節第4款），抵当権の当然 purge 制度と不可分の関係にあった。17 世紀以降の Paris 慣習法典の解釈者における，優先弁済権を効力の中心とする抵当権理解（β 説）も，まさにこの観点を基礎とするものであったといえる（第2章第1節第2款）。「法律効」理論のもととなった Bourjon の「変換」理論も，この β 説に基づいて第三取得者を競落人と連続的に捉えるものであった（第2章第2節第3款）。これに対して，19 世紀にフランス法学説に普及した，不動産売却権としての抵当権理解（γ 説）は，潜在的には，第三取得者を競落人とではなく，むしろ抵当権設定者と同視する観点を秘めたものであったと考えられる。しかし実際には，フランスにおいては γ 説も β 説から「変換」理論ないし「法律効」理論を借用したために，19 世紀に至ってもなお，第三取得者を競落人と連続的に捉える観点は維持された（第4章第1節第3款）。もっとも，実際にはフランスでも，その後の「合意による法律効」理論のために，滌除制度や消除主義は相互の連続性こそ失わなかったものの，ともに抵当権の当然 purge 制度としての性格を奪われていた（第4章第1節第3款・第4節第2款）。しかし，「法律効」理論を用いれば，売却権としての抵当権理解を維持しながら，以下のような形で，諸制度を再び抵当権の当然 purge 制度として位置づけ，体系化を成し遂げることができるだろう。

　抵当権消滅請求制度は，第三取得者の側の請求によって「法律効」を生じさせ，抵当権を代金上の権利に変換するものとして位置づけられる。その結果，抵当権者は第三取得者からその順位に従って売却代金の弁済を受けることができ，その一方で，不動産は抵当権の変換によって抵当権から解放される（当然 purge）。

　消除主義も，不動産強制競売及び担保不動産競売手続において法定的に「法律効」を生じさせ，抵当権を代金上の権利に変換するものとして位置づけられる。その結果，買受代金の配当は，抵当権者は競落人からその順位に従って売却代金の弁済を受けるものとして（より厳密には，競落人によって供託された一種の供託金につき抵当権者が還付を請求するものとして）実体法上説明されることに

結章

なる。その一方で，不動産は抵当権の変換によって抵当権から解放される（当然 purge）。

　これらの制度と並んで，抵当権に基づく売却代金への物上代位は，第三取得者が登場した場合に，抵当権消滅請求制度とは逆に，抵当権者の請求によって「法律効」を生じさせる制度として位置づけられることになる。そして，現行民法378条は，抵当権消滅請求制度や消除主義と同様に，この売却代金への物上代位にも，「法律効」の発生による抵当権の当然 purge を認めたものと解することができる。抵当権者が物上代位差押えを行うことによって「法律効」が生じ，抵当権は代金上の権利に変換される。その結果，物上代位を行った抵当権者は売却代金の弁済を受けることができ，その一方で，不動産は抵当権の変換によって抵当権から解放される，ということになるのである。

　この「法律効」の体系の下では，抵当権が目的不動産を売却する権利であるとしても，抵当権者に抵当権の順位に応じた売却代金の分配及び不当な代価設定からの自衛の機会が保障されることで「法律効」が生じ，抵当権は当然 purge に服する，という説明が可能である。従って，「法律効」の体系の下では，「抵当不動産の譲渡後も抵当権は不動産上にそのままの効力を保持する」のは，専ら，抵当権者に抵当権の順位に応じた売却代金の分配を保障し，かつ抵当権者を不当な代価設定から守るためである，といえるだろう。抵当不動産の任意譲渡がなされた場合，売却代金額が適正であれば抵当権者は売却代金への物上代位によって第三取得者から代金を取得することができ，不適正であれば抵当権を実行することができる。第三取得者が抵当権消滅請求を実施した場合でも，抵当権者は通知による手続保障を与えられ（現行民法383条），提供される金額が適正であればこれを取得し，不適正であれば対抗手段として抵当権の実行に訴えることができる。そしていずれにせよ，代金の分配が弁済や供託等によって手続的に確保されるまで，抵当権は不動産上に存続する（抵当権消滅請求につき，現行民法386条）。不動産強制競売及び担保不動産競売手続も，競売不動産上の抵当権者に抵当権の順位に応じた売却代金の分配を保障し，かつ不当な代価設定から抵当権者を守るものといえる。もっとも，抵当権の消除主義を定めた民事執行法59条1項は，抵当権が「売却により」消滅すると規定しており，この規定の解釈として，抵当権は代金納付を待たず売却許可決定確定時に消滅する，と説く見解が存在する[23]。しかしこれは，抵当権の存続によ

---

23)　中野・前掲注5) 419頁。

第 2 節　解釈論に与える示唆

る代金分配の確保が，競落人が代金納付時にはじめて所有権を取得する（民事執行法 79 条）という特別の規律による代金納付の確保の背景に後退しているためと解することができる。以上のように考えると，動産先取特権がいわゆる「追及効」を有しないのに対して（現行民法 333 条），抵当権はそれを有する，という違いも，結局のところ，担保権者に以上のような内容の保護が与えられるか否か，という点の違いに尽きているといえることになろう。

　もっとも，同一不動産に抵当権者が複数存在する場合，抵当権者の全員が物上代位差押えを行うとは限らない。物上代位差押えをした抵当権者の間では，売却代金は抵当権の順位に従って弁済され，物上代位差押えをしたすべての抵当権者の抵当権が当然 purge に服する。これに対して，少なくとも，物上代位差押えをした債権者の抵当権に優先する抵当権は，そのまま残るものと解される。この点で，代価弁済による抵当権の当然 purge は，抵当権消滅請求制度や消除主義におけるそれとは異なり，取得不動産上のすべての抵当権に一律に及ぶものではない。もっとも，このことは，抵当権の第三取得者に対する効力が，抵当権者に抵当権の順位に従った代金分配に与る機会を保障する目的を有し，この目的が達成された場合にのみ抵当権の当然 purge が作用する，ということの帰結である。先行債権者は物上代位によって債権者間の優先弁済権を実現してはいないので，当然 purge を及ぼすわけにはいかないのである。それが第三取得者にとって不都合な場合には，第三取得者の側から抵当権消滅請求に訴えればよい[24]。さらに，第三取得者は代金支払拒絶権（577 条）を，売主のみならず，売却代金に物上代位した抵当権者にも対抗できる，と解する

---

24)　実は，現行民法 378 条に相当する，明治 31 年民法の起草過程における法典調査会原案 373 条の説明において，梅委員がすでに次のとおり，第三取得者が対抗手段として滌除に訴えるべき場合があることを指摘していた。

　「……実際債権者ガ幾人モアッテ……代価ヲ以テ残ラ㆟ノ者ニ弁済スルコトガ出来ヌ而シテ其債権者ノ中一人ガ請求ニ参ツタヤウナ場合デアレバ第三者ノ利益カラ云フト夫レニ渡サヌ方ガ宜イノデス然ウ云フ場合ニハ夫レ渡サズシテ次ノ箇条以下ニ規定ニナッテ居ル滌除ノ方法ヲ取ッタ方ガ宜イ，ケレドモ第三者ガ後トハ何ウナッテモ構ハヌト云フ積リデ若シ払フタナラバ少ナクテモ払フタ債権者ノ抵当権丈ケハ最早第三者ニ対シテ之ヲ行フコトガ出来ナクナル……」（傍点は引用者による。）（法務大臣官房司法法制調査部監修『法典調査会民法議事速記録 2（日本近代立法資料叢書 2)』〔商事法務研究会，1984〕883 頁〔梅謙次郎発言〕。）

　そもそも梅は，代価弁済による抵当権消滅を，抵当権者による売却代金への物上代位に対抗してされる，第三取得者による滌除手続の起動を省略したものとして位置づけていた（第 5 章第 4 節第 2 款(i)）。従って，その省略が第三取得者にとって不利益を招く場合には，第三取得者が手続を省略することなく滌除に訴えるべきだ，と考えるのは梅にとって自然なことであったといえる。

535

結章

ことができよう。代金拒絶権は抵当権消滅請求のために認められたものだから
である。

このような，抵当権消滅請求権及びその行使のための代金支払拒絶権という
第三取得者の対抗手段の存在は，以下のとおり，代価弁済に合意が要求される
という解釈に対して道垣内論文が与えた理由の説得力を減殺するものといえる。

道垣内論文は，前述のとおり明治31年民法377条（現行民法378条）が合意
を代価弁済の要件としていると解した上で，合意が要求される理由として，同
一不動産に抵当権者が複数存在する場合，抵当権者に物上代位による代価の強
制取得を認めると不都合が生じることを挙げている。道垣内論文はその不都合
の一つとして，仮に第三取得者に弁済による代位が認められるとしても，本来
配当を得られないはずの後順位抵当権者が代価を強制取得する場合には，第三
取得者が代価弁済によって不当に不利益を被る，ということを挙げる。例えば，
取得不動産上に被担保債権額 1000 万円の第一順位抵当権及び被担保債権額
2000 万円の第二順位抵当権が存在し，不動産売却代金額が（これらを控除せず
に定められた結果）1500 万円であったと仮定する。この場合，第二順位抵当権
者だけが代価弁済を請求し，第三取得者がこれに応じて 1500 万円全額を支払
うと，第三取得者は売却代金を全額支払った後も第一順位抵当権を手つかずの
まま負担することになる。そしてその後に第一順位抵当権者が抵当権を実行す
ると，第三取得者は不動産を失い，残代金 500 万円を取得したとしても，代価
弁済請求を受けずに抵当権の実行を受けた場合よりも 1000 万円分不利益な立
場に置かれる。

しかし，前述したように第三取得者の側には代金支払拒絶権及び抵当権消滅
請求権という対抗手段があるので，売却代金への物上代位は実はそもそも抵当
権者が第三取得者から代価を強制取得する手段とはいえない。実際には，売却
代金への物上代位は，抵当権者と第三取得者との間で売却代金の支払いを伴う
抵当権放棄が合意され，これが履行される前に売主の一般債権者が代金債権を
差し押さえた場合に，抵当権者が代金債権につき一般債権者に対して優先弁済
権を主張するための手段としてのみ機能するだろう[25]。

もっとも，道垣内論文は上記の点に加えて，物上代位差押えをした債権者の

25）　従って，もし抵当権に基づく売却代金への物上代位を認めないのであれば，抵当不動産を任意
　　売却して売却代金を抵当債務の弁済に充当することも，一般責任財産たる代金債権を抵当権者の債
　　権回収に供する点で詐害行為にあたると評価せざるを得なくなるだろう。

536

第2節 解釈論に与える示唆

抵当権に劣後する抵当権の処遇をも自説の論拠としていた。道垣内論文は，第三取得者は代価弁済しても求償権を取得しないので弁済による代位は認められず，後順位抵当権者の順位上昇を防げないので，この不都合から第三取得者を保護するため，代価弁済に合意を要求する必要がある，とも説いていた（第5章第4節）。この点は，有効な論拠といえるだろうか。

確かに，第三取得者から売主への求償は，代価弁済で売主に対する代金債務に弁済の効力が生ずることによって実質的に実現されるので，売主に対する求償権の成立を認めるべきではない。しかし，19世紀後半の Baudry-Lacantinerie の議論について説明したとおり（第4章第4節第3款），そもそも「弁済による代位」は，β説において抵当権の順位に従った代価の弁済で後順位抵当権に当然 purge を及ぼす「吸収の抗弁」（第2章第2節第3款(ii)）の，γ説における機能的代替物として，順位上昇を防止するための法律構成に過ぎなかった。従って，本来は，第三取得者の代価弁済による代位で順位上昇を防止するのではなく，後順位債権者の抵当権にも当然 purge を及ぼすことで第三取得者を保護すべきであった，とも考えられる。

もっとも，この場合，債務者・第三取得者及び先順位抵当権者が通謀して代価を不当に安く設定した上で先順位抵当権者に物上代位を行わせる，といった事態に対処する必要がある。この点，Bourjon は，吸収の抗弁に対する再抗弁として，後順位抵当権者自身が第三取得者からより高い代金で買い受け，第三取得者が弁済した代価を第三取得者に償還することで訴権存続を認めていた[26]。しかし，これは後順位抵当権者に自己買受義務を課すものであり，平成15年改正が旧滌除制度下の増価競売における抵当権者の自己買受義務を廃して抵当権消滅請求制度下では単純な抵当権実行を抵当権者の対抗手段として認めたこと（384条1号）と整合しない。抵当権消滅請求への対抗手段と平仄を合わせるには，結果的に，後順位抵当権に当然 purge を及ぼさず，抵当権実行という対抗手段を後順位抵当権者に認めつつ，先順位抵当権の消滅を第三取得者に対する追及権のみの相対的消滅とし，第三取得者の弁済による代位[27]を認めて，

26）　前掲第2章注59）。

27）　この特殊な弁済による代位において，第三取得者が代位取得した抵当権はいかなる債権を担保すると考えられるか。第三取得者が抵当権を取得するのは，代価弁済後の後順位抵当権者による競売申立てが奏功して所有権を失う場合に備えてのものと考えられる。この場合，買主たる第三取得者は売主担保責任に基づき売買契約を解除して売主に原状回復として代価相当額を請求しうるので，抵当権はこれを担保するものと解すべきである。ただし，代価弁済を受けた債権者が残債権を有し

結章

順位上昇を防止すべきだろう。これは，起草者が当初構想していたところでも
ある（第5章第4節第2款(i)）。

　要するに，道垣内論文が指摘した問題の所在は，結論ではなく理論構成にあ
ったのであって，代価弁済による代位という理論構成が不適当だからといって，
結論として代価弁済に伴う順位上昇を肯定してしまうのは本末転倒だったので
ある。

第3節　残された課題

第1款　抵当不動産の第三取得者の法的地位をめぐる学説史研究の拡充

(i)　フランス古法におけるローマ法学について

　序章第3節第1款で断ったとおり，本書は，「抵当不動産の第三取得者」の
法的地位をめぐる，フランス古法の慣習法学（とりわけ，Paris 慣習法典を解釈対
象とする慣習法学）とフランス民法典制定後の法学説との位相差のみに着目して，
フランス法学説史を描き出してきた。そしてその裏返しとして，フランス古法
のローマ法学（ローマ法源を解釈対象とする解釈学説）とその後の学説との関係は，
検討の対象から外してきた。実はこれは，ローマ法源を援用して Paris 慣習法
典を批判する Loyseau の記述（第1章第2節第2款）をみる限り，ローマ法学と
フランス民法典制定後の法学説との間には，第三取得者の抵当債務弁済義務の
肯定から否定へという位相差を見出せないだろう，と推測したためである。し
かし，この点を検証することは，今後の課題として残されている。

　さらに，Paris 慣習法典及びこれを解釈対象とする慣習法学と 19 世紀法学
説との間の位相差がなぜ生じたのか，という点は，とりわけ本書の第二の課題
（19 世紀学説による転換の理由解明）に取り組む上で重要な問題であった。しかし
本書は，この位相差の原因を，19 世紀学説によって例外的によく参照された
慣習法学説である Pothier の「肢分権」理論とそこでの抵当権の位置づけに求
めるに留め，それ以上に遡って位相差の原因を探求することはしなかった。

ていれば，その残債権のために当初の抵当権者も配当資格を保持し，当初の抵当権者と第三取得者
とが抵当権を準共有する形になると解すべきである。

第3節　残された課題

Pothier の著作は慣習法学のものであってもローマ法学の影響を特に強く受けており，位相差の原因はさらにローマ法学における「物権」の体系化にまで遡る，ということが一応は推測されるが，このことの検証も今後の課題として残されている。

　拙稿「フランス古法のローマ法学における二つの « pignoris persecutio »」[28]は，Kaser による現代のローマ法学説を比較対象として Loyseau 及び Pothier のローマ法源解釈を分析することで，これらの課題に部分的に取り組んだものである。これによって，ローマ法源における Servius 訴権の目的をめぐるローマ法学説が，第三取得者の抵当債務弁済義務を否定する Loyseau 及び Pothier の慣習法学説の背景に存在することが明らかになった[29]。さらに，Loyseau と Pothier との慣習法学説における位相差の背景に，これと対応する，ローマ法源解釈をめぐる Loyseau と Pothier との位相差が存在することが明らかになった[30]。もっとも，両者の具体的なローマ法源解釈については，むしろ慣習法学側からの影響を窺わせる部分も存在するので，ローマ法学の慣習法学に対する影響を特定するためにはなお他のローマ法学説を検討する必要がある[31]。加えて，ローマ法源解釈をめぐる両者の位相差が，ローマ法学における物権の体系化に由来するものであるかを明らかにするためにも，他のローマ法学説を検討の対象に含めていく必要がある[32]。

(ii)　ドイツ法学について

　本書は，第三取得者の抵当債務弁済義務を否定する明治 31 年民法以降の日本法学説に，「肢分権」理論という，Pothier にまで遡るフランス法学の一潮流の影響を見出した（第 5 章第 1 節第 3 款）。このことによって，第三取得者の抵当債務弁済義務の否定を「ドイツ観念論」の所産として位置づける鈴木論文の歴史認識の正当性は否定された。しかしこのことは，必ずしも明治 31 年民法以降の日本法学と「ドイツ法学」との連続性の否定を意味しない。フランス法学説と並んで，当時のドイツ法学もまた，このような日本の法学説を支えて

---

28)　阿部裕介「フランス古法のローマ法学における二つの « pignoris persecutio » —— « pignus » の効力構造をめぐって」法学 78 巻 1 号（2014）1 頁。
29)　阿部・前掲 28) 31 頁。
30)　阿部・前掲 28) 33-35 頁。
31)　阿部・前掲 28) 31 頁。
32)　阿部・前掲 28) 35 頁。

539

結章

いた，という可能性は存在している。とりわけ，本書は，第三取得者を「所有者」として抵当権設定者と同視する日本の法学説の発想に，フランスの法学説（特に Baudry-Lacantinerie）との連続性を見出したが，フランスでは萌芽的だったこの発想が日本で確立された背景には，ドイツ法学の影響もあるのかもしれない。この点を解明することも，今後に残された課題である。

加えて，本書の歴史研究の手法をドイツ法学史に応用すると，「債務なき責任」概念を生んだドイツ法学において，学説史上，第三取得者の抵当債務弁済義務を認める学説が存在しなかったのかを検証する，という課題も浮かび上がってくるだろう。もちろん，そのような学説が仮に存在したとすれば[33]，「債務なき責任」論がこれを打倒しえたのはなぜかを探究する，ということも課題として残されていることになろう。この点に関連して，19世紀ドイツの価値権説や換価権説は，第三取得者の抵当債務弁済義務を否定するために主張されたものであった，ということがすでに指摘されている[34]。それゆえ「債務なき責任」論がこの論争の中にいかにして登場し，いかなる役割を果たしたのか，それがドイツにおける制限物権の一般理論といかなる関係にあったのか，という視角からの検討が必要となるだろう[35]。

最後に，滌除・抵当権消滅請求制度及び抵当権の消除主義と抵当権の効力構造に関する理解とを対応させる本書の視角は，ドイツにおける滌除・抵当権消滅請求制度に相当する制度の不存在及び不動産競売における抵当権の引受主義の分析にも有用であろう。とりわけ引受主義については，特殊ドイツ的な経済的背景の存在がすでに指摘されているところであるが[36]，これらの立法的決断

---

33) すでに雉本朗造「競売法ニ依ル競売ノ性質及ヒ競売開始ノ効力」京都法学会雑誌8巻8号（1913）90頁，97-98頁は，ドイツ法学において，担保物所有者に「債務」を認める "Realobligationstheorie" が存在する旨指摘し，これを採用する学者として Meibom や Sohm らの名を挙げていた（第5章第1節第5款参照）。

34) 松井宏興『抵当制度の基礎理論』（法律文化社，1997）117頁。

35) その他，前掲第5章注254）及び注258）で展開した，抵当権に基づく売却代金への物上代位及び代価弁済による抵当権消滅制度をめぐる，フランス「抵当権改革」委員会案，イタリア旧民法典及び日本の明治31年民法の影響関係と位相差とをめぐる仮説を論証することも，今後に残された課題である。

36) 伊藤眞「不動産競売における消除主義・引受主義の問題」は，抵当権が「投資抵当」として長期投資の手段となったこと（「同(2)」法学協会雑誌89巻9号〔1972〕1091頁，1099頁）が引受主義の背景にあると指摘している（「同(3)」法学協会雑誌90巻3号〔1972〕509頁，535頁）。さらにその投資抵当について，鈴木禄弥『抵当制度の研究』（一粒社，1968）26頁以下（初出，法律時報28巻11号〔1956〕）は，19世紀プロイセン農業の資本主義化の特殊な過程を背景に有すること

第3節　残された課題

がドイツ法学における抵当権理解の形成に与えた影響を検出することも，残された課題であるといえよう。

第2款　物権法学の体系全体に対する挑戦

本書は，抵当権が物権であるということの意味を再検討してきたが，これは物権法学の体系全体に対する挑戦でもある。本書は，抵当権の効力を債権者間の優先弁済権とそれを補助する第三取得者に対する追及権とに分析することを試みた（前記第2節第1款）。物権の体系との関係では，これは，抵当権の効力の中核に優先弁済権を置き，これをその他の（特に担保物権以外の）物権にない抵当権の特徴としつつ，抵当権が物権であることの意味を，目的物の支配にではなく追及権に求めることで，抵当権をなお物権の範疇に留めることを志向するものである。これは，物権を目的物の支配として捉える従来の物権理論全体に対する再検討[37]の足がかりとなるだろう[38]。現時点では，筆者は以下のような展望を有している。

を指摘している。齋藤和夫「剰余主義・引受主義のドイツ的構造と根拠」法學研究73巻2号（2000）13頁，43頁以下は，引受主義の背景事情として，19世紀半ばのプロイセンにおける信用恐慌の中で，農場経営者からの資本引留めの要請があったと推測している。

[37]　もっとも，物権法の領域を契約法が支配する領域の外に求める，という言い方をするならば，本書の志向も突飛な印象を免れるのではなかろうか。

[38]　本書の元となった研究に対して，抵当権消滅請求や代価弁済といった理論的にも実践的にもあまり大きな意義のない問題を整合的に理解するだけのために，あまりに大きな視座の転換を迫るものであって，転換の必要性を実感できない，という批判を頂戴したことがある。この批判は，本書とは根本的に異なる発想に基づくものである。

本書は，総論を固定し，各論の発展を総論に還元する潮流が弱い従来の物権法学から，各論に根づいた物権法学への転換を迫るための突破口の一つとして，抵当不動産の第三取得者ひいては抵当権消滅請求・代価弁済制度に着目したものである。可能な限り総論に手をつけずに済むように各論を処理し，各論が総論を転覆するに足りる実益が示されたときにはじめて総論を見直せばよい，という発想は，本書の拠るところではない。本書による第二及び第三の課題の検討が示唆していたように，現在共有されている総論もまた，どれほどの実益に支えられたものであるか疑わしいからである。このような発想の背後には得てして，総論がいかなるものであれ，個別的利益衡量によって適切な各論を導けるはずであるという信念が見受けられるが，法律家の思考はそのように自由ではありえず，総論に無意識的に拘束されやすいものであることも，本書が示そうとしてきたところである。

もっとも，そのような転換につながる主張が説得力を持つためには，転換後の視座の全容を明らかにするとともに，これをさらなる突破口によって支えることが確かに必要であろう。これは，本書のみによっては到底なしうべくもなく，今後の各論的研究の蓄積に委ねられている。

541

結章

　すなわち，設定契約外の第三取得者に対する追及権を物権の特徴とする視座
は，担保物権[39]のみならず用益物権[40]にも応用可能であろう。もっとも，担保
権者の追及権が優先弁済権の保全を内容とする[41]のとは異なり，用益物権者の
追及権は，第三取得者からの所有権に基づく物権的請求の排除を内容とするも
のと考えられる。

　これに対して，所有権をこれらの他物権と同列に扱うことは困難になるだろ
う。所有権行使の相手方となるのは第三取得者ではなく占有者だからである[42]。
しかしこのことは，本書の視座の限界を示すものではなく，むしろ従来の物権
法学が等閑視してきた他物権と所有権との差異を浮かび上がらせ，所有権を中
心としない新たな物権法の体系を要求する[43]とともに，所有法学を物権総論の
拘束から解放するだろう。

---

39)　動産先取特権は追及効を制限されている（民法 333 条）。一般先取特権も，不動産について登記
　　がされた場合の不動産については異論もあるものの，原則として追及効の制限が認められている
　　（道垣内弘人『担保物権法〔第 4 版〕』〔有斐閣，2017〕70-72 頁）。本書の視座を徹底すると，これ
　　らの先取特権も，売却代金への物上代位を認められる限りは物権であるといえるが，一般先取特権
　　に基づく物上代位を否定する立場（同 66 頁）によれば，一般先取特権は債権に与えられた優先順
　　位（優先弁済権）に過ぎない，ということになろう。
40)　例えば，地役権に関する判例法理は，主として承役地の譲受人すなわち第三取得者が登場した
　　事案に関して形成されたものといえよう。ただし例外として，設定契約なしに時効取得によって成
　　立した用益物権の効力は，時効取得の当事者である所有者との関係でも問題となりうる。
　　　さらに，債権である不動産賃借権も，「対抗力」を備えることで目的物の譲受人に対して効力を
　　有する（民法 605 条）。この現象が賃借権の「物権化」と呼ばれるのは，本書の視座と整合的であ
　　る。それでもなお一般に賃借権が債権であるとされるのも，上記の例外を除き原則として賃借権が
　　「対抗力」を備えないからである，といえよう。
41)　もっとも，留置権者の追及権（最判昭和 47 年 11 月 16 日民集 26 巻 9 号 1619 頁）は，留置的効
　　力の保全を内容とするものといえよう。
42)　我妻教授は，この差異を捨象して，「追及権」と「物上請求権」とを同視していた（序章第 1 節
　　第 2 款(i)）。
43)　従って，この展望は，物権と債権との峻別を維持しつつ，すべての権利を物権と債権のいずれ
　　かに分類するという意味での物権債権二分論を放棄することを志向するものといえよう。

542

文献索引

日本語文献

阿部裕介「フランス古法のローマ法学における二つの « pignoris persecutio » ── « pignus » の効力構造をめぐって」法学 78 巻 1 号（2014）………………………… *32, 539*

生熊長幸「執行権と換価権」岡山大学創立三十周年記念『法学と政治学の現代的展開』（有斐閣，1982）……………………………………………………………………… *9*

生熊長幸「わが滌除制度の矛盾と滌除制度廃止論」岡山大學法學會雑誌 44 巻 3・4 号（1995）
…………………………………………………………………………………………… *524*

池田恒男「フランス抵当権改革前史（1）（2・完）」社会科学研究 30 巻 5 号，31 巻 2 号（1979）……………………………………………… *26, 44, 47, 62, 90, 125*

池田恒男「共和暦三年法論（1）（2・完）」社会科学研究 32 巻 1 号，32 巻 3 号（1980）
…………………………………………………………………………………… *172, 181*

池田真朗『債権譲渡の研究〔増補 2 版〕』（弘文堂，2004）………………………… *432*

石田文次郎『担保物権法論　上巻』（有斐閣，1935）…………… *458〜459, 480, 507〜511, 530*

石田文次郎『全訂改版物権法論』（有斐閣，1945）……………………………………… *457*

伊藤眞「不動産競売における消除主義・引受主義の問題（2）（3）」法学協会雑誌 89 巻 9 号，90 巻 3 号（1972）……………………………………………………………… *540*

井上操『民法詳解　物権之部〔復刻版〕（日本立法資料全集別巻 227）』（信山社，2002〔底本：1890〕）………………………………………………………………………… *427*

井上操『民法詳解　債権担保編之部　下巻〔復刻版〕（日本立法資料全集別巻 233）』（信山社，2002〔底本：1893〕）………………… *428〜429, 431, 433, 469〜470, 474*

今村和郎＝亀山貞義『民法正義　財産編第一部　巻之壱〔復刻版〕（日本立法資料全集別巻 53）』（信山社，1995〔底本：出版年不明〕）……………………… *427〜428, 430*

今村与一「クレディ・フォンシエの成立とフランス抵当制度」社会科学研究 36 巻 2 号（1984）…………………………………………………………………………… *370*

今村与一「19 世紀フランスの抵当改革（1）（2・完）」社会科学研究 37 巻 6 号，38 巻 1 号（1986）……………………………………………………… *26, 275, 335*

今村与一「フランス抵当制度の起源」社会科学研究 47 巻 4 号（1995）……………… *27, 44*

岩松三郎『競売法』（日本評論社，1930）………………………………………………… *492*

ヴォルフ＝ヴェレンホーファー（大場浩之ほか訳）『ドイツ物権法』（成文堂，2016）……… *525*

内田貴『抵当権と利用権』（有斐閣，1983）……………………………………………… *15*

内田貴「担保法のパラダイム」法学教室 266 号（2002）……………………………… *8*

内田貴『民法 III〔第 3 版〕』（東京大学出版会，2005）…………………………… *8, 17*

内田貴『民法 I〔第 4 版〕』（東京大学出版会，2008）………………………………… *8*

梅謙次郎『訂正増補民法要義　巻之二　物権編〔復刻版〕』（有斐閣，1984〔底本：1911〕）
……………………… *435〜439, 476〜477, 480, 491, 501〜502*

梅謙次郎『民法債権担保論　巻之一　第一冊〔復刻版〕』（新青出版，2001〔底本：1892〕）
…………………………………………………………………………………… *431〜432*

大島俊之「民法 304 条の沿革」神戸学院法学 22 巻 1 号（1992）…………………… *496, 499*

大島俊之「民法 377 条の沿革」神戸学院法学 22 巻 2 号（1992）⋯⋯⋯⋯⋯⋯⋯ *499*

岡松参太郎「註釈民法理由　中巻』（有斐閣書房，1899）⋯⋯⋯⋯⋯⋯⋯ *446〜448, 477*

沖野眞已「抵当権消滅請求」内田貴＝大村敦志編『民法の争点』（有斐閣，2007）⋯⋯⋯⋯⋯ *16*

小野木常「抵当権の実行と債務名義」『訴訟法の諸問題』（有信堂，1952）⋯⋯⋯⋯ *463*

加賀山茂「『債権に付与された優先弁済権』としての担保物権」國井和郎還暦記念『民法学
　の軌跡と展望』（日本評論社，2002）⋯⋯⋯⋯⋯⋯⋯⋯⋯⋯⋯⋯⋯⋯⋯ *24〜25*

梶山玉香「物件価額の提供による抵当権の消滅」同志社法学 53 巻 1 号（2001）⋯⋯⋯⋯⋯ *13*

片山直也「抵当権と不動産の利用」内田貴＝大村敦志編『民法の争点』（有斐閣，2007）⋯⋯ *8*

鎌田薫「フランスにおける不動産取引と公証人の役割（2）」早稲田法学 56 巻 2 号（1981）
　⋯⋯⋯⋯⋯⋯⋯⋯⋯⋯⋯⋯⋯⋯⋯⋯⋯⋯⋯⋯⋯⋯⋯⋯⋯⋯⋯⋯ *254, 269*

鎌田薫ほか「抵当権制度の現状と将来像（3）」NBL702 号（2000）⋯⋯⋯⋯ *16, 524*

香山高広「1804 年フランス抵当法における『特定の原則』と『公示の原則』の意義（1）
　（2）」東京都立大学法学会雑誌 38 巻 2 号，39 巻 1 号（1997-1998）⋯⋯⋯⋯⋯⋯⋯⋯ *199, 261*

香山高広「1804 年フランス抵当法の基本的性格（1）〜（5）」小樽商科大学商学討究 50 巻 2
　＝ 3 号，51 巻 1 号，51 巻 2＝3 号，52 巻 1 号，52 巻 2＝3 号（2000-2001）⋯ *232, 270, 274〜275*

香山高広「第一次総裁政府における抵当法『構想』」九州大学法政研究 70 巻 1 号（2003）
　⋯⋯⋯⋯⋯⋯⋯⋯⋯⋯⋯⋯⋯⋯⋯⋯⋯⋯⋯⋯⋯⋯⋯⋯⋯⋯ *181〜182*

川井健『担保物権法』（青林書院新社，1975）⋯⋯⋯⋯⋯⋯⋯⋯⋯⋯⋯⋯⋯ *9*

川島武宜『所有権法の理論』（岩波書店，1949）⋯⋯⋯⋯⋯⋯⋯⋯⋯⋯⋯⋯ *275*

川名兼四郎『物権法要論』（金刺芳流堂，1920）⋯⋯⋯⋯⋯ *453〜454, 478〜479, 506*

雉本朗造「競売法ニ依ル競売ノ性質及ヒ競売開始ノ効力」京都法学会雑誌 8 巻 8 号（1913）
　⋯⋯⋯⋯⋯⋯⋯⋯⋯⋯⋯⋯⋯⋯⋯⋯⋯⋯⋯⋯⋯⋯⋯⋯⋯⋯⋯ *462, 540*

河野玄逸「資産デフレと滌除制度の再検討」ジュリスト 1071 号（1995）⋯⋯⋯⋯⋯⋯ *524*

小谷芳正「民間競売と任意売却を促進するための新たな制度（下）」不動産鑑定 45 巻 10 号
　（2008）⋯⋯⋯⋯⋯⋯⋯⋯⋯⋯⋯⋯⋯⋯⋯⋯⋯⋯⋯⋯⋯⋯⋯⋯⋯⋯ *524*

古積健三郎『換価権としての抵当権』（弘文堂，2013）⋯⋯⋯⋯⋯⋯⋯⋯⋯ *10〜11*

近藤英吉『改訂物権法論』（弘文堂書房，1937）⋯⋯⋯⋯⋯ *20, 456〜457, 479, 507*

齋藤和夫「剰余主義・引受主義のドイツ的構造と根拠」法学研究 73 巻 2 号（2000）⋯⋯⋯⋯ *541*

斎藤秀夫『競売法』（有斐閣，1960）⋯⋯⋯⋯⋯⋯⋯⋯⋯⋯⋯⋯⋯⋯ *140, 432*

斎藤秀夫『民事執行法』（青林書院新社，1981）⋯⋯⋯⋯⋯⋯⋯⋯⋯⋯⋯⋯ *141*

佐賀徹哉「物権と債権の区別に関する一考察（1）」法学論叢 98 巻 5 号（1975）⋯⋯⋯⋯ *154*

設楽浩吉「抵当権の滌除（フランス法）」椿寿夫編『担保法理の現状と課題』別冊 NBL31
　号（商事法務研究会，1995）⋯⋯⋯⋯⋯⋯⋯⋯⋯⋯⋯⋯⋯⋯⋯⋯⋯⋯ *78*

下村信江「フランスにおける物上代位の本質論に関する一考察（上）」阪大法学 46 巻 3 号
　（1996）⋯⋯⋯⋯⋯⋯⋯⋯⋯⋯⋯⋯⋯⋯⋯⋯⋯⋯⋯⋯⋯⋯⋯⋯⋯⋯ *34*

新関輝夫「フランス法における滌除について」民商法雑誌 68 巻 5 号（1973）⋯⋯⋯⋯⋯ *78*

新関輝夫「滌除制度の存続の可否」米倉明ほか『金融担保法講座Ⅰ巻　担保制度一般・抵当
　権』（筑摩書房，1985）⋯⋯⋯⋯⋯⋯⋯⋯⋯⋯⋯⋯⋯⋯⋯⋯⋯⋯⋯⋯ *524*

鈴木禄弥『抵当制度の研究』（一粒社，1968）⋯⋯⋯⋯⋯⋯⋯⋯⋯ *7, 20, 540*

鈴木禄弥『物権法講義〔改訂版〕』（創文社，1972）⋯⋯⋯⋯⋯ *8, 15, 22, 512, 532*

鈴木禄弥「『債務なき責任』について」『物的担保制度をめぐる論集』（テイハン，2000）
　⋯⋯⋯⋯⋯⋯⋯⋯⋯⋯⋯⋯⋯⋯⋯⋯⋯⋯⋯⋯⋯ *22〜24, 27〜29, 417*

鈴木禄弥『物権法講義〔5訂版〕』（創文社，2007）……………………………… 23

滝沢聿代『物権変動の理論』（有斐閣，1987）……………… 78, 254, 275, 361～362

竹下守夫「不動産競売における物上負担の取扱い」『不動産執行法の研究』（有斐閣，1977）
……………………………………………………………………… 279, 484, 492

田中康久『新民事執行法の解説〔増補改訂版〕』（金融財政事情研究会，1980）………………… 9

谷口園恵＝筒井健夫編著『改正　担保・執行法の解説』（商事法務，2004）……………… 16, 464

太矢一彦「抵当権の性質について——抵当権価値権説への一疑問」獨協法学 46 号（1998）…… 436

太矢一彦「抵当権の物権性について——フランスにおける学説を中心として」獨協法学 48
号（1999）……………………………………………………………………… 299

太矢一彦「抵当権の性質について——特にその物権性を中心として」法政論叢 39 巻 2 号
（2003）…………………………………………………………………………… 10

道垣内弘人「滌除」銀行法務 21 601 号（2002）……………………………………… 16

道垣内弘人「抵当不動産の売却代金への物上代位」『典型担保法の諸相』（有斐閣，2013）
………………………………………………………… 15, 20, 494～495, 530

道垣内弘人『担保物権法〔第 4 版〕』（有斐閣，2017）…………………… 3, 17, 51, 542

道垣内弘人ほか『新しい担保・執行制度〔補訂版〕』（有斐閣，2004）……………………… 16

富井政章『民法原論　第 2 巻物権上・下』（有斐閣書房，1906・1914）
………………………………………………… 450～453, 478, 491, 503～505

鳥山泰志「抵当本質論の再考序説（1）～（6・完）」千葉大学法学論集 23 巻 4 号，24 巻 1
号，24 巻 2 号，24 巻 3＝4 号，25 巻 3 号，25 巻 4 号（2009-2011）…………… 11, 24, 157, 461

中島玉吉『民法釈義　巻之二　物権編　上・下』（金刺芳流堂，1924・1921）
………………………………………………… 455～456, 479, 507, 510

中田薫「獨佛中世法ニ於ケル債務ト代當責任トノ區別（承前完）」法学協会雑誌 29 巻 12 号
（1911）……………………………………………………………………… 46, 88

中野貞一郎『民事執行法〔増補新訂 6 版〕』（青林書院，2010）……………… 10, 18, 524, 534

西津佐和子「滌除」九大法学 74 号（1997）……………………………………… 79, 242

福井勇二郎「19 世紀に於ける佛国民法學の發達——ユージェーヌ・ゴドゥメの講演に據り
て」『仏蘭西法學の諸相』（日本評論社，1943）…………………………… 308, 335

福田誠治「滌除に代わる新たな制度の研究——任意売却の促進のために」帝塚山法学 6 号
（2002）……………………………………………………………… 16, 524

藤田貴宏「法定抵当権から先取特権へ（3・完）」獨協法学 84 号（2011）………………… 114

藤原明久『ボワソナード抵当法の研究』（有斐閣，1995）…………… 423, 425, 429

フランス担保法研究会「試訳・共和暦七年ブリュメール——日の抵当制度に関する法律」九
州大学法政研究 69 巻 4 号（2003）…………………………………………… 183

フランス担保法研究会「試訳・共和暦七年ブリュメール——日の抵当制度及び強制的所有権
移転に関する法律」大阪市立大学法学雑誌 50 巻 3 号（2004）…………………… 183

星野英一「フランスにおける不動産物権公示制度の沿革の概観」『民法論集　第 2 巻』（有斐
閣，1970）……………………………………………… 253, 269, 275, 357

ボワソナード民法典研究会編『ボワソナード民法典資料集成　第 II 期　後期 IV 民法理由書
第 4 巻　債権担保編』（雄松堂出版，2001）………………………………… 432

松井宏興『抵当制度の基礎理論』（法律文化社，1997）………………………… 10, 540

松岡久和「抵当権の本質論について」高木多喜男古稀記念『現代民法学の理論と実務の交

錯』（成文堂，2001）··· *8〜9*

松波仁一郎ほか『帝国民法正解　第参巻　第四巻』（信山社，1997〔底本：1896〕）
··· *448〜449, 477, 502〜503*

宮城浩蔵『民法正義　債権担保編　第壱巻（日本立法資料全集別巻 60）巻之弐（日本立法
資料全集別巻 61）』（信山社，1995〔底本：出版年不明〕）················· *428, 432〜433, 486, 497*

森田修『強制履行の法学的構造』（東京大学出版会，1995）························· *137, 257, 261*

森田修「私法学における歴史認識と規範認識（1）」社会科学研究 47 巻 4 号（1995）············· *26*

森田修「16 世紀フランスにおける担保権実行」日仏法学 21 号（1998）················· *47, 49, 75*

森田修『契約責任の法学的構造』（有斐閣，2006）······································· *27*

森田修『債権回収法〔第 2 版〕』（有斐閣，2011）······································· *524*

山野目章夫「物上債務論覚書（上）（中）」亜細亜法学 23 巻 1 号，23 巻 2 号（1988-1989）
··· *23〜24, 28*

山野目章夫「物上保証人の法律的地位に関するフランスの立法・判例の展開」鈴木禄弥追悼
『民事法学への挑戦と新たな構築』（創文社，2008）····································· *28*

山野目章夫＝小粥太郎「平成 15 年法による改正担保物権法・逐条研究（4）抵当権消滅請
求」NBL792 号（2004）·· *16*

山野目章夫ほか「2006 年フランス担保法改正の概要」ジュリスト 1335 号（2007）············· *28*

柚木馨＝高木多喜男『担保物権法〔新版〕』（有斐閣，1973）··························· *512*

柚木馨＝高木多喜男『担保物権法〔第 3 版〕』（有斐閣，1982）························· *78*

我妻栄『担保物権法』（岩波書店，1936）·· *19*

我妻栄『物権法』（岩波書店，1952）·· *5〜6, 459〜460*

我妻栄『新訂債権総論』（岩波書店，1964）·· *3*

我妻栄『新訂担保物権法』（岩波書店，1968）··············· *7, 13〜14, 19, 26, 460, 509〜511, 524, 530*

外国語文献

Ansault, *Le cautionnement réel*, Defrénois, 2009 ·· *29, 160*

Aubry et Rau, *Cours de droit civil français d'après la méthode de Zachariæ*, 4ᵉ éd., t. 2-3 , Paris,
1869 ······································· *275, 307, 331, 387〜389, 399〜400, 408, 410*

Aynès et Crocq, *Droit des sûretés*, 11ᵉ éd., Defrénois, 2017 ························· *43〜44, 51*

Battur, *Traité des priviléges et hypothèques*, t. 1-2, Paris, 1818 ················· *290〜291, 315〜316*

Baudry-Lacantinerie, *Traité théorique et pratique de droit civil*, 3ᵉ éd., t. 6, 26-27, Paris,
1905-1906 ····················· *301, 331, 393〜397, 406〜407, 409〜410, 472*

Besson, *Les livres fonciers et la Réforme hypothécaire*, Paris, 1891 ························· *273, 275*

Boissonade, *Projet de Code civil pour l'Empire du Japon accompagné d'un commentaire*, nouv.
éd., t. 1, 4, Tokio, 1890-1891 ······· *421〜422, 424〜426, 430, 468, 472〜474, 482〜483, 485, 496〜497*

Bourjon, *Le Droit commun de la France et la Coutume de Paris*, t. 1-2, Paris, 1770
··· *78, 126〜138, 146, 148〜150*

Brodeau, *Coustume de la prevosté et vicomté de Paris*, 2ᵉ éd., t. 1-2, Paris, 1669
··································· *63, 111〜115, 118, 121〜122, 124〜125, 143*

Brodeau sur Louet, *Recueil de plusieurs notables arrests donnez en la cour de Parlement de
Paris*, t. 1-2, Paris, 1678 ··· *124, 144*

文献索引

Chadel, *Traité de la purge virtuelle des privilèges et hypothèques*, Paris, 1902 ········· *74, 78, 165, 408*

Chénon, *Les démembrements de la propriété foncière en France avant et après la Révolution*, 2ᵉ éd., Paris, 1923 ·· *49*

Code civil de l'Empire du Japon accompagné d'un exposé des motifs, t. 4, 1891 ·············· *432*

Dalmbert, *Traité théorique et pratique de la purge des priviléges et hypothèques*, 3ᵉ éd., Paris, 1914 ··· *74, 402〜405, 408, 410*

de Ferrière, *Corps et Compilation de tous les commentateurs anciens et modernes sur la coutume de Paris*, 2ᵉ éd., t. 2, Paris, 1714 ····························· *116〜117, 121〜123*

de Ferrière, *Nouvelle introduction a la pratique*, t. 1, Paris, 1724. ····························· *141*

de Héricourt, *Traité de la vente des immeubles par décret*, Paris, 1752 ·············· *141, 146*

Demolombe, *Traité de la distinction des biens ; de la propriéte ; de l'usufruit, de l'usage et de l'habitation*, 2ᵉ éd., t. 1, Paris, 1861 ·································· *385〜386*

Denisart, *Collection de décisions nouvelles et de notions relatives a la jurisprudence actuelle*, t. 2-3, Paris, 1777 ·· *145〜146, 150*

« Des réformes à operer dans la législation hypothécaire, sous le point de vue de la publicité des hypothèques et des autres droits réels immobiliers », rapport adressé par la Faculté de droit de Paris à M. le Ministre de la Justice (Valette, *Mélanges de droit, de jurisprudence et de législation*, t. 2, Paris, 1880, p.221) ································· *349, 365*

du Moulin, *Sommaire du livre analytique des contracts, usures, rentes constituées, interests et monnoyes*（*Omnia quæ extant opera*, editio novissima, t. 2, Paris, 1681）··············· *77, 84〜85*

du Moulin, *Tractatus contractuum et usurarum, redituumque pecunia constitutorum*（*Omnia quæ extant opera*, editio novissima, t. 2, Paris, 1681）································ *82, 84*

Duplessis, *Traitez de Mr Duplessis sur la Coutume de Paris*, Paris, 1699 ··· *114〜116, 118, 121, 143〜145*

Duranton, *Cours de droit français suivant le Code civil*, t. 4, 19-20, Paris, 1828-1836 ·· *31, 301〜305, 326〜328, 330*

Egger, *Vermögenshaftung und Hypothek nach fränkischem Recht*, Breslau, 1903 ········· *32, 46, 52*

Esmein, *Études sur les Contrats dans le Très-ancien Droit Français*, Paris, 1883 ····················· *77*

Glasson, Tissier et Morel, *Traité théorique et pratique d'organisation judiciaire, de compétence et de procédure civile*, t. 4, Paris, 1932 ································· *279*

Grenier, *Traité des hypothèques*, 3ᵉ éd., t. 1-2, Clermont-Ferrand, 1829 ··································· *191, 293〜296, 319〜322, 330〜331*

Guichard, *Législation hypothécaire*, t. 1, Paris, 1810 ····· *183, 187〜188, 194〜195, 197〜198, 253, 256*

Hureaux, « Étude historique et critique sur la transmission de la propriété par actes entre-vifs », *Revue de droit français et étranger*, t. 3, 1846 ································· *309*

Loyseau, *Traicté du deguerpissement et delaissement par hypotheque*, 3ᵉ éd., Paris, 1606 ··········· *48〜57, 59〜68, 70〜73, 75, 77, 79〜80, 82〜83, 85〜98, 100〜101, 103〜105, 115, 143, 160*

Loyseau, *Cinq livres du droict des offices*, 2ᵉ éd., Paris, 1614 ································· *99, 102*

Malleville, *Analyse raisonnée de la discussion du Code civil au Conseil d'État*, 3ᵉ éd., t. 4, Paris, 1822 ·· *275*

Marcadé, *Elémens du droit civil français ou Explication méthodique du Code Napoléon*, 7ᵉ éd., t. 2, Paris, 1873 ··· *305〜307*

Martin du Nord, *Documents relatifs au régime hypothécaire et aux réformes qui ont été proposées*, t. 1-3, Paris, 1844 ··· *335, 349*

Merlin, *Répertoire universel et raisonné de jurisprudence*, t. 7-8, 15, 17-18, Paris, 1827-1828
··· *192, 291~293, 317~318*

Mourlon, « Loi du 23 mars 1855 sur la transcription en matiaire hypothécaire: des conflits qu'engage le principe que les créanciers chirographaires d'un vendeur ne peuvent point opposer à l'acheteur la clandestinité de son titre, au cas où il ne l'a point fait transcrire », *Revue pratique de droit français*, t. 13, Paris, 1862 ······································ *375~376*

Olivier Martin, *Histoire de la Coutume de la Prévôté et Vicomté de Paris*, t. 1-2, Paris, 1922-1930 ··· *45~46, 50*

Persil, *Régime hypothécaire*, Paris, 1809 ·································· *223*

Petiet, *des Adjudications sur Surenchère*, Paris, 1884 ······················ *181*

Pont, *Explication théorique et pratique du Code civil*, 3e éd., t. 10-11, Paris, 1878-1880
······································· *301, 331, 390~392, 400~402, 410, 472*

Pothier, *Coutume d'Orléans* (*Œuvres de Pothier* par Bugnet, t. 1, Paris, 1845) ··············· *163~165*

Pothier, *Traité du contrat de constitution de rente* (*Œuvres de Pothier* par Bugnet, t. 3, Paris, 1847) ·· *59, 300*

Pothier, *Traité du contrat de vente* (*Œuvres de Pothier* par Bugnet, t. 3, Paris, 1847) ··············· *161*

Pothier, *Traité du contrat de bail à rente* (*Œuvres de Pothier* par Bugnet, t. 4, Paris, 1847) ······· *153*

Pothier, *Traité du contrat de dépôt* (*Œuvres de Pothier* par Bugnet, t. 5, Paris, 1847) ··············· *164*

Pothier, *Traité de l'hypothèque* (*Œuvres de Pothier* par Bugnet, t. 9, Paris, 1846)
··· *155~162, 166~167*

Pothier, *Traité des personnes et des choses* (*Œuvres de Pothier* par Bugnet, t. 9, Paris, 1846) ····· *58*

Pothier, *Traité du droit de domaine de propriété* (*Œuvres de Pothier* par Bugnet, t. 9, Paris, 1846) ··· *153~155, 308*

Pothier, *Traité de la procédure civile* (*Œuvres de Pothier* par Bugnet, t. 10, Paris, 1848)
··· *75, 79, 157, 165*

Pothier, *Traité de la posession et de la prescription* ··· *308*

Rigaud, *Le droit réel : histoire et théories : son origine institutionnelle*, Toulouse, 1912 ······· *58, 154*

Simler, « Le cautionnement réel est réellement-aussi-un cautionnement », *JCP G* 2001. I. 367 ···· *29*

Troplong, *Le droit civil expliqué suivant l'ordre des articles du Code, des priviléges et hypothèques*, t. 1-4, Paris, 1833 ············ *242, 246, 275, 282, 296~299, 324~326, 330~332, 408, 472*

Troplong, *Priviléges et hypothèques : commentaire de la Loi du 23 mars 1855 sur la transcription en matière hypothécaire*, Paris, 1856 ··················· *348, 358~363, 367~372, 375*

Valette, *Traité des priviléges et hypothèques*, t. 1, Paris, 1846 ·································· *308~311*

Viollet, *Histoire du droit civil français*, Paris, 1966 ·· *58*

事項索引

あ行

新たな名義 ……………… **66**〜69, 72, 95〜97, 158
委棄 → 抵当委付
意思主義 → 所有権移転の意思主義
委付 → 抵当委付
売主先取特権 ………………………… 264, 265, 368

か行

下位配当手続 ……………………………… **163**, 181
攞取権（攞取力） ………………………… 10, 24
課題意識 ……………………………………… **27**, 28
価値権 …… 7, 13, 19, 456〜460, 480, 507〜509
　　──と用益権との調和 ………… 13, 16, 480
空競り …… 139, **140**, 141, 144〜146, 340〜342
換価権 ………………………………………………… 9
規範認識 ………………………………… 30, 44, 417
教会法 ……………………………………………… 58
強制命令 ……………………… 73〜79, 100, 148
共和暦 3 年の décret（共和暦 3 年 messi-
　　dor 9 日の décret contenant le Code hy-
　　pothécaire） …………… 172〜182, 250〜252
共和暦 7 年の法律（共和暦 7 年 brumaire
　　11 日の法律） ………… 49, 182〜198, 232,
　　252〜256
クレディ・フォンシエ …………………… **370**
競売法 ……………… 443, 444, 461, 462, 488
権利質 …………………………………… 435, 438
公示原則 …… 188, 199, 205, 212, 213, 220, 221,
　　224〜226, 232〜234, 240, 263
公証証書 ……… 35, 68, 89, 101, 102, 104, 113,
　　124, 160, 162, 173, 177, 184, 247, 332
更新 → 抵当権登記の更新
公正証書 …………………………………… 429, 430
貢租 …………………………… **49**, 53, 83, 153
混合訴権 ………………………… **57**, 115, 128

さ行

債権質 ……………………………………………… 442
催告（手続）…… **223**, 246, 290, 291, 292, 294,
　　298, 343, 425
財産拘束 ……………………… 27, **45**, 62, 102
債務なき責任 ………………………………… 3, 22
執行名義 ……… 89, 90, 157, 159, 174, 184, 185,
　　191, 201, 246, 396, 424, 429, 432, 441〜444
支払差止め・差押え …… 118, **119**, 120, 123, 345
支分権 → 肢分権
肢分権 …… 103, 152, 153, **155**, 299〜311, 384〜
　　395, 421, 428, 436, 445〜448, 472, 473, 483〜
　　485
　　──者に対する追及権 ……… 472, 474, 475,
　　483, 484, 486, 488
従たる物権 ………………………………………… 385
取得者 ………………………………………………… **51**
消除主義 …… 18, 34, 404, 407, 465, 481〜493,
　　523, 529, 533
譲渡税 …………………………… **83**, 84, 142〜145
承認書 … 78, 147, **150**, 205, 207, 208, 257〜259
剰余主義 ………………………………… 329, 492
　　非── ……………………………… 328, 409
所持者 …………………………………… 50, **51**
処分権 ………………… 156, 289, 435, 438, 454
所有権移転
　　──謄記 ……… 190, 191, 211, **253**〜281,
　　348〜371
　　──の意思主義 …… 137, 161, 257, 269, 355,
　　362, 363, 370
　　──の引渡主義 …… 124, 161, 212, 213, 257,
　　259, 260, 261, 363
人的義務 …… **52**, 87, 93, 95, 112, 114, 116, 117,
　　131, 141
制限物権 …… 4〜12, 22〜26, 29, 445, 446, 448
絶対権（物権の絶対性）……… 154, 311, 387,
　　395, 450, 453, 454
増価競売 ……………… 150, 181, 190, 337, 480

549

争点決定手続 ·························· *55, 116, 117*
即時執行力 ·············· **68**, *89, 102, 113, 157*

た行

代位 ···································· **120〜122**
　物上―― ·················· *35, 402〜404*
　抵当権に基づく売却代金への――
　　·········· *13, 18, 34, 118, 493〜512, 527,*
　　529〜538
　弁済による―― ··············· *329, 408, 500*
代価弁済 ············ *12〜15, 20, 493〜512, 527,*
　　529〜538
　――による代位 ···· *502, 505, 510, 511, 537*
代金質入れ条項 ··························· *120*
対抗 ····· *2〜5,* **136**, *139, 309, 311, 387, 388,*
　　395, 407, 440, 452, 454
対抗要件主義 ················· *348, 351, 363, 373*
第三取得者　→　取得者
第三所持者　→　所持者
対物性 ···························· *153, 154, 156*
担保不動産競売 ························· *525*
中間の用益権 ·························· *492*
直接性（物権の）···· *5〜7, 9, 24, 153〜159,*
　　300, 301, 384〜397, 420, 421, 427, 429, 430,
　　439, 450, 451, 455〜459
追及権 ································· *6, 43*
追及効 ··································· *25*
抵当委付 ······ **43**, *66, 72, 92〜94, 96〜98, 114〜*
　　117, 142, 158〜160, 176, 192, 204, 223, 238,
　　246, 290, 291, 295, 302, 332, 338, 433, 441, 444
抵当権
　――改革 ··················· *335〜347, 349*
　――消滅請求 ······ *12, 16, 17, 480, 493, 523,*
　　524, 528, 533〜535
　――登記 ······ **177**, *188, 196〜198, 205, 211,*
　　221, 224, 225, 237, 243, 248, 252, 256, 280,
　　281
　　――の更新 ················· *313, 398*
　　――の実行 ················· *439〜441, 456*
　　――の本質 ···················· *7, 26*
抵当訴権 ········· **43**, *64, 65, 88, 92, 94, 111, 115,*

116, 128, 132, 157〜160, 176, 191, 204, 223,
　246, 290, 294, 298, 303, 388, 391
抵当訴訟　→　抵当訴権
滌除 ········ *12〜16, 34, 79,* **189**〜*192, 217, 218,*
　226〜229, 238〜241, 246, 247, 254, 262, 263,
　265, 266, 276, 291, 293, 295, 320, 325, 327,
　332, 337, 345, 350, 398〜407, 410, 465〜481,
　493
　事実上の―― ························ **408**
　用益物権者の――権 ················· *475, 477*
登記　→　抵当権登記
謄記　→　所有権移転謄記
謄記禁止効（差押えの）············· *373〜382*
逃散 ······························· **54**〜*57, 72, 115*
動産 ······ *57, 70, 90, 98, 101, 102, 113, 119, 134,*
　　174, 299, 300, 390, 435
　――は抵当権によって追及されない
　　························· *69, 98, 113*
　――抵当 ················· *101, 102, 113*
時において先んずる者は権利において優先
　する ···························· *102*
特定原則（抵当目的物の）····· *184, 185, 187,*
　　199, 200, 212, 220, 232, 234, 236, 240, 245, 517
特定拘束は一般拘束を破らず一般拘束は特
　定拘束を破らない旨の条項 ······ *63, 64, 84*
土地宣告 ····························· **250**
土地負担 ······················ *50, 103, 105*

な行

任意競売 ···························· *443, 525*
任意売却命令 ······ **79**, *117, 123, 132, 134, 148,*
　　150
年賦金 ··········· *46,* **49**, *54, 112, 114, 116, 117*

は行

売却権 ················· *156, 296, 301, 310, 331*
　――としての抵当権 ··············· *10, 166*
排他性（物権の）·············· *5〜7, 9, 24, 460*
引受主義 ·············· *18, 195, 227, 483, 488*
引渡し ····· **103**〜*105, 124, 160〜162, 187, 197,*

213, 309

──理論 ……………………………… **211**

引渡主義 → 所有権移転の引渡主義

物権 ……… 4～6, 24, 33, 35, 104, **127**, 151, 154,
173, 186, 203, 211, 220, 236, 244, 301, 305,
309, 350, 379, 386, 387, 393, 421, 427, 434,
446～461

──の絶対性 → 絶対権

──の直接性 → 直接性

──の排他性 → 排他性

──の優先権（優先的効力） → 優先権

物上債務 ……………………… 22～24, 28, 29

物上差押え ……………………………… **74**

物上代位 → 代位

物上保証（人）… 3, 25, 28, 160, 331～333, 410

物的責任 ………………………… 24, 25, 463

不動産 …… 57, 70, 116, 174, 299, 300, 387, 390,
394, 435

客体（目的）による── ………… **306**, 387

変換（理論）… 129～135, 163, 165, 241, 248

法定抵当権 ……… 89, 161, 174, 185, 202, 234,
237, 335, 368

法律効 ……… 131, 312～313, **314**～328, 398～
408, 465, 466, 468, 529, 532, 533

──の相対性 ……… 321, 400, 402, 403, 406

保存異議 …… 77, 78, 100, 101, 129～131, 149,
165, 207, 208, 209, 259

ま行

民事執行法典 ……………………… 246, 332

民事訴訟法典 ……………………… 242, 277

民法典 ………………………… 199, 243, 268

無担保債権者 …… 184, 185, 373～378, 382, 424

目的物特定の原則 → 特定原則

物に書かれた人的訴権 ……………………… 57

や行

優先権（物権の）…… 5, 6, **396**, 447, 452, 461

優先弁済権 …… **45**, 101, 102, 113, 116, 117,
118, 120, 122, 127, 133～135, 156, 179, 188,

189, 196, 202, 220, 224, 234, 235, 244, 247,
291, 293, 297, 301, 302, 310, 311, 336, 520～
523

ら行

ラント ……………………………… **49**, 53

──賃貸借 ……………………………… 49

設定── ……… 46, 58, **59**～73, 80, 81～105,
112, 116, 117, 136

土地── ……… 46, **49**～58, 70～73, 80, 103,
115～117, 153

浮動── …………………………… **60**～62, 82

歴史認識 …… 25, **26**～31, 44, 86, 94, 298, 303,
363, 388, 391

ローマ法学 ……………………… 31, 32, 538

わ行

割当て（法理）……… 48～51, **52**～70, 82, 111,
113, 114

割当指定 ……………… **59**, 64, 82～84, 98, 112

割付け ……………………… 91, **92**～98, 126, 157

1-0

1441 年 11 月の ordonnance ……………… 60

1855 年の法律（1855 年 3 月 23 日の法律）
……………… 335, 347, 357～363, 367～373

2006 年 3 月 23 日の ordonnance ………… 120

A

acquéreur → 取得者

tiers ── → 第三取得者

action hypothécaire → 抵当訴権

action mixte → 混合訴権

action personelle escrite in rem
→ 物に書かれた人的訴権

affectation → 割付け

arrérage → 年賦金

assignat → 割当指定

assignation → 割当て

C

cens → 貢租

charge foncière → 土地負担

clause que la speciale ne deroge à la generale, ne la generale à la speciale
→ 特定拘束は一般拘束を破らず一般拘束は特定拘束を破らない旨の条項

contestation en cause → 争点決定手続

Crédit foncier → クレディ・フォンシエ

D

déclaration foncière → 土地宣告

décret（手続）············ *74, 99, 117, 129～136, 162～166*

── forcé → 強制命令

── volontaire → 任意売却命令

déguerpissement → 逃散

délaissement par hypothèque → 抵当委付

démembrement → 肢分権

détenteur → 所持者

tiers ── → 第三所持者

droit de préférence → 物権の優先権

droit de préférence → 優先弁済権

droit de suite → 追及権

droit réel → 物権

E

effet légal → 法律効

exécution parée → 即時執行力

F

folle enchère → 空競り

I

immeuble → 不動産

── par objet
→ 客体（目的）による──

inscription → 抵当権登記

J

jus ad rem ···················· *153, 154, 211, 260*

jus in re ············· *153, 154, 211, 260, 305～307*

jus in rem ······································ *305～307*

L

lettre de ratification → 承認書

lots et ventes → 譲渡税

M

meuble → 動産

N

Nantissement（慣習）············ *104, 210, 240, 355～357*

Nemo plus 原則（Nemo plus juris ad alium transfere potest, quam ipse habet）
········ *147～151, 254, 255, 262, 270, 274, 275, 277～279, 294, 327, 359～363, 371, 373, 395, 440, 452, 483, 484, 490, 491*

O

obligation → 財産拘束

opposabilité → 対抗

opposition àfin de conserver → 保存異議

P

Paris（新旧）慣習法典 ·············· *31, 61, 111*

Paris 高等法院 1557 年 5 月 10 日判決 ····· *84*

purge ···································· *74, 76*

懈怠── ····· *74, 76, 124, 148, 151, 177, 196, 207, 215, 216, 224～226, 237, 242, 248～*

282, 359, 361〜363, 367, 373

当然—— ……… *74〜80, 100, 123, 130, 136, 147, 151, 163, 165, 180, 190, 193, 207〜209, 217, 224, 226〜230, 239, 242, 247, 248, 279, 282, 312, 332, 350, 373, 404, 465, 467, 495, 523, 533*

→　滌除

　—— virtuelle　→　事実上の——

Q

qui prior est tempore, potior est jure
　→　時において先んずる者は権利において優先する

R

rente　→　ラント
　—— volante　→　浮動——

S

saisie & arrêt　→　支払差止め・差押え
saisie réelle　→　物上差押え
sommation　→　催告
sous-ordre　→　下位配当手続
subrogation　→　代位

T

titre nouvel　→　新たな名義
tradition　→　引渡し
transcription　→　所有権移転謄記

《著者紹介》

阿部 裕介（あべ ゆうすけ）

1984年　神奈川県に生まれる
2006年　東京大学法学部卒業
2008年　東京大学大学院法学政治学研究科法曹養成専攻修了
　　　　東京大学大学院法学政治学研究科助教
2011年　東北大学大学院法学研究科准教授
　　　　現在に至る

抵当権者の追及権について
――抵当権実行制度の再定位のために
Le droit de suite du créancier hypothécaire

2018年8月30日　初版第1刷発行

著　者　　阿部裕介

発行者　　江草貞治

発行所　　株式会社　有斐閣
郵便番号　101-0051
東京都千代田区神田神保町2-17
電話　（03）3264-1314〔編集〕
　　　（03）3265-6811〔営業〕
http://www.yuhikaku.co.jp/

印刷　株式会社三陽社／製本　大口製本印刷株式会社
© 2018, Yusuke ABE. Printed in Japan
落丁・乱丁本はお取替えいたします。
★定価はカバーに表示してあります。
ISBN 978-4-641-13788-2

JCOPY　本書の無断複写（コピー）は，著作権法上での例外を除き，禁じられています。複写される場合は，そのつど事前に，（社）出版者著作権管理機構（電話 03-3513-6969，FAX 03-3513-6979，e-mail:info@jcopy.or.jp）の許諾を得てください。

本書のコピー，スキャン，デジタル化等の無断複製は著作権法上での例外を
除き禁じられています。本書を代行業者等の第三者に依頼してスキャンや
デジタル化することは，たとえ個人や家庭内での利用でも著作権法違反です。